Recordar a Dios
a través de *Un curso de milagros*
David Hoffmeister
ISBN: 978-1-942253-13-6

Copyright © 2015 Living Miracles Publications
Primera edición impresa 2015

Todos los derechos reservados. No se permite, sin permiso por escrito del autor, la reproducción ni la transmisión por ningún procedimiento electrónico ni mecánico, incluidas fotocopias, grabaciones y cualquier otro sistema de archivo y recuperación de la información, de ninguna parte de este libro, exceptuando la inclusión de citas breves en una reseña.

Título del original: *Unwind Your Mind Back to God*
Copyright © 2014 Living Miracles Publications

Living Miracles Publications
Box 8812 HCR 063, Duchesne, UT 84021, USA
publishing@livingmiraclescenter.org

LIVING MIRACLES

Este libro ha sido producido con alegría por Living Miracles Community, un sacerdocio sin ánimo de lucro que se lleva a cabo por místicos de hoy día inspirados por la dedicación al despertar.

Recordar a Dios
a través de
Un curso de milagros

David Hoffmeister

Agradecimientos

Este libro, como cada aspecto de Living Miracles, es el fruto de un esfuerzo de colaboración entre voluntarios dispuestos e inspirados. Gracias a todos ustedes por su pasión al hacer que este material esté disponible en formato de libro para que muchos puedan beneficiarse del compartir de esta Sabiduría Interna.

Amor y Bendiciones,
David

David Hoffmeister

David Hoffmeister ha afectado las vidas de miles de personas con su estado mental de paz constante, la alegría que irradia y su dedicación a la Verdad. Es un místico de hoy día, que ha sido invitado a más de 30 países, y 49 estados de los Estados Unidos, a compartir el mensaje del Amor, la Unicidad y la Libertad. Su viaje supuso el estudio de muchos caminos, que culminó en una aplicación práctica profundamente comprometida de Un curso de milagros. Su inmersión fue tan total que cuando dejó el libro, para sorpresa suya, la Voz del Curso continuó hablándole y hablando a través de él.

David siempre fue conocido por cuestionarlo todo en lugar de aceptar las respuestas convencionales, así que estuvo encantado de encontrar en el Curso apoyo y estímulo al examen cuidadoso de cada idea, creencia, concepto y suposición de su mente. Jesús se convirtió en el maestro interior de David, respondiendo a todas sus preguntas, y guiándolo a cederle el manejo cotidiano de todas las relaciones, circunstancias y acontecimientos de su vida. David se hizo a un lado y dejó "que Él me muestre el camino", E-155 renunciando a cualquier interés en el ego y el mundo. Empezaron a aparecer estudiantes que participaban con David en profundos diálogos y correos efervescentes como los que adornan estas páginas.

En 1996 David fue guiado a una casita en Cincinnati, Ohio, llamada Peace House (La casa de la paz), donde dio la bienvenida a los que deseaban apartarse del mundo y profundizar en la mente para descubrir al Cristo interior. Desde entonces las comunidades de Living Miracles (Vivir los Milagros) han brotado en Utah, Hawaii, Canadá, España, México y Australia. Bajo la demostración viviente por David de lo que es tomar el Curso hasta sus últimas consecuencias, los devotos del despertar se han agrupado, para unirse en vivir los pasos para desenredar a la mente del mundo, de regreso a Dios, diseñados en el Curso.

Se unen a David para extender sus enseñanzas nada acomodaticias por medio de un inmenso sacerdocio en la Internet, foros de audio-video y medios, publicaciones escritas, reuniones inspiradoras en las que se utiliza música y películas para el despertar, eventos live stream en la web, y el "Strawberry Fields Music Festival and Enlightenment Retreat" (Festival musical y retiro para la iluminación de los campos de fresas) que se celebra anualmente.

David también ha compartido su perspectiva en muchos programas de debate y entrevistas en televisión y radio. Los múltiples foros por medio de los que David comparte libremente lo que tiene en el corazón, permiten que los que han oído una llamada profunda conecten desde donde quiera que se encuentren. El material de este libro se ha sacado de su comunicación por correo electrónico, publicaciones en sitios web, entrevistas y transcripciones de diálogos en profundidad de los primeros días del trabajo de David con los que vinieron de todo el mundo a unirse con él.

David es pura inspiración para los que tienen la esperanza de que la iluminación en esta vida es posible. Su conducta apacible y su capacidad de expresarse con una elocuencia nada acomodaticia conmueven a todos los que escuchan. Su interés por la aplicación práctica significa que las Respuestas son para todos. Reconocerás las preguntas que se le hacen, ¡porque sólo hay una mente y es la tuya! Y reconocerás las Respuestas por la misma razón. Al entrar en este libro estás aceptando una invitación venida de lo profundo de tu corazón. Te estás uniendo a compañeros poderosos dedicados al despertar. El despertar requiere el desmantelamiento de todo lo que hicimos para tapar la Luz que "Yo Soy". Como hizo David, tenemos que invitar al Espíritu Santo a desenredar nuestra mente de todas las ideas, conceptos y creencias –todo lo que creemos que pensamos y creemos que sabemos– hasta que sólo quede el Amor que somos. La vida de David Hoffmeister es una demostración viva de la Mente Despierta.

Mensaje del Espíritu Santo

Trabajaré con tus creencias momento a momento, llevándote paso a paso mientras desenredas tu mente de los muchos falsos conceptos que crees que te mantienen seguro y te hacen feliz. Sólo la liberación de estas creencias falsas puede traerte verdadera Felicidad y Paz duradera.

Recordar a Dios a través de
Un curso de milagros

Libro Uno: Poner los cimientos
Contenido 1

Libro Dos: Desaprender el mundo
Contenido 265

Libro Tres: Transferencia del aprendizaje
Contenido 525

Bibliografía

Un curso de milagros
Foundation for Inner Peace
P.O. Box 598
Mill Valley, CA 94942
www.acim.org

Las citas del Curso están referenciadas por el siguiente sistema:
T: Texto
E: Libro de ejercicios
M: Manual para el maestro

Por ejemplo:
"Todo placer real procede de hacer la Voluntad de Dios". T-1.VII.1.4
T-1.VII.1.4 = Texto, Capítulo 1, Sección VII, párrafo 1, frase 4

Notas de los editores

- A menudo David presta su voz a pensamientos dentro de la mente. Esos pensamientos se presentan en cursiva en lugar de entre comillas.

- La palabras "el Curso" y el acrónimo UCDM, se utilizan de manera indistinta a lo largo de este libro para referirse a *Un curso de milagros*.

Nota del traductor

- El traductor de este libro procede de España. Se ha hecho un esfuerzo por evitar el uso de términos que pudieran desconcertar a los lectores de los otros paises de habla hispana.

- Todos los pronombres de la segunda persona del singular y del plural se han traducido por "tú/tu/ti/te/tus" incluso cuando está claro que David le habla a un grupo de personas. Los escasos "vosotros" del libro están en citas de la Biblia o de *Un curso de milagros*.

- Todas las citas de *Un curso de milagros* entre comillas proceden de la traducción española publicada en 1992 por la Foundation for Inner Peace. Esa misma traducción se ha utilizado en los casos en que David cita expresiones o frases del Curso que no están entre comillas. Esto puede dar lugar a saltos de nivel lingüístico, porque la expresión hablada de David es sencilla y coloquial, mientras que la traducción española del Curso tiende a un lenguaje solemne y arcaizante.

- Esta es la única "nota del traductor" de este libro. Cuando ha parecido necesaria alguna aclaración, se la ha insertado en el texto entre corchetes en cursiva *[ ]* para que se distinga de los comentarios entre corchetes [ ] del original.

LIBRO UNO
PONER LOS CIMIENTOS

Contenido

Capítulo Uno

Mensaje del Espíritu Santo sobre forma y contenido 5
Muchas formas, una corrección 7
Dos Voces 16
Dios es una Idea Pura, igual que Cristo 17
¿Cómo hizo el ego la mente? 18
¿Cómo se desconecta el ego? 20
¿Quién escribió el Curso? 21
Aplicar las ideas 24
Enfocar la Expiación: desanimarse por el tiempo 44
Pregunta de forma-contenido sobre enfocar la salvación 47
Sesión de preguntas y respuestas 48

Capítulo Dos

¿Es la función del Espíritu Santo traducir la Realidad a la forma? 52
¿Se puede recibir la iluminación por transferencia
de "imposición de manos"? 54
Forma en contraposición a contenido 55
Preguntas preliminares sobre la memoria, las creaciones y la consciencia 58
La consciencia en UCDM 61
¿Qué es el mundo? 65
El mundo que hizo el ego 67
Sobre el placer y el dolor 68
¿Qué hay detrás de mi "adicción física"? 70
La creencia original en la separación 72

Capítulo Tres

Una nueva interpretación:
Parte 1: las metáforas del Curso y las de la Biblia 74
Parte 2: forma y contenido 80
Parte 3: forma, contenido y responsabilidad de la visión 87
Parte 4: charla sobre el guión y el tiempo lineal 96
Cómo ver lo espacio-temporal y "el guión" 104

Capítulo Cuatro
La oración de la serenidad: ningún control sobre el mundo 110
¿Qué pasa con la oración y la Voluntad de Dios? 121
Manifestación y oración 124
Una meta universal 126
Conversación sobre las necesidades 129
Controlar el cuerpo, controlar el pasado 140
No trates de cambiar el mundo 142
Lo que puedo controlar y lo que no puedo controlar 144
Soltar la adicción al "control" 147

Capítulo Cinco
Aclarar el significado de "libre albedrío" 148
Una oración para estar en contacto con el Consolador 149
La escalera de la oración: cruzar la barrera hacia la paz 154
La oración: despejar el altar del corazón 155
Abrirse a la experiencia que hay más allá de manifestar 157
La escalera de la oración: más sobre manifestar 162
La confianza resolvería ya cualquier problema 163
Charla sobre el perdón 165
Qué significa decidir a favor de la Luz 167
Más allá de la "imagen" está la Luz Abstracta 169
Preguntas y respuestas sobre el Espíritu Santo 170
Revisión de la idea del karma 183
¿Se puede reconciliar la inocencia con la maldad y el abuso? 184
¿Es esto practicable para quien tiene un empleo de jornada completa? 187
¿Hace cosas en el mundo el Espíritu Santo? 190
Por qué nunca está justificada la culpabilidad 198
Destino, elección, canalizar y "No tengo que hacer nada" 199
Lidiar con las ilusiones 202
Al "seguir" a Cristo, ¿me odiará el mundo? 206

Capítulo Seis
¿Cómo puede uno rendirse a Dios?.. 209
Llegar a la consistencia 210
¿Qué es lo real?... 212
Dos preguntas básicas sobre milagros y puntos de
apoyo para cruzar al otro lado... 212
¿Es real el diablo?... 214
Aclarar lo que significan pasión, acción, libre albedrío,
y "el guión ya está escrito" 215
Volver a la pista: sentirse el peor estudiante de UCDM 218
¿Qué distingue a un sendero espiritual auténtico de una secta? ... 219
¿Qué pasa con Jesús Cristo?: religión y teología 224
¿De verdad sólo hay una mente?.. 225
Abrirse a la experiencia de la Mente Única y de la
Percepción Unificada... 227
Una pregunta sobre las "mentes privadas" 229
Ir al fondo de las creencias... 230
Unirse 231
Las dotes psíquicas 232
Mentes privadas... 233
Entrevista sobre la Mente de Cristo 236
Conversación sobre enseñar y aprender 240
Los maestros y el aprendizaje sin límites 244
La maestría por el Amor 246
Transcender el concepto de maestro.. 250
La importancia de la invitación 251
Abrirse a la voz de Dios 252
No hay excepciones a la Verdad 254
La Paz viene de la Aceptación 256
Abrirse al Amor Divino 257
Una parábola de perdón: el final de la búsqueda......................... 258

Capítulo Uno

Mensaje del Espíritu Santo sobre forma y contenido

Cuando tienes la mente absorta en el santo propósito de sanar al Hijo de Dios, entonces sabes para qué es el mundo. Esto es contenido. Centrarse exclusivamente en el contenido (el Espíritu Santo) es darle al mundo un propósito unificado. La felicidad y la alegría verdaderas sólo se pueden encontrar viendo más allá de los propósitos separados del ego, que están basados en la forma.

El mundo de la forma y las cosas concretas se hizo como un ataque contra Dios, como un escondite para la mente aterrorizada de lo que creyó que eran las repercusiones de separarse de Dios. La mente está adicta a la forma porque la forma es una defensa contra la verdad. La mente que cree que se separó de Dios tiene terror a la verdad, se ha vuelto totalmente dependiente de la forma para sobrevivir porque cree que la fuente de su vida está dentro del mundo de la forma.

Percibir las cosas concretas y tratar con ellas como si fueran unidades completas, en sí y por sí mismas, es cerrar la mente a la sanación. La mente que se ha centrado en la forma está dormida. Ha olvidado la completitud, la comunión, la Unicidad; se ha olvidado de Dios. El camino de vuelta a este recuerdo pasa por sanar la percepción distorsionada. Se proporciona un propósito unificado, que se ha de transferir y aplicar a cada aspecto de la mente, a cada experiencia, para que vuelva a estar centrada en el contenido. El contenido ve dos categorías: amor y petición de amor. Cada momento es una oportunidad de unirse en el instante santo, en el que no hay pasado, ni cuerpos, ni mundo.

Centrarse en la forma es adorar ídolos. Decidir sobre metas y resultados en la forma es dejar de comprender lo que es el propósito.

La mente está siempre eligiendo. Toma decisiones a cada momento centrándose en la forma o en el contenido. El ego utiliza la forma –el cuerpo, el mundo y todas las formas de comunicación– para la vanagloria, el placer y el ataque. Se construye un concepto del yo usando la forma, el concepto del yo se usa para competir con lo que se percibe como los conceptos del yo de los demás; la defensa y el ataque se convierten en importantes distracciones. Cualquier guerra, desde las guerras mundiales y los genocidios hasta las discusiones sobre quién fregará los platos esta noche, brota de centrarse en la forma. Sólo se puede experimentar disgustos y ataques cuando se ve a un hermano como un cuerpo. Sólo se puede llegar a siquiera considerar la necesidad de defenderse cuando se ve como causativo al mundo de la forma.

Centrarse en la forma es juzgar. La forma es el pasado; la forma es una ilusión del pasado. La mente que reacciona a cualquier cosa de este mundo, incluidas las interacciones con hermanos, está reaccionando al pasado, a asociaciones que se mantienen en la mente. En este mundo siempre se juzga sobre el éxito y el fracaso a partir de los resultados en la forma: *¿Permaneció junta la pareja? ¿Se terminó el trabajo? ¿Te contrataron o te despidieron? ¿Lo celebramos o nos compadecemos?*

El contenido ve lo mismo en todas las cosas. El contenido ve a todos los hermanos como uno. El contenido ve cada momento como una oportunidad de perdonar, liberar el pasado, ofrecer un recordatorio de la inocencia y recordar que todas las cosas –pasadas, presentes y por venir– están suavemente planeadas por Quien sabe cuál es el mejor resultado para todos los implicados. Cuando se ve que todas las cosas operan conjuntamente para el bien, la mente puede reposar. Cuando la mente reposa el amor retorna a la consciencia.

Hace falta mucha buena disposición y mucha confianza para empezar a apartarse del sistema de creencias de ego, tan profundamente arraigado y tan totalmente al revés. Cada creencia ha de soltarse de la mente y ser vista como algo que tiene una causa irreal. Dios es la Causa. Dios es la Fuente de la vida.

Trabajaré con tus creencias momento a momento, llevándote paso a paso mientras desenredas tu mente de los muchos falsos conceptos que crees que te mantienen seguro y te hacen feliz. Sólo la liberación de estas creencias falsas puede traerte verdadera felicidad y paz duradera.

Muchas formas, una corrección

David: Comenzamos con la sección titulada *La igualdad de los milagros*, usándola como un punto de apoyo para profundizar en la comprensión de forma y contenido. La primera frase es una idea común con la que probablemente ya te has familiarizado trabajando con el Curso:

> El único juicio involucrado en esto es que el Espíritu Santo divide la petición en dos categorías: una en la que se extiende amor y otra en la que se pide amor. T-14.X.7

El Espíritu Santo clasifica el total de los variados mensajes que la mente parece recibir del mundo exterior en dos categorías. Una es la extensión del amor y la otra la petición de amor. En la primera sientes la cálida resonancia de estar recibiendo amor. Cuando alguien tiene miedo o cree en la carencia de amor, eso no es sino una petición de amor. Cuando el amor se extiende, te sientes amoroso. Cuando hay una petición de amor, respondes con amor.

El ego tiene una tercera categoría: el ataque. Si no percibes amor ni petición de amor, lo que percibes es ataque: crees haber atacado a alguien o crees que alguien te ataca. Las defensas aparecen a causa de esta percepción errónea. La clave es que todo lo que tienes que hacer es sintonizar con el Espíritu Santo. Él sólo tiene dos categorías: amor y petición de amor. En cualquiera de los casos extiende; responde con amor. Continuando con este párrafo, pensamos: *si es tan sencillo, ¿porqué no sé percibirlo todo sólo como amor o petición de amor? ¿Porqué percibo ataques?*

> Tú no puedes hacer esa división por tu cuenta sin riesgos, pues estás demasiado confundido como para poder reconocer el amor, o para creer que cualquier otra cosa no es sino una petición de amor. Estás demasiado aferrado a la forma, y no al contenido. Lo que consideras el contenido no es el contenido en absoluto. Es simplemente la forma, y nada más que la forma. Pues no respondes a lo que un hermano realmente te ofrece, sino sólo a la percepción particular que tienes de su ofrecimiento tal como el ego lo juzga. T-14.X.7

Aquí está la idea de forma y contenido. Cuando lees algo así, piensas: *Bueno, ya veo que mi problema es ése. Estoy confundido; me aferro demasiado a la forma.* Mi siguiente petición siempre era: "Vale, enséñame más sobre esta distinción entre forma y contenido para que pueda empezar a sintonizar de verdad con el contenido". Otra manera de acercarse a esto es la lección 161 del Libro de ejercicios. Ayuda a darle cierto contexto al tema de forma y contenido:

> La condición natural de la mente es una de abstracción total. Mas una parte de ella se ha vuelto antinatural. No ve todo como si fuese uno solo, sino que ve únicamente fragmentos del todo, pues sólo de esa manera puede forjar el mundo parcial que tú ves. El propósito de la vista es mostrarte aquello que deseas ver. Todo lo que oyes le trae a la mente únicamente los sonidos que ésta desea oír. Así fue como surgió lo concreto. E-161.2

Lo concreto es análogo a la forma en este sentido: las formas siempre son concretas. Cada objeto del cosmos que podemos nombrar es concreto. Parece que "libro" es diferente de "pierna" de manera concreta, "dedo" es diferente de "nariz" de manera concreta, y así sucesivamente. Todo el mundo de lo concreto es un mundo de sueños, pero luego él da media vuelta y dice:

> Y ahora son las cosas concretas las que tenemos que usar en nuestras prácticas. Se las entregamos al Espíritu Santo, de manera que Él las pueda utilizar para un propósito diferente del que nosotros les conferimos. Él sólo se puede valer, para instruirnos, de lo que nosotros hicimos, pero desde una perspectiva diferente, a fin de que podamos ver otro propósito en todo. E-161.3

Y aquí hay un vislumbre del final, en el párrafo siguiente:

> Un hermano es todos los hermanos. Y en cada mente se encuentran todas las mentes, pues todas las mentes son una. Ésta es la verdad. No obstante, ¿aclaran estos pensamientos el significado de la creación? ¿Te brindan estas

palabras perfecta claridad? ¿Qué parecen ser sino sonidos huecos; bellos tal vez, correctos en el sentimiento que expresan aunque fundamentalmente incomprendidos e incomprensibles? La mente que se enseñó a sí misma a pensar de manera concreta ya no puede aprehender la abstracción en el sentido del abarcamiento total que ésta representa. Necesitamos poder ver un poco para poder aprender mucho. E-161.4

Estos pasajes dejan el problema bien enfocado: en mi situación actual pienso de manera concreta y compartimentada, pero en su estado natural mi mente es abstracta.

Eso me dice que para llegar a la paz es necesaria una transformación de mi consciencia, una transformación de la mismísima manera en que pienso. Eso me proporciona un contexto; al menos ya no estoy a oscuras sobre de qué se trata. En el pasado pensaba: *si pudiera encontrar la relación adecuada, conseguir cierto reconocimiento por parte del mundo, la fama, o la meta que sea, eso me traería la felicidad*. Es estupendo llegar al punto de darme cuenta de que lo que tengo que hacer es cambiar mi forma de pensar. No se trata sólo de tener pensamientos felices o positivos. Tengo que aprender a devolverle el pensamiento al Espíritu Santo para que mi percepción se vuelva unificada.

El siguiente párrafo me fue de gran ayuda. Recuerdo haber estudiado todo tipo de teorías psicológicas, filosóficas y espirituales. Estas teorías pueden resultar fascinantes, pero uno puede quedarse cautivo de la fascinación por el estudio de las teorías sobre la mente. Eso le encanta al ego. El Curso nos dice que vayamos hacia la *experiencia*. ¡Mereces tener tranquilidad de espíritu! No te quedes en una vía muerta.

> El ego es incapaz de entender lo que es el contenido, y no se interesa en él en absoluto. Para el ego, si la forma es aceptable el contenido lo es también. De otro modo, atacará la forma. Si crees que entiendes algo de la "dinámica" del ego, déjame asegurarte que no entiendes nada. Pues por tu cuenta no podrías entenderla. El estudio del ego no es el estudio de la mente. De hecho, al ego le encanta estudiarse

> a sí mismo, y aprueba sin reservas los esfuerzos que, para "analizarlo", llevan a cabo los que lo estudian, quienes de este modo demuestran su importancia. Lo único que estudian, no obstante, son formas desprovistas de todo contenido significativo. Su maestro no tiene sentido, aunque les oculta este hecho con gran celo tras palabras que parecen ser muy elocuentes, pero que cuando se enlazan revelan su falta de coherencia. T-14.X.8

Se puede ver que, si el ego disfruta estudiándose a sí mismo, esa es otra trampa a la hay que estar atentos. Puede contener muchas palabras. Oí decir a nuestro amigo: "No quiero estar cautivo de las palabras". Al ego no le inquieta que haya gente por ahí largando trocitos del Curso al pie de la letra, mientras sigan agarrados a un concepto del yo que esté de acuerdo con la separación. Hay *demasiadas palabras*, en un intento de esconderse detrás de una máscara de palabras y de intelectualismo. Tenemos que encontrar la experiencia por medio del silencio. ¡Acalla la mente! Ahí es donde está la experiencia.

Ahora que tenemos una pequeña introducción a forma y contenido, podemos mirarlos mucho más de cerca con la sección titulada *Muchas clases de error, una sola corrección*, la segunda del Capítulo 26. Las lecciones del Libro de ejercicios que siguen el tema de esta sección son la 79 y la 80. La lección 79, "Permítaseme reconocer el problema para que pueda ser resuelto" explica que mientras sigas definiendo tus problemas en términos de forma –en términos de lo concreto– nunca llegarás a tener la mente en paz porque no es ahí donde están los problemas. Tienes un problema de percepción que se ha de resolver. Esta sección lo concentra todo en una sola corrección.

> Es fácil entender las razones por las que no le pides al Espíritu Santo que resuelva todos tus problemas por ti. Para Él no es más difícil resolver unos que otros. Todos los problemas son iguales para Él, puesto que cada uno se resuelve de la misma manera y con el mismo enfoque. Los aspectos que necesitan solución no cambian, sea cual sea la forma que el problema parezca adoptar. Un problema puede manifestarse de muchas maneras, y lo hará mientras

el problema persista. De nada sirve intentar resolverlo de una manera especial. Se presentará una y otra vez hasta que haya sido resuelto definitivamente y ya no vuelva a surgir en ninguna forma. Sólo entonces te habrás liberado de él.
T-26.II.1

¡Hay mucho motivo para alegrarse en que sólo haya un problema! Parece que hay capas y capas de oscuridad y complejidad. Lidiar con problemas, sean de relaciones, financieros, o de salud…, es como intentar tapar los diminutos agujeros que van saliendo en un dique. Cada nuevo día parece traer consigo una nueva oleada. Puedes sentir que los puedes manejar: los has estado manejando cada día, año tras año, pero, ¿es que no quieres que se acaben esas oleadas de problemas? ¿No sería más reposado no tener que lidiar con esas oleadas, estar en un sitio de tranquilidad?

¡Sí! ¡Sí! ¡Los quiero todos resueltos de un plumazo, en un instante!

El Espíritu Santo te ofrece la liberación de todos los problemas que crees tener. Para Él, todos ellos son el mismo problema porque cada uno, independientemente de la forma en que parezca manifestarse, exige que alguien pierda y sacrifique algo para que tú puedas ganar. Mas sólo cuando la situación se resuelve de tal manera que nadie pierde desaparece el problema, pues no era más que un error de percepción que ahora ha sido corregido. Para Él no es más difícil llevar un error ante la verdad que otro. Pues sólo hay un error: la idea de que es posible perder y de que alguien puede ganar como resultado de ello. Si eso fuese cierto, entonces Dios sería injusto, el pecado posible, el ataque estaría justificado y la venganza sería merecida.
T-26.II.2

Fíjate bien en esta frase: "Pues sólo hay un error: la idea de que es posible perder y de que alguien puede ganar como resultado de ello". Si sólo hay un error, necesitamos aclararnos sobre ese único error. De ahí viene la liberación. ¿Qué pensamientos vienen a la mente? ¿Qué pérdidas parecen reales y tangibles en este mundo?

Si el banco te desahucia de tu casa, parece que alguien pierde una casa y alguien la gana. Si hay cinco candidatos a un premio, uno va a ganar reconocimiento, respeto y hasta puede que dinero. Y luego viene la categoría de los perdedores. Digamos que varias empresas se presentan a un concurso por un gran proyecto; una empresa acaba ganando el concurso y las otras lo pierden. Incluso en las discusiones entre personas parece que hay una batalla de ingenios, a ver quién aporta más pruebas que apoyen su postura. Puede alargarse mucho, como si fuera una batalla para decidir quién tiene la razón. El que parece acabar demostrando lo suyo (*Ya te lo decía yo*) parece tener la razón y el otro parece estar equivocado. A menudo se basa en que dos personas desean resultados diferentes. Cualquiera que sea el resultado puede parecer que se queda contento el que se sale con la suya.

El mundo entero, tal como está establecido, se basa en pérdidas y ganancias. Y esto, a su vez, en los cuerpos. Los cuerpos parecen perder y ganar. Todo el sistema de la libre empresa se basa en la competición, en pérdidas y en ganancias. El mundo entero tal como está construido se basa en eso y por eso tengo que liberar mi mente de la identificación corporal y volver a esa condición o estado que se llama *mente*. Esa es la única condición en la que no hay ni pérdidas ni ganancias.

Hemos tocado muchos asuntos manifiestamente físicos. Pasemos ahora a la esfera de lo mental. Has oído hablar de los alfileres que se clavan en los muñecos de vudú, para atraer cosas malas hacia otra persona. Parece que se le hace daño a alguien, esta vez de una manera más psíquica. Y has oído a gente que dice que alguien les ha averiado la mente, o que ha jugado con ella, figuras como Charlie Manson, Jim Jones o David Koresh. Vienen a la mente algunos de estos personajes, como si ellos le hubieran lavado el cerebro a otros personajes. Piensa sólo en la creencia que tiene que haber debajo de eso. Hay obviamente una creencia en que se puede dañar a las mentes, sea con el vudú o con el lavado de cerebro. Hay la idea de que ciertas mentes son vulnerables y otras son dominantes. Parece que las mentes vulnerables pueden ser atacadas.

Parece como que el líder o el gurú es el que gana el control. Cuerpos más fuertes parecen dominar a cuerpos más débiles; las grandes corporaciones parecen aniquilar a los pequeños negocios, en el sentido físico. En el sentido mental, mientras se crea que las pérdidas y las ganancias son posibles, la tranquilidad de espíritu no lo será. La Filiación está repartida en dos facciones: víctimas y victimarios. Nosotros nos acercamos poco a poco al milagro, que ve las pérdidas y ganancias como imposibles. Una idea clave es la creencia en mentes privadas. Las mentes privadas parecen ser dominantes o dominadas.

> Para este único error, en cualquiera de sus formas, sólo hay una corrección. Es imposible perder, y creer lo contrario es un error. T-26.II.3

Piensa en la idea de pérdida. ¿Pueden las pérdidas venir de Dios? Si todo son ideas, lo cual vamos empezando a entender, la idea de pérdida es una idea del ego. Es una de las piedras angulares del sistema de pensamiento basado en el miedo.

> Es imposible perder, y creer lo contrario es un error. Tú no tienes problemas, aunque pienses que los tienes. No podrías pensar que los tienes si los vieses desaparecer uno por uno, independientemente de la magnitud, de la complejidad, del lugar, del tiempo, o de cualquier otro atributo que percibas que haga que cada uno de ellos parezca diferente del resto. No pienses que las limitaciones que impones sobre todo lo que ves pueden limitar a Dios en modo alguno. T-26.II.3

La equidad es un tema estupendo, porque en este mundo a menudo se identifica la justicia con la equidad. Pero entonces la pregunta es: ¿Qué es lo equitativo? Algunos dicen que equidad es igualdad: la misma paga por el mismo trabajo. Eso suena bastante bien, pero entonces leemos la parábola del propietario que sale por la mañana y contrata algunos jornaleros para trabajar en su tierra. Les dice que les pagará un denario por el trabajo de un día Luego sale alrededor de las dos de la tarde y contrata unos cuantos más y les dice: "Os pagaré un denario". Alrededor de las cuatro, y de nuevo a las seis de la tarde vuelve a contratar más obreros y les dice: "Os pagaré lo que sea justo". Al final del día le paga un denario a cada obrero. Naturalmente los obreros que vinieron al principio de la jornada no están muy contentos.

Participante: Están acalorados.

David: ¡Acalorados! *¿Me estás diciendo que los que han trabajado sólo unos pocas horas se llevan la misma paga que yo?* Recuerdo que la primera vez que repasé esta parábola con una amiga, ella dijo: "¡Eso no es equitativo! ¡Hay que darle más dinero a los que comenzaron antes, se lo merecen!" Jesús utiliza esto como una enseñanza. Está diciendo que así es el Reino de los Cielos: consigues lo mismo con independencia de cuánto tiempo hayas trabajado para conseguirlo.

La frase habitual del que se disgusta es: "¡No es equitativo!" Pero no importa cuanto te esfuerces por alcanzar la igualdad en el mundo, –puedes intentar que haya leyes de igualdad de oportunidades, etcétera– nunca la vas a alcanzar. Llegas a un punto en el que sientes que la idea de igualdad no funciona en la forma. No es que unos sean mejores y otros sean peores, toda la Filiación es igual. *Pero no puede haber igualdad en la forma.* Mientras busques igualdad en la forma no la encontrarás, pero la puedes encontrar en el milagro: el milagro es la percepción del Espíritu Santo y Él ve a todos como el mismo. En el milagro, el vudú es imposible. Las sectas son imposibles. Que una mente domine a otra es imposible. El Espíritu Santo ve todo eso como una idea absurda.

El Espíritu Santo nos enseña a ver que no hay culpabilidad. ¡Qué alivio para el que ante los ojos del mundo parece ser el autor de una matanza! El mundo dice: *hay que freírlo, hay que encerrarlo por el resto de su vida.* Y luego está el que parece vivir una vida ideal, el filántropo que dona montones de dinero. A los ojos del mundo no hay comparación entre estos dos.

Participante: No son iguales.

David: No son iguales de ninguna de las maneras posibles. Pero Jesús dice: *Tu percepción es confusa.* Eso me ayuda a reconocer que no sé evaluar; que no sé pesar con la balanza de la justicia. No tengo que enfadarme con unos y tener pena de otros. Lo que necesito es ver el mundo de manera diferente. Necesito ver lo equivocado que he estado sobre *TODAS LAS COSAS*. Esto es muy diferente de las espiritualidades que definen lo que es bueno y sagrado y dictan lo que se necesita hacer para ir al Cielo. Hay citas de la Biblia sobre reunir a los malvados y pegarles fuego. La gente se las toma de manera literal.

Comprender la parábola del trigo y la cizaña es ver el trigo como los pensamientos de la mente recta y la cizaña como los pensamientos de la mente errada. Al final se recogen todos y unos se ven como ilusorios y se disuelven. Uno se queda con el fruto. El fruto es la parte comestible: uno se queda con la parte buena. Para mi, esas parábolas enseñan que lo que necesita arreglo es lo que se piensa.

Participante: ¿Entonces hay bien incluso en esa mala persona? ¿Es eso lo que estás diciendo? ¿Se va a arreglar? ¿Todavía va a ser la mente Única?

David: Esto se aleja incluso de las personas. Recuerda, se trata de que: *esta lección es para mí, es mi mente y ahora mismo contiene una mezcla de trigo y cizaña. Parece que el pensamiento del ego ha crecido ahí dentro y que mi mente está infestada. Todavía tiene el trigo, aún tiene el sistema de pensamiento del Espíritu Santo, pero todo está mezclado.* El Espíritu Santo te guía en la selección. Entonces empiezas a ver que el pensamiento recto es contenido o propósito. No tengo que prestarle atención a todas las formas de lo que mi hermano parece hacer. Sólo necesito ponerme en contacto con el pensamiento recto.

Esto a menudo vuelve al cuerpo. Duele cuando uno juzga a los demás. Y cuando juzgas a este cuerpo duele justo lo mismo; la vergüenza, el reproche y la culpabilidad se vuelcan sobre este cuerpo. *Espíritu Santo, no sé quién soy. Quiero que me ayudes a resolver esto en mi mente para que pueda llegar a experimentar lo que soy en realidad*: que es mente o Espíritu, y no cuerpo.

El milagro de la justicia puede corregir todos los errores.
T-26.II.4

Dos Voces

Hola, David:

A veces me siento como si dentro de mi vivieran a la vez dos personas: una a quien siento como "yo", que está muy tranquila y existe sencillamente, sin pensamientos: el "yo" que se convierte en "alegría". Y la otra que me empuja intentando sacarme de mi sendero. Lo tengo todo controlado, pero a veces me siento como una mariposa volando contra el viento y quiero decirle: "¡Deja ya de molestarme!" En momentos así comprendo a qué se refieren los que hablan del "diablo" como si fuera una persona. Parece como si de verdad alguien me hablara desde dentro. ¿Puedes por favor decirme si esta es una etapa normal en el sendero espiritual?

Amado:

Hablas de algo normal en el viaje espiritual, pues a menudo el ego literalmente parece una voz que se oye en la mente de uno. El ego siempre habla primero y puede parecer avasallador, porque siempre ha tramado un plan (un resultado en la forma) para lo que "cree" que quiere. El ego no sabe lo que quiere, ni "piensa" en realidad, pues no tiene ninguna meta unificada ni la menor capacidad real de pensar. El ego es sólo un torrente de pensamientos ficticios, y es un Gozo no hacerle ningún caso a ese torrente.

Es importante mantenerse firme en el compromiso de prestar atención a la Dirección interior del Espíritu y al Estado de Ser Sosegado que está más allá de las palabras, al "yo" real que experimentas a veces. Éso es lo que haces cuando dices o piensas: "*¡Deja ya de molestarme!*"

Una versión que yo solía usar es: "Apártate de mí, Satanás". (Lucas 4:8) La forma no importa, pero sí que importa la disposición a estar Sosegado y escuchar sólo la Voz de Dios. Y la Voz de Dios es nuestra Voz en Cristo.

Gracias a Dios por abrir el Camino. Toda la Gloria al Uno.

Amor, David.

Dios es una Idea Pura, igual que Cristo

Hola, David:

Vivo en Australia. Sigo leyendo con gran interés tu sitio web para el despertar de la mente, me es de gran ayuda y te estoy muy agradecido. Noto que pareces no juzgar el ego, o que al menos en lo que escribes el ego está en segundo plano.

Otros sitios ponen el énfasis en algo por completo diferente. En un artículo publicado recientemente en uno de ellos se argumenta lo siguiente: si crees saber lo que es el Amor, que puedes perdonar por ti mismo, o que tienes algo que los demás no tienen y que tú les puedes dar (amor, por ejemplo), entonces te estás creyendo que eres Dios. Mientras creas que el mundo es real y que el cuerpo está vivo, te creerás que eres Dios.

Cuando leí el Curso por primera vez, Dios desapareció por completo. Me vi a mí mismo pensando que no hay tal Dios. ¿Tendremos que ver a Dios como algo completamente inventado? De hecho el Curso dice que incluso Dios es una idea. Los antiguos gnósticos solían ser de la opinión de que cuando uno ha trascendido, entonces ve que es ESO. A mi modo de ver, ESO es nuestra mismísima esencia. Nos convertimos en Dios. Lo que uno es, es Amor. Según el artículo mencionado, ¿soy arrogante cuando pienso así? ¿Es una situación en la que no se puede ganar?

Amado:

El perdón le despeja el camino al recuerdo de Dios, y por tanto es siempre lo central. Hasta que la mente se libere del error del ego, el miedo a un "dios" inventado seguirá enterrado en las profundidades de la mente inconsciente. Así que hace falta el perdón, es decir, la completa liberación de todo el sistema de creencias del ego, para que el Recuerdo del Amor de Dios pueda volver plenamente a la consciencia.

Dios es una Idea Pura igual que Cristo. Cuando la mente está vacía de conceptos y creencias falsas, la Idea Pura permanece, Eterna y Perfecta.

"Soy tal como Dios me creó". E-110 Es otra forma de decir: *Lo que eres es Amor.*

Agradezco que el sitio web te haya sido útil. Gracias por escribir y espero verte pronto.

Amor siempre, David.

¿Cómo hizo el ego la mente?

David: Leemos la sección *El ego y la falsa autonomía,* en la que Jesús dice en el primer párrafo:

> Es razonable preguntarse cómo pudo la mente haber inventado al ego. De hecho, ésa es la mejor pregunta que puedes hacerte. Sin embargo, no tiene objeto dar una respuesta en función del pasado porque el pasado no importa, y la historia no existiría si los mismos errores no siguiesen repitiéndose en el presente. El pensamiento abstracto es pertinente al conocimiento porque el conocimiento es algo completamente impersonal, y para entenderlo no se necesita ningún ejemplo. La percepción, por otra parte, es siempre específica y, por lo tanto, concreta. T-4.II.1

No tiene sentido ir de caza de brujas al pasado, ni preguntar cómo pueden haber ocurrido la culpabilidad y el ego. Jesús nos dice que no busquemos la respuesta en el pasado. Necesitas una experiencia actual, en tiempo presente. Mientras te sientas disgustado de cualquier manera podrás ver, por tu propia experiencia, que se está repitiendo la misma equivocación.

Participante: Pero eso no responde la pregunta de cómo pudo la mente hacer al ego.

David: A eso vamos. En el cuarto párrafo de la introducción a la sección *Clarificación de Términos,* Jesús aborda directamente esta pregunta y dice que no hay respuesta. Hay sólo una *experiencia.* Busca la experiencia en lugar de permitir que te demoren preguntas como ésta. Dicho de otra manera, empeñarte en la pregunta de cómo pudo ocurrir lo imposible puede, metafísica y teológicamente, arrastrarte a una caída en barrena. Hay una suposición subyacente bajo la pregunta. La suposición subyacente es que lo imposible podía ocurrir y ha ocurrido.

¿Por qué preguntarías cómo ocurrió si no creyeses que ocurrió? Responder la pregunta es hacer real ese error. Es lo mismo que querer una buena definición, bien fundamentada, del ego. En vez de definir el ego, hablamos del milagro, de la mente recta y de la corrección. El milagro es lo que el ego *no* es. Se trata de elegir la mente recta, de elegir el milagro. No se trata de analizar el ego.

La mente huyó de la luz en un instante de terror. La creencia del ego es que Dios te va a ajustar las cuentas porque has conseguido separarte de Él de verdad. La mente se aterrorizó y se introdujo en la oscuridad, lejos de la luz. Durante un instante hubo una creencia en el ego. Eso es todo lo que el ego es: el instante no santo. Aquí está el instante profano en el que se dio crédito a esa creencia insignificante, y de forma simultánea viene el Espíritu Santo, como la respuesta a eso, justo aquí en la mente. Dios situó la respuesta a la locura justo donde estaba la locura. No puso la respuesta fuera, en el mundo, porque no es ahí donde está el resoplido de locura; el resoplido está en la mente. Situó la respuesta justo donde estaba el problema. Pero la mente está tan aterrorizada de esa luz que se retiró hacia la forma y se dedicó a los cuerpos, a sobrevivir y a hacer juicios.

> Dios es mi vida. No tengo otra vida que la Suya. Estaba equivocado cuando pensaba que vivía separado de Dios, que era una entidad aparte que se movía por su cuenta, desvinculada y encasillada en un cuerpo. Ahora sé que mi vida es la de Dios, que no tengo otro hogar y que no existo aparte de Él. Él no tiene Pensamientos que no sean parte de mí, y yo no tengo ningún pensamiento que no sea de Él. E-223.1

¿Cómo se desconecta el ego?

Hola, David:

Desde que tenía dos o tres años, mis problemas han sido el miedo y pensar siempre lo peor. Ojalá pudiera sencillamente desconectar mi ego y su miedo, pero siempre ha sido mi perdición. Sé que tengo que mirar dentro, leer más y meditar más. ¿Cómo se desconecta el ego? ¿Es sólo estar constantemente consciente y rechazarlo en todo momento? Me vuelvo loca de tanto preocuparme.

Amada:

Gracias por tu pregunta y por escribir lo que está en tu corazón. El ego no se desconecta, se desenchufa retirándole la fe. Primero empiezas por prestar atención a los pensamientos, sentimientos y percepciones. La cháchara, los viajes por la montaña rusa emocional, y las percepciones inestables y distorsionadas dan testimonio del demencial sistema de creencias del ego, que es el que impone esas oscilaciones. Hay que desenmascarar al ego y llevarlo ante la Luz antes de que las oscilaciones le cedan el paso a una percepción consistente y estabilizada. Hasta que se le retire la fe al ego, parecerá que la mente oscila entre la oscuridad y la Luz. Hiciste al ego creyendo en él y puedes erradicarlo retirándole todo el crédito que le diste. Sin el poder que la mente parece darle, dejará de parecer que el ego existe. Cristo está Presente Ahora mismo. El ego era una ilusión de pasado-futuro, pero la Luz ha venido, y el error se ha esfumado en esta Luz.

Ten disposición a ir adentro, a cuestionar todas tus suposiciones. El miedo es una suposición y, por tanto, se disuelve en la Presencia de la Luz. No protejas a ninguna creencia de la Luz sanadora del Espíritu Santo, y verás que no hay nada a lo que aferrarse. Cede y fusiónate con la Voluntad de Dios, porque es nuestra Voluntad también. Los milagros vienen de la confianza en Dios, el miedo desaparece al crecer la confianza. Parecerá que tu estar dispuesta te lleva hasta estar preparada y que tu estar preparada te lleva hasta la maestría. Toda la Gloria a Dios, y gracias al Espíritu Santo por Guiarnos más allá de la ilusión del miedo hacia el mundo perdonado y de ahí al Recuerdo de Dios.

¿Quién escribió el Curso?

Participante: Tú sigues diciendo "Él dice...". ¿Se supone que las palabras del Texto son de Cristo?

David: Parece que todo el Curso está escrito en primera persona del singular y usa la segunda persona: dicho de otra manera, dice "yo" y "tú" y habla de la crucifixión, la resurrección, los apóstoles, etcétera, como de cosas que le pasaron a él. Se supone que es Jesús el que habla. Cuando vi el Curso por primera vez en California, yo ya había estudiado muchos senderos y espiritualidades diferentes. No tenía ni idea de quién lo había escrito, no sabía nada de él. Sencillamente lo tomé y comencé a leer las ideas. Pasó algo de tiempo antes de que llegase a uno de esos pasajes que hablan en primera persona de la crucifixión y la resurrección. Lo único que sabía era la resonancia que estaba teniendo dentro de mí, y todo lo que sentía y todo lo que leía —todo— me iba guiando hacia la integridad. Eso era muy fuerte, muy, muy fuerte. Luego, cuando llegué a esos pasaje, fue algo así como: *pero, ¿quién ha escrito este libro?* Naturalmente ya tenía una sensación de ello.

Jesús como autor del Curso es simbólico. Hay una Mente Íntegra que está Despierta: este Curso viene de esa Mente Íntegra. Él dice que sólo fue el primero en despertar (lo que implica que ha habido otros). No está personalizado y no es un sendero específicamente cristiano sólo porque utilice una terminología cristiana. Lo veo simplemente como ideas, una escalera metafórica que viene de la mente íntegra.

En este mundo —que representa la creencia en el problema de la autoridad— se cree que los autores son personas. Súmale a esto el concepto ilusorio de canalizar y los autores se ven como entidades diferenciadas que vienen por medio de personas. Éste es el caso con "Jesús" y "Helen". En verdad, en verdad, nada de esto tiene nada que ver con ser Autor de la manera en que Dios es Autor, pues ser Autor es crear en el Espíritu. El concepto de "autor personal" es una contradicción en sus propios términos que no tiene ningún significado en absoluto. Cero. Nada de nada. Nothing. Darse cuenta de esto es escapar del miedo y abre el camino al recuerdo del Amor.

UCDM es una forma, una colección de palabras, y las formas no tienen autor. Lo infinito tiene a Dios por Autor. Lo finito es irreal, y no tiene NINGÚN autor. El Pensamiento más allá del velo de la ilusión (un velo que incluye al libro llamado *Un curso de milagros*) es Cristo, una Idea Completa, Pura, Perfecta y Abstracta en la Mente de Dios. Lo más aproximado a lo que este mundo llama "autor" es el Espíritu Santo, o la Voz de Dios. El Espíritu Santo es sinónimo de la Voz de Cristo. El perdón, que es una ilusión, se "hizo" (no se creó) como un sueño opuesto al mundo de los juicios. Pero incluso las "formas" que parece tomar el Espíritu Santo –palabras, ángeles, sueños y visiones, el mundo perdonado– son ilusiones y se disolverán cuando la creencia en el tiempo ya no sea atesorada. ¡El tiempo, el espacio y la forma no tienen ningún Autor Divino! ¡Dios es el Autor de la Realidad y no hay más Autor que Dios! La Realidad es la Eternidad. Dios no es el "autor" del tiempo, ni del espacio, ni de la forma. "Dios no sabe nada de formas". T-30.III.4 Dios es el Autor de Cristo en el Espíritu y sólo en el Espíritu. El Eterno crea Eternamente. El Infinito crea Infinitamente. La Realidad es Espíritu. Para Despertar Ahora, sencillamente sigue las instrucciones del libro de ejercicios de UCDM: "Olvídate de este mundo, olvídate de este curso, y con las manos completamente vacías, ve a tu Dios". E-189.7

La Identidad es una Experiencia, y no un concepto. Dios (Espíritu Abstracto) es el Autor de la Realidad. La Realidad (Espíritu Abstracto) es Todo cuanto Es y no tiene ningún contrario. No hay más Autor que Dios. La creencia en contrarios no tiene ninguna realidad en absoluto. Ser Autor es crear en Espíritu. La Autoría es Espíritu, es Todo el Sentido. La forma es creencia y por tanto no tiene *nada* que ver con la Autoría.

UCDM es un símbolo del deshacimiento de las creencias, ni más ni menos. UCDM es un libro, no la Realidad. Dios es el Autor de la Realidad, y la forma no tiene autor. Las palabras no son más que símbolos de símbolos, doblemente alejadas de la Realidad. La Realidad es una Experiencia y no puede ser descrita, ni explicada, ni definida. La Realidad sencillamente Es, mucho más allá de creencias, conceptos y palabras ilusorios.

La creencia del ego en el tiempo (una ilusión) pareció inventar un cosmos espacio-temporal (también una ilusión), pero ni el ego ni su cosmos tienen realidad. La creencia en el ego y el cosmos parecen negar a la Realidad en la consciencia, pero la Realidad está completamente más allá de las creencia y sólo puede Conocerse. Como todas las imágenes, UCDM forma parte de la esfera de las creencias y es una ilusión.

El ego pregunta quién es el autor de UCDM, pero Cristo, al estar seguro de la Identidad en Dios, no hace ninguna pregunta. ¿Puede tener autor una ilusión, si Dios es el Autor de la Realidad y Dios es el único Autor? Parece que UCDM es una colección de palabras, pero son palabras que apuntan más allá de las palabras. El Sentido de la Vida es la Experiencia a la que apuntan esas palabras: Dios es el Autor de la Realidad y yo soy tal como Dios Me creó.

Puede parecer que las palabras representan al Espíritu Santo. En la Realidad el Espíritu Santo es Abstracto. Pero el Espíritu Santo parece tomar la forma de una voz de Dios en relación con la creencia en el tiempo, de manera que la creencia en el tiempo se pueda deshacer. La Voz de Dios es la Voz de Cristo, pues igual que Creador y Creación son Uno, Espíritu Abstracto, la Voz que representa temporalmente a la Realidad es Una también. El sencillo mensaje del Espíritu Santo es este: Dios es Espíritu. Cristo es Espíritu. Dios es Eternamente el Autor de Cristo. El Espíritu es Todo cuanto Es, y no tiene ningún opuesto. No hay más autor que Dios.

Perdona todos los símbolos y acepta Ahora nuestro Ser, pues Dios crea Espíritu como Espíritu. La Mente Divina es singular. Cristo es Un Ser en la Mente de Dios. Perdona todos los símbolos, perdona incluso a Jesús, porque el hombre no fue sino una ilusión. La historia no tiene ningún significado. Dios es Ahora. Cristo es Ahora. Todo el Sentido es Ahora. Yo Soy Ahora. El instante santo es todo lo que se puede contemplar. Estate Tranquilo y Conoce, pues el pasado ha desaparecido y el futuro no era sino imaginaciones falsas. Qué obvia y qué sencilla es la Respuesta Experiencial de nuestra Identidad en Dios.

Por consiguiente, deja a un lado las preguntas tontas y las distracciones, y entra en el Silencio del Ser. La certeza es una Experiencia más allá de palabras y preguntas. La Presencia "Yo Soy" es real. Los asuntos del mundo no son reales. Desea la Realidad por completo y ten la Experiencia de que Todo lo que Dios creó es Santo. No hay libros, ni palabras, ni personas, ni cosas ni sitios santos, pero el Espíritu del "Yo Soy" es siempre Santo. No hay nada más que contemplar.

Aplicar las ideas

David: La verdad está dentro de nosotros: unámonos con la intención de que nuestro discernimiento entre el ego y el Espíritu Santo se vuelva muy claro. Esto requiere observar detalladamente la mente y su funcionamiento. Conforme permitimos que el Espíritu nos visite, hacemos preguntas, vienen las respuestas y compartimos experiencias. Necesitamos tomar ejemplos prácticos de nuestras vidas y aplicarles las ideas. Si no *utilizamos* el Curso, es sólo un libro lleno de ideas metafísicas y de teorías sublimes. Todas las enseñanzas espirituales son para *aplicarlas*. Necesitamos vivir las enseñanzas. Si hay partes de nuestras vidas incongruentes con ellas, es útil para todos darse cuenta de ello, de manera que la mente pueda cambiar y ser una demostración de la verdad. Cuando los disgustos aparecen en la vida cotidiana se les puede seguir el rastro hasta su origen por medio de los principios metafísicos, que se nos dieron porque son útiles y prácticos. ¡Siempre tenemos que volver a la consciencia de que lo que necesita sanar es nuestra percepción! Nuestras mentes son las que toman la decisión de sanar o no hacerlo: en el mundo de la forma nunca ocurre nada que pueda causar un cambio en la mente.

En realidad hay sólo una pregunta que, en un nivel muy profundo, la mente no para de hacerse: *¿Quién soy?* El ego hizo la primera pregunta que hubo. No había ninguna pregunta en el Cielo, sólo había Unicidad. Desde esta primera pregunta, *¿Quién soy?* ha surgido un tremendo montón de preguntas. Fue el ego el que preguntó. Cristo no hizo esta pregunta. Hay completa certeza en el Cielo. Todas las demás preguntas han venido de esa primera, incluidas todas las preguntas sobre el mundo, los niveles subatómicos, la ciencia, la filosofía. Todas las demás preguntas son sólo pilas sobre pilas y capas sobre capas de preguntas puestas encima de aquella primera. En su estado de engaño la mente se sigue haciendo esa pregunta básica: *¿Quién soy?* [risas]

El ego tiene muchas respuestas: eres hombre o mujer, eres hijo, o padre o hermano, eres hermana, marido o esposa. Eres obrero de la construcción, ingeniero, matemático, profesor de tenis. El ego nos da montones de respuestas y está ahí dentro diciéndote constantemente que eres una combinación: eres esto, eso, aquello y además esto otro. Debajo de todo eso, la mente no está nada segura porque sigue haciéndose esa pregunta fundamental: *¿Quién soy?* La identidad parece seguir evolucionando y cambiando. Yo era hijo, ahora soy padre o abuelo. O era banquero y ahora me dedico a esto o a aquello. Es muy inestable y está cambiando continuamente Necesitamos seguir llevándola, cada vez más profundamente, de vuelta a la mente, para llegar a esa pregunta fundamental, *¿Quién soy?*, y descubrir dónde está la *experiencia* de la respuesta.

Todas las preguntas que se hacen en este mundo se componen de dos partes. No podremos comprender la respuesta si ni siquiera sabemos hacer la pregunta correcta, si hacemos preguntas tontas: preguntas que preguntan y se responden a sí mismas. Preguntas circulares que no van a ningún sitio:

> Todas las preguntas que se hacen en este mundo no son realmente preguntas, sino tan sólo una manera de ver las cosas. Ninguna pregunta que se haga con odio puede ser contestada porque de por sí ya es una respuesta. Una pregunta que se compone de dos partes, pregunta y responde simultáneamente, y ambas cosas dan testimonio de lo mismo aunque en forma diferente. El mundo tan sólo hace una pregunta y es ésta: "De todas estas ilusiones, ¿cuál *es* verdad? ¿Cuáles inspiran paz y ofrecen dicha? ¿Y cuáles pueden ayudarte a escapar de todo el dolor del que este mundo se compone?" Independientemente de la forma que adopte la pregunta, su propósito es siempre el mismo: pregunta para establecer que el pecado es real, y las contestaciones que te ofrece requieren que expreses tus preferencias. ¿Qué pecado prefieres? Éste es el que debes elegir. Los otros no son verdad. T-27.IV.4

Cuando llevamos esto a nuestras vidas cotidianas, vemos que el tema dominante de cada día viene de las situaciones aparentes que constituyen el menú del mundo, y todas son ilusiones. Invertimos mucho tiempo y mucha frustración en debatir las alternativas aparentes: *¿Es mejor ir a comer aquí o allá? ¿Es mejor llamar a esta persona o no? ¿Es mejor salir con esta persona o no? ¿Es mejor comprarme esta clase de vehículo o no? ¿Es mejor invertir en este fondo común de inversión o en certificados de depósito?* Se pone un montón de esfuerzo y energía en el asunto de cuál es la ilusión verdadera. ¿Cuáles son las mejores? Debajo de eso está la creencia de la mente en una jerarquía de ilusiones. Tiene las imágenes clasificadas: *Estas son mis mejores ilusiones. Invierto un montón de esfuerzo y energía en buscarlas. Luego viene el grupo del medio, sobre esas soy indiferente. Que la gente busque esas ilusiones si eso es lo que quieren, a mí no me importan. Y luego vienen las negativas, las ilusiones que pongo mucha energía en evitar. No quiero tener cerca a esta persona. No me importa si es o no una ilusión. No me gusta. O no me gusta este clima. Si me mudo a Hawaii me puedo escapar de este clima. Hawaii tiene mejor clima.*

Se puede ver que ahí hay una jerarquía. La mayoría de las preguntas planteadas son a la vez pregunta y respuesta. Ahí es donde entran las preferencias. Todo el mundo tiene esta jerarquía. Todo el mundo tiene su propia versión de lo que es la buena vida, que puede ser distinta, porque cada cual tiene su sensación inconsciente de lo que es la buena vida. Hace mucha falta mirar bien esas preguntas que hacemos. "¿Qué quieres que te consiga el cuerpo que tú desees por encima de todas las cosas? Él es tu siervo y también tu amigo Dile simplemente lo que quieres y te servirá amorosa y diligentemente". T-27.IV.4 Aquí Jesús habla sarcásticamente porque así es como piensa el ego: "Esto no es una pregunta; pues te dice lo que quieres y adónde debes ir para encontrarlo. No da lugar a que sus creencias se puedan poner en tela de juicio. Lo único que hace *es* exponer lo que afirma en forma de pregunta". T-27.IV.4

En este mundo hemos olvidado que somos Espíritu, que somos Mente. En el estado de engaño el ego dice: *Dios te hizo cuerpo. Muy bien. Ya sabes que eso tiene un límite así que más vale sacarle el mayor partido posible. Más vale echarle todo el entusiasmo que tengas. Sabes que estás atrapado y limitado. Ya te has separado del Reino y has tirado a la basura tu herencia espiritual, igual podrías ir sencillamente a por lo que da gusto: Come, bebe y alégrate, porque vas a morir.* [risas]

Participante: Ciertamente yo he hecho mi parte de eso.

David: Y con todo este poner el objetivo en lo que nos gusta, el ego no nos dice que el mundo es el último sitio donde se puede encontrar la paz y la felicidad. El mundo se hizo como una cortina de humo para que no volviésemos a nuestras mentes, en meditación, y nos sumergiéramos dentro, donde residen la salvación y la verdadera felicidad, para estar con el Espíritu Santo. La Biblia dice: "El Reino de los Cielos está dentro de vosotros". (Lucas 17:21) El ego dice: *No, está fuera*. Es una relación de codependencia: busca la relación, busca las posesiones, busca la fama, busca la gloria, busca algo ahí fuera. Hemos tenido montones de ejemplos de gente que ha seguido esto hasta el final. Pienso en ejemplos extremos, como Marilyn Monroe. Tuvo todo el dinero, toda la fama, todo el atractivo sexual, se casó con Joe DiMaggio y con Arthur Miller: todas las variaciones de la premisa del ego: "Busca, pero no halles". T-12.V.7 El Curso nos da un marco de referencia para ver esto. Es muy distinto del "Busca y hallarás" (Lucas 11:9) bíblico. El mundo sigue poniéndonos delante la zanahoria: fama, fortuna, dinero, buen aspecto. Y nosotros seguimos buscando esas satisfacciones en la forma y seguimos haciendo pseudo-preguntas. Y Jesús dice: Una pseudo-pregunta carece de respuesta, pues dicta la respuesta al mismo tiempo que hace la pregunta. Toda pregunta que se hace en el mundo es, por lo tanto, una forma de propaganda a favor de éste. T-27.IV.5

Después dice:

> Una pregunta honesta es un medio de aprendizaje que pregunta algo que tú no sabes. No establece los parámetros a los que se debe ajustar la respuesta, sino que simplemente pregunta cuál es la respuesta. Mas nadie que se encuentre en un estado conflictivo es libre para hacer esta clase de pregunta, pues no *desea* una respuesta honesta que ponga fin a su conflicto. T-27.IV.5

Se trata del mismísimo instante en que esta mente tan poderosa pareció darle crédito a la creencia diminuta, alocada y absurda en la separación. Entregarle una mente tan poderosa como la del santo Hijo de Dios al pensamiento absurdo de que podía separarse de su Creador fue el Big Bang de la mente, literalmente. Ahí surgió toda la culpabilidad. A esto no se le dio respuesta *después*, la respuesta fue simultánea. En el instante en que pareció que se aceptaba la creencia, se ofreció al Espíritu Santo como respuesta. La buena noticia es que tu único problema ha sido resuelto. Ya está resuelto. Es bueno saberlo porque, debido a los sentimientos que experimentamos, a veces puede parecer que aún está por decidir si esto está resuelto o no. La pregunta número uno para la mente del ego es: *Para empezar, ¿cómo pudo ocurrir esto?* La historia no existiría si no siguieses cometiendo la misma equivocación en el presente. El momento presente es tu sitio de poder: es aquí donde tomas las decisiones y es aquí donde puedes elegir la salvación.

En nuestro concepto de nosotros mismos, hemos estado en el viaje espiritual unos cuantos años y estamos volviendo hacia la consciencia de Dios, la integridad y la completitud. Pensamos en la salvación en el futuro: algún día vendrá si nos aplicamos a ello de verdad. ¿Por qué iba Dios a situar la salvación en el futuro? El intervalo de tiempo entre el presente y el futuro, durante el que tienes que sufrir, ¿no haría cruel a Dios, un poco como la idea de que Jesús murió por nuestros pecados? ¿Qué clase de padre derramaría la sangre inocente de su hijo? Dios no situó la salvación en el futuro. La puso en el presente. Toda la salvación se te ofrece en este mismo instante. Eso es un gran alivio, pero el ego puede empezar inmediatamente a decir: *¡Ay!, yo debería ser capaz de conseguir esto ya, por favor ayúdame a conseguirlo, lo quiero ya.* [risas] Jesús se toma casi 1.400 páginas para decirte, básicamente, que estás aterrorizado del Espíritu Santo: que te aterroriza aceptar la respuesta ahora. Por eso nació el tiempo lineal. El pasado y el futuro son tentativas de la mente de evitar el presente. A nivel consciente puede parecer algo así: *Vaya, tiene gracia, porque yo siento que Dios es mi amigo y el Espíritu Santo es como un compañero, ¡y ahora Jesús me dice que estoy aterrorizado del Espíritu Santo!* Esto tiene sentido cuando ves que durante el traspiés en el que pareció ocurrir la diminuta idea alocada, la mente creyó que realmente había usurpado el Cielo, que había usurpado el lugar de Dios en el Cielo. Y el ego le aconsejó: *¡Corre, que la has hecho buena! Escápate de esa luz, porque si alguna vez vuelves por aquí esa luz te va a ajustar las cuentas, porque verdaderamente lo has hecho, lo has conseguido, ¡te has separado de tu padre, y tu padre está enojado!*

Todo este mundo ha sido un intento de escapar de la luz hacia la oscuridad, la fragmentación y la dualidad. Nadie quiere hacer una pregunta sincera, porque teme oír la respuesta. Lo que estamos aprendiendo es que el Espíritu Santo *es* la respuesta. En esta mente oscurecida que cree que se separó de Dios, Dios colocó una chispa de luz: el Espíritu Santo. Esa luz crecerá y crecerá hasta que ilumine toda la mente, literalmente. Pero la mente la teme mucho.

El ego es una creencia de la mente que proyecta un mundo exterior. ¿Habría colocado Dios la respuesta donde no está el problema? ¿Si el problema está en tu mente, habría puesto Dios la respuesta en el mundo? No, Dios colocó la respuesta justo donde estaba el problema. La respuesta está en nuestra mente: el Espíritu Santo y el problema están en la mente. La creencia en la separación está en la mente. Este mundo es una cortina de humo, un gigantesco dispositivo de distracción que te impide sumergirte en la mente y cuestionar todas sus suposiciones y creencias. En una analogía con el World Trade Center, tanto el Espíritu Santo como el ego están en el sótano. Todas las plantas del World Trade Center son capas de creencias. La mente está tan aterrorizada de la luz que ha apilado todas esas capas de plantas oscurecidas para poder olvidarse de la luz. La mente engañada ha intentado literalmente disociarse y olvidarse de la luz. Se ha disociado, también, porque la luz y la oscuridad no pueden estar juntas: son como el agua y el aceite. Cuando una está presente, la otra está ausente. Y la mente no podía soportar la intolerable situación de contener dos sistemas de pensamiento irreconciliables: el sistema de pensamiento del ego y el sistema de pensamiento del Espíritu Santo. La solución del ego es olvidarse de uno de ellos. La disociación es olvidarse de la luz. Parece que eso produce cierto alivio, pero en realidad el sistema de pensamiento del Espíritu Santo sólo está enterrado, y la mente sigue dolorida porque no está en su estado natural.

En el Cielo la mente es un estado de unicidad, completitud e integridad. Es insoportablemente incómodo que haya división en la mente. Por tanto, la mente proyecta la división en el mundo. De repente la cortina de humo se convierte en un "mundo real" de dualidad. En lugar de que la dualidad consista en esos dos sistemas de pensamiento en la mente, ahora la vemos en el mundo. Por ejemplo, macho-hembra, caliente-frió, rápido-lento, alto-bajo..., podríamos seguir toda la noche. El mundo entero parece ser sólo los polos extremos de la dualidad. Ahora la mente parece conseguir algo de alivio, porque cree ser una diminuta figurilla en la pantalla. Se ha olvidado de que es una mente inmensamente poderosa. Ahora es esta personilla diminuta. Y en cierto sentido, es una personilla entera, aunque a veces no se siente muy entera. En cierto sentido, ése es el truco. Se puede ver que ésta es una identidad inventada, no nuestra verdadera identidad. Nuestra verdadera identidad es Cristo. Pero esta diminuta identidad tiene a su disposición todos los inventos del mundo de los sueños: *Nací en tal sitio y estos fueron mis padres. Crecí y tengo esta historia de mi vida, y estos son los principales acontecimientos de mi vida. Mi maestra de cuarto de primaria me hizo avergonzarme, y di el primer beso a los trece años.* Esto es un sustituto, porque la verdadera identidad es grandeza: es espíritu inmenso y poderoso. En este mundo, cuando nos identificamos con la personilla diminuta que creemos ser, nos sentimos muy insignificantes y muy limitados.

No sólo eso, sino que además parece que hay un mundo gigantesco alrededor de la personilla diminuta, donde la gente parece competir con ella sin parar: competir por los empleos, competir por el amor, competir por los recursos. Hay huracanes y tornados, hay cosas que tiene que vigilar y de las que tiene que defenderse constantemente, cuando en realidad sólo es un sueño.

El problema es que está identificada con esta diminuta pizquita de carne en lugar de con la inmensa luz que es en realidad. Conforme vas por la vida parece que hay que confrontar todos esos asuntos y problemas de la pantalla: problemas financieros, problemas de relaciones, problemas de salud. Pero en realidad sólo tienes un problema y está abajo en el sótano. Y, gracias al Cielo, tienes la solución a tu único problema: está abajo en el sótano de tu mente. Empezamos por donde percibimos el problema, aquí arriba en lo alto del World Trade Center, que es en la pantalla del mundo en esta analogía. *Tengo un problema con esta persona que me desquicia: esto es lo que me desquicia de ella.* Comienzas por describir el problema tal como lo percibes y luego le sigues el rastro hasta los conceptos y creencias que están en la mente, las plantas del World Trade Center que son, en realidad, la causa del problema. Todas esas plantas oscuras brotaron del ego, y son sencillamente creencias falsas.

Esta es una visión general de la metafísica del Curso. No comenzamos la conversación con la idea de que *Dios es amor* o que *Yo soy el Cristo*, porque esa no es la experiencia de la mayoría de la gente. Empezamos por el nivel de la percepción: la mayoría de la gente percibe que el mundo les afecta, y está luchando por mantener la cabeza por encima del agua en lo emocional y en lo financiero. Cuando la mente está identificada con esta pizquita de carne de la pantalla, parece que el mundo *la* ha causado. La mente que cree ser un cuerpo cree que su origen también está en la pantalla; cree que sus padres son su origen. La mente que cree ser un cuerpo abriga resentimientos: *Yo no pedí esto, no quiero una vida así, no me gusta que no paren de pasarme estas cosas, quiero que sea diferente de como es*. Se cree que la causa de todo es algo de la pantalla: la economía, la recaudación de impuestos, la genética, el marido, la esposa, la enfermedad cardíaca, un trauma de la infancia..., la causa de que mi vida sea un desastre es algún acontecimiento ahí fuera en la pantalla. Pero los recuerdos no son la causa del trauma. Es la interpretación en este mismo instante, la interpretación que hacemos en el presente está causando el trauma a nuestras mentes. ¿Y de dónde viene esta interpretación? La mente está trayendo recuerdos de las catacumbas del pasado, intentando conservarlos.

Todo esto se termina en el instante santo. *Ahora mismo* somos inocentes e impecables, pero la mente tiene miedo de ello. Sigue trayendo el pasado al presente y manteniendo las cosas complicadas, porque está demasiado aterrorizada del instante santo, demasiado aterrorizada del Espíritu Santo. Esta nueva percepción es una lente muy útil para contemplar nuestra vida, y todos los problemas que creemos tener en la pantalla. Si intentas cambiar tu comportamiento, pero no empiezas a abrirte de verdad y a ir adentro, no estás cambiando nada en absoluto. Probablemente brotarán otros síntomas. Estás cambiando sólo la forma. Al final el tiempo es, en realidad, la raíz de todos los problemas. Hay muchas psicoterapias que empiezan a entrar en las creencias, pero el Curso apunta a una mente despierta, que literalmente ha transcendido el ego por completo. Eso es lo que lo hace una herramienta tan clara y tan poderosa. Esa es también la razón de que haya una resistencia tan enorme a trabajar con él. El ego se resiste *mucho* al Curso, porque es una herramienta muy bien afilada para eliminar y disolver los engaños. Y la creencia en el tiempo y el espacio está en el fondo, en la planta de más abajo del World Trade Center. Pero cuando la gente se levanta por la mañana para la reunión de las seis y media, su mente no suele ser un sitio donde se cuestione el tiempo lineal, ni el espacio. Normalmente ya están en marcha sus planes de actuación y sus búsquedas. Ha habido cierto número de terapias que hablan de vivir en el momento presente, pero no han entrado con suficiente profundidad en *cómo* vivir en el presente ni en *cómo deshacer la creencia en el tiempo y el espacio*.

No se puede solamente hablar y leer sobre este asunto, hay que vivirlo. Mi vida ha sido un proceso de bajar a sacar fuera estas cosas hasta llegar al punto en el que he examinado conceptos y, literalmente, los he superado. Entonces podía decir: *No soy esto, no soy eso*. Se sigue adelante. Se trata de empezar a moverse hacia un punto de superación, confiando sencillamente en que se te proveerá de lo necesario, y dejando entrar al Espíritu. Si hay problemas en la vida, necesitamos unirnos, dejar que nos visite el Espíritu, y conseguir algo de claridad sobre esas cosas. Tenemos un marco metafórico con el que trabajar. Tenemos un acuerdo básico sobre algunos principios metafísicos y tenemos que aplicarlo realmente ya.

Participante: ¿Cómo nos metemos en el presente? ¿Cómo aplicamos esto de manera que no estemos ni planeando el futuro ni preocupándonos por el pasado?

David: Recuerda que dijimos que había un sustituto de Dios, o un sustituto del ser, hecho para ocupar el lugar del Cristo. Ese es el concepto del yo. El concepto del yo es el objetivo del aprendizaje del mundo. Todos venimos aquí sin un yo y vamos haciendo uno sobre la marcha. Aprendemos cosas, creamos que las aprendemos de nuestros padres, creemos que las aprendemos en el colegio, aprendemos a hacer juicios: *estas son las cosas buenas de la vida, las que te darán seguridad y protección, estas son las cosas malas, las que necesitas evitar*. Todo eso forma parte del sistema del ego. El juzgar que aprendemos en este mundo trata de cuáles son las cosas que hay que buscar y cuáles son las que hay que evitar. Esto forma parte del sistema defensivo contra confiar en el instante santo, contra confiar en que el Espíritu sabe hacerlo. En este mundo, tener madurez de juicio es aprenderse muy bien los caminos del mundo, pero la verdadera sabiduría es renunciar a hacer juicios. Esto puede ser inquietante. Después de haber venido aquí y haber aprendido a ser "buen juez" de lo que es correcto y lo que es equivocado, empiezas a ver que todo tu sistema para discernir sigue formando parte del sistema del ego.

Cualquier tipo de evaluación positiva o negativa es, literalmente, negar que todo es igualmente ilusorio. Es como si, con todos tus juicios, hubieras construido un laberinto. Aquí tenemos un laberinto de complejidad. Y el Espíritu Santo es ahora el guía que nos va a conducir fuera del laberinto. El Espíritu Santo evalúa. Dicho de otra manera: el Espíritu Santo hace juicios, pero es capaz de juzgar verdaderamente porque ve el pasado, el presente y el futuro. Piensa en cuando intentas juzgar desde dentro del laberinto. ¿Tienes conocimiento del pasado y del futuro? ¿Sabes los resultados de cada decisión que tomas y cómo va a afectar a todos los demás? No es que *no deberías* juzgar, ¡reconoce que *no sabes*! No eres capaz de juzgar con precisión. Por eso necesitas al Espíritu Santo. En ese sentido el Espíritu Santo hace juicios. En un laberinto sólo se puede ir a la izquierda o a la derecha. A cada momento tenemos que tomar lo que parecen ser decisiones, y el Espíritu Santo está ahí dentro guiándonos. *A la izquierda, a la derecha.* Él conoce la salida del laberinto.

Participante: ¿Y qué pasa cuando alguien malvado te está afectando? ¡Hablo en serio! Me metí en negocios con un hombre de veinticuatro años que es capaz de ganar cientos de miles de dólares al año. Tal como yo lo veo, es malo, tiene poderes. Creo que tiene poderes en la voz: podría entrar en esta sala, cegarnos y robarnos, sin que nos enterásemos. Me metí en negocios con ese tío, con unas expectativas muy grandes, y llegué a encontrarme con que el tío es el mayor sinvergüenza que he conocido en mi vida. Ahora mismo quiere ponerme un pleito. Siento en mi corazón que no he hecho nada malo, que él es quien me perjudicó. Esto es una locura. [risas]

David: Lo que te oigo decir es que sientes tensión: sientes miedo, frustración y enojo. No tienes ni idea del tamaño del odio a sí misma que hay en tu propia mente. Tenemos que desvelar este odio a nosotros mismos. Lo que ocurre con esta división intolerable en la mente –con este odio intolerable– es que se proyecta. Así lidia con él el ego. Tiene que proyectarlo. En eso consiste toda la idea del mal en el mundo, lo que a veces se llama el diablo o la fuerza del mal. Parece muy activo, muy poderoso y muy destructivo. El diablo es el ego: una creencia de la propia mente. Una vez alguien le preguntó a Gandhi por el diablo y respondió: "Los únicos diablos de este mundo son los que corren por nuestros corazones, y ahí es donde deberíamos luchar todas nuestras batallas". Seguro que en esta proyección puede parecer que hay fuerzas del mal rodeándonos, pero ese pensamiento es falso. El Curso es un libro que puede guiarnos a la corrección de forma sistemática.

En el nivel inconsciente, nuestros hermanos son los espejos donde nos mirarnos. Podemos utilizar las relaciones para vaciarnos de creencias inconscientes. A menudo la gente dice: *Espera un poco, veo eso de los espejos hasta cierto punto, pero tengo pruebas y ejemplos de que tiene un límite.* Por ejemplo, dicen: *Conozco a una persona muy descuidada y perezosa, y yo no soy descuidado ni perezoso. Y me da igual lo que diga el Curso.* [risas] No se trata del nivel de la conducta. Lo que vemos en el espejo son reflejos de nuestras creencias. Dicho de otra manera, si juzgamos que alguien es descuidado o perezoso, es que tenemos una casilla –un casillero de descuido o de pereza– y cierto grupo de conductas que metemos en esa casilla y eso es lo que vemos en la pantalla. Hay que volver a la mente y mirar esos casilleros que hemos construido. Y tenemos *montones* de casillas. Eso es el sistema del ego. Hay juicios, categorías y casillas. En los negocios hay un montón de casilleros, por lo ligado a las apariencias que está el ego. Al final necesitamos dejar de depender tanto de los sentidos físicos, y comenzar a confiar en la voz de la intuición, lo que ven los ojos y lo que oyen los oídos nos embauca y nos engaña. Es divertido estar en un sendero que nos guía a pensar: *Gracias, ahora voy a librarme de algunos de mis juicios y voy a empezar a abrirme a mi intuición y escucharla.* Literalmente esa es nuestra seguridad, nuestro gozo y nuestra felicidad. Es estupendo poder simplemente ser. Parece que todo va saliendo ahí fuera, que no lo contienes. Está claro que no lo contienes, es como un volcán. [risas]

Participante: Ahora mismo tengo una persona en mi vida que está pasando por un período de reacciones. La escuché y pensé: *¿Por qué no ves lo que pasa en realidad?* Intenté explicarle lo que pasa en realidad, aunque sé que eso no se hace. Y dejé de verlo a través del amor, dejé de ver que es el Hijo de Dios igual que yo soy el Hijo de Dios. Me encanta esa expresión porque nos mantiene iguales a todos, pero se me olvidó.

Sé que estaba actuando desde el miedo, quería cambiarlo y no podía. Me preguntaba por qué él no podía ver lo que estaba haciendo. Él lo veía todo mal, y yo intentaba decir: *Pero hombre, no lo entiendes. No juzgamos porque lo que vemos no es real.* No funcionó.

David: En el pasado has negado y reprimido el sistema del ego. No has subido el ego a la consciencia, pero una vez empiezas a subirlo a la consciencia y la cosa comienza a vaciarse, hay una fuerte tendencia a querer proyectar. Aunque el ego está siendo desvelado, ves que la mente aún está muy comprometida con él, y de ahí viene la culpabilidad. Al final vendrá el transcender, y desapegaremos nuestra mente de pensamientos falsos, de pensamientos de ataque: seremos capaces de ver con toda calma que lo falso es falso. Pero esta es una de las etapas que atravesamos. Cuando empieza el vaciado, hay una gran tendencia a proyectar, a ser lo que Jesús llama un sanador no sanado. Queremos ir por ahí sanando a otros sin que nosotros hayamos sanado, y hay que observar mientras lo hacemos y pasamos por ello.

Anoche salió a relucir el concepto del yo de ser padre. Un caballero dijo: "Tengo un hijo que tiene la obligación de limpiar el cuarto de baño, pero no la cumple. Se lo sugiero, se lo recuerdo, pero el baño está asqueroso. Empiezo a enojarme sólo de contarlo". Ser padre es otro papel con un montón de creencias inconscientes sobre *buena mamá* y *buen papá: las mamás buenas y los papás buenos lo hacen así.* Ahí abajo tenemos estas creencias inconscientes. Entre padres e hijos, a menudo, lo que hay es mucha lucha por el control. Esto no es sólo entre padres e hijos, puede ocurrir en todo tipo de relaciones. El mundo enseña que tienes que domar y educar a ese ego para que, al menos, se adapte y se vuelva lo bastante normal para funcionar. Enseña que en la vida hay cosas que se tienen que hacer. Siempre se puede saber cuando te deslizas hacia el ego: esa sensación de control y ese tono de voz, empieza a salir el mandar y el exigir. El Espíritu Santo nunca manda ni exige: recuerda y sugiere.

Participante: ¡No es un maestro de secundaria!

David: Con ciertas situaciones y ciertos niños, enseguida aparecen los objetivos: *Espera un poco. Ya he recordado y sugerido bastante, ¡ahora tengo que presionar de verdad con esto!* Pero en realidad siempre es nuestra lección. Los hijos son excelentes espejos. Cuando dejamos de ver las balizas, cuando empezamos a sentirnos controladores y enojados, podemos volver al nivel del Espíritu o al nivel de la mente: *¿Qué pasa aquí?, somos iguales, ¿se te ha olvidado?* Ahora hay estos papeles. *Espera un poco, los papeles son así: yo soy el papá, tú el hijo y tú la hija.* En cuanto la mente cambia de chip a *yo soy el papel* aparece el control. No hay papeles en el Cielo.

Participante: Pero ¿no es un hecho? Quiero decir, es una ilusión pero también es un hecho, ¿verdad?

David: Es una *interpretación*. El único hecho es Cristo, la Unicidad. Pero en el mundo de los sueños estas identidades, estos conceptos del yo inventados, contienen un montón de papeles.

Participante: Tenemos también percepciones de lo que significan los papeles. Como padre, a veces es difícil soltar el papel si tienes que decir: *Necesitas hacer esto, necesitas hacer aquello…*

David: Sí, el problema real es el problema de la autoridad. El problema de la autoridad lo tenemos con Dios. Se reduce a esta pregunta: *¿Puedo crearme a mí mismo o fui creado?* Lo que pasa cuando te embarcas en *puedo crearme a mí mismo,* es que el concepto del yo acude. No es que *pueda crearme a mí mismo,* es que *¡lo he hecho!* Elegí ser padre, dedicarme a la educación, tomar un empleo, etcétera. Puede verse que todas estas lecciones que vienen son formas de empezar a soltar nuestra identificación con esos papeles. Y vemos que todas las expectativas que colocamos sobre nuestros hermanos, y que parecen ser violadas por su comportamiento, son sólo expectativas en realidad. Le atribuimos significado a las situaciones sobre la base de nuestra propias metas.

Si me identifico como varón, o como maestro de *Un curso de milagros,* percibo que alguien intenta debilitar mi posición: ya está aquí otra vez. Tengo otro concepto o montaje que tengo que soltar. Mientras haya miedo, o estemos a la defensiva, o sintamos cualquier tipo de incomodidad interior, nos seguimos aferrando a algún tipo de papel o de concepto que consideramos más valioso que la verdad.

Participante: Cuando se trata de los niños, siento que tengo hacer otro papel, porque hay normas y reglas que tienen que seguir para llegar donde necesitan ir, o donde yo creo que necesitan ir.

David: En realidad eso es juzgar. "...te da miedo porque crees que sin el ego, todo sería caótico. Mas yo te aseguro que sin el ego, todo sería amor". T-15.V.1 Fíjate que cuando la mente tuvo dentro esas creencias oscuras y hubo todo este horror y caos aparente –cuando pareció darle crédito a la creencia en la separación– todo este asunto de hacer juicios fue un intento de poner algo de orden y control en el caos.

> Mas el hecho mismo de que puedas hacer eso y seas capaz de imponer orden donde reina el caos, demuestra que tú no eres un ego y que en ti tiene que haber algo más que un ego. Pues el ego es caos, y si eso fuese lo único que hay en ti, te sería imposible imponer ningún tipo de orden. No obstante, aunque el orden que le impones a tu mente limita al ego, también te limita a ti. Ordenar es juzgar y clasificar por medio de juicios. Por lo tanto, es una función que le corresponde al Espíritu Santo, no a ti. T-14.X.5

Se necesita un montón de confianza para soltar. Hablas de esas ideas y creencias, de soltar estos imperativos, restricciones y juicios sobre tus hijos. La creencia subyacente es que si los sueltas se va a armar una bien gorda. Temes que crezcan y sean un reflejo de ti: *¡vaya hijos que tienes!* ¿Ves cómo funciona esto? El ego utiliza esto. Se necesita un montón de confianza para generalizar esto a tu situación familiar.

Puedes saber si estás escuchando al Espíritu Santo observando tus emociones y tus reacciones. "Que tu sí sea sí y tu no sea no". (Santiago 5:12) Pero ten claro que si aún hay egocentrismo y codependencia, si asociamos seguir al Espíritu Santo con decir que *sí* a todo y a todos, podríamos sencillamente perder nuestro sentido de integridad. El Espíritu está ahí dentro. Con sólo permanecer atentos a nuestras emociones y seguir cediéndole el control, el Espíritu nos dirá cuándo hay que decir *sí,* cuándo hay que decir *no,* y cuándo hay que poner alguna clase de regla que pueda ser de provecho.

Podemos poner reglas, pero hay que observar la insistencia, el mandar, exigir y disgustarse cuando parece que los demás no las siguen. Todo nuestra lección es estar siempre extendiendo la luz y la paz. En realidad se trata de nuestras creencias, expectativas y papeles. La lección es siempre esta: *¿Qué es lo que valora mi mente? ¿A qué me estoy agarrando que es más importante que ver al Cristo en esta persona o en este niño?*

Participante: Puedo pensar en algunos conflictos que he tenido con mis hijos, y el pensamiento que me viene es que si me meto en un conflicto, obviamente hay algo que no estoy dispuesto a ver. Pero pierdo la paciencia y digo: *No estoy listo, no estoy dispuesto a ir tan lejos. Déjame sólo hacer esto, déjame enzarzarme en este conflicto.* Cuando puedo parar, consigo la respuesta, por así decirlo. Tal vez sólo sea cosa de tomarse ese tiempo extra para esperar a ver. Así en una situación conflictiva, quizá una situación conflictiva en un aula, no es necesario soltar, se trata de preguntar qué necesito ver. Y como tú dijiste, puedo decir que *sí* y puedo decir que *no*.

David: Y estar en paz en cualquiera de los casos.

Participante: Correcto. Creo que los maestros lo pasan realmente mal, porque la sociedad pone muchas expectativas en su papel de sacar lo que se pueda de cada estudiante y que vayan pasando a la clase siguiente. No pueden tomar esa actitud de respetar el libre albedrío que se puede tomar en otros trabajos y otras situaciones.

David: Esa es una astuta estratagema del ego: creer que ciertas situaciones, o cierta gente, lo tiene más difícil, o más fácil. Lo que eso hace en realidad es oponerse abiertamente al primer principio de los milagros: "No hay grados de dificultad en los milagros". M-22.1

¡Es el más difícil! Si comprendes el primer principio, ni siquiera necesitas los otros cuarenta y nueve. Pero la estrategia del ego ante cualquier tipo de conflicto es básicamente decir siempre: *si al menos algo fuese diferente en el mundo.* Siempre está intentando cambiar algo en la pantalla para traer la paz. La mente se resiste a ver que sólo hace falta un cambio de percepción en el momento presente. A eso es a lo que se resiste tanto la mente en el estado de engaño. Al final eso es la Expiación: empezar a ver que no hay nada fuera de mí que pueda darme la paz ni quitármela. Pero para ver eso tienes que transcender los papeles, literalmente.

Un tío le preguntó a uno de esos entes canalizados: "¿Cómo puedo estar iluminado y seguir en el mundo de las grandes empresas?" Y vino la respuesta: "¡No puedes!" Cuanto más profundo vayamos y más transcendamos los conceptos, más se nos va a utilizar de maneras que no podremos descifrar ni predecir. Pero el ego quiere tomar todos los conceptos y situaciones aparentes y proyectarlos al futuro. Yo veo éste como un sendero de estar presente en el momento –cualquiera que sea la situación en la que parezcas estar– y utilizar las oportunidades sin preocuparte demasiado de los siguientes pasos ni intentar averiguar: *¿Funcionará esto alguna vez? ¿Seré alguna vez un maestro y estaré iluminado?* o *¿Voy a tener hijos?*

De verdad hace falta esa guía interna, ese ser enseñado. *Vale ¿dónde voy desde aquí, Dios? Espíritu Santo, ¿cuál es el siguiente paso?* Ese primer paso –que *todas las situaciones de aprendizaje son útiles*– es un paso muy grande. Pero a veces la gente se lo toma demasiado al pie de la letra. No importa si estás trabajando en una línea de fabricación o volando en un ala delta, ni en qué país estás, da igual: no te conviene anclarte demasiado a la situación, ni usarla como justificación.

Por ejemplo, una mujer que conozco tuvo problemas con su trabajo durante años. Decía cosas como: "Lo voy a conseguir, tengo que ser capaz de conseguirlo en este trabajo. Sé que el trabajo no es el problema, sé que el problema está en mi corazón, así que me voy a quedar en este trabajo año tras año, porque sé que tengo que ser capaz de conseguirlo aquí".

Pero tampoco es así como funciona. A veces es hora de cambiar de relación, de trabajo o de lo que sea, y el Espíritu Santo le da a uno esa indicación interior de que es hora de cambiar.

Hay una linea muy fina que separa el no identificarse demasiado con una situación o un papel particular de darle la media vuelta y utilizar esto como justificación para escaparse. El ego hará eso también, pero intenta estar en contacto con la voz de la intuición que reconoce que es hora de cambiar. Eso ocurre también con las relaciones; la gran pregunta es: *¿Cómo sé si debería seguir con este compañero o es hora de cambiar?* En realidad es cosa de la intención. *¿Estoy intentando escaparme de algo o de verdad estoy siendo guiado a algo distinto?* Eso es lo verdaderamente útil.

Participante: A veces incluso nuestro lenguaje es un buen sitio para empezar a examinar. Como la palabra *debería,* por ejemplo y todos esos calificativos.

David: Sé que esa idea aparece en un montón de literatura, pero he visto que Jesús utiliza *deberías* en el Curso. No se puede hacer declaraciones globales sobre palabras, porque de lo que se trata es de la intención que hay tras las palabras. Se trata de: *¿Cuál es mi intención?* Intentar identificar palabras concretas como palabras del ego no funciona. Te voy a poner un buen ejemplo, el Curso explica una frase de la Biblia: "Mía es la venganza, dice el Señor". T-3.I.3 Podrías saltar enseguida y decir que *esa es una frase del ego.* En el Curso, Jesús toma "Mía es la venganza, dice el Señor" y, de manera asombrosa, le da la media vuelta con una interpretación nueva. Dice que es como si el Espíritu Santo dijera: *Hijito mío, la venganza es Mía. Esa idea está fuera de lugar en tu Mente Santa, déjamela a mí.*

¡Vaya media vuelta, gracias! Lo mismo se puede hacer con las letras de las canciones. Oyes una canción y piensas: ¡menuda canción de "relación especial"!, *I can't live if living is without you* (no sé vivir si vivir es sin ti). Piensas: *Si alguna vez he oído una frase del ego, es ésta.* Entonces la vocecita de tu mente dice: *Cámbiala a Dios: no sé vivir si vivir es sin TI.* ¡Qué alivio! Es un buen ejemplo de forma en contraposición a contenido. Hay maneras de reinterpretar las cosas y no meternos a decir que algo es una forma del ego o del Espíritu Santo.

Participante: ¿Puedes hablar más de los papeles y la responsabilidad?

David: La mente está muy condicionada por las formas, los papeles y lo concreto; éso es todo lo que sabe. Ahí es donde está la mente. Y ahí es donde entra observar la mente. Observar la mente comienza a sacarte de la forma y a darte una sensación de ser mente. En el *Canto de la oración* Jesús habla de pedir cosas concretas. Dice que al principio esa es la única manera en que la mente sabe rezar. La oración es un deseo del corazón: si crees en lo concreto vas a pedir cosas. *Ayúdame por favor a pagar el alquiler, ayúdame por favor a conseguir un trabajo mejor, ayúdame por favor...* Todo es pedir formas. Al final sigues moviéndote hacia dentro y empiezas a preguntar cuál es la Voluntad de Dios para ti. Se puede ver que eso es un cambio fundamental respecto de pedir cosas concretas.

Esto no es decir que haya algo malo en eso que se hace al principio, son apoyos para cruzar al otro lado. He oído hablar mucho de abundancia y de manifestación, usar el poder de la mente para atraer ciertos resultados, sean casas, trabajos mejores o un sitio para aparcar. Este es un gran punto de apoyo para la mente. Si la mente cree que es esa victimita impotente, indefensa ante el mundo, entonces cuando parece que logras esa meta –el trabajo, la casa, el dinero, lo que sea– puede ser una demostración magnífica. Puede ser un paso hacia decir: *Vaya, no soy esa cosita impotente y enclenque. Mi mente es poderosa.* Puede ser una buena afirmación de eso, y lo único que dice el Curso es: *Vale, está bien. Tienes una mente poderosa. En vez de funcionar con el ego y conseguir todas las propiedades y coleccionar todas las cosas que puedas –para construir tu concepto del yo– ¿por qué no usas tu poderosa mente para alcanzar una meta elevada de verdad, como la tranquilidad de espíritu o la paz eterna?* Incluso esas cosas, todo lo que vamos haciendo por el camino, son pasos hacia preguntarnos cuál es la Voluntad de Dios en todo. Cuando pienso en ello de esa manera viene la verdadera suavidad y facilidad, en lugar del pánico de: *¿Estoy haciendo lo correcto? ¿Debería cambiar mis relaciones? ¿Qué debería hacer..., hacer, hacer, qué quieres que haga?*

Participante: Mi amigo hablaba antes de vivir en el ahora, y lo primero que me vino a la mente fue cuando mi hijo viene y dice "Quiero hacer esto contigo": inmediatamente [chasquea los dedos] estoy justo en el ahora. La manera perfecta de que yo entre en el ahora es que me recuerden esas cosas de la vida que requieren atención justo aquí y ahora.

David: Para mí esta cuestión de vivir en el ahora es de verdad profunda. Básicamente: se supone que hay un mundo, que hay causas en el mundo y que hay consecuencias. Si no riegas una planta durante un verano caluroso y soleado, la planta se seca y se muere. Causa: el sol, el calor, consecuencia: la planta muerta. Tienes sexo sin medidas anticonceptivas, causa y consecuencia. Si no pagas el alquiler te desalojan, causa y consecuencia. El mundo entero se basa en causas y consecuencias. Pero el mundo es sólo un efecto. Es un hatajo de imágenes, de sombras que bailan en una pantalla. Esta idea es fenomenal, porque le da un vuelco total a la manera en que lo hacemos todo. Todo nuestro pensar y planificar, y todas nuestras maneras de hacer las cosas solían basarse en el miedo a las consecuencias. El miedo a las consecuencias está muy vinculado con el uso que el ego hace del tiempo. El ego dice: *Has sido culpable en el pasado. Mira qué armario lleno de cosas que dijiste que ibas a hacer y nunca has hecho, mas las que hiciste y no deberías haber hecho.* Es la culpabilidad la que dice: *Tendrás que pagar por eso y lo pagarás en el futuro.* Ahí viene el miedo. Ahí es tan temible el uso que el ego hace del tiempo: *Has sido culpable en el pasado y lo vas a pagar en el futuro.* El miedo a las consecuencias puede ser una cosa sencilla como: *Tengo que mantenerme a flote o si no el mundo va a ajustarme las cuentas en el futuro.* O puede ser el miedo a Dios. Un montón de gente proyecta el miedo a Dios sobre un día del juicio final: pagarán por sus "pecados" el día del juicio final. Pero cuando empecé a mirar de verdad mi vida, pregunté: "¿Cómo sería vivir con un completo abandono del miedo a las consecuencias?" Si pudieras hacer lo que quisieras y de verdad pudieras sintonizar con el Espíritu, ¿qué harías?

Participante: ¿Cómo cambiamos hacia querer ganar placer y disfrutar sencillamente de la vida, en lugar de basarla en evitar el dolor?

David: Lo básico con el asunto del placer y el dolor, o la búsqueda del disfrute, es que aún lo tenemos identificado como algo que está en el mundo, y por tanto aún lo estamos buscando. El Curso nos enseña que el mundo ha pasado. Quiero decir, si sólo has hecho las diez primeras lecciones del libro de ejercicios probablemente has llegado a la número siete: "Sólo veo el pasado". Puede ser una lección sorprendente.

Participante: Sí. Todos los pensamientos de mi mente se basan en lo que ya he visto. Y baso mi futuro sobre eso, lo cual es una ilusión. Mi vida es una serie de derivas organizadas con oportunidades inesperadas por el camino, pero también a veces hay bellos y maravillosos milagros.

David: Y puede verse dónde está esta linealidad. El ego necesita el tiempo lineal para seguir funcionando. El instante santo –o mudarse a vivir en el ahora– suelta la preocupación por el futuro, y la culpabilidad y la pesadumbre por el pasado. En los encuentros santos vemos a nuestros hermanos sin pasado, literalmente. El pasado está hecho de juicios y reacciones. ¿Tengo una buena relación con esta persona o es mala? Mencionaste tu asunto con tu amigo, todo eso son recuerdos, y el ego diciéndote: *Sí, eso es lo que es ese tío, todos esos malos recuerdos, y por eso deberías temerlo cuando se acerque.* Pero en realidad se trata de empezar a vivir en el momento presente y confiar, y hace falta un montón de confianza, porque todo nuestro buscar evitar esas temibles consecuencias en el futuro se basa en un aprendizaje del pasado. La intuición es muy diferente de: *Así funcionó en el pasado y sé que así va a funcionar y bla, bla, bla.* La intuición dice: *Soltemos todo eso y confiemos en ser guiados en el momento presente.*

Deja salir tus pensamientos de juicio y míralos todos, tanto positivos como negativos, y date cuenta de que lo dos polos extremos forman parte del juicio. Muchas veces parece que tendrías que soltar todos los juicios negativos y poner juicios positivos o pensamientos positivos en su lugar. Pero tus juicios positivos te harán tanto daño como los negativos. El Curso se diferencia de otros senderos espirituales, que sólo traen adentro lo positivo e intentan sacar afuera lo negativo. Las expectativas positivas que tenemos –la jerarquía de ilusiones– son lo que nos pone tan a la defensiva. Si estamos realmente identificados con nuestra apariencia en el sentido corporal, o con un trabajo, una casa o lo que sea, entonces cuando parece que algo los amenaza, ¡sencillamente, perdemos la cabeza!

Participante: ¿Lo que te estoy oyendo decir es que para que haya positivo tiene que haber negativo?

David: Los contrarios otra vez.

Participante: Y, ¿lo correcto es considerarlos iguales, no hacer juicios sobre ninguno de los dos?

David: Sí. Como la manera Zen de mirar cómo pasan las sucesiones de pensamientos. Algunas sucesiones serán juicios positivos y algunas sucesiones serán juicios negativos. El Curso dice que espiritualmente somos como niños muy pequeños, y no sabemos ver la diferencia entre el dolor y el placer. En este mundo parece que es obvia. Buscas uno y evitas el otro. Pero el ego nunca deja entrar en la conciencia la idea de que la búsqueda tanto del dolor como del placer refuerza la realidad del cuerpo. Reforzar la realidad del cuerpo mantiene reprimidos la culpabilidad y el sistema de creencias del ego, y nos impide despertar a nuestra realidad espiritual.

Al final este no es un sendero de renuncia ni de sacrificio. Cuando empezamos a pensar en términos de milagros –cuando dejamos que el Espíritu venga a través de nosotros, y nos conectamos y nos unimos con Él– empezamos a experimentar una alegría intrínseca que no se basa en conseguir que algo exterior nos satisfaga o gratifique. El impulso empieza a crecer y sentimos que estamos cumpliendo con nuestra función. Es como: *Vaya, para esto es para lo que vine aquí, vaya que sí, ahora me acuerdo.* Entonces empieza la alegría y la paz, y las otras cosas –las adicciones y lo que sea– sencillamente desaparecen, porque el impulso toma el relevo. Esto significa mucho para mí, porque sé que he luchado con montones de cosas relacionadas con el dolor, el placer, la gratificación, la represión y la complacencia. En este mundo es como: *Vale, sé complaciente. ¡Ay! no debería estar haciendo esto. Me estoy pasando con esto. Da marcha atrás. ¡Ay! me estoy reprimiendo, de verdad que me gustaría hacer eso, no paro de pensar en ello.* El milagro sencillamente enfoca la mente con claridad.

El milagro es la alternativa. Hay complacencia, hay represión, y hay milagros. La complacencia y la represión no van a ninguna parte, se quedan en la horizontal, pero el milagro va hacia arriba. Volvemos hacia arriba, a la Fuente.

Enfocar la Expiación: desanimarse por el tiempo

Hola, David:

En la sección *El significado del Juicio Final*, Jesús dice: "Del mismo modo en que la separación abarcó un período de millones de años, así el juicio Final se extenderá por un período igualmente largo, o tal vez aún más largo". T-2.VIII.2 Con Juicio Final quiere decir que el hombre finalmente se juzga a sí mismo como perdonado y se ve a sí mismo tal como lo ve Dios. ¿Significa esto que harán falta muchos millones de años para la sanación de toda la Filiación?

Cuando considero mi propio viaje, veo la rigidez con la que mantengo mis percepciones, y que ver de manera diferente parece requerir una persuasión enorme. Las veces en las que he tenido un vislumbre de que mi visión estaba equivocada, y de cuál era realmente la verdad me parecieron cambios del tamaño de un grano de arena. ¡Creo que voy a necesitar millones de años para ver de manera totalmente diferente, para cambiar tan completamente! Esto de verdad me asusta, porque pensé: *¡Qué bien! Por fin tengo la solución verdadera, todo lo que tengo que hacer es leer el Curso, y rápidamente mi vida cambiará y todo será maravilloso.* Ahora veo lo que me costó el ver de manera diferente un solo trocito diminuto y estoy decepcionado, ¡porque no me va a dar tiempo a conseguirlo en esta vida! Creo en la reencarnación, pero ¿quién quiere atravesar más experiencias de muerte? Estoy muy descorazonado por esto, ¿puedes ayudarme?

Amado:

Gracias por compartir lo que le pesa a tu corazón. Que no te descorazone la idea del tiempo, porque el mundo que percibes se acabó hace mucho. Este mundo es el pasado. Sólo fue un símbolo que representa nada más que el significado que se le atribuyó. Pareció durar sólo un instante y fue perdonado inmediatamente por el Espíritu Santo. El concepto de proceso está relacionado con el tiempo: los milagros son sencillamente un uso amable del tiempo para colapsarlo mientras todavía creas en él. En este sentido, el obrador de milagros controla el tiempo. Cuando parece que el obrador de milagros hace un milagro, Cristo hace los arreglos necesarios con el tiempo y el espacio. La Expiación es el primer y el último milagro, el Alfa, el Omega y todos los milagros que parecieron venir entre ellos.

Expiación significa Corrección: es la consciencia de que la separación nunca ocurrió. Esto no puede ser difícil de aceptar, pues ninguna ilusión puede resistirse a la Luz de la Verdad. Que no te desanime el "proceso" del despertar. Todas las ideas de proceso son metáforas transitorias que simplemente desaparecen en un abrir y cerrar de ojos. La Verdad es verdadera y no tiene excepciones. Nunca hubo un tiempo en el que las ilusiones pudieran sustituir a la verdad, y el tiempo no puede sustituir a la Eternidad. No se puede reconciliar al tiempo con el Espíritu, porque el Espíritu es verdadero y el tiempo no existe. El Despertar no es nada más que darse cuenta de *esto*.

La Vida no es del cuerpo ni está en el cuerpo. La Vida es un Estado Eterno de la Mente. No hay muerte, porque nada real puede morir. El perdón nos muestra la falsedad de la ilusión y así le abre paso al recuerdo de Dios y de Cristo. Cristo no ha nacido y no muere, permanece Eterno tal como Dios Lo creó en el Espíritu. Si parece que te desanima juzgar el "progreso", recuerda la enseñanza de Cristo: "No juzgues, para que no seas juzgado". (Mateo 7:1) El tiempo es un juicio sobre uno mismo. El único uso que tiene el tiempo para el Espíritu Santo es enseñarnos que no hay tiempo.

Estas palabras dan testimonio de un hecho sencillo, pues Cristo es un hecho, y el tiempo y Cristo no pueden coexistir. La Expiación sólo requiere un instante, pero este instante no tiene opuesto y es, por tanto, completamente Definitivo. Parecerá que los milagros desarrollan tu confianza, pero la Expiación es un momento de completa confianza que le cede al paso a la Certeza Absoluta. No puedes dejar de aceptar lo inevitable y el Plan de Dios para la Salvación ES inevitable. La inocencia es nuestro Derecho Innato, y nada puede cambiar lo que Dios creó Perfecto y Eterno.

Yo uso muchos símbolos y metáforas. Son ilusiones transitorias que apuntan más allá de sí mismas. "Lo que Es" está literalmente más allá de los símbolos y las metáforas. El Perdón hizo que el tiempo desapareciese en el pasado. Me regocijo en el instante santo y sólo pido que se glorifique a Cristo reconociendo al Ser que Dios creó Puro e Inocente para siempre. En este reconocimiento se Glorifica a Dios.

¡Toda Gloria a Dios por siempre y para siempre! Amén.

Pregunta de forma-contenido sobre enfocar la salvación

Hola, David:

Leí algo que escribiste sobre lo que necesito ayuda: "No importa qué camino hayas tomado, sea la Biblia, *Un curso de milagros*...". Como sabes comencé con UCDM hace alrededor de un año (después de unos cuantos años de "hacer" cosas espirituales orientales, como Meditación Transcendental). UCDM me renovó el interés por el cristianismo. En septiembre hice el "curso Alfa", una introducción no confesional al cristianismo. También asistí a la iglesia donde se daba el curso (una iglesia evangélica-pentecostal). Me atrajo porque, a diferencia de otras iglesias más tradicionales a las que estuve expuesto cuando era joven (en las que, en mi opinión, había mucho ritual "artificial" y una marcada ausencia de Dios y del Espíritu Santo), esta era una iglesia como más del Evangelio.

Estoy de acuerdo con tu frase y esa ha sido mi filosofía, pero mi pregunta es esta: La iglesia mencionada señala un pasaje de la Biblia (del Evangelio de Juan) en el que Jesús dice que nadie puede ir a Dios sino por medio de él. Y luego siguen: *Por lo tanto el que pone su fe en líneas laicas, o en el Zen, o en Buda, o en Alá, etcétera, está descaminado pues la salvación sólo viene por medio de Cristo Jesús.* ¿Se puede reconciliar estas posturas aparentemente diferentes?

Amado:

El Espíritu Universal es el Camino, la Verdad y la Vida. El Espíritu es Uno, y el Espíritu de Cristo o Espíritu Santo, es el Espíritu Único. "Nadie viene a Padre sino por mí" (Juan 14:6) es la Llamada Universal a recordar la Unicidad Eterna.

Los "senderos" y las "formas" del mundo parecen ser muchos y diferentes, pero la Llamada sigue siendo la Misma. No puede haber "verdad" ni "absoluto" en la forma, pues el ego hizo la forma para negar y ocultar la Unicidad Abstracta del Espíritu.

La frase del Evangelio de Juan a que te refieres es verdadera en Contenido, pues Cristo es Espíritu e Identidad en Dios. El ego no entiende el Contenido, porque todo lo que el ego reconoce son formas. Cristo y el Reino de los Cielos son lo mismo en el Espíritu, y así el Espíritu Universal es el camino al recuerdo de Dios.

Jesús es un símbolo que ha sido usado para apuntar al Cristo, el Espíritu Universal que está por completo más allá de la forma. Jesús, como forma o símbolo, es una ilusión, al ser ilusiones todas las formas. El ego quiere hacer un ídolo de Jesús (y de cualquiera, y de cualquier cosa) para mantener la creencia en la ilusión. El Espíritu Santo usa los símbolos para guiarnos más allá de los símbolos, igual que usa el tiempo para guiarnos más allá del tiempo. El tiempo y la Eternidad no pueden *ser* reconciliados, pues el tiempo es una ilusión y la Eternidad es la Verdad. La Verdad es verdadera, y sólo la Verdad es verdadera.

Así que en respuesta a tu pregunta, dos posturas sobre la forma nunca se pueden reconciliar, porque la perspectiva dualista que ve dos posturas es el error, es el ego. La Perspectiva unificada o única del Espíritu Santo es el Contenido, que está más allá de toda posibilidad de contradicción, dualidad o multiplicidad. Lo que es lo Mismo no puede ser diferente, y lo que es Uno no puede tener partes separadas. La Unicidad es natural. La Unicidad sencillamente Es.

Amor y bendiciones por siempre y para siempre, Santo Hermano.

Sesión de preguntas y respuestas

Participante: ¿Qué era/es el paraíso?

David: Espíritu Puro/Eternidad/Luz/Amor/Infinitud.

Participante: ¿Qué es "el cielo en la tierra"?

David: Ver el mundo sin juzgar.

Participante: ¿Crees que es posible?

David: Es un apoyo para cruzar al otro lado, o una metáfora del Despertar en el Espíritu.

Participante: ¿Qué es sanar el mundo?

David: Aceptar que la mente está íntegra, y no fragmentada.

Participante: ¿Cómo se puede ayudar en lo social, para que un alma que experimenta el sueño de morir de hambre en África pueda experimentar la Verdad?

David: Suelta la creencia en almas separadas/mentes privadas/pensamientos privados y el mundo estará sanado. No hay ningún problema al margen de la mente.

Participante: ¿Cómo clasificas las experiencias extra corporales y las formas de los planos vibracionales superiores, como el plano crístico o los planos etéricos?

David: Las experiencias extra corporales son metáforas perceptuales para una mente que cree estar "en" un cuerpo. Cristo es la Realidad y, por lo tanto, no es una creencia, un nivel, un plano ni un concepto. Cuando la mente dormida se vacía de todos los conceptos y creencias, se reconoce a la Mente Divina como la Realidad. Eso es el Cristo. El Espíritu nunca entra en la forma. Cuando la ilusión del ego se lleva ante la Luz, se disuelve. Eso es el Despertar.

Participante: Dijiste que no hay Mente/Espíritu en la materia. ¿Está la Mente/Espíritu presente en ti?

David: El Espíritu siempre está presente. El nombre David es un símbolo o una representación, no es la Realidad. El Espíritu, al Ser Abstracto e ilimitado, está más allá de las personalidades. El "YO SOY" es Espíritu.

Participante: ¿Estaba/está la Mente/Espíritu presente en Jesús?

David: El nombre Jesús también es un símbolo o representación. Jesús el Cristo es una expresión que indica la aparente representación o demostración de la Realidad. Pero la Realidad es Una, más allá de cualquier/todo símbolo.

Participante: ¿Y qué dices del dominio sobre la ilusión (parando balas) de Neo en la película *The Matrix*? O en *Dark City*, ¿no es eso la obra del Espíritu Santo en los medios de comunicación convencionales?

David: Esos son símbolos excelentes de la Mente por encima de la materia y del poder del perdón, tener dominio del mundo del las imágenes. Pero el Espíritu Santo no funciona en el mundo, sino en la mente que cree que el mundo es real. El objetivo de la sanación es la liberación de la lente ilusoria de la fragmentación.

Interpretar que el Espíritu Santo usa símbolos es acertado, pero se tiene que recordar que el Espíritu Santo usa el tiempo para enseñarnos que el tiempo no existe y los símbolos para enseñarnos una Perspectiva unificada en la que los símbolos ya no son necesarios. Así es más acertado decir que el perdón es *desaprender* todo lo que uno sabe del mundo, en lugar de decir que es aprender en el sentido de acumular capacidades y competencias en el mundo.

Participante: ¿Te sientes en Unicidad conmigo y con todo lo que es verdadero en esta ilusión? Si es así, ¿qué prisa hay de llegar al mundo sin forma?

David: La percepción Unificada o sanada es sentir la Unicidad y el Amor que vienen de la experiencia de no hacer juicios. No hacer juicios es una Perspectiva en la que estás unido al Espíritu Santo y te das cuenta de que no estás en la ilusión. El soñador del sueño, consciente de que el mundo es sólo un sueño, no está identificado como un personaje o participante *del* sueño. El miedo se generó por la creencia en que uno está en el sueño, en que uno es un cuerpo. La paz viene con la Perspectiva del soñador del sueño, unido al Espíritu Santo.

Participante: ¿Votas? Y, si lo haces, ¿a quién?

David: No. La paz es ver que, literalmente, no hay partido que tomar ni cambio posible en el mundo. Esto es lo que significa cambiar de ideas sobre la mente. Cambia la lente y no el guión, porque la mentalidad recta es una alternativa real para ver el sueño. Es imposible cambiar un guión que ya es pasado, que ya está escrito. Ver esto es la paz. Ver esto es la Corrección. Se trata de aceptar la Corrección del Espíritu Santo en lugar de intentar una corrección personal, que por supuesto no es en absoluto ninguna corrección.

Capítulo Dos

¿Es la función del Espíritu Santo traducir la Realidad a la forma?

Hola, David:

¿Es traducir la realidad a la forma la función especial del Espíritu Santo?

No, Amado:

Este es un error muy básico. La función del Espíritu Santo *no* es "traducir la realidad a la forma", sino totalmente lo contrario. El Espíritu Santo reinterpreta el sueño, de la misma manera que el error se lleva ante la verdad y la oscuridad se lleva ante la luz, y no viceversa. Comprender esto es fundamental para el Despertar. Es imposible llevar la verdad ante la ilusión ni la realidad ante la fantasía. Esa es una enseñanza fundamental de UCDM.

> Tú que te has pasado la vida llevando la verdad a la ilusión y la realidad a la fantasía, has estado recorriendo el camino de los sueños. Pues has pasado de la condición de estar despierto a la de estar dormido, y de ahí te has sumergido en un sueño todavía más profundo. Cada sueño te ha llevado a otros sueños, y cada fantasía que parecía arrojar luz sobre la oscuridad no ha hecho sino hacerla aún más tenebrosa. Tu meta era la oscuridad, en la que ningún rayo de luz pudiese penetrar. Y buscabas una negrura tan absoluta, que pudiese mantenerte oculto de la verdad para siempre en un estado de completa demencia. Mas de lo que te olvidabas era de que Dios no puede destruirse a Sí Mismo. La luz se encuentra *en ti*. La oscuridad puede envolverla, pero no puede extinguirla. T-18.III.1

> El Espíritu Santo no ve el cuerpo como lo ves tú porque sabe que la única realidad de cualquier cosa es el servicio que le presta a Dios en favor de la función que Él le asigna. T-8.VII.3

La Biblia dice: "El Verbo (o pensamiento) se hizo carne". Estrictamente hablando eso es imposible, puesto que parece implicar que un orden de realidad pasó a ser otro. Los distintos órdenes de realidad, al igual que los distintos grados de dificultad de los milagros, tan sólo dan la impresión de existir. El pensamiento no se puede convertir en carne excepto mediante una creencia, ya que el pensamiento no es algo físico. T-8.VII.7

Todas las figuras del sueño son ídolos, concebidos para que te salven del sueño. No obstante, forman parte de aquello para salvarte de lo cual fueron concebidos. De esta manera, el ídolo mantiene el sueño vivo y temible, pues, ¿quién podría desear un ídolo a no ser que estuviese aterrorizado y lleno de desesperación? T-29.IX.3

El Espíritu Santo, sonriendo dulcemente, percibe la causa y no presta atención a los efectos. ¿De qué otra manera podría corregir tu error, cuando has pasado por alto la causa enteramente? Él te exhorta a que lleves todo efecto temible ante Él para que juntos miréis su descabellada causa y os riáis juntos por un rato. Tú juzgas los efectos, pero Él ha juzgado su causa. Y mediante Su juicio se eliminan los efectos. T-27.VIII.9

Llevar ilusiones ante la verdad, o el ego ante Dios, es la única función del Espíritu Santo. T-14.IX.1

El Espíritu Santo se extiende desde el Cristo en ti hasta todos tus sueños, y los invita a venir hasta Él para que puedan ser transformados en la verdad. Él los intercambiará por el sueño final que Dios dispuso fuese el fin de todos los sueños. E-pII.6.4

La mayor dificultad a la que te enfrentas para poder perdonar realmente, es que todavía crees que tienes que perdonar lo que es verdad, no lo que es ilusorio. E-134.3

Esta enseñanza metafísica es esencial para experimentar el perdón tal como es, y no meramente intelectualizar conforme al plan del ego. El ego preconiza que el Espíritu Santo vaya por ahí traduciendo la realidad a formas. El perdón es una traducción inversa de la percepción (la Expiación) que es el portal de la Realidad, que es Abstracta y Eterna. La Realidad, o el Conocimiento, está mucho más allá de la percepción y no se puede traducir, ni reducir, a una forma ni a una percepción.

Sin esta comprensión, no hay experiencia del perdón, y se queda en un concepto del ego que sirve para hacer real el error en la consciencia, y para reforzar la creencia en que las ilusiones son verdaderas. Hay que llevar el error ante la verdad y no viceversa. La Realidad no se puede traducir a, ni llevar ante, la forma.

¿Se puede recibir la iluminación por transferencia de "imposición de manos"?

Hola, David:

Hoy tuve una charla muy interesante con un amigo sobre diksha (transferencia por imposición de manos). Quiero pedirte tu opinión sobre diksha y todo este movimiento en expansión. Tengo profunda confianza en ti y aprecio tu claridad. Tal como tú lo ves, ¿es serio este fenómeno?, ¿crees que puede causar un cambio real permanente y llevar a la iluminación permanente?

Amado:

Gracias por escribir. Hay muchos conceptos que sirven de apoyos para ir hacia la Iluminación, pero todos ellos tienen que esfumarse antes de que la mente se vacíe de creencias falsas. No hay ningún cuerpo, ni acto, ni acontecimiento espacio-temporal que pueda salvar a la mente ni liberarla, porque no hay nada aparte de la mente. Tu deseo y tu disposición producirán pruebas del Despertar, y no hay nada en la forma que pueda acelerar el Despertar, porque la forma no es más que una prueba del deseo interior. La gente y los actos son símbolos, y el dominio de la mente puede reflejarse en símbolos, pero no hay atajo ni sustituto del requisito de vaciar la mente de todo pensamiento y creencia.

Cuando el deseo de Despertar es fuerte, *Un curso de milagros* es un sendero muy directo, y todos los libros, maestros y acontecimientos sólo pueden reflejar el deseo del corazón. La Iluminación nunca es un asunto de tiempo, ni de estudio, ni de proximidad a/transferencia por un gurú, ni de la transmisión de una energía especial, porque estos no son sino efectos de las creencias. Todas las creencias tienen que ser desenmascaradas y soltadas para abrirle paso al perdón completo, que es una experiencia que en su integridad trasciende todo lo concreto.

No hay causación en la forma, y esto incluye al concepto de diksha. La mente tiene que vaciarse de todos los conceptos concretos, incluidos los de energía, para estar tranquila y en reposo para siempre.

Forma en contraposición a contenido

Hola, David:

Era un día lluvioso, con niebla por la mañana, nada particularmente estimulante. Mi lección del día del Libro de ejercicios decía: "La paz de Dios refulge en mí ahora". Tal como muchos parecen compartir, me ha sido difícil reconciliar las enseñanzas del Curso con la vida cotidiana en el mundo, especialmente cuando lo que he proyectado puede que no siempre sea extraordinario, pero buena parte de ello es, a veces, irresistible.

La preocupaciones y problemas de negocios tomaron un papel protagonista casi todo el día, y a esas alturas del mes –ojo, esto es relevante– mis hormonas me estaban retando. (Menciono todo esto para pintar un retrato de mi día como ejemplo del conflicto que estoy experimentando). A media tarde, de manera aparentemente milagrosa, el cielo se despejó, y salí en mi bicicleta hacia el sendero de la orilla del río. El aire estaba tan limpio que casi crujía, y soplaba un viento seco y suave. Aún no se ponía el sol del todo y, siendo el primer día del otoño oficial, el cielo se coloreó en perfecta sincronía con la fecha. De repente todo era precioso.

Vale, ¿dónde voy a parar? De verdad que a una pregunta. Con el escenario anterior, comprenderás que suene un poco quisquillosa o sarcástica. No es esa mi intención. Pero, si tenemos que creer que en realidad ninguna circunstancia del mundo de la forma existe, entonces ¿son inválidos todos los valores que tenemos asociados con lo agradable y lo desagradable?, ¿son sólo pérdidas de tiempo y energía? Se me escapa la alternativa a esta manera de pensar. ¿Es dejarme seducir, a veces, por el placer y la belleza tan inútil como derrumbarme en el miedo? ¿Son trampas las dos cosas? ¿O son esas encantadoras experiencias un vislumbre de las cosas aún más espléndidas que hay al otro lado?

Espero estar explicándome bien. Creo que me siento culpable de ayudarme a mí misma a sentirme mejor buscando lo bueno en el mundo de la forma, mientras estoy aprendiendo que ese mundo no tiene sustancia ni significado. ¿Tenemos que creer que los sentimientos que tenemos mirando puestas de sol y cosas así son meras distracciones? Solía pensar que eran regalos de Dios, incluso a veces señales de que todo va bien. ¿Tengo que abandonar esa idea porque no es verdadera? ¿O puede serlo de alguna manera que no se oponga a la Verdad?

Muchas gracias por tu sitio web, por tus sabias orientaciones y regalos, y hoy por darme un foro donde desahogarme. Intenta, por favor, iluminarme cuando puedas.

Amada:

Gracias por desahogarte compartiendo lo que pesa en tu corazón. Se te ama entrañablemente y se te comprende completamente. Tus preguntas penetran en las sutilezas del entrenamiento mental que se requiere para el Despertar, porque en los sueños las cosas no son lo que parecen.

Todo lo que aparece en este mundo de sueños recibe el significado que le atribuye la mente del soñador. El soñador está dormido soñando con una multitud de formas, inconsciente de la Luz Abstracta de la Mente Despierta. El soñador dormido cree a la vez en el amor y en el miedo, se disocia de esos sentimientos, proyecta esa división en el sueño, y percibe un mundo de contrarios como si fuese real.

Así bello y feo, bueno y malo, soleado y lluvioso, despejado y nuboso, desagradable y agradable, etcétera, parecen ser descripciones reales de vistas, sonidos, olores y otras circunstancias del sueño. Hay incluso senderos espirituales que dicen a sus seguidores que acentúen lo positivo y eliminen lo negativo, como si fuese posible distinguirlos.

El único uso correcto del juicio para el Despertar es el discernimiento. ¿Cómo se siente uno? ¿Está uno alegre, feliz, en paz? ¿Son estables y consistentes las percepciones?

La experiencia que se tiene es un barómetro de la estabilidad de la percepción. Para que la paz sea constante se requiere entrenamiento mental. Esto supone la renuncia a hacer juicios, soltar la creencia en que uno es realmente capaz de hacer juicios sobre cualquier cosa en absoluto. Cada paso hacia dentro lo hace a uno cada vez más humilde, hasta que la mente alcanza el punto en el que puede decir con sinceridad: "No sé cuál es el propósito de nada". E-25 En este punto la mente puede experimentar el significado del perdón.

Sé suave contigo misma en este viaje hacia dentro. Acepta, contenta y agradecida, los símbolos que vienen a ti. Deja al Espíritu Santo usar los símbolos para recordarte la Belleza Interior que está mucho más allá de las apariencias. ¡Permite que las vistas, los colores, los aromas y los sonidos bañen tu mente como recordatorios de la Inmensidad y la Gloria de Ser! Descubre la Belleza del Propósito del Espíritu Santo.

Todas las cosas son igual de aceptables cuando uno no hace juicios. Sin juicios, uno ve la Perspectiva Total, la Trama del Cosmos. Sin juicios, no hay nada "fuera" de la mente, y por tanto todo está incluido. Sin juicios, nada puede ser rechazado y sólo hay armonía. Sin juicios, el conflicto y la competición ya no están. Y sin juicios, Uno está feliz, simplemente Siendo, con todos y con todo incluidos en este Ser.

La alternativa a hacer juicios es aceptar. Hay otra manera de mirar el mundo, y esta Perspectiva nueva y limpia merece el entrenamiento mental que parece precederla. Conforme se apartan los conceptos del yo, las expectativas y el estrés se apartan también.

Contempla el mundo de esa manera nueva y verás un mundo perdonado, sin agendas, controles ni reglas. Cuando uno está alegre, percibe un mundo alegre. Toma nota de las sincronías, la melodía y la orquestación de la perspectiva total, y obsérvalo todo con Supremo Desapego. Hay una Pasión Gozosa en contemplar todas las cosas con Desapego.

Lo que Uno es, el Cristo, es Bello de verdad. Estar abierto a este Estado de Ser merece la atención al entrenamiento mental y la apertura al Propósito del Espíritu Santo. La Belleza Verdadera amanece como Contenido de la Mente y, al producirse esta transformación, todas las formas se iluminan y se ven como lo mismo. Hace falta fe para mantener la atención en el entrenamiento mental y la apertura a los milagros. Los milagros estabilizan y despejan la percepción, y verdaderamente merecen ese esfuerzo y esa práctica. ¡Estoy unido a ti en el milagro y sé qué gozoso es cada poquito de disposición a permitir que el milagro entre a la consciencia! Conforme avances, el énfasis que el ego pone en la forma será eclipsado y transcendido por tu alineamiento con el Contenido del Espíritu Santo.

Preguntas preliminares sobre la memoria, las creaciones y la consciencia

David: Lo que el Curso nos enseña sobre aferrarnos a nuestra función de perdonar es, básicamente, que tiene dos fases: reconocer que nuestra única función es el perdón, y abandonar todas las otras funciones que creemos tener. El concepto del yo viene cuando hay agenda: cuando las cosas han de ir de cierta manera y tener ciertos resultados. ¿Cuál es entonces mi prioridad? ¿De verdad voy a mantener al perdón como mi única función, o voy a permitir que esas otras agendas vengan a quitarle el sitio al perdón y yo las sostenga a ellas en su lugar? Ha de ser lo uno o lo otro.

Participante: Hay un antiguo dicho indio que dice: "Utilizo la memoria. No permito que la memoria me utilice". Eso realmente me ayuda un montón a interpretar.

David: Yo siempre asociaba la memoria con el pasado, hasta que leí en el Texto que se puede utilizar la memoria para recordar el presente. Es una idea revolucionaria. Dice que la memoria es una capacidad que tú inventaste. Estás acostumbrado a asociarla con el pasado, ¡pero de hecho la puedes utilizar para recordar el presente! Así tú dominas a la memoria en lugar de automáticamente permitir que la memoria te domine a ti. Es una experiencia. Cuando te desapegas de los resultados y sólo sigues la guía, se produce el hacerse a un lado de un montón de conceptos, y es un gozo.

El tiempo y el espacio son creencias profundamente arraigadas. Una vez que empiezas a verlas como montajes, viene de repente el bienestar real. Empiezas a tomarte en serio el dicho de que no puedes sino estar en el lugar perfecto y en el momento perfecto. Es estupendo tenerlo en cuenta cuando estás viajando mucho. Le quita toda la lucha. Quita todos los *¡Ay, Dios! ¿Hemos girado a la derecha? ¿Qué hiciste con el mapa?* Todo eso que viene de sentir que no estás en el sitio justo en el momento justo, que es demasiado pronto o demasiado tarde. Es una experiencia de tipo práctico. Hay un cambio mental, un estar por encima de las cosas. Es casi como ir en una alfombra mágica, y la única manera de permanecer en la alfombra, naturalmente, es permanecer sin interés por los resultados. Si de verdad te aferras a tu intención y sólo quieres permanecer en paz y tener encuentros santos, sin saber qué apariencia van a tener, es muy divertido. En mi vida, la lucha siempre vino de intentar controlar los resultados, la gente y las situaciones.

Participante: ¿Puedes hablar de las creaciones, de nuestras creaciones?

David: La creación está totalmente en el nivel del Cielo. En el estado del sueño no conoces a tus creaciones, pero el Padre Se extendió a Sí Mismo, creó al Hijo a Su imagen y semejanza, y luego el Hijo se extendió a sí mismo, y esto es lo que se llama creaciones. Está por completo en el nivel del espíritu. Dicho de otra manera, el espíritu engendró espíritu que engendró espíritu. Todo es una línea continua. En el estado del sueño, con la percepción distorsionada, no tienes ningún recuerdo, ningún reconocimiento de tus creaciones. Realmente es una de esas cosas en las que sólo puede llegar hasta cierto punto hablando de ellas. Sabemos que son eternas, sabemos que son inmutables. Son perfectas, son infinitas: como el Padre y el Cristo.

Participante: Ken Wapnick habla de que Dios en el Cielo no tiene ninguna consciencia. Me trastornó oír eso. Siempre pensé en términos de que la mente es consciente, y entonces pensé: *¡no habrá nada!* Hubo una inmediata sensación de miedo, pero oí una vocecita decirme: *Sabes, cuando piensas en lo que te hace feliz, siempre son pensamientos de Amor.* Hubo un sentimiento abrumador de que esos pensamientos se amplificarían, incluso más de lo que puedo pensar, y de repente estaba en paz con la idea. Pero pude sentir lo rápidamente que cambiaba de ahí a la manera de pensar del ego: *Ay, Dios mio, he elegido un libro que dice que Dios no tiene consciencia. No tendré mente consciente con la que pensar.* Fue una experiencia de aprendizaje real. Siento que los pensamientos que me dan más alegría son los que ni siquiera sé cómo expresar. No sé otra manera de decirlo. Están sencillamente...

David: Más allá de las palabras.

Participante: Sí.

David: Creo que ayuda ser preciso con las palabras. Como lo que pasaría si preguntásemos: "¿Qué significa consciencia para los que estamos en esta sala?" El Curso describe la consciencia como "el mecanismo receptor". Por supuesto los mensajes se pueden recibir del ego o del Espíritu Santo. Literalmente, la consciencia es la mente que, en este estado de engaño, está recibiendo mensajes de dos voces diametralmente opuestas. Se puede entrenar a la consciencia a que se acerque al mundo real. En su nivel más alto la consciencia se da cuenta del mundo real. La psicología transpersonal habla de entrenar la mente, de utilizar la meditación y el entrenamiento mental hasta el punto de ser capaz de pasar por alto y no subirse de un salto a las sucesiones de ideas del ego: eso significa que has alcanzado el mundo real.

Eso todavía es una metáfora porque, en el sentido definitivo, no hay ningún nivel. Hablamos de la estructura de la mente dividida, pero no hay ninguna mente dividida. Es como bajar por una escalera a la mente que cree estar dividida. La enseñanza se necesita en el nivel del ego, como si hubiese "mente individual". El principio metafísico definitivo es que sólo hay una mente. A veces hablamos de egos colectivos, de mente dividida, de que la lección de esa persona era esta y la mía esa. En lo básico, la idea de "mente individual" es útil porque, si crees en los cuerpos crees también que hay una mente individual separada en cada cuerpo, en lugar de creer y experimentar la verdad de que sólo hay una mente. La mente dividida ve una división sujeto-objeto y se percibe a sí misma fragmentada, pero sólo hay una mente y ¡qué caramba, es la mía! La lección es siempre para mí, por mucho que el ego quiera echarla fuera, sobre alguien diferente.

La consciencia en UCDM

Hola, David:

No esperaba escribir ninguna pregunta ni comentario, pero ahí va este. Dices: "La consciencia (la mente dividida) pareció llegar a existir con la creencia en la separación de Dios, de la Unicidad". ¿Te refieres a la consciencia del ego, la autoconsciencia corriente que parece existir en un cuerpo, tiene nombre y todo eso? Pregunto porque yo utilizo el término consciencia para referirme a lo que crea y da vida a las formas ilusorias, lo que es un Aspecto de Dios que nunca abandona la Mente de Dios. Entiendo que esta Consciencia, al ser un Aspecto de Dios, es eterna y actúa sin parar, extendiendo el Amor primero en una dirección, luego en otra, incluyendo el inventarse y fingir experimentar una ilusión de separación, completa, con amnesia de la Realidad.

Algo después sigues con: "Dios no sabe nada de formas. Dios crea lo eterno, y Cristo es una Idea eterna en la Mente de Dios. Cristo también crea lo eterno. La creación es la extensión eterna".

Me acuerdo de que UCDM nos dice que Dios está dentro de nosotros. Sólo podemos oír la Voz de Dios (el Espíritu Santo) yendo adentro. Somos parte de Dios, como en "Mi Padre y yo somos uno". Ciertamente no tomo esto como que signifique dentro del cuerpo (como si el trono de Dios estuviera en algún sitio cerca del hígado), pero lo tomo como que significa dentro de nuestra mente o consciencia (no del cerebro), que es parte de la Mente. Esa parte de la Mente sabe de formas, ¿verdad? Se da cuenta de que actualmente está jugando en la ilusión de la dualidad, ¿verdad? De lo contrario una parte de la Mente de Dios estaría inconsciente, lo cual es imposible.

Recordar a Dios

Saludos al Único Infinito,

Gracias por tomarte el tiempo de escribir. Utilizo el término consciencia tal como se usa en *Un curso de milagros*. UCDM establece que:

> La revelación te une directamente a Dios. Los milagros te unen directamente a tu hermano. Ni la revelación ni los milagros emanan de la conciencia, aunque ambos se experimentan en ella. La conciencia es el estado que induce a la acción, aunque no la inspira. T-1.II.1

> La conciencia –el nivel de la percepción– fue la primera división que se introdujo en la mente después de la separación, convirtiendo a la mente de esta manera en un instrumento perceptor en vez de en un instrumento creador. La conciencia ha sido correctamente identificada como perteneciente al ámbito del ego. El ego es un intento erróneo de la mente de percibirte tal como deseas ser, en vez de como realmente eres. Sin embargo, sólo te puedes conocer a ti mismo como realmente eres, ya que de eso es de lo único que puedes estar seguro. Todo lo demás es cuestionable. T-3.IV.2

> Y ahora, muy serenamente y con los ojos cerrados, trata de deshacerte de todo el contenido que generalmente ocupa tu conciencia. Piensa en tu mente como si fuera un círculo inmenso, rodeado por una densa capa de nubes obscuras. Lo único que puedes ver son las nubes, pues parece como si te hallaras fuera del círculo y a gran distancia de él. E-69.4

> Desde donde te encuentras no ves nada que te indique que detrás de las nubes hay una luz brillante. Las nubes parecen ser la única realidad. Parece como si fueran lo único que se puede ver. Por lo tanto, no tratas de atravesarlas e ir más allá de ellas, lo cual sería la única manera de convencerte realmente de su insustancialidad. E-69.5

En la sección *Clarificación de términos* se describe la idea de consciencia individual como irrelevante por ser un sinónimo de la separación. Estudiar la separación no conduce al conocimiento. La consciencia se describe como el mecanismo que recibe mensajes tanto del Espíritu Santo como del ego, o dicho con otras palabras, la mente dividida.

La consciencia es el objeto del entrenamiento mental de las lecciones del Libro de ejercicios, se la puede entrenar para que alcance el mundo perdonado que Jesús llama mundo real. Esta es la Perspectiva del *soñador del sueño* de la que hablo con frecuencia, un estado de paz constante y ausencia de juicios. Dios y Cristo, al Ser Pura y Eterna Luz Abstracta y Unicidad, no tienen nada que ver con la consciencia (que está "dividida" en niveles ilusorios). En este sentido no hay "Consciencia de Dios" alguna, pues la Unicidad y la mente dividida son irreconciliables. Dios y Cristo son Verdad y la consciencia es simulada o falsa. Dios y Cristo son Espíritu y la consciencia es la creencia de que hay "algo distinto añadido" al Espíritu. El Despertar podría describirse como "soltar" ese simulacro de "algo distinto".

La Creación es la Luz de más allá de la consciencia. La consciencia, al ser el dominio del ego, no tiene capacidad creativa. Dios crea lo Eterno y el ego o error "fabrica" la ilusión espacio-temporal finita y pasajera. La consciencia parece desaprender el ego (o la división) y así aprender el perdón (la integridad percibida), pero cuando el Curso dice que "no puede alcanzar el conocimiento", refleja el reconocimiento de que la consciencia es una ilusión que tiene que desaparecer antes de recordar el Conocimiento Celestial o Unicidad Pura.

Escribiste: "Yo utilizo el término consciencia para referirme a lo que crea y da vida a las formas ilusorias, lo que es un Aspecto de Dios que nunca abandona la Mente de Dios. Entiendo que esta Consciencia, al ser un Aspecto de Dios, es eterna y actúa sin parar, extendiendo el Amor primero en una dirección, luego en otra, incluyendo el inventarse y fingir experimentar una ilusión de separación, completa, con amnesia de la Realidad".

Cristo nunca abandona la Mente de Dios, pero la consciencia es la creencia en que Cristo ha abandonado la Mente de Dios. La Creación se extiende Eternamente y tal como UCDM establece: "Dios no sabe nada de formas". T-30.III.4 Cristo es una Idea Eterna en la Mente de Dios. Es la consciencia, el dominio del ego, la que parece inventarse y fingir experimentar una ilusión de completa separación con amnesia de la Realidad. Dios no perdona porque nunca ha condenado, pero el perdón (liberar–soltar) se aplica a la consciencia y así a la liberación de los obstáculos (lo que hizo el ego) de manera que la mente pueda recordar a Dios, a Cristo y a la Creación Eterna.

Una de las ideas metafísicas clave para comprender la importancia y necesidad de perdonar la ilusión y liberarse y el desapegarse de los juicios que hace el mundo se establece en UCDM como sigue:

> El mundo se fabricó como un acto de agresión contra Dios. Es el símbolo del miedo. Mas ¿qué es el miedo sino la ausencia de amor? El mundo, por lo tanto, se fabricó con la intención de que fuese un lugar en el que Dios no pudiese entrar y en el que Su Hijo pudiese estar separado de Él. Esa fue la cuna de la percepción, pues el conocimiento no podría haber sido la causa de pensamientos tan descabellados. E-pII.3.2

Dios es. Cristo está Despierto en la Mente de Dios. La mente que duerme y sueña con imágenes parece jugar con ídolos, juguetes de su propia "fabricación", pero el Espíritu Santo utiliza lo que se hizo para ir mucho más allá de lo que se hizo. El Espíritu Santo hizo un Sueño de despertar limpio de juicios. El Espíritu Santo sabe distinguir lo real de lo irreal, y el juicio de que lo falso ES falso es el único juicio con sentido que se puede hacer. Esta Expiación es el portal a la libertad más allá de todo sueño, al recuerdo de Uno como Cristo en la Mente de Dios. Dios y Cristo son Amor Abstracto y Eterno, y el aparente mundo de partes separadas y cosas concretas es el velo que HA SIDO perdonado.

"El Reino de los Cielos está dentro". T-4.III.1 Voy a usar la metáfora mencionada en el Libro de ejercicios de UCDM. Si la Mente Divina fuese un inmenso Círculo de Luz y este Círculo estuviese aparentemente rodeado por las oscuras nubes de las creencias falsas y la percepción, la consciencia sería la experiencia ilusoria de estar "fuera" del Círculo. Al sumergirse por debajo de las nubes de la ilusión, la experiencia es de

Luz Pura. En Verdad la Luz no puede estar rodeada ni circunscrita, porque la Luz es literalmente la Totalidad de Dios y Cristo que Conoce la Unicidad Perfecta.

Me regocijo en el perdón de la ilusión, porque una Criatura de Dios no puede tener limitado su conocimiento sino por creencias ilusorias. Y afortunadamente esto no tiene por qué ser así. ¡Te amo por siempre y para siempre!

¿Qué es el mundo?

> El mundo es una percepción falsa. Nació de un error, y no ha abandonado su fuente. E-pII.3.2

David: El mundo surgió de la absurda creencia en que puedes separarte de tu Creador. Esto expresa que las ideas no abandonan su fuente. Parece que el mundo ha sido proyectado fuera de nuestra mente. Parece que de verdad hay un mundo objetivo ahí fuera, donde hay accidentes de aviación, huracanes y gente enferma muriéndose, y hay continentes, historias y culturas, y todo ello parece concreto. Ha estado ahí mucho antes incluso de que apareciera la humanidad. Carl Sagan diría: *Miles y miles de millones de años... Este planeta ha estado aquí mucho antes de que hubiera vida humana o incluso evolución. Estas rocas y estas formaciones geológicas han estado aquí mucho antes que el hombre.* Jesús dice: *No, no, no, el mundo es una proyección de tu mente y no ha abandonado su fuente.* Dicho de otra manera: el mundo aún está en tu mente. El mundo no es más que un manojo de ideas de tu mente. Pero el ego diría: *Quita de aquí. ¡Ni lo sueñes! El mundo ha abandonado su fuente y no sólo eso, tú has abandonado tu fuente.* El Curso dice que fuimos Creados como una Idea en la Mente de Dios. El ego dice: *¡La abandonaste! Fuiste creado como una Idea en la Mente de Dios pero usurpaste el lugar de Dios. Le diste la espalda a Dios. Ahora estás fuera del Reino. Has abandonado tu Fuente.*

Conforme mis conceptos del yo han ido cambiando al comenzar a salir de esas creencias, la sensación de experimentar que *el mundo está en mi mente* ha ido intensificándose. Está ocurriendo un gran problema perceptual. El mundo está en tu mente, y todas las cosas perceptuales que parecen ocurrir en la pantalla son sólo testimonios de ello. Primero miras en tu mente y tienes todas esas creencias insensatas y oscuras que tu Padre no creó, luego te sientes frágil, insignificante y culpable. Después producirás testimonios en el mundo que lo representen: *Soy débil, soy insignificante, soy frágil, soy pequeño.*

Participante: Hemos olvidado lo que es el Reino, hemos olvidado lo que es el Amor y así, soltar todo lo que hemos hecho resulta muy alarmante. ¿Qué te queda? Sólo el no saber qué hay al otro lado.

David: El ego te dice que si sueltas todas estas cosas familiares del mundo e incluso esas creencias que sustentan el mundo, caerás en el vacío. Esa es la versión del ego de regresar a la luz. Pero el Espíritu Santo te dice que lo serás todo. Serás exactamente tal como fuiste Creado. Serás Luz abstracta sin necesidades, precauciones ni preocupaciones: sólo una paz eterna y tan profunda que no tienes ni un atisbo de su profundidad. Se puede ver que hay dos versiones diferentes de lo que es ir adentro.

Participante: Vaya que sí. Son totalmente opuestas.

David: La creencia del ego es que toda tu seguridad descansa sobre satisfacer tus necesidades de supervivencia, y luego sigue con: *Bueno, por qué no tener alegría y comodidad en la vida, más comodidad para el cuerpo, más placer para el cuerpo,* etcétera. En cierto sentido eso es adorar a la muerte, porque la libertad y la alegría vienen de soltar la identificación de la mente con el mundo y el cuerpo. Puede verse que este es un cambio radical. Hemos estado buscando nuestra felicidad y salvación en las cosas concretas de la pantalla, y ello sigue encubriendo nuestra profunda sensación de pérdida que, en realidad, viene de la creencia en que nos hemos separado de nuestro Padre Celestial

Participante: Así que en realidad estamos completamente fuera de nosotros mismos. Y sin ir adentro a encontrar la alegría, la felicidad, el amor y la paz. No están en nada de lo que hay fuera de nosotros, y nosotros estamos utilizando todo lo que hay fuera de nosotros para buscar la alegría, la felicidad, el amor y la paz. [risas]

David: Y lo estamos descubriendo: *¡Ojo, que esto no funciona!* [más risas]

El mundo que hizo el ego

Participante: ¿Hizo el ego todo lo que hay en el planeta? ¿Qué pasa con los ángeles, los chakras y las cosas que la gente considera buenas, superiores o espirituales? y ¿de verdad estamos aquí por los pensamientos de la mentalidad errada, o este es un sitio en el que Dios quiere que estemos para el crecimiento del alma y el aprendizaje?

David: La primera parte de la pregunta se reduce a considerar lo que son la consciencia y la percepción. Se podría decir con UCDM que la consciencia es el dominio de ego. Igual con todo lo perceptible: el tiempo, el espacio, el cosmos, todas las cosas concretas son una proyección del ego. De manera que sí, en efecto el ego hizo el cosmos espacio-temporal. El ego hizo todas las imágenes y símbolos. Podemos decir que cuando piensas en ángeles como querubines y seres bellos con grande alas, esas son imágenes y forman parte de las cosas concretas del cosmos. Otra vez, eso está hecho por el ego. Podríamos hablar de los siete chakras. Siete es más de uno. Es un número de lo múltiple y los siete chakras concretos que a menudo se asocian con la columna y diferentes partes del cuerpo son, otra vez, parte del sistema del ego.

El Espíritu Santo es sencillamente un propósito de la mente, la luz, el recuerdo ahí dentro que utiliza todas esas cosas concretas. Ciertamente utiliza símbolos como los chakras y los ángeles de una manera muy útil y amorosa para consolar y bendecir, de manera que cuando la mente está aterrorizada tenga un símbolo de amparo. Y ciertamente los ángeles son un buen ejemplo de esto.

La percepción por mentalidad errada de que estamos aquí forma parte de la percepción del mundo del ego. Se podría decir que Dios y Cristo forman parte del Cielo abstracto. En realidad en el ámbito del Cielo no se sabe nada del ámbito de la percepción porque, como enseña el Curso: "Nada real puede ser amenazado. Nada irreal existe". T-in.2 Lo Eterno es lo que el Cielo es, lo que Dios es, lo que Cristo es. Lo efímero, lo fenoménico, el cosmos espaciotemporal que siempre está cambiando, es temporal y, por definición, irreal. Entonces se podría decir que intentar traer a Dios al mundo y decir que tuvo una razón para ponernos aquí, o que estamos aquí para aprender lecciones que Dios nos puso para examinarnos de ellas, o cualquier otra cosa así, es una percepción de la mente errada, porque Dios sólo es Unicidad, Amor y Abstracción puros.

Es mentalidad errada creer que estás aquí. Jesús dice en el Curso que podrías preguntarte cómo vas a experimentar la paz perfecta mientras aún estás en un cuerpo. Y sugiere que te preguntes: ¿quién es el que está en un cuerpo? Con preguntas como esta, ves que Jesús está insinuando que verdaderamente estás en casa en el Cielo, ahora mismo y eternamente: sólo estás soñando con el exilio. Eso es todo lo que hay sobre la percepción.

Sobre el placer y el dolor

David: Cuanto más adentro he ido, más se ha simplificado mi vida. Pero no ha sido una simplificación basada en los senderos ascéticos, el camino antiguo era el sacrificio, como en algunos senderos místicos antiguos en los que la gente literalmente le hacía daño a su cuerpo, para sacrificarse.

Algunos probablemente han oído hablar del gnosticismo. Los gnósticos fueron un grupo que apareció justo después, o casi en la época, de Jesús. Muchos gnósticos comprendieron la enseñanza de Jesús: "Mi Reino no es de este mundo", (Juan 18:36) y "el Reino de Dios está dentro de vosotros". (Lucas 17:21) Los gnósticos comprendieron realmente el hecho de que el mundo no es real, que Jesús estaba hablando de un Reino Espiritual que no era el reino de este mundo que los apóstoles y los judíos estaban buscando. Pero la creencia del ego en el sacrificio está tan profundamente arraigada en la mente que los gnósticos cayeron en la trampa del ego de hacer real el error y pensaron: *Si el mundo no es real, tiene que ser malo. El cuerpo forma parte del mundo luego tiene que ser malo, por lo tanto le haré pasar hambre, me iré al desierto a hacer cosas que le hagan daño a mi cuerpo, para demostrarle a Dios, y a mí mismo, que el mundo no es real.* Desgraciadamente eso le encanta al ego. Es como ponerse en sus manos, porque cada vez que juzgas que alguna cosa del mundo es mala o negativa, la haces real. ¿Recuerdas cuando hablamos de proyectar la dualidad y juzgar las cosas como buenas y malas? Una vez que juzgas algo del mundo como negativo, lo refuerzas en tu mente como real.

Luego hubo otra secta gnóstica que decía algo así: *El mundo no es real, de manera que podemos ser complacientes con todos los vicios y placeres del mundo.* Enseñaban que, si no los satisfacías en una vida, te reencarnarías y volverías para seguir con la complacencia con los vicios del mundo hasta que te liberases de ellos.

Pero eso tampoco funciona, porque tanto los vicios como el placer y el dolor hacen al cuerpo real. El que haya intentado hacer las lecciones "Podría ver paz en lugar de esto" o "No hay nada que temer" con un buen dolor de cabeza, sabe que no van juntos. El dolor es como un testimonio que dice: "Me duele aquí, soy culpable", o "Estoy atemorizado", o "Soy frágil". Y el placer hace lo mismo, porque el placer centra la mente en el cuerpo. Identifica la mente con el cuerpo y con las sensaciones del mundo. Los hindúes y todos los grandes místicos del mundo comprenden esto del placer y el dolor. Son dos caras de la misma moneda. El ego no nos dice eso. El ego dice que maximices el placer y minimices el dolor. *Evita el dolor*, ¿no es esa la sabiduría común del mundo? La mente en el estado de engaño cree que puede distinguirlos. ¿Te parecen lo mismo el placer y el dolor? En el estado de engaño parecen muy, pero que muy, distintos, pero sólo son las dos caras de la misma moneda.

Hay pasajes como: "Es imposible tratar de obtener placer a través del cuerpo y no hallar dolor". T-19.IV.B.12 Hay cosas físicas que parecen atractivas pero son como ponerle un pequeño esparadrapo a la gran herida de la soledad y el vacío terribles que se sienten dentro. Es algo como: *Es sólo un arreglito rápido, me tomaré el helado de vainilla con chocolate caliente. Me da un montón de placer y saca mi mente de la soledad y la desesperación que siento* –durante unos diez minutos– y en otro par de horas: *¿Ahora qué? ¿Qué estoy buscando?* Es la atracción de la culpabilidad, sea el alcohol, la marihuana, la adicción al sexo, a la comida... Se puede usar las películas, querer estar todo el día sentado en casa viendo películas: *No quiero enfrentarme al mundo, sólo quiero estar distraído.*

El Curso es tan estupendo porque desvela al ego y a todas sus conspiraciones, mostrándonos sencillamente la demencia y la locura de su sistema de pensamiento.

El cuerpo, a las órdenes del miedo, irá en busca de culpabilidad y servirá a su amo, cuya atracción por la culpabilidad mantiene intacta toda la ilusión de su existencia. En esto consiste, pues, la atracción del dolor. Regido por esta percepción, el cuerpo se convierte en el siervo del dolor, lo persigue con un gran sentido del deber y acata la idea de que el dolor es placer. Ésta es la idea que subyace a la excesiva importancia que el ego le atribuye al cuerpo. Y mantiene oculta esta relación demente, si bien, se nutre de ella. A ti te enseña que el placer corporal es felicidad. Mas a sí mismo se susurra: "Es la muerte". T-19.IV.B.13

¿Qué hay detrás de mi "adicción física"?

Hola, David:

¿Qué dice el Curso de las adicciones? Soy adicto a los cigarrillos y me ha sido imposible dejarlos. Suena negativo, pero lo he probado todo: desde el pensamiento positivo hasta los grupos de apoyo, y todo lo demás. Una parte de mí le echa la culpa a mi falta de autocontrol y fuerza de voluntad. ¿Es realmente eso? Siento como que aquí está pasando algo más. Como si la batalla con los cigarrillos representase a la batalla con mi mente-ego. Me preguntaba si tienes alguna intuición sobre las adicciones. Muchísimas gracias por todo lo que nos has dado. Eres una verdadera bendición.

Amado:

Despejar el camino a la paz interior significa desenmascarar y soltar la creencia en la adicción. Lo que parece ser una adicción física, como fumar, es siempre sólo un síntoma de la adicción mental a juzgar. Y soltar el juzgar es soltar el ego. Juzgar siempre implica conceptos y comparaciones, y este cosmos entero está construido sobre la premisa de hacer juicios. El Ser que Dios creó Uno está más allá de los juicios, pues ¿qué se puede comparar en la Unicidad Pura que es Inmutablemente Eterna? Todo juicio concreto es un intento de evaluar al Ser, pero el Ser que Dios creó está mucho más allá de cualquier posibilidad de evaluación.

La Integridad es eternamente completa. La creencia en la carencia, por tanto, es la creencia en la adicción.

Las que parecen adicciones físicas son tapaderas o distracciones para que no miremos adentro y no atravesemos el miedo para llegar al Amor que está dentro. Aunque muchos se dan cuenta de que las adicciones son una desgracia, el miedo de mirar adentro puede parecerle más temible a una mente dormida que la idea de seguir con la adicción. Pero cuando la mente está dispuesta y preparada, permite que lleguen a la consciencia sentimientos que habían estado reprimidos durante mucho tiempo, para pasar a través de ellos y soltarlos. Esta es la apertura a sanar, y sanar es sinónimo de liberarse de juzgar.

Al abrirse el Corazón, se revela el Amor que contiene. Aunque se creía que el Corazón necesitaba protección, de repente se ve que el Corazón se deleita en extenderse. Y con esta apertura, el Amor se derrama y fluye sin condiciones ni límites, y el recuerdo del Amor Verdadero –el Amor que nunca para de extenderse– se restablece en la consciencia. El Amor siempre está presente, nuestra única elección es darnos o no cuenta de Él.

La Voluntad Libre es libre para siempre y Una con Dios. Las elecciones y los juicios surgieron con la creencia en que es posible separarse. La dualidad es una premisa de cualquier "elección", y la Expiación, o Corrección del error, ve que la dualidad es imposible. Lo que es Uno ahora es Uno para siempre y nunca puede estar dividido. Conforme la mente mira adentro, es Guiada más allá del miedo y de la culpabilidad que una vez buscó ocultar y proteger, y sigue siendo Guiada hasta la Luz.

Estoy unido contigo en la experiencia de la Luz del Amor interior. Cuando el viaje hacia dentro parezca intenso y aterrador, recuerda... esto también pasará. La liberación del error bien vale la determinación que requiere. Y el éxtasis del Ser, libre de juicios y pensamientos adictivos, es indeciblemente Glorioso. Por el mirar adentro. ¡Por el soltar!

La creencia original en la separación

Hola, David:

Leí el Texto de UCDM en alrededor de un año. La lectura coincidió con las estaciones del año tal como Jesús las menciona, lo que me sorprendió de manera deliciosa, pues no estaba planeado. Seguí con las lecciones, y cuando llegué al primer repaso, los objetos del mundo a veces parecían tener sólo parte delantera y una luz tenue alrededor y detrás de ellos. Esto me dio ánimos.

Durante una meditación, en algún momento del repaso, sentí como si me cayera. No hacia abajo sino hacia adelante. Supe lo que estaba pasando y en ese momento el ego se asustó, y brotó un miedo que no había experimentado desde mi infancia. En ese punto dejé el Curso por un tiempo, hasta ahora que estoy empezando las lecciones otra vez.

Aquí está la pregunta que ha estado atormentándome. Que Dios es perfecto significa que Sus Creaciones son perfectas. ¿Cómo, entonces, pudieron Sus Creaciones empezar a crear de manera imperfecta para causar la separación? Sé que la separación fue sanada en un instante y que lo que yo experimento ahora es sólo un recuerdo de ello. ¿Pero cómo pudo haber sucedido la separación de cualquier manera?

Bendiciones y amor de una santa bala perdida que intenta encontrar el camino de vuelta a casa.

Amado:

El viaje espiritual es la senda hacia dentro, el deshacer cada trozo de creencia que brota de esta creencia nuclear. Tu has tenido vislumbres de la "luz tras el velo" y esto anima mucho.

Al ego le aterroriza la rendición, y la mente que se identifica con él experimenta sus sentimientos. El ego está aterrorizado de la luz. El ego es la creencia en la separación, el viaje espiritual es deshacerla.

Me alegro de que vuelvas al Curso, estamos unidos en nuestro santo propósito compartido de despertar a la verdad. Es una senda hacia la luz a través de la oscuridad, así que el miedo surgirá, junto con todo tipo de emociones incómodas (que en realidad son sólo miedo), pero cuando tienes un contexto firme, sabiendo que vas hacia la sanación, hacia la transformación mental, no hay necesidad de huir de él.

La mente, en el conocimiento pleno de la Expiación, sabe que la separación nunca ocurrió. El conocimiento pleno de la Expiación es que la separación nunca ocurrió.

Siempre oigo las mismas preguntas: "¿Cómo ocurrió lo imposible?", "¿A quién le ocurrió lo imposible?", las llamo las preguntas mejor clasificadas. ¿En primer lugar, cómo ocurrió esto? ¿Cómo pudo la perfección, como pudo Dios cometer un error? o ¿Cómo pudo Cristo, un Ser perfecto, cometer una equivocación?

Y básicamente son afirmaciones. Cuando haces las preguntas "¿Cómo ocurrió lo imposible?" o "¿En primer lugar, cómo ocurrió esto?" hay una suposición bajo las preguntas. ¿Y cuál es la suposición? ¡Que ocurrió! Naturalmente al ego le gusta esa suposición. Después puede preguntar todo tipo de preguntas, incluyendo cómo ocurrió.

Es como si estuviéramos en una persecución absurda para encontrar la teología correcta, el maestro apropiado, el mantra justo. ¡Ay, Dios, cuánta culpabilidad hay tras intentar resolver esa pregunta! Pero es la mismísima suposición lo que tenemos que aprender a soltar.

No vendrá ninguna teología a sacarte de aquí. No va a ser un concepto. Será una experiencia lo que vendrá y le pondrá fin a las dudas. En el Curso esa experiencia es la Expiación. La Expiación es el pleno conocimiento de que la separación nunca ocurrió. En este aspecto, *Un curso de milagros* es una plataforma de lanzamiento. Estás en una plataforma de lanzamiento listo para despegar en un cohete y subir a una órbita donde no se siente la gravedad. Estás libre y feliz. *Un curso de milagros* es un libro que está diseñado precisamente para ayudarte a subir a tu órbita, a la cualidad de Ser, a tu perfección.

Capítulo Tres

Una nueva interpretación (parte 1): las metáforas del Curso y las de la Biblia

Participante: David, dijiste que podríamos hablar del ego y aclarar el tema de lo que es, o lo que nos creemos que es, y lo que es en realidad. Parece que todo el mundo tiene las mismas veinticuatro horas, el mismo día. Tú tienes un buen día. Algún otro tiene un día malo. Aquel lo tiene estupendo. El Curso dice que nuestra percepción es una ilusión y por eso todos tenemos esos días diferentes, malos y buenos. Nosotros, como una mayoría de la gente de aquí fuera, podríamos no creer que la separación es la causa de esto, ¿vale? Pero creo que Dios se da perfecta cuenta de que estamos bajo la influencia de esta ilusión. Mi propia ilusión personal me da suficientes problemas, pero además, y a la vez, tengo que lidiar con la ilusión de cada uno de los demás. No sé como conseguir algo de congruencia real con esto o, por así decirlo, llevarlo hacia una base compartida, o una percepción común de la realidad.

David: La razón de que parezca que tenemos un problema es lo retorcida y distorsionada que está nuestra percepción. Es como mirar a través de una lente. Si miras a través de una lente muy borrosa eres incapaz de ver con claridad. Como dice la epístola a los corintios: "Ahora vemos de manera indirecta, como en un espejo, y borrosamente". (Corintios 13:12) El Curso dice que la única manera de que tengamos paz constante es que nuestra percepción haya sanado.

Volvamos a lo que dijiste al principio de que Dios sabe de esto. En realidad Dios, al ser Espíritu y Amor Infinitos, solo Se ve a Sí Mismo. El Amor –lo eterno e infinito– no ve lo finito y temporal, dicho con otras palabras. El Curso dice: *Mis Hijos duermen y hay que despertarlos.* En la analogía, eres un padre y ves que tu hijo da vueltas en la cama, como si tuviera una pesadilla. Como padre no sabes nada del contenido de esa pesadilla, todo lo que sabes es que parece que tu hijo da vueltas en la cama. Hablando de manera metafórica, Dios, el Padre, le dio a Su Hijo la respuesta –el Espíritu Santo– que resuelve el problema. El Espíritu Santo conoce nuestras ilusiones, –pues es el Mensajero que

Poner los cimientos

lleva la respuesta de Dios a las ilusiones– pero no cree que sean reales. Tiene muy claro que son sólo ilusiones, porque está anclado al Cielo y conoce la esencia y realidad verdaderas del Hijo.

El Espíritu Santo tiene una función dual. Lo puedes mirar como si tuviera, por así decirlo, un pie en el Cielo y un pie en la ilusión para así ayudar a despertar al Hijo. El Espíritu Santo está en la mente, trabajando con ella en que abandone las creencias e ideas falsas. La única manera de que la percepción pueda sanar es abandonar las creencias falsas.

Otra idea sobre el ego es que no es nada más que un soplido de locura. El Curso lo describe como un sistema de pensamiento muy lógico. Parece tan sigiloso porque en él cada premisa se deduce de otra. El que haya estudiado lógica sabe que un sistema de pensamiento vale lo que valga su primera premisa. Si la primera premisa es falsa, entonces la cosa en conjunto es falsa. Eso es lo que hace al ego tan sigiloso. La premisa básica que subyace a su sistema de pensamiento es que es posible que te hayas separado de tu Creador, lo cual es una premisa falsa. Todas las demás creencias están apiladas encima de esta premisa.

Una creencia con raíces muy profundas es la creencia en el tiempo. Si te imaginas este apilamiento de creencias como una pirámide invertida con el ego abajo, en la punta de la pirámide, la creencia en el tiempo está justo encima del ego.

El Cielo es eterno. No hay tiempo ni incrementos del tiempo. Dios Es. El Cielo Es. Es el estado que el Curso llama Conocimiento o Unicidad Eterna. El tiempo es una creencia. Por ejemplo, montones de veces hablamos de los senderos espirituales así: *Estoy en el sendero hacia Dios y a lo mejor en varias vidas más, o varios cientos de vidas más, voy a conseguir volver.* Pero Dios no está enseñándote una zanahoria mientras dice *vale, sólo unos pocos milenios más,* porque Dios no está implicado en el tiempo. La idea de que puede haber tiempo aparte del Cielo es de nuestra propia invención.

Así que el tiempo es una creencia con raíces muy profundas. Decías que parece que todos tenemos días de veinticuatro horas, pero él lo descompone un poco más que sólo en días. Dice básicamente que crees en un tiempo lineal que consta de pasado, presente y futuro. El ego cree en el tiempo lineal, su versión del tiempo es: *eres culpable en el pasado, ¡mira tu vida! Mira todas las cosas que has estropeado, lo que hiciste que no deberías haber hecho, las cosas que deberías haber hecho pero no hiciste.* El ego dice que el presente está determinado por el pasado, esa es una creencia común en este mundo, que tu pasado determina tu presente. Dice que el pasado se extiende al presente y luego el futuro es también sólo una extensión de eso. Eres culpable en el pasado, así que eres culpable en el presente ¡y vas a ser culpable en el futuro! Eso es muy deprimente. Verdaderamente entrar en el uso del tiempo por el ego es deprimente.

El Espíritu Santo dice que: "El pasado ya pasó". T-28.I.1 ¿Recuerdas cuando hablamos de que cuando *pareció* que esa primera creencia era aceptada la respuesta se dio inmediatamente? Cuando Dios dio respuesta a tu mundo de separación, fragmentación, enfermedad y muerte, todo quedó resuelto inmediatamente y se terminó. ¡Todo el dolor y el sufrimiento y la enfermedad se terminaron!

Esta noche en la cena estábamos comentando el concepto de destino. La mente creyó que se separó de Dios y el plan de la corrección, de la Expiación, se estableció simultáneamente porque el plan de Dios está fuera del tiempo. ¡Dios no dijo: "Vale, los primeros cien mil millones de años harás esto y el segundo centenar de miles de millones de años harás esto otro"! Dios dio una respuesta inmediata. La corrección fue simultánea. Sin embargo, para la mente que cree estar en el tiempo, parece que el asunto se está tomando un montón de años, que hay un retraso. El uso del tiempo por el Espíritu Santo dice: *Estás completamente sanado, libre y expiado en el presente, y el pasado ya pasó; en cualquier instante, en cualquier momento, si tu mente suelta del todo el sistema de creencias del ego, recordarás a Dios.* Esta es una buena noticia para una mente que se pregunta cuánto tiempo le va tomar abandonar todos los juicios, ideas y creencias falsos. La buena noticia es que ya ha ocurrido, sólo que tú no te lo crees, tu crees que aún se está desarrollando.

Participante: ¿Entonces es cosa de aceptar lo que ya ha ocurrido?

David: Sí. A la mente le aterroriza aceptar lo que ya ha ocurrido. Cada vez que tienes la experiencia de sumergirte en la mente en meditación, el ego se siente amenazado. La mente tiene mucho miedo a la tranquilidad y a la luz interior. El ego le dice a la mente que si vuelves ahí, la luz te va a ajustar las cuentas: *vas a ser arrojado al olvido porque Dios está furioso contigo.* Como la mente cree en el ego y escucha su voz, tiene miedo de ir adentro. Esa es la razón de que sea tan fácil distraerse con adicciones y cosas del mundo, que parecen ocultar el dolor pero nunca llegan al núcleo real, la creencia que está por debajo.

Participante: Parece que tenemos bien y mal, arriba y abajo: el dualismo. ¿Estás diciendo que sólo hay bien, que esta ilusión de mal que estamos viendo es algo que proyectamos, no algo que estamos creando, y que no tiene ninguna fuerza metafísica detrás?

David: Esa es la pregunta que siempre me hice sobre la idea del diablo. El diablo puede parecer muy activo, poderoso y destructivo en tu vida si le das poder a esa creencia. Pero la buena noticia es que cuando le retiras el poder de tu mente a esa creencia, cuando empiezas a expulsar el sistema de creencias del ego y lo señalas como lo que es, puedes decir: *Ni soñarlo, esto no me ha traído más que dolor y desdicha. Yo ya no quiero esto.* Le retiras el poder de tu mente. Es como en el Mago de Oz, cuando le tiran agua a la malvada Bruja del Oeste y sencillamente se deshace. No se supera al ego peleando con él, ni derrotándolo, sino que se le supera desenchufándolo. Y no lo puedes desenchufar hasta que no sepas lo que es.

Participante: ¿Qué dices de la vida de Jesús?

David: Jesús literalmente transcendió al ego y en ese sentido es un guía. En el Curso es un poco diferente de los enfoques tradicionales que tienden a deificarlo. Jesús nos dice en el Curso que pensemos en él como un hermano mayor, dice: "No hay nada con respecto a mí que tú no puedas alcanzar. No tengo nada que no proceda de Dios. La diferencia entre nosotros por ahora estriba en que yo no tengo nada más. Esto me coloca en un estado que en ti es sólo latente". T-1.II.3 Si vas a tener un modelo o un guía para transcender al ego es útil tener a uno que ha superado el mundo. ¡Anímate!

Participante: "Yo soy el camino, la verdad y la vida y nadie viene al Padre sino a través de mí". (Juan 14:6)

David: Sí. Puedes pensar en Jesús como uno que ha trascendido al ego y, literalmente, *es* la Voz de Dios que habla a través de él.

Participante: Era como si estuviera diciendo, *Yo, el Espíritu Santo*, porque eso era lo que hablaba a través de la persona de Jesús. El *Yo* –el Espíritu Santo– es el camino, la verdad y la vida. ¡Y el Espíritu Santo es la verdad que cada uno de nosotros tiene dentro, hayamos o no oído hablar de la persona de Jesucristo!

David: ¡O del Espíritu Santo!

Participante: O del Espíritu Santo, correcto, la verdad aún esta ahí, estés en China o en India, o como si eres un aborigen. Tuve una discusión con un primo mío sobre esto. Nos metimos de verdad en una conversación filosófico-religiosa. Le dije: "Dick, toda esa gente de África que nunca ha oído nombrar a Jesús, ¿van a ir todos al infierno? ¿Están todos condenados? Has condenado a un montonazo de gente". Y el dijo: "Bueno, nunca oyeron hablar de Jesús". Y entonces le dije: "No creo que Dios funcione de esa manera, Dick".

Las escrituras han dicho que él ha revelado esas cosas en la Tierra. Y si tienes la expectativa de encontrarlo, podrías, aunque sea por casualidad. Pero si nunca lo buscas y nunca lo esperas, no lo reconocerás cuando pases a su lado.

David: Esa es la base de lo que Jesús también dice aquí sobre la percepción: lo que estás buscando dentro –lo que realmente, sinceramente, con toda dedicación, estás buscando dentro– lo verás fuera, en el mundo. "Lo que buscas lo encontrarás". T-12.VII.6

Participante: La Biblia dice: "Pide y se te dará, busca y encontrarás, llama y se te abrirá". (Mateo 7:7)

David: El Curso usa términos más educativos y psicológicos que la Biblia, para llegar a lo mismo. También, en el Curso Jesús reinterpreta ciertas frases de la Biblia que el ego ha utilizado para sus propósitos. Al ego le encanta citar las escrituras. Hay un montón de cosas de la Biblia sacadas de contexto y utilizadas en el nombre del miedo, la condenación y el infierno. Jesús dice que son sólo malinterpretaciones. ¡Para mí, es asombroso como ha elaborado algunos pensamientos! Por ejemplo: "Mía es la venganza, dice el Señor". T-3.I.3 Cuando leí esto pensé: *¡Vaya!* Jesús lo reinterpreta. Dice que es como si el Espíritu Santo te estuviera diciendo: *Hijo, dame esa idea de venganza, que está fuera de lugar en tu Santa Mente. La venganza es mía, dámela, que yo sé como manejarla.* ¡Caramba, qué interpretación de una frase que yo había visto tan negativa y condenatoria! Y lo que dice de Judas: 'Yo no pude haber dicho: "¿Traicionas al Hijo del Hombre con un beso?" a no ser que hubiese creído en la traición.' T-6.I.15

Cuando lees los relatos tradicionales cristianos parece que hay doce apóstoles y luego el malo, el *Judas* que se revuelve contra su maestro. Jesús dice que la crucifixión fue sólo una demostración llevada al extremo de que, cuando la voluntad del Padre y la del Hijo están alineadas, no se puede matar al Hijo de Dios: la mente tiene todo el poder y el cuerpo literalmente no vale nada. Jesús reinterpreta la crucifixión en el Curso: "...el mensaje de la crucifixión fue: 'Enseña solamente amor, pues eso es lo que eres'". T-6.III.2 Esa es una bonita interpretación radical, cuando el ego percibe la crucifixión como: *Uno de los amados hijos de Dios tuvo que sufrir y morir, para ser el cordero de Dios para tomar literalmente sobre sí mismo todos los pecados del todo el mundo. ¡Tenía que hacerlo un Hijo inocente!* Si le sigues el rastro a esta forma de pensar llegarás a: *¿Qué clase de Dios es este que, para conseguir la Expiación o Salvación es capaz de hacer pasar a su amado Hijo inocente por semejante prueba de sufrimiento y caos?* Desde su perspectiva, Jesús no se percibió atacado. Cuando te dan patadas, te escupen y gritan "¡Mátalo!", visto con la lente del ego parece ataque. Sin embargo, Jesús dice que el no compartía esa percepción: Él lo vio como una petición de amor. "Padre, perdónalos porque no saben lo que hacen". T-2.V.A.16

Jesús nos pide que cambiemos nuestra manera de ver de forma similar. Podemos tener la mente tan entrenada que vayamos más allá de la percepción de ser atacados y aprendamos a verlo todo como amor o petición de amor, en lugar de como ataque. ¡Hace falta una percepción muy entrenada!

Un amigo hablaba esta noche del alma, de estar "de alma a alma". Esto es lo que dice el Curso. Cuando te des cuenta de que tu hermano sólo está pidiendo amor –en lugar de percibirlo como atacante– entonces responderás con amor. Tiene muchísimo sentido. No es que percibas ataque y entonces, de alguna manera, lo perdonas desde la bondad de tu corazón o porque eres más avanzado espiritualmente. Eso no es perdón.

Una nueva interpretación (parte 2): forma y contenido

Participante: ¿Qué se hace si la gente lo ataca a uno, a sus creencias, a su buen nombre o a su posición?

David: Es un proceso de empezar a desidentificarte de las creencias que pensabas que te identificaban. En otras palabras, todo el que viene al mundo ha aprendido ideas sobre lo que significa ser una persona, un hombre o una mujer. Muchas de las discusiones entre los sexos tratan de frases como los hombres son así y las mujeres de esta otra manera... Lo que dice el Curso es que no sabes quién es tu hermano porque tienes un montón de juicios sobre él, basados en lo que crees que tú eres. Cuanto más profundo te metes, más empiezas a identificarte a ti mismo como ser espiritual. Incluso te alejas de identificarte con el mundo. Por ejemplo, ya no defiendes las cosas a las que estabas apegado cuando alguien empieza a hablar mal de ellas. Lo que yo he aprendido es que cuando empiezan a venir las defensas, se debe a la identificación o apego de mi mente a lo que esté siendo puesto en cuestión, sea una ciudad, un equipo deportivo, un personaje que admiro...

Participante: Una inseguridad.

David: Sí, es una señal de inseguridad: claramente es no alinear mi mente con el Espíritu Santo o Jesús. Al empezar a desidentificarnos de nuestro apego a figuras de la forma nos volvemos más indefensos, porque empezamos a identificarnos con el espíritu o alma de todos y cada uno. La inseguridad se produce cuando la mente no está segura de lo que es, tiene dos voces diferentes en marcha. La mente va a probar todo tipo de mecanismos de defensa para sortear esta inseguridad, o para encubrirla, cosas como la negación y la represión o la proyección. El ego es muy ingenioso para encontrar trucos que minimizan la inseguridad y el miedo, pero no los sueltan. Sabe que si tú sueltas alguna vez todo el miedo y la inseguridad, a *él* se le habrá acabado el negocio, ya no tendrá vida. Las defensas son un sigiloso mecanismo diseñado para reducir el miedo, pero no eliminarlo.

Sólo hablar de estas cosas ya es una buena práctica. Yo disfruto cuando la gente cuestiona y comparte sus puntos de vista y percepciones. Una vez invité a una de nuestras reuniones a un caballero que era filósofo. Estábamos en la comida de mediodía y yo oía las quejas que recorrían la mesa: *ése no hace ninguna falta en esta reunión porque vamos a acabar todos en conflicto.* Este filósofo tenía un montón de preguntas y de verdad quería aclarar este asunto. Yo dije: ¡Esto es estupendo! Es lo que queríamos ¿verdad? ¿Por qué íbamos a querer dejar fuera a alguien que está listo para plantear preguntas? De hecho, resultaron ser cuatro horas fantásticas de sumergirse de verdad en las cosas.

Si alguien tiene una creencia u opinión, y tú notas que te viene una reacción, o que te pones a la defensiva, tiene que ser tu propia percepción la que produce la sensación incómoda. Jesús fue capaz de decir la Palabra porque había transcendido el sistema del ego. Nada era una amenaza para él, no lo eran los fariseos ni ninguno de los otros grupos que lo acusaban de blasfemia: *¿cómo te atreves a perdonar los pecados de la gente? Nadie más que el Padre puede hacerlo.* Jesús era capaz de permanecer por encima del campo de batalla, gracias a su certeza sobre quién era. El Curso dice que si eliminas toda la falsedad y todas las falsas creencias, entonces tú también tendrás esa certeza. No habrá nada en el mundo que pueda quitarte la paz. Esto es un gran consuelo. Te ayuda a soltar el planificar e intentar arreglar a la gente, las circunstancias y los resultados. Te ayuda a aceptar y a confiar más, sabiendo que las cosas se solucionan. "Todas las cosas obran conjuntamente para el bien". T-4.V.1

Participante: …y no hay una única manera correcta de llegar a esa comprensión ¿verdad?

David: En la forma hay muchas expresiones del curriculum universal pero en términos de *contenido* —cualquiera que sea el sendero espiritual– se trata de transcender el ego. En contenido o sentido mental siempre es el mismo. Pero puede haber mucha distorsión del discernimiento entre forma y contenido. El contenido es el propósito. Cuando hablamos de contenido estamos hablando de propósito: *¿Para qué es esto?*

Hasta donde llegan las escuelas y los senderos, el Curso es uno entre muchos. No responde preguntas como *¿Debería hacer esto o aquello? Esta noche ¿debería ver este programa de la tele o debería leer el Curso?* El Curso te pregunta: ¿qué *propósito* tienes para ver ese programa de la tele? ¿Es para distraerte y quitarte cosas de la mente, para olvidarte de tus penas y de tus problemas? ¿Qué propósito tienes para leer el Curso? Sabes que muchas veces la gente puede leer el Curso paseando los ojos por encima de las palabras hasta que dicen *uf, esto no funciona,* y tiran el libro. Pero lo que el Curso hace es preguntarte: ¿Qué propósito tienes? Eso es lo crucial, y no la forma.

Muchas espiritualidades caen en seguir un patrón de rituales que sustituyen al contenido. Si rezo tantas avemarías o hago tantos ritos o rituales –si hago bastantes o acumulo bastantes– eso me llevará de vuelta a casa. Pero el Curso te dice: *el problema es tu manera de pensar.* La conducta brota automáticamente de la manera de pensar, así que la única manera de que puedas hacer cambios con substancia y significado es cambiar de manera de pensar. En tu mente hay sólo dos sistemas de pensamiento: el del ego y el del Espíritu Santo. El Curso está básicamente para ayudarte a discernir entre ellos.

La manera más simple de identificarlos es ver que hay un efecto para cada causa. ¡Y sólo hay una Causa, con mayúscula! Es el Creador. Él es la Causa y tú el Efecto, tú fuiste creado por tu Creador. Fuiste creado a su imagen y semejanza, además, en el siguiente sentido: Él es eterno–tú eres eterno, Él es inmutable–tú eres inmutable, Él es grandeza–tú eres grandeza. Sólo hay una aparente diferencia entre Padre e Hijo: el Padre (Causa) creó al Hijo y el Hijo (Efecto) no creó al Padre. Hay algunos sistemas de la nueva era que dicen literalmente "yo" soy Dios, pero este sendero hace distinciones. Jesús dijo en la Biblia "El Padre y yo somos uno", pero siempre habló de *el Padre y yo*. Y siempre señalaba hacia el Padre: "¿Por qué me llamas bueno? No hay ninguno que sea bueno, excepto Dios". (Marcos 10:18) Él siempre señala hacia el Padre.

El ego resaltó esta diferencia aparente y dijo: *¡Esto qué es! ¿Por qué deberías conformarte con ser el número dos? ¿Por qué ser sólo el creado, por qué no ser el pivote, el número uno, completamente por tu cuenta, cuando puedes hacer un mundo cuyo único pivote seas tú, literalmente?* Este mundo –en el que Causa y Efecto están separados– es el pensamiento de que de alguna manera el Hijo podría estar separado del Padre. Causa y Efecto están puestos al revés, de forma que parece que son las cosas que ocurren en la pantalla del mundo las que causan tus estados emocionales. Sabes que cuando éramos pequeños dábamos una patada en el suelo y decíamos *me pones furioso* o *hieres mis sentimientos.* Pero es al revés: *Yo* soy quien hiere mis sentimientos.

Participante: Con mi manera de pensar.

David: Con mi manera de pensar.

Participante: Y con mi percepción.

David: Identificarte con el ego es lo que duele, porque es negar tu Cualidad Crística. Si parece que alguien te roba o te perjudica, el mundo dice que eres una víctima inocente, que no tienes nada que ver con ello, que sólo estabas en el sitio equivocado en el momento equivocado. Pero el Curso dice: "Soy responsable de lo que veo. Elijo los sentimientos que experimento y decido el objetivo que quiero alcanzar". T-21.II.2 En otras palabras, en cualquier situación puedo elegir entre ver paz y sanación y ver separación, estar a la defensiva, etcétera. Un montón de sistemas de la nueva era dicen que eres responsable de las cosas en la forma pero, como decíamos en la cena esta noche, lo que pasa cuando tomas un principio que pertenece al nivel mental como *soy responsable de mi estado mental,* y tomas una percepción del nivel de la forma, el cáncer por ejemplo, y los juntas obtienes *soy responsable de tener cáncer.* ¡Ajá! Aquí viene la culpabilidad: de tomar algo del nivel de la forma y tomar un principio metafísico mental (soy responsable de mi estado mental) y juntarlos en una especie de polinización cruzada.

Participante: Eso es la confusión de niveles.

David: Sí, eso es la confusión de niveles. Enseguida surge la pregunta: ¿Quién, en su mente recta, elegiría la enfermedad? Y yo siempre digo que nadie en su mente recta elegiría la enfermedad. Tienes que estar operando desde el ego, o la mente errada, para traer al mundo semejante testimonio. Y la enfermedad es un testimonio muy fuerte. La mente tiene que creerse culpable para traer al mundo un testimonio como la enfermedad. La buena noticia es que una vez que aprendemos a elegir estar constantemente en nuestra mente recta, somos libres de la culpabilidad y, por tanto, no traemos testimonios que refuercen esa culpabilidad. Ese es realmente el único escape del dolor, la desdicha y el sufrimiento. Es lo que tú decías: únete a Jesús. Si estás con Jesús y con el Espíritu Santo, sabes discernir entre el propósito del ego y el propósito del Espíritu Santo; comprendes que uno es un sistema de pensamiento basado en el miedo y el otro es un sistema de pensamiento del amor. El ego está al revés, cree que las cosas de ahí afuera en el mundo te quitan la tranquilidad de espíritu. Pero esta es la otra cara: el ego nos dice también que hay cosas en el mundo que nos pueden traer tranquilidad de espíritu. *Sé de una isla en particular que puedo imaginarme y estar justo allí...*, o *hay tal pensamiento particular que siempre me resulta apacible pensarlo pero, en cuanto mi atención vuelve a mi trabajo, pierdo la calma*. Eso es pensar al revés porque mientras creamos que hay cosas en el mundo que pueden darnos o quitarnos la paz, somos literalmente codependientes. No escuches al ego, porque lo que te dice es que en este mundo puedes conseguir cosas que te van a traer felicidad y paz, y eso es un timo, una gran estafa. Ve adentro. Ahí entra la meditación, ve dentro de tu mente, sumérgete por debajo de las nubes de oscuridad del ego, medita y ve más abajo de ellas, sumérgete en el Reino de los Cielos. "El Reino de los Cielos está dentro". T-4.III.1 Y si tienes dificultades para meditar, las relaciones pueden acelerar mucho las cosas, porque sacan a relucir todas las creencias inconscientes de la mente.

Estás soñando un sueño de fragmentación. Dios no hizo este sueño, es sólo una proyección de tu mente. Lo primero que hay que hacer es darle media vuelta a causa y efecto. Crees que eres víctima del mundo que has inventado. Estarás atascado mientras sigas creyendo que eres una víctima sin poder alguno. Tienes que dar media vuelta a causa y efecto y dejar al Espíritu Santo encargarse de la causa. El Espíritu Santo sabe que no hay ninguna causa real en este mundo, porque el ego no es real. Dios no creó al ego. Así que lo que hay que hacer es desenmascarar al ego. Puedes elegir un milagro cada vez que te sientas tentado a culpar a algo o a alguien: tu cónyuge, tu empleo, la recaudación de impuestos... El milagro te ayuda a recordar Causa y Efecto. El milagro también te recuerda que nada tiene el poder de quitarte tu paz y que lo que parecía causarte malestar tiene que ser irreal. Cuanto más transferimos este aprendizaje, practicándolo en nuestras vidas cotidianas, más nos damos cuenta de que no hay nada en este mundo que nos pueda quitar la paz.

Siempre nos da miedo hacer esto, pero al practicar poquito a poco, cuanto más comenzamos a generalizarlo, más nos convencemos de que no hay nada en este mundo que nos pueda quitar la paz. Entonces en lugar de ser ese diminuto personajillo de un sueño, ese pequeño cuerpo sometido a todas esas fuerzas del mundo, comenzamos a vernos a nosotros mismos como el soñador del sueño. Igual que cuando uno duerme por la noche, se vas a la cama y parece que ocurren todas esas cosas. Y cuando se despierta dice *Uf, me alegro de que eso fuese sólo un sueño*. Llegará el momento en que oigas sólo al Espíritu Santo, la Voz de Dios. Y dirás *Uf, eso era sólo un sueño,* y te despertarás en el Reino de los Cielos. Tiene mucho sentido aplicar estas ideas, en lugar de sólo leer y hablar sobre ellas, porque realmente te vuelves feliz y tu vida se vuelve un gozo. Puedes realmente sentir cambios verdaderos que tienen lugar en tu vida. La prueba está en los resultados: cuanto más en paz te vas sintiendo, más sabes que estás cambiando. No hay avenencia entre el todo y la nada, por supuesto. Mientras tengas en la mente aunque sólo sea un poquito de miedo, aún no le habrás cerrado del todo la puerta al ego. Jesús es nuestro guía, porque cuando transcendió al ego al cien por cien se convirtió en un modelo para nosotros. El ego ya no lo tienta, él sabe que es falso.

Participante: ¿Cuando meditas, con quién te comunicas, cómo te comunicas o qué es lo que ves? Yo no sé meditar ¿cómo se medita?

David: En realidad yo veo la meditación sólo como intentar ser muy receptivo. Hay mucho parloteo al principio, porque al ego no le gusta tu intención de ir adentro. Sabe que si consigues estar tranquilo de verdad, vas a comenzar a oír la voz del Espíritu Santo, Jesús, o como quieras llamarlo, y el "yo" del ego se siente muy amenazado por eso. Así que hay esta cháchara incesante y chillona que no para: *tengo que ocuparme de esto, acordarme de ir al banco y de recoger los niños*. La mente sólo quiere salir corriendo a distraerse.

Usa los métodos del Libro de ejercicios. Contiene meditaciones guiadas. Empieza muy gradualmente. En las primeras lecciones no te pone ninguna estructura porque él sabe que, sólo para ser capaz de poner la mente en este Curso, ya hace falta mucha disposición, y más aún para esperar milagros y maravillas de inmediato. Se introduce estructura poco a poco porque la mente está desentrenada y necesita cierta cantidad de estructura. Pero luego en la últimas lecciones hay cada vez menos estructura, para que la mente no se entregue a los rituales. El ego quiere intentar meterse ahí de cualquier forma que pueda, para convertirlo en un ritual. Así que todo está en el libro. Dice cosas como intenta calmarte, siéntate tranquilo e intenta observar tus pensamientos lo más desapasionadamente posible, míralos ir y venir. Si te ayuda, piensa en ellos como un desfile pasando por delante de ti. Te da todo tipo de analogías y metáforas, porque él sabe que la meditación es algo nuevo para ti y sabe que necesitas alguna guía. Te da ejercicios de entrenamiento mental tipo Zen, para ayudarte a ser desapasionado al observar a tus pensamientos pasar. Lo que lo hace tan magnífico es que él sabe que eso es lo que va a ocurrir y está preparado. Es como si un gran maestro de la psicología hubiera diseñado estas 365 lecciones. Están muy bien adaptadas a lo que es una mente desentrenada.

Los pensamientos son como trenes, habrás oído hablar de trenes de pensamientos. Estás ahí, sentado y desapegado, mirando pasar tus pensamientos y antes de que te des cuenta te has subido de un salto al tren. Un tren te lleva a otro, entonces paras un instante y saltas fuera del tren, pero invariablemente vuelves a subirte de otro salto, luego te bajas de un salto, luego te vuelves a subir... En las etapas iniciales de la meditación te vas a subir a unos cuantos trenes de esos, y algunos van a ser pensamientos como *nunca lo voy a conseguir* o *no progreso nada, no sé cómo se hace esto*. Son sólo pensamientos del ego, trenes de pensamientos del ego. Una técnica de la Ciencia Cristiana –para discernir si los pensamientos son del ego o del Espíritu Santo– es ponerles detrás "dice el Señor". Si suena tan absurdo como *no me puedo creer que esta persona hiciera eso, dice el Señor...*, bueno, ¿te puedes imaginar a Jesús quejándose de alguien? ¡Si sientes que es absurdo, ese ya lo puedes soltar! Hay técnicas como esta, que puedes utilizar para empezar a poner orden en tu mente.

Participante: Hay un punto en el que dice que tus pensamientos no significan nada y también dice que hay que reconocerlos como lo que son.

David: Las lecciones del Libro de ejercicios van y vienen entre lo que crees ver en el mundo y lo que piensa tu mente. A la mente desentrenada lo que hay fuera en el mundo le parece muy diferente de lo que hay en la mente. Digamos que vas a una fiesta y empiezas a hacer juicios a todo gas sobre alguien. Te viene el pensamiento *muchacho, me alegro de que no sepan lo que estoy pensando*, o algo así, porque la mente cree que es privada. No cree que las mentes están conectadas, y por eso Jesús empieza a hablar del mundo de la percepción en la lección 1, "Nada de lo que veo significa nada". Luego la segunda lección continúa con "Le he dado a todo lo que veo todo el significado que tiene para mí". Un ejemplo excelente de las diferencias de percepción, y de como todo el mundo le atribuye significado a lo que ve es un grupo de gente que va a ver una película y luego habla de ella. Hay cinco o diez visiones e interpretaciones diferentes. La lección segunda reduce esto a que le he dado a todo lo que veo todo el significado que tiene para mí. No son los acontecimientos los que dan significado, ni los que me dicen lo que está pasando, son los pensamientos. En la lección 4 dice literalmente "Estos pensamientos no significan nada".

Una nueva interpretación (parte 3): forma, contenido y responsabilidad de la visión

David: El Curso dice que te podría sorprender lo diferentes que son las metas que el Curso propugna de las metas que sostienes en tu mente. Este Curso nos da media vuelta y nos lleva adentro, a intentar mantener un propósito constante en la mente, a estabilizar nuestra percepción. Y ocurre a menudo que, cuando la gente empieza a trabajar con el Curso, hay una sensación de que el Curso me va a pedir que renuncie a algo valioso, algo que me gusta, con lo que disfruto. Es la creencia en el sacrificio. El sacrificio es una idea muy profundamente arraigada en la mente. En el sentido metafísico, la mente se ha alejado de la luz y se ha identificado con todas las formas del concepto del yo. Básicamente le tiene miedo a la luz. Y cuando va hacia la luz, cree que tiene que abandonar cosas que tienen verdadero valor, cosas con las que está muy familiarizada, cosas que la atraen mucho, el status quo. Hay algunas cosas del status quo que le gustan a la mente y lo ve así: *Ay, ay, no me conviene desestabilizar las cosas, no me conviene cambiar el status quo.*

La mente se defiende del Espíritu Santo ordenando los pensamientos. Aunque estos pensamientos son sólo imágenes, cuando vienen los juicios es al ordenarlos. Una de las formas más corrientes de juzgar es condenar a tu hermano. El juzgar se vuelve más sutil con la ordenación de las imágenes y la jerarquización de las ilusiones, y ahí empiezan las sutilezas sobre las preferencias. Es muy importante ver estas sutilezas porque de esas ordenaciones, de esos conceptos del yo, salen las metas, y ahí es donde aparecen las expectativas, aunque sea en algo tan sencillo como ir conduciendo y ver una plaza de aparcamiento libre. Mientras intentas llegar, otro viene y aparca en ella, y tú sientes una pequeña sensación de frustración porque alguien te ha derrotado en la lucha por conseguir esa plaza. Había una expectativa: *ese es mío, me he imaginado aparcado en esa plaza,* o lo que sea. Es muy sutil.

Participante: Se me ha ocurrido que el problema es la interpretación. Las cosas ocurren y nosotros las interpretamos. Ha quedado claro para mí que hay una expectativa de que de alguna manera *es mi aparcamiento, alguien me lo ha quitado a propósito y me siento su víctima.*

David: Sí, ¿por qué iba a ser ofensivo si no pudiéramos seguirle el rastro hasta llegar a algo que me ofende? ahí esta el "me" otra vez. Otra pregunta es: ¿*A quién "me" lo ha quitado?*

Participante: Me interesaría más la dinámica de la recíproca: veo un aparcamiento y no tengo ni idea de que otro está intentando conseguirlo, lo consigo yo, ¡y al conductor de detrás de mí se le pone la cara roja y está a punto de explotar! ¿Siento alguna responsabilidad por haber sido insensible a su sentimiento de propiedad?

David: Sí, una vez que lo descomponemos y miramos a sus partes se nos puede escapar muy rápido. Tenemos que volver a la idea de propósito. Bajo la enseñanza del Espíritu Santo no hay ningún perdedor, todos ganan, de hecho la Filiación entera gana con cada decisión que tomamos con el Espíritu Santo. Debajo de lo que dices están estas preguntas: ¿puede otro ser la causa de mi disgusto? y ¿tengo, de la forma y en la medida que sea, responsabilidad implícita por los sentimientos de los demás? Tomar completa responsabilidad de tu propio estado mental es un asunto muy central. La única responsabilidad del maestro de Dios es aceptar la Expiación para sí mismo, o como me gusta decir: "La lección siempre es para mí". Si realmente estoy en paz, si de verdad estoy en un estado de indefensión, de forma automática percibiré eso como una petición de amor, y la respuesta será involuntaria por completo: una sonrisa, una palabra amable o lo que sea. No somos responsables de elegir nuestra conducta, pero sí somos responsables de alinearnos con el Espíritu Santo. En cuanto lo hacemos, viene lo que es más útil para toda la Filiación. Es crucial ver que la culpabilidad viene de la creencia en que puedo disgustar a otro, o que otro puede disgustarme. Es clave darse cuenta de que creer que la pantalla es causativa, creer que algo de la pantalla puede causar perjuicios reales, o que algo no ha ido de la manera que más me convenía, me lleva al desamparo y la impotencia.

Participante: Te estoy oyendo decir que no se trata de ser lo bastante listo como para responder de la manera correcta, que sería el enfoque de la psicología. Es sencillamente tener claridad en tu propio centro y confiar en la respuesta automática, porque si la respuesta viene de tu propia claridad, puedes confiar en ella. Aún tengo que admitir que no siempre estoy en perfecta paz, es una especie de paz relativa y siempre hay algo que puede rechinar si se dan las circunstancias. Pero reconozco que lo que rechina está en mí y que soy responsable de esa parte.

Supongo que la pregunta que planteo es que ciertamente estaba en una paz relativa, pero aquello no tenía la apariencia de una situación pacífica y por eso planteo la pregunta. Si uno estuviera verdaderamente en paz con las situaciones que nos rodean, ¿puede uno estar verdaderamente en paz y dejar caer una bomba?

David: A lo que estamos llegando es a que no es *situacional*, la paz no está vinculada de ninguna manera a las apariencias. Jesús es un buen ejemplo de aceptar la Expiación y elegir ver el mundo de manera diferente. Y sin embargo lo que parece ocurrir en la pantalla parece que sigue –incluida una muchedumbre iracunda de millares que gritan a coro "crucifícalo"– lo cual podría considerarse como en absoluto pacífico. Él no compartía esa percepción. Él no lo percibía como ataque, porque él estaba aferrado a la antorcha de la paz, con independencia de lo que ocurriese en la pantalla. Es un buen ejemplo extremo de *la decisión es sólo mía*. Tengo, sin embargo, que tener las cosas muy claras, y cuando volvamos a la responsabilidad volveremos a aclarar cosas.

Los pensamientos del Espíritu Santo sólo son de dos clases. Lo percibe todo como amor o petición de amor. El Curso dice que estás demasiado aferrado a la forma para percibir como el Espíritu Santo de manera constante. Te aferras demasiado a la forma y no al contenido cuando tienes definiciones de quién es la gente y lo que significan ciertas conductas. En cuanto empezamos a interpretar conductas nos alejamos de *¿Cuál es mi propósito, dónde me agarro?* Y de ahí viene la reacción.

Participante: Parece que la forma me preocupa más que el contenido.

David: Desde una perspectiva más profunda la mente negó todos esos pensamientos de ataque y trató de empujarlos fuera de la consciencia. Otra manera de deshacerse de los pensamientos de ataque que el ego patrocina es proyectarlos sobre la pantalla. Si consideras lo que llamaríamos una situación aterradora, la forma se ha convertido en una forma concreta del miedo. Hay algo en mi mente que no puedo aceptar, ni mirarlo, ni tomar responsabilidad de ello. En realidad es sólo un pensamiento que tengo, que he inventado, y no quiero mirarlo, así que lo mantengo enterrado en el inconsciente y lo proyecto fuera, y por lo tanto veo algo reprobable en otro, o en alguna situación o donde sea. Esa es la dinámica profunda que hay por debajo de lo que estamos hablando.

Participante: Entonces supongo que vuelvo al principio de la pregunta que era: ¿fui yo quien atrajo esto? Puedo aceptar que todo son lecciones que él quiere que aprendamos, pero yo he estado lidiando con la pregunta de cuál es la lección. Hay la sensación de que nada viene a nuestras vidas sin que lo hayamos pedido en cierto nivel. ¿Pidió Jesús ser crucificado? ¿Te estoy oyendo decir que en un nivel no y en otro nivel sí?

David: Era el poder de una demostración de su enseñanza. Hay una frase del Curso que dice que todo lo que parezco pedir lo recibo tal como lo he pedido. Miremos la idea metafísica de responsabilidad. Sólo somos responsables de aceptar la Expiación. La única cosa de la que somos responsables es de elegir estar en nuestra mente recta, de elegir al Espíritu Santo. Cuando la idea de la responsabilidad se lleva al nivel de la forma te enzarzas en la culpabilidad. Toma ideas como la ley de atracción y el cáncer. Se puede ver que vamos a confundir los niveles e inmediatamente se puede ver llegar a la culpabilidad. Yo atraje este cáncer a mi vida. [David hace sonidos de golpes] Estoy haciendo el Curso mal, debería ser mejor, debería ser capaz de curarme a mí mismo. Esto es entender mal la expresión *soy responsable*. He aquí la verdad: *Soy responsable de elegir la mente recta*, pero una vez que elevo los pensamientos del nivel corporal –el cáncer– al nivel mental, he enganchado la idea de responsabilidad de mí mismo con esa forma que estoy juzgando, esa cosa terrible y espantosa, y el resultado automático es la culpabilidad. Esto es llevar a la mente a que vea que la única manera de que la corrección tenga lugar es cambiar de pensamientos. Ninguna cantidad de cambios de conducta va a ser de utilidad, da igual con cuantas versiones del *sólo con que* seas capaz de salir: sólo con que hubiera hecho esto de manera diferente, sólo con que hubiera ido a hacerme una mamografía, o sólo con que hubiera tomado un montón de betacaroteno. Pero decimos: espera un poco, no voy a mirar el nivel del comportamiento. Tengo elección y me interesa percibir esta situación de manera diferente, necesito enlazar mi mente con un sistema de pensamiento diferente, con un nivel de pensamiento que me pueda ofrecer una manera diferente de percibir esto. Me conviene elegir la mentalidad recta, necesito elegir la salida.

Participante: Se me ocurrió un pensamiento mientras hacía un curso de Science of Mind el año pasado, era sobre la importancia de aclarar exactamente lo que uno está intentando. Oí decir que si yo estoy tratando de aprender a tener paciencia, probablemente voy a conseguir que vengan a mi vida un montón de cosas que me enseñen a tener paciencia. Si puedo ir más allá de eso, al nivel de la aceptación –a aceptar que la paciencia ya es mía, y lo es por derecho divino– podría ir más allá de algunas de estas lecciones. Y pensé que no estaba seguro de si estaba pensando lo suficiente en que necesito más paciencia. Es bastante cierto que me vienen las oportunidades de desarrollar paciencia y eso estaría un paso más atrás de la aceptación del hecho de que la paciencia es, en efecto, mía.

David: Podemos hablar de la ley del karma. Esta única ley básica ha tomado muchas expresiones verbales y formas distintas: *dar es lo mismo que recibir,* o *cosecharás de lo que siembres.* Si la mente siempre consigue exactamente lo que quiere –si cosecha de lo que siembra– entonces la pregunta es: ¿la mente engañada sabe lo que quiere? La definición de mente engañada, o mente dividida, es la mente que alberga dos sistemas de pensamiento, alberga los sistemas de pensamiento del ego y del Espíritu Santo. ¿Sabe lo que quiere? Ahora quiero el Espíritu Santo, ahora quiero el ego, ahora quiero el Espíritu Santo, no, ahora quiero el ego. Si la mente está confundida, si está divida, no sabe lo que quiere. Pero consigue exactamente lo que quiere, ¡así que lo que consigue es confusión! ¿Lo ves? ¿Ves como funciona? Por eso es tan importante aprender a elegir el sistema de pensamiento del Espíritu Santo.

Bienaventurados los puros de corazón porque ellos verán a Dios. Si la intención no es pura, si uno no tiene una mente con pensamientos puros – sólo los pensamientos que vienen de Dios– uno va a seguir trayendo al mundo testimonios que den fe de la confusión y el conflicto. Por eso es tan importante aclararse sobre estos dos sistemas de pensamiento y dejar que se vaya el ego. De lo contrario sólo vas a traer continuamente testimonios de pequeñez y de fragilidad y de que eres capaz de que te perjudique la menor cosa que salga mal. Eso es el sistema de pensamiento del ego, y mientras uno se aferre a ese sistema de pensamiento eso es lo que va a pasar.

Participante: Entonces otra manera de ver que tengo el pensamiento confuso sería decir que estoy experimentando confusión cuando lo que me conviene es experimentar paz, y así esto es una invitación a la paz, quiero elegir la paz. ¿Es un recordatorio de eso?

David: Anoche entramos en detalles sobre pensamientos al revés y pensamientos al derecho. Definimos los pensamientos al revés como aquellos en que causa y efecto están divididos e invertidos en sus papeles: hay algo en la pantalla, hay algo en el mundo que tiene el poder de darme y quitarme la paz. Se ve que ambos extremos se reducen a una codependencia. Si hay algo en el mundo que puede darme paz, entonces yo dependo de ello y voy a intentar conseguirlo. Cierta persona, cierto sitio, cierta profesión, cierta apariencia física..., serás codependiente de cualquier cosa que creas que puede traerte felicidad y paz. A la inversa, si hay zonas de crimen, si hay zonas con mal clima, o zonas donde la economía es terrible que has identificado como lo que te puede quitar la paz, entonces también eres codependiente de ellas, porque vas a tener que buscar zonas sin crimen, con mejor economía o con mejor clima. Se puede ver que te puedes embarcar en una partida de caza interminable para intentar apaciguar al ego y conseguir tranquilidad de espíritu. Si de verdad te apartas de la creencia en que hay algo externo que puede darte paz, entonces todo se reduce a: *¿qué hay en mi mente que puede darme paz y felicidad?* Tu función y tu felicidad son una. Mientras yo me aferre a mi función, la felicidad estará en mi consciencia.

Participante: Entonces la recíproca sería verdadera: no hay nada que pueda quitarme la paz y entonces eso que comentaste *¿fui yo quien lo atrajo?* o *¿lo creé yo?* bueno, pues sí, con certeza lo hice con mi interpretación, con la manera de mirarlo que elegí.

David: Es la interpretación lo que nos trae los disgustos. La pregunta de si lo atrajiste implica que la mente aún se percibe a sí misma en un mundo lineal donde ocurren secuencias lineales de acontecimientos. El guión ya está escrito, ya se ha representado. Hemos hablado del sentimiento de resistencia a que el guión esté escrito, porque se podría pensar que suena a predeterminación o destino. *¿Dónde están mis alternativas, dónde está mi libre albedrío?* El guión ya está escrito pero tú sí tienes elección: puedes elegir *cómo* contemplas el guión. ¿Con qué lente lo vas a mirar, a qué guía vas a escuchar? Esto nos lleva de nuevo al Contenido o Propósito. El ego tiene a la muerte como propósito, quiere traer testigos que demuestren que la enfermedad, el dolor, la muerte y la destrucción son lo que tú eres, que eres insignificante, que eres pequeño. El Espíritu Santo le ha dado al mundo el propósito de la sanación. Es un propósito completamente diferente, pero hace falta un montón de práctica y de entrenamiento mental para mantener en la mente ese propósito completamente diferente, que es la sanación.

La mente que está engañada cree que este mundo es real. Cree que es una persona real y que le ocurren acontecimientos reales. *Realmente he perdido mi empleo. Realmente no tengo bastante dinero para pagar el alquiler.* Así es como se siente. No lo ve como un sueño. Cuando nos vamos a la cama por la noche y soñamos, ¿reaccionamos ante los sueños? Hay carreras, a veces miedo, montones de emociones que parecen ocurrir en esos sueños. ¿Por qué? Porque la mente cree que está en el sueño. Si de verdad sueltas el hacer juicios empezarás a ver cada vez más que eres el soñador del sueño, tú eres la causa del sueño. Si estoy dentro del sueño, no me parece que yo sea la causa del sueño, y no tengo control sobre él, pero si doy un paso atrás y me doy cuenta de que soy el soñador del sueño, entonces puedo aceptar darle otro propósito al sueño. Vale, le voy a cambiar el propósito, ¡el ego afuera y que venga el Espíritu Santo! El Curso le llama a eso el sueño feliz. Nada ha cambiado en la pantalla, siguen pasando las mismas cosas, lo que el mundo describe como guerras y así sucesivamente, pero el propósito que yo le doy al mundo ha cambiado.

Participante: ¿Es el mismo guion? Quiero decir, ¿el guion no lo cambiamos?

David: Correcto.

Participante: Es sólo la manera de mirar las cosas, ¿es todo lo demás lo mismo?

David: Sí. Ese parece ser un concepto muy elevado porque, espera un poco, parece que soy una persona, puedo elegir si levanto el brazo o lo bajo, eso es cambiar el guion, y esta es la clase de cosa que hace difícil dar marcha atrás, porque la mente cree que los cuerpos son autónomos y la conducta es autónoma. Puedo decidir si voy de Seattle a Coney Island y luego a Cincinnati o no. No, el guion ya está escrito. El guion sencillamente está representándose solo y la conducta no es autónoma. Lo que haces viene de lo que piensas. Tienes elección de qué es lo que piensas –y esa es la única elección que tienes. La conducta se deduce automáticamente del sistema de pensamiento con el que eliges pensar.

Participante: ¡Este es mi tema favorito! Has dicho que puedo elegir como interpretar lo que ocurre y que si elijo escuchar al Espíritu Santo, puedo elegir actuar en la dirección del Espíritu Santo. Pero aún estoy eligiendo, ¿correcto? O si lo que quiero es tener la razón puedo elegir actuar con el ego y a lo mejor hacerle burla a este tío, ¿puedo tener la razón y comportarme de manera detestable y estar aún decidiendo? Me encantaría salir de aquí con estas cosas claras.

David: "Tal vez creas que eres responsable de lo que haces, pero no de lo que piensas. La verdad es que eres responsable de lo que piensas porque es solamente en ese nivel donde puedes ejercer tu poder de decisión". T-2.VI.2 Es cierto que en este mundo la idea de que somos personitas individuales y únicas que tienen libertad de elegir parece convincente. Y no sólo eso, hay otras personas individuales y únicas en el planeta que también pueden elegir, y cuando toman una decisión, ¿refleja la mía? No. Pero la mente ha negado que esto es como una ilusión óptica, que esto es una pantalla que ha proyectado ahí fuera. De todo lo que se trata aquí es de la división sujeto-objeto. Hay todos esos objetos, como un puzzle con centenares de piececitas. Elijo una y digo *este soy yo*. De todo el puzzle escojo sólo una piececita. Ahora hay un *yo* aparte de todas las otras piezas. Hay fragmentación porque ahora tengo a esta pieza como yo y esta otra pieza la voy a poner por ahí porque no me gusta. Estas son las que me gustan, me rodearé a mí mismo de ellas. Se puede ver que aún hay un sentido de otredad, hay *yo* y hay *los demás*. En esto consiste la ilusión óptica de este mundo, es esa división que crees que hay entre tu hermano y tú. En eso consisten los fragmentos: en cuerpos. Soy una persona, lo cual incluye un cuerpo y esta es otra persona, y una vez que percibo esta división parece que estoy batallando continuamente contra todos esos otros fragmentos y necesito mi sitio, necesito autonomía, no quiero volverme demasiado codependiente: todo ese tirar de la soga entra en juego.

Participante: Cuando reconozco mi unicidad con la Filiación es cuando acabo confundido. Es cuando siento que debería sacar el auto del aparcamiento y dejárselo al otro porque está más disgustado que yo con el asunto de aparcar. Entonces me irrito y ya es la locura. Sé que eso aún es lidiar con la forma y sé que soy responsable de mi paz interior, pero me falta una pieza...

Participante: Eso es elegir entre conductas. Elegir entre pensamientos determinaría la conducta. Puedo elegir pensamientos pacíficos y mi conducta brotará de eso. Eso es lo que me conviene. Me alineo con el Espíritu Santo o con el ego. Elegir entre ilusiones no es una verdadera elección.

Una nueva interpretación (parte 4): charla sobre el guión y el tiempo lineal

David: Estamos hablando de ir al propósito. ¡Se niega mucho el propósito! Suelo usar la analogía del rascacielos, en la que el propósito es una luz que está en el sótano. Ése es el propósito del Espíritu Santo. ¡Está muy enterrado, muy oculto! Por eso hace falta un montón de práctica para soltar el interés que hemos puesto en ciertas cosas. Mientras tengamos expectativas nos ocultarán ese propósito.

Participante: Pero aún quiero dar marcha atrás y dejarle al otro la plaza de aparcamiento, porque aún estoy eligiendo la paz, ambos son pacíficos, aún estoy decidiendo.

Participante: Oigo lo que dices. ¿Tienes la sensación de que si realmente estuvieras en paz sentirías que cuando ocupas una plaza de aparcamiento nadie se disgustaría por ello?

David: Nuestro amigo está señalando un punto clave. Es lo que el Libro de ejercicios intenta enseñar a la mente: que no hay separación entre causa y efecto. En otras palabras, no hay cosas hipotéticas. Eso no le gusta al ego. Cuando empezamos con todos nuestros ejemplos, incluido el de las plazas de aparcamiento, nos estamos metiendo en el hipotético *¿y si...?*

Participante: Es el ego el que dice *¿y si...?*

David: Si lo tomamos así, tendríamos que tener una fórmula, un libro gigantesco, un catálogo enorme o lo que sea: cuatro trillones ochocientos noventa y nueve millones de situaciones bien resueltas. Puede verse que hay la cantidad de variables es inacabable. En realidad se reduce a la sencillez de esta plegaria:

> No tengo que preocuparme por lo que debo decir ni por lo que debo hacer, pues Aquel que me envió me guiará.
> T-2.V.A.18

Esto es un principio: cuando llegue el momento seremos guiados. Pregúntate: "¿Cómo me siento en este mismo momento?" Siempre es útil monitorizar justo en el momento las reacciones y emociones propias. *¿Cómo te sientes ahora mismo?*

Participante: Si soy guiado, ¿se me guía conforme a como está escrito el guión?

David: Te daré otra frase. El Curso dice:

> No necesitas orientación alguna excepto a nivel mental.
> T-2.VI.3

Ahí es donde la necesitas. Dicho de otra manera, los cuerpos no consiguen que se les guíe. Las mentes consiguen ser guiadas. Si estás de verdad abierto y dispuesto, serás guiado.

Participante: Cuando dices que el guión ya está escrito ¿quieres decir que el guión ya está escrito en el nivel mental?

David: En lo perceptible, en la forma, todo ha ocurrido ya. "Escrito" es del pasado. Jesús lo aborda desde el mismo ángulo cuando dice en las lecciones 5, 6 y 7 de Libro de ejercicios: "Nunca estoy disgustado por la razón que creo", "Estoy disgustado porque veo algo que no está ahí" y "Sólo veo el pasado". "Sólo veo el pasado" es otra manera de decir que el guión ya está escrito. Lo que la mente percibe cuando percibe cuerpos, aparcamientos, estrellas, aviones y alfombras es el pasado y nada más. Y la razón de que se disguste tanto con el pasado es que cree que no se ha terminado.

Participante: ¿Entonces "el guión ya está escrito" significa que sólo vemos el pasado?

David: Sí.

Participante: ¿Es eso lo que significa?

David: ¡Eso es!

Participante: ¡Ya lo he pillado! [risas]

David: ¿Y cuándo está disponible la verdad? ¡Siempre está disponible ya! Cuando te disgustas por el pasado, es obvio que no crees que el pasado ya pasó. De lo contrario, ¿por qué te ibas a disgustar? En realidad, el Curso es simplemente un sendero para ayudarnos a ver que el pasado ya pasó. Vamos a dar un paso más, porque sólo hemos llegado a la lección 7. La lección 7 explica las siete primeras lecciones. Y la lección 8 dice: "Mi mente está absorbida con pensamientos del pasado". Ya estamos llegando al nivel mental. La única razón de que yo vea todas esas sombras de cosas en la forma es porque tengo en la mente todos esos pensamientos oscuros que son como un proyector. La luz brilla, aquí están los pensamientos oscuros –el proyector–, y ahí, en la pantalla, están todas las formas. ¿Sabes lo que pasa si sueltas los pensamientos oscuros? ¡La luz! Tienes sólo luz pura porque no hay nada que la obstaculice. Ese es el escape. El escape es la lección 23: "Puedo escaparme del mundo que veo renunciando a los pensamientos de ataque". Él recorre todo el camino de las primeras veintidós lecciones para llegar a eso. ¡De verdad que es sencillo! Todo lo que tengo que hacer ahora es ponerme en contacto con esos pensamientos de ataque y no tenerles miedo. Tengo que ser capaz de elevarlos a la consciencia, mirarlos y verlos tal como son, un hatajo de pensamientos al revés, y después soltarlos. ¡Eso es lo que es la salvación! ¡Es así de sencillo!

Participante: Estuve viendo una serie de TV sobre el cerebro y la memoria. El neurocirujano señalaba un asunto interesante: sin memoria no hay sensación de yo, lo que creo que es delicioso porque en realidad eso es lo que intentamos hacer, desprendernos de esa sensación de yo que viene del ego. Sin ella sólo somos. Decía que la memoria es lo que nos hacer mirar atrás.

David: ¡Sí! Se suele asociar la palabra memoria con el pasado. Hay una sección del Curso llamada *El recuerdo del presente* en la que Jesús dice que la memoria es una capacidad que desarrollaste después de la separación pero que la puedes utilizar para recordar el presente. Es una reinterpretación de las asociaciones de la mente memoria-pasado y pasado-memoria.

¡Leer esa sección te abre un nuevo camino! El momento presente es revelatorio, es pura luz. No es perceptual. No tiene nada que ver con imágenes ni formas. La mente siente verdadero terror a recordar el presente. Por eso sigue intentando mantenerse en el pasado.

Participante: Cuando llegas al punto de poder ver, o recordar, el presente, ¿ves aún el guión?, ¿ves aún el pasado?

David: El presente es el instante santo, y en ese punto revelatorio, ni siquiera se percibe. Jesús los llama los Grandes Rayos, con mayúsculas. Lo describe de otra manera en la sección *No tengo que hacer nada*. Dice: "No hay ni un solo instante en el que el cuerpo exista en absoluto. Es siempre algo que se recuerda o se prevé." T-18.VII.3 Dicho de otra manera, cuando piensas *¿cómo reaccionará fulano?*, estás usando pensamientos que se proyectan en el futuro. Y cuando piensas en lo que pareció ocurrir en el pasado, la manera en que alguien reaccionó a ti, etcétera, ves que siempre se trata del pasado o del futuro. Pero el presente es pura luz, es literalmente la experiencia de la revelación, o el instante santo. En ese sentido no es ni siquiera perceptual.

Participante: No entiendo los recuerdos. Aquí es el presente cuando acaba de decir que es pasado. ¿Entonces para qué es la memoria?

David: El Espíritu Santo –la luz– está enterrado y hay capas oscuras de recuerdos del pasado apiladas sobre él porque la mente tiene miedo de la luz. La luz es el presente. Nuestro portal a la eternidad es la luz del Espíritu Santo. Ese es un recuerdo que está enterrado muy, muy profundo en la mente. Todo el mundo, todo el concepto del yo que la mente fabricó se hizo para olvidar esa luz. Por eso la mente tiene que dejar por completo de juzgar antes de que pueda recordar la luz.

La metáfora de pelar una cebolla da una especie de idea de proceso, pero todas las capas de la cebolla son la misma. El ego es como el tronco de un árbol. Aquí están las ramas del árbol. El ego y las ramas son idénticos, y hasta que no veas que el tronco y las ramas son idénticos, puedes pasar por un montón de pensamientos-ramita como: *parece que tengo una creencia en el tiempo y el espacio, un concepto de tamaño, un concepto de cuerpos, etcétera.* Como las ramas principales, las otras ramas menores y las ramitas pequeñas. Pero el ego se desvanece en el mismo instante en que la mente ve que el hacedor de imágenes (el tronco) y las imágenes son idénticos.

El concepto del yo hace que parezca que estás apegado a un cuerpo, a una plaza de aparcamiento, a una persona o a un trabajo. Esas son todas las ramas grandes y pequeñas. Pero la mente no quiere mirar qué es lo que hizo todas esas ramas. *¿Quién es este "yo" que está tan apegado a este cuerpo y tan apegado a diferentes personas y a todo?* Al final tienes que volver al hacedor de imágenes. Puedes pasarte la vida contando las imágenes (cuatrocientos noventa y nueve mil millones). Parece que hubiera todas esas imágenes, pero al final tenemos que volver al hacedor de las imágenes. Y cuando la mente ve que las imágenes y su hacedor son lo mismo, ¿qué es lo que ve eso? Tiene que ser una mente muy clara, una mente que no está de ninguna manera engañada, una mente que ya ha dado un paso atrás del hacedor de imágenes.

Participante: ¿Puede ver esto una mente parcialmente clara?

David: No estaría clara "parcialmente" en el instante en que ve. O se ve, o no se ve.

Participante: Parece como si yo, por un instante, pudiera tener la mente clara y ver algo. Sigo intentando desenmarañar el asunto del ego, y me siento como loco, pero cuando soy capaz de acordarme de que *está el Espíritu Santo y le puedo pedir que mire conmigo lo que está pasando en este instante,* de repente puedo sentir cómo viene la paz, aunque no siempre soy capaz de mantener esa claridad de ideas.

David: Hay una sección del Curso llamada *La inminencia de la salvación*. Si sigues la manera de pensar de Jesús en esa sección, tiene muchísimo sentido. Él pregunta por qué iba Dios a poner la salvación en el futuro. Si te paras a pensarlo, eso es lo que la mente engañada cree en este mundo: *Vale, ahora me leo este Curso y, si lo hago bastante y de verdad lo practico bastante, entonces como resultado de un proceso* (en el futuro) *conseguiré la salvación* (o la mente totalmente clara). ¿Por qué iba Dios a poner la salvación en el futuro? ¿No sería cruel? Si Dios te dio la salvación ¿no la habrá puesto en el presente en vez de en el futuro? ¿No sería cruel por parte de Dios ofrecerte la zanahoria y decir "Ja, ja, la conseguirás dentro de un milenio"?

Participante: Vale, nosotros hacemos ese futuro. Es obvio que la salvación tiene que ser presente. El problema es aceptarla. Ese es el único problema que tengo.

David: El tiempo es una proyección del ego: es un invento. Pero no siempre es útil decir que es sólo una ilusión, en el sentido de que podrías utilizar eso como una especie de negación de tu realidad mientras aún crees que estás en el tiempo. El Curso nos da un punto de apoyo para darnos cuenta de que el tiempo es sólo una ilusión. Hace lo mismo que hace con todo, con el cuerpo, las relaciones y todo lo demás: Dice: Vale, hiciste el tiempo. ¡El Espíritu Santo también sabe usar el tiempo! Sabe usar todo lo que tú hiciste. Hiciste un mundo. ¡Él sabe usarlo para guiarte fuera de él! Hiciste cuerpos. ¡Él sabe usarlos! ¿Cómo usan el tiempo el Espíritu Santo y el ego? Al ego le conviene fomentar la visión lineal del tiempo. El Espíritu Santo nos enseña que no hay más que un tiempo: ¡Ahora! Y el ego dice: *No, ahí está el pasado, aquí está el presente y allí el futuro.*

Es realmente útil considerar lo demás que el ego dice del tiempo: que eres culpable en el pasado, básicamente. Eres un cuerpo. *Mira todas las cosas de tu vida que no hiciste y deberías haber hecho, y mira todas las que has hecho y no deberías haber hecho. Mira ahí detrás todas esas cosas de las que te sientes culpable.* Lo que dice el ego es básicamente: *La tienes hecha, eres culpable en el pasado, de eso no hay duda. Y el presente es sólo el portal del futuro. Has sido culpable en el pasado, no puedes hacer nada con ello en el presente y vas a ser culpable en el futuro* ¡El infierno! ¡El infierno es lo que te espera en el futuro! Un mundo temible te espera en el futuro. La idea lineal del tiempo del ego es que pagarás en el futuro por los pecados que has cometido en el pasado, básicamente.

Es útil ver el papel del placer y el dolor en esto. Tanto el placer como el dolor refuerzan la idea de que el cuerpo es real. Esta es la trampa malintencionada del placer, el ego pregunta: *¿No te gustó aquello? Recuerda aquella experiencia del pasado* (lo que sea que asociaste en tu mente con el placer, puede ser cualquier cosa). *Piensa en un acontecimiento realmente placentero y dime, ¿no quieres repetirlo en el futuro?* Así es como el ego hace que continúe el tiempo lineal. *Tuviste placer en el pasado, y si haces tal y cual y esto y lo otro, lo vas a poder repetir en el futuro.* Así es como continúa el tiempo lineal, la mente aún cree que hubo algo valioso en el pasado y lo quiere perseguir para repetirlo en el futuro. Eso mantiene el tiempo lineal. Hemos hablado de que el placer y el dolor son las dos caras de una misma moneda: "Es imposible tratar de obtener placer a través del cuerpo y no hallar dolor". T-19.IV

El ego no quiere que traigas esa idea a la consciencia. Podrías incluso notar cierta resistencia que empieza a aparecer ahora mismo: es por la importancia que esa idea tiene para el mantenimiento del tiempo lineal, y al ego le importa mucho que la mente no vea la conexión. Es una de esas cosas que empiezas a ver mejor cuanto más profundo entras. ¿Ha leído alguien en el Curso la expresión "atracción por la culpabilidad"? T-19.IV Superficialmente, ¡parece grotesca! *¿Atracción por la culpabilidad? ¿Para qué iba yo a querer estar atraído por la culpabilidad? ¡Si de lo que yo quiero librarme es de la culpabilidad!* Y sin embargo, ¿por qué dedica Jesús tantas páginas a hablar de ello? Porque cuando la mente está en el estado de engaño, de hecho está atraída por la culpabilidad. Quiere usarla para perpetuar el engaño. En este mundo, es la búsqueda del placer y la evitación del dolor. Eso es lo que significa tener buen juicio, saber lo que es bueno y buscarlo, y evitar las cosas dolorosas. Y lo que dice el Curso, básicamente, es: *Hijo mío, tienes la mente muy retorcida. Hay un montón de oscuridad en ella y ni siquiera sabes cuál es la diferencia entre los dos.* Hay una cosa llamada alegría que no tiene nada que ver con nada físico, es completamente intrínseca: es como si brotase de dentro. Tu alegría viene de cumplir tu función y cuando escuches al Espíritu Santo, y seas útil de verdad, ¡sentirás una alegría muy intensa, indescriptible! Hacer la Voluntad del Padre es una felicidad que no se puede describir. Esas otras cosas que parecían hacerte feliz, esos trocitos de placer, esos cositas efímeras a las que te aferras en el mundo, desaparecerán de tu consciencia porque la alegría se expandirá. Ahora ¡A por *eso* sí que puedo ir! Si sólo tomas la primera parte de la ecuación del placer y el dolor, dices: *Oye, ¿y qué es lo que queda para mí?* Cuando dices: *la alegría es lo que queda para mí,* a eso es a lo que vamos. Esa es la experiencia positiva.

Además, si crees que de verdad sabes lo que es el placer, y de verdad estás seguro de que lo has experimentado, y tienes en la mente algo que quieres repetir para traerlo de vuelta, el intervalo entre ahora y el momento en que puedas conseguirlo es de *privación*. A lo mejor te apetece beber y a lo mejor hay cierta clase de bebida, una cerveza, o un refresco en el que vas pensando según vas por la calle hacia el bar…

Participante: …se te hace la boca agua.

David: Sí, sólo de pensarlo. Hay una sensación de carencia hasta el *¡Ah!* Como en aquel antiguo anuncio de Fresca: *Llena tus sentidos y luego hazlos volar.* Puede verse que hay una sensación de privación o carencia hasta que se la sacia con algo externo.

Participante: Creo que lo más común de lo que podemos hablar es el sexo, el uso del cuerpo para buscar el placer. O incluso comer caramelos, que no es tan distinto. Me encantan los caramelos Red Hot *[contienen chile picante y aroma de canela].* A veces me muerdo el labio. Todo lo que siento es dolor. Es un truco del ego: si siento dolor no puedo estar en paz. Solía preguntarme por qué me golpeaba los dedos y cosas así. ¿Qué tiene eso que ver con mi sentirme separado de Dios? Tiene mucho que ver. Eso es parte de la cortina de humo del ego para mí. Si puedo sintonizar con la paz cuando me levanto por la mañana, esa es mi función durante el día. Si tomo un caramelo picante y me lo como, ya he perdido mi función. Es absurdo, pero no sintonizo con la paz mientras mi boca está masticando. Tengo que alejarme del cuerpo.

Participante: Eso es lo que yo veo, no importa si es placer, dolor, sexo o seguridad, todo es buscar, sabes, *proyectar algo y perseguirlo*: sólo persigo mi propia zanahoria.

David: "No busques fuera de ti mismo". T-29.VII.1 Tienes todo el derecho a la felicidad, es tu herencia, pero no puedes buscarla en la pantalla. Está dentro de ti, es el Propósito del Espíritu Santo. Y sobre el placer y el dolor, hagámosle frente: en este mundo el dolor y el placer parecen ser muy diferentes. Como experiencias, parecen ser muy diferentes. Entonces ¿qué los unifica? Son dos cosas que comparten el mismo propósito; eso es lo que hace que sean lo mismo. ¿Qué propósito comparten el placer y el dolor? Ambos refuerzan al cuerpo como algo real. Que estés extasiado comiendo algo que te encanta o que estés padeciendo un dolor de cabeza palpitante es lo mismo. En un extremo o en el otro, ¿está Dios en tu consciencia?

Cómo ver lo espacio-temporal y "el guión"

Hola, David:

Me gustaría mucho saber lo que piensas de esto. El Curso dice que estamos mirando hacia atrás desde el final. He pensado en esto un montón. Parece que, si lo llevas hasta su conclusión obvia, no tenemos ninguna manera de cambiar nada de lo que experimentamos en el sueño. Sencillamente parece seguir ocurriendo porque ya ha ocurrido. Sólo elegimos verlo a través del ego o a través del Espíritu Santo. Cuanto más elegimos al Espíritu Santo (la percepción verdadera), más despertamos.

Una amiga mía cree que puesto que todos los guiones posibles están escritos y ocurrieron simultáneamente, cada vez que elegimos experimentamos la vida de manera diferente. No estamos escribiendo un guión nuevo, sino que sólo experimentamos el guión ya escrito que se corresponde con nuestra decisión más reciente. De esa manera lo que hacemos sí afecta a la manera en que se representa el guión (el Curso de hecho menciona "todas las dimensiones del tiempo").

Hay una razón para que me importe esta respuesta, no es sólo curiosidad ociosa. Siempre tuve miedo a volar y aunque lo hago, tenía que tomarme un sedante o echarme un trago para calmarme los nervios. Una vez que me di cuenta de que todo ha ocurrido ya y de que yo sólo estoy mirándolo, empecé a centrarme en mirarlo con el Espíritu Santo. Y me encontré con que ya no tengo miedo a volar. De hecho, esta manera de verlo me consuela mucho. La alternativa sería un poco diferente, pero también excelente. Sólo estoy diciendo que tengo un motivo real para querer saber. Intento no cavilar demasiado y concentrarme sobre todo en la experiencia, pero tener alguna comprensión de ciertas cosas me ayuda.

¿Qué piensas de esto?

Amada:

Gracias por tu reflexiva pregunta y por tu maravilloso testimonio del Poder sanador del Espíritu Santo. El Presente es antes de que el tiempo fuese. El sueño de lo espacio-temporal ha empujado completamente fuera de la consciencia de la mente dormida a Esta Luz Brillante. Tu pregunta es muy práctica, pues preguntas por la Visión Útil del tiempo desde la Perspectiva del Espíritu Santo.

En la Realidad no hay nada espacio-temporal: hablando de manera práctica, lo espacio-temporal sólo duró lo que pareció un *instante* y en ese mismo instante fue Corregido (Sanado) por el Espíritu Santo. Sólo por medio del ego parece que este instante irreal se repite una vez tras otra y luego otra vez más, fabricando un fantasma o una ilusión de espacio y de tiempo lineal que es lo que llamamos el guión. La frase *el guión ya está escrito* pone el énfasis en que el sueño del mundo se acabó hace mucho. Hablando de manera práctica, el tiempo se acabó y despareció, y nunca tuvo lugar en la Realidad. Tener la experiencia de que el tiempo es simultáneo es la decisión de ver que causa y efecto están juntos, y no separados, y que no hay ningún mundo aparte de la mente ni aparte de lo que tú piensas. En la simultaneidad no hay dualidad, ni pasado y futuro, ni interior y exterior, ni sujeto y objeto.

Has escrito sobre el sueño: "Sencillamente parece seguir ocurriendo porque ya ha ocurrido. Sólo elegimos verlo a través del ego o a través del Espíritu Santo. Cuanto más elegimos al Espíritu Santo (la percepción verdadera), más despertamos".

Esta es una descripción exacta del "proceso" aparente, aunque al final hay que darse cuenta de que es una decisión sin excepciones y, por tanto, está más allá de la creencia en grados (esto es, en "más" y en "menos"). La Salvación no es ninguna solución intermedia de ninguna clase, y esto se aplica a soltar el error de la linealidad espacio-temporal. La Expiación conlleva el darse cuenta que lo espacio-temporal lineal no se puede cambiar porque lo espacio-temporal lineal es ilusorio, y las ilusiones, al ser falsas, no cambian. Tu experiencia parece cambiar desde la siempre cambiante incertidumbre del ego hacia la Perspectiva tranquila, cierta y estable del Espíritu Santo. La Perspectiva de la Paz es una elección, una decisión, una aceptación, y el sueño feliz de abstenerse de juzgar es la meta a la que señala UCDM.

Repasa lo que ya pasó desde la sencillez de la Felicidad, y no hagas ningún intento de cambiar, ni arreglar, ni reorganizar las imágenes del guión. No trates de cambiar el sueño sino elige más bien cambiar de mentalidad acerca de él. Este es el significado de la frase: "No tengo que hacer nada". T-18.VII Recuerda estos alegres pasajes de UCDM:

> No trates, por lo tanto, de cambiar el mundo, sino elige más bien cambiar de mentalidad acerca de él. T-21.in.1

> El tiempo es un truco, un juego de manos, una gigantesca ilusión en la que las figuras parecen ir y venir como por arte de magia. No obstante, tras las apariencias hay un plan que no cambia. El guión ya está escrito. El momento en el que ha de llegar la experiencia que pone fin a todas tus dudas ya se ha fijado. Pues la jornada sólo se puede ver desde el punto donde termina, desde donde la podemos ver en retrospectiva, imaginarnos que la emprendemos otra vez y repasar mentalmente lo ocurrido. E-158.4

> Permítaseme reconocer que mis problemas se han resuelto. La única razón de que parezca tener problemas es que estoy usando el tiempo indebidamente. Creo que el problema ocurre primero, y que debe transcurrir cierto tiempo antes de que pueda resolverse. No veo el problema y la solución como acontecimientos simultáneos. Ello se debe a que aún

no me he dado cuenta de que Dios ubicó la solución junto al problema, de manera que el tiempo no los pudiera separar. El Espíritu Santo me enseñará esto si se lo permito. Y comprenderé que es imposible que yo pudiera tener un problema que no se hubiese resuelto ya. E-90.3

Lo que no se ha perdonado es una voz que llama desde un pasado que ya pasó para siempre. Y lo único que lo considera real es el deseo de que lo que ya pasó pueda volver a ser real y verse aquí y ahora, en lugar de lo que *realmente* se encuentra aquí y ahora. ¿Supone esto acaso un obstáculo para la verdad de que el pasado ya pasó y de que no se te puede devolver? ¿Y querrías conservar ese temible instante en el que el Cielo pareció desaparecer y a Dios se le temió y se le convirtió en el símbolo de tu odio? T-26.V.8

Olvídate de ese momento de terror que ya hace tanto tiempo que se corrigió y se des-hizo. ¿Podría acaso el pecado resistir la Voluntad de Dios? ¿Podría estar en tus manos poder ver el pasado y ubicarlo en el presente? No puedes volver a él. Y todo lo que señala hacia él no hace sino embarcarte en una misión cuya consecución sólo podría ser irreal. Tal es la justicia que tu Amoroso Padre se aseguró de que se hiciese contigo. Y te ha protegido de tu propia injusticia contra ti mismo. No puedes extraviarte porque no hay otro camino que el Suyo y no puedes ir a ninguna parte excepto hacia Él. T-26.V.9

¿Cómo iba a permitir Dios que Su Hijo se extraviase por un camino que es sólo la memoria de un instante que hace mucho que pasó? Este curso te enseña sólo lo que *es* ahora. Un terrible instante de un pasado lejano que ha sido completamente corregido no es motivo de preocupación ni tiene valor alguno. Deja que lo muerto y lo pasado descansen en el olvido. La resurrección ha venido a ocupar su lugar. Y ahora tú eres parte de la resurrección, no de la muerte. Ninguna ilusión del pasado tiene el poder de retenerte en un lugar de muerte: la bóveda en la que el Hijo de Dios entró por un instante, para ser instantáneamente restaurado al perfecto Amor de su Padre. ¿Y cómo iba a podérsele mantener encadenado cuando hace tanto tiempo que se le liberó de las cadenas, que éstas desaparecieron de su mente para siempre? T-26.V.10

De la sección *Reglas para tomar decisiones*:

Hemos dicho que puedes comenzar el día felizmente si decides no tomar ninguna decisión por tu cuenta. Esto de por sí parece ser una decisión. Sin embargo, tú *no puedes* tomar decisiones por tu cuenta. La única cuestión es entonces con quién eliges tomarlas. Eso es todo. La primera regla, pues, no es una coacción, sino la simple afirmación de un simple hecho. No tomas decisiones por tu cuenta, independientemente de lo que decidas. Pues o bien se toman con ídolos o bien con Dios. Y le pides ayuda al anti-Cristo o a Cristo, y aquel que elijas se unirá a ti y te dirá lo que debes hacer. T-30.I.14

Tu día no transcurre al azar. La clase de día que tienes lo determina aquello con lo que eliges vivirlo, y la manera en que percibe tu felicidad el amigo a quien acudes en busca de consejo. Siempre pides consejo antes de tomar cualquier decisión. Es esencial que entiendas esto, pues así te darás cuenta de que en esto no hay coerción ni motivos para que te opongas a ello por el hecho de que te impide ser libre. Nadie puede escaparse de lo que inevitablemente ha de ocurrir. Y si tú crees que puedes, estás equivocado. T-30.I.15

La segunda regla es asimismo un hecho. Pues tu consejero y tú tenéis que estar de acuerdo con respecto a lo que deseas antes de que pueda ocurrir. Es este convenio lo que permite que todas las cosas ocurran. Pues nada puede ocurrir sin algún tipo de unión, ya sea con un sueño de juicios o con la Voz que habla en favor de Dios. Las decisiones producen resultados *precisamente* porque no se toman aisladamente. Las tomáis tu consejero y tú, y son tanto para ti como para el mundo. El día que deseas tener se lo ofreces al mundo, pues transcurrirá tal como lo hayas pedido y reforzará el dominio de tu consejero en el mundo. ¿A qué reino le pertenece tu mundo hoy? ¿Qué clase de día vas a decidir tener? T-30.I.16

Capítulo Cuatro

La oración de la serenidad: ningún control sobre el mundo

David: Vayamos al mismísimo núcleo del tema para que tengamos claro que este viaje no necesita ser largo. Quiero ir derecho al núcleo para que haya claridad.

Un curso de milagros es un libro de casi 1.400 páginas. La sabiduría de su núcleo está contenida en la *Oración de la serenidad.*

> Concédeme, Oh Dios, serenidad para aceptar lo que no puedo cambiar, valor para cambiar lo que sí puedo, y sabiduría para distinguirlos.

De manera muy condensada, el Curso trata sobre recibir sabiduría para distinguir entre los dos elementos anteriores de la frase: lo que puedo cambiar y lo que no. Para aceptar lo que no podemos cambiar y cambiar lo que podemos cambiar, necesitamos sabiduría para distinguirlos. Ahí entran el discernimiento y la discriminación.

Nos conviene entrar en ello en profundidad, para poder ver esos dos elementos tal como son. En cuanto se les ve tal como son de verdad, se acaba todo el esfuerzo y el viaje ya no es lineal.

> Tu voluntad sigue siendo incapaz de oponerse a lo que la Suya dispone, y ésa es la razón de que no tengas ningún control sobre el mundo que fabricaste. T-12.III.9

Examina detalladamente esa frase un momento. Observa lo que surge en torno a ella. ¿Qué sentimientos te despierta? ¿Qué significa para ti no tener ningún control sobre el mundo que fabricaste?

Participante: Mi primera reacción es: *¡Oh, no! Es una mala noticia no tener ningún control sobre el mundo que hice.* Luego, al mirarla hay más sensación de alivio: si no tengo control sobre el mundo que hice, no tengo que seguir intentando controlarlo. Alivia pensar que no tiene caso intentar controlar lo incontrolable. Puedo quitarle las manos de encima sin más, porque si no sirve de nada es inútil seguir intentándolo. Es perder el tiempo, es un juego. ¿Para qué voy a poner la atención de la mente en eso?

David: ¿Ves que esa frase lo abarca todo? No tienes *ningún control sobre el mundo que fabricaste*. Antes tuvimos una conversación sobre alguien que te parece que habla demasiado. Eso cabe bajo el paraguas "no tienes ningún control". ¿Ves cómo se ajusta a eso, igual que a cualquier problema concebible con lo concreto, y a cualquier deseo de que las cosas sean diferentes de como son?

Participante: Sí. Eso viene a la mente… todo ese desear que las cosas sean diferentes de como son, y la idea de que si lo fueran todo sería muchísimo mejor.

David: Una vez nos pasamos una sesión entera hablando del desasosiego que sentías. Le seguimos el rastro muy cuidadosamente hasta la creencia en que en el mundo de la forma hay alternativas. ¿Ves como esto abarca aquello? Todo el concepto de tener que elegir entre cosas, circunstancias, acontecimientos y objetos: todo el esfuerzo, la lucha y hasta el desasosiego de preguntarte que haces después, o de sentir que deberías estar haciendo algo distinto, ¿ves que todo queda englobado en *no tienes ningún control sobre el mundo que hiciste?*

Participante: Sí, eso parece claro, pero yo tengo la idea de que el control le corresponde a mi mente, de que mantener mi mente centrada en mi propósito me dará control sobre el mundo. Aún está la idea de que el mundo y la gente podrían cambiar como un reflejo del cambio de mi mente. Ése sería el control que tengo. El control vendría por medio de mi mente y se reflejaría fuera en el mundo.

David: La gente dice cosas como: "Cuando yo me aclare, la evolución del mundo mejorará y se volverá un sitio más pacífico". Ése es un ejemplo sutil de creer todavía que, de alguna manera, tengo control sobre el mundo. Se trata de llegar al meollo de la Oración de la serenidad, donde puedes ver qué cosas puedes cambiar.

Participante: Sólo mi mente.

David: El Curso dice: "Ciertamente tienes control sobre tu mente". T-12.III.9 Eso lo deja bastante claro. Aunque no tengas ningún control sobre el mundo que hiciste, sobre tu mente sí que tienes control. Ahí está el control. Esa frase no dice *nada* sobre el mundo. ¡Nada!

Participante: Pero el mundo está en mi mente. ¿Cuál es la diferencia?

David: Cuando hablamos de no tener "...ningún control sobre el mundo que fabricaste", T-12.III.9 estamos hablando del mundo proyectado o del "guión". Puedes incluso llamarlo el mundo proyectado por los pensamientos de la mente errada. Sobre eso no hay ningún control. Pero hay control del propósito que le doy al mundo. Estamos distinguiendo claramente forma de contenido. La idea de que tienes control de tu mente trae bajo el foco los dos propósitos de la mente: el propósito del ego y el del Espíritu Santo. Ahí tienes control, porque esa es la decisión. De hecho, el propósito es la única decisión que tienes. Todavía es una metáfora, porque en el Cielo no hay ninguna decisión en absoluto. Pero no puedes alcanzar ese estado hasta que veas dónde está la alternativa, dónde tienes el control.

Lo que puedo cambiar es mi mente: puedo decidir entre esos dos propósitos. La frase: "aceptar lo que no puedo cambiar" se refiere al guión, el mundo proyectado. Como lo dice el Curso: "No trates de cambiar el mundo, sino elige más bien cambiar de mentalidad acerca de él". T-21.in.1 Encaja bien con "No trates de cambiar el mundo". ¿Por qué? ¡Porque no tienes ningún control sobre el mundo que hiciste! Es inútil y estéril intentar hacer cambios donde no hay posibilidad de cambio.

Participante: ¿Entonces la idea de que el mundo es un reflejo de ninguna manera implica que haya control sobre el guión? ¿Sólo mi manera de mirarlo reflejará el propósito que le doy? Si llevo el propósito del ego a lo que veo, eso es lo que se me reflejará desde el guión. Y ese mismo guión me reflejará el propósito del Espíritu Santo, si eso es lo que tengo en mente.

David: Sí. En ese sentido el mundo es simbólico: representa el propósito al que me adhiero. Lo único sobre lo que tengo control es la elección del propósito que le doy al mundo. El "mundo real" es ver y adoptar el propósito del Espíritu Santo como la única alternativa. Eso le da al mundo un significado completamente diferente del que le da el propósito del ego, que sólo es reforzar la separación y la culpabilidad. Pero el mundo real no tiene ningún propósito real, en el sentido de que cuando se lo alcanza, se ve que no lo tiene. Si tuviera un propósito real tendría realidad, pero el mundo real es una ilusión también. No necesitamos precipitarnos demasiado rápido con esto. Queremos sólo seguirlo hacia dentro con la *Oración de la serenidad,* para ver qué es lo único que *se puede* controlar.

Participante: Para mí, importa recordar que el reflejo que se me devuelve no tiene ninguna existencia objetiva. Todo depende de como lo miro. No hay nada en él aparte de cómo lo miro yo. Estoy pensando en lo que alguien me dijo últimamente: "Si empiezo a mirar las cosas de manera diferente, ¿cambiarán las cosas en la forma?" Pero no se trata de que nada cambie en la forma. Se trata sólo de mi percepción, o de la interpretación que le atribuyo a esa forma.

Participante: Sí. No es un cambio en la forma. En realidad es un cambio en como veo el guión. ¡El guión ya está escrito! Un cambio en mi mente no cambia nada en el guión. Cambia sólo mi percepción del guión.

David: Empezamos con algo sencillo: "No tienes ningún control sobre el mundo que hiciste". Ahora sacas a relucir que "el guión ya está escrito". Eso parece ir bien con "no tienes ningún control sobre el mundo que hiciste". Si está escrito, si es tiempo pasado, ya está acabado. ¿Cómo se cambia un cuadro que está acabado? ¿Cómo cambias lo que ya está acabado? Y esto añade el sentido del tiempo. La razón metafísica de que no tengas ningún control sobre el mundo es que todo es pasado. Lección 7: "Sólo veo el pasado". Mi mente está absorbida con pensamientos del pasado. Esos pensamientos del pasado me están mostrando un mundo del pasado y por tanto, si creo que puedo cambiar la pantalla, por así decirlo, o cambiar el guión, entonces ¿qué es lo que creo? ¡Creo que puedo cambiar el pasado!

Participante: O creo que no es realmente pasado, que es el presente en vez del pasado.

David: Sí. Cuando miramos con los ojos del cuerpo vemos por medio de la mente engañada. La mente engañada sólo ve el pasado. Cuando se nos ilumina sobre esto, llegamos a ver que cualquier intento de cambiar cosas en el mundo es un intento de cambiar el pasado. Esa es toda la base de las relaciones especiales. La mente cree que ha sido despojada. Sigue buscando fuera de sí misma porque sigue intentando ponerle remiendos a la pantalla. Otro cuerpo, otra relación, otro empleo, otra casa, otro clima, más dinero, más ídolos, cualquiera que sea la forma que tomen. Pero bajo todo ello está el pensamiento: *He sido despojado en el pasado y creo que puedo remendar la pantalla o cambiar el contenido de la consciencia y reorganizarlo de una forma que me permita conseguir lo que me han quitado.* Pero no funciona. Intentar compensar el despojo en el mismísimo sitio donde se cree que ocurrió no puede funcionar. El único lugar de completitud es mi mente. El Espíritu Santo es la respuesta a lo que parezco sentir como carencias. De repente, con estos principios metafísicos básicos, todas las secciones sobre relaciones especiales empiezan a encajar.

Participante: ¿Se trata de reconocer que no hay despojo en el mundo? El único vacío, vacuidad o incumplimiento está en la mente que cree en la carencia.

David: Y lo llames principio de escasez, carencia, o despojo, es el propósito del ego. Hay sólo dos propósitos en la mente. Por tanto, la única manera de ver la solución del problema es cambiar el propósito en la mente. No tiene nada que ver con el mundo.

Otra cita que encaja con esto es: "Solamente un propósito firme puede otorgarle a cualquier acontecimiento un significado estable". T-30.VII.3 ¡Claro! Lo que hace que todo parezca acontecimientos separados y disjuntos es el propósito del ego. El propósito firme es el hilo que enlaza todos los acontecimientos. En realidad el guión es continuo, en lugar de estar compuesto de acontecimientos discretos. *Después hice esto y ocurrió aquello, y luego fui allá.* Así se habla cuando la mente cree en el tiempo y en los acontecimientos secuenciales. Pero una vez que comprendemos que hay un propósito que los enlaza, tiene lugar la fusión de todos los acontecimientos.

Participante: Me alegra que estemos considerando el propósito y expresándolo en el contexto de que el guión ya está escrito, porque lo saca todo completamente fuera del "hacer". El guión ya está escrito. No tengo nada que *hacer* con el guión.

David: Sí. Las mentes no hacen. Las mentes no actúan. El propósito no está en el ámbito de las acciones.

Participante: Entonces, cada vez que creo estar *haciendo,* ¿es porque no estoy mirando desde el propósito?

Participante: Hay todo este asunto de elegir: ¿*Hago esto o aquello?* ¿*Qué se supone que hago ahora?* Me he olvidado totalmente de que ya está hecho, de que el guión ya está escrito. *"¿Qué se supone que tengo que hacer?"* es una pregunta equivocada.

David: Me gustaría aclarar esto un poco más, porque otra vez estamos hablando de peldaños. En el Libro de ejercicios dice que hagamos preguntas muy concretas: "¿Qué quieres que haga? ¿Adónde quieres que vaya?" E-71.9 Alguien podría leer eso y pensar: *¿Y si soy guiado a hacer algo, a llamar a alguien? Eso parece "hacer". ¿Y si soy guiado a mudarme a algún sitio, o a esto o a lo otro?*

Participante: Creo que cuando hay guía y está clara, esa pregunta no surge. Está muy claro.

David: Sí, pero necesitamos profundizar en el punto del que estoy hablando. Aceptar la Expiación es aceptar el propósito en la mente, y es un propósito abstracto. Es llegar hasta el punto de ver la imposibilidad de hacer. Recuerda la sección *No tengo que hacer nada,* donde habla de sumergirse en la mente. El instante no santo es el tiempo de los cuerpos, pero no hay ni un sólo instante en el que el cuerpo exista en absoluto. Esas son el tipo de frases que apuntan a lo que estamos hablando: las mentes no *hacen*. Tiene que haber confusión de niveles si me percibo haciendo algo: ocho horas sentado en cierta postura, saliendo y viajando por el país, hablando, o cualquiera de las cosas de las que hemos hablado como metáforas que forman parte del plan del Espíritu Santo. Necesitamos sumergirnos en la mente por debajo de cualquier concepto, hacia la aceptación de la Expiación. Ese es el propósito. Éso debería quedar claro en esta conversación. No tiene nada en absoluto que ver con el mundo. Por eso hablamos de pasar al misticismo. Debería ser otro paso para empezar a ver que no hay dónde ir sino al misticismo, en el sentido de que la solución está en la mente. Lo que circunda nuestra conversación es la experiencia de estar envueltos en el silencio para oír esa voz y aceptar ese propósito.

Participante: Esto resuena de verdad en mí. Estoy intentando ver la consistencia entre lo que estás diciendo ahora, y algunas de las cosas que vamos a hacer de las que hemos hablado antes. Cuando hablamos de esas otras cosas, a veces hay algo que no parece del todo correcto. Cuando hablamos de "hacer cosas", de ir aquí o allá a hacer esto o lo otro. De alguna manera tengo que ver que esas cosas son aún apoyos para cruzar al otro lado. Pero a veces pienso: *¿Por qué ponemos tanta energía y tanta atención en cosas que sólo son puntos de apoyo para cruzar al otro lado? ¿Por que no damos sencillamente el paso definitivo, el paso final, en lugar de dar tantos pasos sobre puntos de apoyo?*

David: Está bien que saques esto a relucir porque, como dije, se trata de conseguir claridad. Conforme vamos hacia esta cosa definitiva, se siente la invitación de entrar en el silencio. Las cosas de las que hablamos –hacer reuniones y todo eso– son todas periféricas. Todo eso es para la mente que se resiste a lo definitivo. A lo mejor lo puedo expresar en el contexto de sumergirse en la mente. Soltarlo todo completamente y entrar en el silencio, abrir la mente a la experiencia de la revelación, es lo definitivo. La pregunta que veo venir es: "¿Dónde encaja ahí lo perceptual, lo de ir a sitios a hacer cosas?" La mejor respuesta está al principio del Curso, donde Jesús habla de los milagros y la revelación. Dice que cuando la mente teme demasiado a la revelación, tiene demasiado miedo de la luz, los milagros son necesarios para prepararla. Los milagros reducen el miedo, parecen colapsar el tiempo. En cierto sentido esta conversación es un milagro. Los actos que realizas desde tu propósito, colapsan el tiempo, preparan a la mente.

Participante: Sí, he tenido esa experiencia. La confianza ha profundizado gracias a los milagros. Y al profundizar la confianza, la atracción hacia la luz, hacia experimentar la revelación, aumenta. Todo es simultáneo. Ocurre a la vez. Esto responde a mi pregunta de por qué parece necesario hacer todas esas cosas. No es realmente necesario, pero ayuda a disminuir el miedo.

David: Otra manera de expresarlo es describir los milagros como *medios* y la revelación como el *fin*. Para alcanzar el fin hay que querer los medios. Todo lo que hacemos —cuando hablamos de empezar por lo concreto y llevarlo de vuelta a *como percibo esto en la mente*– siempre es volver al milagro. Tienes que querer y desear los medios para alcanzar el fin. El fin es aterrador para la mente engañada. No es que la mente engañada tenga tantas dificultades con los milagros, es que le aterroriza su fin. Por eso no quiere los medios. Prefiere centrarse en las cosas concretas y en el cuerpo, y utilizarlos como medio para su expiación con minúscula, que en realidad es la muerte. El ego tiene un propósito para el mundo, y los medios para lograrlo son centrarse en lo concreto y utilizarlo para conseguir lo que se quiere. Debajo de todo eso está su objetivo de reforzar la separación, perpetuar el sueño y protegerse a sí mismo. Lo que le da la media vuelta es: *los milagros son el medio para alcanzar la revelación*. Reducen el miedo. Colapsan el tiempo y suprimen la culpabilidad. La revelación está dada. Está *dada* por Dios, pero el asunto es ser consciente de ella, y abrirse a recibir lo que ya está dado. Si la mente tiene demasiado miedo, no va a abrir. Las características de los maestros de Dios comienzan por la confianza, y la última característica del maestro de Dios es la mentalidad abierta. Tiene sentido, porque lo que falta cuando el maestro de Dios avanzado ha dado de lado al ego y a todos los miedos, es la apertura a recibir lo que siempre ha estado ahí pero estaba negado.

Mientras hay identificación con el cuerpo, por sutil que sea, aún hay personificación. Ni siquiera hace falta que la mente crea que *es* un cuerpo, si la mente cree que *está en* un cuerpo o que *funciona por medio de* un cuerpo, aún hay personificación. Aún hay división sujeto-objeto. Aún hay algo de personalidad. Y con ello hay temor a la revelación, la revelación parece amenazar ese montaje de mundo. Mientras hay creencia en la personalidad hay ordenación de los pensamientos. Una persona se ve diferente de un lápiz, un árbol o una alfombra. Aún hay una sensación de que la mente funciona en y por medio de un cuerpo. El cuerpo parece muy significativo, más que el lápiz. Aún parece haber ordenación de los pensamientos. No parece que el cuerpo sea una imagen más en la pantalla, sino que parece importante. En el *Manual para el maestro*, en una sección titulada *¿Cómo se logra la curación?*, Jesús dice:

> No hay ninguna forma de enfermedad que no se curase de inmediato. ¿Qué es lo único que se necesita para que este cambio de percepción tenga lugar? Simplemente esto: el reconocimiento de que la enfermedad es algo propio de la mente, y de que no tiene nada que ver con el cuerpo. ¿Qué te "cuesta" este reconocimiento? Te cuesta el mundo que ves, pues ya nunca más te parecerá que es el mundo el que gobierna a la mente. Con este reconocimiento se le atribuye la responsabilidad a quien verdaderamente la tiene: no al mundo, sino a aquel que contempla el mundo y lo ve como no es. Pues ve únicamente lo que elige ver. Ni más ni menos. El mundo no le hace nada. Pero él pensaba que le hacía algo. M-5.II.3

Tienes que ver que la que toma las decisiones es la mente. Es una percepción común en el mundo creer en las personas, creer que yo soy una persona y que hay otras personas separadas con mentes privadas y separadas, y que cada una de esas personas tiene su propio mecanismo de toma de decisiones. No puede ser así. Ésa es la creencia de que los diferentes personajes de un sueño pueden tomar decisiones. No es el caso en absoluto. Es la mente. La mente correcta es una decisión y la mente errada es otra decisión. El Cielo y el infierno son decisiones. Ver los dos propósitos de la mente como decisiones, como opuesto a ver personas tomando decisiones, quita el asunto de la pantalla. Para aceptar la Expiación tienes que ver que la mente es el único nivel creativo. El único lugar donde se puede tomar decisiones.

Al final de esta sección dice que para aceptar esto, la insignificancia del cuerpo tiene que ser una idea aceptable. Esto cierra el círculo de lo que estamos hablando, ver que el cuerpo no es diferente en absoluto de un lápiz. Al final vemos que no hay ningún objeto separado. Nada en el mundo existe en y por sí mismo. Todo es una sola trama. Una ilusión es todas las ilusiones. Las ilusiones son una: el ego, el tronco del árbol y todas las distintas ramas son lo mismo.

Participante: Incluso hablar de algo *en y por sí mismo* implica que hay algo aparte de la mente. De lo contrario no habría ninguna cualidad de ser *en y por sí mismo*.

David: Las lecciones 183 y 184 del Libro de ejercicios realmente van a eso. "Invoco el Nombre de Dios y el mío propio". E-183

En el cuarto párrafo se lee:

> Repite el Nombre de Dios y todo nombre nimio deja de tener significado. Ante el Nombre de Dios, toda tentación se vuelve algo indeseable y sin nombre. Repite Su Nombre, y verás cuán fácilmente te olvidas de los nombres de todos los dioses que honrabas. Pues habrán perdido el nombre de dios que les otorgabas. Se volverán anónimos y dejarán de ser importantes para ti, si bien, antes de que dejases que el Nombre de Dios reemplazase a sus nimios nombres, te postrabas reverente ante ellos llamándolos dioses. Repite el Nombre de Dios e invoca a tu Ser, Cuyo Nombre es el Suyo. Repite Su Nombre, y todas las cosas insignificantes y sin nombre de la tierra se ven en su correcta perspectiva. Aquellos que invocan el Nombre de Dios no pueden confundir lo que no tiene nombre con el Nombre, el pecado con la gracia, ni los cuerpos con el santo Hijo de Dios. E-183

La lección termina con este párrafo:

> Todo lo insignificante se acalla. Los pequeños sonidos ahora son inaudibles. Todas las cosas vanas de la tierra han desaparecido. El universo consiste únicamente en el Hijo de Dios, que invoca a su Padre. Y la Voz de su Padre responde en el santo Nombre de su Padre. La paz eterna se encuentra en esta eterna y serena relación, en la que la comunicación transciende con creces todas las palabras, y, sin embargo, supera en profundidad y altura todo aquello que las palabras jamás pudiesen comunicar. Queremos experimentar hoy esta paz en el Nombre de nuestro Padre. Y en Su Nombre se nos concederá. E-183

Estamos hablando en este sentido, de este silencio. Todo lo que pueda parecer que se hace, y todo lo que hay en la esfera de lo perceptual sirve sólo para llegar a este punto. No se trata de recorrer el país para salvar el mundo, ni de evangelizarlo con el Curso. No se trata de contactar con personas, ni de mantener correspondencia con ellas, ni de ayudar a que otro se aclare: no hay ningún otro. Se trata de tener un deseo ardiente de tener en la mente sólo el Nombre de Dios. Punto. Esto pone la mesa para aceptar la Expiación. No puedes aceptar la Expiación hasta que no sepas discernir –*la sabiduría de distinguirlos*–, hasta que sabes discernir lo que no puedes cambiar de lo que puedes cambiar. Éso es discernir forma de contenido.

Participante: Es el fin de la confusión de niveles, de creer que hay causas en el mundo.

David: Sí, de todas las distintas maneras que lo estamos diciendo, es el fin de la confusión de niveles. Todo es decir lo mismo, desde ángulos distintos. Es así de sencillo.

Está bien tener claras las metáforas. En orientaciones, charlas y presentaciones que he hecho, he utilizado la metáfora común de la mente recta, la mente errada y la aparente vacilación entre las dos. Parece como si la mente pudiera elegir entre una y otra, o que hay algo que toma decisiones. La claridad es llegar a ver que la mente correcta es una decisión y la mente errada es una decisión, y son mutuamente exclusivas.

Participante: Si son mutuamente exclusivas, no puede haber lugar a la vacilación. Si una es real, la otra no lo es. No hay nada hacia lo que ir excepto lo real.

David: Quita los pies del peldaño, ya estás en lo alto de la escalera.

Participante: Estamos de vuelta a la idea de que la verdad es todo lo que hay.

David: La voluntad de Dios es todo lo que hay. Esa, por así decirlo, es la manera avanzada de practicar. Primero miras todos los aparentes obstáculos y ves que todos esos obstáculos son sólo uno. Luego abrazas todo lo que hay. La verdad es la verdad y sólo la verdad es verdadera. No hay nada causativo en el mundo, no hay nada que se pueda controlar ni cambiar en el mundo: nada absolutamente. Tienes que haber explorado y examinado en profundidad para ver esto. Eso le abre el paso a: "...la verdad es verdad, y nada más lo es". E-152.3 Pero no puedes dar el salto sin antes hacer un examen exhaustivo, sin llegar primero a darte cuenta de que no hay nada que quieras mantener protegido de la luz, ningún residuo de personalidad...

Participante: Sin ese examen, ¿podría la frase "La verdad es verdad, y nada más lo es" ser algo más que una idea? ¿Podría alguna vez volverse una experiencia sin el examen de todas las creencias que obstaculizan el camino?

David: Correcto. Por lo tanto el Curso funciona de abajo a arriba, no de arriba a abajo. Tienes que llevar las ilusiones ante la verdad. No puedes llevar la verdad ante las ilusiones. Superficialmente puede parecer que llevar la verdad ante las ilusiones es un atajo. Pero se puede ver que no funciona. Produce una ilusión de iluminación, pero no la *experiencia*.

Pregúntate si en tu mente hay imágenes que parecen ser causativas o que crees que aún puedes controlar. Eso sería negar que "la verdad es verdad". Empezar de abajo hacia arriba es aferrarse a la intención de soltar las cosas, dárselas al Espíritu Santo y que orqueste él. Empieza donde la mente supone que está y con lo que supone que es verdad, y luego ve quitando capas, disuelve la pregunta. Eso es llevar realmente las ilusiones ante la verdad. Esto lleva la mente a una tranquilidad en las que todas las preguntas se disuelven, un absoluto en el que las preguntas se han disuelto en la experiencia, en el silencio.

¿Qué pasa con la oración y la Voluntad de Dios?

Participante: Me gustaría que hablemos de la oración. La intención de la oración siempre ha sido hacer que lo de "ahí fuera" sea "mejor", como creemos que debería ser. Entonces ¿qué es la Voluntad de Dios? No comprendo que la Voluntad de Dios sea la mía. Para mí todo esto está revuelto. No me cuadra.

David: Tienes unas cuantas buenas preguntas. La Biblia dice: "Pide y se te dará, llama y se te abrirá". (Mateo 7:7) La ley del karma básicamente establece: "Cosecharás de lo que siembres". No importa cómo lo mires, todo apunta a la creencia fundamental en que dar y recibir son lo mismo.

En una parte del *Canto de la oración,* él se refiere a una escalera. Cuando estás realmente vinculado al mundo de la forma, no puedes rezar más que por el mundo de la forma. Este es el peldaño más bajo de la escalera. *Ayúdame, ayuda a mi hijo, ayuda a mi tía Marta en su viaje a India, ayuda a que se acaben el hambre y la pobreza en el mundo.* Si crees en la realidad del mundo que te rodea, no puedes hacer otra cosa más que rezar así.

No está mal rezar así, pero hay esferas superiores de la oración. *Ayúdame a ver esto de manera diferente* es una oración que el Curso ofrece de muchas formas distintas, porque lo trae todo de vuelta a que se trata de un problema de percepción. *Mi percepción está distorsionada, necesito otra manera de mirar esto. Necesito ver paz en lugar de esto.*

Tu oración es tu deseo. Si tu deseo es sencillo e íntegro, tu oración, naturalmente, siempre tiene respuesta. Si tu oración es por Dios y nada más que por Dios, el estado que recibes es de alegría y de paz. Puedes haberla manchado de deseo de otras cosas. Por ejemplo, Marianne Williamson lo dice más o menos así: "¿Quiero paz o quiero que él llame?" Es un buen ejemplo, porque a veces *conseguir que él llame* parece más importante que la tranquilidad de espíritu.

A esos niveles del deseo, se puede empezar a ver lo importante que es ponerse en contacto con las creencias inconscientes, lo importante que es ponerse en contacto con lo que son las creencias del ego y con cuál es su propósito, y decir: *Oye, yo no quiero eso. No voy a seguir enchufando este aparato. No voy a continuar siguiendo al tal ego, porque yo quiero paz.* ¿Quién quiere el dolor y la desdicha en lugar de la felicidad? Esto de alguna manera aborda el tema de la oración. Ciertamente se aleja de las oraciones por cosas concretas.

Muchas oraciones, incluso entre los de Unity y otras maneras de pensar de la Nueva Era, están vinculadas a la abundancia: rezar y utilizar la mente para visualizar la clase de vida que quieres vivir. Esta oración por cosas concretas no es la forma superior, pero es algo así como uno de los peldaños del medio. Si visualizas y luego experimentas algo, lo mantienes en la mente y parece venir, y esa experiencia es poderosa. Apunta a lo poderosa que es la Mente. Es una experiencia clara que se opone abiertamente a: *Soy un débil, indefenso y pequeño don nadie, una víctima sometida a los antojos de todo lo que hay en el mundo.* Pero lo que hace el *Canto de la oración*, y el Curso en general, es decir: *Vale, estás empezando a aprender que tu mente tiene poder y que, de hecho, parece que puedes manifestar cosas.* Parece así. El guión ya está escrito y aún ves sólo el pasado pero parece que las cosas que quieres vienen a ti.

Una vez que ves que tu mente es poderosa, ¿y si adoptases la Tranquilidad de Espíritu, la Iluminación y la Salvación como tu única meta? Toma esa mente poderosa que estas empezando a darte cuenta que tienes y dásela al Espíritu Santo. Empieza a poner la paz como tu única meta. La paz es un tipo de propósito abstracto que puede resultar difícil de aprehender. ¿Cómo estoy en paz cuando estoy con mi hermano o con mi hermana? La paz y el juzgar no van bien juntos la una con el otro. La paz y su interpretación aportan indudablemente un montón de experiencia, pero esos son los peldaños más altos. En vez de rezar por cosas concretas, como *dame esto por favor, dame eso por favor, acaba con el hambre en el mundo por favor, haz que el día sea cálido y soleado cuando mi familia salga de picnic*, ¡mantén en tu mente esta meta de paz abstracta! Y permite y acepta, y así no tienes tanto interés puesto en la forma. La paz viene porque no pones interés en la forma.

Al subir por esa escalera, empiezas a sentirte tan contento que nada se ve como un sacrificio. Esas cosas que parecían tan importantes, que parecían de verdad asuntos de gran envergadura... La alegría empieza a ser tan intensa, el manantial empieza a rebosar desde dentro, tanto que te preguntas como pudiste haber creído que esas cosas podían traerte felicidad y paz. Pero en su momento no podías verlo.

Además de la oración mencionaste la *Voluntad*. La Voluntad de Dios para su Hijo (para nosotros) es la felicidad perfecta. He oído decir a la gente: "Bueno, tiene que ser Voluntad de Dios que la gente se muera de hambre...", pero la Voluntad de Dios es la felicidad perfecta. La Voluntad de Dios no se conoce en este mundo. El mundo está hecho para inventar y encubrir una voluntad ajena (la del ego), separada de la Voluntad de Dios, y de ahí vienen el dolor, el miedo y la desdicha. La Voluntad es Libre cuando la mente ha aceptado la Expiación y está sanada. Entonces la voluntad es libre porque la Voluntad del Padre y la del Hijo son Una, y el Hijo lo sabe. El Hijo sabe que su Voluntad no está separada de la de su Padre. Jesús sabía esto como un Hecho.

Manifestación y oración

David: El Espíritu Santo no funciona en realidad en este mundo. Está en la mente superior. Es la luz abstracta que brilla y nos recuerda que estamos sanos y completos. Luego tenemos esas creencias oscuras a las que nos agarramos, y la manera en que las sombras aparecen en la pantalla se puede interpretar como: *el Espíritu Santo me ha conseguido un sitio para aparcar, el Espíritu Santo me ha conseguido ganar a la lotería, etcétera.* Eso aún es atribuirle cosas en la forma, como si el Espíritu Santo estuviera cambiando las cosas de sitio. Lo que de hecho ocurre es que Él trabaja con nosotros en nuestra mente, y al soltar nuestros conceptos y creencias nuestra mente se abre a Su luz. Es la interpretación de lo que vemos la que parece dar testimonio de que se nos está cuidando. Este es un punto muy sutil, pero si vuelves a la creencia de que el Espíritu Santo funciona en el mundo, empiezas a plantear preguntas metafísicas de "por qué", como *¿por qué me ha ayudado?* Pero el guion ya está escrito. Mira a través de la lente correcta y estarás en paz.

Para alguna gente la idea de manifestar es un gran paso. Si te percibes como una pequeña víctima impotente e indefensa, un pequeño peón, y empiezas a utilizar afirmaciones, y parece que empiezan a ocurrir cosas, eso puede ser un testimonio de la idea de que tu mente es poderosa. Y eso es un gran paso desde *soy una víctima impotente.* El Curso lo lleva sencillamente un paso más adelante. Te ofrece la manera de entregar esa mente poderosa a la meta de la tranquilidad de espíritu, como opuesto a acumular de esto y de lo otro. Como dije antes, manifestar puede ser un apoyo para cruzar al otro lado.

Participante: Entonces tenemos que saber que nuestra mente es poderosa.

David: Creo que el *Canto de la oración,* el panfleto de veinte páginas que Jesús dictó, es un buen ejemplo. Trata del tema que estamos tocando ahora. Cuando la mente está en el estado de engaño, cree en las cosas concretas, en personas concretas, en todo lo concreto de este mundo. Ha olvidado la realidad abstracta de la luz y el Espíritu. En su estado de engaño no puede rezar más que por lo concreto, sea por deseos de que las cosas se solucionen, o quizá sólo el deseo de que alguien no haga tanto ruido, o metas y ambiciones como un buen empleo. La mente reza sin cesar y cuando cree en lo concreto no puede pedir más que lo concreto. Pero al final, tal como se describe en el *Canto de la oración,* vamos realmente hacia dentro, nuestro propósito se vuelve muy simple y unificado, es sólo querer a Dios sobre todas las cosas. Nuestra oración se vuelve unificada de manera que literalmente queremos a Dios por encima de todo y siempre preguntamos: *¿Cuál es tu voluntad para mí, Padre?* Esta es la pregunta hacia la que nos movemos.

Helen Schucman fue un buen ejemplo. Ella estaba completamente temerosa de Jesús. Le pedía medias panty verdes, ¿sabes?, "¿Dónde puedo conseguir medias panty de color verde?" Es la escriba del Curso, tiene la capacidad tan desarrollada de sintonizar con Jesús y escuchar lo que le dice, pero lo que ella quiere saber es dónde puede conseguir medias panty verdes, o un chaquetón Borgana, esa es su preferencia concreta. ¿Qué hace él? Le dice dónde tiene que ir. Él sabe, por así decirlo, lo importante que es que el Curso venga al mundo, está intentando ahorrar tiempo y sabe que habría retrasos si ella, con sus procedimientos analíticos de comprar, se pasa el día dando vueltas por todo Nueva York buscando las medias panty de color verde, o el chaquetón. El tiempo es precioso, así que él se une a ella donde ella cree que está y la ayuda. Creo que es una buena lección para todos nosotros, en el sentido de que cuando rezamos se produce un soltar gradualmente los deseos de las cosas concretas del mundo. Puede parecer que toma una forma en la que nuestras oraciones tienen respuesta de esa manera durante un tiempo. Pero lentamente nuestra mente se va aclarando y lo que empezamos a preguntar en cualquier situación es: *¿Qué es lo que quiero?*

Una meta universal

David: Siempre me enseñaron que es bueno estar orientado a metas. Cuando por fin encontré el Curso yo ya estaba pensando: *estar orientado a metas..., eso es un hatajo de tonterías*. Todas esas metas eran concretas, y todas estaban basadas en el concepto del yo. De ahí es de donde brotan todas las metas. Se puede pensar en ello como un acuario con esa pequeña bomba en el fondo que hace burbujas. Las burbujas que parecen subir, flotar y explotar en la superficie son todas las metas concretas. Gana más dinero, consigue esto, hazte con eso, desarrolla estas habilidades, haz esto y eso otro. Eso es el *pop, pop, pop;* esas son todas la burbujas. ¡Lo importante es cuestionar la cosita que genera las burbujas! Al final llegó un punto de mi vida en el que pensé: *Por fin voy a ir ahí abajo al generador, a cuestionar el mecanismo del que parecen salir las burbujas.*

Participante: Entonces ¿todas las cosas concretas vienen de un concepto del yo?

David: Sí. las lecciones 24 y 25 del Curso abordan esto de una manera muy directa. ¿Significa eso que no deberíamos tener ninguna meta? No, no, el Curso no propugna eso, el Curso propugna que deberías tener *una* meta y sólo una meta. Y esa meta es abstracta, es universal y no tiene referencias concretas. ¿Y qué significa eso? Que no es cuantificable, que no es medible. Es una meta de propósito. No es una meta concreta. No es una meta de una cantidad equis de dólares, ni un empleo mejor, ni mejor salud física, ni un clima más cálido, ni una pareja que tenga mejor aspecto, ni ninguna de las metas concretas que siguen subiendo aquí arriba a la superficie. Esta meta universal se ha de aprender muy cuidadosamente, porque la mente sólo sabe pensar en términos concretos. Eso es por lo que reza sin parar. Su oración es su deseo. Siempre está rezando por resultados concretos. Incluso cuando se tiene el pensamiento *Huy, tengo hambre,* viene a la mente algo concreto que parecería satisfacer ese hambre. Cuando parece que tienes que ir al aseo, salta a la mente donde está el aseo. Y parece que vas y orinas, y ello parece satisfacer esa necesidad temporal del momento. Todo eso son respuestas a oraciones. Ir al cuarto de baño es una respuesta a una oración. Comerse un Dorito es una respuesta a una oración. Tener sexo con alguien es una respuesta a una oración. Salir de paseo un día soleado es una respuesta a una oración. Todo lo que hay en la pantalla son respuestas a oraciones. Es sólo traer testimonios de lo que la mente quiere, y también de lo que la mente cree que responde a esa carencia y satisface ese deseo. Esto es lo que sale a la superficie.

La clave es ver que todos esos deseos fragmentados forman parte del concepto del yo que está borboteando ahí abajo. Es lo que está enviando para arriba todas esas burbujas. La única salida es tener una sola meta unificada, llevar las cosas al punto en que mi deseo es único, ¡quiero sólo a Dios y no quiero nada más! Si piensas en el centro de la mente como si fuese un altar, esto es como decir: *quiero quitarlo todo del altar excepto a Dios.* Dios no puede estar en un altar profanado. No puede estar sobre algo que se ha vuelto impuro. No se puede poner a la Fuente pura en un altar sucio, un altar dividido.

Todo lo que el Espíritu hace es esperar. El Espíritu no va a forzar una entrada para intentar tomar posesión de la mente. La mente tiene que vaciar voluntariamente su altar. El Espíritu Santo no va a intentar arrancar de un tirón este mundo de la mente. Aunque las creencias sean irreales, el Espíritu Santo las respeta y las honra en cierto sentido, porque el Hijo de Dios, la mente que se quedó dormida, fue quien las hizo. Y Él tiene que honrar esa mente por lo que esa mente verdaderamente es.

Participante: Entonces ¿honra a la fuente de la mente?

David: Sí. Honra a su fuente, Él honra el verdadero poder de esa mente. Él es un suave recordatorio para esa mente de que es mejor que lleve voluntariamente esas creencias ante la luz, o que al menos las cuestione. No hay coerción, no se ejerce la fuerza.

El sistema de creencias del ego en tu mente puede decirte: *Si sigues esto hasta el final, si de verdad sigues lo que Él te está diciendo, puedes acabar pasando verdaderos apuros, porque estás retirando todos tus aparentes puntos de apoyo en el mundo, lo que antes estaba considerado como tu sistema de apoyo, estás rompiendo con tu sistema de apoyo.* Esa es la interpretación que hace el ego de seguir a Jesús; estás rompiendo con

Recordar a Dios

tu sistema de apoyo. Todo ese aprendizaje del que hablamos, el currículo, el aprendizaje, y todas las cosas que parecen ser símbolos de apoyo que has trabajado tanto para construir. Constrúyelo, perfecciónalo, constrúyelo, perfecciónalo, constrúyelo..., como si eso fuera tu apoyo. Cuando empiezas a seguir esto de verdad, dices: *Espera un poco, esta es la dirección opuesta por completo. Esto es una media vuelta de 180 grados.* Aquí es donde entra en juego la confianza, en el mismo sitio donde creíste que se te pedía algo, que sacrificases algo. En el *Manual para el Maestro*, Jesús dice que, donde esperaba aflicción, el maestro de Dios "encuentra en su lugar una feliz despreocupación". M-4.I.A.5

> El mundo no puede hacer que aprendas estas imágenes de ti mismo a no ser que tú desees aprenderlas. Llegará un momento en que todas desaparecerán, y te darás cuenta de que no sabes lo que eres. A esta mente abierta y receptiva es a la que la verdad retorna, sin impedimentos ni limitaciones. Allí donde todos los conceptos del yo han sido abandonados, la verdad se revela tal como es. Cuando todo concepto haya sido cuestionado y puesto en tela de juicio, y se haya reconocido que está basado en suposiciones que se desvanecerían ante la luz, la verdad quedará entonces libre para entrar a su santuario, limpio y despejado ahora de toda culpa. No hay afirmación que el mundo tema oír más que ésta: No sé lo que soy, por lo tanto, no sé lo que estoy haciendo, dónde me encuentro, ni cómo considerar al mundo o a mí mismo. Sin embargo, con esta lección nace la salvación. Y lo que tú eres te hablará de Sí Mismo. T-31.V.17

Unirse a los Mensajeros de la Paz es como un testimonio o un símbolo de darle permiso a tu mente para soltar todo lo que cree, sabiendo que va a estar segura, aunque a veces parezca desorientarse..., como: *¿qué estoy haciendo? ¿Dónde estoy?* Metafóricamente estamos tomándonos unos a otros de las manos diciendo *sí, eso es lo que va a parecer a veces*. Seguimos recordándonos unos a otros: *Bueno, bueno, no estás chiflado, no hace falta encerrarte en un manicomio. ¡Esto es buena señal!* Cuanto más profundizas más parece, a veces, que no eres funcional. No sabes funcionar en el mundo, ¡bien! Es otra buena señal.

Conversación sobre las necesidades

David: En esta conversación me gustaría abordar el funcionamiento de la mente y algunos principios metafísicos del Curso, sin ser demasiado abstracto ni demasiado teórico. La mente engañada cree tanto en lo concreto, en este mundo, que tenemos que empezar por las cosas concretas y trabajarnos el camino de regreso a la mente desde abajo hacia arriba. Empezaremos por la manera inicial en que percibimos las cosas, nuestro problema o situación actual, y luego lo trabajaremos de vuelta a la mente. Le seguiremos el rastro hasta llegar a las creencias y a lo que pasa en la mente, porque ahí es donde está nuestra liberación en realidad. Nos interesa mantener la intención de aclararnos muy bien sobre el ego, de ser capaces de ver al ego como lo que es, y mantenernos por encima del campo de batalla. Lo primero que uno consigue es ver a qué está apegado. Y hay mucho que agradecer en esto, porque no se puede empezar a soltar lo que no se ve. Cada vez que te venga una pregunta a la mente, si quieres preguntarme algo, siéntete libre de expresarlo. No hay preguntas buenas ni malas. ¿Tiene alguien alguna pregunta ya?

Participante: Sobre el dinero... [risa] He estado intentando aclararme sobre aplicar el Curso y luego hacer que las cosas se manifiesten de cierta manera. Explícamelo.

David: Todo ese asunto de manifestar.

Participante: Bueno, yo no paro de leer que se puede hacer estas correcciones y luego no se sufre ninguna consecuencia, esa parte, y en cierto modo está vinculado con estar en paz y...

David: Es verdad que el Curso va todo derecho a decir que tiene una única meta, que es la tranquilidad de espíritu, o la paz de Dios. La gente se pregunta a menudo qué dice el Curso de la abundancia, de manifestar, etcétera. Básicamente, la primera cosa que necesita trabajarse con el Curso es darse cuenta de que todo el que viene a este mundo se percibe a sí mismo como muy insignificante, débil y frágil en algún sentido. Hay maneras de lidiar con eso. Hay quien intenta sobrecompensar con dinero o propiedades, o con determinadas relaciones. Pero tu valía la estableció Dios: nada de lo que tú puedas pensar, decir o hacer es necesario para establecer tu valía. Sin embargo la mente cree que es una persona muy pequeña dentro de un cuerpo, que tiene que esforzarse y luchar constantemente para mantener la cabeza por encima del agua, sea en lo financiero, sea en lo relacionado con la salud..., y esto de muchas maneras distintas.

Hay muchos sistemas metafísicos que tratan la idea de manifestar: si te centras en visualizar y mantener cierta cosa en tu mente, esa cosa vendrá a ti. Yo vería eso como un apoyo para cruzar al otro lado. La meta superior de la oración es la Expiación, la tranquilidad de espíritu. Descubrir que, en efecto, parece que eres capaz de manifestar ciertas cosas puede ser un punto de apoyo en el camino, porque te ayuda a ver que tu mente es poderosa. Pero una vez que la experiencia te demuestra lo poderosa que es tu mente, tienes que preguntarte cuál es de verdad la meta que quieres. ¿Por qué no hacer que tu meta sea la Expiación, la tranquilidad de espíritu?

Sobre el dinero: puede haber miedo a no tener suficiente. Para mí, se trataba de soltar mis ambiciones mundanas, de soltar mis intentos de lograr cosas, y también se trataba de no juzgar los resultados. Se necesita confianza para poder hacer esto y ver que todo se soluciona. El Espíritu Santo es la red de seguridad, pero a veces parece que estamos andando en la cuerda floja. Oímos decir que el Espíritu Santo está aquí dentro, pero es normal que, hasta que no parece que nos tambaleamos y caemos, y entonces aterrizamos en la red, no nos demos cuenta de que siempre ha estado ahí. Todo se reduce a: *¿para qué es esto?* El contenido es el propósito de nuestra mente, el contenido es la pregunta del propósito; *¿para qué es esto?* Es una pregunta muy ajena al ego. El ego está empeñado en los resultados en la forma, en ponerse metas externas concretas y esforzarse para lograrlas. Y cuando las consigues, sientes *caramba, ¡aún no soy feliz!, ¿y ahora qué?* El juego de *seré feliz cuando tal y cual...*, nunca se acaba.

Que la paz es una decisión es una idea poderosa. En cierto modo es en eso en lo que el Curso se desvía de todas las psicoterapias y prácticas que recomiendan ir al pasado, a ponerse en contacto con los recuerdos y escenas inconscientes que se consideran la causa del problema. No hay nada en el pasado que esté causando el problema presente. Esto es muy radical, considerando que hay tantas psicoterapias que dicen que hay que ahondar en el pasado. La tranquilidad de espíritu, igual que la culpabilidad, el miedo y el enfado, se basa en una decisión en el presente, una decisión que estás tomando en este mismísimo instante. En lugar de ir al pasado de caza de brujas, el foco está en una decisión en el momento presente. Si llevamos esto un poco más lejos, una decisión es una conclusión basada en todo lo que creemos. Así que mi tranquilidad de espíritu, o mi estado mental, depende de una decisión que tomo en el presente, y esa decisión es una conclusión basada en todas mis creencias.

Es importante ponerse en contacto con las creencias inconscientes que hay en nuestra mente. Sin llevarlas ante la luz, para mirarlas frente a frente y verlas como lo que son, esas suposiciones seguirán ocultas bajo la superficie. Y entonces es cuando uno parece un robot. Levantarse por la mañana, cepillarse los dientes, prepararse para el trabajo, uno va haciendo todos los gestos. ¿Cuántos de nosotros se despiertan por la mañana, se sientan en la cama y se preguntan: *¿cuál es la naturaleza de la realidad? Ni siquiera me voy a cepillar los dientes hasta que tenga una idea clara de esto?* [risas] Es como ponerse en marcha y luego, a lo mejor a la hora de comer, o en algún momento en el trabajo, dejar entrar a alguna de esas preguntas. A veces vienen en la forma: *¿qué estoy haciendo aquí? ¿Qué propósito tiene todo esto?* A menudo todas las cosas que crees que tienes que hacer barren a un lado esas preguntas: es como si todas las "cosas prácticas" se interpusieran en el camino de empezar a investigar esas preguntas. El ego nos querría tener sin esas preguntas en la mente, porque cuanto más profundo entramos en la mente, más empezamos a cuestionar las creencias sobre las que este mundo está construido.

Cuando hablamos de la idea de decisión también hablamos de la idea de poder elegir. Cuando yo estaba creciendo siempre tuve un sentimiento de destino, pero la idea de predeterminación me desagradaba mucho. Las ideas de destino y predeterminación parecían suprimir mi poder de elegir. En psicología estudié el conductismo, que sostiene que todo está predeterminado por el ambiente, todo es estímulo y respuesta: tú sólo reaccionas a tu ambiente. No me gustaba mucho esa idea porque significa que yo sólo soy una víctima y que estoy completamente determinado por mis circunstancias. Me gustaba la idea de poder elegir, y entonces oí hablar de los psíquicos, de gente que literalmente lee el futuro o el pasado, como si estuvieran leyendo un guión o algo así. ¿Cómo podían esos psíquicos predecir lo que iba a ocurrir? ¿Cómo pueden leer el futuro y ver el destino? ¿Cómo juntas las dos cosas? ¿Cómo juntas el libre albedrío, o poder de elegir, con la idea de destino?

El Curso me lo puso todo junto. El guión ya está escrito. Durante el instante santo se desenmarañaron todos los guiones y todas las percepciones –en un instante– y se ofreció al Espíritu Santo como la respuesta simultánea a todos ellos. Todos los acontecimientos tuvieron lugar en un instante específico. ¿Dónde entra entonces el poder elegir? Tu única alternativa es cómo miras lo que hay en la pantalla. Siempre tienes el poder de elegir entre mirar con la lente del ego y mirar con la lente del Espíritu Santo. Dentro del marco de referencia del sueño, esa es nuestra única alternativa. No es lo que parece, porque parece que somos personas pequeñas en un mundo inmenso y no parece, al principio, que estemos soñando un sueño: parece que somos los personajes de ese sueño por el que cruzamos cada día. Y parece que elegimos como personas. En otras palabras, podemos elegir lo que nos ponemos por la mañana, qué comemos, dónde vamos y ese tipo de cosas. Eso es lo que significa elegir en este mundo. El ego recomienda, por ejemplo, que cuanto más dinero tengas más podrás elegir, más libertad vas a tener, ¿verdad? *Un curso de milagros* dice que el único poder de elegir que tienes en todo momento es cómo miras lo que está ocurriendo. Ahí es donde yace la libertad. La libertad no yace, por así decirlo, en elegir entre ilusiones, elegir entre una camisa azul y otra verde. No tengas a tu mente entretenida con elegir entre ilusiones. Puedes verte ante un gran dilema: esta noche, ¿me conviene leer el Curso o ver este programa de televisión? Básicamente la pregunta real es: *¿qué propósito le voy a dar a leer el Curso? ¿Qué propósito le voy a dar a ver el programa de televisión? ¿Para qué es esto? ¿Cuál es su propósito?* La única manera de que te despiertes a la realidad eterna de tu verdadera identidad como Cristo, el Hijo de Dios, es ver la elección donde está: hay que ver el problema donde está.

En el estado de engaño los problemas parecen estar en la pantalla, en el mundo. El problema es no tener el dinero del alquiler o que alguien te bloquea en la carretera, o tener un pellejo de una uña arrancado, o tener cáncer, o la suegra que no te habla. Si percibes que el problema está en la pantalla (en el mundo) estás atascado, porque los problemas externos no tienen ninguna solución. Parece que salimos con soluciones, que aparece el dinero del alquiler, etcétera. Por ejemplo, la polio parecía ser un gran problema y entonces salimos con la vacuna de la polio; *¡Ay qué bien, una solución!* Se parece mucho a ir metiendo cositas en los agujeros de una presa rota para taparlos. La razón de que sea importante ver donde está la decisión, ver donde está el poder de elegir y ver donde está el problema, es porque ahí fuera en el mundo nunca podrá resolverse. El ego recomienda: aborda el asunto de la escasez consiguiendo un empleo en el que te paguen mucho dinero, como si eso fuese a resolver tu problema de escasez. Esa es la manera de lidiar con el problema que parece obvia. ¡Pero la escasez es una creencia de la mente! Y la única manera de que alguna vez sanes completamente es llevar la creencia en la escasez ante el Espíritu Santo. Entonces la creencia se acabará, y ya no tendrás el problema.

Participante: ¡Eso es lo que yo quiero saber hacer! Quiero saber cómo se acaba con la creencia en la escasez. ¡Entonces no tendré el problema porque tendré dinero! [risas]

David: No. Es porque tu percepción del problema cambiará.

Participante: Lo siento, es sólo que soy lento.

David: ¡Está bien! Podemos utilizar el asunto del dinero, porque los asuntos de dinero y los asuntos de cualquier otra cosa son básicamente lo mismo.

Participante: Yo sé que no está ahí fuera, pero no puedo imaginarme cómo arreglarlo aquí dentro. Quiero decir, necesito una casa donde vivir, creo que eso lo sé, ¿no?

David: En una de las primerísimas secciones del Curso –*La ilusión de las necesidades*– Jesús dice que la idea del orden de las necesidades brotó porque se estaba cometiendo un error fundamental. El error fundamental es creer en la carencia, la creencia en que carezco de algo, que no estoy completo o íntegro.

>...al haber cometido ese error fundamental, ya te habías fragmentado en niveles que comportan diferentes necesidades. A medida que te vas integrando te vuelves uno, y tus necesidades, por ende, se vuelven una. Cuando las necesidades se unifican suscitan una acción unificada porque ello elimina todo conflicto. La idea de un orden de necesidades, que proviene del error original de que uno puede estar separado de Dios, requiere corrección en su propio nivel antes de que pueda corregirse el error de percibir niveles.
> T-1.VI.2-3

Llevémoslo de vuelta a lo práctico. Cuando pensamos en el mundo, cuando pensamos en nosotros mismos como personas en el mundo, parece que tenemos necesidades de distintos niveles. Podemos hablar del nivel mental, del nivel emocional. ¿Alguien conoce la jerarquía de necesidades de Maslow, que habla de niveles básicos: comida, ropa, un lugar de refugio, sexo, etcétera? También habla de necesidades de auto-realización, de realizar por completo el potencial de uno. Para ser más concreto, ¿qué pasaría si hiciésemos una ronda por esta sala y cada uno hablase de las cosas que realmente le interesan y en las que cree? Algunos hablarían de temas ecológicos, otros de erradicar el SIDA, otros podrían tener en mente problemas interpersonales con su marido o su hija, necesidades financieras, problemas de salud crónicos, enfermedades, trastornos. Hay muchos temas diferentes. Parece que salvar a los delfines, el cáncer, y la relación interpersonal con tu madre son cosas realmente distintas. Eso es la ilusión de los niveles de necesidades. Las lecciones 79 y 80 del Libro de Ejercicios enseñan: "Permítaseme reconocer el problema para que pueda ser resuelto" y luego "Permítaseme reconocer que mis problemas se han resuelto". Si lo lees a bocajarro, "Permítaseme reconocer que mis problemas se han resuelto" te sale un: *espera un momento, que yo no me siento así.* Parece que cada día tienes que lidiar con problemas, problemas interpersonales, de supervivencia, y así sucesivamente. Pero sólo tienes un problema y hay una solución para ese problema. ¿No es hermoso pensar que es tan sencillo? Si la verdad existe, tiene que ser sencilla: un problema, una solución. Si percibo que el problema está en el mundo, entonces no se puede resolver, porque el Espíritu Santo es la única respuesta a ese problema y donde está el Espíritu Santo es en la mente. Dios no colocó la respuesta donde no estaba el problema. No colocó la respuesta ahí fuera en la pantalla. Él no colocó la respuesta en el mundo, colocó la respuesta en la mente durmiente del Hijo. Y ahí es donde está el Espíritu Santo.

El Curso te recuerda constantemente que lleves las ilusiones ante la verdad. Lleva tus creencias falsas ante la luz, ante el Espíritu Santo, en tu mente. Las ideas falsas y las creencia falsas que hay en la mente están todas al revés. Todas comparten el error básico de creer que en la pantalla hay algo causativo, y que tu mente es el efecto de eso. Por ejemplo, mencionaste que prefieres un día de 27ºC a uno de 16ºC, la mente tiene creencias en preferencias sobre temperaturas. A algunos les gusta caliente y a otros les gusta fría. Parece que hay algo en la pantalla –el sol– que hace que pases calor. Si no le das bastante comida al cuerpo, eso parece causar que tengas hambre. No ves que el hambre tenga nada que ver con la creencia de tu mente en que te has separado de Dios. Crees que tienes hambre porque no has comido bastante. Es un poco como cuando eras un chiquillo y te peleabas con tu hermana pequeña, o con otro chiquillo del vecindario. Ibas corriendo a tu mamá a contarle que fulanito te había puesto furioso, o que había herido tus sentimientos. O a lo mejor tu jefe te ha reñido, lo cual te hizo echar chispas y perder tu tranquilidad de espíritu. El mundo y el ego enseñan que siempre hay algo en la pantalla que es la causa de tu disgusto, y no sólo eso, siempre hay algo en la pantalla que es la causa de tu felicidad, como ese gigantesco helado de vainilla con chocolate caliente: esta noche soy feliz porque me toca mi helado de vainilla con chocolate caliente. O he conseguido la mujer que estaba persiguiendo toda mi vida, por fin se enamoró de mí, así que ahora soy feliz y cabalgaremos juntos hacia la puesta de sol. No importa lo que sea: tengo el trabajo perfecto, conseguí el ascenso perfecto, tengo la casa perfecta y vivo en la zona perfecta. No, no, nuestra tranquilidad de espíritu y nuestros disgustos no tienen en absoluto nada que ver con lo que está pasando en la pantalla, pero tienen todo que ver con nuestra *interpretación* de lo que está pasando en la pantalla.

Estás siempre atribuyéndole a las cosas todo el significado que estás sintiendo. Todos los sentimientos que tienes viendo una película, por ejemplo, vienen de dentro de ti. Nunca reaccionas directamente a lo que ocurre, siempre reaccionas a tu interpretación de lo que está pasando. Lo que necesitas corregir son tus interpretaciones y percepciones.

¿Cuántos de nosotros hemos intentado corregir las cosas en el nivel de la conducta? Estoy demasiado gordo, me pondré a dieta. No tengo suficiente dinero, conseguiré un trabajo mejor. Tengo cierto tipo de enfermedad así que iré a un especialista que la va a operar, o que me va a dar tal medicina. O la modificación de la conducta: quiero ser un buen cristiano como Jesús, y ser bondadoso, así que voy a intentar ser una persona bondadosa. Mientras tanto dentro hay enfado y furia, pero estamos intentando ponernos una máscara bonita porque queremos hacer lo bondadoso. Olvídate de tu conducta. La conducta se deducirá automáticamente de tus pensamientos y percepciones. No intentes arreglar las cosas ahí afuera en tu conducta y sígueme hacia dentro con esto. Observa la percepción, y saca a la superficie las creencias falsas. Entonces habrá una transformación de tu mente. La conducta se deducirá de manera automática ¿No tiene sentido esto? Se puede ver intuitivamente dónde va esto.

Participante: Veo que tiene sentido, pero creo que lo que a veces nos confunde es que se nos enseña que lo que hay en nuestro mundo es un reflejo de lo que hay en la mente. Y yo pienso: *Vale, vayamos aquí a la fuente y si esto cambia –si me vuelvo uno con Dios– entonces lo otro se deducirá de manera automática.* No es realista creer que de repente nos vamos a volver millonarios. Pero si vienes a la consciencia y de verdad te das cuenta de que no tienes carencias, o de que no estás enfermo, ¿no habría cierta clase de cambio en el mundo exterior para reflejar el cambio de la mente?

David: El error es que la mente engañada cree que de verdad hay un mundo objetivo ahí fuera, un mundo separado de ti y de mí, pero toda percepción es subjetiva por completo. Cada vez que cualquier "fragmento" mira por la lente del ego, ve el mundo de manera distorsionada.

Participante: Entonces, la transformación ¿consiste en ver que, de entrada, nunca hubo ninguna carencia ni en realidad estuvimos enfermos?

David: Es ver con claridad donde está la elección, ver que sólo fue una percepción errada.

Participante: A veces, cuando noto que en este sueño en el que estoy me estoy enfrentando con un oso enorme en medio de la carretera, lo que me ha sido útil es reconocer que mi meta para este día de hoy es la paz de Dios, sólo para hoy. A veces eso es todo lo que soy capaz de hacer.

David: Eso simplifica las cosas porque realmente las lleva a casa. Lo importante es permanecer en paz y estar abierto a la guía del Espíritu Santo. El Espíritu Santo no funciona en el mundo. Está en la mente. Puedes asustarte mucho, pero el Espíritu Santo te alcanzará donde quiera que creas estar. Si crees que eres una madre con tres chiquillos y sólo te quedan tres dólares, cuando realmente dejes a un lado esa cháchara y te centres en la paz como meta, puedes recibir orientaciones concretas sobre los pasos que puedes dar. En este caso no es muy útil sentarte ahí a pensar que Dios es abstracto y no sabe nada de este mundo. Céntrate en la paz y luego mantente abierta a una respuesta a las preguntas de a quién llamar, o qué hacer a continuación. Esto es muy práctico. Y de ninguna manera busques resultados. Juzgar, o medir lo bien que lo estás haciendo, por los resultados es una trampa.

Muchos caen en la trampa con las enfermedades. Hablamos de que la enfermedad es una decisión, y de que nuestro estado mental es por completo nuestra responsabilidad: no hay nada fuera de nosotros, y no hay que echarle la culpa a Dios, ni al modelo médico ni a los médicos. Se toma esta idea, se la junta con un diagnóstico de cáncer, o con una gripe, uno empieza a pensar: *debería ser capaz de hacerlo mejor que esto*. Esto aún es confusión de identidades. Decir que soy responsable y enseguida juntarlo con: *¡Ay, que tengo cáncer!*, es intentar combinar dos niveles distintos. Recuerda: somos responsables de la manera en que miramos las cosas, si esto lo llevas a *yo tengo cáncer*, en eso hay una confusión de "yo". Si miras la idea de que la enfermedad es una proyección de la culpabilidad sobre el cuerpo. *Ay, Dios, ¿qué me estoy haciendo a mí mismo?* Eso es confusión de niveles. ¿Está Cristo proyectando la enfermedad sobre sí mismo? Hay una identificación muy fuerte de la mente con "mi cuerpo": "esto soy yo". El Curso nos guía con suavidad a soltar la identificación con el cuerpo hasta el punto donde vemos que somos mente. Podemos aclararnos con lo que es el ego y quitar nuestra mente de ahí. En otras palabras, quitarle el jugo al ego, quitarle el poder, y en ese punto elegiremos la paz. Pero mientras creamos que el ego nos

Recordar a Dios

puede ofrecer algo y aún apoyemos esa idea, nuestras mentes no estarán dispuestas a elegir la paz, queremos hacer excepciones. Queremos que haya un orden de dificultad de los milagros. Este de aquí es más difícil que aquel. Queremos aferrarnos a las excepciones.

> Cada pensamiento que albergas da lugar a algún segmento del mundo que ves. Es con tus pensamientos, pues con los que tenemos que trabajar, si es que tu percepción del mundo ha de cambiar. Si la causa del mundo que ves son los pensamientos de ataque, debes aprender que ésos son los pensamientos que no deseas. E-23.1

Los pensamientos de ataque serían análogos a los pensamientos al revés de los que estábamos hablando: el pensamiento del ego de que la causa está fuera de mi mente.

> De nada sirve lamentarse del mundo. De nada sirve tratar de cambiarlo. No se puede cambiar porque no es más que un efecto. E-23.2

Estas son afirmaciones muy fuertes. Es como en la analogía de la pantalla de cine. Tienes un proyector y una película con imágenes oscuras que se mueven. Cuando la luz pasa brillando a través de las imágenes oscuras, en la pantalla se ven sombras danzando. ¿Has estado alguna vez en un cine cuando hubo un fallo de la película? Cuando intentamos cambiar cosas en el mundo, o miramos al mundo para que las cosas cambien, es como subir a darle golpes a la pantalla en lugar de ir a ver al encargado de la sala de proyección. Puede verse que hacer eso sería del género tonto. Esto es literalmente como una película que pasa por un proyector. Una vez que eres capaz de pasar por alto esos pensamientos oscuros, el mundo, por así decirlo, se ilumina. El Curso habla inclusos de episodios de luz y da algunas metáforas de eso. Cuando soltamos los pensamientos de ataque nuestra percepción se ilumina, literalmente. Ahora bien, eso no dice nada sobre lo que pasa ahí fuera. Dicho de otra manera, cuando Jesús aceptó la Expiación no pareció que el mundo cambiase muchísimo, los judíos siguieron peleando contra el Imperio Romano. El mundo aún parecía ser un gran lío, pero Jesús dice que eso sólo es la percepción retorcida del ego. Cuando ves guerras y conflictos y peleas, estás mirando con la lente del ego, y eso es lo retorcido. No se trata de nada de lo que hay ahí fuera, en y por sí mismo.

Participante: Creo que se haga lo que se haga, el mundo va a seguir estando fastidiado. Como con una película de video, si no te gusta una escena puedes hacerla pasar rápido, pero luego vendrá otra escena que no te guste. Cuando no es una cosa es otra. Incluso puedes hacer de este mundo un sitio agradable donde vivir hasta cierto punto, pero en el análisis definitivo vas a tener que mirar a todos esos problemas y decir *¿a quién le importa esto?* Así lo hizo Jesús. Él dijo: "En este mundo no hay por qué tener tribulaciones porque yo he vencido al mundo. Por eso es por lo que debes estar animado". T-4.I.13 Hay que elevarse por encima del mundo y ni siquiera ver sus problemas como problemas.

David: Sí, la sanación real es ser capaz de elevarse así por encima de ellos.

Participante: Eso quería decir, que no es tanto sanar el mundo como sanarse uno a sí mismo. Y una vez que uno sana, los problemas del mundo ya no importan porque uno ni siquiera los ve.

David: Eso es lo que me puso en marcha a mí al principio. Antes hablé de no ser capaz de reconciliar a Dios con lo que estaba viendo con estos ojos. Tenía el sentimiento de que Dios lo sabía todo, estaba lleno de amor y era todopoderoso. Todo eso parecía resonar, pero luego resulta que tengo estos dos ojos y estas dos orejas y veo las noticias de la televisión. Cuando dices *no me importa,* esa es la buena noticia: el mundo tal como lo percibes con la lente distorsionada es irreconciliable con Dios. No sirve de nada intentar ajustar al uno con el otro. La Filosofía y la Ciencia lo han intentado, se ha hecho toda clase de esfuerzos para reconciliar esto. Dios no creó las enfermedades, Dios no creó las guerras, ¡Dios no creó esas cosas! Pero cuando miras a través de una lente retorcida, ves todo eso fuera de ti mismo. Sanar es ver que la división está en tu propia mente. Entonces puedes ver que la corrección también está en tu mente.

Me gusta usar la analogía del retroproyector. Hay esta luz blanca, bella y pura en la pantalla y entonces se ponen encima todas las transparencias. Uno puede imaginarse dibujando un cuerpo. Ahora hay una transparencia con un cuerpo, ya tenemos la forma. Luego el ego dice que este cuerpo es macho o hembra y le pone color a su piel: algunos blancos, algunos negros. Luego podemos poner ahí la edad. Y ya tenemos todos los problemas: discriminaciones por edad, por sexo, por raza..., parece que en el mundo esos problemas son grandes, se oye hablar de ellos en las noticias. Pero el Curso dice básicamente que la discriminación por edad está en tu mente, la discriminación por sexo en tu mente, la discriminación por raza está en tu mente. ¡El sistema de creencias del ego está en tu mente! El problema de la desigualdad no está en el mundo. Está en la mente dividida.

Se puede ver que este es un proceso de desaprender o de restar. No es que necesites asistir a equis seminarios y leerte equis libros, y entonces en algún momento del futuro –si tienes suerte– llegarás por fin. En realidad es cosa de restar. [risas] Ahora mismo tu ya eres *eso*. Pero hay otras cosas puestas encima. Por eso es tan valioso mirar juntos a todos los montajes de nuestra mente sobre lo que creemos ser. Son sólo creencias.

En el Curso hay muchos ejercicios de entrenamiento mental, y meditaciones guiadas, diseñados para ayudarte a sumergirte por debajo de los pensamientos y las creencias. Es importante darse cuenta de que este es un curso de transformación mental, no es un curso sobre memorizar texto y hablar de él. Sumergirse por debajo de los pensamientos es importantísimo. El resto del libro te ayuda a empezar a volverte consciente de los pensamientos al revés y de algunas ideas y conceptos que tienes, pero se concreta realmente en un trabajo de lo que yo llamo observar la mente.

Controlar el cuerpo, controlar el pasado

Hola, David:

Hace un tiempo escribiste: "El control del peso, como cualquier intento de 'controlar' el guión o el cuerpo, es un intento de controlar el pasado". ¿Puedes ayudarme con esa frase? Me gustaría que explicaras más cómo es que controlar el peso es un intento de controlar el pasado. ¿En qué se parece controlar el cuerpo a controlar el pasado?

Amada:

En el Libro de ejercicios, el Curso afirma: "El guión ya está escrito". Al principio del Libro de ejercicios Jesús explica que la razón de que las seis primeras lecciones sean verdad es la lección 7: "Sólo veo el pasado". El guión del mundo –todo lo que se percibe con los cinco sentidos– es el pasado.

Todo lo que hay en el guión acabó hace mucho, la mente sólo lo está repasando como si aún estuviera ocurriendo. Intentar controlar el peso del cuerpo es un ejemplo de intentar cambiar el pasado, o controlar el guión. *Sólo* es posible controlar la dirección del pensamiento en la mente. La manera de pensar de la mente recta es una elección que se puede hacer cada vez con mayor consistencia, pero el guión está más allá de cualquier posibilidad de cambio o de control.

El guión es como la película dentro del proyector. Sólo *parece* que se representa, cuando de hecho todas la imágenes son pasado. La ilusión óptica del mundo parece ofrecer la capacidad de controlar las "cosas", ¡pero es imposible controlar lo que ya está terminado y acabado! El cuerpo es parte del pasado.

> El tiempo es un truco, un juego de manos, una gigantesca ilusión en la que las figuras parecen ir y venir como por arte de magia. No obstante, tras las apariencias hay un plan que no cambia. *El guión ya está escrito*. El momento en el que ha de llegar la experiencia que pone fin a todas tus dudas ya se ha fijado. Pues la jornada sólo se puede ver desde el punto donde termina, desde donde la podemos ver en retrospectiva, imaginarnos que la emprendemos otra vez y repasar mentalmente lo ocurrido. E-158.4

La mente puede cambiar de ideas sobre sí misma. Uno no tiene control sobre el mundo. El cuerpo y el mundo son lo mismo: son pasado.

> El mundo que percibes es un mundo de separación. Quizá estés dispuesto a aceptar incluso la muerte con tal de negar a tu Padre. Sin embargo, Él no dispuso que fuese así, y,

por lo tanto, no es así. Tu voluntad sigue siendo incapaz de oponerse a lo que la Suya dispone, *y por eso no tienes ningún control sobre el mundo que fabricaste.* No es éste un mundo que provenga de la voluntad, pues está regido por el deseo de ser diferente de Dios, y ese deseo no tiene nada que ver con la voluntad. El mundo que has fabricado es, por tanto, completamente caótico, y está regido por "leyes" arbitrarias que no tienen sentido ni significado alguno. Se compone de lo que tú no deseas, lo cual has proyectado desde tu mente porque tienes miedo de ello. Sin embargo, un mundo así sólo se puede encontrar en la mente de su hacedor, junto con su verdadera salvación. No creas que se encuentra fuera de ti, ya que únicamente reconociendo dónde se encuentra es como podrás tener control sobre él. *Ciertamente tienes control sobre tu mente, ya que la mente es el mecanismo de decisión.* T-12.III.9

No trates de cambiar el mundo

Mientras dure la percepción el mundo será un espejo de los pensamientos que crees que piensas y de la identidad que crees que tienes. El mundo nunca cambiará. Los ojos y los oídos del cuerpo seguirán pareciendo ofrecerte imágenes y sonidos separados: seguirán informándote de diferencias. Para esto se los hizo y hasta que la percepción desaparezca por completo continuarán haciendo lo que fueron hechos –con odio– para hacer. Sin embargo la mente sanada se da cuenta de que ninguna diferencia es verdadera, y así ES posible ver el mundo desde una Perspectiva Superior y experimentar la paz del mundo perdonado.

Esta es la meta de *Un curso de milagros*. Aún percibes el mundo, pero desde la Perspectiva de la mente recta ya no hay ningún intento de hacer juicios sobre diferencias entre lo que es lo mismo. Las imágenes son las mismas, no son diferentes. La Perspectiva del Espíritu Santo es, en efecto, diferente del enfoque personal del ego, y este discernimiento –o entrenamiento mental– es la meta de todo esfuerzo para alcanzar la paz interior y la tranquilidad.

El mundo es como una máscara hecha para ocultar la verdad. La máscara parece modificarse y cambiar, pero no dejes que te engañen las apariencias. El mundo nunca cambiará. Ven adentro en paz y acepta esta sencilla afirmación. Deja a un lado cualquier intento de juzgar a cualquier persona o aspecto del mundo que percibes. Deja a un lado el deseo de arreglar, mejorar o cambiar lo que se hizo como un dispositivo para mantenerte absorbido en la ceguera. Descansa ya, porque tienes derecho a sueños felices desde una Perspectiva Nueva que indudablemente espera que la reconozcas en tu consciencia.

No intentes complicar lo sencillo y obvio con intentos de "comprender" el libro intelectualmente, como una colección de conceptos. El perdón no es el estudio del ego. El Curso te guía a la experiencia del Momento Presente. Todo supuesto saber y entender tiene que entregarse al Espíritu Santo. Acepta que no sabes nada y abre así tu mente a la experiencia de la Nueva Perspectiva. Cada milagro te da un vislumbre de la Nueva Perspectiva. Recuerda que ni uno sólo de los pensamientos que el mundo cree es verdadero. ¡Relájate en la consciencia de que el ego no tiene ninguna contribución que hacer a la verdad! Ninguna opinión ni juicio concreto tiene ningún valor ni validez. Desde esta Perspectiva limpia y de mentalidad abierta se te muestra Nuevamente el mundo, y se te muestra que es obvio que el mundo nunca cambiará. Cambia de ideas sobre tu mente y acepta el Estado inmutable de Inocencia y Perfección de la Mente. Ábrele paso a la Visión de Cristo. Es la única visión que hay para Ver. La Luz del Entendimiento es Visible para el Ojo Espiritual. No intentes "ver" con el cuerpo ni comprender las imágenes. Llegará la hora en que todas las imágenes habrán pasado y la mente reposará en la Eternidad. No hay ninguna necesidad de retrasar lo que es sencillo y natural.

"Nada real puede ser amenazado. Nada irreal existe". T-in.2 La metafísica de estas afirmaciones es clara y directa. Aplica las lecciones del Libro de ejercicios y abstente de hacer ninguna excepción. Muchos maestros se centran en los principios y las palabras y prestan poca atención a la aplicación práctica y a la transferencia del aprendizaje. Si vas a perdonar tienes que experimentar que no hay nada que se pueda llamar perdón parcial. Sólo el perdón completo, o Expiación, trae la paz duradera. "No juzgues" no es una orden de que dejes de juzgar. En lugar de eso, es una invitación a darte cuenta de que juzgar siempre es imposible. No necesitas enmendar los juicios del pasado, porque entendiendo que los juicios son desconocidos para Dios, para el Amor, te das cuenta de que sólo el amor es real y de que juzgar es imposible. Te das cuenta de lo Inocente que es el Ser que Dios crea en la Integridad y el Espíritu. Conocer al Cristo como Tu Ser es inevitable.

Una vez que les hayas abierto el corazón, notarás por todas partes los símbolos, los dones y las herramientas del Despertar. Son gratis y te son Dados Gratuitamente. Vienen con bendiciones y sin coste ni sacrificio. Vienen fácilmente a un corazón dispuesto y a una mente abierta. No temas al Amor. El Amor viene como Amigo y el Espíritu Santo es Suave y Amigable.

Vengo en Paz.

Vengo en Alegría.

Vengo en Amor.

Vengo en Felicidad.

La luz ha venido. No trates de cambiar el mundo. Cambia de mentalidad sobre el mundo. El mundo nunca cambiará.

Lo que puedo controlar y lo que no puedo controlar

Hola, David:

Escuché tu cinta *Ningún control sobre el mundo*. Trajo un montón de confusión a mi mente. Cuando era joven creía que tenía control de todas las cosas de mi vida (el trabajo, quién era amigo mío, lo que hacía por gusto en mi tiempo de ocio, mis aficiones, etcétera). Creía que no tenía control sobre la enfermedad, la violencia ajena, la guerra, los accidentes, etcétera. Ahora que estoy envejeciendo necesito ponerme gafas y no veo ni con ellas ni sin ellas, me falla la memoria, mi capacidad de aprender las nuevas tecnologías disminuye, etcétera.

Encuentro que tengo cada vez menos control sobre la pérdida de funciones, y que me dirijo hacia donde está mi madre: una silla de ruedas en una residencia de ancianos. Parece que intentar controlar la decadencia humana es un caso perdido. Si comprendiese el mensaje de *Ningún control sobre el mundo,* también podría aceptar el hecho de que el cuerpo envejece y las funciones lo abandonan. Al menos la mente se aliviaría de esa preocupación. Tampoco está tan fina como solía estar. No me acuerdo de los nombres de la gente y a menudo no me vienen a la cabeza las palabras que conozco, o me vienen en el idioma equivocado.

A pesar de las preguntas detalladas y la confusión resultante, después de escuchar *Ningún control sobre el mundo,* conseguí visualizar con claridad que mi vida es como una persona en una alfombra (la alfombra que dices que se enrolla cuando el tiempo se acaba). Así, cada vez que tomo una decisión la alfombra se desenrolla conforme a mi decisión. Si decido girar a la derecha, gira a la derecha y se desenrolla delante de mí, y si miro hacia abajo veo mi futuro imaginario. Si miro hacia detrás sobre la alfombra veo mi historia pasada. Si giro a la izquierda la alfombra va delante de mí. Cuando la mente se libera, y ya no se ve a sí misma como parte de la persona de la alfombra, es visible que toda la alfombra (pasado y futuro) es en realidad un sueño, que no está en la realidad de la mente que antes se identificaba con la persona. Así tú dices que "es pasado" porque está fuera de la intemporalidad. La visualización también me explica por qué en realidad no hay azar, porque todo es Mente y la mente es a la vez amor y conocimiento, de manera que una vez que uno se identifica con la Gran Mente, nunca podría ver nada al azar, pues el azar implica acción sin inteligencia...

En todo caso, estoy seguro de que tus sabias palabras me ofrecerán claridad sobre estos asuntos, de manera que esto sea la lección 1 de "Cómo reconocer lo que puedo controlar y lo que no puedo controlar".

Amado:

Gracias por escribir y compartir tus preguntas y reflexiones. El Despertar es sencillamente darse cuenta con claridad de que el Estado de la Mente

(Paz, Felicidad, Libertad, Alegría) es Responsabilidad del verdadero Ser, y de que la creencia que pareció hacer el cosmos (el ego) no ha tenido ningún efecto sobre la Realidad (la Verdad del Espíritu).

Vivir en el Presente es ser libre de los ilusorios límites espacio-temporales. Puedes controlar la dirección de tu pensamiento y, por tanto, puedes alinearte con el Espíritu Santo en el Momento Presente. Practicar con disposición la capacidad de elegir al Espíritu Santo producirá la experiencia de Ser, que está mucho más allá del ilusorio concepto de elección.

Es cierto que nada es aleatorio. El guión del cosmos se representó en un aparente "instante impío" y fue corregido, o neutralizado, por el Espíritu Santo. Fluye con el Amor del Espíritu Santo, y se volverá visible que todas las aparentes decisiones en la forma ya están tomadas. Esta es la experiencia del sueño feliz, de abstenerse de juzgar. La oración, la observación de la mente, y el perdón conducen a la experiencia de que toda forma es una apariencia falsa que ya ha pasado, y lo que ya pasó no se puede cambiar, sólo se le puede reconocer como terminado y desaparecido. El tiempo y el espacio son una sola ilusión; la paz mental viene en el instante en que se perdona, o se suelta, la ilusión.

La Vida es nuestro Espíritu, que es Eterno. Sólo al ego, que *es* la creencia en el tiempo, le parece ver la decadencia y el envejecimiento del cuerpo. Consuélate sabiendo que el Espíritu Santo organizará el tiempo y el espacio para los milagros que vas a compartir. Nuestra unión muestra que el tiempo no ha tenido ningún efecto sobre nuestra Identidad en Dios. Nada puede cambiar el Amor Eterno. Lo que parece desvanecerse nunca fue Amor, pues el Amor es Imperecedero.

Continúa abriéndote a los milagros que ofrece el Espíritu Santo. Escucha las reuniones que se ofrecen en línea, reza por la Amorosa Interpretación del Espíritu Santo, y todo te será revelado. El Despertar es un Momento de estar listo y dispuesto que, de hecho, no tiene en absoluto nada que ver con el tiempo. Dale permiso a tu mente para reposar y elevarse en la Divinidad interior. Los milagros ofrecen la manera de fluir con el momento sin esfuerzo, los reconocerás por la Facilidad con la que vienen. Suelta cualquier intento de controlar a las personas, los sitios o los acontecimientos, y observa con el Espíritu Santo. Mantente observando y sólo habrá una experiencia de despreocupación. En realidad no importa ninguna otra cosa.

Soltar la adicción al "control"

Pasarle algo al Espíritu Santo es un acto de fe que libera de cualquier intento de controlar los resultados. El núcleo del alcoholismo, de la anorexia, de la bulimia, de fumar y de una multitud de cosas que el mundo llama adicciones es el deseo de tener el control. La pequeña dosis de buena voluntad que pide el Espíritu Santo es la clave para soltar los intentos de manejar el cuerpo y el mundo, que son intentos demenciales de mantener la imagen de un concepto del yo que Dios no creó. Una idea del Curso para considerar al respecto es:

> No trates, por lo tanto, de cambiar el mundo, sino elige más bien cambiar de mentalidad acerca de él. T-21.in.1

El requisito es cambiar de manera de pensar, no es centrarse en la conducta ni en la forma. La conducta brota del pensamiento, y transformación mental es sinónimo de cambiar los patrones de pensamiento basados en el ego por los que se basan en el Espíritu.

El control y el hacer juicios son la adicción, el foco siempre está en soltarlos, puesto que Dios sólo crea Mente Despierta y esas habilidades son antinaturales, al ser ilusiones. El desarrollo de la confianza en el Espíritu Santo va de la mano con liberarse de juzgar/controlar. Y se vuelve cada vez más visible que la confianza resuelve ya cualquier problema.

Capítulo Cinco

Aclarar el significado de "libre albedrío"

El libre albedrío es otro nombre de la Voluntad de Dios, pues esta es eternamente libre, feliz, pacífica y alegre. Este Estado Mental es la Perfección, o la Realidad, o la Verdad. La Voluntad es libre en la Unicidad y la Unión perfectas, esta libertad es una característica del Espíritu, o Creación Eterna, que es la Luz abstracta del amor incondicional del que a veces hablan los que han tenido "experiencias cercanas a la muerte". Esta Luz es comprensión total, Amor, o Unicidad. Dios sólo crea Luz y Unicidad. La dualidad es una ilusión del ego.

La elección no pareció surgir hasta la "caída fuera de la Gracia", que refleja la creencia en que es posible la separación de Dios. Esta creencia en la separación produce lo que parece ser un sueño/mundo dual, hecho de extremos y de opuestos: el cosmos espacio-temporal. Esas aparentes "elecciones entre cosas concretas" que son las "elecciones del mundo" ordinarias, son una distracción de la comprensión de que la elección de propósito en la mente es la única elección con sentido que le queda al soñador del sueño/mundo.

Nadie puede servir a dos señores, la voz del ego y la voz interior del Espíritu son tan diferentes en sus propósitos como la noche y el día. Aprende a discernir entre esas dos voces. Da de lado al ego. Alinéate completamente con la Voz que te habla a favor de Dios. Esta es la meta de la vida, porque la Voluntad de Dios para nosotros es la felicidad perfecta. La Voz de Dios conduce a despertar del sueño/mundo del miedo a la Realidad del Amor Eterno y la Unicidad.

¿Qué se requiere para recordar a Dios? Nada en Realidad. No necesitas hacer nada para Ser Lo Que Eres. Si la ilusión del tiempo aún parece real, ¿cuál es tu única necesidad? Sabes la respuesta: olvidarte de este mundo de fragmentación, el perdón de las ilusiones, soltar el pasado. No pongas tu fe en el ego y sus leyes de economía, medicina, nutrición, física, amistad, y sus doctrinas, rituales y credos que te cuentan que tienes que "luchar" para sobrevivir.

Suelta la creencia de que estás confinado a un cuerpo. Suelta la creencia de que tienes un pasado y un futuro. Observa cómo tus intereses y preocupaciones desaparecen de la consciencia. Contempla la luz ardiente de tu Verdadera Identidad en Dios, inmutable e intemporal. La verdad es ahora, en el momento presente, libre de todas las restricciones y limitaciones ilusorias.

Al Despertar a Dios, primero tendrás un sueño feliz, limpio de juicios y de quejas. La alegría y la risa sustituirán a la tristeza y a la pena. La mente queda completamente "salvada" de la creencia en el error. ¿Qué era el error sino una equivocación a corregir por el Espíritu Santo, la Respuesta interior? Ahora es la hora de la liberación, porque los sueños felices conducen al Despertar, al Amor, a la Luz y a la Paz Eternas. ¡Bienvenido a Casa, Santo Hijo del Dios Viviente!

Una oración para estar en contacto con el Consolador

Hola, David:

Mi corazón está muy cansado y busca alivio. He hojeado tu sitio web durante un tiempo y he encontrado consuelo en tus materiales. Aún tengo que hacerme consciente del Consolador. A veces creo, y tengo la esperanza de, sentirlo a Él. Me he demostrado a mí mismo que ÉL está ahí conmigo incluso en presencia de muchos otros. Sigue siendo cierto para mí que, muy a menudo, sencillamente no sé qué hacer ni qué decir. Supongo que sólo será que aún no sé confiar.

A menudo estoy muy asustado, últimamente más. Mi mente está acosada por pensamientos de persecución y ataque, la mayoría de los cuales parecen tomar la forma de oposición a mi persona. Me parece que de hecho el mundo no quiere lo que yo, desde mis esperanzas más elevadas, quiero con todo mi corazón, pero estoy demasiado atemorizado para agarrarlo. ¡Ay! ¿Por qué me resisto todavía?

Me conmueve el Curso. Me conmueve la historia de Jesús en el *Libro de Urantia*. Me conmueven Las Confesiones de San Agustín. Y también me conmueve la Ciencia Cristiana tal como la enseñaron la propia

Mary Baker Eddy y sus primeros seguidores. Parece que, de alguna manera, todos señalan hacia la misma gloriosa verdad. En cierto modo parece que hay discrepancias, pero puedo aceptar que esto tiene que deberse a mi ignorancia, y que si pudiera aferrarme sólo a la gloria de Dios, la ambigüedad desaparecería. Y entonces me pregunto si es que sencillamente quiero estar en conflicto y me pongo a lamentarme de todo el asunto.

Ahora estoy estudiando en la universidad. A menudo estoy atemorizado porque no sé qué va a ser de mi futuro. Todo lo que creo y quiero profesar es directamente antagónico con las opiniones y creencias comúnmente sostenidas. Un ambiente donde se cuestionasen esas cosas tendría mi calurosa bienvenida, pero nadie quiere esto realmente. Tengo una amiga que está abierta a mí y a lo que digo, pero no veo ningún otro apoyo en ningún otro sitio. No hay ningún grado ni licenciatura ofrecido por la universidad en el que crea que yo estaría contento. Me interesa casi cualquier disciplina que puedas nombrar, pero realmente no creo que pudiera elegir sólo una. Creo que no sería feliz siendo sacerdote pues temo la hipocresía de las iglesias, y de los que se han apartado de la idea más verdadera y quieren atacar en el nombre de Dios todopoderoso. Estas son la muchas cosas que me llenan de temor.

No te conozco, pero según entiendo, pareces estar en paz y lleno de esperanza en el futuro. Si es así, haría cualquier cosa que tu dijeras. Y si no es cierto lo que digo habría que detenerme por insinceridad. ¡Estudiaste apasionadamente el Curso durante dos años! ¡Dios mío, qué valor! No es mi intención halagarte, lo digo en serio. He tenido la idea de hacer esto yo mismo, pero no veo cómo, en términos de las circunstancias mundanas, podría hacerlo. Y ni siquiera estoy seguro de estar listo para ello. Podría ser demasiado ingenuo en todo este asunto. He sentido lo que creo que es paz. El sentimiento es muy fuerte, poderoso y tranquilo. Parece que también ocurren cambios físicos. A veces veo chispitas de luz blanca brillante. También he tenido sueños interesantes. A veces el momento más perfecto parece ocurrir cuando estoy muy seguro de amar a alguien. Una sencilla sonrisa, unos ojos amables y un corazón puro llevan muy lejos, ¡incluso hasta el Infinito! Pero, ¡ay, esos momentos son tan pocos! Mi corazón cansado..., Dios, estoy tan agotado y derrotado en este sendero de las espinas.

Leo el libro de Mary Baker Eddy y me conmueve todo lo que dice, pero a la vez me atemoriza. Creo que de verdad sanó físicamente, y aunque esto en sí mismo no es la lección, parece que los que comentan el Curso poniendo el énfasis sólo en la mente pasan por alto esta sanación física. Y aunque sé que esto tiene que ser lo definitivo, quiero tener la esperanza de que Dios nos ama tanto que nos consuela incluso aquí en nuestra creencia falsa para que podamos ser conducidos fuera de ella. Y ese era el lugar que creía que la sanación física tenía en el gran esquema de las cosas. Creo que todos mis conflictos implican mi creencia en el cuerpo y en que soy un cuerpo. No veo cómo se puede alcanzar a Dios sin ser aliviado de estas dificultades materiales. Me siento como si estuviera negando lo que parece tan obvio, como si intentase quedarme fijo en la idea espiritual y mantenerla, aunque los sentidos físicos me muestren justo lo contrario y me declaren mentiroso.

Sé que algo de esto puede ser vago, pero creo que he escrito sobre todo lo que puedo, por ahora. Sé que estando Guiado, respondes a las cartas que se te dirigen, y que, considerando lo ocupado que puedes estar, lo harás cuando tengas tiempo. Agradezco esto y espero deseoso tu respuesta con una chispa de esperanza.

Amado:

Gracias por escribir y por desahogar tu corazón. Estás recibiendo la Llamada como muchos la están recibiendo ahora mismo. Los vislumbres de la verdad te han mostrado que nuestro Ser no es de este mundo. Y estás sobre la pista correcta cuando te das cuenta de que tienes que confiar en el Espíritu Santo para soltar los lamentos por el pasado y los temores al futuro. Te parece que hay muchas cosas que te llenan de temor, pero te aseguro que sólo el ego es el que teme y su único temor es a la unión en el presente. Esta unión es el Propósito que disuelve el miedo para siempre.

Has producido bellos textos, vídeos, música y testimonios que te recuerdan que tienes un Propósito que has de abrazar. Las situaciones y circunstancias a tu alrededor parecerán cambiar conforme abraces tu nuevo Propósito. El tiempo está en las manos del obrador de milagros, y Cristo organizará el tiempo y el espacio para adaptarlos a tu función.

Estás siendo Llamado a salir de la manera de pensar del mundo porque eres la Luz del mundo. Cuando le das al Espíritu Santo la lealtad de tu mente, le retiras la fe al ego. Es imposible servir a dos señores que no tienen nada en común. Nunca se podrá reconciliar al Amor con el miedo, pues uno es verdadero y el otro falso. Ahora es el momento de ser suave contigo mismo y alimentarte de cada gesto de estar dispuesto que le hagas al Espíritu Santo.

Puedo entender tus sentimientos sobre el futuro en el sistema educativo, pues en su momento estuve tentado a creer y sentir lo mismo. Escribes: "No hay ningún grado ni licenciatura ofrecido por la Universidad en el que crea que estaría contento. Me interesa casi cualquier disciplina que puedas nombrar, pero realmente no creo que pudiera elegir sólo una". Esto describe mi percepción durante la mayor parte de los diez años de estudios en la Universidad que completé. Las capacidades y competencias que parezcas haber desarrollado en la facultad pueden ser y serán usadas por el Espíritu Santo en el Plan del Despertar. Las capacidades y competencias son neutras. Es el propósito que les das el que libera la mente (con el Espíritu Santo) o la aprisiona (con el ego).

Escribes: "A menudo estoy muy asustado, últimamente más. Mi mente está acosada por pensamientos de persecución y ataque, la mayoría de los cuales parecen tomar la forma de oposición a mi persona. Me parece que, en efecto, el mundo no quiere lo que yo, desde mis esperanzas más elevadas, quiero con todo mi corazón, pero estoy demasiado atemorizado para asir". En lo más profundo de su corazón, todo el mundo quiere lo que tú quieres en tus esperanzas más elevadas, porque inevitablemente todo el mundo tiene que conocer a nuestro creador y recordar nuestra Eterna Unicidad. Los pensamientos de ataque son lo único que se interpone en el camino de reconocer la Verdad del Espíritu. Sería sensato darle a tu mente una disciplina de entrenamiento mental tal como las lecciones del Libro de ejercicios de UCDM, pues eso despejará el camino a tu función como obrador de milagros.

La lección 23 del Libro de ejercicios es: "Puedo escaparme del mundo que veo renunciando a los pensamientos de ataque". La creencia en que puedes atacar y/o ser atacado es central en el sistema de pensamiento del ego y su intento de mantener el miedo, la culpabilidad y el dolor.

Tienes que darte cuenta de que los pensamientos de ataque nunca sirven para traer tranquilidad de espíritu. Si la Paz de Dios es tu meta, has de abandonar los pensamientos de ataque. Conforme aumente tu confianza en el Espíritu Santo verás que no tienes ninguna necesidad de pensamientos de ataque. La disposición a Despertar tiene que empezar y terminar en tu corazón.

Escribes: "Un ambiente donde se cuestionasen esas cosas tendría mi calurosa bienvenida, pero nadie quiere esto realmente. Tengo una amiga que está abierta a mí y a lo que digo, pero no veo ningún otro apoyo en ningún otro sitio". Exactamente así parecía sentirme yo hace años, pero estaba decidido a persistir en cuestionar todo lo que creía, porque en lo profundo de mi corazón sabía que tenía que haber otra manera de vivir. Mantuve la fe durante todo este cuestionar, aunque las dudas iban y venían, y volvían a venir, una y otra vez. Llegué darme cuenta de que Despertar del sueño de enfermedad, dolor y muerte a la Alegría Eterna del Cielo era el único Propósito digno de mi esfuerzo y energía. Una vez que llegué a admitir esto, fue fácil estudiar el Curso ocho horas diarias, porque todas mis posibilidades de salir del sueño del mundo las veía en esta dedicación.

Te estas acercando a una relación muy, muy directa con el Espíritu Santo. Que nunca se te olvide. Escribes: "Me he demostrado a mí mismo que ÉL está ahí conmigo incluso en presencia de muchos otros". ¡¡¡Sí!!! El Espíritu Santo siempre te está Guiando: la Voz del Espíritu Santo es tan fuerte como tu disposición a escucharla. Por todos sitios hay hermanos y hermanas que oyen y Responden la Llamada a Despertar, la Llamada a la Salvación, la Llamada a la iluminación. He viajado a muchos sitios en los últimos catorce años y puedo dar fe de estos testimonios del deseo de Despertar. Este mes viajaré a Chicago y Nueva York y me encontraré con muchos más testimonios del Despertar. Están por todas partes. Tu disposición te los mostrará igual que mi devoción los ha traído a mi consciencia. ¡Todos son un cielo en mi mente!

Toda sanación tiene lugar en la mente y es de la mente. Es útil que le recuerden a uno que cuando uno percibió enfermedad o cualquier forma de error, estaba mirando al mundo por medio de un cristal borroso. El mensaje de la Expiación es que el pasado ha terminado y ha desaparecido y, en realidad, nunca ocurrió. La eliminación de un síntoma no es más que un reflejo del cambio de percepción. Cuando la mente está completamente alineada con la Perspectiva del Espíritu Santo no hay percepción alguna de personas, lugares, cosas, acontecimientos o situaciones separados. La manera de pensar lineal y situacional era el problema que el Espíritu Santo ya ha Corregido. La única tarea de la mente dormida es aceptar esta Corrección: esa es tu meta ahora. El tiempo y la Eternidad no pueden coexistir.

Estás listo para abrirte a tu función Celestial. Cristo no te pide ningún curriculum espiritual, pero tu disposición te llevará mucho más lejos de lo que te puedes imaginar. No puede ser difícil hacer todo lo que Cristo te tiene señalado, porque es Cristo Quien lo hará por medio de ti, hasta que amanezca el darte cuenta de que Tú eres el Único. El miedo sería imposible si supieras Quien camina a tu lado todo el camino. Siempre estoy contigo y siempre puedes Llamar a la Presencia "Yo Soy" a que se una contigo en cualquier circunstancia a la que parezcas estar haciendo frente.

Mi corazón va a ti Amado, porque Tu eres mi Ser. ¡Nuestra unión tiene Todo el poder del Cielo! Confía en Ello y observa como los miedos del ego se funden y desaparecen para siempre.

La escalera de la oración: cruzar la barrera hacia la paz

Hola, David:

Te escribí en año pasado cuando estaba sin trabajo y preocupado por mi familia. Mi esposa y yo tuvimos que confiar en que el Espíritu Santo proveería. Alguien que lee estos mensajes fue conducido a ofrecernos ayuda, y poco después encontré un empleo.

Agradecería tus oraciones y tu orientación. También para mi esposa, que necesita desesperadamente una operación que no podemos permitirnos, y mis tres preciosos hijos, que han atravesado sus propios desafíos.

Gracias hermano. No tengo miedo. Paz y Amor

Amado:

Gracias por desnudar tu corazón, y por estar abierto y dispuesto a recibir Orientación sobre la oración. Tu familia y tú estáis en mis pensamientos y oraciones. Ahora un poco de Orientación sobre la Oración: la Oración es deseo. Un corazón que no conoce ningún deseo ha despejado el Altar de la mente y desea que no haya ídolos delante de Dios.

La ausencia de deseos es Completitud. Dios creó a Cristo Íntegro y Completo. La ausencia de deseos significa que no hay nada que añadir, ni desear, ni querer más allá de la Perfección que Dios Da Eternamente. El deseo simple o unificado es la Creación, este es el significado de "Que tu ojo sea sano". (Lucas 11:34)

Cristo ha Dado *El canto de la oración* como Orientación directa sobre el tema de la oración. Te invito a leerlo, para que puedas pedirle dentro al Espíritu Santo más clarificación e iluminación.

Cuando el Altar de la mente se queda limpio, liberado del deseo de lo imposible, el Recuerdo de Dios vuelve a la consciencia. Suelta el pasado, porque ya pasó. No busques más repetir lo que ya ha terminado y ha desaparecido. La oración por cosas concretas pide que se repita el pasado de cierta forma que la mente cree que es deseable. La ausencia de deseos es del Momento Presente, este instante santo.

Conténtate con Lo que es Real y Verdadero para siempre. Dios sólo Da Amor.

La oración: despejar el altar del corazón

En este mundo que ya ha pasado, el mundo lineal de lo espacio-temporal, a menudo se creía que las oraciones eran peticiones, solicitudes o preguntas. *Concédeme Señor... Señor te pido que... Por favor Señor te llamo a que... Señor tengo que pedirte un favor...* Como si hubiera un Poder (ahí arriba, ahí fuera, en algún sitio aparte) que mirase hacia abajo y vigilase el mundo: un Poder Que tenía la capacidad de, a veces, conceder deseos y hacer favores a los seres humanos. También parecía que las oraciones no siempre tenían respuesta. Esta visión no podía evitar ver a Dios como un Ser voluble, o inconstante, o de manera muy extraña, como un Ser capaz de tener favoritos. Esos son los conceptos y las percepciones de la oración que brotan de la lealtad al ego, esa creencia imposible en la escasez y la carencia. No eran más que testimonios de las creencias falsas, y de esa manera nunca eran exactos ni verdaderos. Pero hay otra manera de ver la oración.

La verdadera oración es un camino de vuelta al reconocimiento del Reino de los Cielos. La oración verdadera es abrir y despejar el corazón, un regreso a la pureza, o singularidad, del deseo. Porque la oración ES deseo y, como tal, la oración es continua. La oración nunca empieza ni termina, nunca es fuerte ni débil, ni sincera ni insincera. Uno nunca está ausente de la oración ni del poder de la oración. Igual que la fe, la oración puede parecer estar mal ubicada, pero incluso esta ilusión no puede sino dar testimonio del poder de la mente que fabricó la ilusión. Sólo hay que mirar el cosmos espacio-temporal. Puede parecer que la creencia en la separación produce un "Big Bang" a partir de la nada, literalmente. Como suele decirse: *lleva cuidado con lo que pides en tus oraciones, porque las oraciones TIENEN respuesta.*

La oración es de hecho la meditación del corazón. Igual que la visualización es la imaginación que parece surgir de la creencia, la creencia es una ilusoria voluta de humo del ego que produce las formas y saca su fuerza de la oración. El Cielo está más allá de las creencias pues Dios sólo puede ser Conocido. La oración es la energía de Dios. En el Cielo, la Oración es la Canción de Gratitud que repite sus ecos para siempre como Unicidad Eterna de la Creación. En lo espacio-temporal, la oración es la energía que infunde vida a todas las apariencias y da fuerza a las creencias. La Oración está en el Silencio Divino interior, en el cual el Amado de Dios descansa en paz. El Corazón que es Uno no tiene ninguna división, pues no hay nada que sea distinto de Él.

La oración verdadera acepta "lo que es". "Lo Que Es" permanece inmutable para siempre como un Don de Dios. La Creación es Eterna: la Voluntad de Dios es la Felicidad Perfecta, Ahora y Siempre. La Integridad es completa y total. No hay nada que desear en la Integridad de Dios. No hay nada que "conseguir" en la Realidad de la Totalidad. La Presencia "Yo Soy" es muy literalmente el Reino de los Cielos, donde nada puede estar ausente.

La creencia en el tiempo lineal es la creencia en las carencias. La creencia en el tiempo lineal es la creencia en: "Busca pero NO halles", T-12.IV.1 o como dice la canción "Buscar el Amor en todos los sitios equivocados". (Johnny Lee, "Lookin' for Love") La Eternidad y el tiempo no pueden coexistir. Una es real y el otro no. Una es la Inocencia Eterna, y el otro una ilusión de culpabilidad. ¿Como se podría encontrar a la inocencia en la culpabilidad, o al amor en el miedo? ¿Y cómo se podría encontrar al Espíritu en una sarta de imágenes, secuenciadas y puestas en fila? El Amor Divino, Cristo, es la Herencia y no se lo puede encontrar en las cosas concretas de lo espacio-temporal. El instante santo Llama. La experiencia del Ahora es la Respuesta.

Reza de verdad, Santo Hijo de Dios: ¿Mi Santo Creador, cuál es Tu Voluntad para Mí? Y Oye: Amado Hijo, Tu Voluntad es la Mía, son Una para siempre. Tú eres creado como Perfecta Felicidad en la Eternidad, y permaneces así para siempre. No nos contentaremos con la pequeñez de lo espacio-temporal. No pediremos lo que nunca va a contentar a nuestra Santa Mente. Bienaventurados los puros de Corazón porque... ¡Tú Sabes el Resto!

Las creencias tontas se han caído del altar interior de la oración. Ahora, barridas por el Viento de la Eternidad. La Luz está libre para radiar totalmente sin obstrucciones. Un corazón liberado de perseguir ídolos es un Corazón que ama al Señor Tu Dios con todo Su Ser. Mi Corazón mora para siempre con Dios. Amén.

Abrirse a la experiencia que hay más allá de manifestar

Hola, David:

¿Qué orientaciones puedes darme sobre la magia de manifestar? Desde que me hice consciente del sueño y de mí mismo como el soñador, parece que estoy experimentando un período de carencias, después de más de cuarenta años en los que nunca pareció que tuviera que estar en este mundo sin una forma de vida relativamente cómoda.

Te he oído hablar de manifestar como una "magia" y decir que es meramente una manera de mostrarle a la gente que no son víctimas, y que la mente es verdaderamente poderosa. Sin embargo, como tú y el Curso decís, ¡este mundo no es! Cualquier manifestación es sencillamente soñar más y no quiero prolongar el sueño –en mi mente errada, claro, pues como sabemos ¡se acabó tan rápido como empezó!– ni un segundo más de lo absolutamente necesario.

¿Ves el aprendizaje de la capacidad de manifestar como un paso necesario en el desarrollo espiritual? ¿O hay alguna manera de que pueda aprender a soltar todos los apegos al dinero –y a la aparente seguridad que parece proporcionar– y rendirme a la abundancia de lo que soy realmente, sin tener que experimentar el concepto de manifestar? Y, si este segundo paso es posible, ¿qué aspecto tiene y cómo se siente eso en este mundo?

Quiero ayudar a que mis hermanos despierten. Quiero cumplir mi única función y propósito en este mundo, que es llevar el miedo y los sentimientos de limitación y control ante la luz. ¿Qué puedo hacer para facilitar esta transición y soltar este miedo con gracia?

Amado:

El mejor indicador de la conexión con Dios es cómo se siente uno: es el mejor indicador porque no depende de ningún "resultado concreto en la forma". Una mente que mira los "resultados en la forma", se engaña y no experimentará la Paz duradera. El estado mental –cómo se siente uno– ES el resultado del sistema de pensamiento con el que uno está alineado (Dios o el ego). Tal es el caso con "manifestar" dinero, capacidades, recursos, etcétera. El dinero, por ejemplo, no es nada. Si la mente cree en él (la creencia en las carencias/en la reciprocidad), se dota al dinero de un valor falso. La creencia en las carencias/en la reciprocidad es la creencia en la sustitución, pues el ego es el elegido para "sustituir" a la Fuente, a Dios.

La razón de que el dinero parezca valioso es lo fácil que resulta intercambiarlo por muchas "cosas" que satisfacen necesidades ilusorias, sean emocionales, físicas o espirituales. Igual que la medicina, el dinero es como un conjuro mágico del mundo para hacer desaparecer los problemas ilusorios durante cierto tiempo. Pero hasta que se suelta por completo al ego, la mente percibe necesidades, y percibe medios externos (falsas fuentes) para satisfacer las necesidades que percibe.

Todo se resume en esto: uno tiene que aceptarse a Sí Mismo como Mente Divina e Inmutable. El único paso para esto es darse cuenta de que el mundo, al ser el efecto irreal de una causa irreal, no puede cambiar. El mundo NO PUEDE cambiar. Pedir que las cosas sean diferentes de como son es pedir lo imposible.

El dinero, como cualquier efecto (las imágenes del ego) nunca es una fuente. La petición que tiene sentido es pedir ver el mundo de manera diferente (como el efecto irreal de una causa irreal) y así aceptar el Hecho de que sólo hay una Causa Única. Dios es la ÚNICA Fuente. La única pregunta-problema-confusión es de identidad y no tiene absolutamente nada que ver con el dinero. La confianza solucionaría cualquier problema ya, pues confiar es depender de Dios. El proceso de inversión del pensamiento necesario para darse cuenta de la dependencia de Dios es una vuelta completa de trescientos sesenta grados, por así decirlo, e implica darse cuenta de que en este mundo no hay ninguna relación causa-efecto que sea verdadera.

Si todas las imágenes (incluido el dinero) son efectos, no hay ninguna causa ni fuente que se pueda encontrar en este mundo. Dios es la Verdadera Fuente y Cristo el Efecto Verdadero. Por lo tanto el secreto de la verdadera oración es olvidarte de las cosas que crees que piensas, y de las que crees que necesitas, retirándole tu fe a lo temporal y transitorio. Lo que es eterno es valioso y lo temporal carece de valor por definición. Respecto de este mundo, el Propósito es el único "valor" en el que puedes poner tu fe si quieres depender de Dios.

Dar y recibir son una sola cosa. Uno siempre recibe EXACTAMENTE lo que pide. El problema, o la confusión, que uno podría parecer experimentar en la percepción viene de la creencia en "manifestar", que es la creencia en el "tiempo". La Eternidad no manifiesta, al Ser Una para siempre. Manifestar es la creencia en que lo Eterno puede tomar forma, en que lo Infinito puede volverse finito, en que el Espíritu puede entrar en la materia. Despertar es la experiencia de perdonar la ilusión de "manifestar", pues Lo que La Identidad Es es Espíritu. Cristo no viene a la forma, sino que te Llama "fuera del mundo" a que reconozcas tu Ser como Espíritu Eterno.

¿Hay disposición a soltar para siempre la idea de manifestar y experimentar la tranquilidad de espíritu? Esto es lo mismo que preguntar "¿Estás dispuesto a aceptar tu Ser tal como Dios Te creó en lugar de intentar hacerte a ti mismo?" La creencia en manifestar se puede soltar porque no es verdadera. El Espíritu se puede, y se tiene, que aceptar inevitablemente, porque es verdadero. La creencia en el tiempo lineal es una defensa contra el instante santo, pues el tiempo no es más que la negación de la Eternidad.

Amado Hijo de Dios, has sido liberado del agravio del tiempo y no hay ningún retraso en lo que Tus pensamientos crean instantáneamente y para siempre. La creencia en el tiempo y en la manifestación es la falta de disposición a aceptar Ahora la Respuesta Instantánea, y uno sólo puede recibir lo que está dispuesto a oír y ver.

Cuando uno pide una señal, o un resultado, o una rendición de cuentas, o una donación de dinero, uno pide mal, porque está pidiendo desde la carencia. Cuando uno ha soltado voluntariamente la creencia en manifestar y la creencia en el tiempo, entonces uno puede preguntar sinceramente: "¿Dios, cuál es Tu Voluntad para mí?" La respuesta a la oración siempre está conforme con lo que la mente está dispuesta a recibir. Y en la más profunda oración del corazón te darás cuenta de lo que significa la afirmación: "Mis pensamientos crean eternamente".

Hay diferencia entre crear y fabricar, y hay diferencia entre extensión y proyección. El Amor crea, el ego fabrica. El Amor extiende, el ego proyecta. Para el Amor, ser y tener son lo mismo. Para el ego, la posesión y tener son lo mismo. En un mundo de carencias, tienes lo que consigues. ¡Qué completamente imposible es manifestar-conseguir, y qué absolutamente verdadero es Crear-Dar!

La reciprocidad es una cuestión de identidad. La confianza es la salida de la falsa creencia en una identidad de este mundo. Hace falta confianza para cambiar de ideas tan completamente que te olvides para siempre de los conceptos de tiempo y manifestación. Y felizmente eso requiere sólo disposición y no tiempo. Si dejas caer por completo el "proceso de pensamiento", le abres paso a la Visión de Cristo. Si ése es tu deseo se te mostrará que el mundo de los efectos irreales no tiene causa, y te dará risa la idea de que el dinero, o cualquier otra imagen, pueda ser una "fuente" real y la idea de que el Santo Hijo de Dios "necesite" nada. Los pensamientos reales crean eternamente, pero ningún pensamiento del pasado ni del futuro es un pensamiento real. La Tranquilidad del Ahora es la Respuesta.

El Espíritu Santo dirigirá tus pensamientos y acciones de manera muy concreta si se Lo permites. Entrégale a Él todos los conceptos de dinero, de manifestar y de tiempo para que los pueda utilizar para Su Propósito, y serán borrados de tu Mente Santa. Porque Tú eres Mente Completamente, y nada del mundo podrá SER comprendido nunca. Lo Que Tú eres ES el significado.

Ahora todo es muy, muy sencillo. No tengo exigencias, nunca cobro por nada de lo que comparto, no mando, ni tengo confrontaciones, vivo de la Divina Providencia para todo, sin excepción alguna, voy sólo donde me invitan, cuando me invitan tal como soy Guiado, no hago ningún intento de convencer a nadie ni de hacer cambiar de ideas a nadie, estoy completamente asociado con el Espíritu. Vivo en el Momento Presente y dejo al Espíritu Darme todo lo que experimento.

Le llamo a esto depender de Dios. Funciona. Requiere también de mucho entrenamiento mental para sólo escuchar a Una Voz, la Voz que habla a favor de Dios. Los beneficios son inmediatos y maravillosos. Estoy contigo hasta el Final, Amado.

La escalera de la oración: más sobre manifestar

Hola, David:

Desde que empecé mi viaje de vuelta hacia arriba por la escalera, hay cosas que obviamente no entiendo. Espero que puedas aclararme este asunto. Para manifestar algo que quieres, tienen que ser ciertas estas dos cosas: 1) Tiene que ser lo que de verdad, realmente quieres. 2) Tiene que estar de acuerdo con la Voluntad de Dios, porque lo que Dios quiere para nosotros es lo que realmente nos conviene. ¿Correcto?

Sin embargo a veces siento que estoy pidiendo lo que realmente me conviene, y sigo sin conseguirlo. ¿Significa esto que no estoy en verdadero contacto con lo que quiero o que es lo que realmente quiero pero no tengo la fe necesaria para hacer que ocurra? Me falta claridad sobre esto.

Amada:

La Voluntad de Dios es la felicidad perfecta, aunque ésta es Abstracta y sólo el perdón refleja la Voluntad de Dios en este mundo. Esta oración es por la Gran Perspectiva. El Espíritu Santo no da nada que pueda retrasar el Despertar. Nuestra Voluntad es universal y no puede contentarse con ninguna clase de forma, pero mientras uno crea en las carencias, las necesidades que uno percibe se satisfacen por el Espíritu Santo y a uno se le conceden muchos caprichos, como tales, si no van a favorecer el retraso.

Cuando rezas por nuestro Propósito compartido, esto es útil. El Propósito no es concreto. Las oraciones por cosas concretas son solicitudes de que se repita el pasado de cierta manera que se desea, y nuestra meta es ver que el pasado ya pasó. La oraciones por cosas concretas parecen "manifestar", pero los símbolos sólo pueden representar a los deseos del corazón. El secreto de la verdadera oración es olvidarse de las cosas que uno cree necesitar: eso es nuestro obsequio al Espíritu Santo. Luego todo lo que sea útil aparece en la consciencia sin esfuerzo. Así funciona la oración en el sentido más verdadero, hasta que la oración regrese a su estado libre de formas (para ser la canción del agradecimiento).

La confianza resolvería ya cualquier problema

En la sencillez de la Divina Providencia, se cuida de todas las cosas por medio de la Escucha Interior y de seguir la Orientación que se recibe. Lo que se ofrece al servicio de Cristo también se recibe en el servicio de Cristo. La mente sanada no exige y, por lo tanto, no está sometida a exigencias. La mente sanada está en paz, contenta con Lo Que Es y, por tanto, no tiene ninguna necesidad de confrontación con nada ni con nadie. El estado mental de la paz es incapaz de verse desafiado, pues nada puede amenazar a la paz, y el momento presente no contiene nada que lo haga vulnerable. El tiempo flota a la deriva desde la Perspectiva del mundo perdonado, y en el momento presente ningún estrés ni esfuerzo es posible. Todo lo que es útil en el Plan de Dios se Da gratuitamente y gratuitamente se Recibe. Confiando en el Espíritu Santo, todo lo que se percibe como "necesario" se satisface con facilidad: una vez que el Propósito del Espíritu Santo se acepta sin excepciones no se requiere ningún esfuerzo.

Ejemplos de la Divina Providencia que vienen a la memoria son Jesús, Buda, la Madre Teresa, la Peregrina de la Paz, y San Francisco, por nombrar a un puñado. Dieron completamente desde el Espíritu y permitieron al Espíritu conducir y dirigir el camino y proveer lo que fuese necesario para sus vocaciones en la tierra. Ofrecieron gratuitamente su estado mental. Vivieron con sencillez y tuvieron muy pocas necesidades y penurias. Y para los que confían, la reciprocidad es una cosa del pasado. No cobraron por las palabras que hablaron. Habían transcendido el concepto de reciprocidad –dar para conseguir– pues en el Dar como Dios Da no hay nada aparte del Dar. Dar el Amor es extender. Extender el Amor no tiene ningún coste, ni precio, ni alquiler, ni jornal, ni intereses ni preocupaciones. Lo que es Proveído viene gratis sin ningún compromiso.

En este mundo, la Divina Providencia le parece a la mente desentrenada algo a mitad de camino entre lo raro y lo imposible, pues ya aprendió la reciprocidad y la confianza le resulta desconocida hasta que la desarrolle. Es relativamente fácil para el ego aprender y acumular capacidades, aprender a realizar tareas mundanas sin sentido y participar en la danza económica de la reciprocidad. Lo que necesita un esfuerzo inicial es la disposición a abrirse a depender de Dios, a escuchar y seguir al Espíritu Santo, y a soltar ideas de orgullo y sacrificio del Ser tales como "ganar a cambio del trabajo" y "ganarse la vida" personalmente, pues la máscara de la personalidad necesita estar deshecha antes de que la Luz de Cristo pueda brillar sin restricciones ni estorbos.

Cristo no tiene ningún "empleo", al Ser Amor Eterno. Cristo no paga ninguna "deuda", al Ser Íntegro y Completo. Para Conocerte a Ti mismo como Cristo sólo es necesario perdonar, o soltar, la ilusión de un yo, de un mundo, de una identidad no creada por Dios. Conforme uno avanza en su entrenamiento mental, experimenta que el Propósito del perdón aporta los medios, y el fin, de la felicidad. San Agustín dijo: "Ama y haz lo que quieras". Cristo Llama a la mente dormida: "Perdona y Sé como Eres". La Identidad como Cristo es una creación de Dios y sólo se la puede recordar. El Perdón sencillamente elimina los obstáculos a la consciencia de la Presencia del Amor. Intentar "ser quien lleva las riendas" es fatigoso, porque es el ego el que "intenta". En el Propósito, todo se le da a uno sin esfuerzo. La Facilidad Divina siempre es el indicador de que la mente está siguiendo en el momento al Consejero Divino.

Relájate. No hay ninguna necesidad de seguir intentándolo tan desesperadamente. Suelta. Confiar en el Espíritu Santo es fácil, y tratar de "ganarte la vida por tu cuenta" es difícil. Si encuentras que el mundo es una lucha, o una serie inacabable de desafíos, confrontaciones y problemas, dimite ya como maestro de ti mismo. Deja que guíe y dirija el Consejero Que Conoce el Camino. Di, sintiéndolo, "Me haré a un lado y dejaré que Él me muestre el camino" ¡y contempla la danza de la Felicidad, la Paz y la Alegría!

El Amor Divino ha satisfecho y siempre va a satisfacer todas las necesidades humanas mientras persista la percepción de carencias. Y en el Cielo no se carece de nada. Relájate en la confianza y observa como los "problemas" ilusorios se disuelven en el Amor. En la Presencia de la Luz la oscuridad ni siquiera parece existir. El mundo está cabeza abajo y del revés: en el perdón se hace evidente que nada del mundo significa nada. El orgullo no es nada. El logro personal no es nada. Nada en el aprendizaje del mundo ofrece ni una pizca de Felicidad duradera. Visto desde la Perspectiva del mundo perdonado es evidente que no hay ningún mundo separado del pensamiento, y el conflicto desaparece para siempre de la consciencia.

Me uno a Ti, Amado, en el Gran Despertar a la Vida Imperecedera. El Cristo nunca puede morir, ni cambiar, ni crecer, al Ser Uno para siempre. Es más fácil ser Uno que intentar luchar contra la Unicidad. El reconocimiento viene con un suspiro de Felicidad y Paz profunda.

Toda Gloria a Dios por crear a Cristo Uno con Toda la Creación.

Charla sobre el perdón

Participante: ¿Puedes hablar del perdón? Cualquier cosa que te sientas inspirado a compartir sobre el tema sería maravilloso.

David: Sí. Este tema es la enseñanza central de *Un curso de milagros*. Perdonar es soltar el ego. La visión del perdón que tiene el mundo es perdonar lo que ha ocurrido. El Curso enseña que perdonas a tu hermano por lo que no hizo. Esta es una zambullida completamente radical en la verdadera experiencia del perdón. En el Libro de ejercicios de *Un curso de milagros* Jesús dice: "La mayor dificultad a la que te enfrentas para poder perdonar realmente, es que todavía crees que tienes que perdonar lo que es verdad, no lo que es ilusorio". E-134.3

Al principio, cuando lees esto te quedas preguntándote de qué está hablando. Está diciendo que los pensamientos, las creencias y las percepciones que parece que ves, oyes, sientes y palpas cada día forman parte de una alucinación que en verdad no ha ocurrido. La mayor frustración que tiene la gente con el perdón es que dicen, o sienten, cosas como: *Fulano estaba soltando maldiciones a gritos, robaron el dinero, mataron a la persona... Ahora ¿qué se supone que hacemos nosotros? ¿Bendecirlos como si fueran blancos como los lirios y puros como la nieve cuando lo hicieron?* En algunos casos hay "pruebas": *Tengo las pruebas en una grabación de video. ¿Qué quieres decir con que no lo hicieron? Está grabado, conservado para la posteridad.* Pero en Verdad no ocurrió. Es sólo la creencia en el tiempo lineal que parece ensartar a esas personas, esos lugares, esas cosas y esos acontecimientos. Esto hace que parezca que hay en marcha una película de verdad, cuando de hecho es sólo un hatajo de sombras bailando en una pantalla que no tiene ninguna realidad de ninguna clase.

El primer paso hacia el perdón es estar atento a tus sentimientos. Tus sentimientos son vías de acceso a tus pensamientos, y tus pensamientos son vías de acceso a tus creencias. Es importante estar atento a todo esto porque al final tienes que vaciar tu mente de todo lo que crees que piensas, y de lo que crees que sabes, además de todas las creencias que están debajo de los pensamientos.

> Haz simplemente esto: permanece muy quedo y deja a un lado todos los pensamientos acerca de lo que tú eres y de lo que Dios es; todos los conceptos que hayas aprendido acerca del mundo; todas las imágenes que tienes acerca de ti mismo. Vacía tu mente de todo lo que ella piensa que es verdadero o falso, bueno o malo; de todo pensamiento que considere digno, así como de todas las ideas de las que se siente avergonzada. No conserves nada. No traigas contigo ni un solo pensamiento que el pasado te haya enseñado, ni ninguna creencia que, sea cual sea su procedencia, hayas aprendido con anterioridad. Olvídate de este mundo, olvídate de este curso, y con las manos completamente vacías, ve a tu Dios. E-189.7

Este pasaje termina con ir a Dios con las manos vacías. Es una invitación al Silencio Divino en el que reposas en el momento presente y sueltas el collage de imágenes del pasado-futuro: sumérgete sólo en la Luz interior de tu mente.

El perdón tal como Jesús piensa en él es soltar las ilusiones. Es importante distinguir el verdadero perdón de una sensación de falso perdón que dice: *Esto ocurrió realmente, ¿cómo voy a lidiar ahora con ello?* Una vez que has establecido la realidad del error, la realidad de las imágenes, te quedas clavado intentando figurarte cómo vas a disipar "la realidad". Esto es un imposible. Aprende a reconocer que este mundo es una situación imposible. Sin juzgarlo, ni tratar de analizarlo, ni arreglarlo, ni figurártelo, reposa en tu profundidad interior y obsérvalo. Míralo tal como es: así puedes ver que lo falso es falso y luego soltarlo. Esto es un resumen del perdón.

Qué significa decidir a favor de la Luz

Participante: ¿Es el perdón sencillamente centrarse en la Luz, o es un proceso de mirar lo negativo y verlo como lo que es, o sea nada?

David: Cuando te unes a la Luz, todo tu propósito es ver lo falso y mirar más allá de ello. En perdonar, o pasar por alto, es donde se juntan los dos en el sentido de ser una y la misma cosa. Jesús nos dice cosas como: *Toma mi mano, querido niño, vamos a ir ahí abajo a mirar esa cosa oscura.* Son metáforas de la unión con la Luz. No se trata sólo de contemplar intelectualmente lo negativo.

Participante: ¿Con qué miras lo negativo? Miras con la Luz. ¿Cómo ibas a poder mirarlo si no fuese con la Luz? Parece que una decisión es simplemente volverse hacia la Luz y otra decisión es volverse a la Luz con mi intelecto individual.

David: Y así volvemos a la metafísica. A cada instante estamos tomando la decisión de dejarte aconsejar por el Espíritu Santo o por el ego. Esas son nuestras únicas dos alternativas, no hay más. Parece que hay un "yo" que puede tomar decisiones sin el Espíritu Santo ni el ego. Pero ése no es el caso. Jesús es muy claro sobre eso en la sección *Reglas para tomar decisiones* del Capítulo 30. Tu margen está limitado: eliges al uno o al otro. Cada decisión que tomas te trae el todo o la nada, aunque no lo parezca. Parece que hay una gran área gris en medio, como si estuvieras flotando, diciéndote: *Vale, hoy haré esto o haré aquello.* Parece que puedes decidir si quieres comer bizcocho de chocolate. Pero el asunto es que en el verdadero fondo de la mazmorra están el ego y el Espíritu Santo, muy al fondo de la mente. Y recuerda que una decisión es una conclusión que se basa en todo lo que crees. Es el Espíritu Santo o el ego, no tienes más alternativas.

¿Qué pasa con todas las capas de creencias falsas? La decisión se toma muy abajo aquí en el sótano y luego sale a la superficie. *Creo que estoy sometido al tiempo y al espacio. Creo en los cuerpos. Creo que soy un hombre. Creo que vivo en Cincinnati, Ohio. Creo que tengo un gato. Creo que estoy escaso de dinero. Creo que es jueves. Creo que son las 12:30 y...*

Participante: Y creo que tengo que comerme un trozo de bizcocho de chocolate. [risas]

David: ¡Tengo que comer bizcocho de chocolate! ¿Ves como va? No, no, no, estás tomando una decisión con el ego o con el Espíritu Santo y así sale a la superficie. ¡Ahora tienes toda mi atención, Jesús! "No le daré valor a lo que no lo tiene". E-133 Todas las decisiones que tomas te traen el todo o la nada. En la lección 133 él te da los criterios que necesitas aprender para que te ayuden a distinguir lo que tiene valor de lo que no lo tiene. ¡Esto se está volviendo muy práctico! Dice que *cualquier cosa* que elijas, salvo que sea *eterna,* no te trae nada.

Participante: ¡Ay, Dios!

David: Sí.

> En primer lugar, si eliges algo que no ha de durar para siempre, lo que estas eligiendo carece de valor. Un valor temporal no tiene valor alguno. El tiempo jamás puede anular ningún valor real. Lo que se marchita y perece jamás existió, y no tiene nada que ofrecerle al que lo elige. E-133.6

¡Y este es el primer criterio! ¡El primero! ¡No es el número cinco o seis! Entonces sigues leyendo y ves que aquí hay algo. Todos los ídolos, todo el afán de ser especial, y todas esas capas y pilas de cosas de en medio, en las que la mente pone tanto interés: de ahí es de donde viene la culpabilidad. Una mente despejada ha bajado a través de todas las capas y niveles. Jesús ha transcendido al ego y ve que el ego no ofrece nada. ¡Ni en la planta 23 o 22, ni en el armario! ¡Nada! ¡No hay nada de valor ahí! Entonces se puede ver la alternativa como es. *¡Esto no es una alternativa!* Cuando llegas al fondo ves que no hay alternativa en absoluto. La Expiación es básicamente aceptar una decisión que ya está tomada. El Espíritu Santo es en realidad la única decisión. Esto no implica ninguna privación. Pero hasta que llegas al fondo, ¡muchacho, vaya si parece un sacrificio! Porque yo quiero lo que hay en la planta 23, y en la planta 9 en aquel salón, y en la habitación 7, eso..., le llamo a esto el corral. *Aquí lo tienes Jesús, puedes tener todos esos, pero no estos de aquí.*

Participante: ¿Pero no es por eso por lo que es un proceso?

David: Es un proceso hasta que empiezas a generalizar, o transferir, el aprendizaje. Siempre hablamos del interruptor principal. El Curso dice que puedes elegir en un instante... ¡a lo mejor hoy! Llega un punto en el que te vuelves muy hábil en reconocer los pensamientos al revés. Te vuelves muy hábil en darte cuenta de que *el sol no me está acalorando y esa persona no me hizo enfadar.*

Participante: Pero no empiezas por eso.

David: No, no empiezas por eso en absoluto. De hecho, si estás dando una clase a recién llegados ni siquiera lo mencionas, porque no te interesa meterte en cuestiones hipotéticas. Por eso estamos aquí ahora, para profundizar todo lo que podamos. Podrías pensar, incluso con algunas de las ideas que hemos comentado: *Tal vez algo de esto sea verdad pero yo aún tengo mis reservas.* Es como si estuviéramos arrojando semillas a montones. No es que todo el mundo tenga que recoger las semillas, y llevárselas a su casa y plantarlas.

Participante: Nadie es culpable de no recoger las semillas.

David: ¡Es arrojar semillas sólo por la alegría de hacerlo!

Más allá de la "imagen" está la Luz Abstracta

Hola, David:

¿Puedes por favor explicar la frase: *Ni siquiera podemos pensar en Dios sin imaginárnoslo en un cuerpo?* Cuando pienso en mis hermanos parece que sus cuerpos se separan, y yo los encuentro conmigo y con Jesús, sentados juntos mirando a lo que nos pasa a nosotros como cuerpos.

Amado:

Gracias por escribir. Cuando pareció que la mente se dormía y se olvidaba de la Luz Abstracta del Cielo, el ego proyectó un cosmos de cosas concretas como sustituto de la Abstracción Divina.

La Abstracción se ha olvidado completamente, o se la ha suprimido de la consciencia de la mente que cree estar en lo espacio-temporal. Todo lo que la mente engañada percibe son formas y cosas concretas, por eso no puede pensar en Dios sin imaginárselo en un cuerpo.

Tras la gran amnesia, la forma se volvió lo "conocido" y la Luz Abstracta del Cielo se volvió "desconocida". El perdón le da la vuelta a la mente hacia la Luz y devuelve la experiencia de la causación a la mente, que es lo único causativo.

El símbolo de cuerpos juntos es un apoyo para cruzar al otro lado, pues en verdad los cuerpos no pueden unirse.

El Propósito del Espíritu Santo en la mente es lo que hace la unión: este Propósito es lo que sostiene la tranquilidad de espíritu. Con este Propósito viene el sueño feliz, porque uno sueña dulcemente con un mundo impecable en una percepción unificada. El tapiz es uno, todo está bien.

Preguntas y respuestas sobre el Espíritu Santo

Participante: ¿Le enseñas a la gente una técnica concreta para escuchar al Espíritu Santo?

David: No es una técnica concreta porque el curriculum del Espíritu Santo es sumamente individualizado. Hay muchas técnicas diferentes de meditación, herramientas, senderos, etcétera. Cuando me preguntan: "Dime algo concreto que pueda hacer para oír al Espíritu Santo", o "Cómo puedo oír la voz del Espíritu Santo", la respuesta breve es señalar a UCDM porque es justo el sendero que yo usé y tuvo éxito. Estudié también muchos otros senderos y había leído mucho y estaba muy abierto mentalmente a muchos maestros y técnicas, pero al final lo que vino a mí fue UCDM. Como si cayera en mi regazo. Estaba en inglés en lugar de arameo o latín. No había que traducirlo. Su lenguaje implicaba a la psicología, la religión y la cristiandad.

Como pasé diez años en la universidad entre estudios de facultad y de posgrado estaba muy versado en educación. Términos como "currículo" y "meta de aprendizaje" me eran muy familiares. Está perfectamente hecho para mí, es un libro de "cómo hacer..." con Texto, Libro de ejercicios, y Manual para el maestro. No tengo excusas en absoluto. Así que cuando la gente me pregunta específicamente, les señalo el libro de UCDM donde Jesús dice *¡estudia este texto!* Él le dijo a Helen y Bill: "Yo los estoy dando, pero hay que estudiar estos apuntes". Fue igual para mí. Estudia el Texto y luego haz las lecciones del Libro de ejercicios. El Libro de ejercicios es muy explícito y tiene instrucciones concretas. Contiene instrucciones diarias de lo que hacer, cómo hacerlo y durante cuánto tiempo. Tiene también el Manual para el maestro para cuando llegas al punto de empezar a oír la voz del Espíritu Santo realmente. Ahí hay señales útiles para cuando empiezas a afinar tu instrumento de escucha y aprendizaje.

Esa es mi respuesta breve a cómo oigo la voz del Espíritu Santo. Sólo señalo al Curso. El Curso no es para todo el mundo. Pero para los que sienten que el Curso es su sendero, cualquiera que sea el idioma en que lo están leyendo, yo sencillamente les digo: "Aguanta ahí con ese Texto, ese Libro de ejercicios y ese Manual para el maestro".

Participante: *Un curso de milagros* dice que sólo unos pocos puede oír la voz del Espíritu Santo o de Dios. ¿Cuál es tu postura sobre esa afirmación?

David: Dentro del ámbito espacio-temporal donde parece que tenemos un cosmos con miles de millones de personas, criaturas y seres, incontables galaxias y sistemas solares –dentro de ese contexto más grande: el contexto relativo– yo diría que hay muy pocos que oyen la Voz de Dios. Las distorsiones del ego parecen ser capas y capas de recubrimientos que impiden una expresión perfectamente clara del Espíritu Santo por medio de los individuos.

Pondré el ejemplo de Helen Schucman que tomó al dictado *Un curso de milagros*. El proceso de dictado necesitó alrededor de siete años. Lo que era difícil no era la recepción ni el dictado en sí mismo, sino la resistencia del ego a oír este mensaje, que era enorme. Así que tenemos a Helen que es un buen símbolo de una capacidad superior de escriba, y aún así fue un proceso de siete años, que podrían haber sido un año o año y medio sin esa enorme resistencia. A menudo en este proceso las palabras eran dadas y escritas en dictado taquigráfico y aún así había distorsiones de lo que recibía, en cuyo caso se la guiaba a hacer cambios.

Esto demuestra que incluso en quien tenía tal capacidad superior como escriba que podía oír la voz de Jesús Cristo entrar, aún había distorsiones e interferencias del ego. En realidad se basaban en el miedo al amor, que es todo lo que hay en el ámbito del ego. Hizo falta retroceder muy cuidadosamente y repasar con Jesús para tener lo que llamamos el Urtext, que se editó después y llegó a ser la versión Hugh Lynn Cayce. Aún se editó más, hasta ser lo que ahora es la versión publicada de *Un curso de milagros*.

Puede verse que esto es lo que parece un proceso en términos de oír la voz del Espíritu Santo, y que es bastante exacto en el sentido relativo de que muy pocos pueden oírla. Pero el Espíritu Santo usa muchos símbolos diferentes, y todo tipo de visiones y sonidos. Se puede leer palabras inspiradas por el Espíritu Santo. Pueden aparecer en una novela, en un rótulo adherido a un automóvil o en una cartelera, y lo hacen justo en el momento en que más necesitas oírlas. Pueden ser símbolos, por ejemplo canciones que sencillamente vienen, sientes la inspiración y sabes justo lo que hay que hacer después de escuchar una canción que está sonando en la radio cuando entras al automóvil. Pueden ser pequeños codazos que te da la gente…, tus hermanas y hermanos hablándote justo cuando estás en ese momento de lucha, dándote respuestas por medio de ellos que prestan su voz a que oigas justo lo que necesitas oír. El Espíritu Santo tiene incontables maneras de llegar a la mente. Nadie tiene que desanimarse porque muy pocos puedan oír directamente la voz que habla en nombre de Dios, la voz del Espíritu Santo: tienes que recordar que el Espíritu sabe llegar a ti de muchas maneras si tu lo deseas de verdad y estás abierto y dispuesto a oír y actuar en consecuencia.

Participante: Cuando empezaste a oír la Voz, ¿qué fue lo que desde dentro te ayudó a empezar a oír con claridad esa Voz?

David: Diría primero de todo que parece estar en contraste con la experiencia humana, que está llena de experiencias de disgusto, pena y dolor. Podría decirse que dentro de mí había un sentimiento de que tiene que haber una respuesta a esto, tiene que haber un final, tiene que haber una manera mejor, tiene que haber una salida de esta manera de sentirse, tiene que haber una salida de esta manera de pensar y percibir. Así que el ímpetu estaba. La motivación para cambiar de melodía, para cambiar de propósito, era muy, muy fuerte. Lo otro era que antes de oír al Espíritu Santo con claridad, estaba intuyendo al Espíritu Santo. Estaba sintiendo intuiciones, impulsos e incitaciones que me daban unas sensaciones maravillosas. Diría que muy al principio, antes de oír la voz del Espíritu Santo, sentía como si alguien me hiciese cosquillas en el corazón con una pluma, en el mismo núcleo de mi ser. Inicialmente, pensé: *Vaya, esto no es una experiencia intelectual. Es espectacular y me siento muy bien. Este cosquilleo me está guiando.* Al principio, antes de ser: *Escucha al Espíritu Santo*, o *sigue al Espíritu Santo*, era: *Sigue al cosquilleo*, y lo hice. Me llevó a ser capaz de oír la voz de hecho.

Participante: ¿Qué le dices a los que te preguntan "¿Cómo acallo mi mente?, ¿cómo me deshago de esta cháchara mental?, ¿cómo llego a ese sitio silencioso interior?"? ¿Cómo enseñas a hacer eso? ¿Qué les dices?

David: Hay una idea en el Curso que de verdad me ayudó. Es que si experimentas gran resistencia y tu resolución flaquea no luches contra ti mismo. T-30.I.1 Este pasaje fue muy útil para mí, en particular al principio de mi trabajo con el Curso, cuando tenía una dificultad extrema en acallar mi mente durante un período sostenido. Experimentaba mucha irritación y frustración, y luego rezar y abrir el libro por un pasaje con un mensaje así: "no luches contra ti mismo". Pensé qué herramienta tan maravillosa es la que esencialmente te dice *deja el libro* en vez de pelearte contigo mismo o intentar forzar tu camino a través de él. Creo que es un tema y un asunto muy profundo.

Inicialmente intenté, en la parábola de mi vida, irme a vivir en el bosque de una manera muy sencilla, sin agua corriente y con sólo pan y agua para comer y beber. La resistencia del ego al silencio era enorme, y parecía que no tenía muchísimo éxito en alcanzar una tranquilidad consistente. Así que aprendí a relajarme y sencillamente sintonizar con el Espíritu Santo y preguntarle: "Vale, ¿qué quieres que haga aquí?" La orientación que recibí no era precisamente aguantar largas horas de meditación. Fui guiado a ir a sitios a conocer gente. Empecé a viajar y a hablar con muchos grupos de UCDM diferentes y en lugar de ir a por el ego por medio de la meditación y tratar de batallar contra él, decidí seguir a mi alegría. Luego la sensación de resistencia empezó a disminuir poco a poco mientras yo seguía a mi dicha y me acostumbraba a dejar que la voz que habla por Dios hablase a través de mí. Años más tarde fui guiado a otra experiencia de ermitaño en la que ya no tuve que "intentar" estar callado, el silencio natural de mi Ser era lo que impregnaba la experiencia. Fue como si el silencio me encontrase a mi en lugar de ser yo el que intentaba encontrar al silencio. Fue muy liberador. Esa sería mi principal recomendación. Mientras intentes acallar tu mente sé muy suave contigo mismo. No intentes acelerarlo ni forzarlo. Si lo haces –lo cual es del ego– habrá una sensación de coerción, como que estás siendo obligado a hacer lo que no quieres hacer realmente. Vuelve y sigue las intuiciones e incitaciones del Espíritu Santo. Eso te guiará hacia dentro con suavidad.

Participante: Tengo curiosidad de saber qué piensas del concepto de que en Verdad no hay Padre-Hijo-Espíritu Santo, sólo hay el Uno. Creo que la trinidad nos da un marco de referencia y una comprensión para que –en nuestra experiencia actual– podamos llegar a una experiencia más completa de que somos uno con todo lo que es. ¿Tiene sentido esto?

David: Sí, es exactamente eso. La gente ha hablado mucho de la trinidad y se ha dicho que si sólo hay uno y sólo hay Unicidad perfecta, ¿entonces qué falta hace la trinidad? Es lo que has dicho. No es más que un marco de referencia o estructura para ayudar a despertar a la mente dormida. Está principalmente en términos de funcionalidad. Dios es el Creador, Cristo o el Hijo es la Creación y el Espíritu Santo es el puente para ayudar al Hijo dormido a despertar y darse cuenta de que *Yo soy Cristo, una Idea en la Mente de Dios. Yo soy.* De eso es de todo lo que se trata.

Participante: ¿Cuál dirías que es el mayor obstáculo para oír la voz de Dios y qué recomiendas para superar ese obstáculo?

David: Mucha gente dice que a veces sienten como si hubiera interferencias, o muchas voces. Es como intentar sintonizar una emisora de

FM, pero estar entre emisoras. Oyes un montón de interferencias y tal vez te entra el pánico porque sientes que necesitas una respuesta. La gente siente, o dice: *Ay, Dios mío, yo necesito una respuesta*, pero esto lo que hace es precisamente subir el volumen de las interferencias. Así que yo diría que la presencia del miedo es el mayor obstáculo para oír la voz del Espíritu Santo, porque cuando la mente está en el miedo teme oír la voz del Espíritu Santo. Como dice UCDM: "No hay prueba que pueda convencerte de la verdad de lo que no deseas". T-16.II.6 Siempre he tenido en mente que de verdad tenía que empezar a cultivar mi deseo de oír y mi deseo de experimentar el uso de los símbolos por el Espíritu Santo, si de verdad iba a oír esa voz de manera consistente. Abreviando, el miedo es probablemente el mayor obstáculo para oír la voz de Dios. Y la respuesta a eso es, claro está, la confianza. La confianza es la primera de las diez características de un Maestro de Dios. Él dice también que cuando la confianza se va todo lo demás se va. Así que te puedes imaginar desarrollando tus características y luego metiéndote en el miedo y perdiendo la confianza. En términos cristianos eso se solía llamar una recaída. Con el Curso, a veces la gente pasa de repente de la pasión –de practicarlo y trabajarlo cada día– a cerrar el libro y guardarlo con llave en el armario, jurando que no lo quieren ni ver. Pueden tirarlo por el retrete página a página, o tirarlo al rio.

Participante: ¿Cómo se puede saber la diferencia entre el Espíritu Santo y el ego, o el Espíritu Santo y la propia voz de uno? Parece una pregunta que se repite mucho y me encantaría oír lo que piensas de esto.

David: Esa es probablemente una de las preguntas que se plantean más a menudo. La llamo la pregunta del discernimiento: discernimiento entre la voz del ego y la Voz del Espíritu Santo. Es una lección de discernimiento. Lo que fue realmente útil para mí es lo que dice Jesús de que el único uso acertado del juicio es juzgar por tus sentimientos. T-4.IV.8 Eso captó mi atención. Cuando leí la primera parte de esa afirmación se me pusieron las orejas tiesas. *El único uso acertado del juicio...* vaya. Yo estoy listo para soltar el juicio y él dice "el único uso acertado". Yo diría que la manera más clara, más directa, y más sencilla es practicar de verdad el estar en contacto con como te sientes. Naturalmente hay muchas sutilezas con esto porque si tienes un montón de distracciones, y parece que tu mente está muy dispersa, y no apunta verdaderamente a un estado de atención, puede parecer que tienes un disgusto, una irritación, o una molestia que pasa desapercibido durante bastante tiempo y crece hasta convertirse en enfado, o puede que incluso en furia, antes de que le prestes atención. Pero cuanto más atento estés a la mente y a tus pensamientos, por medio del entrenamiento mental, más capaz serás de prestar atención y darte cuenta de ese disgusto, lo cual es una clara indicación de que estás alineado con el ego y con la percepción y la manera de pensar de la mente errada.

En términos de distinguir la voz del Espíritu Santo de la tuya propia: En el sentido definitivo, puesto que el Espíritu Santo habla por el Cristo, que es tu propio ser, la voz del Espíritu Santo siempre es la tuya porque siempre sabe lo que más te conviene en cada situación en la que pareces estar. Sabe lo que más te conviene en cualquier cosa con la que estés lidiando. El Espíritu Santo es tu propia voz porque tu estás creado por Dios, y el Espíritu Santo habla por Dios.

En términos de sonar como una voz, puede sonar de muchas maneras diferentes. Puede parecer un monólogo interior, un flujo de pensamientos, o puede tener una cualidad audible. Mucha gente que no lo oye de manera consistente dice que ha habido momentos cuando iban conduciendo en que oyeron una voz audible decir "cambia de carril", le prestaron atención y evitaron lo que pareció ser un accidente de tráfico. Se la puede oír de muchas maneras. Diría que algunos la oyen con un sonido como el de su propia voz. Otros la oyen como una voz masculina o femenina, de una persona joven o de una persona mayor. Pero tenemos que recordar que todo eso no son más que formas y le estamos prestando atención principalmente al contenido, no a la forma en que viene. Esta es probablemente la manera más directa en que puedo decirlo.

El discernimiento es un tema muy central, la salida de la percepción defectuosa es sintonizar con esa voz y oírla de manera clara y consistente. Ese es el propósito que hay detrás de todo lo que hago. El propósito real de nuestras vidas es llegar a ese discernimiento.

Participante: Parece que un montón de gente se preocupa de que el ego les va a hacer una jugarreta para hacerles creer que es el Espíritu Santo. ¿Es eso posible?

David: El ego se define como la creencia en la separación. El ego es auto-engaño y podría decirse que la voz del ego *es* una trampa. Todo el cosmos se hizo como un truco en el que hay figuras que parecen ir y venir. Y todo lo que parece ser el tiempo lineal —objetos y figuras que entran y salen de la consciencia— forma parte del truco, o juego de manos, como Jesús lo llama. Suena casi como una partida de poker, pero es un truco, una trampa.

Conforme haces ejercicios de discernimiento parecerá que hay veces en las que sigues a la voz de tu mente y parece que te conduce a un callejón sin salida o a un estado de disgusto, pero creo que de hecho es más sencillo pensar en ello como que tú estás eligiendo tu estado mental en cada momento. Cada momento es una oportunidad limpia y nueva de volver a elegir. Eso mantiene las cosas muy sencillas y fuera de la culpabilidad. Si empiezas a mirar tu vida y tus experiencias lineales, y te pones a analizarlas y a decir: *Tengo que haber sido engañado aquí y allí*, te metes en analizar el pasado y en intentar figurarte el futuro. Eso siempre es una defensa contra el momento presente.

Participante: Se plantean montones de preguntas sobre cómo mantener la consciencia de Dios y tener algo de paz en medio de lo que parece ser un caos. ¿Puedes hablar de esto?

David: Sí, una pregunta que se plantea muy a menudo es: *¿Cómo hago esto en medio del trabajo o de cualquier otra situación caótica?* Al principio creo que se hace lo que se puede. Es importante empezar el día muy firmemente abierto y conectado por medio de hacer tus lecciones del Libro de ejercicios, o de tener un tiempo tranquilo y comunicar con el Espíritu Santo para pedirle instrucciones. Puede ser un paseo por el bosque o por la orilla del mar. Cuanto más empieces a afinar esto, más podrás ser guiado a períodos más largos de lo que parece ser silencio, incluso en términos de la definición del mundo. Conforme avanzas por este sendero, puede incluso haber veces en que eres guiado a una experiencia de ermitaño o a un retiro más largo. Parecerá que encuentras sitios tranquilos y ratos tranquilos. Incluso esto no es más que una fase, porque la tranquilidad de espíritu no depende de las circunstancias, así que puedes encontrarte navegando por el océano azul pensando: *Ya está. Por fin he dejado al mundo atrás.*

Sólo tengo que vivir en el océano. No es ahí a donde conduce esto, pero esos momentos y períodos de tiempo pueden ser muy, muy útiles y extremadamente alimenticios mientras vas mucho más profundo en el viaje espiritual.

Participante: Ahora que ya no tienes la experiencia de tener la mente dividida, ¿te encuentras a ti mismo hablando con el Espíritu Santo? ¿Te encuentras a ti mismo buscando orientación o eso ya no es necesario? ¿Sabes sencillamente en el momento presente que todo está bien y se desplegará como tenga que hacerlo?

David: Esa pregunta es muy buena. Ahora cuando parece que llamo al Espíritu Santo en oración, es como plantear una pregunta retórica. No es una petición real, pero se usa como recurso de enseñanza. Por ejemplo, cuando digo una oración en un grupo y pido ayuda del Espíritu Santo, es en realidad un símbolo de estar abiertos a recibir orientaciones. Hay una sensación de fusionarse, me identifico con la Voz. De hecho no es como en los primeros tiempos en que pedía y recibía, es más como un flujo, casi como ser llevado por el rio, fusionado con el rio. Sólo disfruto el canturreo, o el flujo, de todo lo que es vida.

En términos de pedir cosas concretas, esa fue también una fase muy útil para mí. Cuando entras en el estado de ver que todas las cosas operan conjuntamente para el bien, ese pedir empieza a desaparecer, se utiliza en términos de una especie de preguntas retóricas que son recursos de enseñanza. En UCDM, por ejemplo, Jesús parece hacer muchas preguntas aunque en la mente de Cristo hay certeza. Esas preguntas se utilizan como parte de la herramienta de enseñanza, como una manera de mostrar que es útil hacer preguntas y contar con el Espíritu hasta que se logre, o se experimente, el estado de certeza. Así es como se siente. Cuando se hace preguntas, o se busca orientación, como parte de una oración en grupo, eso para mí es sólo un símbolo. Ahí no hay un doble ser que plantea una pregunta y luego espera a que una voz separada dé la respuesta.

Participante: ¿Entonces cuando el ego se desmorona hay una transición de buscar orientaciones a *serlas* y observar el despliegue?

David: Exactamente. Tuve una amiga que me visitó hace muchos años. Al principio tenía mucha dificultad para oír al Espíritu Santo y estar en contacto con sus intuiciones. Luego, con un montón de práctica con el Curso –usando películas y muchas prácticas de meditación– oía a la voz hablarle y dirigirla en cosas concretas como qué películas ver, o que empleo tomar y así sucesivamente. Después entró en una fase de pánico porque pedía ayuda y no oía nada. Tenía pánico porque pensó que casi lo había estropeado y se había desconectado del Espíritu Santo. En cierto momento me reí y le dije: "El silencio es un regalo maravilloso". Me miró sorprendida. Yo no puedo pensar en un regalo mejor que el silencio de la presencia de Dios. Ella estaba suponiendo que si tenía éxito, el Espíritu Santo tendría que estar todo el día de cháchara con ella, y que si estaba teniendo esos momentos de silencio sin cháchara, era porque había fracasado. Una mente tranquila no es un regalo pequeño. Cuando tengas esos momentos, que no cunda el pánico. No es necesario esperar que el Espíritu Santo tenga que estar siempre hablando, dando conferencias y echando sermones: disfruta de la tranquilidad. Ahí es adonde conduce todo, al silencio, y a la experiencia de que de repente la voz de Dios está reposando contigo, como tú.

Participante: ¿Puedes aclarar la diferencia entre Dios y el Espíritu Santo y por qué no podemos comunicar directamente con Dios?

David: Dios es Amor y Luz abstractos. Se podría decir que el término comunión se aplica a Dios en el sentido de que es una experiencia de total unicidad con Dios. Jesús lo expresó con las palabras: "El Padre y yo somos uno", una experiencia de comunión en la que parece haber creador y creación. Parece que hay Padre e Hijo, la fuente y el efecto de esa fuente, pero de hecho es sólo una canción feliz de total Creación. Esa es una descripción –aunque sea de lo que está más allá de las descripciones– de Dios y el Cielo.

En términos de comunicarnos con Dios, el Espíritu Santo es el puente. En otras palabras, Dios nos revela a Dios por medio del Espíritu Santo, y para los que creen haberse separado de Dios, para el Hijo de Dios dormido, el Espíritu Santo parece tomar la forma de una voz. Tiene que llegar al Hijo de Dios dormido de una manera comprensible. Como esto es un cosmos espacio-temporal de cosas concretas, esa luz abstracta tiene que tomar la forma de una voz. En el Cielo, en la abstracción, no hay voces. Todo se Conoce perfectamente y podría decirse que hay una experiencia telepática de unicidad y unión perfectas. La abstracción parece tomar la forma de una voz que habla en nombre de Dios y así es como se describe al Espíritu Santo en UCDM, no como la voz de Dios, lo que implicaría que Dios tiene voz. La abstracción ni siquiera tiene voz, pero la voz que habla por Dios es la voz que habla y representa a Dios ante una mente que se ha quedado dormida y necesita ayuda, instrucciones para regresar a esa consciencia de Unicidad perfecta.

Participante: ¿Cómo describirías la respuesta del Espíritu Santo al ego?

David: Creo que la frase: "El perdón simplemente observa, espera y no juzga", E-pII.1.4 es apropiada. Hay una presencia muy pacífica, muy tranquila y alegre. Sencillamente tiene certeza sobre lo que es real y lo que es verdadero. En cierto sentido se puede decir que el Espíritu Santo y el ego realmente no tienen ningún punto de encuentro. Son como la luz y la oscuridad. No puedes tenerlas a las dos en la misma habitación. Si hay luz la oscuridad desaparece. Si está oscuro como boca de lobo, es por la ausencia de luz. Estos son dos sistemas de pensamiento que no tienen ningún punto de encuentro de ninguna clase. Se podría decir, hablando metafóricamente, que el Espíritu Santo pasa por alto los errores. Eso aún implica que los errores están ahí, pero al Espíritu Santo se le da muy bien pasarlos por alto.

En *El canto de la oración*, Jesús nos dice que no veamos errores. La primera vez que leí eso me quedé como: *Ay, Dios mío, ¿que no vea errores?* ¿Qué estado mental es ese en el que es imposible ver errores? Estás tan fascinado con la verdad que los errores desaparecen por completo. "La verdad es verdad". T-14.II.3 Y "sólo la verdad es verdad". E-66.10 A eso es a lo que apunta todo esto. Entras en un estado de dicha, felicidad y alegría en el que no hay una sensación de primero discernir, o experimentar los errores, para luego soltarlos e ir a la Luz. Experimentas, literalmente, que la verdad lo abarca todo. Necesitas poner por delante el propósito. Sólo el ego mira hacia atrás y luego intenta juzgar la situación. Pero cuando mantienes la meta por delante, ves todo lo que percibes como un testimonio del propósito que sostienes.

Pon la paz por delante. Este me fue útil en extremo. De hecho, en los primeros tiempos de trabajar con el Curso decía la oración "Estoy aquí solamente para ser útil". T-2.V.A.18 Recitaba en el silencio de mi mente la oración entera cada vez que pasaba por una puerta, tanto si iba a la tienda de comestibles como si iba a una reunión de *Un curso de milagros* o a la lavandería, o donde quiera que fuese. Realmente me ayudaba establecer la meta, de manera que cuando iba a la tienda de comestibles iba en estado de humildad, dispuesto a que se me mostrase como ser verdaderamente útil, a no prejuzgar la experiencia ni tener ningún plan. Se trataba, por ejemplo, de no tener ideas preconcebidas sobre cómo de rápido iba a entrar ni a salir, ni buscar los mejores precios, ni intentar leer todos los ingredientes en los embalajes para conseguir los más nutritivos. De hecho se trataba de ir allí con la meta –tener sólo encuentros santos con todo y con todos– por delante. Y cuando de hecho empecé a practicar eso, tuve tantas experiencias milagrosas y gozosas que me dije: "¡Vaya! Esto es muy importante y en extremo práctico". Sólo esa transformación de mi práctica me trajo milagros maravillosos que me ayudaron a ganar confianza en la práctica de UCDM.

Participante: ¿Qué experimentarías si vieses que alguien frente a ti le está chillando a la persona que tiene al lado?

David: Las palabras que vienen a la mente son "percepción unificada", es decir que todas las cosas operan conjuntamente para el bien. Cuando se tiene un único propósito, todas las imágenes están unificadas, todas las visiones y todos los sonidos están unificados. Los olores, y otras percepciones que parecen ser físicas, forman parte de esta experiencia unificada. Experimento toda la situación como un entramado en el que yo sencillamente fluyo con el Espíritu, sabiendo que todas las cosas están operando conjuntamente para el bien. En cierto sentido, eso es lo que te da la percepción unificada. Quita todas las ideas preconcebidas y todos los juicios que descompondrían la situación en conductas y símbolos separados. Te da sencillamente una experiencia unificada, aunque el Espíritu Santo puede hablar de esas cosas como si fueran reacciones y experiencias separadas. En eso consiste la alegría de la iluminación. No hay ningún problema. Hay sólo felicidad.

Participante: ¿Despiertan las personas? No creo que en este momento haya mucha gente que, de hecho, esté despierta. Creo que hay millones de personas en el proceso, trabajándolo, practicándolo, yendo a través de él, y sin embargo no he visto a muchos aparecer de repente en el otro lado. Pero tener siquiera a un par de personas en mi vida en las que puedo ver que eso ha ocurrido es una verdadera bendición, así que gracias. Es realmente increíble.

David: Mientras atravesamos el proceso damos gracias por todas las señales y símbolos: Buda, Krishna, Jesús, los místicos y santos que parecen estar rociados a lo largo de la historia. Estamos muy agradecidos por tenerlos. Y cuanto más aplicas las enseñanzas del Curso, más te das cuenta de que es una sola mente despertándose y reconociéndose a sí misma. Como dice Jesús: *Cuando yo desperté tú estabas conmigo*. Y lo dice de otra manera en el *Manual para el maestro*: "Cuántos maestros de Dios se necesitan para salvar al mundo? La respuesta a esta pregunta es..., uno solo". M-12.1 ¡Uno solo! Esa respuesta es asombrosa. Hay una mente y sólo hay uno de nosotros y todos somos el Cristo. Cuando la gente habla de seres que han despertado y dice que Jesús había despertado, yo les recuerdo que Jesús el hombre era una ilusión. Esa afirmación es por completo sorprendente para muchos. Yo diría que las personas no despiertan en realidad. Es sólo que la mente que estaba soñando que era una persona, se da cuenta de que estaba equivocada. Es física cuántica. Aquí hay un gran cambio de sentido.

Participante: En el mundo parece como el síndrome del centésimo mono, pero en realidad ¿es el síndrome del único mono?

David: Correcto: el único mono ve que no es un mono.

Participante: Dijiste antes que el Espíritu Santo es nuestra propia voz, y que cuanto más la escuchemos y la experimentemos, y pasemos tiempo con ella, más empezaremos a identificarla realmente como nosotros mismos. Esa es la mejor noticia que he oído nunca.

David: Sí, pero no vayas por delante de ti mismo. Él dice en la sección *Desarrollo de la confianza* del *Manual para el maestro* que el Maestro de Dios aún no ha llegado tan lejos como cree. Se oye *Que no se haga mi voluntad sino la Tuya*. Cuando estás empezando, esa parece una excelente técnica mental para rendirse a lo que es más grande que tú. Luego lees el Curso y Jesús te dice que tu voluntad y la voluntad de Dios son la misma. Sois Uno. De repente la cita antigua empieza a parecer rara. Piensas, *¡Claro, la voluntad de Dios es mi voluntad y la voz de Dios es mi verdadera voz!* Pero en las etapas iniciales del entrenamiento mental esas afirmaciones parecen arrogantes, no parecen apropiadas en absoluto. Una vez que entras al entrenamiento mental avanzado y sientes la paz de Dios, afirmaciones como, "El Padre y yo somos uno" y "Mi voluntad y la de Dios son una", se presentan como muy, muy naturales.

Revisión de la idea del karma

Hola, David:

¿Puedes hablar del karma? La gente dice cosas diferentes. Alguien dijo: "Incluso después del despertar aún hay karma del cuerpo". ¿Es karma lo mismo que causa-efecto? Entonces toda esta alucinación, la creencia en la separación, sería el karma. Pero incluso si es así, cuando llega el llamado "despertar" el cuerpo todavía sigue por aquí. No desaparece. Y a veces aún duele, estornuda, come y duerme. Realmente no entiendo esto. ¿Y tú?

Amado:

Gracias por mirar en profundidad a esta ley mental universal. Se ha escrito "Cosecharás de lo que siembres", "Dar y recibir son lo mismo", "Lo que va, vuelve", "Causa y efecto son una sola cosa y no hay ninguna brecha". Esta ley mental universal ha parecido traer daños y destrucción a la mente que parece dormir y soñar con un mundo separado hecho de irrealidad. Sin embargo esta ley universal es la clave del perdón. Si te das cuenta de que siempre eliges tu estado mental y de que lo que eliges lo eliges para todo el universo, la creencia en víctimas y victimarios está deshecha.

El mal uso de una ley divina parece tener por resultado la creación errónea, hasta que amanece el darse cuenta de que en Verdad es *imposible* usar mal ni crear mal. Lo que Dios crea es Espíritu, y el Espíritu sólo crea Espíritu. Si sigues esta lógica divina, ahí tienes la experiencia de la

Iluminación: la Verdad es Verdadera. El Amor es Real. Nada real puede ser amenazado. Nada irreal existe.

El cuerpo fue un símbolo de un ser separado que nunca pudo ser. La mente iluminada ve el entramado de un mundo perdonado en el cual no existen "en y por sí mismos" ni objetos ni cosas concretas. Todas las ilusiones son una, por tanto la ilusión de un "cuerpo" y la ilusión de un "cosmos espacio-temporal" son la misma ilusión. En el perdón no hay nada que "todavía sigue por aquí", pues la percepción se ha integrado y es íntegra. No hay nada fuera de la mente y el cosmos refleja la Luz del Cielo. Sólo permanece una bendición y la distorsión ha desaparecido.

Puesto que el karma es una ley universal, la única pregunta con sentido es: "¿Para qué es?" ¿Usarás el karma para demostrar que la sanación se ha llevado a cabo o para mantener el deseo de estar separado? El primer uso es inevitable y el segundo uso es imposible. Vale más aceptar lo inevitable y abandonar todo intento de hacer posible lo imposible. Es así de sencillo porque la Iluminación es sencilla.

En el Cielo, Dios y Cristo, la Causa y su Efecto son Uno. Desde la perspectiva del Espíritu Santo, la mente está unificada y no se la puede descomponer en partes. La ley del karma puede por tanto liberar o aprisionar la mente según el uso que la mente haga de esta ley mental universal. La única elección es la elección de propósito. ¿A qué propósito quieres que sirva: al del amor o al del miedo? Cuando te alineas con el Espíritu Santo, la Respuesta es el Amor. Y la experiencia que viene de alinearse con Dios es tan obvia que nunca volverás a dudar.

¿Se puede reconciliar la inocencia con la maldad y el abuso?

Hola, David:

Tengo un par de preguntas. Estudié UCDM y completé el Libro de ejercicios una vez hace ocho años, aunque leo el libro de manera regular. Me he descubierto a mí misma resistiéndome a algunos de sus principios, así que estoy estudiando el Texto y haciendo las lecciones del Libro de ejercicios otra vez. De repente, las enseñanzas de UCDM me están afectando de forma diferente. Sin embargo, comprendo que tenemos que ver la inocencia en nuestro hermano y que el mal es sólo de este mundo. Aunque lo comprendo, encuentro difícil aceptarlo. ¿Cómo puedes ver la inocencia en un hombre que te ha golpeado y violado? ¿Cómo puedes ser amorosa con un individuo que es adicto a las drogas y el alcohol de forma desesperada, sin ser una facilitadora de sus adicciones? Ves, esas son áreas en las que me siento bloqueada.

¿Puedes ayudarme a comprender por qué no hay contrario de Dios, del Amor? ¿En el Curso, es el diablo simplemente un sinónimo de la percepción del ego? Si Dios no ve el mal, ¿significa eso que tenemos que aceptar a los violadores, pedófilos, y asesinos sin juzgarlos? Por favor ayúdame a comprender esto.

Bendiciones, Amada:

Gracias por compartir tus reflexiones internas. Tus preguntas van al corazón de un tema llamado perdón. Me ha dicho el Espíritu Santo que Dios lo Ama Todo, lo Sabe Todo y es Todopoderoso. Dios es un Dios de Amor Puro. Esta descripción de Dios es una expresión de la idea de que Dios es Amor y el Amor no tiene contrario. Lo que Dios crea es como Dios. El Espíritu viene del Espíritu. Dios es Espíritu. Cristo es Espíritu. La Creación es Espíritu. La Inocencia es un atributo del Espíritu, igual que la Perfección y la Eternidad son atributos del Espíritu. Si el mal o el error fuesen posibles, la Inocencia Divina sería imposible. Pero porque la Inocencia Divina es Realidad, el mal y el error no pueden ser en absoluto. El Perdón es para la ilusión, no para la Verdad. El Amor no necesita ser perdonado. En la Unicidad de Dios no hay nada que perdonar. Nada de lo que Dios crea necesita perdón, pues la Creación y Cristo son como Dios en Espíritu y extienden la Perfección de Dios. El Perdón reconoce que lo que crees que tu hermano ha hecho nunca ocurrió de Hecho. En el Curso, se afirma de esta manera: "Si Dios es real, el dolor no existe. Mas si el dolor es real, entonces es Dios Quien no existe". E-190.3 Dios es la Fuente de Todo: el dolor, por lo tanto, no tiene causa y es imposible. Si hubiera una impostura de "causa", una reivindicación planteada en contra del hecho de la Totalidad del Amor de Dios, esa causa-error habría que soltarla *porque* el error sería la negación del Amor Divino. Por eso estás atraída a *Un curso de milagros,* porque no has sido capaz de reconciliar el Amor con el miedo, la Verdad con la ilusión, ni la Inocencia con la culpabilidad. Esos contrarios aparentes *nunca* se pueden reconciliar. Perdonar es sencillamente aceptar el hecho afortunado de que la Verdad es verdadera y ninguna otra cosa es verdadera.

Perdonar es soltar felizmente la creencia en que lo contrario del Amor existe. Perdonar es encontrar la Inocencia del Espíritu. Al perdonar el error de la separación, aceptas humildemente que "...aún soy como Dios me creó". E-rVI.in.3 Preguntaste: "¿Es el diablo simplemente un sinónimo de la percepción del ego?" Sí.

El ego-error-diablo fue corregido por el Espíritu Santo en el mismo instante en que ese error pareció surgir. Y ahora tu única responsabilidad es aceptar esta Corrección. Percibes aquello en lo que crees, mientras la percepción parezca durar. Cree en el error y te parecerá que percibes abuso y adicción. Acepta la Corrección, y te parecerá que percibes un mundo perdonado resplandeciente con la Luz del Espíritu Santo. Acepta la Corrección, y habrás abandonado todo intento de reconciliar a los "contrarios". Acepta la Corrección, y la paz duradera será el único resultado posible. Acepta la Corrección y verás la imposibilidad de conceptos tales como "violadores, pedófilos, y asesinos".

Este es el Juicio Final: *Santo eres Tú, Eterno, Libre, e Íntegro, por siempre en Paz en el Corazón de Dios.* ¿Dónde está el mundo en este Amoroso Juicio? El mundo se ha terminado en una Risa, pues lo que parecía ser un mundo aparte de Dios era sólo un intento de tomar en serio la idea tonta y alocada de la separación. Una vez que se suelta el pasado es como si nunca hubiera sido, PORQUE nunca ha sido.

No estás sola y se te Da Ayuda. Este mensaje, el sitio web Awakening Mind, los muchos mensajes de Awakening-In-Christ, los viajes y las reuniones son sólo algunos de los muchos testimonios del Amor que has Inspirado en tu consciencia. ¡La Alegría que comparto es un heraldo del final de la ilusión! La paz que experimento es la paz que viene de reconocer que el Amor es real y no tiene contrario.

La Biblia dijo que no pusieras imágenes esculpidas delante de Dios. Es porque Dios, al Ser Espíritu Puro, no sabe nada de imágenes. ¡Perdona las imágenes que nunca fueron y experimenta la Felicidad indescriptible! El soñador del sueño primero se da cuenta de que está soñando. Nada puede herir al soñador una vez que el Espíritu Santo le ha revelado que el sueño es irreal. Sin juicios, todos los personajes del sueño son el mismo, pues sólo el ego inventó las categorías de víctima y victimario, abusado y abusador, facilitado y facilitador, para perpetuarse a sí mismo. Una vez que se suelta el ego, la percepción ha sanado y nada obstaculiza el camino a la experiencia del Amor Divino de Dios. ¡Toda la Gloria al Dios Viviente!

¿Es esto practicable para quien tiene un empleo de jornada completa?

Participante: Has dicho que experimentas una paz consistente y suave, y una sensación de aceptar todas las cosas exactamente tal como están. Recuerdo que Jesús enseña que estamos abrigando resentimientos cada vez que queremos que algo sea diferente de como es. ¿Tendría razón en suponer que sólo se está completamente cómodo haciendo lo que se tiene entre manos, sin un sólo pensamiento en lo que hay que hacer más allá del "ahora"? ¿Es esto practicable para estudiantes que trabajan a jornada completa y sacan adelante una familia?

David: Esta paz es un estado mental natural que fluye de soltar la creencia en el futuro (y por tanto soltar cualquier intento de planearlo) y de soltar los intentos de controlar cualquier cosa del mundo. Todas las cosas son igualmente aceptables cuando no se tiene ninguna expectativa. Al dejar que todas las cosas sean exactamente tal como son, viene el darse cuenta de que aunque uno es siempre responsable de su estado mental, esta responsabilidad no incluye ninguna capacidad de controlar situaciones, ni acontecimientos, ni circunstancias, ni personas, ni sitios ni cosas.

En otras palabras, el guión del mundo ya está escrito: es el pasado. La posibilidad de elegir que queda se basa en seleccionar entre la perspectiva personal del guión del ego y la suave Perspectiva del perdón del

Espíritu, que agradece la totalidad simultánea. En tu e-mail preguntas si es práctico y practicable hacer lo que tienes entre manos en paz y sin pensar mucho en el futuro, particularmente para un estudiante con familia. Voy a enfocar esta pregunta desde la Perspectiva de desaprender el error y deshacer el ego.

En UCDM se nos revela la nueva percepción de que sólo hubo un problema y ese problema ya se ha corregido por medio del Espíritu Santo. Se nos revela también que no se puede reconocer la Respuesta, o Corrección, al problema sin que primero se haya reconocido al problema como lo que es. Se nos dice que "sólo el ahora es real". Esto es cierto de manera muy literal, sólo el ego patrocina la imposible creencia en que el "ahora" está encajado entre dos "realidades" muy reales llamadas "pasado" y "futuro". La visión lineal del tiempo del ego ve el futuro diferente del pasado –esto es, la que ha pasado antes no es lo mismo que lo que aún ha de venir– y descompone el tiempo en personas separadas, situaciones, acontecimientos, incrementos, y segmentos que se pueden ordenar u organizar de manera lineal. Desde la perspectiva distorsionada del ego, el miedo y la culpabilidad del pasado se repiten una y otra vez, y aún otra vez más, y no hay escape de este ciclo. Sin embargo la única realidad es el momento presente, porque permanece constante y está completamente fuera del alcance del error de la separación.

El momento presente es tan sencillo que parece estar fuera de lo posible para una mente engañada que gira como una peonza rodeada de complicaciones. El mundo no era más que la representación de la confusión de identidad, y así el mundo no era más que el símbolo de la profundamente asentada creencia en que el amor y el miedo pueden coexistir. Esta creencia era el problema, y lo imposible se volvió perceptible sólo en la imaginación. El concepto del yo fabricado para ocupar el lugar de la Realidad tiene, por tanto, que ser desaprendido, o deshecho, para que la Visión de Cristo pueda regresar a la consciencia la Visión de Cristo. La Visión de Cristo es el momento presente, la percepción era sólo la oscuridad aparente de las imágenes organizada en una línea. El Espíritu Santo ve la línea como un punto. El ego vio el punto como una línea. La Perspectiva del Espíritu Santo te libera. Parecía que la perspectiva del ego te había aprisionado.

¿Es práctica y practicable la Perspectiva del Espíritu Santo? Eso depende de si se desea la libertad o el aprisionamiento. El milagro colapsa la creencia en el tiempo lineal y trae como frutos la paz, la felicidad, la libertad, y la alegría. La perspectiva personal lineal intenta reforzar una identidad imposible como "la realidad". Rendirse a la Perspectiva del Espíritu Santo no tiene coste de ningún tipo. No hay en absoluto ningún "precio" a pagar por la tranquilidad de espíritu. Se hace cada vez más evidente que las experiencias de "pruebas y tribulaciones" vienen sólo de los intentos de defenderse contra la Perspectiva del Espíritu Santo. Pero la Perspectiva del Espíritu Santo es la Expiación, o Corrección: la única responsabilidad de uno es aceptar la Expiación para uno mismo. Esa es la sencillez total de la salvación.

¿Qué hay del estudiante que percibe una familia de la que cuidar? ¿Puede un estudiante así tener esperanzas de aceptar la Expiación y despertar a la Realidad, o este estudiante tiene que apuntar a una meta menos elevada? La pregunta no es tanto sobre el contexto, o la situación, como sobre el deseo. La mente que inventó el cosmos y se percibe a sí misma existiendo en un continuo espacio-temporal lineal y dualista, está enloquecida por definición. Este falso concepto del yo es irreal, y no hay grados de irrealidad ni jerarquías de ilusiones. Aunque al ego le pueda parecer que ciertas situaciones son más complicadas, hay que recordar que el problema es el "pensamiento situacional". Sólo el "pensamiento situacional" del ego produce un mundo en que parecen existir situaciones separadas. Sin embargo, ¿qué es lo que parece separar a una situación de otra sino una brecha espacio-temporal? Y si no hubiese brecha no podría haber nada más que el todo. En otras palabras, el Espíritu Santo es el recordatorio de que es imposible ordenar y organizar las imágenes ilusorias, con independencia de cuántas diferentes organizaciones parezca haber, porque sólo hubo una ilusión. Y esa ilusión ya ha sido Corregida.

El apóstol Pedro se percibió a sí mismo como casado y con hijos cuando se le acercó Jesús. Sin embargo se le llamó a abandonar el mundo para seguir al Cristo interior y proclamar la buena noticia del Reino de los Cielos. Siddhartha abandonó el palacio de su padre, a su esposa y a su hijo para buscar la verdad que hay más allá de la ilusión del ciclo nacimiento-muerte. Pedro proclamó a Jesús como "Hijo del Dios

Viviente" y se marchó a predicar el evangelio. Siddhartha llegó a ser conocido como el Buddha, el iluminado. Esta es la pregunta que tienes que plantearte: ¿Abandonaron sus responsabilidades o aceptaron su única responsabilidad? Cuando plantees esta pregunta encontrarás en tu corazón la respuesta.

La confianza resolvería ya cualquier problema. Confiar en el Espíritu Santo no está determinado por la situación en que la mente cree estar. Cualquiera que sea la situación aparente, la Ayuda está disponible y accesible. La "pequeña dosis de buena voluntad" que pide Cristo para abrirse a la Guía del Espíritu Santo no está limitada por las circunstancias. Si parece que hay responsabilidades mundanas y compromisos contraídos, serán manejados con toda la compasión y todo el amor del Plan del perdón del Espíritu Santo. Esto no se puede comprender desde una perspectiva personal, pero ten la seguridad de que todas las cosas operan conjuntamente para el bien. No hay excepciones, porque bajo la enseñanza del Espíritu Santo todos tienen que ganar. No puede haber pérdidas.

Una regla general de Guía se puede formular así: reza, escucha y sigue al Espíritu Santo. Haz justo lo que se te dé para hacer y mantente abierto a la solución "no necesito hacer nada" de la tranquilidad interior. Cuestiona y lleva ante la Luz todos los pensamientos y creencias que oscurecen la Luz en la consciencia. Lleva la ilusión ante la Verdad. Mantente dispuesto a cambiar de ideas y a aceptarte a ti mismo como la Mente Inmutable. Y que no te preocupe en qué forma parezcan venir las lecciones del perdón.

¿Hace cosas en el mundo el Espíritu Santo?

Hola, David:

¿Hace cosas en el mundo el Espíritu Santo?

Amado:

El mundo perdonado es la Perspectiva del Espíritu Santo. Observa con cuidado las expresiones "en el mundo" y "en el sueño", y mantente abierto a darte cuenta de que no hay ningún mundo aparte de la mente. La ideas no abandonan su fuente, y el mundo no ha abandonado a la mente que lo hizo. ¿Que podría realmente significar "en el mundo"?

No hay ningún "mundo objetivo" que exista separado de la mente. La física cuántica es un testimonio del darse cuenta de que es imposible llevarse el "experimento" fuera de "la mente del experimentador", de la misma manera en que es imposible llevarse lo "observado" fuera de "la mente del observador". En la Perspectiva del Espíritu Santo nada existe "por sí mismo".

> El mundo no existe aparte de tus ideas porque las ideas no abandonan su fuente, y tú mantienes el mundo intacto en tu mente mediante tus pensamientos. E-132.10

Aquí está la descripción por Cristo en UCDM de la percepción distorsionada, o del "cristal borroso" del que se habla en la Biblia. La percepción que se describe aquí NO es la Perspectiva del Espíritu Santo de un mundo perdonado:

> Vives a base de símbolos. Has inventado nombres para todas las cosas que ves. Cada una de ellas se ha convertido en una entidad aparte, identificada por su propio nombre. De esta manera la segregas de la unidad. De esta manera designas sus atributos especiales y la distingues de otras cosas al hacer hincapié en el espacio que la rodea. Éste es el espacio que interpones entre todas las cosas a las que has dado un nombre diferente; entre todos los acontecimientos desde el punto de vista del tiempo y del lugar en que ocurrieron, así como entre todos los cuerpos que se saludan con un nombre. E-184.1

> Este espacio, al que ves como lo que separa unas cosas de otras, es el medio a través del cual tiene lugar la percepción del mundo. Ves algo allí donde no hay nada y, asimismo, no ves nada donde hay unidad; ves un espacio entre todas las cosas, así como entre todas las cosas y tú. De esa manera, crees haber "creado" vida en la separación. Y debido a esta

división crees ser una unidad que opera con una voluntad independiente. E-184.2

¿Qué son todos esos nombres mediante los cuales el mundo se convierte en una serie de acontecimientos independientes, de cosas desunidas y de cuerpos que se mantienen aparte y que contienen fragmentos de mente como si de conciencias separadas se tratase? Tú les diste esos nombres, dando lugar a la percepción tal como querías que fuese. E-184.3

Deshacer la creencia en que *la mente* y *la manifestación de la mente* son diferentes, en que lo interno y lo externo son diferentes, es el foco del Libro de ejercicios de UCDM. Recuerda: el perdón completo (la Expiación) es la única meta que existe, y la aceptación de esta Corrección es la *única* responsabilidad que tienes. Es imposible arrancar un hilo de la trama del cosmos, ponerle nombre y atribuirle significado, y así establecerlo por separado como algo que tiene significado en sí mismo y por sí mismo. El perdón es darse cuenta de que la mente es singular y no tiene niveles, ni aspectos y de que no existe ninguna jerarquía de ilusiones. La Integridad no tiene partes. La Mente Divina es Una, y la Perspectiva del Espíritu Santo (el cosmos como uno) refleja la Unicidad del Cielo. Algunos ejemplos de la enseñanza del Espíritu Santo incluyen:

> Sin embargo, ¿qué existe de por sí? ¿Y qué significa "de por sí"? Ves a tu alrededor una legión de objetos separados, lo cual significa que en realidad no ves nada. O ves o no ves. Cuando hayas visto una sola cosa de otra manera, verás todas las demás cosas de otra manera también. E-28.2

> Si puedes aceptar el concepto de que este mundo es un mundo de ideas, la creencia en la falsa conexión que el ego hace entre dar y perder desaparece. T-5.I.1

> La idea de hoy, al igual que las anteriores, es aplicable tanto a tu mundo interno como al externo, que en realidad son lo mismo. E-32.2

No soy el único en nada. Todo lo que pienso, digo o hago es una enseñanza para todo el universo. Un Hijo de Dios no puede pensar, hablar o actuar en vano. No puede ser el único en nada. Tengo, por lo tanto, el poder de cambiar a todas las mentes junto con la mía porque mío es el poder de Dios. E-54.4

La analogía del proyector de cine puede ser útil aquí. En la sala de proyección, dentro del proyector, hay una luz brillante, radiante, resplandeciente. Esa es una gran metáfora del Espíritu Santo. Esa luz brillante *parece* pasar a través de la película, que está llena de una multitud de imágenes oscuras. Llamamos a esas imágenes oscuras "pensamientos de ataque" o "pensamientos del ego". Al proyectarse esos pensamientos, lo que parece producirse en la pantalla de la sala de cine son sombras. En la visión de la mente durmiente, la película, esas sombras, parece tener significado. Sin embargo el único significado que la película parece tener se lo da la mente durmiente, que se ha olvidado de que lo que ve es sólo una película. Se ha identificado con figuras de la pantallas y ha pensado en sí misma como una persona entre otras personas. El único significado que parece tener el sueño del mundo se lo ha dado el ego, que ha olvidado a Cristo y ha inventado una "realidad" e "identidad" sustitutas para que ocupen el lugar del Cielo. Se ha identificado con personajes de un sueño y ha pensado en sí misma como una persona entre otras personas.

El mundo percibido con los ojos del cuerpo y oído con los oídos del cuerpo es una pantalla con imágenes. El mundo es sólo un reflejo sombrío de los pensamientos de ataque de la mente engañada. Si uno se hace consciente de esos pensamientos de ataque y está dispuesto a soltarlos, uno está dispuesto, por así decirlo, a limpiar la película y a soltar los juicios que obstaculizan a la luz en la consciencia. Los milagros suponen la disposición a dejar a la luz brillar sin obstrucciones. Cuando esto ocurre, va a *parecer* que la pantalla se ilumina cada vez más. El mundo reflejará esta luz en la mente de uno, pues no hay ningún mundo aparte de la mente.

Al soltar el sistema de creencias en la separación, la percepción distorsionada, la mente se abre a la Perspectiva del Espíritu Santo, que refleja la percepción sanada. Esta Perspectiva refleja el Amor y la Unicidad, y ofrece una interpretación global del cosmos. Como la mente ahora está de acuerdo con la Perspectiva del Espíritu Santo, el cosmos es un instante unificado que da testimonio del Amor Abstracto. Así, experimentar que no hay ningún mundo fuera de la mente es estar abierto al recuerdo de la Unicidad Abstracta y Eterna, que no tiene contrario. La Verdad sencillamente es.

Una mente durmiente ha de estar dispuesta a abandonar los juicios, o dicho de una manera más exacta: a ver la imposibilidad de hacer juicios. La razón de que una mente durmiente parezca experimentar calor y frío, dolor y placer, enfermedad y salud, guerra y paz, muerte y vida, y todas las variaciones, grados, y extremos de las polaridades del mundo, es sencillamente que hace juicios.

Los juicios descomponen y fragmentan. Déjame usar la idea de unidad como contraste. Sólo piensa en la palabra "unidad". Uno. Unicidad. Unión. Una continuidad sin brechas. El círculo es un gran símbolo de unidad, sin principio ni fin, sin dualidad, sólo uno. La menta engañada contempla el mundo, el mundo que percibe con los sentidos del cuerpo, y experimenta fragmentación y dualidad. ¿Cómo se reconcilia la dualidad con la unidad? No son reconciliables.

La función del Espíritu Santo es sustituir la dualidad y la percepción errónea por la percepción sanada, o percepción verdadera: el puente a la Unicidad. Esta función ya se ha cumplido y sólo se necesita aceptarla como completa para experimentarla como tal. El Espíritu Santo *parece* infiltrarse, por así decirlo, en el sistema de creencias del ego y alcanzar a la mente durmiente en "lo que", "donde" y "cuando" cree que es o está. Digamos que *parece* estar cuestionando sus creencias sobre todas las cosas. Bueno, lo que hay en la pantalla de la percepción es sólo una película que representa a esas creencias. Parece que todavía hay una persona que continúa haciendo cosas en el tiempo lineal, eso es el sueño, o la historia. Esa es la falsa interpretación, o percepción errónea, del Único Ser Cristo como una persona en el mundo. Esta persona puede decir: "parece que me voy apaciguando" o "parece que me estoy disgustando más". ¿Ves que eso es sencillamente una falsa interpretación? ¿Quién es el "yo" que parece apaciguarse? ¿Quién es el "yo" que parece disgustarse más? El "yo" de estos ejemplos es sólo una falsa interpretación, o percepción errónea. Pero la mente correcta es la Perspectiva del Espíritu Santo, el Punto de Claridad que lo experimenta todo como mente. La percepción errónea "personal", o "individual", se ha disuelto en la Luz del Amor.

El tiempo y los procesos son la misma ilusión. El Espíritu Santo *parece* hacer juicios en la mente engañada, que *parece* estar sometida a un "proceso" de separar los dos sistemas de pensamiento: el del amor y el del miedo. He aquí un ejemplo de como *parece* que eso se representa: Uno sintoniza con el Espíritu y está tranquilo. Uno desea mucho unirse con el Espíritu y tiene una disposición fuerte. Todavía vienen a la mente pensamientos que aún suponen la forma, pensamientos de llamar a fulano, de encontrarse con alguien, de dejar este empleo, de tomar ese otro, etcétera.

Es obvio que esos pensamientos aún son pensamientos de forma. Pero el Espíritu Santo comprende que la mente engañada y dividida aún *cree* que es una persona en un mundo. El sistema de creencias falso toma la forma de sombras proyectadas en la pantalla del mundo, una representación externa de creencias oscuras internas. El Espíritu Santo está trabajando con la mente (porque la mente es todo lo que hay) para que suelte la creencia falsa que *parece* proyectar un cosmos espacio-temporal. Y así, la mente, cuando empieza a aflojar las defensas y a cuestionar esas falsas creencias tan fuertemente protegidas y defendidas, se siente desorientada. *Ya no estoy seguro de si soy una esposa, o una madre, o un hombre, o un albañil, o un americano, etcétera. No estoy seguro de lo que soy.* Simbólicamente, aún *parece* que ocurren cosas en la pantalla, pero son sólo las interpretaciones y percepciones erróneas que la mente engañada hace de sí misma. El Espíritu Santo no funciona "en el mundo", sino que está trabajando con la mente (pues la mente es todo lo que hay) que cree que está en el mundo para que pueda darse cuenta de que inventó el mundo (esto es: he inventado el mundo que veo). Una vez que la mente suelta el intento de proyectar fuera –como un cosmos aparte de ella– el error de la separación, entonces acepta la Expiación, y se da cuenta de que fuera de la mente no hay nada.

La percepción sanada y la Expiación son idénticas. ¿Ves que esto es completamente diferente de decir: *Espíritu, ven al mundo y cambia las circunstancias, encuéntrame un sitio para aparcar, ayúdame a ganar la lotería, sana mi cuerpo, etcétera?* En la Expiación, se ha llevado a la ilusión ante la verdad, se ha llevado a la oscuridad ante la luz. *Es* un error retener la creencia en que el Espíritu Santo puede cambiar un mundo "objetivo" que está "fuera". Cuando los pensamientos de ataque se han soltado, la consciencia de la integridad (el mundo perdonado como mente que todo lo incluye) es bien visible.

> De nada sirve lamentarse del mundo. De nada sirve tratar de cambiarlo. No se puede cambiar porque no es más que un efecto. Pero lo que sí puedes hacer es cambiar tus pensamientos acerca de él. En ese caso estarás cambiando la causa. El efecto cambiará automáticamente. E-23.2

> El Espíritu Santo, sonriendo dulcemente, percibe la causa y no presta atención a los efectos. ¿De qué otra manera podría corregir tu error, cuando has pasado por alto la causa enteramente? Él te exhorta a que lleves todo efecto temible ante Él para que juntos miréis su descabellada causa y os riáis juntos por un rato. Tú juzgas los efectos, pero Él ha juzgado su causa. Y mediante Su juicio se eliminan los efectos. T-27.VIII.9

> El mundo que ves es un mundo vengativo, y todo en él es un símbolo de venganza. Cada una de las percepciones que tienes de la "realidad externa" no es más que una representación gráfica de tus propios pensamientos de ataque. Uno podría muy bien preguntarse si a esto se le puede llamar ver. ¿No es acaso "fantasía" una mejor palabra para referirse a ese proceso, y "alucinación" un término más apropiado para su resultado? E-23.3

> Ves el mundo que has fabricado, pero no te ves a ti mismo como el que fabrica las imágenes. No se te puede salvar del mundo, pero te puedes escapar de su causa. Éste es el significado de la salvación, pues, ¿dónde se encuentra el mundo que ves cuando su causa ha desaparecido? La visión ya tiene un sustituto para todo lo que crees ver ahora. La

hermosura puede iluminar tus imágenes y transformarlas de tal manera que las llegues a amar, aun cuando fueron forjadas del odio, pues ya no las estarás forjando solo. E-23.4

La idea de hoy introduce el pensamiento de que no estás atrapado en el mundo que ves porque su causa se puede cambiar. Éste cambio requiere, en primer lugar, que se identifique la causa y luego que se abandone, de modo que pueda ser reemplazada. Los primeros dos pasos de este proceso requieren tu cooperación. El paso final, no. Tus imágenes ya han sido reemplazadas. Al dar los dos primeros pasos, comprobarás que esto es cierto. E-23.5

Resumiendo, en relación con la falsa creencia en que el Espíritu Santo hace cosas en el mundo, te ofrezco esto: el ego es la creencia en lo concreto y específico y *sólo* sabe malinterpretar el sueño del cosmos. Pero el Espíritu Santo no "viene" al mundo/cosmos. La verdad no viene a las ilusiones. El Espíritu Santo desvanece en la Luz las creencias falsas cuando se la lleva, o se las eleva, ante la Luz. En el perdón no hay "actividad" ni "hacer". El perdón resplandece tranquilo y pasivo, viendo lo falso como falso:

El perdón, en cambio, es tranquilo y sosegado, y no hace nada. Simplemente observa, espera y no juzga. E-pII.1.4

Un milagro es una corrección. No crea, ni cambia realmente nada en absoluto. Simplemente contempla la devastación y le recuerda a la mente que lo que ve es falso. Corrige el error, mas no intenta ir más allá de la percepción, ni exceder la función del perdón. Se mantiene, por lo tanto, dentro de los límites del tiempo. No obstante, allana el camino para el retorno de la intemporalidad y para el despertar del amor, pues el miedo no puede sino desvanecerse ante el benevolente remedio que el milagro trae consigo. E-pII.13.1

El Espíritu Santo trabaja así con la mente para que suelte por completo el falso sistema de creencias del ego. El ego es la interpretación del Único Ser como un cuerpo en un mundo externo al cuerpo, y así es el ego el que le atribuye al Espíritu intervenciones en situaciones y acontecimientos, como: *el Espíritu me encontró un sitio para aparcar* o *el Espíritu me ayudó a perder diez kilos*. Esas interpretaciones son interpretaciones personales, como si el Espíritu Santo estuviera de hecho trabajando con cuerpos separados, objetos, acontecimientos y situaciones en lugar de con la mente durmiente que cree en esas cosas concretas. El Espíritu Santo (el Ojo Espiritual, como en "que tu ojo sea sano") no percibe el mundo de la manera en que se percibe con los ojos del cuerpo. La Perspectiva de un mundo perdonado del Espíritu Santo no es en absoluto personal, porque incluye todo y es íntegra.

Por qué nunca está justificada la culpabilidad

Dios crea nuestro Espíritu Perfecto, y nada puede cambiar lo que Dios crea. La mente pareció quedarse dormida y creer en sueños de separación, pero en el Despertar sólo hay el Estado de Ser Un solo Amor. La Realidad es perfección e inocencia, aunque los sueños de juicio parecieron traer miedo, culpabilidad y odio. Al dar de lado a los juicios, los sueños felices vinieron a sustituir a los sueños de culpabilidad.

Todos los sueños de culpabilidad estaban centrados en el cuerpo, pues tal era la diana de la culpabilidad. Es como si el ego hubiese exigido que hubiese algún "cuerpo" que cambiase, actuase de manera diferente, fuese de cierta manera o representase cierto papel. El ego era sinónimo de la culpa y aconsejó que la fuente de la culpa se podía encontrar en el mundo. No se podía, porque la culpa no tenía ninguna fuente real, ni base, y ningún cuerpo tuvo nunca culpa de nada. La aparente fuente era una creencia falsa a la que se le había dado fe, o se la había supuesto verdadera. Y el mundo de la percepción se basó en este error. Pero el perdón ve que el error ha desaparecido.

La culpabilidad nunca fue resultado de la conducta, pues la conducta era sólo un efecto, o resultado. Fueron los pensamientos de ataque, que se creyeron como si fuesen reales, los que tenían necesidad de soltarse y no ser protegidos. Los pensamientos de ataque se mencionaban en la nota anterior como pensamientos privados, y esos pensamientos sin sentido fueron los que parecieron producir un mundo sin significado.

Las distracciones y salidas del mundo fueron diseñadas para minimizar la culpabilidad, pero sin soltarla. Sin embargo, el perdón es el portal de la verdadera paz, pues consiste en soltar el error, en soltar todos los pensamientos de ataque. El perdón siempre te recuerda suavemente que no puedes ser tratado injustamente. ¿Por qué? El Espíritu es invulnerable y nuestra Realidad es sólo Espíritu. Sólo a través de la lente del ego podía parecer que el cuerpo era tratado injustamente, y que trataba injustamente. Pero la inocencia ve que la lente del ego no era más que una distorsión que no contenía ni una pizca de verdad.

Si alguna vez surge la tentación de sentirte culpable, recuerda que estás Creado por un Dios Amoroso Que conoce para siempre la Inocencia y Perfección de Tu Ser. Y al alinearse con la Mente de Dios, todo lo que puede SER experimentado es la Inocencia. No hay ninguna culpabilidad en Dios, y Dios no sabe nada de los conceptos egoicos de culpa y castigo. Y en nuestra Cordura cuando pensamos con Dios, no experimentamos ninguna culpabilidad, ni miedo, ni odio. Dios es Amor, y este Divino Amor nunca cambia, ni decae, ni desaparece. Resplandece para siempre. Al soltar las nubes oscuras, la Luz que brilla por siempre y para siempre viene directamente a la consciencia. Esto es natural, porque la Luz es nuestro Estado de Ser natural.

Me regocijo en que la culpabilidad nunca estuvo justificada. Me regocijo en que el perdón siempre está justificado. Pues el Don del Espíritu es la apertura a recordar el Espíritu de la Presencia "Yo Soy". El Don es nuestro con sólo pedirlo. Estoy muy agradecido por el Amor incondicional de Dios.

Destino, elección, canalizar y "No tengo que hacer nada"

Hola, David:

En un punto de *Un curso de milagros* Jesús trata un concepto que llama "el guión ya está escrito", y dice que no hay nada que se pueda hacer para "acelerar" nuestra Expiación. Él dice que está escrito que, sencillamente, en cierto momento despertaremos, con independencia de lo que pensemos, de lo que hagamos y de lo que no hagamos. ¿Puede esto ser así? Tengo una especie de impresión de que podríamos decidir ese instante de la Expiación y ocurriría. Pero tal vez ¿estaba escrito que yo decidiría justo en ese instante?

Si nada de lo que pensamos, decimos y hacemos supone ninguna diferencia en uno u otro sentido, parece una pérdida de tiempo y de dinero continuar con esta búsqueda espiritual. ¿Podemos oír tu postura sobre esto?

Estoy algo confundido sobre una percepción que estoy teniendo, y tengo la esperanza de que puedas derramar algo de luz sobre ella. Hay varias personas que dicen canalizar a Jesús. A ti nunca te he oído contradecir al Curso, pero estos otros compañeros sí que me *parecen* contradecirlo. En mi último descubrimiento, uno ha escrito que no hay *absolutamente* nada que se pueda hacer para ayudar a nuestro Despertar. Dice que está exactamente predeterminado cuándo ocurrirá. El Curso, por otra parte, nos dice en varios sitios que estamos ahorrando tiempo por medio de su ayuda. Ahora me doy cuenta de que esos tíos, el Curso y todas las otras cosas son todas ilusiones, pero creía que el Espíritu Santo usaba las ilusiones para ayudarnos en nuestra búsqueda.

Ahora bien, o estos tíos se equivocan o el Curso se equivoca, porque se contradicen. Mi pregunta es: ¿es posible que el ego pueda estar intentando socavar mi fe en las enseñanzas del Espíritu Santo presentándome enseñanzas en conflicto que según se dice vienen del mismo sitio? ¿Se me está desorientando deliberadamente, o sencillamente he entendido mal algo? Si no hay nada en absoluto que se pueda hacer para acelerar nuestro despertar, ¿en qué consiste la búsqueda espiritual? ¿Para qué es el Curso?

Amado:

¡Has llegado a la enseñanza MÁS PROFUNDA sobre Estar Despierto! Tú eres Ahora el Único, y nada que parezca ser pensado, dicho, hecho o imaginado en el tiempo lineal tiene nada que ver con nuestra Eterna Unicidad. Esta enseñanza es la Experiencia a la que apunta el Curso. ¡Esto es el instante santo!

Poner los cimientos

Verdaderamente no hay que "hacer" nada para prepararse para Él. Simplemente deséalo completamente y Se Experimenta Instantáneamente. Recuerda que Cristo ha llamado a éste un viaje sin distancia hacia una meta que nunca ha cambiado. Recuerda la instrucción de la sección *No tengo que hacer nada*:

> Ya estás listo. Ahora sólo tienes que recordar que no tienes que hacer nada. Sería mucho más efectivo ahora que te concentrases únicamente en esto, que reflexionar sobre lo que debes hacer. T-18.VII.5

Hay pasajes en el Texto, en el Libro de ejercicios, y en el Manual para el maestro que señalan directamente al instante santo, para la mente que está dispuesta. En el momento intemporal, el instante santo, no hay contradicciones. La Causa y su Efecto están juntos, y así no hay ninguna brecha entre ellos. ¿Qué significa esto? Significa que no hay "pasado" que "cause" el "futuro", pues en la "memoria" sólo queda un instante brillante, limpio y resplandeciente. Significa que todo existe en este mismo momento de manera simultánea y que no se puede "arrancar" nada del Todo.

La frase "el guión ya está escrito" suena a predeterminación y a una sensación de destino. Sí, hace mucho que este mundo desapareció. Sí, el pasado ya pasó. Sí, Cristo es Real y siempre está Presente. Y sí, Ahora es el único "tiempo" para estar Despierto. El Cielo le parece una decisión a la mente que cree en los contrarios, pero la Expiación está descrita con exactitud como la aceptación de lo que es Ahora. No puedes "prepararte" para Ella sin "ubicarla en el futuro". Por eso es necesario rendirse. Abandonar el pensamiento de que se puede resolver algo de este mundo. ¡Perdonarlo, sí! ¡Resolverlo, no!

El concepto de canalizar sólo fue una herramienta del tiempo. Canalizar es, por lo tanto, pasado. Como sucede con todos los conceptos del tiempo lineal, canalizar era dualista, parecía que la fuente y el que escribe estaban separados. Pero la Unicidad del momento no tiene partes. Cristo, como Efecto de Dios, es para siempre Uno con Dios. La Unicidad que es Dios y Cristo en Dios, es Todo. El Cielo es Luz Abstracta y se extiende como Creación Eterna. En la medida en que cualquier concepto transitorio parecía señalar hacia lo Real que está más allá de todos los conceptos, el concepto pareció ser útil temporalmente. Pero tiene que comprenderse que el instante santo es Ahora, el Punto en el que todos los conceptos se dejan a un lado.

Ahora es la hora del Gran Despertar. Para la mente dispuesta, el Reino de los Cielos está al alcance de la mano. El Reino se reconoce en el Silencio Divino. La Experiencia está más allá de las palabra. El Amor es un Estado Mental que no conoce ningún "otro". Muy literalmente el Ser es Cristo y es Uno. No tienes que hacer nada para Ser como Tú ya eres. Lo Que tienes es Lo Que eres. Dios lo da Todo en la Creación, y Tú eres Todo. Nada puede añadirse a Nuestra Perfección en Dios. La Gracia de Dios es el Don de la Creación. El "Yo Soy" no puede, ni necesita, ni va a ser ganado ni logrado. El "Yo Soy" sencillamente Es. "Yo Soy" es antes de que el tiempo fuese. Y es "por eso" que Tú no tienes que hacer nada para Ser como Tú ya eres. Esa es la Sencilla Verdad.

Amor y Bendiciones como el Cristo Único por siempre en la Mente de Dios. Tú eres el Único. Y cuando Tú reconoces al Uno, Tú reconoces al Todo de Dios.

Lidiar con las ilusiones

Hola, David:

Desde que encontré UCDM, he estado pensando en el ego y en las ilusiones, y tengo algunas preguntas sobre cómo lidiar con ellas. Parece como si hubiese ilusiones que debería evitar, tales como las que implican enfado, y otras que debería favorecer, como los actos de amabilidad. Esto saca a relucir la idea de niveles de ilusión.

Y parece que todos tenemos ciertas ilusiones de grupo en las que la ilusión parece idéntica para todos nosotros. El cuerpo es una ilusión pero, ¿no favorecemos esta ilusión dando comida al cuerpo para "sostenerlo"? También, hay "leyes naturales". Si un camión grande va por la carretera a 110 km/h y pones tu cuerpo en su camino, es muy verosímil que el cuerpo muera. Sabemos que sólo hay una ilusión sin ningún nivel, pero reaccionamos como si *hubiese* niveles. No sé de nadie que no le de comida a su cuerpo, por ejemplo. En este momento no creo que haya una salida de esto, salvo que tengamos ayuda. Esa es el papel del Espíritu Santo, hasta donde yo puedo decir.

Si abandono ciertas ilusiones, como la necesidad de ganar dinero, siento que estaré haciéndole algo a las ilusiones de otras personas: a las personas que dependen de mí para comer, tener alojamiento, etcétera. Si les quito su fuente, ¿no estoy siendo egoísta? La idea de ilusiones y niveles, ¿va junto con el sitio donde una persona decide pararse? Incluso este pensamiento implica niveles, así que ¿no estamos reforzando las ilusiones incluso durante el acto de hacer algo aparentemente bueno?

Todo esto me deja preguntándome cómo hacer mi viaje ilusorio y cómo reaccionar a lo que no ocurrió.

Hola, Amado:

Gracias por tomarte tiempo para describir lo que pasa por tu mente. La creencia en muchos niveles es la base del ego, pues el ego fue una creencia fragmentadora que pareció astillarse en muchos grados, niveles, partes e intervalos.

UCDM simplifica el enfoque de la Expiación (la Corrección) y el recuerdo de la Unicidad utilizando la metáfora de los dos niveles: la mentalidad recta, que es la Perspectiva del Espíritu Santo, y la mentalidad errada, que es la perspectiva del ego.

La mentalidad recta reconoce que sólo la mente es causativa y ve que el cosmos es un efecto irreal de una causa irreal (la creencia en el ego). La mentalidad recta reconoce que la causa y el efecto están juntos y que las ideas no abandonan su fuente. Ve que el mundo es un mundo de conceptos que no han abandonado la mente de su "pensador". La mentalidad recta ve ese entramado como una ilusión. La mentalidad errada, por el contrario, percibe causa y efecto como separados, y percibe "causas" y "efectos" en la forma, separados de la mente. Elevar los pensamientos corporales al nivel de la mente (de la causación) es un ejemplo de confusión de niveles. En términos sencillos, este error es atribuir un rasgo mental (causación, energía, memoria) al cuerpo. Los conceptos de "instinto", "memoria celular" y "energía kundalini" son tres ejemplos variados de los intentos de espiritualizar la materia viendo causación en la forma. Son sólo formas diferentes de la confusión de niveles, que consiste en ver causación en la forma.

Volverse libre de la confusión de niveles es el resultado de seguir al Espíritu Santo hacia la aceptación de la Expiación. Una vez que la consciencia llega a darse cuenta de que sólo la mente es causativa, se le abre el camino a la Corrección (la Expiación), que muestra que el error de la separación nunca ocurrió. Esto es darse cuenta de que sólo el Amor es real y de que el ego no tiene existencia. El milagro muestra que no hay jerarquía de ilusiones, porque todas las ilusiones son una. El milagro muestra que no hay niveles en la percepción.

En la Perspectiva del Espíritu Santo no hay ilusiones separadas, esta Perspectiva ve lo falso como sencillamente falso. Por lo tanto, desde esta Perspectiva no hay nada que "evitar" ni nada que "favorecer". También desde esta Perspectiva es fácil ver que la mente es una, y que los conceptos de "mentes individuales" e "ilusiones de grupo" no tienen existencia. La Mente es singular y no se la puede descomponer en trozos, ni partes, ni grupos, y así el concepto de "colectivo" no tiene ninguna base en la Realidad.

Parecía que Jesús ponía comida dentro de su cuerpo, pero esta acción aparente no le quitó nada a sus enseñanzas sobre la Realidad Eterna: "Yo Soy antes de que Abraham fuese", "El Padre y yo somos Uno", "Os estoy llamando a dejar este mundo", "Yo soy tal como Dios Me creó", "Yo soy Espíritu". Muchas de las enseñanzas de Jesús se impartieron en la mesa a la hora de comer, pero el decorado de comer era sólo eso: un decorado. El Contenido de las enseñanzas permaneció: "El Reino de los Cielos está dentro de ti". T-4.III.1 Las lecciones 50 y 76 del Libro de ejercicios de UCDM desvanecen la noción de "leyes naturales" del mundo/cuerpo y enseñan la Realidad Espiritual: "No me gobiernan otras leyes que las de Dios". El Amor es la única "Ley" que opera en la Creación, porque Dios es Su Fuente y lo que procede de Dios es Todo Realidad.

Ilusión significa irreal, y lo que es irreal no puede "nacer" ni "morir". El cuerpo por lo tanto no puede morir, ni nacer, ni tener vida, porque lo que no es nada, sencillamente no es nada. No hay mente en la materia. "No hay vida, verdad, inteligencia ni sustancia en la materia". (Mary Baker Eddy, *Ciencia y salud*) Desde la Perspectiva del Espíritu Santo, que es la única que importa, no hay materia muerta ni materia viva, ni materia buena ni materia mala, ni materia bella ni materia fea. Lo que es irreal no puede SER dividido en categorías ni en partes. La mentalidad correcta reconoce que es así.

La "salida" de la mentalidad errada es, en efecto, el Ayudante, el Consolador, el Espíritu Santo. Hacer las lecciones del Libro de ejercicios de UCDM bajo la Dirección del Espíritu Santo es una manera de discernir entre la mentalidad recta y la mentalidad errada (los dos únicos niveles con significado durante el "proceso" de Despertar) y así acercarse a la decisión final, la Expiación, que conduce completamente más allá del concepto de error.

Es importante recordar que "renunciar" a la ilusión no tiene ningún coste ni supone ningún sacrificio. La Corrección es, de hecho, "la ilusión de renunciar", o la ilusión de "ganar" todo sin "perder" nada. ¿No es esta una aceptación digna de tu santa mente?

En el aparente soltar el error, o ilusión, no se quita nada. Hay sólo aceptación de lo que es, y siempre ha sido, verdadero. Una "persona" no puede aceptar la Corrección, pero la mente puede, y tiene que aceptarla. Es darse cuenta de que el Santo Hijo de Dios es Mente, completamente Mente, Puramente Mente, Perfecta y Eterna en la Mente de Dios. La Mente Divina es Íntegra y Completa, y no puede representar ningún "papel". Sencillamente Es. Tu sincero cuestionar empezó con el concepto de niveles y llegó a: "...todo esto me deja preguntándome cómo hacer mi viaje ilusorio y cómo reaccionar a lo que no ocurrió".

Deja que, en el momento, te Guíe el Espíritu Santo a pensar y percibir desde la Perspectiva de la mentalidad recta. Al llevar las falsas creencias ante la Luz interior, desaparecen: en este disolverse experimentarás que no hay ninguna clase de causación en la materia.

Sé "Auto-centrado" en el sentido constructivo, aceptando la Magnitud, el Poder y la Gloria de Tu Ser Cristo, y comprende que este reconocimiento no tiene ningún "coste". Es, en efecto, humilde aceptarse a Uno Mismo tal como Dios Lo creó a Uno Mismo, y es arrogante creer que una simulación del ser/cosmos podría ocupar alguna vez el lugar del Cristo Eterno.

Cuando se suelta el error, no queda ninguna necesidad de reaccionar de manera alguna a la ilusión. Porque el Amor es real y el Amor sencillamente se extiende y contempla al Amor. Todas las reacciones, incluida la percepción del dolor, eran falsas emociones sin base en la Realidad. Y en la Expiación es evidente que nada de lo que el ego parecía creer, pensar, hacer y sentir tenía ninguna realidad ni significado. No hay ninguna reacción en absoluto a lo que nunca ocurrió, y el Amor permanece verdadero para siempre. ¡¡¡Te Amo por siempre y para siempre!!!

Al "seguir" a Cristo, ¿me odiará el mundo?

Hola, David:

¿Es verdad que el mundo me odiará si sigo a Cristo? Preferiría que el mundo sintiese mi paz. La primera afirmación, ¿es sólo un pensamiento que es verdadero sólo si yo me lo creo?

Creo que hay un pasaje del Curso sobre que no habré aprendido mi lección final hasta que todos los que piensen en mí sientan paz. Estoy luchando con el sentimiento de que he sido conducido por Cristo sólo a encontrarme en desacuerdo con los que tengo alrededor. Por favor ayúdame a liberar mi mente.

Amado:

Parecerá que la persecución, la acusación, y el ataque son reales mientras la creencia en pensamientos privados y mentes privadas siga recibiendo fe. La creencia en que una Idea de la Mente de Dios puede abandonar Su Fuente y entrar en un mundo espacio-temporal de formas, y en que un muro de carne puede contener una mente privada con pensamientos propios, todo esto brota de una creencia que es errónea.

El "papel del acusador" aparecerá en muchos sitios y de muchas maneras, y parecerá que te acusa a ti, pero no tengas miedo, al final se irá y te dejará en paz. El reconocimiento de nuestro Ser como Cristo es el final de los conceptos de "líder" y "seguidor", pues ¿Quién es Cristo sino Uno Mismo? Y con este reconocimiento el ataque se ve como imposible. Porque la Unicidad no puede atacar ni ser atacada, al Ser Una.

La Mente Divina es singular, el ataque de cualquier tipo o grado es, en verdad, imposible. La Paz no puede entrar en una mente que se percibe a sí misma en un mundo de dualidad. La paz de Dios transciende cualquier perspectiva personal, verdaderamente se puede decir que Dios no respeta a las personas.

Lo que te parece ver y encontrar alrededor de ti son pensamientos de duda que aún no se han llevado ante la Luz. Pero "ver" por medio de los cinco sentidos no es Ver con la Visión de Cristo. Las imágenes parecen odiarte a "ti" que sigues a Cristo, pero sólo son testimonios de la creencia en un ser insignificante. Las imágenes tienen todo el significado que les dio el ego, pero nada del ego tiene significado. Este es el punto crítico en el que permites que amanezca en la consciencia el significado de "Nada de lo que veo significa nada". Este es el punto de ir dentro a la experiencia de "No hay ningún mundo", la idea que se presenta en la lección 132. Este es el misticismo, la experiencia dentro de la Mente que no se puede explicar ni describir. Lo que ahora está al alcance de la mano es "renunciar" a la nada a cambio de experimentar el Todo. No hay nada fuera de Ti, Santo de Dios.

Encontrar a Cristo es ver la imposibilidad de la búsqueda. La búsqueda era la enfermedad. La búsqueda era la confusión. La Paz es su propia recompensa, pues la Causa y el Efecto están juntos, y nunca están separados. La Mente Única transciende el concepto de partes. Cuando se acepta la sanación (la Expiación), desaparece el concepto de "mentes individuales" separadas. Ese concepto ERA la confusión, pues era la creencia en que el ataque era real. Era la creencia de que la Mente se puede astillar en muchísimos trozos separados. La Paz y la Unicidad son lo Mismo, y no se las puede encontrar separadas. La tranquilidad de espíritu es olvidar el concepto de "trozo". La prueba de la paz perfecta a la que te refieres se aplica a tu Santa Mente, Amado.

La interpretación que te doy ahora es esta: la experiencia de la Paz de Dios incluye a todos y a todo, porque fuera de la Mente de Dios no hay nada. Lo que Tú reconoces como tu Ser es verdad para Todo, pues Cristo es Todo. Deja que las imágenes desaparezcan de tu consciencia y descansa en el Amor de nuestro Padre. Nunca se va a poder encontrar la Paz en el intento de reconciliar la verdad con las imágenes. Déjalas desvanecerse en una oración por lo eterno. Yo estoy dando testimonio Ahora de que Tú eres Eso, la Totalidad de la Creación, pues Nosotros somos Un Ser.

La invitación a que Cristo no Sea sino Él Mismo permanece igual. Miremos de nuevo al Libro de ejercicios, lección 189:

> Haz simplemente esto: permanece muy quedo y deja a un lado todos los pensamientos acerca de lo que tú eres y de lo que Dios es; todos los conceptos que hayas aprendido acerca del mundo; todas las imágenes que tienes acerca de ti mismo. Vacía tu mente de todo lo que ella piensa que es verdadero o falso, bueno o malo; de todo pensamiento que considere digno, así como de todas las ideas de las que se siente avergonzado. No conserves nada. No traigas contigo ni un solo pensamiento que el pasado te haya enseñado, ni ninguna creencia que, sea cual sea su procedencia, hayas aprendido con anterioridad. Olvídate de este mundo, olvídate de este curso, y con las manos completamente vacías, ve a tu Dios. E-189.7

Tú eres el Don de Dios para siempre. El final de la duda sobre nuestro Ser es el final de la confusión.

Capítulo Seis

¿Cómo puede uno rendirse a Dios?

Hola, David:

Gracias por todo lo que haces. He empezado un programa de tratamiento de las dependencias químicas. He luchado con este problema durante años, y la primera vez que entré en una reunión de NA /Narcoadictos Anónimos/, tenía un concepto muy limitado de Dios. Ahora, años más tarde, tras haber leído y practicado UCDM, casi siento que mi concepto de Dios es una idea demasiado complicada para confiar en ella, y siento que tengo que soltar todo lo que siempre he creído. ¿Cómo puede uno rendirse a Dios? ¿Es cuestión de práctica, o es simplemente cuestión de soltar, lo que no parece ser precisamente sencillo? Gracias por cualquier idea que me ofrezcas sobre este tema. Namaste.

Namaste, Amado:

Gracias por escribir, y gracias por tu devoción al Despertar.

Pronto se vuelve fácil ver que la "condición humana" era la dependencia del ego. Los pensamientos del ego sólo pueden parecer velar la verdad del Ser Único. Nuestro Ser Cristo está intacto de la ilusión.

Escribes: "Casi siento que mi concepto de Dios es una idea demasiado complicada para confiar en ella, y siento que tengo que soltar todo lo que siempre he creído". Estás por completo en lo cierto, porque mantener en la consciencia cualquier concepto (incluido un "concepto de Dios"), que no sea el perdón completo (el último concepto), es un obstáculo a la verdadera liberación.

¿Cómo puede uno rendirse a Dios? ¿Cómo se acepta el perdón? Son la misma pregunta, y la Respuesta es el Espíritu Santo. El Espíritu Santo es una decisión, y todo lo que se te pide es disposición a decidir a favor de Dios. Cada momento en el que lo haces es un milagro. Y con la disposición total, la necesidad del tiempo y de los milagros se termina. La aplicación de UCDM, dispuesto a no hacer excepciones con las lecciones del Libro de ejercicios, es lo que se podría llamar "practicar". Y cada momento, si se le acepta para el Propósito del Espíritu Santo, es una oportunidad completa de "simplemente soltar". Estoy unido a ti en este Propósito y no podemos fallar. Porque la Voluntad de Dios se cumple. Nada puede cambiar al Amor eterno.

El impulso parece crecer con cada momento de disposición, y la confianza y la certeza en la Guía del Espíritu Santo también parecen crecer. Este impulso es como una avalancha de Amor. Y se lleva las últimas arenas del ego, y hace obvio que el Amor es todo lo que existe. ¡La creencia en los contrarios queda deshecha! Mantente abierto a este pensamiento feliz y verdadero en cada paso que seas Guiado a dar en el camino de la Recuperación, o Reconocimiento, del Espíritu. Se ha dicho: "Deja a Dios hacer", y es un buen consejo. Déjale el "cómo" al Espíritu Santo, porque para Él los medios y los fines son uno. Tú sólo mantente dispuesto. Más no puedes hacer. El resto te será dado. ¡Te Amo!

Llegar a la consistencia

Hola, David:

¿Cómo se acuerda uno de tomar de la mano al Espíritu Santo, o a Jesús, a cada minuto del día? Parece que estoy indefenso y distraído, cometiendo errores una vez tras otra, y sólo descubro que no voy de su mano. Por favor, enséñame. Gracias.

Amado:

Enseñar y pensar son sinónimos. La mente se enseña a sí misma constantemente lo que es por medio de los pensamientos que tiene. La mente engañada está confusa y en conflicto porque intenta mantener dos sistemas de pensamiento irreconciliables: el de Dios y el del ego. Si la mente está desentrenada, las vacilaciones del pensamiento describen muy bien el estado de engaño de la mente durmiente. La mente que parece haberse olvidado de su integridad (y de su santidad) cree estar dividida en dos partes. La función del Espíritu Santo es solucionar y soltar lo falso (el perdón) y recordar lo verdadero (el Despertar).

Lo primero que es importante recordar es que un error es una equivocación del pensamiento, y nada más que una equivocación. Lo único que hay que hacer cuando se reconoce una equivocación, es soltarla inmediatamente. Pásale la equivocación al Espíritu Santo, o a Jesús, y confía en que ya está soltada en tu mente. Sal del tren de pensamientos del ego dando un salto. No repitas ni agraves la equivocación dándole vueltas, quedándote en el tren. Ahora es el momento de la liberación y el presente está limpio, libre y sin mancha del pasado. Practica estar tranquilo en el presente, pues eso es la meditación.

Lo segundo que es importante recordar es que eres digno de sanar, y de recibir y recordar el Amor de Dios. La creencia en que uno es indigno es del ego, y Tú no eres el ego. Tú eres una Idea de la Mente de Dios, completamente amorosa y completamente digna de ser amada. No puedes cambiar el Amor Eterno, ni convertirte en algo separado del Amor. Los errores se corrigen al traerlos a la consciencia y soltarlos. Esto es lo mismo que decir que las equivocaciones se perdonan, o se sueltan, cuando se elevan ante la Luz de la Verdad. Despertar en Cristo es inevitable, así que relájate y no te juzgues a ti mismo, no porque "no deberías" sino porque no tienes capacidad de juzgar. Dios le da a Su Creación el poder creativo, y no la capacidad de evaluar. Sólo el ego evalúa y analiza, pues sólo el ego divide y separa. Tú no eres el ego. Tú eres el Don de Dios.

La consistencia viene con la práctica y con la transferencia del aprendizaje. Recuerda el mantra: "Esto no significa nada". Aplícalo a todos los pensamientos, visiones y sonidos del mundo, y la recompensa será grande, pues la tranquilidad de espíritu llega a la mente dispuesta que se ha vaciado de ídolos. Y el sentimiento de gratitud crecerá en tu corazón, cada vez más fuerte. La fortaleza de la Tranquilidad, el Silencio interior, te conducirá suavemente al recuerdo de Cristo. Y el Cristo amanecerá en la consciencia: aún soy tal como Dios Me creó.

¿Qué es lo real?

Hola, David:

¿Eres real? O eres sólo una parte del sueño que representa a mi deseo de despertar. ¿Soy el único ser del mundo? No hay ningún centro de la comunidad espiritual, ¿verdad que no? Salvo que yo decidiese ir allí, pues entonces, naturalmente, todo sería exactamente tal como yo lo inventé. Nunca hubo en realidad un hombre llamado Jesús. Todo esto es artificial. Yo te inventé, ¿verdad?

Amado:

Soy real. Sólo hay Uno. Tú eres el Uno. Yo soy el Uno. No hay ninguna persona en la Realidad, pero el símbolo de una persona se puede usar por el Espíritu Santo como símbolo, o reflejo, del deseo de Despertar. Lo mismo se aplica a Jesús. Sólo existe el Espíritu que Dios creó Eterno. En la Realidad no hay ningún centro de la comunidad espiritual y sí, si pareciese que decides ir "allí", lo encontrarías exactamente en el sitio donde el ego lo inventó y tal como el ego lo inventó. A través de la lente del ego la percepción es selectiva y subjetiva, pero no hay ningún mundo objetivo separado del perceptor. El ego fabricó el cosmos, pero el Espíritu Santo utiliza lo que el ego fabricó para conducir al Reino de los Cielos interior. El Amor es Todo lo Que Hay. ¡La Eternidad Resplandece!

Dos preguntas básicas sobre milagros y puntos de apoyo para cruzar al otro lado

Hola, David:

Tengo en mente unas cuantas preguntas para ti:

1) UCDM dice, como un principio de los milagros, que "El uso de los milagros como espectáculo para inducir la creencia es malinterpretar su propósito".

2) Si esto es verdad, ¿cómo definirías entonces los milagros de Jesús tales como alimentar a las multitudes, resucitar a los muertos, etcétera?

3) ¡Wayne Dyer de verdad le habla a mi alma! Los veo a él y a UCDM en un alineamiento perfecto de sus enseñanzas. ¿Ves la misma consistencia de enseñanzas entre UCDM y Ernest Holmes? ¿Y entre UCDM y la Unity Church?

Gracias como siempre por tu maravillosa ayuda para hacer agujeros (milagros) en las nubes que me obstaculizan el Sol. También me gustaría compartir contigo un verso que se me ocurrió: *No veas al Sol brillar, ¡sé el Sol brillando!*

Amado:

Gracias por compartir tus preguntas. Los milagros son siempre sólo para la mente del perceptor, o soñador. La Mente es Una, y lo que parece ocurrir en la forma es sólo simbólico. Los milagros son, por así decirlo, para la mente que tiene oídos para oír, o la disposición y preparación para contemplarlos. Los aparentes cambios de la forma reflejan los cambios mentales de quien ha decido adoptar la mentalidad orientada al milagro, y aunque algunos de estos cambios parezcan transcender las "leyes de la física conocidas", en la Realidad no hay ninguna "ley de la física conocida". La Ley del Amor (del Espíritu) es la única Realidad.

Alimentar a las multitudes y resucitar a los muertos fueron símbolos de la Ley Divina del Amor, que ni tiene límites ni sabe de carencias. Es, en verdad, la bienaventuranza, o estado mental, que demuestra que el milagro ha venido. Es el estado mental en el que la consistencia es posible, y ésta es una característica del Despertar.

"Forma consistente" es una contradicción en sus propios términos, aunque puede parecer que la conducta de quien ha decidido adoptar la mentalidad orientada al milagro se vuelve más "estable". La manera fácil de recordar que no se supone que los milagros se usen como espectáculos para inducir la creencia es recordar que los milagros son los medios para el Despertar de una mente que ya "cree", y además está dispuesta a ir más allá de las creencias y a "estar callada y saber que Yo Soy".

Las enseñanzas que mencionas son apoyos para cruzar al otro lado, muy útiles para el Despertar a la Unicidad. El Espíritu Santo te Guiará a discernir lo verdadero de lo falso en todos los aspectos, y cuanto más parezca que profundizas, más parecerá que transciendes todos los conceptos lineales y llegas a la experiencia que acaba con todas las dudas.

Las enseñanzas que mencionas tienen como foco principal a la Unicidad, pero hay sutilezas conceptuales del ego que se transcienden por completo en la Iluminación. El trabajo interior con el Espíritu Santo te ofrecerá instrucciones sobre cómo llevar a cabo el desplazamiento hacia dentro, y te ofrecerá Ayuda para dejar a un lado todos los conceptos lineales (pasado-futuro), tales como equilibrio, proceso, crecimiento y personalidad. Estás yendo con firmeza hacia dentro, hacia la experiencia de la Expiación, de Cristo, y del Amor de Dios.

¿Es real el diablo?

Hola, David:

¿Podrías aportar claridad a una pregunta a la que no he sido capaz de encontrarle una respuesta consistente? ¿Existe una entidad del mal tal como Lucifer, Satán, el Demiurgo, etc., tal como se la menciona en la Biblia, en *El libro de Urantia*, en los escritos gnósticos, etc. que está para sabotear el despertar de la humanidad? ¿O lo que parece una fuerza del mal es sólo otro intento del ego de confundir, atemorizar y desconcertar a la mente durmiente?

Gracias por tu ayuda y tu paciencia con este tema. Y si no hay tal diablo real ¿tenemos también que perdonarlo? ¡¡Quiero despertar!!

Amado:

Gracias por escribir. El diablo/Lucifer/Satán no es más que una creencia que se mantiene en la mente. Cuando esa creencia se desenmascara y se suelta resulta fácil ver que nunca fue real en absoluto. Ego es sinónimo de creencia, y en el Cielo no hay ninguna creencia. Todo Lo Que Es de Dios sólo se puede Conocer.

El ego se descarta retirándole la fe, y no intentando resistirse a él, ni peleándose con él. Aquello contra lo que parece que la mente se resiste, o contra lo que parece que pelea, parece que persiste en la consciencia, porque la lucha viene de la creencia en los contrarios. Creer que el Amor Divino puede tener un contrario, que es el ego, es claramente demencial.

El perdón es soltar la ilusión: hay que soltar el ego. Esto sólo parecerá una batalla mientras se sostenga como real la creencia en los contrarios. La ilusión no se descarta con palabras, sino que se descarta alineándose con el Espíritu Santo y aceptando la Corrección del error. Nunca hay que pelear contra el error. Sólo hay que desenmascararlo para ver que no es nada y así soltarlo de la consciencia.

El concepto de entidades no es más que una proyección, y es más directo decir que el ego y el Espíritu Santo son decisiones. Decide a favor de Dios aceptando la Corrección del error. La única responsabilidad del maestro de Dios, o del obrador de milagros, es aceptar la Expiación. Esta aceptación trae a la mente la consistencia, la paz y la estabilidad. Esto abre el camino al recuerdo del Reino de los Cielos/la Mente Divina/Cristo/Dios.

Aclarar lo que significan pasión, acción, libre albedrío, y "el guión ya está escrito"

Hola, David:

Mi primer conjunto de preguntas es sobre la idea de pasión. En un libro popular de espiritualidad se dice algo así: la pasión es el amor a convertir el ser en acción. ¿Es verdad eso, o en realidad la pasión es sólo un impulso basado en los símbolos del ego? Después de la iluminación, ¿queda algo de ese amor a convertir el ser en acción? ¿Queda alguna pasión, o sólo existe la alegría total y completa?

Mi segundo conjunto de preguntas es sobre la idea de libre albedrío. Si el guión de mi vida ya está establecido y no puedo cambiarlo, ¿no está también previsto cuándo elijo el perdón y cuándo no? ¿O sólo está previsto lo "físico", esto es, lo relacionado con los cinco sentidos? ¿Están en el guión TODOS mis pensamientos?

Amado:

Gracias por escribir. En la Iluminación hay sólo Ser (la Alegría completa y total). La verdadera pasión es extender el Amor y, por tanto, está libre de deseos. No hay "hacedor" ni "acción" en el Ser Puro.

En cuanto a la frase "el guión ya está escrito" y la pregunta sobre el libre albedrío, yo escribí lo que sigue:

La Voluntad de Dios es la Felicidad Perfecta. La Voluntad de Dios está unificada y es abstracta, al Ser la Unicidad y el Amor Divino. La Creación es la Voluntad de Dios, y la creación no tiene ningún significado en este mundo. El cosmos se hizo para negar a Dios, al Espíritu, y a la creación, incluso el mundo perdonado, o sueño feliz, no es sino una ilusión temporalmente útil porque ofrece el puente por el que se regresa a la Abstracción Divina que se llama el Reino de los Cielos.

La Voluntad de Dios no tiene ningún significado en este mundo. Por lo tanto no intentes "figurarte" o "entender" en términos perceptuales el significado de "la Voluntad de Dios". La aproximación más cercana a la Eternidad que ofrece este mundo es el Momento Presente. Podría decirse que el Momento Presente es el portal de la Eternidad. Uno no puede prepararse para el instante santo sin ubicarlo en el futuro. Por lo tanto te he Pedido que sencillamente desees el instante santo, y te he hablado de la Solución "no tengo que hacer nada". Como crees en el tiempo lineal, crees que el Plan del Espíritu Santo implica tiempo lineal. Todas tus preguntas brotan de la suposición de que el tiempo es lineal en lugar de ser simultáneo. El intento de ordenar los pensamientos de una manera lineal, de hacer una jerarquía de ilusiones, de producir una serie de preguntas sin respuesta..., todas esas ilusiones son defensas del ego contra la Expiación y el Momento Presente, que eran "antes" de que el tiempo fuese, o pareciese ser.

"El guión ya está escrito", afirmación del Libro de ejercicios de UCDM, aún es un concepto lineal al estar "el guión" hecho de tiempo lineal. El énfasis de la afirmación se apoya en el tiempo pasado de la palabra "escrito". Hace mucho que el mundo se acabó. Tú, que pareces dormir y soñar con un mundo de tiempo lineal donde los acontecimientos están serializados uno detrás de otro, estás intentando revivir un instante antiquísimo que ya terminó y desapareció, y en Verdad nunca ocurrió. Mantengámoslo todo muy, muy simple. Pareces soñar un sueño de dualidad y multiplicidad. Tus preguntas asumen que la dualidad y la multiplicidad son reales. Tú supones que el "yo" que plantea esas preguntas es real. Te he dicho que todas las ilusiones son una, y no muchas. Sólo hay una mente y sólo hay un único soñador del sueño. Una vez que uno se da cuenta de esto, el sueño es un sueño feliz y unificado de ausencia de juicios, o perdón. Se le podría llamar a este sueño unificado la percepción sanada del mundo real, pues es un reflejo o símbolo, y es la experiencia perceptual más cercana al Cielo, que sencillamente Es, y no implica en absoluto ninguna percepción.

El milagro, sencillamente, ve lo falso como falso. El milagro es la Perspectiva del Espíritu Santo que es consciente de que el tiempo fue (o pareció ser) simultáneo y ya se ha terminado (y nunca fue). El ego ofrece la distorsionada perspectiva de que el tiempo es lineal y aún está ocurriendo. La elección de propósito es la aparente elección entre la Perspectiva del Espíritu Santo y la perspectiva del ego. Una opción trae la paz, el amor, la libertad, la alegría y la felicidad. La otra opción trae el dolor, la culpabilidad, el miedo, el enfado y la depresión. Puedes saber qué opción has tomado por cómo te sientes.

Puede decirse que los pensamientos del tiempo lineal (pasado y futuro) están en el guión porque los pensamientos que crees pensar y el mundo que crees ver son lo mismo. La Expiación, sin embargo, es la aceptación de la Corrección de todos los pensamientos equivocados y de todas las percepciones erróneas, y no depende del tiempo, porque es para sanar de la creencia en el tiempo lineal. Ahora es el único momento en el que se puede aceptar la Expiación. El Propósito del Espíritu Santo es la única Elección que tiene sentido.

Volver a la pista: sentirse el peor estudiante de UCDM

Hola, David:

He decidido que soy el peor estudiante que nunca ha estudiado UCDM. He leído todo el libro diligentemente y he hecho todos los ejercicios lo mejor que he podido.

Perdón: justo cuando pienso: *sí, perdono*, aparece de repente algo y ahí estoy otra vez: racionalizando con el ego la decisión de no perdonar. Sé que el mensaje del Curso es la verdad, sólo que no consigo captarla.

Miedo: cuando estaba tendido en la cama a última hora de la noche tuve una experiencia. Le dije a mi Ser Superior que no tenía miedo, así que por favor, me devolviese al amor. Sólo puedo describir lo que apareció en pocos minutos como nubes oscuras que rodaban hacia mí y que la energía de la habitación cambiaba. Aterrorizado, dije: ¡alto! Y paró. Obviamente estoy lleno de miedos, y no perdono: ¡un estudiante bastante inútil, si soy yo el que tiene que decirlo!

Abrí el libro de UCDM por la página donde dice: "Podrías pensar que me equivoqué al elegirte como canal" y me dio risa.

¿Puedes decirme por qué voy tan obviamente mal?

Amado:

Gracias por escribir. La mente que duerme y sueña mientras cree en el ego está, sin saberlo, muy profundamente atemorizada del Amor de Dios. El ego es la creencia en haberse separado de Dios, y tiene que ser completamente desenmascarado y soltado antes de que la mente se restablezca en su estado natural de Paz.

No eres "el peor estudiante que nunca ha estudiado UCDM" porque la comparación es sólo un mecanismo del ego, y el Amor no hace ninguna comparación, ni evaluaciones, ni juicios. El ego no sabe nada, porque no es nada. No necesitas intentar compartir los pensamientos/creencias/emociones/percepciones de la locura. El Curso es para estudiarlo y practicarlo con diligencia, si uno desea experimentar la Paz que Jesús, el Espíritu Santo y yo te prometemos. Se te ha dicho que la Paz es inevitable, y que tienes que ir a la Luz a través de la oscuridad. La decisión de seguir y practicar UCDM demuestra la disposición a moverse en la dirección de sanar la mente: la decisión de sanar por medio de los milagros es una decisión que se toma momento a momento.

"Mantente alerta sólo en favor de Dios y de Su Reino" es una afirmación que Motiva la disposición a observar los pensamientos del ego en la mente y luego soltarlos. Estar muy atento a la mente, y retirar la atención de los pseudo "problemas", que son trampas del ego para distraer de la meta de la Paz, requiere práctica y disposición sostenida.

Estoy unido a ti en nuestro Propósito compartido. Juntos no podemos fallar. La Voluntad de Dios es Felicidad Perfecta para Todos y cada Uno en la Mente de la Creación. Para reconocer la Creación es necesario ver la irrealidad de las imágenes que parecen estar "fabricadas" para obstaculizar la Luz en la consciencia, ver que no son nada.

Una equivocación no es razón para perder la esperanza en tu entrenamiento mental, ni tampoco lo es lo que pueda parecer una serie de equivocaciones. Entrégale todas las equivocaciones al Espíritu Santo y vuelve otra vez al Momento Presente de la Inocencia con el corazón abierto. Nos encontraremos allí. ¡Tenemos una cita! Es maravilloso, te lo aseguro. No lamentarás cumplir con esta cita.

¿Qué distingue a un sendero espiritual auténtico de una secta?

Hola, David:

¿Qué distingue a un sendero espiritual auténtico de una secta? ¿Qué es exactamente una secta?

Amado:

El mejor indicador de que un sendero espiritual es auténtico es que te enseña que la responsabilidad de tu estado mental es tuya en todo momento. La verdad está dentro y no se la puede encontrar ni en personas, ni en sitios, ni en cosas fuera de ti. La verdad no se puede encontrar en un libro ni en un objeto. La verdad es una experiencia del momento viviente que amanece por sí misma. El Espíritu usa los símbolos, las visiones y los sonidos del mundo, incluyendo personas, música y palabras inspiradas (escrituras), para ayudar a la mente engañada a llegar al punto de la Comprensión, o del Reconocimiento. Todo esto son metáforas y apoyos para cruzar al otro lado, ¡todos se disuelven al llegar al Reconocimiento, que es una experiencia interior!

La espiritualidad verdadera se basa en la comunicación abierta, en soltar todos los pensamientos de ataque (junto con el miedo, la culpabilidad y el enfado que producen), en abstenerse de juzgar, en la verdadera humildad, en la indefensión, en la suavidad, y en la misericordia divina. Cualquier sendero espiritual auténtico promoverá el perdón y recomendará dar de lado a las quejas. Todo el mundo está incluido en la experiencia del amor, pues el amor es incondicional e impersonal. Todo el mundo es amado y valorado por igual.

Una secta es un símbolo, o representación, de la creencia en que tu estado mental no es una decisión de tu mente sino que depende de una persona, de un sitio, de un acontecimiento o de una circunstancia. Se pone la fe en "autoridades, formas y rituales externos" y, no importa lo entrañable y adorable que parezca ser la devoción, la experiencia subyacente será siempre de miedo. Nunca se puede verdaderamente amar, ni adorar, ni ser devoto de nada concreto, ni de nada que tenga forma, porque en las imágenes y los símbolos no se puede encontrar a la verdad.

Cuando uno se apega a una forma, escenario o guión que cree que le va a hacer feliz, uno ha fabricado, y aceptado como real, una imagen sustituta o ídolo, y la está adorando. En semejante intento, se niega la verdad. Y el pseudo "amor" se convertirá en odio y enfado en la mente del "líder" o en la del "seguidor". Lo que puede volverse odio nunca fue el Amor de Dios, sino que era el deseo de ser especial y "amado" en sentido personal. En el pensamiento de secta aparece una mentalidad de "más santo que tú" que intenta elevar a ciertas personas, rebajar a otras y perpetuar la división nosotros-ellos. Por tanto siempre hay miedo a un "enemigo" externo.

En la verdadera espiritualidad todo el mundo es bienvenido siempre, pues se hace fácil ver que siempre nos estamos encontrando con nuestro propio Ser. No se excluye a nadie, ni se "juzga en contra" de nadie. La aceptación de la verdad es una experiencia en la que nadie es "etiquetado y descartado", ¡porque la experiencia de la verdad es inmensa, es expansiva y lo incluye Todo! Dios da la experiencia gratuitamente, y la Paz, la Alegría y el Amor de Dios están más allá de cualquier posibilidad de comercialización. No hay ninguna reciprocidad (dar para conseguir) y la auténtica espiritualidad ni se compra ni se vende. El amor se da gratuitamente, y al darlo se le retiene en la consciencia. Lo que compartes se fortalece en tu consciencia y así, dando amor te vuelves consciente de que tienes amor y eres amor. Así es como el Espíritu Santo despierta a la mente del sueño de escasez, culpabilidad, miedo y muerte. Primero aprendes a perdonar, ¡después despiertas a la Vida Eterna!

Lo contrario de una vida de amor, perdón y confianza en Dios es una "condición" de miedo, culpabilidad, escasez y enojo. Esta "condición" es la manera más sencilla de definir "la mentalidad de secta". A causa de la intensidad del miedo y las sospechas, "la mentalidad de secta" implica amenazas, privacidad, secretismo, jerarquías y "cadenas de mando", intentos de control y manipulación por medio de la intercepción de la comunicación o del uso de la comunicación para "hacer culpable". Puede parecer que se manifiesta como escasez (acumular comida, dinero, posesiones y suministros por miedo a que se acaben). También se puede manifestar bajo el disfraz de la abundancia (poder, riqueza, fama, poderes psíquicos, experiencias con la energía y fenómenos que se valoran en y por sí mismos). Esas búsquedas, bajo el disfraz de la espiritualidad y la religión, son distracciones y desviaciones de la paz y la felicidad verdaderas. Cuando el ego se siente muy amenazado, puede incluso recurrir a la confrontación, al uso de armas de fuego y otro armamento, a la violencia o al suicidio como "escape".

La "mentalidad de secta" se basa en hacer juicios, pues exalta a algunos como los "buenos" especiales y rebaja a otros como los "malos". Los "buenos" son alabados y adorados lealmente, mientras los "malos" son atacados, evitados, culpados, abandonados, excluidos y rechazados. La "mentalidad de secta" implica formar camarillas alrededor de creencias mundanas e históricas y valores étnicos, o de herencia, o de tradición, o geográficos, o nacionales, o raciales, o de género, o de edad, o de prácticas y rituales religiosos formales. La "mentalidad de secta" puede implicar cualquier cosa concreta del mundo, mientras sirva para poner límites. La "mentalidad de secta" es rápida para enojarse y acusar, y a veces igual de rápida para huir. Se siente particularmente amenazada por la comunicación abierta y directa. Las pérdidas futuras no son el mayor de los temores de la "mentalidad de secta", pues la participación y la unión en el presente son lo que más le asusta. El ego ve la unión completa como la abolición de la privacidad y la separación. Y esto no lo puede tolerar. Para protegerse a sí mismo, el ego intenta el aislamiento y se apoya mucho en estrategias de "pelea o escapa". Las decisiones se toman de prisa y siempre están basadas en el miedo. Se quita el énfasis en la razón, la paciencia, la cooperación y el pensamiento claro. Las opiniones compartidas, el cotilleo y los agravios son lugares de reunión en contra de lo que se percibe como el "enemigo exterior", de ahí la mentalidad de "pensamiento de grupo". Los sistemas de conducta moral y ética (sobre la sexualidad, el dinero, las posesiones, etcétera) y las normas arbitrarias se citan a menudo y se defienden como razones buenas para atacar, condenar, evitar, culpar, excluir, o rechazar a las personas, cosas, grupos, instituciones, o países que se han etiquetado como "malos o equivocados". Este "juzgar en contra" basado en diferencias percibidas es el argumento que se usa para favorecer la tendencia a descartar, aislar y separar que tanto valora el ego.

Toda "mentalidad de secta" se basa en el miedo, aunque no se ve que realmente el miedo no se basa en las imágenes del mundo (personas, sitios, cosas, acontecimientos, etcétera). El miedo subyacente es el miedo a Dios y al Espíritu Santo, que aterrorizan al ego. La oscuridad teme el acercamiento a la Luz. ¡Lo contrario del amor es el miedo, pero el amor lo abarca todo y no tiene contrario! La "mentalidad de secta" no es, por tanto, ninguna amenaza real para una mente que está completamente dedicada a amar. Una mente despejada, libre de juicios,

Poner los cimientos

es muy capaz de perdonar, o ver lo falso como falso. La mente tranquila descansa en Dios. ¿Y quién puede tener miedo donde está el amor?

Estoy muy agradecido por poder enseñar y aprender que la Inocencia es real, y que la culpabilidad y la condena son testimonios falsos. Estoy muy agradecido por poder aprender que nadie tiene nunca ninguna culpa y que es imposible ser tratado injustamente. La "mentalidad de secta" es sólo otro nombre del ego y del mundo de la oscuridad. ¡Jesús nos dice que estemos de buen ánimo y que seamos aprendices felices porque él ha vencido al mundo! Un error de percepción siempre puede ser corregido por un milagro. La "mentalidad de secta" y las "sectas" son errores, porque no vienen de nuestro Padre Celestial. Un hijo de Dios no necesita buscar fuera, ni caer en los juegos de ataque y defensa del ego. "No juzgues, para que no seas juzgado" es una instrucción de no intentar hacer aquello de lo que eres incapaz. La mente que valora la tranquilidad, la quietud y la paz es una mente que no intenta juzgar. El perdón y el abstenerse de juzgar son sinónimos.

Si queremos paz, tenemos que llevar cada pensamiento ante la Luz de la Verdad. Si un pensamiento no viene de Dios, lo único que hay que hacer con él es soltarlo y dejar de ofrecerle refugio. La "manipulación" es del ego, porque Dios no la creó. La "traición" es del ego, porque Dios no la creó. El "abandono" es del ego, porque Dios no lo creó. El "ataque" es del ego, porque Dios no lo creó. El "rechazo, exclusión, evitación, aislamiento, condena, escasez, miedo, enojo, culpabilidad, e incluso la muerte" son todos del ego, porque Dios no los creó. Si se cree, como si fuesen verdad, en eso o en cualquier otra de las temibles creencias, pensamientos y emociones que el ego patrocina, el mundo será una representación externa, o un testimonio, de esas creencias. Por eso hay que cuestionar esas creencias. Cuando la mente protege esas creencias, pensamientos y emociones y se aferra a ellos, el estado de disgusto es inevitable. El perdón es dar de lado a esas creencias, pensamientos y emociones transitorios. ¡Perdonar las ilusiones trae paz, felicidad, amor y libertad!

¡Qué magnífica es la Perspectiva que sencillamente ve lo falso como falso! ¡Qué gloriosa es la Mente que se reconoce a Sí Misma como Una! La Mente que se comparte con Dios es Pura Unicidad y no sabe nada de juicios. ¡Porque en la Unicidad no hay nada entre lo que juzgar! Esta Mente es Inocente siempre, pues la Vida y el Ser están en la Mente de Dios.

¡Santo Hijo de Dios, eres Inocente por siempre y para siempre! ¡Santificado sea Tu Nombre y el Nombre de Dios Nuestro Creador! ¡Tu Reino ha venido! ¡Tu Voluntad se ha hecho! Amén.

¿Qué pasa con Jesús Cristo?: religión y teología

Hola, David:

Últimamente cuando hablo con algunos que están estudiando *Un curso de milagros*, se disgustan conmigo porque hablo de Jesús Cristo. Sin embargo, ¿no es Jesús Cristo quien nos trajo el Curso? ¿Qué tiene Jesús Cristo que ver con la religión? ¿No fue Jesús Cristo quien venció a la muerte elevándose sobre ella, no creyendo en el poder de la muerte para quitarle la vida, pues él cree en la vida eterna e imperecedera? ¿Estoy equivocado en el fuerte Amor que siento por Jesús Cristo por todo lo que ha hecho por nosotros, demostrándonos que podemos vencer al mayor de los obstáculos, incluso a la propia muerte, con sólo creer?

Amado:

Gracias por escribir. Sí, tu amor y gratitud a Jesús es muy natural puesto que él es el Mostrador del Camino, el Guía y el Cristo Viviente.

Algunos confunden religión con teología. Esto produce resistencia a cualquier cosa que se asocia con una teología. La verdadera religión es paz interior, y por tanto la verdadera religión es *experiencia*. Las teologías son apoyos para cruzar al otro lado y apuntadores. Con práctica y disposición, Cristo cobra vida en la consciencia como la experiencia del Amor Divino, Incondicional, y Universal.

El ego ha hecho muchos ídolos amargos de Jesús, pues el ego no conoce el Amor. La creencia del ego es la negación del Amor, y así el ego idolatra a Jesús o lo odia. Jesús enseña que el Amor es real y eterno. El ego enseña que el tiempo, el espacio, la culpabilidad, el miedo y el pecado son reales. Hasta que la mente retire la fe y la credibilidad que tiene puestas en el ego, experimentará resistencia al Amor Divino. Esta resistencia parece representarse de muchas formas. Una de esas maneras es que los estudiantes del Curso se disocien de Jesús Cristo. De hecho esto es bastante común, porque la profundidad de la resistencia al Amor Divino es la base de todos los trastornos emocionales. Los seres humanos nunca están disgustados por la razón que ellos creen, pues conscientemente no parece que la mente tema al Amor. La creencia en el ego y la proyección hacen que parezca que la gente y las circunstancias del mundo son la "causa" del disgusto, pero este no es nunca el caso.

Jesús Cristo es un símbolo del Amor que no es de este mundo. Amar a Jesús Cristo sin reservas ni excepciones es un sendero al recuerdo del Amor de Dios. Jesús parecerá ser cualquier cosa en la que la mente crea hasta que la mente acepte la Expiación (el perdón completo): entonces reconocerá a Cristo como su propio Ser. El Ser es Espíritu. El Recuerdo del Espíritu es Despertar al Reino de los Cielos interior. ¡¡¡Toda la gloria a Dios por este Gran Despertar!!!

¿De verdad sólo hay una mente?

Sólo te recuerdo y te ofrezco el reflejo de lo que ya está en la profundidad de tu interior. No es sorprendente que la Mente resuene con la energía y las altas vibraciones de la Realidad, porque la Iluminación está al alcance de la mano. El Momento Viviente está siendo desvelado por el Espíritu Santo. Sólo hay Una Mente Divina, y el perdón completo es el portal al recuerdo de esa Mente Divina. El perdón completo es idéntico a reconocer que hay un único soñador, y esta Perspectiva es la Expiación.

Desde la Perspectiva del soñador único, "en realidad no hay gente iluminada corriendo de aquí para allá por el mundo, porque ni hay mundo ni hay 'otros' que puedan estar iluminados". He compartido esta idea muchas veces. No hay nada que pueda recibir el nombre de "persona iluminada", porque la mente se disuelve en la Mente: la "personalidad" no era más que un falso concepto, una montaje falso.

La Iluminación es un Estado Mental, y el "paso" a dar para experimentar el único Estado Mental Verdadero es ver la falsedad de la creencia en los pensamientos privados y las mentes privadas (es decir, los seres humanos o personas). Esta es la Perspectiva del soñador del sueño, y unida al Espíritu Santo en esta Perspectiva está la Corrección, o Expiación, del error llamado ego (la creencia en mentes privadas). Desde la Perspectiva del Espíritu Santo de un único soñador, la mente ya no está a "merced" de las imágenes, pues las ve tal como son (efectos irreales).

Lo dijiste de manera muy precisa: "De hecho lo único que hace falta que ocurra es que el soñador despierte... Eso significaría incluso que no hubo ningún Jesús, sino sólo un sueño de un tío así. Tampoco hubo Hitler, ni ninguno de los otros. La existencia física no tiene significado porque no existe". Eso es lo que enseña la primera lección del Libro de ejercicios de UCDM, y a eso apuntan todas las enseñanzas no-dualistas. La Perspectiva del Espíritu Santo es la meta superior del aprendizaje, pues es desaprender por completo la creencia en que la mente pueda separarse en mentes (en plural). Primero tiene que venir el reconocer que sólo hay una mente, un solo soñador, una sola consciencia, y entonces la mente Despierta por completo del sueño y se experimenta a Sí Misma como la Mente Divina, la Eternidad, lo Infinito, el Amor (es decir, el Reino de los Cielos).

¡Te estás (((((acercando))))) rápidamente, muy rápidamente, a reconocer que la única responsabilidad del maestro de Dios es aceptar la Expiación para sí mismo! La Sencillez de la Salvación está en ver el único error tal como es (es decir, ver que el soñador es único). A esto es a lo que señalan tan directamente las secciones sobre el soñador del sueño de UCDM. Te estás ((((acercando)))) a la Baliza Direccional, la Luz al "final del túnel" está muy al alcance de la mano.

Te preguntabas si Dios está esperando a que despierte Su Hijo. Dios es Completitud, Integridad y Perfección Eterna. Dios no sabe nada del tiempo, y por lo tanto el concepto de "esperar" es ajeno a la Unicidad Eterna. Sólo el ego parece "esperar" y, por así decirlo en "terminología temporal", tiene los días contados. El perdón de la creencia en el tiempo lineal es el final de la ilusión. Jesús dice: "Por qué esperar al Cielo. El Cielo está en Ti y Tú estás en Casa". Un Único Instante: ¡¡¡El instante santo!!! Yo Te amo por siempre y para siempre a Ti, el Amado Único.

Abrirse a la experiencia de la Mente Única y de la Percepción Unificada

Hola, David:

Hace un tiempo me vino un pensamiento al que intenté dar de lado porque lo percibía como arrogancia total. No se iba, sin embargo, y le pedí al Espíritu Santo ayudarme a mirarlo. El pensamiento era que, en realidad, yo soy todo lo que hay. Dios creó un único Hijo, y todos y todo lo que percibo como si estuviese fuera de mí, son en realidad yo misma. Soy la única que está soñando el sueño. Todos los personajes del sueño están fabricados por mí. No hay, en realidad, nadie ahí fuera que pueda hacerme enfadar, ni estar enfadado conmigo. Ni puede haber nada ahí fuera que yo pueda temer, porque todo lo que hay afuera lo he inventado yo. He hecho los cuerpos de mis amigos, he hecho a mis hijos y los utilizo para mantener mi propia ilusión. Yo soy la soñadora del sueño y todas las imágenes con las que me encuentro son sólo imágenes de un sueño de mi propia invención.

Ahora bien, la arrogancia que vi en siquiera tomar en consideración la idea de que "yo" pueda haber hecho todo esto, me hizo querer esquivarla. Y sin embargo, si esto es verdad, y eso es lo que realmente siento, son muchas las cosas que encajan en su sitio. Todo el enojo que percibo tiene entonces que estar dentro de mí. Cuando perdono a alguien, en realidad sólo me perdono a mí misma, porque "ellos" son inventos de mi mente. No tendría que aferrarme a ningún sistema de creencias, porque ¿a quién necesito demostrarle nada?, ¿en contra de quién puedo hacer juicios?, ¿de qué o de quién necesito defenderme? Si todo comienza dentro de mí, cualquier juicio, creencia, ataque, etcétera carecería de sentido, porque sólo estaría atacando lo que hay dentro de mí. Si todo está dentro de mí, si todo lo de "ahí fuera" es un sueño mío, experimentar la unicidad no supondría esfuerzo alguno.

Una parte de mí quiere agarrarse a esto de todo corazón, porque puedo ver la total liberación que vendría de aceptarlo, pero otra parte de mí dice: "¡Al final has perdido la cabeza! ¡Si alguien supiera lo que estás pensando, te encerrarían!" Por favor ayúdame.

Amada:

Bendiciones del Amor. Estás encontrando a nuestra mente, la mente que comparte el Propósito del Espíritu Santo. La idea de que todo es una única mente, es la introducción a la idea del mundo perdonado, el sueño feliz del perdón. El ego hizo el cosmos. Esto se refleja en la lección del principio del Libro de ejercicios "He inventado el mundo que veo". La idea de que todo es una única mente elimina la posibilidad de atacar, de demostrar cosas, de defenderse, de hacer juicios, de que haya creencias separadas y opuestas, porque la unicidad no tiene partes que puedan entrar en conflicto.

El Espíritu Santo te Pide que aceptes de todo corazón la idea de la mente única, porque es la Corrección del error al que llamamos ego. El ego era la creencia en mentes privadas con pensamientos privados, pero si la mente es única el ego no tiene cimientos sobre los que apoyarse. El Perdón refleja la Unicidad que resplandece más allá de la percepción. El Perdón unifica, y muestra así un mundo nuevo. No te estás volviendo loca, estás yendo hacia dentro, hacia la cordura de la mente. Y la percepción unificada es el portal del recuerdo de Dios y de Cristo.

La idea que has compartido es la clave del acertijo del ego. La puerta está abierta de par en par. Ahora empezarás a darte cuenta de que no hay excepciones a esa idea. Esto es la transferencia del aprendizaje, el final de una voluta de humo salida de la nada que en realidad nunca tuvo principio. El final de las ilusiones es la ilusión final del perdón, pues el ego era sólo una ilusión, y no muchas. La igualdad de la ilusión vista por la mente es el final de la multiplicidad y de la complejidad. ¡Sólo queda una bendición!

¡Qué bienaventurada es la mente que ve que no hay nada excepto ella misma! En una única mente no hay división sujeto-objeto, ni división perceptor-percibido, ni división observador-observado. La Unicidad es sencilla. La Verdad es sencilla. La Felicidad es sencilla. El Amor es sencillo. ¡Me regocijo en nuestra Unicidad! Desde la Felicidad y la Paz.

Una pregunta sobre las "mentes privadas"

Hola, David:

Me gustaría saber más sobre las mentes privadas, porque Jesús era uno con el Padre, pero ¿no tenía sus propios pensamientos y sentimientos? ¿O estás diciendo que Jesús no sentía los pensamientos del mundo sobre el que caminaba? Si él no tenía los pensamientos de la gente de este mundo, ¿cómo pudo saber lo que Pedro estaba pensando cuando le dijo "Apártate de mí, Satanás"? (Mateo 16:23)

Amado:

La creencia en las mente privadas le asigna a la mente los atributos del cuerpo (la separación), y así, en la percepción distorsionada, parece que la mente está fragmentada, aislada, y sola. La creencia en la existencia de mentes privadas con pensamientos privados asume que la mente puede arrancarse a sí misma de la Mente de Dios y fragmentarse en trozos separados, cada uno diferente de los restantes. La suposición es que las mentes "individuales" tienen sus propios conjuntos de pensamientos únicos, y también que cada "mente" tiene la capacidad de tomar sus propias decisiones.

La Mente de Cristo, sin embargo, revela que la Mente Divina es Una, un Todo unificado que no se puede dividir. Lo que es Uno con Dios no puede estar dividido, ni volverse diferente de lo que la Mente de Dios creó Íntegro. La Realidad de la Mente Única trasciende la ilusión de las "partes", que podría separar Lo que Dios creó Uno para siempre. Sólo el Pensamiento de Dios permanece eterno. Y por eso no puede haber pensamientos privados.

Jesús y el Espíritu Santo son sinónimos como símbolos de la Mente Despierta, que aún ve el error, pero sabe que es irreal. Por eso Jesús

Cristo sabía que los pensamientos del hombre no eran sino tentaciones de creer que lo imposible había ocurrido. Jesús era un ejemplo de la Inocente Pureza que transciende la creencia en mentes privadas. Porque no viendo a nadie separado de Dios, Cristo reconoce al Ser como Íntegro.

"Apártate de mí, Satanás" (Lucas 4:8) es la declaración de que lo que Dios ha creado Uno no puede volverse otra cosa, y no le da ningún crédito a la "otra cosa". Es una afirmación de que el Amor y la Verdad no pueden tener ningún contrario, pues la Unicidad no sabe de nada "distinto" del Ser en Dios.

Jesús manifestó la Mente de Cristo, que nunca entró en un cuerpo y resplandece sin fin en la Eternidad. La Mente de Cristo sencillamente Es y puesto que Es, sólo se la puede recordar o reconocer. La Mente de Cristo esta más allá de la percepción. Con el Perdón (al pasar por alto el error) la percepción le cede el paso a la Luz Divina. El error es la creencia en las mentes y los pensamientos privados, pero el perdón ve que la mente es global y que nada existe "en y por sí mismo" separado de la totalidad. Nada es privado a la Luz del Amor Divino. Esto significa que los pensamientos, emociones y creencias "humanos" no tienen ningún significado, pues no se basaron en nada en absoluto. La Identidad en Dios es Todo el Significado, y el mundo se desvanece en la Santa Presencia de Dios.

Ir al fondo de las creencias

Hola, David:

Tengo una pregunta recurrente: Si creo que yo soy el único, que no hay nadie ahí fuera, que todo es una pantalla de cine, entonces ¿por qué creo en ser útil a los otros personajes del guión? ¿quién es el que ha de despertar? ¿por qué algunos personajes parecen haber despertado y otros no? ¿cómo puede estar dormida una parte de la mente mientras la otra está despierta? Cuando deje el cuerpo a un lado y el sueño termine, ¿qué va a pasar con los otros personajes del sueño? Creo que sabes por donde voy. En todo esto hay algo que no he resuelto, algo que no sé explicar.

Amado:

Gracias por tu devoción al Despertar. Ser útil es estar en sintonía con el Espíritu, y forma parte de un Propósito de la mente que sólo ofrece beneficios.

Tu estado mental feliz, alegre, pacífico y fluyente es el regalo, porque es nuestra bienaventuranza. Este estado mental viene de estar con el Propósito y, por tanto, de no tomarse nada personalmente. En la alegría del Momento Viviente no hay interés ni preocupación por ninguno de los personajes del guión, pues uno ha dado un paso atrás y se ha identificado con la mente, y no con el cuerpo.

Sólo hay una mente que ha de Despertar. La mente Despierta ve a todos los personajes como el mismo. Ningún personaje va por delante ni se queda atrás, ningún personaje está despierto ni dormido. Todos los personajes eran montajes, o símbolos del deseo de que haya pensamientos privados de mentes privadas. El Despertar ve la imposibilidad de semejante intento, porque la mente única está unificada y no puede estar dividida, ni sola ni separada.

El sueño feliz le pone fin al soñar, porque el perdón es un sueño de abstenerse de juzgar. Entonces, cuando la Mente recuerda que Es Creación, Ser, la ilusión de soñar se acaba y nunca fue. Cuando, al aceptar la Expiación, se deja a un lado al cuerpo, el cosmos también se deja a un lado. La Eternidad permanece tal como Dios la crea. Para lo que Siempre es Espíritu no existe el tiempo.

Unirse

Normalmente se ve el unirse como una acción en este mundo. Como con todo lo de este mundo, uno se acerca al verdadero significado de unirse cuando deja a un lado las definiciones antiguas. Lo que nunca pudo irse no necesita regresar, lo que nunca pudo separarse no necesita unirse. La Mente es Una, y nunca puede descomponerse en fragmentos separados, privados y aislados, cada uno con sus pensamientos privados y con una perspectiva del mundo diferente.

Igualmente la verdad no es una colección de piezas que se unen para formar un todo, porque la verdad es Una. El Todo es Uno y está mucho más allá de la llamada "suma" de las partes. Unirse es perdonar, pues ver todas las ilusiones como una sola (ver el entramado) se reduce a soltar el pensamiento de que existen piezas. Nada existe aparte del Único, porque la conexión es sólo otro nombre de la Unión y la Unicidad. El Propósito del mundo es el Perdón, y no hace falta "conectar los puntos", ni "establecimiento de contactos" ni "intentar reunir a la gente" para resolver un problema que no existe.

Unirse es aceptar la Inmutabilidad de la Mente. ¡Qué fácil y qué sencilla es la verdad! No trates de cambiar el mundo. Porque uno no puede sino aceptar lo que Es, ahora, siempre y para siempre. Lo que es lo mismo (el perdón) no puede ser diferente. Lo que es Uno (el Cielo) no puede constar de partes separadas. Parece que el Perdón colapsa el tiempo, aunque la Unicidad está completamente más allá del tiempo. Me uno a ti en el Propósito del perdón, porque ¿qué otra cosa podría significar unirse? El Perdón es Contenido y no tiene nada que ver con las formas concretas.

Las dotes psíquicas

Participante: Desde que estás tan conectado a la mente unificada, ¿sientes que tal vez te has abierto a otro tipo de capacidades, como saber lo que piensan otras personas, ver auras, o tener diferentes clases de talentos psíquicos? ¿Has tenido esas experiencias, o tu experiencia es más bien sencillamente sentir que sabes de tu unicidad y tu estar conectado?

David: Voy a hablar de la idea de leer los pensamientos, lo que parece ser los pensamientos de otras personas. Cuando eliminas de tu mente los límites y los parámetros que le estabas imponiendo a la comunicación, parece que captas pensamientos. Es como si tuvieses una gigantesca antena parabólica de satélite, de esas que captan señales de bajísima intensidad, incluso las que vienen del espacio exterior. Esa es una fase que uno atraviesa, y que se puede experimentar como molesta. Tuve una época, durante esa fase, en la que parecía que yo captaba los pensamientos de otros, y fui a Jesús y al Espíritu Santo a decirles: "¿Qué propósito tiene esto? Estoy captando pensamientos de otros, y algunos son inquietantes y molestos". El Espíritu Santo dijo: *Esto es sólo una fase de tu entrenamiento mental. En realidad no son otros los que tienen esos pensamientos. Son pensamientos que tienes que soltar en tu mente.* Esta es otra oportunidad de aprender a discernir, a sintonizar con el Espíritu y a soltar las reacciones, los juicios y la identificación con esos pensamientos. Parecen negativos pero sólo son irreales. Cuando desenchufas la mente de ellos por completo, parece que ni siquiera están en tu consciencia, porque tú no les das ninguna fe. Ese es un buen ejemplo de una fase por la que pasé.

Hay intuiciones, precogniciones, o premoniciones, que pueden parecer tener cierto valor, pero al profundizar más, el mayor de los regalos es la tranquilidad de espíritu en el momento presente. Voy a mencionar un poco las precogniciones, que parecen implicar al futuro. El futuro y el pasado son lo mismo. El ego sencillamente se ha inventado formas diferentes para que el futuro parezca diferente del pasado. Cuanto mejor ves que el futuro ya ha pasado, mejor comprendes cómo son capaces de leer el futuro los psíquicos. En realidad sólo están leyendo el pasado. Una vez que entras en esas experiencias, la fascinación por las dotes psíquicas y los aparentes poderes se empieza a apagar, porque el que está fascinado es sólo el ego. Dios es el poder. Todo el poder y la gloria pertenecen al Espíritu y al momento presente. Puede parecer que esas dotes vienen, pero no hay que asustarse de ellas. De hecho son muy, muy naturales. Ayuda darse cuenta de que uno va a por el despertar y no va a dejarse retrasar por ningún juicio del ego sobre lo que parece poderes sobrenaturales. Son muy naturales, y cuando se le entregan al Espíritu Santo para que los utilice, son muy útiles y productivos. El ego siempre intentará saltar sobre esas llamadas dotes psíquicas y fabricar un montaje de identidad a partir de ellas. Podría intentar sacar un montón de dinero de una dote psíquica.

Mentes privadas

David: Reunirnos y compartir verdaderamente desde el corazón es disipar al ego. Para el ego la comunicación es el abandono. Piensa en cuántas veces has pensado *no puedo decírselo, me abandonaría si se lo dijese* en relación con alguien cercano y significativo para ti.

Toda la base sobre la que se apoya el ego es en que tú tienes una mente privada con pensamientos privados, y ahí dentro hay algunas cosas repugnantes, cosas que, si tú compartieses completamente lo que hay en tu mente, cosas que si tu marido, tu mejor amigo o tu amante las llegasen a saber, les harían marcharse en el mismo instante de saberlas. Pero el deseo de comunicar atrae a la comunicación. Conforme empezamos a desear dejar que el Espíritu sea el guía de nuestras vidas, comenzamos a atraer testimonios del Espíritu Santo. Podemos Ver al Espíritu cada vez más.

No se puede ver al Espíritu Santo de manera perceptual pero en la vida de uno se pueden ver los testimonios del Espíritu Santo. Así es como se sabe que Él está ahí, ése es el efecto de los milagros. Ayuda tenerlo en mente siempre, porque la tentación cuando nos reunimos en grupos, o con la familia, es de llegar sólo hasta cierto punto con la comunicación, de mantener zonas de privacidad y no soltar la mente por completo. Pero, de hecho, sólo cuando la mente se suelta por completo, es cuando uno sube de un salto a la unicidad de la Mente Única.

Participante: Un amigo hablaba antes de la consciencia colectiva, la Consciencia de la Mente de Cristo. Hay muchos sistemas de creencias que tratan del fondo común de consciencia humana, que a veces se menciona como la "consciencia de la mente superior". Estoy pensando en grupos grandes en los que hay varias formas concretas de manifestaciones del pensamiento, hasta llegar a la hipnosis colectiva, etcétera ¿Cómo trata el Curso esto en concreto? He visto sólo referencias al pensamiento individual pero no al pensamiento colectivo.

David: Para considerar esta idea de lo colectivo, vamos a la sección *El ego y la falsa autonomía*. Oigo a menudo a la gente hablar de que la diferencia entre lidiar con "su propio" ego y hacerlo con el "ego colectivo". O comentarios como: *el ego de mi amiga se está portando realmente mal. ¡Qué le voy a hacer, ahora que me las arreglaba para manejar el mío, va el de ella y se descontrola!* Las dos primeras frases del segundo párrafo son muy útiles:

> Todo el mundo inventa un ego o un yo para sí mismo,
> el cual está sujeto a enormes variaciones debido a su

inestabilidad. También inventa un ego para cada persona a la que percibe, el cual es igualmente variable. T-4.II.2

¡Ajá! ¡Estamos mirando más allá del truco de lo colectivo! Ves, ahí es donde entra lo de la mente individual. Jesús está diciendo que tienes una mente muy retorcida: ¡no sólo te inventas un ego para ti mismo, lo que podrías llamar personalidad, sino que además te inventas un ego para cada otra persona que te encuentras! Es tu sueño, tú eres el soñador del sueño, te has inventado todo esto. Eso es un gran salto adelante. Hay otro sitio en el Curso donde él te da pistas sobre esto con la pregunta: "¿Cuántos maestros de Dios se necesitan para salvar el mundo?" M-12.1 Si se piensa en un sentido "colectivo", uno se quedaría preguntándose cuántos miles harían falta para manejar este jaleo. La respuesta que da Jesús es: UNO.

No puede ser algo colectivo, puesto que sólo hace falta un maestro de Dios para manejar este jaleo de aparente multiplicidad. Esto es bastante profundo. Volvemos a la idea de que sólo hay una mente. Toda la idea de lo colectivo, o de mentes múltiples, o incluso de egos, es una construcción metafórica que Jesús usa a menudo en el Curso, por ejemplo, cuando habla de "la mente de tu hermano", o de "mentes" en plural. Son construcciones metafóricas. En la sección *Clarificación de términos*, donde habla de la Mente y el Espíritu, hay una pista de que utiliza el plural en sentido metafórico. Al final del primer párrafo él aborda lo que tú mencionabas antes: el espíritu unificado.

Al describir, él utiliza la metáfora de la mente individual, como si cada uno tuviésemos una. Él sabe que la mente está tan convencida de la ilusión que no tendría sentido ir con toda claridad a describir las cosas en términos de una única mente. El Curso está escrito al nivel del ego, que es donde se necesita. No serviría de nada que tuviese sencillamente dos palabras –Dios es– porque la mente no está en contacto con "Dios Es". Cree en la fragmentación y necesita un sistema que la ayude a deshacer esa fragmentación.

Una vez más, la mente está descrita *como si* tuviese dos partes. La mente dividida es una metáfora porque en realidad la separación no ocurrió. La separación tiene que ser imposible porque Dios no la creó. Pero él sabe que cuando la mente está en el estado de engaño, uno tiene que tener algo con lo que trabajar. Y así, como un componente estructural de la metáfora, se la describe *como si* estuviese dividida en dos partes: una mente recta y una mente errada. Cuando entramos en la creencia en que de alguna manera el colectivo es causativo, de que tiene influencia en los individuos, esto todavía forma parte del pensamiento al revés del ego. Es algo muy grande recordar que:

> Soy responsable de lo que veo. Elijo los sentimientos que experimento y decido el objetivo que quiero alcanzar. Y todo lo que parece sucederme yo mismo lo he pedido, y se me concede tal como lo pedí. T-21.II.2

Esto no le deja mucho margen a la proyección. Si todos mis sentimientos y percepciones vienen de una decisión mía, entonces yo soy el responsable. Esa es la buena noticia. Ahí es donde adquiero el poder: para aceptar la Expiación no tengo que apoyarme en nadie, ni en nada que esté fuera de mí mismo. Pero tampoco puedo proyectar la responsabilidad por la creencia en el ego en ningún otro sitio.

Entrevista sobre la Mente de Cristo

Participante: ¿Qué es para ti la Mente de Cristo?

David: Es una enormemente inmensa experiencia de amor Ágape incondicional: en la mente no queda nada más que el amor que no es de este mundo y la expresión de ese amor. Para mí, la Mente de Cristo está incluso más allá del campo unificado. Es algo tan inmenso, que transciende la percepción: transciende lo que durante siglos se ha llamado la materia. En la física cuántica, el campo unificado está demoliendo completamente las leyes de Newton, el comportamiento de los objetos, la física, etcétera. Yo diría que el "observador" de la física cuántica es lo más cerca de la Mente de Cristo que se puede llegar en este mundo. La Mente de Cristo es un amor inmenso: es ser Uno con el Creador.

Participante: Dinos más de este testigo u observador en el contexto de la Mente de Cristo ¿qué es, de hecho, y cómo se puede entrar en eso?

David: Yo diría que Jesús fue una manifestación de este Yo Testigo, el observador. Él dijo cosas como: *quita la viga de tu ojo antes de intentar quitar la paja del ojo de tu hermano*. Él estaba hablando de la percepción, estaba hablando de la distorsión de la percepción.

Participante: ¿Estás diciendo que el Testigo es percepción despejada, sin ninguna distorsión?

David: Sí, el Testigo ve con claridad. Es la visión total, que todo lo incluye. Y eso aún no es la Visión de Cristo: es sólo el portal. Una vez estaba haciendo una meditación con los ojos abiertos con alguien que estaba sentado frente a mí, y me metí tan profundo en mi mente que la dualidad imagen-fondo, la tridimensionalidad, se colapsó. Empezó a parecer un cuadro, luego sólo un ligerísimo velo, y de repente una luz asombrosa empezó a fluir a través de ello y el velo comenzó a desaparecer. La percepción era sólo un velo extendido sobre esta Visión. Tuve un vislumbre de la Visión de Cristo, una luz ardiente que no era perceptual.

Podía darme cuenta de que el ego estaba aterrorizado de esa luz, y más que de ninguna otra cosa, estaba aterrorizado de perder el control de la imagen. Tuve una muestra real de la Visión de Cristo: de la luz abstracta que hay más allá del velo. Desde que tuve experiencias así, supe que toda mi vida estaría dedicada a esa luz.

Participante: ¿Entonces el Testigo es el portal de la Visión de Cristo, que es una luz ardiente? ¿Cómo pueden empezar a tener acceso a ese portal los que están leyendo esto?

David: Sí. Estas personas tienen que ser auténticas. Hace poco hablábamos de aferrarse a la máscara de la espiritualidad, o aferrarse a las diferencias, como dar mayor énfasis a una enseñanza que a otra, comparar, y buscar contrastes. Todo eso tiene que venir a la consciencia. Uno puede sentirlo de manera emocional: no se siente como unión. No se siente alegría y felicidad cuando hay "mi" manera y "tu" manera, porque aún hay preferencias. Yo diría que la característica más sobresaliente del Yo Testigo es que no tiene ninguna preferencia: que lo incluye todo. Es tan consciente de la unidad en la unificación que no prefiere esto o aquello: todo es igualmente aceptable para el Yo Testigo.

Participante: Es muy interesante, porque cuando miro a alguien durante unos cuantos minutos, ese alguien se disuelve por completo como si ahí no hubiese nada, y todo se transforma en una especie de sueño. De manera que el Testigo se convierte en la experiencia real, o "visión" tangible del sueño. ¿Qué es entonces el sueño?

David: El sueño es un grupo de imágenes, igual que cuando uno se va a dormir por la noche. Todas ellas están generadas por el ego. Parece que hay muchas emociones asociadas con ellas, como ser perseguido: parece que hay un monstruo o la ola de un tsunami que vienen contra ti. El sueño está hecho para que ocupe el lugar de la luz abstracta. El sueño es el velo. La clave es no juzgar que el sueño es bueno ni malo, la clave es convertirse en el observador, el soñador, el Testigo: la clave es verlo como un sueño sin identificarse con el personaje del sueño. En cuanto la mente se identifica con el cuerpo, se identifica con el personaje del sueño. Y ya tenemos la división dentro del sueño: la percepción del sujeto y del objeto, del perceptor y lo percibido. Realmente todo el sueño es lo percibido y no hay ningún perceptor. El Yo Testigo sabe esto, sabe que el sueño está unificado.

En realidad no hay "creyentes" y "no creyentes", ninguno que "lo tiene" mientras los demás "no lo tienen", ni los "iluminados" y los "ignorantes". Visto desde el Yo Testigo todos y todo están en la luz, porque todo está unificado. Nunca vas a oír a un maestro espiritual que esté verdaderamente iluminado decir: *Yo lo tengo y tú no*, porque ahí está inmediatamente la dualidad. Lo que le vas a oír decir a un maestro iluminado es: *Venid a mí los que estáis cansados, No juzgues, Sé perfecto como tu Padre Celestial es perfecto, El padre y yo somos uno, Antes de que Abraham fuese, Yo Soy*. Este es el Yo Testigo, este es el Portal.

Por eso hablo a menudo del perdón, no de perdonar a alguien por hacerte daño, no de hacer real el resentimiento. Lo importante es llegar a un momento de humildad en el que uno se da cuenta de que todo lo que ha ocurrido ha sido perfecto, sin acoger ninguna sensación de ser víctima: ¡nadie ha sufrido daños! Desde el Yo Testigo se ve que el ataque es imposible, nunca nadie fue maltratado, nunca fue cierto que nadie sufriera ningún daño. Viendo desde el Yo Testigo, no hay ningún ataque.

En la psicología humanista todo es bueno en su núcleo. La psicología transpersonal enfatiza nuestra unicidad y nuestra interconexión. Luego al moverte hacia la parapsicología, llegas al sueño lúcido: a darte cuenta de que estás soñando. Piensa en lo feliz, lo libre, lo libre de cualquier necesidad de defenderte que podrías estar si estuvieses *observando* este sueño. Podría haber monstruos y dragones, o un ejército entero que viniese con ametralladoras, pero tú has dado un paso atrás en tu mente y estás en estado de sueño lúcido: sabes que estás soñando. ¿Qué significa saber que estás soñando? Es saber que lo que estás observando no es real.

El Yo Testigo sabe que no puede sufrir daños. No importa cuál sea el contenido del sueño, el observador sabe que todo está interconectado. Esto requiere un montón de entrenamiento mental. Por eso estamos viajando por todo el mundo para compartir esto, por eso y para demostrar que este Yo Testigo no sólo es alcanzable, sino que es inevitable. Es natural. Seguimos volviendo a tocar la misma nota: la de lo fácil que es la Unicidad y lo difícil que es la fragmentación. Por eso tenemos una melodía feliz. Estamos diciendo a la gente de la tierra: abandona tus cánticos fúnebres, ven a regocijarte en el Yo Testigo y ábrete a la Mente de Cristo, a la Unicidad que es verdadera para siempre.

Abrirse a esto requiere una invitación. Yo he descubierto que todo ocurre por invitación: el amor nunca forzará nada. En este momento, estamos sentados juntos debido a una invitación. El amor nunca intentará convencer a nadie, ni meterle nada a empujones, el amor sencillamente es. Es Lo Que Es. Hay una invitación a venir a este amor. Cuando viajamos, cuando hablamos en los medios de comunicación, lo pasamos muy bien con las muchas formas de expresarnos, estamos enviando una invitación. Por ejemplo, el eslogan de Skype de nuestro amigo: "Soy el Único, ¿es que no te vas a unir conmigo en esto?" Está enviando una invitación. Y eso es lo que todos nosotros estamos haciendo a través de todos los medios de expresión. La gente ve que estamos alegres y felices. Pueden ver que no juzgamos, que no necesitamos criticar a nadie para estar en este estado de consciencia. De hecho, es inconcebible que el amor critique a nadie. Entonces la gente se siente atraída hacia nosotros, y aparecen. Somos un testimonio de nuestra Mente, y el número de testimonios crece. Donde no se hacen juicios hay mucho sitio para todos.

Participante: ¿Cuáles son las tres maneras más sencillas de que la gente acceda a la Mente de Cristo y se puedan quitar de en medio a sí mismos?

David: Confiar en tu intuición o Poder Superior. Prestar atención a tus emociones: son como un barómetro. El Despertar requiere un montón de entrenamiento mental y parte de ello es prestar atención a tus emociones, y ser genuino. Usa un lenguaje sencillo y no pretendas estar donde no estás. Si te sientes dolido, vale, si sientes que la culpabilidad, la vergüenza y el dolor salen a relucir, también vale. Deja fluir a las lágrimas, deja que salga tu enojo. Deja que lo que haya ahí abajo salga a la superficie, concédete permiso para moverte a través de ello. Y al final, dale una oportunidad a la tranquilidad. Da igual si lo llamas meditar, irte a pescar, o a navegar en el océano: tenga la forma que tenga, concédete esa sensación de facilidad pacífica, ese tiempo de descompresión, de aquietarte y relajarte, y eso hará que la intuición sea muchísimo más clara.

Participante: Está más allá de las palabras: es una manera de ser. No hay palabras para describir la verdadera enseñanza, la enseñanza que es una manera de ser.

David: Como Gandhi, que respondió cuando le preguntaron en qué creía: *Vente conmigo un rato y lo verás.*

Conversación sobre enseñar y aprender

Participante: ¿Ocurre muy a menudo que alguien tome el Curso sinceramente, se trabaje todo el libro, y luego diga, *estuve allí, hice aquello,* y lo deje? Parece que el Curso cambia tanto la mentalidad de uno. ¿Cómo se podría dejarlo y decir *ya no necesito trabajarlo*?

David: Esto gira en torno de lo que Jesús llama "la transferencia del aprendizaje": El ego puede aprenderse el Curso y luego lo compartimenta en la mente de manera que puede limitarse a hablar del Curso, lo que sería una defensa en contra de aplicarlo. El ego dice: *No lo apliques. No empieces a mirar a los distintos aspectos de tu vida porque eso literalmente provocaría una experiencia de despertar.* El mensaje del Curso es tan sencillo y tan directo que a menudo la gente intenta adaptar el

Curso a sus vidas, en lugar de soltar lo que conciben como sus vidas y sencillamente dejarse llevar por el Espíritu Santo. Lo que ocurre es que la gente intenta mezclar el Curso con todo tipo de cosas diferentes. Este puede ser otro mecanismo de convertirlo en algo difuso. *No quiero oír lo que realmente dice. No quiero ver lo que realmente dice, así que lo interpreto en su contra.*

Pero puede haber una experiencia genuina del Curso si la mente está lista y dispuesta a utilizarlo. Al final del Libro de ejercicios Jesús dice: "La necesidad de usar palabras está casi llegando a su fin ahora". E-pII.14.2 Si la mente está realmente abierta y lista, se puede acercar al misticismo, y se sumerge cada vez más en esa tranquilidad. Se sumerge cada vez más en la experiencia revelatoria y luego, durante un período de tiempo, parece volver al mundo, hasta que ya no vuelve. Sencillamente se sumerge en la luz y ya está.

La gente puede decir, *hice ese Curso*, pero el Curso tiene tal profundidad y es tan hondo, que es raro que alguien parezca venir y sólo pasar a través de él. Necesitamos dar un paso atrás y ver que "hacer" *Un curso de milagros* en realidad no es ni siquiera una elección que la mente tenga. En la propia introducción Jesús dice que sólo es cosa tuya el momento en que haces este Curso. Ni siquiera la forma es cosa tuya. En el sentido definitivo, aquí está el mundo, aquí está la pantalla, y aquí es donde está *Un curso de milagros* (en la pantalla). De todo de lo que se trata, es de lo lista y dispuesta que esté mi mente a volver a la luz que está más allá de la pantalla del mundo. Mientras yo hago eso, en un sentido puramente mental, parecerá que hay algo ocurriendo en la forma aquí fuera: parezco ser una persona que tiene un libro y está moviendo los ojos sobre sus páginas. Todo eso está ahí fuera en la pantalla y sólo es un símbolo. Realmente, soy una mente que está volviendo a la luz. La forma sólo parece ser, es simbólica.

Eso se aleja realmente de defender el Curso. Empiezas a ver que lo que parecía ser un sendero que una persona estaba tomando, en realidad era sólo otro símbolo. Eso trae mucha alegría. No tengo que meterme a defender el Curso ni preocuparme de si alguna vez *60 Minutes [*un programa muy popular de la TV estadounidense*]* va a hacer una presentación del Curso. No tengo que meterme en eso porque todo eso está ahí fuera en la pantalla. Lo que sí necesito es observar mi mente. Jesús dice que ser un obrador de milagros no tiene nada que ver con el tiempo que lleves con el Curso, pero sí tiene que ver con que tú estés listo y dispuesto. En el sentido definitivo él dice que confíes implícitamente en que *él* está listo: realmente no puedes confiar en que tú estés listo.

Participante: Es ese maestro que tenemos dentro, ¿verdad? No es un maestro de *ahí fuera*.

David: Sí, esto es para verlo como algo simbólico. En el *Manual para el maestro* hay una sección sobre niveles de enseñanza. Jesús comienza la sección diciendo que en la enseñanza no hay niveles ni progresión: el plan de Dios para la Expiación se cumplió en un instante. Pero Jesús sabe que esa Idea es un salto cuántico demasiado grande, así que continua ofreciendo tres niveles. Habla de los encuentros casuales, de las relaciones duraderas y de las relaciones de enseñanza-aprendizaje que son de por vida. En el *Canto de la oración* habla también de los peldaños de una escalera, como metáfora de la profundización en las enseñanzas. Comienza el *Manual para el maestro* diciéndote que estás enseñando y aprendiendo a cada instante. Esto saca el asunto del ámbito de la forma, de que aparezcan un maestro o un aprendiz. Si estás enseñando a cada instante, es que todo está en tu mente. Ahí dentro hay dos sistemas de pensamiento. Lo que me estoy enseñando a mí mismo depende de con cuál de ellos me alineo a cada instante. Yo siempre vuelvo a eso. Así es como lo mantengo sencillo en todo momento. No tengo que pensar en quién es para mí el maestro, ni en quién es el aprendiz. De hecho, la mayor parte del *Manual para el maestro* está escrito en este nivel relativo o metafórico. Él habla de sanadores y pacientes, pero en el sentido último son nuestras mentes las que necesitan la sanación. Da la sensación de que habrá algunos que parecerán haber entrenado sus mentes o parecerán tener una mentalidad un poquito más orientada a los milagros. Esto se describe como una relación maestro-aprendiz o sanador-paciente. Está claro que él está hablando desde el nivel metafórico de lo que *parece* ser.

Vemos esto mismo en las secciones que tratan de la relación santa. En el sentido definitivo, la relación santa no es sino aceptar el Propósito del Espíritu Santo. No depende de que tú y tu cónyuge os pongáis de acuerdo sobre un propósito santo, porque en definitiva sólo hay una mente. Pero un montón del texto sobre relaciones especiales y santas está escrito al nivel de la mente aparentemente dividida. Por ejemplo, en el Libro de ejercicios: "Dos mentes con un solo empeño se vuelven tan fuertes que lo que disponen se convierte en la Voluntad de Dios". E-185.3 Y hay un pasaje del texto donde dice: "El que esté más cuerdo de los dos en el momento en que se perciba la amenaza, debe recordar cuán profundo es su endeudamiento con el otro y cuánta gratitud le debe, y alegrarse de poder pagar esa deuda brindando felicidad a ambos". T-18.V.7 Es obvio que esto está escrito como si hubiese una relación entre dos personas. Estas son metáforas útiles mientras parezca que la mente está dividida y cree en personas separadas. En esta etapa todavía no se experimenta el mundo como un mundo de ideas y nada más. Hasta que se produce una transformación significativa de la mente, todo se experimenta como relaciones entre cuerpos.

Participante: ¿Hay alguna diferencia entre enseñar lo que todos enseñamos con nuestros pensamientos y actos, y un maestro que parece ser capaz de verbalizar y expresar los conceptos un poco mejor, como tú haces?

David: Yo diría que cuando lees el *Manual para el maestro*, tienes que ser consciente de estas diferentes metáforas. Al principio él dice que es maestro de Dios cualquiera que quiere serlo. Vale, esa es una manera de hablar de ello, y una que se cita a menudo. La gente dice: *todos somos maestros*, pero también hay otra "metáfora" en el *Manual para el maestro*: "...no puede adjudicarse a sí mismo este título hasta que haya completado el libro de ejercicios, ya que estamos aprendiendo dentro del marco de este curso". M-16.3 Para ser un maestro de Dios tienes que estar enseñando lo que viene del Espíritu Santo. De lo contrario parece que estás enseñando con Dios durante una parte del tiempo y enseñando con el ego durante el resto del tiempo. Por eso son útiles todas estas metáforas educativas que él utiliza. En el Manual él dice del maestro de Dios: "...en algún lugar ha elegido deliberadamente no ver sus propios intereses como algo aparte de los intereses de los demás. Una vez que ha hecho esto, su camino ha quedado establecido y su dirección es segura". M-1.1

Sólo hay dos lecciones en tu mente. El Espíritu Santo es una lección y el ego es la otra, y si sigues intentando enseñar desde los dos serás un maestro en conflicto y un aprendiz en conflicto. Intentar enseñar dos sistemas de pensamiento que no coinciden en nada da lugar a un curriculum confusísimo. Todo se reduce a tener disposición a quitar el velo tras el que oculta la mente errada. No puedo elegir al Espíritu Santo de manera consistente mientras no vea que la mente errada no tiene nada que ofrecerme. No puedo elegir al Espíritu Santo mientras crea que algunas partes de la mente errada son atractivas. Por ejemplo, tal vez creo aún que hay cierta "culpabilidad buena". Para la mayoría de la gente la inocencia es buena, pero hay algunos crímenes atroces que son inaceptables. Mientras creas que ciertas injusticias y ciertos resentimientos son válidos, aún estás creyendo en la "buena" culpabilidad. El mensaje del Curso es que la culpabilidad nunca es buena. La culpabilidad siempre viene del ego.

Al final, parece como si hubiese un ego, un Espíritu Santo, y tomador de decisiones. Pero mientras creas que hay un tomador de decisiones autónomo que puede elegir entre el uno y el otro, y a veces a ninguno de los dos, estás cayendo en otra trampa. Siempre, en todo momento, estás en la mente errada o estás en la mente recta.

En la sección *Reglas para tomar decisiones* dice: "Hoy no tomaré ninguna decisión por mi cuenta". T-30.I.2 Él dice que se puede percibir esto como coercitivo, pero piénsalo: en tu mente hay dos consejeros, y cada decisión que tomas viene de escuchar al uno o al otro. Aquí no hay ningún asunto de coerciones. Él dice que tú vas a tomar una decisión basada en lo que te diga uno de estos consejeros. El propósito del Curso es que yo le mire bien a lo que realmente quiero. No puedo elegir al Espíritu Santo mientras crea que el ego tiene algo que me atrae. En cuanto se sube el ego de lo inconsciente al reconocimiento consciente de las cosas, se puede ver que ninguna de esas creencias sirve. ¡Y ya está!

Los maestros y el aprendizaje sin límites

Hola, David:

Es muy tentador para mí tener como un ídolo a un maestro al que tenga en gran estima. Si uno lo permite, el ego utiliza los maestros espirituales, los libros y los escritos para su propia meta. El ego despotrica vociferando: "Ese es el único ejemplo que puedes dar de alguien que haya terminado con éxito el trabajo al que estás dedicando tanto tiempo, esfuerzo y sacrificios". Encuentro que lo mejor es "regresar a la respiración", como aprendí de la meditación, que en realidad significa no seguir a la mente sino volver a la Verdad. Volver continuamente a la Verdad me está mostrando que tengo mucha más paz en situaciones que antes, cuando me protegía a mí mismo y atacaba en represalia, me agitaban mucho.

La Fe en Dios es todo lo que necesito en el sendero de vuelta a Él. La fe en el hombre sólo puede conducirme a ilusiones. La fe en tu hermano no significa tener fe en lo que hace o lo que dice, sino tenerla en lo que es Verdadero en él: su inocencia. Este es el camino a casa, tal como yo lo creo.

¡Gracias a todos por mostrarme las motas de polvo en el altar, y gracias al Espíritu por el plumero llamado Perdón que tengo en la mano! En otras palabras gracias a todos por todo.

Amado:

Gracias por compartir los pensamientos y emociones privados que estaban brotando a la superficie de la consciencia para ser sanados. Verdaderamente es un trabajo interno. Siempre he dicho: "No sigas a la carne, sigue al Espíritu que está dentro". Jesús me enseñó el único uso acertado del juicio –preguntarme a mí mismo *¿cómo me siento?*– como herramienta para llegar a la auténtica transformación de la consciencia y a la sinceridad emocional: ¡el Estado de Alegría! Ahora esto lo expreso libremente, y si parece que ello inspira a alguien a perdonar y ser feliz, eso es una bendición inconmensurable.

Ya no me identifico con los "papeles" de maestro-aprendiz, ni líder-seguidor, ni gurú-devoto, porque reposo en el Momento Presente y me satisface sencillamente Ser.

Siempre me sentí inspirado por los pasajes sobre las características de los maestros de Dios del Capítulo cuarto del *Manual para el maestro*.

Te invito a consultarlos y también a encontrar Consuelo en ellos, en particular en las secciones sobre la Honestidad, la Tolerancia, la Mansedumbre, el Júbilo y la Indefensión, y en:

> Si no fuera por los maestros de Dios, habría muy pocas esperanzas de alcanzar la salvación, pues el mundo del pecado parecería ser eternamente real. Los que se engañan a sí mismos tienen que engañar, ya que no pueden sino enseñar engaño. ¿Y qué otra cosa sino eso es el infierno? Éste es un manual para los maestros de Dios, quienes no son perfectos, pues, de lo contrario, no estarían aquí. Su misión, no obstante, es alcanzar la perfección aquí, y, por lo tanto, la enseñan una y otra vez, de muchísimas maneras, hasta que la aprenden. Y después ya no se les ve más, si bien sus pensamientos siguen siendo una fuente de fortaleza y de verdad para siempre. M-in.5

Estoy agradecido al Amor Eterno de Dios que sencillamente *es*, y siempre está disponible como Fuente de Ayuda interior.

La maestría por el Amor

Hola, David:

Durante años he seguido a un maestro que ha sido llamado y se ha declarado a sí mismo "maestro magistral" *[master teacher en el original]* despierto. Ha enseñado que la mente es singular, que este mundo se acabó hace mucho, que él habla desde fuera del tiempo, y que él y sus seguidores van a salir juntos, como en un relámpago, fuera del tiempo. Hace muchas referencias a la Biblia y a *Un curso de milagros*, pero en la Biblia Jesús enseña a poner la otra mejilla, a no resistirse al mal, y dice que le ofrezcas también tu manto a quien te pida tu abrigo. En UCDM Jesús incluso enseña que "En mi indefensión radica mi seguridad". Mi maestro, sin embargo, ha abogado por y participado en, una campaña que aún continúa de pleitos contra los titulares del derecho de copyright de UCDM, y justifica esta acción como ponerse a favor de Cristo en contra de los que intentan distorsionar las enseñanzas y obstaculizar la difusión de la Palabra. Esto me confunde. No comprendo cómo es posible tener un pleito, tener representación legal, preparar un caso legal contra un hermano, y defender una posición, todo ello en el Nombre de Jesús Cristo. Jesús dice: "Si me defiendo he sido atacado". ¿Podrías explicar esto?

Mi segunda pregunta tiene que ver con las enseñanzas de mi maestro sobre la transformación física. Si el cuerpo es una ilusión, ¿cómo es posible transformar o cambiar una ilusión? Mi maestro se refiere a la transfiguración de Jesús, pero yo no puedo comprender que un cambio de la forma, o de lo físico, tenga nada que ver con la transformación mental que llamamos Iluminación. ¿Me estoy perdiendo algo?

Mi tercera pregunta tiene que ver con el afán de ser especial en lo espiritual. Mi maestro se ha referido a sí mismo como una inserción de la luz en el continuo espacio-temporal, pero a la vez dice que está fuera del tiempo. Se le da mucha importancia a estar *con* el maestro magistral y permanecer en la energía superior y el tiempo veloz del maestro magistral y su asociación. Pero lo que leo en UCDM es que el más santo de todos los lugares de la tierra es aquel donde un viejo odio se ha convertido en un amor presente. ¿Quieres hablar de la trampa de hacer a alguien especial y diferente de todos los demás? He oído llamar a esto la trampa del gurú y parece ser otra estratagema del ego para destacar a un hermano por encima de los demás y mantener de manera sutil la sensación de ser únicos, especiales y separados. Si somos Una Única Mente entonces parece que ninguna persona, sitio, acontecimiento, o cosa tiene más importancia que otra, y que no hay en verdad nada que comparar. ¿Es esto así?

Hola, Amado:

Cristo es Espíritu creado por Dios, y no necesita ninguna defensa. Los conceptos los hizo el ego y, por tanto, parecen necesitar constante defensa. La Verdad no necesita ninguna defensa porque la Verdad no tiene contrario ni opuesto. Los conceptos del yo son frágiles y, por muy inflados que parezcan estar en este mundo, no se basan en la verdad y no ofrecen ninguna tranquilidad de espíritu, ni seguridad, ni protección alguna.

La Maestría por el Amor ve la insensatez y la imposibilidad de la idea de defensa. La Maestría por el Amor ve que un pleito es un mal chiste, porque la defensa y la práctica espiritual auténtica no coinciden en absolutamente nada. La defensa es un intento del ego de enseñar que la vulnerabilidad es real y que existe algo que necesita protección. Pero la enseñanza central de *Un curso de milagros* es: "Nada real puede ser amenazado. Nada irreal existe. En esto radica la paz de Dios". T-in.2 La Paz y la comprensión van juntas y no se las puede encontrar por separado. Alégrate de que NO SE PUEDE comprender el empeño en justificar un pleito en el Nombre de Jesús Cristo. Lo que has descrito es un buen ejemplo de que este mundo es un mal chiste, de la locura de las payasadas que el ego encubre bajo la pretensión de una "causa espiritual".

En respuesta a tu segunda pregunta, la "transformación física" es un oxímoron, o contradicción en sus propios términos. Este es el error del mundo de las contradicciones. En efecto, es imposible transformar o cambiar lo físico, pues el cambio de una ilusión no es sino una ilusión de cambio. Por eso digo "No busques cambiar el mundo, sino más bien cambia de ideas sobre el mundo". La *Oración de la serenidad* es un recordatorio de lo mismo: no se puede cambiar el mundo pero tú sí que puedes cambiar de ideas sobre el mundo. Y el Espíritu Santo es la Sabiduría que se necesita para reconocer la diferencia (el discernimiento).

La transfiguración de Jesús descrita en la Biblia fue un "fenómeno", o una "mera apariencia". En el mejor de los casos, se la puede ver como un símbolo, o representación, de Ir más allá, hacia la Luz de Cristo que está detrás del velo de las imágenes. Es útil recordar, sin embargo, que TODAS las percepciones son falsas. La Luz Abstracta es Universal, y no es concreta ni particular. El Espíritu nunca "entra" en la materia, y no se puede llevar a la Verdad ante las ilusiones. La Eternidad nunca "entra" en el tiempo, y lo Infinito nunca "entra" en lo finito. Por esto la idea de "inserción de la Luz" es imposible, porque, literalmente, el Verbo no se hace carne. La Realidad no se puede traducir ni transformar en lo irreal. En lugar de eso, trae la oscuridad de las creencias falsas (incluida la creencia en lo físico) ante la Luz de la Verdad y Conócete a Ti Mismo como Espíritu. Lo espacio-temporal y lo físico-material se disuelven, y el Espíritu permanece. Acepta la Expiación y este reconocimiento se volverá obvio.

En Respuesta a tu tercera pregunta, el ego ES la creencia en ser especial y único. El intento de destacar a una persona, un sitio, una cosa, una situación, o un acontecimiento del entramado global del cosmos ES el intento de hacer y adorar un ídolo, o sustituto de Dios. Esta tentación (el deseo de hacer reales las ilusiones) del ego de "adorar al gurú" no es sino un ejemplo del deseo de muerte que hay detrás del afán de ser especial. Siempre que se hace una comparación, se está aceptando la dualidad como algo real y la consciencia parece tener obstaculizado el acceso al Amor Divino. Pero el Amor sencillamente Es.

El Amor del Espíritu es la Energía de la Vida en Dios. Esta Energía nunca es ni "superior" ni "inferior", ni "brillante" ni "tenue", ni "fuerte" ni "débil". El Espíritu es Intemporal, es Inmutable. El tiempo es una ilusión y, por tanto, no hay "tiempo veloz" ni "tiempo lento". Es imposible estar "cercano" ni "alejado" del Espíritu porque el Espíritu transciende los falsos conceptos de distancia y de incremento de medida. El ego intenta utilizar esos conceptos para mantener su "existencia", y su "existencia" descansa en la creencia en las diferencias y en las cosas únicas. Felizmente la Unicidad no se puede descomponer en trozos, o piezas, diferentes y únicos. ¡La Integridad significa Un Solo Ser!

La Mente Divina es real. La personalidad, que es un concepto de cuerpo-mente-alma, no es real. Es imposible que un concepto sea real, porque Dios no creó conceptos. Dios crea el Espíritu y el Espíritu comparte la Realidad de Dios. UCDM no es sino un aparente "sendero" para soltar las asociaciones del pasado, aceptar la integridad del mundo perdonado, y recordar a nuestro Ser y a Dios. ¿Dónde empezaría "la asociación"? ¿Dónde terminaría "la asociación"? ¿Ves?, lo falso es falso y no se lo puede descomponer en trozos ni piezas. No existe ninguna división nosotros-ellos, ni existe ninguna división dentro-fuera. La "asociación", o grupo, no es sino otro concepto del yo. Recuerda que sólo los conceptos del yo necesitan la ilusión de las defensas, esto le da perspectiva a la Respuesta a tu primera pregunta sobre el pleito. La Salvación no es nada más que escaparse de los conceptos del yo.

El Perdón, la última ilusión, el último concepto del yo, no está fabricado por ti desde tu soledad. El Espíritu Santo ofrece la Expiación como la Perspectiva global que transciende la perspectiva personal del ego, que está fabricada con piezas. Para el Espíritu Santo, GURÚ significa: Caramba, Tú eres Tú [Gee yoU aRe yoU en el original]. La Presencia "Yo Soy" es Espíritu, Un Único Ser para siempre en la Mente de Dios. Ninguna otra cosa existe.

La Verdad es una experiencia. No se la puede organizar.

No busques en la carne la experiencia interior.

No busques hombres, ni mujeres, ni "maestros magistrales" en la forma.

El Espíritu ni conduce ni sigue. El Espíritu sencillamente Es.

La Iluminación no es más que un reconocimiento, no es en absoluto un cambio.

La Expiación es el Punto del reconocimiento que transciende las trampas del ego de "líderes" y "seguidores".

No hay nada que esté "fuera" del Ser Único. ¡Eso es la Iluminación!

Transcender el concepto de maestro

Querer ser un "maestro de Dios" en un sentido personal forma parte de la ilusión del ego. El Cielo es la pura Unicidad libre de deseos; el paso hacia el Cielo es una "Meta" o "Propósito" unificado que disuelve la creencia en el tiempo. Las muchas metas y deseos del ego carecen de significado, puesto que el ego no tiene existencia alguna. El juego del ego se hace obvio: busca pero no encuentres. El final de la búsqueda es el Encontrar.

Enseñar y aprender no están separados pues, mientras crea en el tiempo, la mente pasa todo el "tiempo" enseñando-aprendiendo. Se puede igualar enseñar-aprender con pensar: el Despertar es la conversión que tiene lugar cuando se sueltan los pensamientos sobre el pasado/futuro y la Mente reconoce que sólo Piensa tal como Dios Piensa. La Mente Crea exactamente igual que Dios Crea.

Mientras la mente cree en la carencia, parece que le faltan cosas, y busca llenar su sensación de vacío. Cuando ve la imposibilidad de la carencia, la Mente sólo se da cuenta de la Integridad, la Plenitud y la Unicidad. La Paz y el estar contento son experiencias del Momento Presente. "Enseña sólo Amor" significa que piensas con Dios y estás con Dios.

Dejar que el perdón sea tu "meta de aprendizaje" es estar dispuesto a desaprender todo lo que crees y a vaciar la mente de todo lo que cree que piensa. Estás yendo adentro a discernir lo valioso de lo que no tiene valor, lo que tiene sentido de lo que no lo tiene, lo verdadero de lo falso. En la consciencia amanece la comprensión de que el "desvío" era una ilusión. Permaneces tal como Dios Te creó, Amado Portador de la Luz. ¡Cuando reluces con tanto brillo eres el Don de Dios! Felizmente, el Hijo de Dios está más allá del cambio.

La importancia de la invitación

Participante: ¿Cómo tratas con gente que tiene todas esas creencias sobre el cuerpo? Puede ser que estén tomando montones de suplementos alimenticios, o que sigan ciertas dietas, o regímenes de ejercicio. ¿Les dices alguna vez algo sin que te hayan preguntado?

David: No, eso se hace por invitación. Alguien que sea sincero con el entrenamiento mental puede decir algo así: "Por favor échame una mano de cualquier manera que puedas. Por favor señala algo que veas que sería útil para soltar el ego". Eso es una invitación abierta. Incluso en ese caso, lo que se hace no es intentar corregir a un hermano, sino sólo responder a su petición. Cuando viajo, la gente a mi alrededor puede hablar de dietas, o puede parecer que están adictos, atrapados o esclavizados por cierto número de cosas: yo no estoy allí para señalar esas cosas, sino para unirme y regocijarme en la alegría del momento. Nos hemos quedado en casas donde la gente parecía estar luchando en muchas áreas, pero no estaban pidiendo activamente que se les señalase nada. Para mí, ha sido una experiencia estupenda. Luego te dicen: "He disfrutado mucho de tu visita, sencillamente me ha encantado que estuvieras aquí". Agradecen la alegría, la paz y la sensación de ausencia de juicios.

Es mucho más probable que ese sentimiento los inspire a hacer los cambios interiores necesarios para permitir que desaparezcan los antiguos patrones de conducta, que el que se les diga que se fijen en cosas concretas. Una corrección así podría interpretarse como un juicio o una crítica. Antes de que yo señale cosas concretas, es esencial recibir la invitación. Pero, cuando nos unimos en el despertar, cuando profundizamos más, vamos descubriendo muchos mecanismos de defensa del ego, que es donde en realidad está el problema. El problema está en la mente, no está en la conducta. Los comportamientos surgen automáticamente de las creencias y de los pensamientos. Intento unirme en propósito con la gente y trabajar con sus creencias y con sus pensamientos. No tomo nota de su conducta. Sencillamente: vive como quieras vivir y compartamos la alegría.

Abrirse a la voz de Dios

Hola, David:

Tengo dificultades para escuchar la voz de Dios. Alterno continuamente entre la paz y el conflicto. He estado estudiando UCDM durante tres años y ya no veo las cosas como las veía antes. Pero, aunque durante mis meditaciones siento una sensación maravillosa, de paz y amor, durante el resto del día me siento casi rabioso y furioso. De verdad, siento que me estoy volviendo loco, siento que mi mente está dividida, me veo a mí mismo terriblemente malo y a la vez impecablemente inocente. Necesito hacer un esfuerzo para acordarme de respirar y recordar Quien soy. UCDM ha sido, a nivel intelectual, una fuente de constante asombro para mí, veo cómo funcionan el enseñar y el aprender, cómo funcionan la percepción, la ilusión y el ego. No sé como expresarme. Me siento muy mal en este momento y creo que necesito ayuda.

Para mí, durante los últimos años el Curso casi se ha convertido en una obsesión. Sólo querría estar cerca de estudiantes de UCDM para hablar sólo de Dios y del Espíritu Santo, para sentir sólo paz y amor. Parece una locura reconocer que estoy intentando voluntariamente creer de una manera diferente a como siempre he creído. Si en lugar de estar a solas, tuviese a un "gurú", o a algún otro, diciéndome que me lave el cerebro para creer en esto, estaría en efecto muy atemorizado. Pero he sentido el amor y la paz que ofrece esta creencia, y los quiero para mí. Supongo que estoy desesperado. ¿Puedes por favor ofrecerme alguna palabra de consuelo? ¿Soy yo el único que tiene estos problemas con la práctica de UCDM?

Amado:

Eres muy Amado. ¡Estoy junto a Ti hasta el final en el Despertar! El conflicto de creencias está saliendo a la superficie de la consciencia, tal como tiene que salir. Aunque al ego le pueda parecer que te estás volviendo loco, lo que ocurre es que lo falso está siendo desenmascarado y llevado ante la verdad. La oscuridad está siendo llevada ante la luz.

Las emociones que experimentas forman parte de la ilusión de deshacer y no son insólitas en la purificación del pensamiento, en la transformación de la mente en La Mente. UCDM es tu sendero y lo sigues con devoción. Es una vía rápida para llegar al amor perforando el miedo. Como estás Llamando al Amor de Dios, todo lo que obstaculiza ser consciente de ese Amor está siendo traído a tu consciencia, para que puedas soltarlo. Al acercarte al núcleo del sistema de pensamiento del ego, los sentimientos pueden parecer muy intensos, porque el ego se siente muy amenazado por la Luz y la identificación con el ego produce una ilusión de trastorno. Anímate, porque tienes al alcance de la mano el final del sueño.

El Espíritu Santo dirigirá todo el desaprender. Si tienes dificultades para oír Su Voz, te sugiero preguntarte "¿Para qué es esto?" en relación con las situaciones y acontecimientos de tu experiencia cotidiana. Esta pregunta, si se plantea de manera sincera y persistente, profundiza cada vez más en el sistema de creencias del ego y es útil para descartar la fe en el ego. Esto ayudará con la tarea de soltar la percepción lineal y permitir que el milagro reorganice la percepción conforme a la Perspectiva simultánea. Por utilizar el símbolo de la cruz, lo horizontal se derrumba y se disuelve: todo lo que queda es lo vertical (la Comunión con Dios).

En algún momento podrías ser Guiado a participar de una manera más completa en una "comunidad espiritual", y esta forma será para ti un símbolo de la comunicación abierta, de la seguridad y la estabilidad de permitir que el error salga a la superficie para soltarlo. Todo es un reflejo del pensamiento. Felizmente, ya está aprendido que cambiar los pensamientos por medio de soltar los pensamientos de ataque es nuestra salvación. El mundo sólo puede ser un reflejo de las creencias, pero las creencias pueden cambiar de hacer juicios al perdón cuando llega la disposición a dar de lado a todos los juicios. Esto es rendirse a la Gracia de Dios.

Una "comunidad espiritual" es un reflejo de la disposición a Pedir Ayuda y a ser utilizado para extender la Ayuda. Esto abrirá el paso a una disposición aún mayor a oír la Voz de Dios. La clave está en no ocultar ni proteger las creencias y los pensamientos falsos. Compartir con tus hermanos y hermanas es un símbolo de no ocultar nada de la Amorosa Luz del Espíritu Santo. Esta oportunidad está fácilmente disponible en todas las formas aparentes de comunidad, incluido el contacto físico y la Internet. Siempre es útil recordar, sin embargo, que dar de lado a lo horizontal (la creencia en que "ahí fuera" existe un mundo lineal) en el punto de intersección (el milagro) conduce a lo vertical (la Visión de Cristo). La "comunidad espiritual" es un paso útil hacia el reconocimiento de la Comunión interior con Dios.

Me uno a ti en tu devoción, pues Cristo Llama y nosotros Respondemos. ¿Qué objetivo más Santo podría haber? Te amo y camino hacia Dios por el Mismo camino.

No hay excepciones a la Verdad

Lo que es verdad para ti es verdad para mí y es verdad para todos, si es la Verdad. No hay excepciones al Principio Divino: no hay ningún error de percepción que el perdón no pueda sanar. Dios no tiene favoritos y, puesto que no hay orden de dificultad en los milagros, una aparente situación es tan perdonable como cualquier otra. Pero lo que quiero decir con "perdonable" es que ninguna ilusión permanece ante la Luz del Principio Divino. Conforme uno suelta los pensamientos de ataque los disgustos le ceden el puesto en la consciencia a la Alegría. La Alegría es natural para el Espíritu.

Lo que importa es ver que el mundo es una percepción distorsionada, una lente borrosa. La distorsión del ego pareció dividir el mundo en dos para poder percibir sujetos y objetos, víctimas y victimarios, santos y pecadores. Pero la división estaba en la mente y no en el mundo, y la Corrección está en la mente y no en el mundo.

Un cambio de percepción es mirar el mundo de una manera literalmente nueva, con el Espíritu, y ver un mundo perdonado. Una vez que se sana, o se ve como irreal el error, desaparecen también los efectos que el error parecía producir. Desde la percepción del ego puede parecer que el cuerpo nace, vive, enferma y envejece, es víctima o victimario, y muere. Pero el Espíritu es eterno y, por tanto, no puede ver ninguna de esas ilusiones.

La distinción, o decisión, clave es si yo soy Espíritu o soy un cuerpo, porque Uno es Real y el otro sólo un sueño. El Perdón ve las ilusiones como ilusiones y los sueños como sueños, y así ve que el pasado ya pasó. Eso es atribuir el poder de manera verdadera, pues estar alineado con el Poder Superior es ser de verdad invulnerable.

Para encontrar, deja de buscar. Ten disposición a descubrir que ya no eres un "buscador", sino Uno Que Es. ¿Qué cambiaría en tu experiencia (aparte de todo) si el Tú Real experimentase su Verdadera Identidad y fluyese desde el conocimiento de su Unión con Dios, en lugar de aferrarse a la duda y andar buscándola con temerosos pies de plomo? Sabes la Respuesta. ERES la Respuesta.

Significaría no tener excusas para mantener la creencia en el victimismo.

Significaría el final de la queja llorosa "Pero ¿y para mí qué?"

Significaría tener la Libertad de Amar sin límites.

Significaría dejar de mimar a quien parece conformarse con menos diciéndole: "Sí, yo sé a lo que te refieres".

Significaría elegir cada mañana la oración, la meditación, etcétera, en lugar de montar de un salto en el tren de las divagaciones y las naderías absorbentes del ego.

Significaría que has aceptado la responsabilidad de la Expiación, de la Completa Paz Interior.

Significaría ver que la creencia en "la somnolencia masiva de la muchedumbre" no significa nada, y complacerte en la Luz del Cielo interior.

Significaría hacer contacto visual (desde la ventana del alma) con el empleado de la tienda de comestibles, con todos los que te cruzas por la calle y con todos los que te vienen a la mente... Real... Profundo... Contacto desde el Núcleo del Ser interior.

Significaría sentirte profundamente libre de resistencias.

Significaría una profundidad de la Paz tan Inclusiva de Todo, que en un Instante el mundo desaparece y amanece la experiencia de la Visión verdadera.

Significaría ¡bailar con una Alegría indescriptible y experimentar Admiración ante el Poder y la Gloria y el Amor Imperecedero de Dios!

Significaría vivir en un Universo en el que no hay equivocaciones, y por tanto, no tener que juzgar.

La Paz viene de la Aceptación

David: Llega un momento en el que toda indagación, toda búsqueda y todo deseo de hacer mejoras llegan a su fin. Hay un momento en que la mente está tranquila y satisfecha. Hay un instante que transciende el espacio-tiempo y todas lo espacio-temporal. En este instante el mundo está perdonado, se lo ve desde un punto de referencia que no sabe nada de juicios. Todas las cosas se ven tal como realmente son, sin distorsiones ni distinciones. ¡La igualdad de todas las cosas se hace visible de manera resplandeciente! ¡Tal es la Aceptación! ¡Tal es la Paz!

Participante: ¿Puedes hablar de cuál es mi propósito en la vida?

David: Cuanto más te aclaras y cuanto más entras en ello, hay una alegría que sencillamente te impulsa. Es la alegría de empezar a aclararte. Entonces, cuando conectas y te unes con la gente, dices lo que necesitas oír. La consciencia de esto viene a ti cada vez más.

Participante: ¿Cómo sabes que el ego no va a tomar el control cuando sigues a ese deseo de compartir?

David: El Espíritu Santo es el propósito. El ego no sabe lo que es el propósito. No sabe lo que es el significado porque no procede del significado. Nunca, por así decirlo, tuvo un modelo consistente para hacer su papel, y es muy inconsistente y muy errático. No sabe lo que quiere. No hace más que seguir buscando y agarrándose a cosas del mundo: la relación perfecta, el automóvil perfecto, el título universitario perfecto. El ego siempre está jugando a este juego: *yo seré feliz cuando* _____ (rellena el espacio en blanco). Detrás de este juego está la creencia en que si consigues la situación apropiada, tu mundo de sueños de formas te traerá la felicidad, así que vas a por el sueño. Algunos quieren el sueño americano y cuando por fin consiguen la esposa, la casa, el perro y hasta la valla con puntas de lanza alrededor de la casa, entonces ya no tienen ni idea de qué era lo que querían. El ego siempre está diciéndote que hay cierta forma que te va a traer la felicidad.

El Curso nos enseña que hay un Propósito, que está en la mente y no en las formas, que nos va a traer la felicidad. "Cuando decides qué forma debe tener lo que quieres, dejas de entender su propósito". T-30.III.2

Abrirse al Amor Divino

Extender el Amor Divino siempre se siente como calidez en el corazón. La clave de la felicidad duradera es soltar la tentación de buscar fuera la "fuente del amor" y en lugar de ello extender el Amor que está dentro. Porque el Amor es como un manantial que brota de forma inacabable y cuanto más lo extendemos más conscientes nos hacemos de que Lo tenemos y de que Lo somos. El Amor no hace distinciones ni discrimina, porque el Amor lo baña todo en su Luz bondadosa. Esto es lo que hace del Amor un regalo para todos.

El mundo se hizo como un sustituto del Amor Divino. El "amor" del mundo implica regateos, reciprocidad, control, afán de ser especial, y su característica nuclear es la posesividad. Mientra el Amor Divino resplandece y brilla sin limitaciones, condiciones, ni restricciones, el "amor" posesivo está lleno de reglas, límites, exigencias y expectativas. El Amor Divino es libre y se da libremente. El "amor" posesivo siempre está mirando qué es lo que va a conseguir a cambio. El "amor" posesivo exige muchos compromisos a cambio de su "regalo". El Amor Divino nada sabe de compromisos ni de apegos, porque fluye poderoso, silencioso, alegre y libre como un Gran Rio.

No podemos dirigir el Curso del Amor. Nos podemos rendir a la Corriente del Amor Divino y dejar que nos transporte hasta que llenos de felicidad reconozcamos que la Presencia Yo Soy del Amor Divino es nuestro verdadero Ser en Dios. El Amor de Dios es Imperecedero, y así todo lo demás que parece ser se desvanecerá y desaparecerá al llegar el recuerdo de la Luz Imperecedera del Amor Divino. ¡Gloria a Dios por crear el Amor Divino como Uno Solo!

Una parábola de perdón: el final de la búsqueda

El perdón es el medio para estar en el milagro, donde todas las preguntas encuentran respuesta. Esta bella parábola, contada por Hugh y Gayle Prather en *A Book for Couples* (Un libro para las parejas), lo expresa bien.

Hubo un buscador que fue ante Dios y le dijo: "Me has dicho que mi entrenamiento está casi completo. Has dicho que estoy casi listo para abandonar el mundo de la forma y entrar en nuestro Reino Celestial. Pero Tú Que Eres Amor no me has instruido sobre las cosas entre hombre y mujer".

"Sí, hijo mío", dijo Dios, "hay una pregunta que te entristece. Pero, ¿la ves con claridad?" Y tal como había sido entrenado, el buscador entró en el Silencio y permaneció allí un rato. Al poco dijo: "Tengo muchas preguntas que me entristecen. ¿He de casarme, o he de estar solo? Y si estoy solo, ¿he de ser célibe? Y si he de casarme, ¿estaremos solos o con hijos? Y si tengo una esposa e hijos, ¿habrán de unirse a mí en el trabajo que me has dado? Y si han de unirse a mí, ¿qué he de hacer si se niegan?"

"Sí, hijo mío", dijo Dios, "esas y mil preguntas más podrías plantear. Sin embargo, ¿no ves que hay una sola pregunta detrás de todas las demás?"

De nuevo el estudiante entró en el Silencio, y esta vez permaneció Quedo durante un largo rato. Y ahora dijo: "Creo que mi única pregunta es: '¿Estoy solo?'"

Y Dios dijo: "Has visto bien. Has visto la única pregunta que hay. El mundo desde el que estás a punto de Ascender era simplemente esta pregunta".

Pero el buscador aún no se reía. Así que Dios dijo: "A lo mejor, hijo mío, crees que no sabes la Respuesta".

El buscador dijo: "¿No hay pensamientos que puedas darme para responder a las muchas preguntas pequeñas que nacen de esta?"

"Hay muchos, en efecto, mientras tú creas que lo Uno son muchos" dijo Dios "pero todas las preguntas se responden con la respuesta única".

Y entonces Dios le habló al buscador desde lo más hondo de las profundidades interiores del Amor:

Tú eres el milagro que tienes que obrar. Y cada vez que parezcas fracasar en esta función te sentirás solo, y al elegir esto te abstendrás de toda vida, de toda verdad, de toda realidad.

Sabrás cuando has recordado tu función por el Amor que abruma al juicio y al deseo. Pues el milagro es tu función. Ser el reflejo de Mi Amor, y luego ver que nuestro Espíritu Divino es todo lo que hay: dar Amor con facilidad y así recibirlo con facilidad. Nada de lo que dices o haces en el mundo tiene ningún significado sin el Amor.

Amar es estar en Mi Corazón resplandeciente y por lo tanto dentro de los corazones del "menor" y del "mayor" de Mis hijos. Porque cuando estás en

Mi Corazón no miras a través de los fallos de tu hermano. No miras más allá de sus fallos, ni por encima de ellos, ni alrededor de ellos. Miras dentro de Mí. Pues sólo en Mi Corazón reconocerás el Pulso que recorre toda la Creación.

En este mundo estarás tentado a creer que para Amar a uno primero tienes que Amar a todos. Pero Yo te digo que tienes que perdonar a un hermano antes de poder Amarlos a todos. Porque sólo hay Uno. No importa si parece que tomas esposa o que no tienes esposa, si parece que tienes hijos o que no los tienes. Porque este hermano es cada niño, esposa y hombre al que miras. Pero hasta que trates al menos a un hermano como tú quieres ser tratado y llegues a reconocer que su corazón es el tuyo propio, parecerá que deambulas en soledad a través del tiempo y del espacio, y que sueñas con la muerte. Parecerá que piensas en hacerle daño a tu hermano y sueñas con hacerme daño a Mí. Pero cuando por fin Despiertes a Lo Que tu hermano es, Despertareis en Mí como Uno solo.

Durante ese Instante regresarás a Casa. Y Te cantaré la Canción Eterna de la Felicidad. Porque Tú eres mi Hijo y no hay ningún otro. Y te meceré para Despertarte a la Vida en Mí: a Ti que eres Mi Alegría, Mi Significado y Mi Completitud.

Guardo para Ti un sitio en la Eternidad en el que Nosotros permanecemos como Uno, Yo en Ti y Tú en Mí para siempre. Conoce el Amor y sabrás que nunca estás solo.

Gloria a Dios por el Amor Imperecedero. El Perdón siempre es un regalo a nuestro Ser, y por lo tanto el perdón no tiene ni precio ni coste.

LIBRO DOS
DESAPRENDER EL MUNDO

Contenido

Capítulo Uno
La curación y la Expiación son lo mismo 269
Enfocar la idea de perdón 282
El mundo no tiene causa real alguna 285
Cuestiona todo lo que crees pensar y entra al sosiego 291
Sanar la percepción de "los desastres del mundo" 293
Abordar la profecía, el guión y las mentes privadas 294
Desenmascarar y soltar las suposiciones defectuosas 297
Una pregunta sobre estar alerta: ¿Puede el ego estar alerta? 299
El deseo de ser especial y las relaciones especiales 303
La relación especial le cede el paso al Amor Real 307
Soltar el deseo de ser especial para experimentar la iluminación 310

Capítulo Dos
La Realidad de la Vida y la irrealidad de la muerte 314
Abordar el tema de la muerte 315
La inmortalidad 317
Eres lo que extiendes 319
La preocupación por el cuerpo 321
El tema de la dieta y la salud 338
Comidas saludables y no saludables 340
¿Tiene importancia la dieta? 342
Sanación y medicinas: el uso de los símbolos 343
La comida, el ejercicio y los cuidados del cuerpo 345
El uso del cuerpo 347

Capítulo Tres
Ordenar los pensamientos 355
La sexualidad y la ordenación de los
comportamientos-pensamientos 363
La preferencias vistas como ordenación del pensamiento 366
La enfermedad definida como ordenación del pensamiento 368

La lección 136 y el propósito del cuerpo 375
Sobre la dualidad y el perdón 387

Capítulo Cuatro
Ahondar en forma y contenido 397
Hacerse consciente del concepto del yo-del mundo 409
El yo-montaje 412
Qué significa soltar y vivir en el amor 418
Más allá de la creencia en ser víctima 419
Los testigos de mi paternidad 420
Identificar y eliminar los obstáculos a la paz interior 421
Soltar el impulso del ego a echarle la culpa al pasado,
o a cambiarlo 422
Focos de culpabilidad 425
El perdón es natural y juzgar es imposible 427
La irritabilidad 428
Contemplar el odio en toda su extensión y luego soltarlo 429

Capítulo Cinco
Soltar el dolor del pasado 434
Soltar la traición y el daño 436
Disgustos, valores y creencias 438
Poner en práctica las ideas 443
Ir más allá de lo obvio (parte 1): querer la experiencia 449
Ir más allá de lo obvio (parte 2): ver el problema tal como es 451

Capítulo Seis
A por el propósito es a por lo que vamos 457
El propósito: no se trata de acción ni de inacción 460
No puedes estropearlo 463
La ambición y la especialización 465
Un "Jefe", una función 468

Sin metas ni ambiciones, ¿qué es la vida? 471
La metas, el hacer y el propósito 473
¿Son ídolos los sueños? 476
Las aptitudes, el trabajo y el propósito 478
Encontrar la función especial de uno: ayuda con la Guía 487

Capítulo Siete
Más allá del cuerpo 489
Querer la experiencia del perdón 492
Soltar los papeles: Dios no pide ningún sacrificio 494
Profundizar con las primeras lecciones 495
La libertad es de la mente y no del cuerpo 512

Capítulo Uno

La curación y la Expiación son lo mismo

David: No hay, con toda certeza, absolutamente nada en el tiempo, en la materia o en el espacio que sea causativo de manera alguna. De todo lo que parece salir de la boca, lo único que necesitas observar es el *contenido*. Por ejemplo, hace un momento cuando estabas hablando de la perra expresabas la idea de que si la encierras se va a sentir marginada y que luego cuando la sueltes va a estar entusiasmada: causa y efecto. Prácticamente cualquier cosa en la que puedas pensar está basada en la causación dentro del mundo.

Aceptar la Expiación y atenerse al hecho de que mi mente es causativa y de que no hay absolutamente nada en todo el cosmos de la pantalla que tenga poder de causación alguno de cualquier tipo que sea, es lo que lo sana a uno. De eso es de lo que trata esta lección del *Manual para el maestro*:

> La curación y la Expiación no están relacionadas: son lo mismo. No hay grados de dificultad en los milagros porque no hay grados de Expiación. Éste es el único concepto total que es posible en este mundo porque es la fuente de una percepción completamente unificada. La idea de una Expiación parcial no tiene sentido, del mismo modo como es imposible que haya ciertas áreas en el Cielo reservadas para el infierno. Acepta la Expiación y te curarás. La Expiación es la Palabra de Dios. Acepta Su Palabra, y ya no quedará nada que pueda dar lugar a la enfermedad. Acepta Su Palabra y todo milagro se habrá realizado. Perdonar es curar. El maestro de Dios ha decidido que aceptar la Expiación para sí mismo es su única función. ¿Qué puede haber, entonces, que él no pueda curar? ¿Qué milagro se le podría negar? M-22.1

El siguiente párrafo toca el concepto del yo y la transferencia del aprendizaje. ¿Qué es lo que voy a excluir de la Expiación?

> El progreso del maestro de Dios puede ser lento o rápido, dependiendo de si reconoce la naturaleza inclusiva de la Expiación, o de si, por un algún tiempo, excluye de ella ciertas áreas problemáticas. En algunos casos se alcanza una súbita y total conciencia de cuán perfectamente aplicable es la lección de la Expiación a todas las situaciones, mas esos casos son relativamente raros. El maestro de Dios puede haber aceptado la función que Dios le ha encomendado mucho antes de haber comprendido todo lo que esa aceptación le aportaría. M-22.2

Participante: Si yo hubiera sabido lo que me esperaba...

David: [riendo] La Madre Teresa dijo algo así: *Si cuando era joven hubiera sabido lo que iba a venir, nunca me habría metido en esto*. Estaba siendo ligeramente jocosa.

> Sólo el final es seguro. En cualquier momento a lo largo de su camino puede alcanzar el entendimiento necesario de lo que significa la total inclusión. Si el camino le parece largo, que no se desanime. Ya ha decidido qué rumbo quiere tomar. Eso fue lo único que se le pidió. Y habiendo cumplido con lo requerido, ¿le negaría Dios lo demás? M-22.2

Pienso en esta frase: "Si el camino le parece largo, que no se desanime". Se tiene una sensación de lo rápido que uno quiere subir por la aparente escalera. Realmente uno no puede subir al siguiente peldaño hasta que puede apoyarse bien en el anterior. El deseo y la disposición son lo único que determina si va a ser una escalera larga o...

Participante: Yo lo encuentro tranquilizador, estar contento donde estás. No preocuparte de si parece o no que hace falta mucho tiempo.

David: No meterse en juicios basados en incrementos del mundo, ni comparaciones.

Participante: Sencillamente estar contento y permanecer en el sendero.

David: "Para que el maestro de Dios progrese, necesita comprender que perdonar es curar". M-22.3 El perdón es invertir los pensamientos de la mente, darle la media vuelta a todos los que estaban al revés. "La idea de que el cuerpo puede enfermar es uno de los conceptos fundamentales del sistema de pensamiento del ego". M-22.3 Esa es la suposición subyacente. Siempre que algo sale a relucir, como el asunto de tu dedo del pie o los síntomas de gripe, la suposición que subyace al problema que se presenta es que uno tiene el cuerpo enfermo. "Lo puedo sentir" o "he pasado por esto". La idea de que el cuerpo puede estar enfermo es el concepto central del sistema de pensamiento del ego. Como vemos en este párrafo, es muy importante para el ego aferrarse a la idea de que el cuerpo puede enfermar. Esa es una de las pruebas más convincentes de la separación: ¡el as que se guarda en la manga!

Participante: Y cuanto más piensas en ello, más poder le otorgas.

David: Centrándose en el dolor: "...le otorga autonomía al cuerpo, lo separa de la mente y mantiene intacta la idea del ataque". M-22.3

Participante: Como si el cuerpo tuviese poder sobre la mente para mantenerme distraído de la verdad.

David: Y por debajo de eso está la idea *yo no puedo cambiar de ideas*. Eso es lo que oigo cuando la gente dice...

Participante: "Me duele".

David: Sí. También oigo decir *lo he intentado. Le he pedido al Espíritu Santo ver las cosas de manera diferente. No quiero que me duela. Pero no puedo hacerlo. Esto puede más que yo*. Hay un sentimiento de frustración e impotencia. La mente lo ha elegido y luego se ha olvidado de que lo eligió, para que parezca que el cuerpo tiene el poder. Al profundizar en esto uno empieza a ver el deseo de la mente de aferrarse al concepto de sí misma tal como se percibe a sí misma. Quiere aferrarse con uñas y dientes a la separación, al pequeño yo. Está interesada en aferrarse a eso. Está tan aterrorizada de soltarlo y sencillamente irse a la luz, que parece que la enfermedad fuese un gran invento muy valioso. Está claro que proporciona una prueba.

Participante: Captura la atención.

David: Atrae la atención fuera de la mente y la pone en el cuerpo y en la pantalla.

Participante: En lugar de observar qué es en lo que estoy pensando ahora, sólo pienso en el dolor en el dedo del pie o en el codo.

David: Y cuando profundizamos más en la metafísica, el siguiente pensamiento es como el comentario de nuestro amigo: "Quiero comprender esto. Me he enfermado a mí mismo". Ahora la mente ha tomado la responsabilidad de los pensamientos de ataque y de lo que percibe como enfermedad. Y ahí viene la culpabilidad. La culpabilidad viene de alinearse con la mente errada, de elevar al nivel mental las ideas corporales. Dicho de otra manera, consiste en decir que soy responsable de los comportamientos, de lo que el cuerpo parece hacer, de lo que parece haber hecho, y así sucesivamente. Si eso es verdad, entonces los pecados sólo están en los cuerpos, pero la mente se ha asociado a sí misma con el cuerpo y de ahí es de donde viene la culpabilidad.

Participante: ¿Es eso la confusión de niveles?

David: Sí, es la confusión de niveles. Los pensamientos corporales son del ego y no de la mente recta. Pero en realidad "elevar al nivel mental las ideas corporales" consiste en decir que los pensamientos corporales son causativos. Es sencillamente decir que el cuerpo, o cualquier otra cosa material, es causativo o creativo. Y puede verse que ahí es donde tiene lugar la confusión de niveles: en la creencia en que es un hecho que los cuerpos actúan. En este mundo parece que hay personas autónomas que actúan con autonomía. En el estado de engaño, parece que cada uno de nosotros tiene una mente diferente: uno puede decidir entre venir o quedarse, todos podemos decidir hacer esto o aquello. Realmente parece así. Hay una creencia muy generalmente aceptada de que todos somos personas. Y forma parte de ser persona el tener una mente propia. La mente engañada se ha atribuido a sí misma las propiedades del cuerpo. Aquí la metáfora es que nosotros tenemos estos cuerpos separados sentados en el sofá y que cada una de estas mentes también está separada.

En realidad sólo hay una mente, y todos los personajes de la pantalla, todos ellos, forman parte de la representación de un guión que ya se ha representado completamente, hasta la bajada del telón. Dicho de otra manera, lo que quiero decir cuando digo que la mente escribió el guión es que contrató a los actores, les repartió los papeles, y ha inventado cada palabra que se les oye decir. Esta única mente durmiente ha inventado y proyectado fuera de ella todos esos cuerpos, y todas esas mentes, y ha repartido todos esos papeles: lo ha hecho por completo.

No hay absolutamente nada por lo que disgustarse cuando alguien dice o hace algo. Cuando parece que otro personaje del sueño, o el perro, hace algo y tú te disgustas, eso forma parte del guión. Y sin embargo, se cree que eso está separado de mi mente. Si yo soy una persona y eso es un perro, no una niña sino justo un perro, y yo estoy disgustado por la conducta del perro, o por lo que sea, lo que ocurre es sencillamente que he negado que eso no es más que una idea, o una imagen, de mi propia mente. Lo que quiero decir es que, si sólo es otra imagen, ¿qué más da? Puede verse como se le atribuye significado: *Yo soy una persona, esta es mi casa, tenemos invitados, esto no es más que un perro, este perro no debería trastornar nuestra vida social, el perro no debería estar haciendo esto.* Puede verse como todo esto se atribuye como significado y entonces, caramba, antes de darte cuenta ya estás disgustado por lo que ha hecho el perro. Pero, también puedes mirarlo desde la perspectiva de que los cuerpos no son autónomos, no actúan separados de tu mente, son ideas que han tomado una forma concreta y están siendo representadas.

Participante: Entonces no soy responsable del reparto de papeles, ni de lo que dicen y hacen los personajes, pero sí soy responsable de como percibo todo eso.

David: Sí.

Participante: Soy responsable de mi reacción. En realidad eso es todo lo que hay. Todo se reduce a cómo se siente uno, todo. Es como cuando voy paseando y pienso que voy a ver a alguien con quien hablar, sé que allí habrá alguien, y claro, ¡ella está allí!

David: Lo único que falta es mantenerlo siempre en tiempo pretérito porque el milagro lo ve como algo que ya ha ocurrido, puse alguien allí para tener con quien hablar. "Pondré" le da un sentido lineal al asunto.

Estamos volviendo al tema de la causación. Por ejemplo, realmente parece que, a veces, aparece una piscina cuando pienso que me apetece agua. Se habla mucho de conceptos como la abundancia, de utilizar la mente para atraer cosas, pero ¡el guión ya está escrito! Nuestra única alternativa con el guión es mirarlo a través del milagro –desde encima del campo de batalla– y ver que ninguna de la imágenes es verdadera y que yo no soy nada de eso. De ahí es de donde viene la paz. Sólo parece que se da a luz símbolos, como si la gente estuviera utilizando sus mentes para conseguir automóviles y cosas. Entonces se asocia con que la mente es poderosa y creativa pero eso, lo repito una vez más, está vinculado a la forma. No tienen la claridad de ideas sobre los niveles que aporta el Curso. La mente recta ve todo eso como falso. La mente recta no está llena de imágenes, está por encima de las imágenes y las ve a todas igualmente falsas. La enseñanza sobre el tema de la causación y de que todos esos efectos son irreales está muy clara. Si son efectos irreales, es porque su causa es irreal. El Espíritu Santo ve las causas y sabe que la "causa" de esos efectos es irreal. Ha juzgado su causa y la ha pasado por alto. No mira las proyecciones en la pantalla. Ha juzgado su causa, sabe que es irreal y, por tanto, sabe que todo lo que hay en la mente errada es falso. El abandono de cualquier defensa, la indefensión, adquiere entonces muchísimo sentido. Nunca puede haber motivos para tener ningún tipo de interés, inquietud ni preocupación por lo que parece ocurrir en una pantalla.

> ¿Puedes imaginarte lo que sería no tener inquietudes, preocupaciones ni ansiedades de ninguna clase, sino simplemente gozar de perfecta calma y sosiego todo el tiempo? Ése es, no obstante, el propósito del tiempo: aprender justamente eso y nada más. T-15.I.1

Y ya está. Esa es la lección. Y tampoco es algo por lo que haya que esforzarse.

Participante: Sí, esta cita me dice mucho: "...no reaccionarías en absoluto ante las figuras de un sueño si supieses que eres tú el que lo está soñando". T-27.VIII.10

David: Sí.

> Ser conscientes de que están soñando es la verdadera función de los maestros de Dios, quienes observan a los personajes del sueño ir y venir, variar y cambiar, sufrir y morir. Mas no se dejan engañar por lo que ven. Reconocen que considerar a una de las figuras del sueño como enferma y separada, no es más real que considerarla saludable y hermosa. La unidad es lo único que no forma parte de los sueños. Y esta unidad, que indudablemente les pertenece, es lo que los maestros de Dios reconocen como lo que se encuentra tras el sueño, más allá de toda apariencia. M-12.6

Me puedo aferrar a esa idea. Aunque pueda parecer que algunos están enfermos, o muriéndose, la mente ve que eso es imposible. Es imposible que el cuerpo esté enfermo, es imposible morir de verdad. La muerte queda redefinida: es cuando, de la manera que sea, estás disgustado. Eso es la muerte. Esto es útil, porque te trae de vuelta a lo psicológico, al ámbito de lo mental, y te aleja del ámbito de lo físico, donde parece que cuando un cuerpo deja de respirar ha ocurrido algo. Habrás oído usar la expresión de que alguien "falleció" o "hizo su transición". ¿Transición a qué?

Participante: Ayer vino mi hijo llorando y gimiendo. ¡Fue una oportunidad excelente de no quedarme clavada! Quise ser amorosa, pero no sabía cómo comunicarme con él sin dejarme atrapar por su dolor. Lo único que hice fue mantenerme en la intención de ser amorosa y de no quedar atrapada por el dolor, pero sentí que no sabía comunicarle esto. No sabía cómo expresarme de manera amorosa y ofrecerle consuelo. ¿Se trataba de sostenerlo y abrazarlo? Me dijo que le había caído un leño encima de la mano.

David: Sí, a mí también me la enseñó. Me senté con él y sencillamente me mantuve en mi intención. En pocos segundos dejó de hablar de la mano y se puso a hablar de otra cosa. Cuando la mente dejó de compartirlo, la atención se desplazó de la mano a estar sentados allí. Entonces estuvimos hablando de otras cosas durante 5 o 10 minutos. Una de ellas era "¿Cuando va a volver mi mamá?" y le dije "Ha ido a hacer unos recados". Eso también forma parte del condicionamiento, querer buscar a alguien que sea familiar y compasivo. Pero lo digo otra vez: la atención se desplaza cuando no se comparte. Como en el ejemplo que pones siempre de cuando fuiste con él a una clase de la Ciencia Cristiana y él llevaba aquella costra tan grande en la cara, como el hombre elefante. Era la Ciencia Cristiana, y ni los chiquillos ni el maestro le prestaron mucha atención a la costra. Nadie la mencionó siquiera.

Participante: Y se le curó muy rápido. Pero durante una semana o así, a cualquier otro sitio que fuésemos la gente decía "Ay, Dios mío ¿qué te ha pasado? ¿Estás bien?" La gente convertía la costra en algo muy importante. Había mucho contraste entre eso e ir a un sitio donde nunca se mencionó esa costra. Hay mucha diferencia.

David: Es poner en práctica las cosas.

Participante: Él no sintió la necesidad de decir que aquel no era su aspecto habitual. No se lo explicó a nadie.

David: Hay otra historia de una señora mayor que toda su vida había tenido experiencias así con la Ciencia Cristiana. Una vez, recogió a su nieta del colegio porque la enfermera del colegio la había mandado a casa. Su hija no hacía más que dejarse llevar por el pánico, porque la enfermera había dicho que podía ser esto o lo otro, pero la abuela no le prestaba ninguna atención en absoluto al asunto, su mente no se prestaba a compartir esa percepción. Sencillamente, dejó que se disolviera de manera natural porque lo que la mente está pidiendo es, literalmente: *enséñame que esto no es así*.

Participante: Un tema con el que yo no sé qué hacer es cuando los chiquillos se encuentran mal y quieren quedarse en casa. Yo digo "Vale, te quedas en casa". Pero luego el colegio exige que mandes una nota explicando por qué se quedaron en casa. Siento que no puedo escribir que estaban "enfermos". ¿Qué digo en la nota?

David: La enfermedad, en cierto modo, es la mente pidiendo ayuda.

Participante: Entonces pongo en la nota que hoy mi hija tenía una mente enferma pidiendo ayuda. [risas del grupo]

David: Eso es lo que tú sabes en tu mente. Uno tiene que saber el significado y dejar que se utilicen las palabras de manera correcta. Jesús era muy listo para dar con las palabras que tenía que decir para que pudiera verse lo que significaban desde su perspectiva, aunque alguien pudiera atribuirles un significado completamente diferente. Lo importante es que uno esté en su mente recta. Entonces la conducta va a fluir de manera automática, habrá sostener y abrazar *a través* de mí, pero no por mí.

Uno tiene que anclarse al sitio donde uno sabe que todo va bien y dejar que vengan las palabras que quieran venir. Esas palabras pueden ser un romper el hielo, o un dar paso a otra cosa. Pero todo el objeto de estar anclado es que percibir la enfermedad sea imposible, sencillamente: es imposible que el Hijo de Dios esté enfermo. Te ves a ti mismo tal como ves a tu hermano. Si tu hermano es un cuerpo enfermo no vas a poder evitar verte a ti mismo de esa misma manera, como si fueses un cuerpo. No hay manera de dejar al cuerpo sin mente, ni sin espíritu. "Tal como lo consideres a él, así te considerarás a ti mismo. Tal como pienses de él, así pensarás de ti mismo. Nunca te olvides de esto, pues en tus semejantes o bien te encuentras a ti mismo o bien te pierdes a ti mismo". T-8.III.4

Participante: Incluso con el cojeo de nuestro amigo, yo sigo viéndolo cojear, pero tampoco se trata de decirme a mí mismo: "Vale, pero no voy a hablar de eso".

David: Es la interpretación. Bill Thetford era psicólogo y una vez Jesús quiso que fuese a un congreso sobre rehabilitación. Parte de la resistencia de Bill era que no soportaba ver cuerpos lisiados, porque le recordaban lo que el veía como su propia fragilidad. Y eso, literalmente, es lo que pasa cuando empezamos a interpretar conductas, sea cojear, toser o aquellas manchas que viste en la piel de los enfermos de SIDA.

En cuanto empezamos a hacer cualquier interpretación ya hemos hecho real el error. Y entonces te preguntas: *¿y ahora qué hago? ¿Cómo armo las piezas de este rompecabezas?* Es un problema de percepción. Cuanto más te anclas al sistema de pensamiento del Espíritu Santo, más tiene que amanecer en la mente la irrealidad de las enfermedades. Lo que estás haciendo cuando vas a tus hermanos es recordarle constantemente a la mente su integridad, su estado de total salud. Por así decirlo, la mente del sanador le suplica a la mente del paciente que acepte que hay otra manera de ver esto, que el Hijo de Dios está sano y completo. Y eso se produce en el nivel mental. De lo que se trata es de anclarte en ver sano y completo a tu hermano, y ya se te dará lo que sea más útil en el nivel de la conducta. Jesús utiliza el cuerpo para obrar milagros. Le damos entrada a los pensamientos de duda cuando decidimos que deberíamos haber hecho esto o lo otro. ¿Es que te sigues creyendo que puedes *hacer cosas*? Entonces es que no te das cuenta de que sólo se trata de alinearte con la mente recta o con la mente errada, y que la conducta se va a deducir automáticamente. ¿Todavía crees que podrías haber *hecho esto* o que deberías haber *hecho esa otra cosa*? Entonces es que todavía estás jugando a ser Dios. Estás todavía clavado en la arrogancia del que intenta gobernar los milagros, y eso significa que todavía crees en la autonomía del cuerpo, en que puedes controlar tu conducta, en que existe una persona individual y separada, el "*Yo*" y el "*yo puedo*".

Participante: En el ejemplo que pusiste con el hijo de ella, ¿es como decir que en lugar de mirar atrás y preguntar: *¿le fui de utilidad?, ¿Le transmití amor?*, se trata sencillamente de mirar cómo te sentiste y saber si estabas o no en la mente recta? Y si hay dudas, entonces me imagino que no lo estabas. Quiero decir, si hay alguna duda sobre haberlo hecho bien o si había que hacer más, entonces me imagino que no puede ser que esa duda esté en la mente recta.

David: En este momento. Lo traemos de vuelta a este momento. Ahí es donde entra la intención y la pasión de aclararse las ideas. La única manera de librarnos de las dudas para siempre es tener absolutamente claro lo que es causa y lo que es efecto, claridad absoluta sobre esos pensamientos, observando muy de cerca nuestra mente: este pensamiento lo voy a soltar, este otro también lo voy a soltar... Cuando se hace eso con verdadera consistencia, la mente se queda anclada en la certeza de que el amor es todo lo que hay. El apoyo para cruzar al otro lado es verlo todo como amor o petición de amor, pero uno se da cuenta de que incluso eso tiene que desmoronarse.

Participante: Entonces en el caso del hijo de ella pensando que el leño que le cayó encima era la causa de su dolor, ¿lo que necesito es ver que el leño no era la causa de su trastorno, sino que la causa era algo que estaba en su mente, o en mi mente? ¿Puedes explicar esto?

David: Bueno, usar la analogía de "su mente" y "mi mente" significa que la mente cree que es culpable. Como maestro de Dios mi mente ha de estar segura –con certeza absoluta– de que la mente está libre de culpa.

Participante: Entonces él estaba buscando pruebas de que era culpable. Y si yo refuerzo eso, lo que de hecho estoy reforzando es la idea de que él es culpable.

David: En tu propia mente, si vamos a ese nivel de la metáfora.

Participante: Entonces, si lo veo dolorido, ¿eso es para mi mente una prueba de que el dolor es posible y real?

David: Sí. Para poder ver dolor tienes que creer en él. El dolor es un concepto que no se puede ver en el mundo salvo que se crea en él.

Participante: Entonces ¿existe una manera de ver este panorama, con los gemidos y el corte en la piel, sin percibir dolor alguno? Y ¿si soñaste que eso ocurrió, habría motivo para trastornarse? ¿Podría el hijo de ella sufrir daño?

David: Ahí es donde viene el "ay". Por ejemplo: *ay, qué pena, yo también he pasado por eso*. ¿Qué "yo"? ¿Ha pasado Cristo por eso? ¿Ha sufrido dolor Cristo? ¿Puede Cristo identificarse con el dolor? No. Hay una creencia: tú crees que sabes que esas cosas ocurren realmente y, por lo tanto, te sientes mal de pensar que alguien está pasando por ellas. Eso es otorgarles realidad. Es lo mismo que decir que tú sabes que es real. *Sucede que ahora mismo no soy yo el que lo experimenta, pero tú sí, y lo siento por ti*. Esa manera de pensar hay que abandonarla. Eso no sirve para sanar.

Participante: Eso es el sanador que no ha sanado.

David: Con total seguridad eso es el sanador que no ha sanado. Se puede actuar con ligereza. No en el sentido de ponerse a hacer chistes, o burlarse de esto o de lo otro, pero se puede tener una sensación de ligereza y de alegría. El día entero puede ser eso, una sensación de ligereza y de alegría. Con independencia de que el sol esté brillando y la gente venga a expresar su agradecimiento, o que haya niños gimiendo, inundaciones, huracanes, o...

Participante: ...perros dando la tabarra, o...

David: ...o que tu casa esté ardiendo. Ese fue un ejemplo estupendo, ver con mucho desapego cómo ardía aquella gran mansión, sabiendo que aquello tenía sentido, viendo que había un propósito en ello. Para muchos aquello fue un ejemplo extremado. El ego dice: *ay, Dios, ¿y si fuera mi casa?* Pero cuando eres el soñador del sueño no puede haber pérdidas ni dolor. Y ni siquiera se trata de volver atrás y pensar: *vale, metí la pata con lo de mi hijo.* Eso también es el pasado. Hay que mantenerse en volver a la intención en el presente: ¿cuál es mi propósito en este momento?

Participante: ¿Entonces cómo se utiliza una situación así?

David: La *estamos* utilizando ahora. Hablando de ella de la manera en que se está hablando, se le está dando un propósito nuevo. Todo el propósito es darle un propósito nuevo. ¿Y cuando se le puede dar ese propósito? *Ahora mismo* es el único momento en que se le puede dar propósito. Las palabras no son más que símbolos.

Participante: Yo encuentro muy útil tomar un ejemplo así y llevarlo hasta el final.

David: Sí, y puedes ver que *ahora* estás absuelta. A eso es a lo que se llega al final. Ahora es es único momento en el que puedes estar absuelta, o sentirte culpable. Es una decisión en el momento presente. Se aleja de la sensación lineal de *Bueno, ...*

Participante: ...*podría haberlo hecho mejor.*

David: Ahí viene otra vez esa persona lineal. Cada vez que vuelves atrás y te sientes personalmente responsable de lo que hiciste y de lo que dejaste de hacer, estás elevando los pensamientos corporales al nivel de la mente. Te estás viendo a ti mismo como una persona lineal –una persona en el tiempo lineal– y eso produce culpabilidad. Es la negación de tu Ser, de tu Ser espiritual. Por otra parte el milagro –con independencia de lo que se dijo, o se hizo– eleva la mente, de manera literal. La mente observa el sueño, y eso incluye a todas las percepciones de todo lo que en cualquier momento parece que el cuerpo hace, dice o piensa, incluso pensar en ti mismo haciendo juicios del tipo: *todavía no lo he conseguido, esto no lo voy a conseguir nunca*. Una vez que estás por encima de eso es un *¡Ah!*, es la liberación instantánea. Y si continuamos con esto veremos que de eso es de todo lo que se trata.

> La idea de que el cuerpo puede enfermar es uno de los conceptos fundamentales del sistema de pensamiento del ego. Dicho pensamiento le otorga autonomía al cuerpo [ahí está la idea de personalidad], lo separa de la mente y mantiene intacta la idea del ataque. Si el cuerpo pudiese enfermar, la Expiación sería imposible. Un cuerpo que pudiese ordenarle a la mente hacer lo que a él le place podría sencillamente ocupar el lugar de Dios y probar que la salvación es imposible. M-22.3

Eso es invertir causa y efecto. Si fuese posible que el cuerpo le dé órdenes a la mente para que haga lo que sea, entonces Dios habría muerto, como dijo Nietzsche, Dios está fuera de la imagen. Eso es la creencia en que no hay Dios que valga y en que yo estoy indefenso. Ahora soy la víctima de este sueño que me dice lo que tengo que hacer. Tengo que obedecer sus leyes. Soy un personajillo de un sueño que está indefenso y atascado. Sólo puedo hacer ciertas cosas para retrasar lo inevitable. Cuando este mundo me caiga encima y la respiración se vaya del cuerpo...

Participante: ¿Qué va a ser de mí? ¿Iré al infierno o al Cielo? ¡Qué temible!

Participante: Con todo, puedes estar en la mente recta o en la mente errada. [risas del grupo]

David: Creo que nuestro amigo está siendo jocoso, así es como lo mira el ego. Estar espeluznado es del ego. Basándote en la manera en que te percibes a ti mismo, tienes todo el derecho del mundo a estar espantado.

Enfocar la idea de perdón

La sensación de paz es la manera de saber que estamos en el estado de abstenernos de juzgar. Llegar a la profundidad de lo que es el perdón requiere de estudio y comprensión. Jesús presenta muchos enfoques diferentes del perdón en el Curso, para poder llegar a los diferentes niveles de la mente. Incluso utiliza ejercicios de visualización en los que te dice que pienses en alguien con quien estás teniendo dificultades y que lo veas en la luz, etcétera. Yo diría que estas son las experiencias más iniciales. Más allá de eso se llega al ámbito más profundo en el que no hay nada que perdonar: le perdonas a tu hermano lo que *no ha hecho*.

Miremos a esta interesante idea de que le perdono a mi hermano lo que no ha hecho. *Pero si acabo de verlo gruñéndome, pero si no me ha devuelto el dinero que me dijo que me iba a devolver,* o la queja que sea. Estoy viendo su conducta aquí mismo, ¿qué se supone que tengo que hacer, negar lo que ven mis ojos? Se trata de la percepción. La manera más útil de contemplar la percepción es primero recordar que lo que el Curso llama nuestros *pensamientos reales* están muy por debajo de la percepción en la mente. Son la luz. La mente salió corriendo para huir de la luz. Fabricó los pensamientos de ataque y el mundo de la percepción para encubrir la luz y ocultarse de ella. Dicho de otra manera, la mente proyecta el mundo ahí fuera para mantenerse distraída, no mirar esos pensamientos tontos y no ver que los pensamientos de ataque no son reales. El perdón es ser capaz, en el sentido del Zen, de dar un paso atrás en la mente y poder volverse hacia dentro para mirar esos pensamientos sin aterrorizarse.

Ahora la mente cree que *es* esos pensamientos. Ya sabemos lo identificado que se puede estar con un auto, una casa, un cuerpo, una imagen del cuerpo..., y todo eso en realidad no son más que pensamientos proyectados. Imagina tu propio mundo privado: cierras los ojos para meditar y todo lo que oyes es a la mente parloteando. Tienes todos esos pensamientos de juicio sobre la señora que viste en la calle, sobre tu jefe o sobre lo que sea. La mente se horroriza de esos pensamientos. A veces se agobia. *¿Qué puedo hacer? ¡Tengo la mente llena de pensamientos así!* De alguna manera es el ego diciéndote: *es verdad, eres culpable y no te conviene contemplar esos pensamientos. Corre a meterte en alguna* *adicción, ahí fuera en el mundo, algo que te tenga muy ocupado para que estés tan distraído que nunca tengas tiempo de estar tranquilo, porque da demasiado miedo estar tranquilo y contemplar esos pensamientos.*

Esos pensamientos no son ni buenos ni malos: son irreales. No son nada. Pero la mente está convencida de que son algo más que nada. Está convencida de que son *yo*: yo soy una persona juzgadora, yo soy una persona controladora. Todos los atributos que nos adjudicamos a nosotros mismos tienen que ver con esos pensamientos de ahí dentro. El perdón es dar un paso atrás de esos pensamientos.

Una manera lúcida de enfocar el perdón es recordar que sólo la mente es causativa. La mente es la causa de todo. En cuanto se tragó ese resoplido demente de la idea de la separación y se quedó dormida, la causa y el efecto quedaron divididos y puestos al revés. Ahora la mente cree que es una persona que está en un mundo. Parece como si la causa de nuestro estado mental fuese todo lo que ocurre a nuestro alrededor. En este mundo la gente piensa: *vale, ¿pero qué es lo que se hace cuando viene un tornado? Hay peligro si las noticias dicen que hay un asesino suelto en el vecindario. Si parece que el cuerpo está enfermo, que tiene cáncer o lo que sea, ¿qué es lo que se hace?* Parece que todas esas cosas te quitan la tranquilidad de espíritu, parece un problema real: tengo el cuerpo enfermo, o lo que sea. Pero el cuerpo, igual que el mundo entero, forma parte de la pantalla donde está el problema, según aconseja el ego. El sentido definitivo del perdón es darle media vuelta a eso. Es ser capaz de transferir poco a poco estas ideas a cada vez más situaciones cotidianas para darle la media vuelta a causa y efecto: para ver que la mente es la causa. Todo son decisiones que tomo yo, y mi estado mental es el efecto de esas decisiones. De manera literal, puedo elegir la paz en un campo de concentración, o cuando mi automóvil de repente haya desaparecido de mi vista. En cualquier situación, la paz es una elección.

Cuando nos metemos en estas cosas salen a relucir montones de preguntas. Saber que tu estado mental es una elección es muy reafirmante: tú no eres la víctima de esas proyecciones que hay fuera de ti. Siempre es una elección. Pero con la enfermedad, por ejemplo, la gente se puede sentir culpable de estar enferma, de "elegir" la enfermedad. Esta es una trampa muy común. Pero lo que en definitiva ocurre con la enfermedad es que es una decisión que está tomando la mente. El Curso enseña esto en la lección 136, y en la sección *¿Cómo se logra la curación?* del *Manual para el maestro*. La mente se siente culpable y proyecta la enfermedad fuera, sobre el cuerpo, lo que es como llamar a un testigo al estrado y decir: *mira Dios, no estoy sano ni completo, no soy eterno ni inmutable. Soy este cuerpecillo débil y frágil, y en esto tengo razón, sabes, yo soy pequeño y tengo razón*. En cierto modo la enfermedad viene del miedo a sanar cuando se hace presente el recuerdo suave y cálido de la luz, que tanto teme la mente engañada. Entonces la mente elige un mecanismo de defensa que le proporciona una prueba para poder decir: *tú, Dios estás equivocado y yo soy el que tiene la razón*. Esto nos lleva ya al problema de la autoridad, que es el problema básico que subyace a todo lo que hay en nuestra mente, según nos dice el Curso.

La idea de que hay un conflicto de autoridad entre la mente engañada y Dios es, sencillamente, demasiado grande para pensarla. *¿Yo? ¿que yo tengo un problema de autoridad con Dios?* Es una idea demasiado monstruosa, así que la mente la proyecta fuera en el mundo. Ahora soy una persona en el mundo y ya no tengo un problema de autoridad con Dios: tengo un problema de autoridad con mis padres, con un político, con un abogado, con mi marido o con mi jefe. Se transfiere y se proyecta, cuando en realidad el problema, o la pregunta central sobre la autoridad es: *¿fui creado por Dios como Espíritu inmutable y eterno, o puedo inventarme a mí mismo? ¿Puedo ir haciéndome a mí mismo sobre la marcha, puedo hacer algo que sea diferente de eso?* Todo el que parece venir a este mundo, y se cree que es una persona en el mundo, tiene aún este problema de autoridad. Por supuesto que esto ocurre sólo dentro de la mente engañada, en la realidad Dios sabe que su Hijo es eterno e inmutable. ¡Pero dentro del sueño del mundo hay un conflicto con Dios en marcha! Eso no es consciente. Si miras atrás, puede que tu viaje haya seguido unas cuantas rutas diferentes antes de venir al Curso y a la idea de que Dios es Amor. Hay algo en esa idea –que Dios es Amor– que sencillamente resuena: *¡sí! Siempre he sabido que la verdad tenía que ser esa.*

Entonces viene el Curso y te dice que cada vez que te enfadas con alguien, cada vez que trabas una relación de amor especial, o de odio especial, cada vez que intentas justificar tus pensamientos, eso no es más que una expresión del problema de autoridad. El Curso nos ayuda a realmente descender al cambio de nuestras percepciones para que, literalmente, podamos ver el mundo de manera diferente. Se puede llegar incluso al pensamiento consciente de que Dios es Amor.

Este es un breve resumen del perdón. Y tiene que ser una *experiencia*. No necesitamos otra teología de la que hablar. No necesitamos otra religión, hemos tenido suficientes religiones. Jesús dice que nunca podrá haber una teología universal, nunca va a llegar el tiempo en que en este planeta todos tengan una sola religión. El ego está fragmentado y todo el mundo percibe diferentes creencias y conceptos del yo. Dentro de la percepción del mundo nunca habrá ninguna teología universal, pero puede, y tiene que, haber una experiencia universal.

El mundo no tiene causa real alguna

David: La lección 182 del Libro de ejercicios utiliza la metáfora de que hay un niño dentro de ti que necesita tu protección. No se trata de proteger al ego. Yo diría que hay cierta confusión de enfoque en las terapias que hablan de proteger al niño herido. No hace falta proteger al ego, porque ahí es donde están todos los mecanismos de defensa. Todos los mecanismos de defensa son intentos de proteger a un yo dividido que está herido. Y hay que abandonar las defensas.

El sendero del Curso difiere de esos trabajos de llevar a un lugar seguro al niño interior, o volver a escenificar acontecimientos del pasado. El Curso es sobre contemplar tus interpretaciones, incluyendo los llamados recuerdos del presente, ese soñar despierto en el que las cosas vienen a ti. A lo que reaccionas es a tu interpretación de lo que ocurre. Tu interpretación es lo que provoca las emociones.

Participante: Recuerdo que uno de los mensajes principales del programa de los doce pasos *[de AA: Alcohólicos Anónimos]* es que somos impotentes frente al alcohol, como si el alcohol fuese un diablo frente al cual no tenemos poder alguno. ¡Igualmente el mensaje podría ser "soy un cuerpo"!

David: Se trata de forma y contenido. Yo veo un paralelismo entre la idea de AA de ser impotentes frente al alcohol y la idea de que "el guión ya está escrito". Eres impotente frente al guión. El guión ya está escrito. No puedes cambiarlo en la forma. La única elección que te queda es sobre *cómo* lo contemplas. Hace falta verdadera apertura mental para ver que en realidad uno no tiene control sobre los acontecimientos sino sólo sobre la manera en que los percibe. Esto significa abandonar todo intento de arreglar a la gente y de hacer cambios en la pantalla.

Participante: ¿No se podría decir que en cierto sentido tenemos control? En todo momento podemos elegir con quién nos identificamos. ¿No es eso lo que estás diciendo? ¿Que mi percepción está determinada de alguna manera por el guía que elijo? Si mañana noche yo estuviese conduciendo de vuelta a casa y tuviese un accidente de tráfico, podría considerar que, en cierto nivel, lo he pedido yo. Soy responsable y, en consecuencia, de ninguna de las maneras posibles soy una víctima.

David: Es un buen argumento. Podemos entrar un poco más profundamente en la relación causa-efecto. En el paso siguiente la gente puede sentirse así: *tengo cáncer, yo soy el responsable de esto, o tuve aquel accidente de tráfico y perdí este brazo. Yo soy el responsable de esto. ¡Puaj!* ¡Esto sigue siendo culpabilidad a lo grande! Uno se pregunta: *¿qué estoy haciendo mal?, ¿por qué me eché esto encima?* La relación causa-efecto pura, la real, está en el Cielo. Dios es el Padre y el Hijo es el efecto. Pensar que en la pantalla tienes algún poder causativo, o que lo tienes sobre el guión, es la confusión de niveles: toda causación es mental. Cuando entramos en la idea de manifestar, la mente cree que hay cierta capacidad creativa conectada con la forma. Tenemos que empezar a darnos cuenta de que la causación está siempre en el nivel mental.

Una vez que comenzamos a ver que nada de lo que hay en la pantalla nos pueda quitar la paz —que ahí fuera no hay ningún efecto que nos pueda quitar la paz— nos demostramos a nosotros mismos que, de hecho, nada de lo que ocurre tiene causa real alguna. Esto es demostrar la falsedad del ego por reducción al absurdo. Obviamente, si este mundo no tiene ningún efecto entonces nunca podrá quitarnos la paz, y esto lo podemos generalizar a cualquier situación. Así es como lo "demuestra" el Espíritu Santo: ¡ajá! entonces el mundo no tiene causa real lo cual demuestra la falsedad del ego. Eso se lleva todos los sentimientos de culpabilidad, porque en realidad nunca nos hemos hecho nada a nosotros mismos. Como siempre dice nuestro amigo: "Podemos decir que el guion ya está escrito, pero es un guion irreal".

Participante: Si ahí fuera en la pantalla no hay nada, entonces lo que hacemos no puede tener efectos sobre nada. Intentar enseñar el Curso, por ejemplo, o intentar enseñar que es posible cambiar de mentalidad..., *en realidad* no podemos hacer eso, ¿verdad?

David: Eso, en el sentido definitivo, es verdad. Usar expresiones como "los demás hermanos" o "ayudar" es usar la metáfora de una mente que parece estar dividida. Piensa en la idea de hacer algo que afecte a la mente de otra persona, parece como un viejo truco de vudú. Incluso si lo tomamos en el sentido metafórico de que todo el mundo tiene una mente separada, Jesús nos dice que todas las mentes son iguales. Él dice que no puede liberarnos del miedo porque eso sería interferir en la ley básica de causa y efecto. T-2.VII.1 Él no puede interponerse entre nuestros pensamientos y sus efectos. Ahí es donde viene otro gran alivio. *¿Quieres decir que nunca he podido hacer daño a nadie? ¿Y que nadie ha podido nunca hacerme daño?* La idea es inmensa.

Participante: Dice en la sección *Desarrollo de la confianza* del *Manual para el maestro*:

> La siguiente fase es ciertamente un "período de inestabilidad". El maestro de Dios debe entender ahora que en realidad no sabía distinguir entre lo que tiene valor y lo que no lo tiene. Lo único que ha aprendido hasta ahora es que no desea lo que no tiene valor y que sí desea lo que lo tiene. Su propio proceso de selección, no obstante, no le sirvió para enseñarle la diferencia. La idea de sacrificio, tan fundamental en su sistema de pensamiento, imposibilitó el que pudiese discernir. M-4.I.A.7

Aún no estamos en paz. Todavía creemos que sabemos determinar qué es valioso y qué no lo es. Nuestra creencia en el sacrificio hace que esto sea completamente imposible, porque el sacrificio no es real aunque creamos que lo es. Y así es que no tenemos ninguna base para hacer ningún juicio sobre ninguna cosa.

David: El Curso trata de devolverle la causación a la mente. Dicho de otra manera, para poder darle otro propósito a este sueño primero tienes que dar marcha atrás de identificarte con "el personaje del sueño" y ver que eres "el soñador del sueño". Cuando sabes que eres el soñador del sueño puedes aceptar otro propósito y tener un sueño feliz.

Participante: Tienes mucha paz porque no juzgas ninguna cosa. Me parece que no proyectas ningún pensamiento de ataque. Cuando no estás produciendo pensamientos de ataque, aparece el amor, el Amor que verdaderamente somos. Cuando ese amor aparece, uno no juzga ninguna cosa porque el amor lo acepta todo tal como está. Cuando mi estado mental está libre de lo que pasa en la pantalla, puedo ver que no hay ningún efecto real y que, por tanto, tiene que no haber ninguna causa real.

David: Nos estamos metiendo en esto bastante profundamente. Las relaciones de causa-efecto son las relaciones de la vida cotidiana. En este mundo, si riegas y abonas una planta, la planta crecerá. Esto se ve como causa y efecto. Si hay un apagón, la idea puede ser comprobar la caja de fusibles o atribuir el corte de la luz a una tormenta. ¿Ves como se da por hecho que en el mundo hay causas y consecuencias? Son relaciones de causa y efecto espurias. No es más que una pantalla en la que nunca hay ninguna causa. Esto es bastante drástico cuando lo aplicas a tu propia vida. Todos los juicios "maduros" que hacemos sobre lo que es un buen resultado y lo que no lo es, todos los juicios del mundo, están basados en el aprendizaje de esas relaciones causa-efecto espurias. Nada de esto es verdad. Empezar a comprender esto puede resultar alucinante porque el mundo tal como lo conocemos está construido sobre todas esas relaciones causa-efecto irreales.

Participante: ¿Usa el Espíritu Santo nuestra idea de causa-efecto? Como cuando al practicar el Curso se ve como efecto más tranquilidad de espíritu, ¿tendría esto que considerarse otra relación de causa-efecto espuria de este mundo? ¿Usa el Espíritu Santo estos efectos espurios para ayudarnos a salir de la ilusión hacia la percepción corregida? Parece útil pensar que lo que envías fuera vuelve a ti. Si lo que envías fuera es amor, eso es lo que ves.

David: El Espíritu Santo no mira a los efectos. Él es la presencia de la luz en nuestras mentes. Trabaja con las creencias de la mente inferior. La mente mira dentro a la vez que busca pruebas externas de lo que ve dentro. El Espíritu no hace nada con la proyección de diapositivas de la pantalla. Sólo trabaja con la mente para que abandone las creencias oscuras que producen la proyección de diapositivas. Pero puede parecer que, como acaba de decir nuestro amigo, "Si estudio el Curso y lo aplico diariamente habrá una sensación de paz más consistente". Esto sería una relación causa-efecto espuria porque aquí hay una persona estudiando el libro y yendo por la vida y parece que la paz viene cada vez más, pero lo que realmente está teniendo lugar es que dejamos de juzgar y dejamos de interpretar las cosas. En realidad no tiene nada que ver con leer un libro. Eso no es más que una forma que la mente engañada puede aceptar. El símbolo, o la representación de la luz del recuerdo de Dios, es la aparente llegada de este libro al mundo, a las manos de esta persona que parece leerlo. ¿Ves que nuestra condición de personas y nuestra individualidad son también símbolos?

Participante: ¿Estás diciendo entonces que el guión ya ha sido escrito y puesto que todo es una ilusión no se puede cambiar de manera alguna?

David: Si sabes darle otro propósito, parecerá que te hace feliz.

Participante: Así que si interpretas de manera incorrecta que "el guión ya está escrito", lo conviertes en otra forma de decir que el mundo es real. Pero la única realidad es el pensamiento, la idea de Dios en la mente. Así "el guión ya está escrito" se puede resumir en la diminuta idea alocada y el hecho de que todos estamos en muy buena forma. ¿Significa "el guión ya está escrito" que todo ha pasado ya, que todos estamos de vuelta en casa?

David: Es útil mantenerlo en ese contexto: que el guión está en el pasado. Como el Curso no para de decir, el pasado ya pasó. Si el pasado aún parece estar presente, si aún se experimenta "el guión ya está escrito" como algo presente, la sensación es de ¡oh, no!

Participante: Veo lo que dices. Pensar que puedes cambiar el guión sólo sirve para hacerlo real. Es el ego intentando hacer algo, intentando tener efectos.

David: Para mí la alegría ha estado en dar marcha atrás de participar en el guión. Uno está muy acostumbrado a "hacer" y a "esforzarse" en este mundo. Cuando das marcha atrás de esforzarte puedes oír a tu alrededor mensajes como *¡estás chiflado! ¡Has perdido la cabeza!* Casi necesitas una base metafísica, algo donde apoyar tus pies, por así decirlo, para empezar a retirarte del esfuerzo y la participación constantes. Ahí es donde ayuda el Curso. Puedo retirarme. Puedo acercarme cada vez más a la sección *No tengo que hacer nada* donde dice que hacer algo siempre involucra al cuerpo. Dice que eres mente y que en tu mente hay un sitio muy silencioso y muy tranquilo. Puedes llegar a ese sitio y ahí no hay *hacer*. En un punto de esa sección dice: "No hay ni un sólo instante en el que el cuerpo exista en absoluto. Es siempre algo que se recuerda o se prevé". T-18.VII.3 Esa es una afirmación profunda. Se puede ver el cuerpo viene sólo por medio de pensamientos sobre el pasado y el futuro. Y todo el hacer y todo el esforzarse son sólo capas encima de eso. ¡Esa sección es fenomenal! Conozco gente que ha estudiado el Curso durante años y cuando llegan a ese par de frases pierden la cabeza sencillamente. Aquí estás trabajándote las lecciones, trabajando duro para atravesar mil cuatrocientas páginas, y entonces llegas a la sección *No tengo que hacer nada*. Y piensas: *¡Caramba!, ¿de qué trata esto?* En esa sección él dice: "Sería mucho más efectivo ahora que te concentrases únicamente en esto [no tengo que hacer nada], que reflexionar sobre lo que debes hacer". T-18.VII.5 *¡Ay, Dios! Estoy intentando seguir esto, leyendo y haciendo todas estas lecciones, y él viene y me dice que sería mucho más efectivo que me concentrase sólo en que no tengo que hacer nada.* ¿Ves que esa sección es un alegato a favor de entrar al sosiego y, sencillamente, soltar todas las ideas y todos los conceptos?

> Un instante que tú y tu hermano paséis juntos os restituye el universo a ambos. Ya estás listo. Ahora sólo tienes que recordar que no tienes que hacer nada. T-18.VII.5

Cuestiona todo lo que crees pensar y entra al sosiego

Hola, David:

Llevo unos once años estudiando el Curso. Aunque he progresado, me desespera pensar que nunca voy a llegar al estado de sosiego y felicidad al que tantos estudiantes se refieren. Me costó mucho tiempo calmar los sentimientos de rabia, me costó años dejar de ser una víctima, me costó años llevar a un nivel mucho más bajo la envidia y el hacer juicios. Estoy agradecido por esto. Pero aunque parezco tranquilo y amoroso, la tormenta está muy cerca, y cuando hago las lecciones o leo el texto me aumenta la sensación de ansiedad en el abdomen. ¿Tiene la mayoría de los estudiantes esta misma resistencia, pero se quejan menos? No estoy seguro de si es que estoy pidiendo respuestas o una forma especial de apoyo. Mayormente sí que nos amo de verdad.

Amado:

Gracias por tu correo electrónico y por tu devoción al Despertar. La sensación de ansiedad en el abdomen de la que hablas es, en efecto, resistencia, y el miedo al Amor subyace en lo profundo, por debajo de la superficie de la consciencia. Muchos experimentan este miedo como miedo a lo Desconocido. A la vez que se ha negado el Amor en la consciencia, se ha fabricado una imagen del concepto del yo, que se mantiene y se acepta como lo "conocido" y lo "familiar". En este mundo parece que se ha sustituido la Realidad del Amor por la "realidad" de la percepción dualista, y la mente engañada teme soltar aquello a lo que está acostumbrada y le resulta familiar. Lo que experimentas cuando lees el texto y haces las lecciones es el deshacer el ego, y el ego experimenta con gran ansiedad el ser deshecho. Cuando te identificas con el ego experimentas su ansiedad. Esto es una Llamada a la fe, una Llamada a que permitas salir a la superficie todas las emociones que te trastornan para atravesarlas, en lugar de buscar distracciones para intentar sofocarlas, o apartarlas. No importa si la emoción que te trastorna parece muy intensa o sólo un poco irritante, porque el miedo no tiene grados ni dirección, y la manera correcta de percibir el miedo es siempre como una Llamada a lo que intenta enmascarar: el Amor.

La Llamada a Despertar y estar contento es la Llamada a dejar atrás todos los restos de la creencia en este mundo y recordar *Lo Que Es, Nuestro Estado de Ser Natural*. Ese es el significado de "Te estoy Llamando a que salgas del mundo". Ni un solo pensamiento del mundo es verdadero. Pero Nuestra Identidad Otorgada por Dios es Cristo, y Cristo es eternamente verdadero. Al ego le parece que el Despertar es solitario, no tiene sentido y está repleto de lucha, porque no hay gloria ni ganancia personal alguna en soltar la creencia en la separación. Pero la Paz es la recompensa de sí misma, y la Paz de Dios está mucho más allá de la perspectiva personal del ego.

UCDM es una herramienta para abrir la mente a la meditación profunda. Las lecciones están diseñadas para ayudar a entrenar la mente en el sosiego. La paz y el sosiego van juntos y no se los puede encontrar por separado. Conforme profundices parecerá que cuestionas todo lo que crees, y cuando seas atraído al Silencio te acercarás al punto en el que uno se rinde. Este es el punto de no saber ni entender nada del mundo de las apariencias, el punto de "no sé cuál es el propósito de nada". Y desde este lugar de humildad en la consciencia, se le da la bienvenida a la verdad. Con una risa feliz, la verdad se hace claramente visible como Todo lo que hay. La Verdad es Una y la "percepción dualista" es risible, porque no hay nada que pueda ser lo "contrario" de Lo Que Es Uno para siempre.

El misticismo es vaciar la mente de todo lo que cree pensar y de todo lo que cree saber. El misticismo es mirar desde la Perspectiva del *soñador del sueño*. La paz y el perdón son la Perspectiva, y el sentimiento, de la ausencia de juicios, porque lo que es lo mismo no puede ser diferente y lo que es uno no puede tener partes separadas. Es imposible reconciliar con Dios a la percepción dualista pero, felizmente, el recuerdo de la Unicidad de Dios es inevitable. Que no venga ante ti nada que no sueltes, y ábrete a la llamada al sosiego. El Divino Silencio es el Estado de carencia de deseos en nuestro Corazón.

Sanar la percepción de "los desastres del mundo"

Hola, David:

Me han desconcertado mucho los acontecimientos en curso que culminaron en el terremoto de Paquistán, en el que han muerto miles, y morirán miles más si los ciudadanos y los países del mundo no ayudan más. Durante el tsunami del año pasado vi una efusión de apoyo mundial, y esta vez no está ocurriendo así. He hecho lo que puedo, dadas mis finanzas. Sé que somos espíritu y no cuerpos, pero aún así me causa malestar ver la falta de comprensión de que todos son nuestros hermanos y hermanas que hay en el mundo.

Mi hijo, que tiene una grave invalidez que le impide hablar por el síndrome de Angelman (lo veo como un ángel y una bendición), se me apareció en un sueño. Había desaparecido y nadie se molestaba en ayudar a buscarlo. Este sueño vino poco después del terremoto. Al despertar, me di cuenta de que la pesadilla era una bendición porque me estaba recordando seguir adelante y donar el dinero que tenía intención de donar pero aún no lo había hecho. Veo familias buscando entre los escombros a sus hijos desaparecidos y a otras personas queridas, familias esperando a que alguien transporte a los heridos y les traiga suministros para el invierno que se avecina. Repito que sé que lo que somos es espíritu y que la paz está dentro de cada uno de nosotros. Pero yo estoy aquí en casa, caliente, bien alimentado, con un fuego de leña ardiendo. Sus cuerpos tienen frío y están sufriendo.

¿Qué es lo que le falta a mi comprensión? Lo que espero es que el mundo cambie hacia amar a todos como a uno solo.

Amado:

Gracias por escribir y compartir lo que está en tu corazón. Tu deseo es ser útil, y este es un deseo del Espíritu Santo. El ego ha distorsionado lo que es útil, porque el ego es la creencia en la realidad del cuerpo. Tu percepción de los "desastres del mundo" ha disparado en tu mente la necesidad de sanar. En esto, lo que has percibido como desastres ha servido al Propósito de Despertar a la Mente Divina. Si dar viene de tener lástima, de hacer comparaciones o de percibir que a alguien le falta lo que tú ya tienes, ese "dar" se hace desde la culpabilidad y sólo sirve para reforzar la creencia en la separación.

Si quieres ser Útil de verdad tienes que despejar la mente de creencias falsas para permitir que se obren milagros a través de ti. El ego y el Espíritu no dan de la misma manera. El dinero ofrecido para aliviar lo que se percibe como sufrimiento hace poco para sanar la mente, mientras que una actitud sencilla y amorosa que se abstiene de juzgar irradia un milagro tan expansivo que no se lo puede medir. Para servir de ayuda y ser un verdadero apoyo, ábrete a la metafísica de la sanación de la mente y reconoce dónde está (en la mente) y cuál es la solución (la paz interior) del problema. Reconoce que no va a haber una sanación parcial. Para reconocer que la sanación se ha producido tienes que sentir una profunda paz inamovible. Dirige tus esfuerzos hacia adentro y los beneficios para todo el universo serán inmensos. Apoya lo que es verdaderamente valioso dedicándote con devoción a la observación de la mente y al entrenamiento mental. Todo lo que te ayude en este esfuerzo es verdaderamente digno de apoyo y transformará tu consciencia en la dirección de Dar de Verdad, tal como Dios Da en el Espíritu.

Abordar la profecía, el guión y las mentes privadas

Participante: Me enviaron una invitación a un sitio web de uno que dice ser el profeta Daniel del Antiguo Testamento, despierto ahora para ser un ángel.

El profeta dice que va a juzgar a dos ciudades norteamericanas que serán destruidas con armas nucleares, salvo que él observe que la humanidad cambia para acercarse a la voluntad divina.

Yo me estoy preguntando si, dado que todo en este mundo es una ilusión, debería llamar la atención de las autoridades sobre este asunto. Pero si yo hubiese podido evitar el 11 de septiembre y no lo hubiese hecho, me sentiría fatal. Si se supone que esto no vaya a ocurrir, podría ser yo el que tiene que hablar, y si se supone que va a ocurrir, ocurrirá con independencia de que yo hable o no. ¿Qué piensas de esto?

David: El guión ya está escrito. Lo más útil que uno puede hacer es aceptar la Expiación, y así ver que toda forma es del pasado. El ego quiere que creas que el futuro es diferente del pasado y que también creas que en el futuro se repetirá el pasado. Sin embargo el presente está libre del pasado y sólo en el presente se puede encontrar a la Inocencia. El futuro es un montaje, una defensa del ego contra el instante santo.

Pensar que puedes, que deberías o que tienes que "prevenir" un resultado futuro, refleja la creencia en que tienes algún tipo de control sobre el guión. No tienes control alguno sobre el guión del mundo, pero sí que tienes control sobre tu estado mental. Puedes elegir la paz –el milagro– y ello te mostrará que: "Sólo veo el pasado". E-7

El pasado "futuro" es lo mismo que el pasado "pasado". Profetizar es pronosticar lo que ya está escrito. El tiempo está bajo tu dirección, como obrador de milagros, y esto significa que en cualquier momento puedes elegir ponerle fin a la errónea percepción "lineal" del tiempo. Me uno contigo en elegir sólo eso, pues no hay más Perspectiva clara que la del mundo perdonado: la del Espíritu Santo.

Participante: No puedo cambiar el resultado de la realidad, pero creo que puedo cambiar el resultado de lo irreal (admito que esto es una paradoja) mientras haya en la Filiación quien experimente como si fuese real la irrealidad de acontecimientos como los del 11 de septiembre.

David: Hay sólo una mente, y la mente dormida sólo tiene una opción: cambiar de ideas sobre sí misma y aceptar su inmutabilidad. Esa es la única responsabilidad: aceptar la Expiación. Mientras uno perciba "otras", o "múltiples", mentes, este es el error que hay que soltar. En el perdón no hay diferentes perspectivas. El perdón ve lo falso como falso, y mientras la mente dormida vea separados a la causa y el efecto, y al futuro como algo diferente del pasado, está rehusando aceptar la Expiación del error. Verdaderamente el asunto es soltar la creencia en las mentes privadas y los pensamientos privados.

Participante: Aún es necesario tener cuerpos para llegar a los que están engañados.

David: El cuerpo no tiene más propósito que el de ser un dispositivo de comunicación. Pero he dicho también que la mente llega a sí misma. No sale fuera. Todo está dentro de ella: tú dentro de ella y ella dentro de ti. Dios sólo tiene un Hijo, o una Creación. Los cuerpos sólo son figuras hechas de sombras traídas del pasado para que den testimonio de la separación, y nada relacionado con los cinco sentidos puede ser testigo de la Unicidad. El ego utiliza el cuerpo para fortalecerse a sí mismo y promover la creencia en el ataque. Pero la mente no puede atacar, porque sólo hay una mente y no hay nada fuera de la Unicidad, o integridad, de la mente.

Participante: Sí, el cuerpo no tiene más propósito que el de ser un dispositivo de comunicación, para comunicar su Unicidad a las partes que creen ser sólo partes separadas en lugar de partes integrales: todo lo que Dios creó en su *totalidad*, la suma de todo lo que Dios creó es Su único Hijo. Como analogía, el cerebro es un cerebro debido a que está compuesto de miles de millones de células integrales.

David: Dios no crea cuerpos. El cuerpo es un límite, una valla fabricada para contener lo incontenible. Lo infinito no puede crear lo finito, y lo eterno no puede crear lo temporal. El perdón muestra que las imágenes son irreales, y esto incluye también a la percepción del cuerpo.

Participante: Claro, pero aún permite que la unicidad del único Hijo esté compuesta de partes integrales: partes que son todavía partes, pero partes combinadas, no partes separadas.

David: El todo transciende el concepto de "partes". El perdón transciende el montaje de las "partes" y la mente que aún percibe partes necesita la Expiación.

Participante: Estás pensando en términos de referencia de que las partes están separadas. Yo estoy pensando en términos de partes que son integrales, tal vez incluso necesarias para la unicidad.

David: Al, por así decirlo, trepar por la escalera de la consciencia uno nunca va a subir si no deja un peldaño para pasar al siguiente. Te estoy pidiendo que veas que el Despertar requiere disposición a soltar el concepto de "partes" y a aceptar la meta de la Expiación, que es una experiencia que está más allá de las palabras. La experiencia del perdón completo va más allá de las palabras –las partes– para llegar a la paz constante. Ese es siempre el barómetro útil: la paz interior. Cuando la paz interior sea consistente, y sólo entonces, "sabrá" uno lo que es real y lo que es ilusión.

Desenmascarar y soltar las suposiciones defectuosas

Hola, David:

Soy estudiante de UCDM desde hace casi dos años, y tengo curiosidad por esto: ¿ves las noticias, lees el periódico, te mantienes en contacto diario con el mundo de la ilusión? Cuanto más profundizo más me alejo de ni siquiera querer saber las opiniones de los demás sobre esta vida. Nunca he disfrutado de leer el periódico, pero me siento distante de mi familia, de mis amigos y de mi pareja porque ya no sé hablar de "lo que está pasando en el mundo real". De hecho, cuando el Katrina golpeó a Nueva Orleans no experimenté ningún apego emocional en absoluto al drama. Aunque tengo dos hijas pequeñas y sí que diariamente me preocupo por su seguridad, eso para mí no fue una preocupación. Sin embargo, hice de voluntaria en los refugios durante las primeras semanas en que los evacuados vinieron a esta zona. ¿Es hipócrita eso? ¿Debería estar más consciente de lo que está pasando –por ejemplo, de los intereses políticos y los dramas locales– sólo para reconocer las lecciones de perdón que contienen?

Amada:

Gracias por escribir. Hablas de una cosa muy corriente entre los estudiantes sinceros de UCDM, y es natural que parezca que se pierde interés por las noticias y los periódicos conforme se progresa hacia la meta de UCDM: el perdón. El aparente interés emocional y/o los dramas personales relacionados con tus hijas y la gente de tu proximidad inmediata te ofrecen muchas oportunidades de perdonar.

Es útil recordar que no importa el grado ni la dirección del error, de manera que la percepción errónea no puede ponerse en una escala ni en un continuo. El miedo no tiene grados ni admite comparaciones, pues todo miedo se Interpreta de manera apropiada y Útil como una petición de Amor. Alégrate y agradece que estás permitiendo que el miedo inconsciente salga a la consciencia a ser sanado. Estás, con toda certeza, en el buen camino, y aunque a veces te sientas distante de tu familia, tus amigos y tu pareja, eso es sólo miedo que sale a la superficie para que lo sueltes.

A veces me siento Guiado a ver la TV un rato, o a echarle un vistazo al periódico cuando voy de viaje, y a veces esos trocitos de "acontecimientos mundanos" los usa el Espíritu Santo para poner ejemplos en las reuniones. De hecho, ya no leo gran cosa excepto cartas y correos electrónicos.

Si encuentras que aún le tienes aversión a las palabras sobre los intereses políticos y los dramas locales, o a las noticias y los periódicos, puede ser útil verlas y leerlos de manera ocasional, según te sientas Guiada, o alquilar algunas películas que traten de esos temas y asuntos, y utilizar el ver películas como una experiencia de observación de la mente. Durante años yo he utilizado el ver películas (y hace muchos años, también el ver la TV) como un ejercicio de entrenamiento mental. Permite que los sentimientos salgan a la superficie sin censurarlos, y luego reconoce cómo esos sentimientos vienen de los deseos, creencias y pensamientos que se mantienen en la consciencia.

Este tipo de ejercicio mental te puede ayudar a cuestionar lo que crees y también a desenmascarar y soltar las suposiciones defectuosas. Con la disposición a hacerlo, la mente se abre a que el Espíritu Santo reinterprete la percepción, que es la meta de todo entrenamiento mental.

El primero de los cincuenta principios de los milagros, al principio del Texto, dice que no hay ningún orden de dificultad de los milagros, y esto viene de la comprensión aún más profunda de que no hay ninguna jerarquía de ilusiones. Es útil usar el Libro de ejercicios de UCDM en la práctica cotidiana y aplicar las lecciones sin hacer excepciones. Este entrenamiento mental conduce a una Observación verdaderamente amorosa y desapegada de la percepción, que es el "mundo real" del Espíritu Santo en lugar de la versión que tiene la mente durmiente de lo que es el "mundo real".

Una pregunta sobre estar alerta: ¿Puede el ego estar alerta?

Participante: Hay una frase del Texto que dice: "Al decidir contra tu realidad, has decidido mantenerte alerta contra Dios y Su Reino. Y es este estado de alerta lo que hace que tengas miedo de recordarle". T-10. II.6 ¿Qué clase de estado de alerta es ese? ¿Puede el ego estar alerta?

David: Esta pregunta es realmente buena, considerémosla. En el Curso Jesús dice que hay que estar alerta hasta que ya no haga falta estar alerta. Pero el estado de alerta descrito en esta frase por la que preguntas es una clase diferente de estado de alerta. La vigilancia es del ego, igual que el ámbito de lo perceptual es del ego, pero puede ser utilizada por el Espíritu Santo para el propósito de la atención. Pero en la cita que mencionas se está expresando algo diferente. Considerémoslo. "Al decidir contra tu realidad, has decidido mantenerte alerta contra Dios y Su Reino". Lo que él quiere decir es que eres capaz de cualquier cosa con tal de negar la realidad de Dios y sostener la tuya: estás en estado de alerta para defender lo que percibes como tu propia realidad. *Decidir* forma parte del concepto del yo. Sólo la mente dividida cree en la posibilidad de elecciones/decisiones.

Por ejemplo la creencia en que existe un país llamado América, o Canadá, es un concepto. Soy canadiense, soy americano, soy afroamericano, soy británico, soy australiano: todo eso son conceptos, y nos vemos a nosotros mismos defendiéndolos porque creemos que eso es lo que somos. Creemos que tenemos elección sobre qué es lo que queremos ser. Estamos muy alerta para proteger lo que hemos hecho. ¿Ves qué compleja es esta mente del "yo sé"? ¿Qué es lo que no soy? No soy canadiense. No he nacido en un cuerpo. No soy la percepción. Jesús habla de esto en el Evangelio de Juan. Cuando los judíos le preguntaron cómo podía decir que había visto a Abraham cuando ni siquiera tenia cincuenta años, Jesús les dijo: "...antes de que Abraham fuese, Yo Soy". Jesús nos está diciendo, desde antes de que Abraham fuese, esto: "Yo Soy". No hay nada que venga detrás de "Yo Soy". Yo no soy el nombre "orador". Yo no soy la nacionalidad del país donde nació este cuerpo. El Cristo no es una etiqueta ni forma parte de lo espacio-temporal. Cada vez que te disgustas y crees que sabes algo, significa que quieres tener la razón. Cuando defiendes tu ilusión por encima de la realidad de Dios, estás alerta contra Dios y Su Reino. "Y es este estado de alerta lo que hace que tengas miedo de recordarle". T-10.II.6

Esa es la clave. Como creemos que realmente nos hemos separado, ahora tenemos miedo de haber hecho algo malo al fingir que sabemos algo superior al conocimiento de Dios, que es el amor inmutable y eterno. Fingiendo que la separación es real nos da miedo recordar a Dios, porque en realidad creemos en lo imposible. Esta clase de vigilancia es la vigilancia del ego, estar alerta para defender las ilusiones. Sólo se puede estar alerta en el ámbito de lo perceptual. Mantente alerta por el Reino porque la mente se resiste mucho. La mente egoica está en estado de alerta por sus ídolos. Mantente alerta para desenmascarar a los ídolos.

> Al sereno ser del Reino de Dios, del que eres perfectamente consciente cuando estás en tu sano juicio, se le expulsa sin miramientos de aquella parte de la mente que el ego rige. El ego está desesperado porque se enfrenta a un contrincante literalmente invencible, tanto si estás dormido como si estás despierto. Observa cuánta vigilancia has estado dispuesto a ejercer para proteger a tu ego, y cuán poca para proteger a tu mente recta. ¿Quién, sino un loco, se empeñaría en creer lo que no es cierto, y en defender después esa creencia a expensas de la verdad? T-4.III.10

Lo que has fabricado es un conocimiento falso, y la mente dividida está muy alerta para conservarlo. Esto es lo que mantiene la apariencia de un mundo en un estado caótico: creer que sabemos algo. De hecho no podemos saber nada en el ámbito de lo perceptual. La mentalidad recta es la corrección de este intento de la mentalidad errada de poner orden en la realidad de uno. No hay que confundir la mentalidad recta con la mente que sabe, el conocimiento de Dios, porque la mentalidad recta sólo es aplicable a la percepción corregida. Por eso, al principio del Libro de ejercicios, Jesús dice: "...no sabes cuál es el propósito de nada". E-25.3 Crees saber para qué es un teléfono pero sólo "en el nivel más superficial". Tenemos que abrirnos al pensamiento de que: *no sé nada porque estoy intentando decidir qué es la realidad por mi cuenta, y por eso tengo miedo, porque cada vez que intento hacer la realidad por mi cuenta, estoy abusando de la ley del Reino, de la ley del amor.* Este intento de decidir qué es la realidad es la causa de que surja en la consciencia la culpabilidad. Hay una sensación de saber que la mente no se está usando para los propósitos de la creación, sino para fabricar ilusiones. Y esto produce miedo, porque creemos que las ilusiones son reales y haríamos lo que fuese por protegerlas. El ego está muy alerta contra Dios y Su Reino.

Para tener clara la idea de estar alerta, primero tenemos que mirar el propósito del Espíritu Santo para la vigilancia y la idea de vigilancia del ego. Parece que hay dos alternativas, dos elecciones. De entre todas las elecciones del mundo, de entre todas las decisiones que es posible tomar, esto lo reduce a dos. En esto hay una gran simplificación. Digamos que esas dos alternativas son las soluciones potenciales de cualquier problema aparente. La primera solución es desenmascarar al ego. La segunda solución es continuar en el estado de conseguir, de llegar a ser y buscar cambios en el nivel superficial. La primera solución es desenmascarar y desenmarañar al ego, y a sus conspiraciones para salvarse a sí mismo. La otra tiene como resultado seguir buscando una ilusión mejor, buscar la salvación donde no se la puede encontrar, continuar con la "carrera de ratas". La primera alternativa necesita un esfuerzo, pero es como desenredar una madeja de hilo: tiene un final. La segunda alternativa también requiere esforzarse, pero en este esfuerzo se perpetúan los sufrimientos de todo tipo. Aunque ambas requieran esfuerzo y vigilancia, podemos decir que debido al resultado, sólo una de estas elecciones es una verdadera alternativa. Sólo una conduce al Reino.

Participante: Eso tiene que significar que en realidad no tengo opción a ser lo que quiera ser. Entonces ¿es que en verdad no hay alternativa en absoluto?

David: Si sólo hay una alternativa, tiene que ser que no hay alternativa, porque "alternativa" significa dos o más. Si sólo hay una alternativa real que conduce a la Realidad, entonces no hay alternativa. Elegir la mente recta es en realidad elegir sencillamente que el Espíritu Santo decida por ti. Realmente uno nunca tuvo elección, sino una ilusión de elección. Pero esto es demasiado sencillo para el ego. El ego necesita estar a favor o en contra de algo, o dejaría de "existir". El ego utiliza conceptos, ideas y creencias, se apega a estas ideas y luego cree ser eso: "Soy americano. Soy católico. Soy budista. Soy esto y lo otro, y soy cristiano. Yo sé. Yo sé. Yo sé". Se pierde en un "yo sé" que, en realidad, es sólo una defensa contra el recuerdo del conocimiento que está disponible en el instante santo. Donde se refleja el conocimiento y se recuerda el amor es en el instante santo. Es donde nos encontramos con el Espíritu Santo, en el momento presente: ahora mismo. El Curso nos dice:

> Enseñar a toda la Filiación sin hacer excepciones demuestra que percibes su plenitud y que has aprendido que es una. Ahora tienes que estar alerta para mantener su unicidad en tu mente porque si dejas que te asalte la duda, perderás la conciencia de su plenitud y serás incapaz de enseñarla. La plenitud del Reino no depende de tu percepción, pero tu conciencia de su plenitud sí. Sólo tu conciencia necesita protección, puesto que el estado de ser no puede ser atacado. No obstante, no podrás experimentar una auténtica sensación de que existes mientras sigas teniendo dudas con respecto a lo que eres. Por eso es por lo que es esencial que te mantengas alerta. *No* permitas que entre en tu mente ninguna duda acerca de tu existencia o, de lo contrario, no podrás saber con certeza lo que eres. La certeza es el regalo que Dios te hace. La verdad no requiere vigilancia, pero las ilusiones sí. T-6.V.C.8

El deseo de ser especial y las relaciones especiales

Hola, David:

Siento que el concepto de matrimonio es excluyente y mantiene la separación por medio de formar su propio pequeño vínculo personal, aún más especial que cualquier otra relación. Siento que el papel de esposa es muy limitador. Sin embargo, tener siempre aquí conmigo a mi mejor amigo es no sólo un gran disfrute, es un consuelo y además es "seguro". Casi todo lo hacemos juntos. Parece que estoy más que dispuesta a aceptar un papel que me limita con tal de mantener esta amistad (especial) que tanto deseo. Sé que esto es regatear y por lo tanto es del ego, pero me da miedo soltarlo. No me gusta estar "sola".

Hay otros acuerdos entre los egos que mi compañero y yo también hemos hecho. El sexo: a veces lo deseo, y a veces sencillamente lo ofrezco porque mi compañero lo desea, y yo quiero darle como regalo cualquier cosa que él quiera (¿no es real el "amor" que hay detrás del acto?) Hay, sin embargo, otros acuerdos entre los egos que solíamos tener y hemos abandonado. Ya nunca nos apoyamos el uno al otro para atacar a un hermano, y sí que nos ayudamos el uno al otro para preguntarle al Espíritu Santo por el propósito de todo. Intentamos recordarnos el uno al otro que hay que permanecer presentes, y nos ayudamos el uno al otro a practicar el perdón.

En una de mis clases de UCDM estuvimos leyendo sobre las funciones especiales, el deseo de ser especial y las relaciones especiales. Lo que se enseñó en esta clase fue que, aunque trabemos relaciones especiales para favorecer la separación, el Espíritu Santo sabe utilizar incluso las relaciones especiales para la sanación y el perdón.

> Ésta es la percepción benévola que el Espíritu Santo tiene del deseo de ser especial: valerse de lo que tú hiciste para sanar en vez de para hacer daño. A cada cual Él le asigna una función especial en la salvación que sólo él puede desempeñar, un papel exclusivamente para él. Y el plan no se habrá llevado a término hasta que cada cual descubra su función especial y desempeñe el papel que se le asignó

para completarse a sí mismo en un mundo donde rige la incompleción. T-25.VI.4

Se dijo que lo que este párrafo significa es que nuestra función especial es perdonar los símbolos concretos que cada uno de nosotros ha fabricado en su estado de aparente separación. Y así, me toca perdonar el símbolo de separación que he fabricado al tener una relación especial. Y conforme vaya sabiendo que mi compañero no es más especial para mí que cualquier otro hermano porque sólo hay Uno de nosotros, mi conducta exterior cambiará de manera natural. Lo que me da miedo es que para perdonar el mundo y llevar a cabo mi función especial, yo tenga que soltar este matrimonio de veintiséis años con "mi mejor amigo". ¿Es esto verdad? ¿Tenemos que soltar todas las relaciones especiales? No quiero estar en soledad. Me gusta estar con gente.

Además, si tenemos que soltar el concepto de matrimonio, ¿se deduce que tenemos que soltar la actividad sexual porque se centra en pensamientos corporales? ¿Y tenemos entonces que soltar el comer, el respirar y el estar abrigados? ¿Es cierto que esas cosas refuerzan mi pensamiento de que soy un cuerpo, y me mantienen apartada del Cielo?

Mi única meta es sanar. UCDM me ha liberado de cuarenta y siete años de dolor, y no quiero volver a eso nunca más. Estoy dispuesta a hacer *cualquier cosa* que el Espíritu Santo me guíe a hacer para avanzar en mi curación y en el perdón. *Haré* cualquier cambio que sea necesario para alcanzar esta meta. En este momento, sin embargo, veo como un sacrificio soltar mis relaciones especiales. Naturalmente esto significa que necesito un cambio de mentalidad, un milagro. Por favor ayúdame a comprender cuál es mi función especial, y ayúdame a cambiar de mentalidad para que pueda ver correctamente todo esto.

Muchísimas gracias por tu disposición a ser un canal Santo y perfecto de Dios. ¡Te amo para siempre en la eternidad!

Amada:

Gracias por tu devoción al Despertar y por tus sinceras preguntas sobre las sutilezas del deseo de ser especial, las relaciones especiales, y tu función especial. Siento la gratitud que expresas por el uso que el Espíritu Santo hace de todos los símbolos de tu percepción. Conforme sigas preguntándole al Espíritu Santo por el propósito de todo, el Propósito se volverá muy claro: la única responsabilidad es aceptar la Expiación para uno mismo. El único Propósito Útil para el que puede servir un sueño de separación es el de ofrecer un reflejo de una mente Sosegada, que se abstiene de juzgar. Por eso el perdón es la clave de la felicidad y te ofrece todo lo que deseas de verdad: seguridad, certeza, intimidad, libertad, amor, paz, alegría y felicidad. En el ámbito de la percepción tu verdadero "mejor amigo" es el perdón. La tarea de la Salvación es modificar los conceptos, para acercarse al concepto que todo lo abarca, el perdón: el único concepto que conduce fuera de todos los demás conceptos que inventó el ego.

El concepto de matrimonio es un apoyo para cruzar al otro lado en el sendero del Despertar. Su valor reside en para qué se quiere el matrimonio. Si la idea de matrimonio es la de satisfacer necesidades y centrarse en un objeto de afecto, o tener compañía para aliviar la soledad, o la sensación de estar aislado, entonces este concepto se utiliza por el ego para reforzar la creencia en la separación de Dios. Si la idea de matrimonio se utiliza como un medio para reflejar en la mente un compromiso compartido con el Despertar por medio de desenmascarar y soltar creencias, pensamientos, emociones y percepciones erróneos, entonces el concepto le sirve al Espíritu Santo mientras se va deshaciendo la creencia en el tiempo.

El deseo de ser especial y el tiempo lineal son sinónimos. El instante santo y la Unión Espiritual son sinónimos. La Verdadera Unión es la Mente de Cristo Unificada con Dios, y transciende todos los conceptos, incluso el de perdón. Al vaciarse la mente de todos los conceptos, las aparentes necesidades, luchas y conflictos de las relaciones interpersonales se quedan a un lado, porque han dejado de tener significado. La Identidad como Espíritu es Todo el Significado. Tú eres la meta que el mundo estaba buscando, y todas las metas desaparecen cuando se reconoce al Ser.

Trata con dulzura a tu mente en el Despertar. El Despertar es un cambio mental que reconoce la Inmutabilidad del Espíritu. El Despertar depende de estar dispuesto y preparado para una transformación de la percepción, y nunca se induce por medio de intentos de cambiar conductas o circunstancias para adaptarlas a un concepto concreto y preconcebido de lo que es más espiritual o menos espiritual. Al sumergirse en el Propósito que ofrece el Espíritu Santo, uno recibe su "función especial". La expresión "función especial" se refiere sencillamente al uso por el Espíritu Santo de los símbolos que hay en la consciencia. De ninguna manera significa "mejor" ni "más santa que" en términos de conducta, sino que representa al Propósito que el Espíritu Santo le ofrece a la mente. ¡Cuando la mente se abre a este Propósito la alegría y el júbilo de la función cumplida son obvios! Los sentimientos de amor, satisfacción y contento sustituyen a todas las sensaciones de carencia, incompletitud e indignidad. En esta experiencia no hay sensación alguna de sacrificio, pues la completitud no sabe nada de carencias.

El Amor es un Estado Mental que sencillamente se extiende a Sí Mismo. Aproximarse al recuerdo del Amor Divino es el sendero de los milagros. La lente de carencias del ego se sustituye por obrar milagros. Los milagros se experimentan directamente en la consciencia, y los antiguos impulsos milagrosos distorsionados (ansias de comida, bebida, sexo, posesiones y preferencias en la forma) se difuminan y se apagan en la consciencia conforme se experimenta de manera consistente el Propósito del Espíritu Santo. Se le tenía apego al mecanismo de juzgar (de tener preferencias) del ego y nunca a las personas, ni a las conductas, ni a los objetos concretos. En la percepción sanada no se ve nada como si estuviese separado de la mente y por lo tanto no hay rechazo alguno. En la percepción sanada no hay ninguna necesidad de buscar la gratificación de los sentidos, porque el Propósito del Espíritu Santo es completamente satisfactorio y no falta de nada. En el Despertar, sencillamente se ha transcendido al ego. Sé delicada. No hay ninguna necesidad de pelear con el ego ni de intentar domarlo. Déjalo surgir y sencillamente contempla su insustancialidad. Estate atenta a tu mente, sencillamente tomando nota de los pensamientos del ego y cediéndoselos al Espíritu Santo, Quien sabe ver su insustancialidad.

No eleves al nivel mental los pensamientos corporales. Esto significa sencillamente que no veas causación en la forma ni en los cuerpos. El cuerpo, y todas las formas, son los efectos irreales de una "causa" irreal:

el ego. Dios es la Causa real y Cristo es el Efecto real. Los pensamientos del cuerpo fueron sólo un intento de creer que podía existir algo real separado y fuera de la Mente de Dios. Cristo permanece como una Idea Pura en la Mente de Dios. Por eso la realización del Ser es Espiritual y no un asunto material ni espacio-temporal.

En el Despertar el Espíritu Santo es el Consolador, y este es el verdadero significado de Amigo. En la Unicidad no hay "mejor" ni "peor", no hay "más" ni "menos". Los cuerpos y el mundo desaparecerán de la consciencia porque no son Eternos. El Espíritu Santo es el Amigo que permanece Eterno. La "Voz que habla en nombre de Dios" parecerá cesar cuando la consciencia deje de retener la ilusión del tiempo y se haya olvidado del viaje a ninguna parte. Vuélvete al Consolador y deja que el Espíritu Santo le de a tu mente fatigada Su Descanso Imperecedero. Descansa en Dios. ¡Observa el Plan desde la Alegría!

La relación especial le cede el paso al Amor Real

Hola, David:

Hace tiempo que tengo en mente una pregunta, y he pensado que sería buena idea sacarla aquí en lugar de darle vueltas y más vueltas en mi cabeza. Es una pregunta sobre las relaciones especiales. El Curso dice que no hay grados de dificultad en los milagros, pero yo no he sido capaz de perdonar al compañero de mi última relación especial (o a mí misma en relación con él) más que por breves períodos de tiempo cada vez. He hecho los ejercicios muchas veces y siento que me voy acercando al perdón, pero no es perdón verdadero mientras no sea total, ¿verdad? Sé que lo que hay entre nosotros es amor de verdad, pero a mi ego le sulfura la idea de que él dejó de creer que yo era la persona más especial del universo, y con que últimamente ha encontrado a una persona nueva de quien parece haberse encaprichado como ¡"la nueva persona más especial del universo mejorada"!

Se podría pensar, que con mi sentido del humor y mi comprensión de lo absurdo que es el ego, podría sentirme mejor sobre este asunto. He intentado reconocer sencillamente lo que siento por debajo de todas las capas, y soltar la ira y el hacer juicios. Amar duele menos que odiar, pero el amor que siento tiene que ser de la clase equivocada porque aún duele.

¿Debería estar agradecida por esta experiencia? A lo mejor ahora que estoy compartiendo contigo estos aparentes "pensamientos privados" todo se va a abrir más a la luz.

Oí que William Thetford dijo algo así como: *el Curso sugiere la idea de que nos olvidamos de reírnos en el primer momento en que comenzamos a creer que las ilusiones eran reales.* ¡Me encanta!

Amada:

Gracias por desahogar tu corazón y poner al descubierto tus pensamientos privados. Tal como dices, expresarlo todo le quita el poder al ego y disuelve de inmediato lo que se expresa. Hablas de perdón parcial, de sentirte como si los pensamientos volviesen una vez tras otra, y de que el perdón tiene que ser total para que esto se acabe de una vez. Esto se parece mucho a observar las burbujas que suben hasta la superficie de una pecera: puedes observar las burbujas (los pensamientos), perdonarlas y soltarlas, pero salvo que vayas al fondo de la pecera y desmanteles la bomba que las produce, ¡esas burbujas no van a parar!

Es bueno aclarar bien la diferencia que hay entre que "algo que le viene a uno" y lo que no es más que "estar en la mente errada, o escuchar al ego".

Cuando uno encuentra a su mente recalentando el pasado, repitiendo un parloteo inútil y sin sentido que no va a ninguna parte, uno puede tomar una actitud firme y darle una rápida patada al ego. El Espíritu Santo me dio un lema estupendo: "Para y déjate caer al suelo y rodar", tal como dicen los bomberos que hay que hacer cuando se está en un incendio, rodeado de humo y sin ver claro ¡Perfecto! Para el ego. Déjate caer desde el remolino mental en el que estás al suelo de tu corazón –a tu mente recta– y rueda con el Espíritu Santo. Siente la paz y pide ser guiada. *Ayúdame, Espíritu Santo, ¿hay algo que quieres que diga o que haga?*

Esto es diferente de la sensación de emociones profundas que tienen que subir para ser puestas en evidencia. El ego intentará subirse de un salto y conseguir que actúes desde esas emociones, que actúes desde la duda, el dolor o la tristeza, y eso sencillamente te alejaría aún más de la verdad. Te lo repito: ve al Espíritu Santo, reconoce tus sentimientos, reconoce que no sabes por qué te sientes así y dile que estás dispuesta a aceptar su guía sobre qué hacer o qué decir ahora mismo. Cuando tengas un rato tranquilo a solas llévale de nuevo al Espíritu Santo esos sentimientos y pregúntale por ellos.

Leer la primera frase de cada párrafo y unos cuantos párrafos aquí y allá del Capítulo 24 proporciona una buena visión de conjunto de lo que es el deseo de ser especial. Es retorcido. No es lo que creemos que es. No es amor. Si el Amor es un estado constante y tu experiencia del amor ha implicado inconsistencia, dolor y un poco de tristeza aquí y allá, entonces eso no es el Amor real. Este mundo es una tapadera fabricada para ocultar el miedo. Las relaciones de pseudo-amor en las que nos embarcamos no son el Amor real. Incluso con el amor que sientes por tu familia, por tu ex-novio, ahora mismo, cuando piensas en ellos, estás pensando en el pasado. Son pensamientos de la mente. Los momentos de alegría, de amor y de felicidad que se han compartido son experiencias del momento presente, un reflejo directo del Amor de Dios. Cuando vinculas estos momentos con personajes del sueño estás deseando tener más momentos así con una persona en particular. Cuando parece que una relación llega a su final, o no estás físicamente cerca de ellos, hay una sensación de pérdida, de desear que las cosas fuesen de manera diferente, porque estás haciéndolos especiales y vinculándolos a tus recuerdos del momento presente.

Las relaciones especiales y el amor especial son obstáculos al Amor, a la consciencia del Amor de Dios. Creemos que estamos buscando el amor aferrándonos al pasado intentando que funcione. Nos aferramos a las ilusiones y obstaculizamos nuestra consciencia del momento presente, el único lugar y el único momento en el que somos libres de experimentar el amor, la felicidad y la alegría.

El miedo a envejecer, a la muerte y a la soledad se ocultan bajo de la tapadera de la relación especial. Creer que estamos separados de Dios

—que somos cuerpos, que envejeceremos y moriremos, que podemos estar solos— es el ego. Extender la mano al amor de este mundo para disipar esos sentimientos es el propósito de las relaciones especiales. Nunca puede producir libertad, paz ni felicidad. Es una tapadera puesta encima de la muerte. Todas las comparaciones, todos los pensamientos de superioridad/inferioridad son del ego, y se basan en sus ideas de éxito/fracaso.

Tú eres el Cristo, el hijo perfecto y santo de Dios; no hay nada ni nadie que se pueda comparar contigo. Si te olvidas de tu verdadera identidad por un momento, sencillamente para y déjate caer al suelo y rodar. Recuérdate a ti misma que deseas sólo la Paz de Dios. Pídele al Espíritu Santo-Jesús que te tome de la mano y esté contigo ahora mismo, para ayudarte con lo que estés experimentando.

¡Muchísimas gracias por tu disposición a soltar las relaciones especiales! Esto es decir sí al Amor, al Amor Real.

Soltar el deseo de ser especial para experimentar la iluminación

Cristo Llama a todo el mundo a Despertar al Ágape, al Amor Eterno e Incondicional. El único obstáculo a este Despertar es el filtro del deseo de ser especial, que proyecta un mundo en el que algunas imágenes parecen ser más importantes y valiosas que otras. Esto es muy visible en lo que llamamos relaciones especiales, en las que se enaltece a algunas personas y se rebaja a otras. En cualquier situación en la que se aprecia el deseo de ser especial, Cristo permanece oculto a la consciencia. Cuando se reconoce a Cristo, se suelta para siempre el disparatado deseo de ser especial. El deseo de ser especial es otro nombre del ego. El deseo de ser especial, con su énfasis en las formas y su indiferencia al contenido, oscurece en la consciencia la igualdad y la Unicidad. El Amor es contenido. El perdón, al ver todas las imágenes como igualmente falsas, es el gran igualador. Esta Perspectiva le abre la puerta al recuerdo de Dios. El deseo de ser especial es una creencia que tiene por descendencia a muchos conceptos. La posesión es uno de los conceptos engendrados por el deseo de ser especial, y las relaciones basadas en la posesión sirven a su "amo". El tiempo, el espacio y los cuerpos son conceptos que forman parte de la descendencia del deseo de ser especial, y el ego teje su propia imagen de la "realidad" a partir de los conceptos engendrados por el deseo de ser especial.

Se me ha pedido que comparta algunas ideas sobre la transición a la santidad desde el deseo de ser especial, el cambio de la muerte por la vida, o de albergar quejas a resucitar. Eso es el Despertar a la Vida Eterna por medio del perdón de las ilusiones. En términos sencillos, es estar Presente y Abierto a Lo Que Es. Hay tres aparentes etapas que preceden al Despertar a la Abstracción Divina. Voy a compartir ideas sobre cada etapa.

La primera etapa es permitir que la oscuridad del deseo de ser especial retenido en la mente salga a la superficie y quede al descubierto. La segunda etapa es una etapa de desapego, en la cual el deseo de ser especial aún persiste en la consciencia pero la práctica de la Observación desapegada es una perspectiva cada vez más consistente. La etapa final es, en realidad, nada más y nada menos que vivir en el Momento Presente. Es el sueño feliz de la consciencia que se abstiene de juzgar, en el que se reconoce siempre y sin excepción alguna la igualdad de toda percepción. Yo le llamo Iluminación a esta experiencia.

Para la mayoría, en términos de experiencia, la primera etapa es la más difícil y la más llena de desafíos. En la segunda etapa puede haber momentos y períodos de tiempo difíciles, pero gracias al cada vez más efectivo entrenamiento mental y a una consistente transferencia del aprendizaje, estas experiencias intensas parecen infrecuentes y pasajeras más que otra cosa. En la etapa final esas experiencias intensas han desaparecido para ser completamente sustituidas por el amor, la paz, la felicidad, la alegría y la libertad.

Permitir que salga a la superficie el deseo de ser especial

Durante esta etapa, al estar uno aún arraigado en las creencias inconscientes, la gente todavía parece ser gente y las cosas todavía parecen ser cosas. La mente cree que es un ser humano y que el mundo/cosmos es exterior a la mente. También parece que el entorno de gente y cosas que se percibe alrededor es, a veces, hostil al perceptor. La mente que cree en el ego (en la separación de Dios) no se da cuenta de la cantidad de odio a sí misma al que está aferrada. Tampoco se da cuenta de los continuos intentos de proyectar esta creencia en el conflicto sobre el mundo "exterior", un mundo/cosmos que en su esencia no es nada más que una pantalla neutra poblada de imágenes. Hoy día, sin embargo, hay muchas pruebas de cómo funciona la consciencia que se están volviendo cada vez más evidentes. Por ejemplo, la física cuántica demuestra actualmente que la consciencia implica potenciales subjetivos que están conectados a elecciones: "ahí fuera" no hay ningún mundo objetivo separado de la consciencia.

Los profundos, y a menudo inconscientes, sentimientos de falta de valía, carencia y culpabilidad conducen a la mente a buscar el amor, el significado y lo valioso en las imágenes del mundo que percibe. Valora a ciertas personas, cosas, grupos, organizaciones, animales, países, etcétera, con unos patrones de preferencias subjetivas que nada tienen que ver con la Verdad ni con la Eternidad. La necesidad que el ego tiene de formar parte de algo, y los sentimientos de carencia que le son inherentes, lo conducen a buscar afiliaciones y asociaciones en la forma que sólo ofrecen una sensación ilusoria y fugaz de conexión. La verdadera intimidad es de la mente y sólo se la experimenta por medio del Propósito compartido. El Propósito Unificado de la mente trae la percepción unificada del mundo: el sueño feliz y libre de juicios que es la meta de toda práctica espiritual auténtica.

Observación desapegada

El Espíritu ofrece la Observación desapegada como alternativa a la perspectiva personal del ego, aunque no se puede aceptar esta sustitución mientras la mente aún valore la perspectiva personal. El Amor no espera en el tiempo, sino que espera a recibir la bienvenida. Con la disposición a desenmascarar y soltar el sistema de creencias del ego que oculta la Luz, parece que el Observador se vuelve cada vez más obvio. Al ver la forma como un efecto irreal de una causa irreal (el ego), se evidencia la irrealidad de las falsas asociaciones causa-efecto. Los milagros muestran el poder de la mente, restableciendo la consciencia de la mente como el mecanismo de toma de decisiones, soltando así el falso concepto del cuerpo como tomador de decisiones. Esto libera a la mente por medio del perdón, que consiste sencillamente en ver que lo falso es falso. Conforme se experimenta de manera consistente el perdón, la mente se alinea con la Perspectiva del Espíritu Santo, o con la perspectiva del Observador de la que habla la física cuántica.

A menudo hablo de las ideas de "nada de complacer a la gente" y "nada de pensamientos privados". Lo que estas ideas significan en esencia es que cuando la mente reconoce que el mundo es un mundo de ideas y que nada se puede mantener oculto ni privado ante la percepción completa y unificada, entonces no hay gente a la que complacer, literalmente. No es que uno debería no tener secretos ni pensamientos privados, es darse cuenta de que la mente está íntegra y no se la puede partir ni dividir entre lo conocido y lo desconocido. Cuando salen a la superficie de la consciencia las emociones dolorosas hay otro contexto en el que lidiar con ellas, distinto de echarle la culpa a la gente del mundo. El contexto sanador de la mente, y la Perspectiva perdonada del Espíritu Santo, traen el alivio de la culpabilidad inducida por la perspectiva personal del ego. Con la Guía del Espíritu Santo la mente se da cuenta de que no es "la que hace" y, por lo tanto, nunca ha "hecho" nada, ni bueno ni malo. Desde esta consciencia, la culpabilidad, el miedo y la ira son por siempre imposibles y, por lo tanto, desaparecen de la consciencia.

Iluminación

No estas a merced de las imágenes ni de los conceptos del mundo. Antes de Despertar del sueño del mundo, tendrás un sueño feliz. Verás que eres el soñador del sueño. Eres inmenso y tienes dominio sobre las imágenes.

Capítulo Dos

La Realidad de la Vida y la irrealidad de la muerte

En verdad no hay "obstáculos a la paz" que no podamos trascender juntos desde el perdón. El perdón es dejar de valorar al ego, al que también podríamos llamar la muerte. El ego fue un intento de negar a Dios. Pero semejante creencia no puede cambiar realmente la verdad del Amor de Dios, porque nada puede cambiar el Amor Eterno. Y sin embargo, mientras parezca que el ego ofrece algo valioso no se podrá oír, ni aceptar completamente, la Respuesta de Dios. Porque el ego es la creencia en que existe algo que puede sustituir a Dios. Y el Espíritu Santo enseña que no hay más Amor que el Amor de Dios Que Todo lo Incluye.

La "atracción de la muerte" es la atracción de una imagen de una identidad inventada y la atracción de todas las distracciones y defensas que forman parte de esa imagen. La imagen es el ego –la muerte–, y utiliza el poder que le da la mente durmiente para intentar hacerse pasar por una entidad real con vida propia. El ego no puede ser un obstáculo a la paz cuando uno se retracta de creer en él y pone su fe en el Espíritu Santo.

El ego –la muerte– parece atractivo sólo porque parece ofrecer una alternativa a Dios, a quien la mente durmiente teme como si fuese un dios iracundo y punitivo. Dios no es nada de eso, sólo puede ser lo para una mente dormida que cree que realmente se ha separado de Dios: este es su miedo inconsciente. Ha proyectado su miedo sobre ese dios "iracundo", que se ha inventado y tiene miedo de pedir la ayuda de semejante dios.

Parece haber placeres, por efímeros que sean, asociados con la imagen inventada y con su mundo. Y estos placeres son atractivos para la mente durmiente que, por lo tanto, los busca. Pero los ídolos nunca ofrecen satisfacción ni alegría duraderas, pues ellos mismos son temporales. Se elevan y se caen, pues nunca podrán sustituir al Amor Eterno. Mientras se vea al ego y a sus ídolos como valiosos o atractivos, la "muerte" aún le parecerá atractiva a la mente durmiente, y esto es así por definición, porque, repito, el ego y la muerte son sinónimos.

No hay tal muerte. Uno reconoce esto a la Luz del Amor de Dios. El ego no tiene base alguna y las ilusiones sólo son un error. Una vez que se le retira la fe al error, ya no se experimenta el error como real. Este es el significado del Despertar: la superación de la muerte. Uno permite que el Espíritu lleve el error del ego ante la Luz de la Verdad (llevar las ilusiones ante la verdad), y la oscuridad de la muerte ya no existe.

La muerte no es la muerte del cuerpo. La muerte es la creencia en que la separación de Dios pudo ocurrir de hecho. Transcender el ego es pues transcender la creencia en lo imposible. Una vez que se ve la muerte como la ilusión que es, ya no es atractiva. Porque ¿quién elegiría las ilusiones cuando la Luz de la Verdad se experimenta como el Amor, y cuando ya no se teme al Amor?

Estoy unido a ti en la Vida y el Amor de Dios. Tú eres tan perfecto e inmutable como Dios te creó. Y yo doy gracias porque somos Un Único Ser. Amén.

Abordar el tema de la muerte

Hola, David:

Si tienes tiempo, ¿podrías extenderte sobre el tema de la muerte en uno de tus artículos? Cuando somos jóvenes la muerte parece estar muy lejos. Cuando somos viejos nos rendimos a ella como algo inevitable. La situación cambia en alguna medida cuando nos enfrentamos a la muerte, o a la amenaza de muerte, por una enfermedad como el cáncer. Parece que desaprender y aprender lo que es la realidad es muy importante para los que batallan contra esta enfermedad. ¿Puedes ayudar con esto?

Amado:

Las lecciones 163 y 167 del Libro de ejercicios de UCDM son excelentes para poner al descubierto la creencia en la muerte, igual que la lección 136 es una joya para desenmascarar la creencia en la enfermedad. Muerte y enfermedad son nombres diferentes de la misma creencia: la creencia en la separación de Dios. El mundo que percibimos fue fabricado por el ego como una tapadera para proteger y mantener esa creencia. El Espíritu Santo usa los símbolos de este mundo para deshacer esa creencia.

Aunque parece que la enfermedad y la muerte implican síntomas y cuerpos, los síntomas y los cuerpos son sólo efectos de esa falsa creencia en la separación. Pero lo que no es una causa real no puede tener efectos reales, pues sólo tiene Realidad lo que procede de Dios. Cristo, el Amor Divino, es la Realidad, porque la Idea de Cristo no ha abandonado Su Fuente (Dios). El Amor permanece Eterno, y nada puede cambiar al Amor Eterno.

La mente engañada parece "batallar" y "luchar" por mantener una identidad insignificante e ilusoria separada del Todo de la Realidad. Se inventa un mundo de dualidad, de nacimiento y muerte, de enfermedad y salud, de placer y dolor, para mantener la creencia en mentes privadas con pensamientos privados. Pero la Mente Divina es Una Única Mente Unificada y no se la puede dividir, ni separar en partes. El Todo transciende a "la suma de las partes", pues el Todo es un estado de la Mente que no se compone de partes. El concepto de partes se disuelve en el perdón, que ve que todas las ilusiones no son más que una. El perdón es el último concepto, al ser el portal de una Experiencia de Unicidad que transciende todos los conceptos.

Conforme avances con el entrenamiento mental que ofrece UCDM –el desaprender todo lo que piensas que piensas y crees que crees– empezarás a reconocer que la vida o la muerte, la salud o la enfermedad, el amor o el miedo son la manera en que te sientes en cada momento. Cada milagro es un momento de vida, salud y amor, y cada queja es un momento de enfermedad, muerte y miedo. La alegría, la libertad y la felicidad del milagro serán el incentivo necesario para permitir que el Espíritu Santo guíe todas tus decisiones. Conforme aprendas a pensar con Dios de manera consistente, tu mentalidad se volverá milagrosa de manera consistente. Te abres a aceptar la Expiación o Corrección. Ves que eres y siempre serás dependiente de Dios, porque Dios es nuestra única Fuente. La creencia en la separación es una imposibilidad, pues la Voluntad de Dios es que Cristo sea Uno para siempre. Tu Voluntad está hecha.

La Vida es un Estado Mental. ¿Y qué es desaprender sino ir quitándole capas a la cebolla de las falsas creencias para que se pueda reconocer que la Luz del Amor es Todo lo que se puede contemplar? No hay muerte alguna. El Hijo de Dios es la Vida Eterna.

La inmortalidad

Participante: Antes, cuando estabas diciendo que el cuerpo no es inmortal pero al ego le encantaría que yo creyese que podría serlo, me vino una pregunta a la mente. Y *hay* una creencia en que el cuerpo puede ser inmortal. Me recuerdo a mí mismo creyendo en eso y recuerdo que la idea me parecía muy excitante. Me pareció muy lógica cuando me enteré de que sólo la creencia de la mente en que no es inmortal hará morir al cuerpo.

David: Bueno, si lo miramos de verdad vemos que el ego está a favor de lo inexistente. Tiene la ilusión de ser muy ingenioso y ciertamente así lo experimentamos en este mundo. Parece haber inventado un cosmos gigantesco que está separado del Espíritu y de la unión abstracta, y parece que en ese cosmos hay gran diversidad y variedad. Parece que hay muchas habilidades diferentes, muchas alternativas y menús entre los que elegir. En el sentido de las proyecciones, hoy día tenemos televisores y cámaras y reproductores de vídeo, es como hacer películas dentro de las películas. La película del mundo es una única película y dentro de esa tenemos otra proyección. La fragmentación continúa en lo que parece ser trozos aún más pequeños. Pero la idea de inmortalidad es con lo que el ego ha intentado conseguir una respuesta al Cielo. Nunca ha podido, y nunca podrá, imitar ni crear la inmortalidad. La inmortalidad es un atributo de Dios y Su creación, y el ego es una defensa contra esto. El ego es una voluta de humo de la nada que no salió de Dios y que no es inmortal, literalmente. Pareció que el ego tuvo un principio y parecerá que tiene un final. Pero todo eso está dentro del tejido, o marco de referencia, del sueño. El ego nunca ha sido capaz de conseguir ni siquiera acercarse a la inmortalidad, pero eso no le impide tener al menos la idea de inmortalidad, la idea de que se puede hacer que el cuerpo viva para siempre. Repito una vez más que el cuerpo es una forma. La forma y el Espíritu no se pueden reconciliar. No tienen ningún punto de encuentro. El Espíritu Único existe, y la forma, el tiempo y el espacio no existen.

Participante: La misma naturaleza de la forma es ser finita y no eterna. No puede, por tanto, ser inmortal.

David: Tiene fronteras. Toda forma tiene fronteras y límites. Dios y la creación no los tienen.

Participante: En esa época oí hablar de alguien en India que parecía ser una demostración del hecho de que el cuerpo es inmortal. Parecía estar por ahí durante ciertos períodos de tiempo y luego se desmaterializaba y no estaba durante otro período. Y después se volvía a materializar, permanecía por un tiempo y se desmaterializaba. Eso parecía ser una demostración de que uno no tiene que morir, que el cuerpo puede ser inmortal si la mente lo sostiene así.

David: Sin embargo el mero hecho de percibir un cuerpo, o tener una visión, nos lleva de nuevo a la percepción. Esto puede ser un símbolo, un símbolo que ofrece un gran consuelo a muchos. Puede ser un símbolo útil para enseñar que los pensamientos de quienes dieron de lado al cuerpo por completo están siempre disponibles como parte de la ayuda. Y pueden aparecer visiones de ellos de vez en cuando si esto es útil, si le sirve al Espíritu Santo para llegar a la mente por medio de ello. No son nada más que símbolos. Ver a la Virgen María en Medjugorje es un ejemplo de una visión que puede ser útil. Pero todavía son percepciones.

Participante: Entonces ¿estás diciendo que todavía es perceptual, que aún es irreal pero que es útil y que llega a la mente donde está?

David: Sí. El error es hacer la conexión que tú estabas haciendo: que parece haber estado por ahí durante mucho tiempo y, por tanto, parece ser inmortal. Una vez más, el conocimiento del Reino de los Cielos es puramente abstracto. Es luz, no la luz que ven los ojos del cuerpo, sino luz en el sentido de comprensión y sabiduría. La oscuridad es una metáfora de la ignorancia, de obstaculizar, o no reconocer, esa luz. Este conocimiento y el Reino son abstractos. Cualquier tipo de percepción, por muy pura y estabilizada que se vuelva la percepción, no es todavía el Reino abstracto. Aún es perceptual y temporal, y no permanecerá.

Eres lo que extiendes

Participante: Creo que confiar en la creencia en que estamos separados sirve para justificar nuestros defectos. Nos identificamos con nuestros defectos pensando: *vale, pero esto es sólo porque soy humano*. Es algo que se autoalimenta. Puede ser la cuestión del huevo y la gallina. ¿Qué fue primero, equivocarse o la creencia en poder equivocarse? Y es una especie de asunto opinable, sólo un juego de ideas. Cuando las cosas salen mal, cuando las cosas son imperfectas, tenemos un fundamento, algo así como: *vale, ¿y qué era lo que esperabas?*

David: La mente retiene esos pensamientos para justificar la experiencia. Después de un poco uno empieza a espabilarse. Viene el momento en que uno siente *ya tengo bastante de esto*. Entonces hay disposición a mirar realmente a tus pensamientos, mirarlos bien de cerca con Jesús y dejar de intentar justificarlos. Si te sientes enfadado el ego te dice que armes una buena, que le eches la culpa a algo o a alguien de ahí fuera en el mundo. *Te sentirás mejor. Te librarás de ello cargándoselo a otro. Dale una patada al perro, haz esto, haz lo otro, ¡pero ponlo fuera!* Pero la proyección no funciona. Es como un bumerán. Lo tiras ahí fuera y vuelve, te da en la espalda y te sientes culpable.

Después de suficientes veces de tirar el bumerán y llevarse el golpe por la espalda, la mente empieza a ver que el asunto tiene truco. *Hay algo que no sale bien cuando sigo intentando proyectar estas cosas.* Si uno capta la metafísica de esto, uno sencillamente sabe que hay una ley del Cielo. La ley del Cielo es esta: eres lo que extiendes. Dios se extiende a sí mismo –el amor– y así es amor. Su Hijo es igual: cuando extiendes amor eres amor. Jesús dice que cuando entras en el mundo de los sueños es sólo una aplicación equivocada, o distorsión, de esta ley única del Cielo. A través de la lente del ego "eres lo que extiendes" se convierte en "creerás en lo que proyectes". Cuando proyecto el mundo ahí fuera, estoy intentando librarme de ese mundo, sacarlo fuera de mi mente. Intento deshacerme de la dualidad –la división que hay en mi mente– y la proyecto. En cuanto la proyecto me la creo. Y seguro que parece creíble, ¿verdad? ¿No parece real este cuerpo? Todo el asunto es cuestionar las creencias y los pensamientos. Uno tiene que empezar a ver que son pensamientos de ataque y que son irreales. En cuanto uno ve que son irreales, uno no pone interés en ellos. Son falsos. Apartas tu mente lejos de ellos. Pero mientras uno cree que son reales, los siente como aterradores y sólo quiere proyectarlos todavía más. Así uno sigue pareciendo una víctima, como si algo estuviese ocurriéndole a uno.

Participante: Hay tantísimos pensamientos al revés, que uno siente: *¿para qué voy a empezar a mirar?* Digamos que está uno harto de estar enojado y de sentirse herido, y se convierte en una especie de ermitaño. Así uno no ve proyecciones alrededor. Uno cree que se ha escondido de ellas. Y entonces llega al punto en que se siente solo ¿Qué es eso?

David: Pensamientos al revés. Dicho de otra manera, uno puede apartar su cuerpo de la vida social...

Participante: Uno cree que se está apartando de las cosas que le molestan. Uno cree que ahí es donde está la causa. Pero ¿dónde está la causa? La causa está dentro. Uno no se aparta a sí mismo de la mente. Luego uno vuelve, y ¿qué es lo que tira de uno para que vuelva? ¿Es el ego?

David: La gente pregunta cuál es la diferencia entre la Madre Teresa de Calcuta, que parecía llegar a todo el mundo y, digamos, un monje o un místico que se va a las montañas. En cierto modo, mientras estés entrenando tu mente, intentando desapegarte de esos pensamientos, la forma en que lo hagas es irrelevante. Todos nosotros tenemos funciones muy elevadas. Todos estamos llamados a ser maestros de Dios. Literalmente Él nos está entrenando.

Participante: ¿Todos nosotros?

David: Todos nosotros. Todos nosotros tenemos una función elevada y cuanto más entregamos la mente a esa función, y empezamos a vivirla y practicarla de verdad, le viene a uno tal alegría que hace que uno se olvide de las golosinas y de todos los lo que sean. Antes de esto era inconcebible estar sin el helado de vainilla con chocolate caliente *¡Jesús, cómo me gusta el helado de vainilla con chocolate caliente!* Pero conforme te metes en esta función y en este propósito, te viene cada vez más la alegría intrínseca. Es como un pozo que borbotea desde dentro de la mente, desde el Espíritu Santo.

Participante: ¿Y entonces uno no siente ese vacío que uno está siempre intentando llenar con todas esas otras cosas que en realidad no funcionan?

David: Correcto, y en vez de intentar luchar con ellas a brazo partido, se vuelven como escamitas de caspa. Sólo tienes que soplar para que se vayan. Esa es la manera de soltar las cosas, soplar para que se vayan como si fueran motitas de polvo, en lugar de sanguijuelas gigantescas.

Participante: Supongo que cuanto más las validas, o te centras en ellas, más grandes se vuelven.

David: Sí.

La preocupación por el cuerpo

Participante: Mientras iba haciendo algunos recados, con nauseas y sintiéndome desconectada de la Fuente, observé mi mente. Me di cuenta de que estaba brotando un montón de miedo relacionado con la seguridad de una amiga que iba a salir de viaje en auto-stop. Me di cuenta de la cantidad de asuntos relacionados con el cuerpo que sigo manteniendo. Me di cuenta de cuánto miedo tengo a dejar que esas cosas salgan a la superficie y, sencillamente, entregárselas al Espíritu Santo. Me siento culpable y me siento sin valía. Con el viaje de mi amiga me di cuenta de que las cosas siguieron brotando todo el fin de semana, y yo sólo me mantuve viéndola tener un encuentro santo. Pero hay algo más profundo que está saliendo a relucir y ni siquiera tengo la certeza de qué es. Pero estoy dispuesta a entrar en ello y a sanarlo.

David: Entonces, ¿de alguna manera sentiste preocupación por su seguridad?

Participante: Básicamente fue eso. Intenté mirar mi pasado a ver qué era lo que esto tocaba en mí. Obviamente hay algunos pensamientos sobre estar de verdad abierta y vulnerable con Dios, que me hacen sentir sin certeza ni seguridad.

David: Me está viniendo a la mente una frase de la lección 48 del Libro de ejercicios: "No hay nada que temer". En verdad —en la realidad— no hay nada que temer, pero esto no es verdad para los que creen en las ilusiones. Mientras uno cree en las ilusiones, uno tiene necesidad de tener miedo debido a la manera en que uno ha definido la realidad y se ha definido a sí mismo. Es interesante seguirle el rastro a todo ese concepto de vulnerabilidad y riesgo. A menudo se dice que el viaje espiritual requiere vulnerabilidad para poder ver lo que hay dentro. Eso es sólo lo que le parece al ego. La interpretación que hace el ego de mirar las creencias que hay en mi mente es que se trata de una empresa de alto riesgo y gran vulnerabilidad. Es natural que tenga que percibirlo así, pues sabe que si este proceso continúa tendrá, por así decirlo, que cerrar el negocio. A través de la lente del ego se tiene que percibir así. Aunque sea otro el que esté dando los pasos, todavía puede requerir un acto de confianza. Si tu amiga está abriéndose realmente a la Guía del Espíritu Santo y parece que deja que se lleve el viento las medidas de protección y seguridad, visto a través de la lente del ego se tiene que percibir como una amenaza. *¡si otra puede hacerlo, eso significa que yo puedo hacerlo! ¡Ay, Dios mío! No sé si soy capaz de hacer esto.*

En el sistema del ego hay una creencia básica en que la oscuridad tiene el poder de ocultar. Una de las primeras cosas por las que atraviesa el maestro de Dios es la idea de que la oscuridad no tiene el poder de ocultar. Esto se puede experimentar como algo doloroso. Puede incluso alargarse en el tiempo y retrasarse cuando la mente está todavía dándole vueltas al asunto de si la oscuridad puede ocultar o no. Pero una vez que se transciende eso, la mente llega a un sitio donde empieza a ver que aunque pudiese, ¿para qué iba a querer ocultarle nada a Dios? Ahí es donde empieza a venir la facilidad y comienza a sentir cada vez más seguridad. Nuestras sesiones de esta semana me han demostrado lo fuerte que es vuestro compromiso. Estáis mirando a todo tipo de pensamientos que han surgido. Cuando se hace semejante esfuerzo coordinado, y se tiene la disposición a *no saber*, y sólo a compartir lo que se está pensando, y a mirarlo, eso es muy amenazador para el ego. Muchas veces puede incluso parecer que hay una reacción violenta.

Participante: Tuve que ir al dentista para un raspado de encías y salió todo este asunto del cuerpo. No es un sitio donde yo realmente quiera mirar, porque mientras estoy centrada en ello es muy difícil centrarme en el Espíritu y la Unicidad. Así que estoy intentando soltar eso y mientras tanto tengo que ir a esta cirugía de las encías. No estoy en absoluto preparada para cancelar todas la citas, tengo demasiado miedo de que aún le esté pasando algo al cuerpo. Todavía siento que lo voy a superar, pero quiero estar sin defensas contra las enfermeras tanto como sea posible, porque tengo mucho miedo. Verdaderamente necesito mirar la idea de la enfermedad, porque hay una parte de mí que ve que si puedo soltar la sensación de que el cuerpo es real, entonces puedo soltar todo esto, pero aún no estoy preparada para soltarlo.

David: Entonces sanar se asocia con una pérdida de ser.

Participante: Sería la pérdida del cuerpo.

David: Que forma parte del ser en el montaje del ego, de manera que en este sentido, se tiene miedo a sanar si se percibe así. No es sorprendente que, con tus antecedentes de enfermería, medicina y promoción de la salud, la mente reciba lecciones en el área, y por medio de los símbolos, con los que está familiarizada. Si tenemos una lección por aprender, la vamos a aprender de una manera en que la mente pueda captarla. No es accidental que parezca que tienes todas esas citas médicas haciendo cola, y que parezca que has estado trabajando en el campo médico. Todo está culminando porque tenemos que captar de verdad el contraste entre mente y cuerpo, y todo esto te ofrece una manera muy directa de hacerlo. Ahí dentro hay una preocupación por los cuerpos. Viene a la mente el principio de la lección 135. Viene antes de la lección 136 que es "La enfermedad es una defensa contra la verdad".

Es un buen apoyo para cruzar al otro lado empezar a captar qué es lo que te preocupa tanto. ¿Qué es lo que estás defendiendo? Sería bueno empezar a seguirle el rastro, darle un vistazo a lo que está pasando a un nivel más profundo, más allá de todas esas preocupaciones superficiales.

Se trate de medicaciones, o de cerrar con llave las puertas, o de tomar medidas de seguridad cuando se transporta cuerpos de un sitio a otro, todo eso no es más que maneras de hacer magia.

Cuando la mente está demasiado atemorizada, una mezcla de magia y milagros puede ser útil para reducir el miedo. Jesús habla de eso en la sección del Manual para los maestros titulada *¿Cómo se logra la curación?* Dice que la mente del paciente puede decir: "No tengo ninguna necesidad de esto" M-5.II.2 y sencillamente levantarse sin ayuda del médico. O puede ser que "agentes especiales parezcan atenderle", lo que puede ser, por ejemplo, las citas con el doctor. Se puede ver a médicos y enfermeras como agentes especiales que parecen atender al paciente aún desde fuera de la mente en apariencia pero esto, por así decirlo, sólo es una forma que la mente puede manejar. Es una interpretación que permite que la mente pueda ver que la curación puede tener lugar. Parece que se alarga en el tiempo, porque aún hay miedo a la curación instantánea. A través de la lente del ego la curación instantánea es temible debido a todo lo que el ego tendría que abandonar. El ego pregunta: *¿qué va a desaparecer de mí? ¿Qué es lo que voy a perder si sano?* Y entonces parece que esto se representa en el tiempo lineal.

Utilicemos la lección 135:

> Si me defiendo he sido atacado. ¿Quién se defendería a sí mismo a menos que creyese que ha sido atacado, que el ataque es real y que defendiéndose es cómo puede salvarse? En esto radica la insensatez de las defensas, las cuales otorgan absoluta realidad a las ilusiones y luego intentan lidiar con ellas como si fuesen reales. E-135.1

Cada vez que hablamos de cosas como viajar con seguridad de un sitio a otro, se deduce que creemos que son problemas reales, asuntos reales con los que tengo que lidiar y, por tanto, es por eso por lo que tengo las citas con el médico y todo eso. En cierto sentido hay que dar marcha atrás lo suficiente para poder dar un buen vistazo a la manera en que le estamos otorgando total realidad a las ilusiones. Incluso si utilizas el pensamiento: *bueno, es en esto en lo que estoy ahora* –se trate de la nutrición, o de síntomas del cuerpo, o de lo que sea– cuando dices que en realidad así es como es el problema, lo has definido como un problema que está en el mundo. Eso es otorgarle total realidad a las ilusiones, y entonces ¿qué más hay que hacer? ¿Qué haría una persona madura sino defenderse y tomar medidas para aliviar los problemas? Eso es definir el problema de una manera que lo hace irresoluble. Sólo hay un problema que sólo tiene una solución, y ambos –problema y solución– están en la mente. El problema está en definir que el asunto está ahí fuera, en términos lineales y en el mundo de las formas. Da igual que sea un problema de las encías o de tener una deuda grande y querer pagarla en su integridad. Se puede ver que ambas cosas son definir el problema. Alguien no tiene su dinero y yo tengo que devolvérselo. Eso es definirlo en términos concretos. Y con las encías, me ha diagnosticado el dentista, y los médicos lo han mirado, y he tenido estas complicaciones. Eso es definirlo ahí fuera en el mundo, y darle forma. O incluso con el ejemplo del miedo por la seguridad de una amiga, miedo de que le pueda ocurrir algo a un cuerpo que es demasiado confiado y abierto. Otra vez eso es definir el problema como si estuviera ahí fuera. Esto nos proporciona tres formas concretas muy diferentes. Empezamos a ver que cuando definimos un problema como si estuviera en el mundo, lo hacemos real. Hago reales las ilusiones y luego cualquier cosa que haga para intentar lidiar con ellas va a ser a la defensiva. Tenemos que ir más profundo, darle un vistazo a si el problema es lo que creemos que es.

> Ello no hace sino añadir más ilusiones a las ilusiones, haciendo así que la corrección sea doblemente difícil. Y esto es lo que haces cuando tratas de planear el futuro, reactivar el pasado u organizar el presente de acuerdo con tus deseos. E-135.1

Esta semana mi amiga y yo entramos en algunos de los pequeños detalles del desorden en la casa, como huellas de los dedos en un espejo o restos de café molido sobre el mostrador de la cocina. Esto entra en la última categoría: organizar el presente de acuerdo con tus deseos. La mente puede pensar que insistir en que las cosas de la pantalla tengan que ser de una manera determinada, como si eso fuera a aportar orden a una vida y a una mente caóticas, es una buena defensa contra el Espíritu. Se puede ver que la última frase "Y esto es lo que haces cuando tratas de planear el futuro, reactivar el pasado u organizar el presente de acuerdo con tus deseos", verdaderamente abarca muchas cosas.

> Actúas basándote en la creencia de que tienes que protegerte de lo que está ocurriendo porque ello encierra una amenaza para ti. Sentirte amenazado es el reconocimiento de una debilidad inherente; es asimismo, la creencia de que hay un peligro que tiene el poder de incitarte a que busques una defensa apropiada. El mundo está basado en esta creencia demente. Y todas sus estructuras, pensamientos y dudas, sus castigos y su pesado armamento, sus definiciones legales y sus códigos, su ética, sus líderes y sus dioses, no hacen sino perpetuar esta sensación de amenaza. Pues nadie andaría por el mundo cargando con una pesada armadura si no fuese porque el terror le encoge el corazón.
> E-135.2

Hay mucho en ese párrafo. Jesús recita de un tirón todo sobre la manera en que se ha construido el mundo con todas sus definiciones legales y sus códigos. Toda la profesión médica con la que te has familiarizado por medio de tu formación forma parte de la defensa: la idea de que hay una amenaza real y de que todos esos procedimientos sirven para reducir la amenaza.

Participante: Incluso la idea de medicina holística o alternativa sería lo mismo.

David: Sí. Esto es radical, pero ¿no está bien empezar a llegar realmente al fondo de las cosas? Puede parecer amenazador, algo así como: *¡ay, Dios mío, qué voy a tener que cuestionar para llegar al fondo de las cosas!* Pero por otra parte: *¡aleluya, ya he estado dándole bastantes vueltas a la noria! Es hora de ir de verdad al fondo de las cosas.* Estuve mirando un libro titulado *Cuerpos sin edad, mentes sin tiempo*. La mente es intemporal, pero todo ese asunto de que el cuerpo no tiene edad ¡no, no, no! Estuvimos hablando de expandir la duración de la vida, cuando la definición de vida aún se ve dentro del cuerpo y la longevidad parece ser alargarla. Miremos esto. Vale poner sobre la mesa cualquier cosa que surja, porque nos importa ser de verdad exhaustivos en nuestra mirada a esto.

> Las defensas son atemorizantes. Surgen del miedo, el cual se intensifica con cada defensa adicional. Crees que te ofrecen seguridad. Sin embargo, lo que hacen es proclamar que el miedo es real y que el terror está justificado. ¿No te parece extraño que al elaborar planes para reforzar tu armadura y afianzar tus cerrojos todavía más, jamás te detienes a pensar qué es lo que estás defendiendo, cómo lo estás defendiendo y contra qué? E-135.3

Eso es lo que hace falta cuando a veces la mente parece ir y venir una vez tras otra a sus maniobras defensivas: pararse en un momento de reflexión. Puede parecer temible porque puede parecer una bola de cera demasiado grande. Jesús me pide que mire a *todas* las creencias que mantengo en mi mente. A veces parece más fácil limitarse a repasar algunas de las defensas y preparaciones como siempre he hecho. Ya sabes, has pasado ya por eso. Esto puede ser el ego diciendo: *ya has hecho esto antes ¡adelante!* Pero el punto de la liberación viene de pararse a hacer lo que estamos haciendo ahora: darle un buen vistazo. Él nos plantea una petición de que nos detengamos a preguntarnos qué es lo que defendemos, cómo lo defendemos y contra qué. Ahí vamos:

> Examinemos en primer lugar qué es lo que defiendes. Debe ser algo muy débil y vulnerable. Algo que es presa fácil, incapaz de protegerse a sí mismo y que, por lo tanto, necesita que tú lo defiendas. ¿Qué otra cosa sino el cuerpo adolece de tal fragilidad que para proteger su insignificante vida es necesario prestarle un constante cuidado y preocuparse en gran manera por su bienestar? ¿Qué otra cosa sino el cuerpo flaquea y es incapaz de ser el digno anfitrión del Hijo de Dios? E-135.4

Participante: Vale, lo que me está viniendo a la mente es que estuve leyendo sobre un asesino en serie al que iban a ejecutar. Tengo un hijo de quince años, de manera que cuando leo esto hay un montón de sitios en los que necesito pararme. Donde me vuelvo débil es con la idea de que mi hijo podría estar haciendo auto-stop y un asesino en serie podría recogerlo y asesinarlo de una manera espantosa. Así que tengo que ir al hecho de que *los cuerpos no son reales,* pero sólo de pensar en eso... Lo que estoy defendiendo es que creo que esto tiene mucha realidad.

David: Sólo la idea de dejarlo entrar a la consciencia da mucho miedo.

Participante: Mucho, y sencillamente soltarlo también parece temible. Incluso he pensado que este cuerpo necesita que yo lo cuide, y si no lo hago se va a caer a trozos. Inmediatamente pienso en todas las veces que mi mente no estaba en mi cuerpo y nunca le ocurrió ningún síntoma porque mi mente no estaba centrada en los síntomas, no estaba centrada en el cuerpo. Esto es algo grande porque esto es lo que me está ocurriendo ahora mismo con el cuerpo, el auto-stop y todo este asunto. Me cuesta mucho soltarlo. Puedo ver la libertad que hay en soltarlo, pero ahora mismo no la tengo.

Sin embargo la otra noche le dije a mi amiga: "¡No puedes decirme que no soy un cuerpo!" Y ella me dijo: "Yo no voy a quedarme aquí sentada a alinearme con ese pensamiento tuyo". Le pregunté: "Si yo no soy un cuerpo ¿qué es lo que soy?" Ella dijo: "Amiga mía, eres una mente" Eso me llegó realmente. Siento que hizo posible un gran cambio. El Espíritu Santo estaba trabajando esa noche, seguro. He oído decir eso tantísimas veces y entonces de repente fue algo así como un *¡ah, claro!*

David: Sí, la idea que sigue viniendo a la mente es lo útil que es juntarnos y hablar de nuestras percepciones, creencias y pensamientos. Las mentes tienen creencias, percepciones, y pensamientos. Cuando les seguimos el rastro continuamente, tiene que llegar el momento de una transformación de la experiencia, una sensación de soltarse y aligerarse de ello. Se puede hablar de mente recta y de mente errada: desde la perspectiva de la mente errada el cuerpo es la realidad y los cuerpos tienen mentes privadas. Cada cuerpo tiene una mente privada asociada a él y una perspectiva de la mente errada "más elevada" es cuando uno se mete en todo ese asunto de almas, cuerpo-mente-espíritu y otro montón de mezcolanzas que todavía pertenecen a la mente errada.

Realmente tenemos que llevar esto por encima del campo de batalla, que es donde está la mente recta, ella sabe sin la menor duda que yo soy Mente y que todas esas imágenes, proyecciones, conceptos y creencias falsos no son lo que yo soy. Desde ahí arriba tiene buena vista, encaramada arriba desde donde puede ver la mente errada, el mundo entero y el cosmos. Y cada cosa que hacemos es un intento de aclararnos cada vez más. Si tienes antecedentes de enfermería, vas a necesitar ver que todo este asunto del cuerpo, la neurología, el cerebro y todo lo que suele verse como sabiduría convencional no es sabiduría en absoluto. Hace falta mirar desde una perspectiva más alta para empezar a ver que es una falacia. Eso es un gran salto. Sencillamente sigue así.

Participante: Otro asunto del cuerpo que salió a relucir este fin de semana fue la idea del aborto. He visto el bebé en el monitor y he pensado: *eso de ahí dentro es un cuerpo, puedo verlo formarse*. Este asunto del cuerpo me está tocando de verdad. Desorienta un poco, nada tiene sentido. De hecho, mi cuerpo se está cayendo a trozos, lo cual me desorienta completamente. Mi marido y yo estuvimos hablando de trabajo y yo dije: "Ahora mismo nadie me contrataría". No sería capaz de terminar ninguna tarea. Ni siquiera soy capaz de pensar en trabajar.

Otro causa de mucho miedo es la educación de mi hija. El otro día había todo un lío en el periódico con que el coste de la educación ha subido el 9,4%. No he soltado eso. Creo que es muy importante que ella tenga una educación, lo que me da miedo es que si me dedico a enseñar *Un curso de milagros* y no gano dinero, voy a dejar tirado a todo el mundo. Ahí es donde estoy. Todo esto está saliendo a relucir. Ahora mismo está haciendo estragos.

David: El Curso vuelve una vez tras otra a la percepción, dice que tu percepción está retorcida. Lo que concibes como un futuro bueno y una buena educación, una buena manera de crecer para tus hijos, para otros niños... Todo eso es un montaje. Al principio sencillamente haz lo que puedas para llevarlo de vuelta a esa idea única de que se trata de un problema perceptual. Preguntarse cómo va a pagar los gastos de la facultad de tu hija una solución de tu problema perceptual puede parecer algo traído por los pelos.

Recuerdo a tu hijo preguntándote: "Mamá, ¿tengo que ir a la facultad o puedo estudiar sólo *Un curso de milagros*?" Eso es un giro diferente, con toda certeza. El tema es que hay algo más profundo que no se ajusta a la estructura con la que la sociedad y el mundo están construidos.

Participante: En términos de carrera profesional, la idea de planear el futuro es muy inquietante ahora mismo para mí. Acabo de terminar la licenciatura, pero ¿qué voy a hacer con ella?, ¿va siquiera a tener algún sentido? Entonces me encuentro recayendo en la trampa del mundo, de que he llegado hasta aquí con los estudios, de que todo el mundo cree que esto es necesario y mis chiquillos tienen necesidades, pero se trata de un asunto de confianza: una vez más tengo que volver a sentirme en la fortaleza de Cristo en lugar de en la debilidad del ego, porque la debilidad del ego puede hacer que me sienta realmente muy vulnerable.

David: Hubo un caballero en un retiro que bebía antes de estudiar el Curso. Dijo: "Ahora mi consolador es el Curso en lugar del alcohol". Pero fue también el mismo caballero quien dijo: "Si Jesús viviese hoy no sé si podría conseguir salir con alguien. Quiero decir que andaba por ahí hablando del Reino de los Cielos y diciendo que hay que dejar todo atrás y seguirlo. ¡No sé cuantos tíos podrían conseguir una cita con esa historia! ¡Hasta les dijo a sus apóstoles que dejasen sus empleos y no trabajasen!"

Seguiremos yendo a los principios metafísicos, que son la base de todo esto pero, hasta que la mente se suelte lo suficiente para poder dejar entrar algunas de estas cosas va a necesitar símbolos, por eso yo recomendaría leer *El libro de Urantia, Parte IV*. Jesús pasa por un período de formación y continúa cuestionando cosas mientras sigue comprometido con lo que parece ser su familia. Se describe como ayuda a cuidar de los niños –sus hermanos y hermanas pequeños– enseñándolos, sin abdicar de sus responsabilidades. Además, cuando va más allá hasta dejar a la familia, parece que los prepara para su marcha. Luego llama a los apóstoles. Algunos de ellos están casados: Tomás está casado y con hijos y Pedro tiene tres chiquillos.

Una vez más es muy similar a la situación en que se encuentra nuestra amiga. Está estudiando *Un curso de milagros*. Jesús la está llamando de una manera tan directa como si hubiera llamado a su puerta y le hubiera dicho: "sígueme". Parece que tiene familia, como Pedro, Tomás y otros más. Pero él los está llamando a una situación intensiva de enseñanza-aprendizaje en la que se están centrando en estas ideas elevadas. Dejémonos de subterfugios, esta llamada es muy importante. Durante ciertos períodos de tiempo vuelven a visitar a sus familias. ¿Tuvieron

Tomás y Pedro sensaciones de pérdida? Acabo de leer en *El libro de Urantia, Parte IV* que Tomás era un tan temperamental que cuando fue llamado a marcharse y seguir a los apóstoles, su mujer pensó *¡Qué bien, sí, sí, vete con mi bendición!* Eso es un enfoque diferente.

Por ahí es por donde está pasando nuestra amiga, en el sentido de que su marido ha empezado a hablar de lo que está pasando. Y están todas las interpretaciones de las que se ven a sí mismas como madres. Están enfadadas con ella, las elecciones de ella, vistas desde su perspectiva de madres, son muy amenazadoras. Otro caballero con quien habló su marido dijo: "Tiene que tener un hombre en otra ciudad. ¿Por qué iba nadie a marcharse con tanta urgencia?" Hay todas esas diferentes interpretaciones, como puede haberlas entre tú y tu marido cuando podáis ponerlo sobre la mesa y decir "Esto es lo que está pasando". Su marido ha llegado al punto en que comprende que no es que se vaya con otro hombre, ni que abandone a sus hijos, ni que sea una madre cruel que nunca se ha preocupado ni mostrado interés por sus hijos. Sabe que hay algo mucho más profundo que la está llamando. Las conversaciones siguen, pero aún hay miedo. Hay síntomas físicos y todo tipo de formas en las que se manifiesta el miedo. *El libro de Urantia, Parte IV* fue de gran ayuda para mí en ponerlo todo en una perspectiva más grande. Empecé a sentirme desorientado a veces con el Curso porque no sabía hacia donde me estaba guiando. *El libro de Urantia, Parte IV* me dio una perspectiva mejor para ver como se despliegan las cosas. No darle mucho crédito al futuro, o ni siquiera hacer ningún plan, es un buen apoyo para soltar las cosas.

Participante: Este fin de semana estuve observando a mis padres. Yo estaba con la lección 152 del Libro de ejercicios "Tengo el poder de decidir". Yo dije: "Papá, es una oportunidad". Él sabe que estoy en esto y eso es para él casi una oportunidad de darme tormento. Me sentí como si sólo quisiera irme y él estaba diciendo: "Todos estamos siendo inspirados. Yo creo que todos estamos siendo inspirados", y yo le dije: "Eso es verdad, papá", e intenté encontrar un terreno común. Dije: "Según el Curso, que es muy querido para mí y me ayudó a comprender estos conceptos, el Espíritu Santo vino y nos fue dado cuando nos separamos." Él dijo: "¡Bueno, esto tiene que ser la mayor broma que he oído en mi vida!" Esta es una experiencia muy poderosa para mí porque mi padre escribió un libro titulado *¿Qué es la verdad?* Me ha estado sermoneando y predicando toda la vida y ahora que estoy en esto estoy viendo que está muy atemorizado. "Tengo el poder de decidir" siguió viniendo a mi mente, yo quería que el aprendiese esta lección. Seguí explicándole cosas, y "Tengo el poder de decidir" siguió volviendo a mi mente. Esta es mi propia lección, ¡estoy hablando conmigo misma! Seguí pensando *¡si él captase esta lección yo podría venir a esta casa y podríamos hablar de esto!* A él le encanta hablar las cosas. *Si él captase esta lección podríamos discutir esto.* Pero entonces me di cuenta de que yo no lo estaba captando. Cuando *yo* capte esto, podremos ser capaces de discutirlo.

También he estado mirando al tema del control. Estuve observando a mi madre llamar por teléfono a todo el mundo para que fuesen a la iglesia con ella. Entonces me di cuenta de todo el control que he ejercido sobre mi familia, sobre mi marido y sobre mi casa. Cuando vi la intensidad de mi deseo de que mi padre mirase la idea "Tengo el poder de decidir", empecé a ver la cantidad de asuntos de control que tengo en realidad. Incluso dejé el libro abierto por esa página para que pudiese leerlo cuando me fui de paseo. ¿Oyes lo que quiero decir?

David: El Curso es un sistema de creencias nuevo, y a veces uno se siente como: *aquí lo tienes. A ver si eres capaz de captarlo.* Pero incluso la teología de cómo ocurrió la separación no es más que teología, porque Jesús dice que nunca ocurrió de ninguna manera. Así que él ofrece su propia historieta a la que la mente pueda agarrarse como algo en lo que creer durante un plazo de tiempo. Pero al final está una experiencia que vendrá. Todo lo demás se desmoronará, incluidas las historias del Curso. Pero todo el asunto de querer tener la razón y ejercer el control es algo en lo que hay que entrar en profundidad.

Es útil leer la introducción a la *Clarificación de términos*. Dice que los que buscan la controversia la encontrarán con toda certeza y los que buscan la claridad también la encontrarán, siempre que estén dispuestos a pasar por alto las controversias. Sólo se encuentra la consistencia en la *experiencia*, en lugar de en la teología. La incertidumbre sólo termina una vez que hay experiencia. Al principio la tentación puede ser ponerle un marco de referencia teológico, pero eso nunca va a traer la paz. Es muy directa. Podrías leerte esa sección antes de ir a ver a tu padre.

Participante: La lección de hoy es "En mi indefensión radica mi seguridad". Hay una frase que dice: "El precio de las defensas es el más alto de los que exige el ego. La locura que reina en ellas es tan aguda que la esperanza de recobrar la cordura parece ser sólo un sueño fútil y encontrarse más allá de lo que es posible". E-153.4 He retenido esa frase en la mente. Me pregunto si siendo esto un sueño vano, ese recobrar la cordura podría ser realmente imposible para mí. A lo mejor es posible para ti. Pero luego tengo que volver a ver que puedo jugar a eso, a la debilidad del ego y puedo mantenerme en la fortaleza de Cristo. Lo que me ha ayudado hoy ha sido pensar: *vale, te puedes sentar ahí y ser esa cosita débil que va a todos esos médicos, ¡y puedes ser fuerte y ver qué es lo que se supone que vas a aprender de esta experiencia!*

David: Al principio la mente sólo está empezando a reconocer estos mecanismos de defensa del ego, como tomar nota del aparente deseo de tener razón de tu padre, de las tendencias controladoras de tu madre, etcétera. Estos mecanismos de defensa se han mantenido fuera de la consciencia durante años. Cuando empiezas a trabajar con el Curso, todo empieza a surgir. Todas estas intrincadas conspiraciones, maniobras y juegos vienen derechos a la consciencia, pero la mente todavía tiene interés en el ego, ¡así que ve las defensas en los demás! Cuando te enfadas, o te frustras, con un hermano por utilizar una defensa en particular –ser controlador o lo que sea– estás dejando de perdonarte a ti mismo por intentar exactamente lo mismo, aún crees que la defensa tiene realidad. Lo estás viendo *ahí fuera* pero cuando empiezas a dar marcha atrás a tu mente, empiezas a ver en ti mismo los asuntos de control. La culpabilidad de transferirlo de lo que parece ser una persona-cuerpo a lo que parece ser otra persona-cuerpo es enorme. En vez de echarle la culpa a tu hermano la culpa se revuelve contra lo que parece ser tu propio cuerpo, pero sigue siendo el mismo error. Tenemos que ver que *yo soy una mente,* que esa identidad que quité de encima de los hombros de mi hermano pero que sigo viendo en mí mismo, es también un montaje de mi mente. De lo contrario ¿de qué sirve transferirla? *Ya no estoy tan enfadado echándole la culpa a mi padre o a mi madre, pero sigo enfadado echándole la culpa a quien creo que soy yo.* Se transfiere el error pero aún no se suelta. Es sólo un paso.

Participante: Entonces no lo dejemos en mi cuerpo. ¿Cuál es el paso siguiente?

David: El siguiente paso es hacer más contacto con la idea de que *yo soy una mente*. No soy un cuerpo de la pantalla del mundo. No soy un montaje lineal. Tienes que empezar a soltar las maneras en que siempre te has concebido a ti misma: como una persona con un pasado, que tiene aspectos del los que no está muy contenta, con un armario repleto de quejas, con preferencias por ciertas personas y situaciones, con el deseo de que las cosas sean diferentes de como son, etcétera. También tienes que soltar las maneras en que te has concebido a ti misma en el futuro, sea en relación con una carrera profesional, o sea en el contexto espiritual de moverse hacia la Expiación. Eso es poner la salvación en el futuro: en vez de una carrera profesional en el mundo, ahora es la salvación. Hasta eso lo tienes que cuestionar: ¿de qué sirve la salvación en el futuro? ¿Para qué sirve la felicidad futura? Pareció ser un apoyo para cruzar al otro lado, útil hasta cierto punto, hasta que empezaste a leer *La inminencia de la salvación*: "No te contentes con la idea de una felicidad futura". T-26.VIII.9 No proyectes la Expiación sobre el futuro. La tienes que traer de vuelta al presente. Para traerla de vuelta al presente tenemos que soltar la manera en que nos hemos concebido a nosotros mismos y a todos los que nos encontramos.

Si concibo a las personas como esos montajes lineales, con pasados reales y futuros reales, y me concibo a mí mismo como un montaje lineal, con una pasado real y un futuro real, entonces ¿cómo voy a evitar dirigir contra este montaje lineal de mí mismo la culpabilidad que quito de las espaldas de los demás? La transformación está en ver que la mente no está en un montaje lineal. La mente recta está en el presente. La mente recta no tiene pasado ni tiene futuro. Es como la cumbre en lo alto de una montaña. Si puedes llegar a la cima, la vista es espectacular. Puedes mirar todos los caminitos que hay por debajo, y todas las rayitas que parece que sigues y que los demás parecen seguir: desde ese punto todo se puede ver sencillamente como una única falsedad.

Así es como ha ido esto para mí. Siempre vuelve a: *yo soy un punto y no una línea*. Es una manera sencilla de recordar que no eres culpable. Siempre que te sientas culpable por lo que sale a relucir, o preocupado por los cabos sueltos que quedan, o por una mala relación, sencillamente vuelve al pensamiento de que *yo soy un punto y no una línea*.

Participante: Me estoy dando cuenta de que he estado intentando llevar la verdad ante la ilusión en lugar de llevar la ilusión ante la verdad. Ahora estoy viendo sencillamente mi unicidad con Dios y que todo palidece al lado de eso.

David:

> ¿Qué otra cosa sino el cuerpo adolece de tal fragilidad que para proteger su insignificante vida es necesario prestarle un constante cuidado y preocuparse en gran manera por su bienestar? ¿Qué otra cosa sino el cuerpo flaquea y es incapaz de ser el digno anfitrión del Hijo de Dios? Sin embargo, no es el cuerpo el que puede temer o ser algo temible. Las únicas necesidades que tiene son las que tú mismo le impones. No necesita complicadas estructuras que lo defiendan, ni medicamentos para conservar la salud, ni cuidados, ni que te preocupes por él en absoluto. E-135.4-5

Esa es obviamente una visión enormemente diferente de la importancia que el mundo le otorga al cuerpo. Es útil pensar en el cuerpo como una marioneta o un títere. A veces me gusta pensar en él como un recurso de aprendizaje, similar incluso a una pluma o un lápiz. En mi mente tengo que igualarlo con algo que pueda ser un símbolo de lo insignificante que es. Quiero decir que normalmente uno no consideraría necesario tener tanto interés, preocupación y vigilancia con un lápiz. Se usa un lápiz para lo que es, para escribir, y luego se deja. Le sigues sacando punta mientras lo necesitas y cuando se queda tan corto que ya no puedes sostenerlo, se ha terminado. Lo dejas a un lado. En ese sentido pensar en que el cuerpo es como un lápiz es una metáfora útil.

> Si defiendes su vida, le haces regalos para embellecerlo o construyes murallas para su protección, estarás declarando que tu hogar está a merced del ladrón del tiempo, que es corruptible, que se está deteriorando y que es tan vulnerable que tienes que protegerlo con tu propia vida. E-135.5

Podrías "defender su vida" por medio de sistemas de seguridad, llevando una maza o con intervenciones médicas. "Hacerle regalos para embellecerlo" puede ser adornar el cuerpo, hacerle cumplidos es en realidad hacerlo ser más de lo que realmente es.

Participante: Mi madre me regaló esta pulsera por mi graduación y mi respuesta no fue la que ella buscaba. Dijo: "¿Es que no te gusta?" Y yo dije: "¡Claro que sí! Es un símbolo de ti maravilloso, gracias". Ella dijo: "¡Un símbolo! ¿Qué quiere decir eso?" Intenté explicárselo, le dije: "Lo puedo mirar como un símbolo, pero no quiero verlo como un adorno porque eso de alguna manera le quita el propósito".

David: Ese fue el mejor uso de la pulsera, porque para ti fue un punto de partida para compartir. Abrió una conversación que llevaba a algún sitio y en ese sentido no es ni buena ni mala. El Espíritu Santo sabe hacer uso de todo, pulseras incluidas.

> ¿No es este cuadro aterrador? ¿Cómo puedes estar en paz con semejante concepto de tu hogar? Sin embargo, ¿qué fue lo que dotó al cuerpo con el derecho de servirte de esta manera sino tus propias creencias? Fue tu mente la que le asignó al cuerpo todas las funciones que percibes en él, y la que fijó su valor muy por encima del pequeño montón de polvo y agua que realmente es. ¿Quién defendería semejante cosa si reconociese que eso es lo que es? E-135.6

¡Tanto alboroto por un pequeño montón de polvo y agua! ¿Quién defendería eso? Pero la clave es oír esto: lo que dotó al cuerpo con el derecho de servirte de esta manera son tus propias creencias. ¡Es tu mente! No tenemos que culpar al cuerpo ni a los cuerpos de los demás si parecen llevar a cabo una representación, si parecen estar utilizando esos mecanismos de defensa, ni si parecen estar amontonando riqueza y propiedades. Nada de eso importa. Es mi mente. ¿Qué valor le he asignado al cuerpo y al mundo? El único sitio donde tienes el poder de cambiar es dentro de tus propias creencias. Siempre que, por así decirlo, intentas cambiar los cuerpos o las situaciones —digamos que con algo como un aborto— es que ya has decidido que hay una amenaza real. Una vez que haces reales las ilusiones, tienes que salir con la manera correcta de lidiar con lo que sea que percibes ahí fuera.

"El cuerpo no necesita ninguna defensa. No podemos hacer suficiente hincapié en esto". E-135.7 Cuando Jesús dice esto, es muy literalmente lo que quiere decir.

> El cuerpo se mantendrá fuerte y saludable si la mente no abusa de él asignándole funciones que no puede cumplir, propósitos que están fuera de su alcance y elevadas metas que no puede alcanzar. Tales intentos ridículos, aunque celosamente atesorados, son la fuente de los múltiples y dementes ataques a que lo sometes. Pues el cuerpo parece frustrar tus esperanzas, tus valores y tus sueños, así como no satisfacer tus necesidades. E-135.7

Si crees que es tu hogar, naturalmente tendría sentido que pusieses en él un montón de esperanzas, un montón de necesidades y de valores. Puede verse que, si lo vieses como tu hogar, pensarías en el cuerpo como si fuese más que un montón de polvo. La identidad es lo más poderoso que hay: la mente defenderá cualquier cosa con la que se identifique. Si está identificada con el Espíritu, entonces no hay nada que defender porque el Espíritu es invulnerable. Está en estado de gracia. Si identificas a otro cuerpo como un amigo íntimo, entonces podrías sentir la necesidad de defender su cuerpo. Y ese estar a la defensiva llegará más allá del cuerpo, hasta otros símbolos de tu identidad, como tu automóvil, tu casa o tu empleo.

Participante: Mis chiquillos...

David: Sí, tus chiquillos. Esas no son más que extensiones de este concepto del yo como cuerpo.

> El "ser" que necesita protección no es real. El cuerpo, que de por sí no tiene valor ni es merecedor de la más mínima defensa, sólo requiere que se le perciba como algo completamente ajeno a ti, para convertirse en un instrumento saludable y útil a través del cual la mente puede operar hasta que deje de tener utilidad. Pues ¿quién querría conservarlo una vez que deja de ser útil? E-135.8

La transformación de la experiencia de llegar a percibir el cuerpo "como algo completamente ajeno a ti" es algo que viene de manera gradual: ¡se parece más a un hilillo de agua que luego se convierte en un arroyo que a un río! Al principio, cuando empecé a estudiar el Curso, sólo estaba intentando captar algunas de las ideas, se iban encendiendo alguna bombillas, pero aún no estaba siendo utilizado como un maestro de Dios. No estaba en el río. Pero el hilillo de agua es una manera de empezar y doy gracias por el hilillo: es lo que siempre había querido. Luego, cuando de verdad empiezas a aferrarte a esto como tu único propósito y te comprometes a ser utilizado como maestro de Dios, todas y cada una de las situaciones se utilizan para ello. Los demás papeles empiezan a retroceder porque has puesto por delante tu compromiso y tu propósito. El hilillo se transforma en una corriente. Para mí, la experiencia fue algo así: *¡vaya, parece como si realmente todo estuviese orquestado!* Todos hemos visto destellos de esto. Cuando el compromiso crece, es como si te transportase una corriente, y empieza a parecer una corriente bastante rápida. Y antes de darte cuenta estás en el río. Cuando estás en el río el cuerpo se percibe "como algo completamente ajeno a ti". Es entonces cuando todos los planes, intereses y preocupaciones relacionados con el cuerpo se han apartado tanto de la mente, que la mente está con la mirada fija en el Propósito: ¡hay tanto fluir y tanta alegría! Esa transformación de la experiencia de no pensar en mí mismo como un cuerpo me ha sucedido. Cuando empiezas a centrarte de verdad en el momento, todas las cosas que parecen estar ocurriendo, sean temperaturas extremas o cosas afiladas que vuelan, todo eso se difumina en el segundo plano. El cuerpo ya no es el centro de la atención. Se parece más a un lápiz que estás utilizando.

El tema de la dieta y la salud

Participante: Me gustaría preguntarte por las dietas. ¿Es importante seguir una dieta saludable mientras se trata con las enseñanzas de Jesús y se las practica? ¿Es la dieta, como todo lo demás, un asunto de creencias y percepciones sobre la comida? ¿Cómo te relacionas con la comida y qué papel representa en tu vida? Una cosa que he notado es que cuando trato bien a mi cuerpo y como alimentos "saludables", estar dentro de él parece más agradable y la práctica espiritual y el entrenamiento mental me resultan más fáciles. ¿Puedes hablar de esto?

David: La cuestión de la dieta es otra versión de la oración sobre hacerse a un lado y dejar que el Espíritu Santo muestre el camino. El curriculum está muy individualizado, de manera que no puedo decir nada general sobre dietas. Lo más útil con la dieta, igual que con todo lo demás, es ser muy intuitivo, y así estar muy abierto a ser Dirigido por el Espíritu Santo. Puedes rezar: *Espíritu Santo, guía mi alimentación para que pueda alimentarme por medio de Ti.* Verdaderamente lo más importante en el viaje espiritual no es lo que se come, sino Quien guía a la mente. No corrompe lo que se mete en la boca sino lo que procede de un corazón no sanado. Igualmente, el milagro aporta curación mucho más allá de lo que el ego juzga que es "comida saludable".

Sanar depende siempre de desenmascarar y soltar el sistema de creencias del ego, pues de esta manera se sana la percepción distorsionada. Los problemas nunca están en la forma, pues son siempre creencias de la mente engañada. El ego proyectó el cuerpo, la comida, los problemas de peso y de forma física, etcétera, para distraer a la mente de la Luz interior. En la inversión de los pensamientos que patrocina el Espíritu Santo, se le da a la mente el poder de ser el mecanismo del Despertar. Cuando aprendas a pensar con el Espíritu Santo, estarás verdaderamente sano, vibrante, alegre y energético. Esta salud viene de compartir el Propósito del Espíritu Santo, que es el perdón.

El cuerpo es un símbolo, o una representación, así que sentirse bien es una señal de estar siguiendo al Espíritu Santo. Deja que tus sentimientos sean el barómetro que te diga a qué voz estás siguiendo y aprende a confiar en la Voz que habla en nombre de Dios dentro de la mente. Come lo que te sientas guiado a comer cuando te sientas guiado a comer, y deja que esto sea tu práctica de la lección del Libro de ejercicios de UCDM: "Me haré a un lado y dejaré que Él me muestre el camino". E-155 El ego le atribuirá la sensación a algo en la forma, como hace siempre. Pero según profundices en el Espíritu Santo, se volverá más evidente que la salud es una decisión de Propósito, la forma siempre es nada más que un decorado, o telón de fondo. En el Despertar se hace visible que en la forma no hay nada causativo. Esto incluye el cuerpo, la comida, el ejercicio y el medio ambiente. Toda experiencia es una decisión de la mente. Con el entrenamiento mental la mente adopta de manera consistente la mentalidad orientada al milagro, o mentalidad recta, y este estado mental es saludable. El sueño feliz es en efecto saludable, y la tranquilidad de espíritu es el resultado del Propósito y la Perspectiva del Espíritu Santo. Esto es lo que la física cuántica llama el observador. En términos de UCDM, esto es el soñador del sueño.

Digiere en tu mente el Propósito del Espíritu Santo y nunca volverás a tener hambre.

Comidas saludables y no saludables

Hola, David:

Te escribo en relación con lo que publicaste sobre comer y hacer ejercicio. Ahora mismo estoy justo en esa lucha. Soy entrenador personal. Me impliqué con el Curso hace unos cuatro meses, justo cuando acababa de empezar con este nuevo trabajo. Al principio, incluso me resultaba difícil sentirme bien con estar trabajando en que la gente esté en buena forma física. Ahora lo veo como una oportunidad de tener encuentros santos en lugar de centrarme tanto en el asunto de la forma física. Sin embargo lo que publicaste me tocó, porque estoy luchando mucho con la comida. Cuando como lo que considero alimentos saludables, me encuentro contento y energético. Cuando no, me deprimo muchísimo. He estado jugando con esta idea desde que estoy estudiando el Curso. He aceptado que el cuerpo es neutro. Al hacerlo empecé a comer lo que quería, en vez de confiar en la comida "saludable" para mantener sujetas mis emociones. A nivel intelectual, podía aceptar la idea de que lo que entra la boca no tiene efectos sobre la mente. Pero cuando comía cosas "no saludables", incluso si lo hacía manteniendo esta idea en la mente, parecía que me salía el tiro por la culata. Me deprimía y me entristecía mucho, por más que aceptase la idea. Me siento atrapado en este asunto.

¿Tienes algún consejo concreto para mí? Me siento como si estuviera en una batalla constante y no estoy seguro de como puedo manejar esto de la manera más productiva. ¿Me puedes dar algo más de información sobre como fuiste capaz de superar esta lucha en particular?

Amado:

La curación de la mente es un proceso (hasta que te das cuenta de que es un instante), de manera que aunque puedas estar abierto a las ideas de sanación, no puedes dirigir los milagros por ti mismo. Tu disposición a sanar la mente y a aceptar la verdad es lo que puedes ofrecerle al Espíritu Santo, y luego tu papel es escuchar y seguir a tu intuición respecto de lo que viene después.

La manera en que ocurre esa sanación no es dirigiendo la conducta con el foco puesto en la forma. La sanación siempre tiene lugar en el nivel mental, así que sigue estando abierto respecto de los alimentos que comes, dándote cuenta de que en la forma no hay nada causativo sino que la mente es la que es muy poderosa, y así experimentarás los efectos de tus creencias.

Las creencias inconscientes están muy profundas, por tanto utiliza el concepto de "comida saludable" como si fuese una hoja de un árbol, a la que le puedes seguir el rastro hasta las ramas, mirando a todos tus pensamientos y asociaciones relacionados con esta creencia –las oposiciones, las contradicciones, los miedos, las dudas y las convicciones que hay alrededor de ella– hasta llegar al tronco del árbol: la creencia en la separación. Hasta llegar a la creencia en que tienes que ser un cuerpo que está expuesto a los efectos de los alimentos (el mundo), por completo a su merced.

Contempla estos pensamientos y creencias desde la inocencia, desde la investigación, sabiendo que todo lo que necesitas hacer es observarlos y seguirles el rastro, siendo sincero contigo mismo sobre qué es lo que crees. Permite que las emociones surjan y desaparezcan mientras le pasas todo al Espíritu Santo. Las visualizaciones pueden ser útiles para este "pasarle las cosas" al Espíritu Santo. ¡A veces me he visualizado a mí mismo recogiendo todos los pensamientos asociados a una creencia, metiéndolos en una cesta con un gran lazo, y dándoselos al Espíritu como si fueran un obsequio envuelto para regalo! Otra veces, cuando había tristeza asociada a las imágenes, las ponía sobre una balsa y contemplaba como un río de luz se las llevaba a disolverlas en el Amor.

De lo que se trata es de volverse muy intuitivo y soltar el miedo de la mente. A través de un suave proceso de investigar y soltar, podrías llevarte la sorpresa de ver que la intuición te guía a comer los alimentos que en otro tiempo consideraste "saludables". La Voluntad de Dios para ti es la felicidad perfecta, de manera que cualquier sensación de sacrificio viene del ego.

Sé amable con tu bello ser, sabiendo que tú no eres los pensamientos saludables ni los pensamientos no saludables, ¡Ni siquiera eres el pensador de esos pensamientos dualistas! Eres el Amor puro, y el símbolo de comer lo puedes utilizar de telón de fondo para la unión mientras continúas con el santo propósito de sanar tu mente.

¿Tiene importancia la dieta?

Estar a dieta de pensamientos del ego es lo que parece engordar, o reforzar el concepto del yo y obstaculizar la consciencia del Cristo. No hay nada causativo en la forma. Lo que "profana" no es lo que entra en la boca. Todas las leyes de la nutrición son del ego (ver la lección 76 del Libro de ejercicios). La comida, como todas las imágenes del mundo, es un efecto irreal de una "causa" irreal.

El ego quiere que la mente vea la división *en* el mundo, y parece que el "pensamiento" dualista proyecta un mundo dualista. El ego patrocina las divisiones y las categorías (es decir, orgánico-no orgánico, buena nutrición-mala nutrición, alto en calorías-bajo en calorías, rico en fibra-con poca fibra, alto en sodio-bajo en sodio). La nutrición se parece a toda la magia en que, vista por el ego, parece funcionar, parece producir cambios. Pero lo que es irreal no tiene capacidad de "cambio". Lo que es lo mismo no puede ser diferente, y lo que es uno no puede tener partes separadas. Lo irreal es un único error y sólo el cambio de mentalidad trae la sanación. Nada en el mundo de la forma cambia realmente nunca, pues toda forma es del pasado (ver la lección 7 del Libro de ejercicios).

Suelta la creencia en que el pasado y el futuro son diferentes, y soltarás para siempre el concepto de dieta, y todas las demás "cosas concretas".

Eso es la Expiación. La Expiación ve que la "separación" nunca ha ocurrido, porque Dios y Cristo, la Causa y el Efecto son Uno y nunca pueden estar divididos. ¡Gloria a Dios por la Unicidad del Ser! Sanar es aceptar la Corrección de la división de la mente. Los verdaderos mecanismos de la mente están reflejados en el siguiente pasaje del principio del Capítulo 21 de UCDM, *Razón y percepción*:

> La proyección da lugar a la percepción. El mundo que ves se compone de aquello con lo que tú lo dotaste. Nada más. Pero si bien no es nada más, tampoco es menos. Por lo tanto, es importante para ti. Es el testimonio de tu estado mental, la imagen externa de una condición interna. Tal como el hombre piense, así percibirá. No trates, por lo tanto, de cambiar el mundo, sino elige más bien cambiar de mentalidad acerca de él. La percepción es un resultado, no una causa. T-21.in.1

El concepto de dieta, como todo concepto falso, refleja la creencia en que en el mundo hay algo causativo. Pero el Espíritu Santo no mira a los efectos, pues ha juzgado como irreal a su "causa" (el ego). Lleva todos los pensamientos de falsa causación ante el Espíritu Santo, y desaparecerán instantáneamente. Porque sólo es real lo que viene de Dios. Felizmente, Cristo viene de Dios, y la Presencia "Yo Soy" es real. Regocíjate en la verdad de nuestro Ser: "Soy tal como Dios me creó". E-94

Sanación y medicinas: el uso de los símbolos

Hola, David:

He pedido y recibido los libros de UCDM, y estoy empezando con ellos. El Curso enseña que creer en los medicamentos es similar a creer en la magia, y eso puedo verlo. Durante los últimos años he ajustado y aumentado mi consumo de vitaminas, minerales, antioxidantes, aminoácidos, hierbas, etcétera para intentar mejorar varios padecimientos asociados a la edad, la herencia, el estrés, etcétera que tenía. Sin embargo, mientras lo hacía, también he estado implementando prácticas de reconocimiento de los sistemas de creencias y sus orígenes, de soltar la necesidad de tenerlos, y también de soltar las acusaciones contra los demás, al descubrir que algunas de las creencias se basaban en la ausencia de perdón.

He buscado sin descanso soltar y perdonar a las perspectivas sobre la vida y a las personas que podrían haber contribuido a tales creencias. Naturalmente, ha habido cambios dramáticos en mi estado de salud, pero he atribuido mi buena salud tanto al cambio de pensamientos como a los nutrientes. Sin embargo, cuando miro esto lo más probable es que mi curación haya surgido de soltar esos sistemas de creencias. Aunque parte de la curación haya podido venir de la creencia en ciertos nutrientes.

¿Puedes, además, darme una definición comprensible de la "confusión de niveles", que tanto se menciona en UCDM?

Amado:

Gracias por escribir. Como suele decirse, "la mente está por encima de la materia". La enfermedad y la salud son exclusivamente mentales, y la creencia en lo físico o lo manifiesto es la base de todo conflicto, enfermedad, estrés y disgusto. La mente es causativa, y sin embargo la mente durmiente no recuerda cómo se fabricó el mundo. La mente durmiente cree que el mundo fabricado por el ego dio media vuelta y fabricó al ser corporal. Esta es la creencia en el "nacimiento" físico. Así, parece que al cuerpo le suceden acontecimientos y circunstancias separados de sus peticiones y de su capacidad de controlar. El primer paso para sanar esta división entre causa y efecto, y esta inversión de su relación, es estar abierto a darse cuenta de que todo lo que parece suceder es el resultado de las creencias. La mente percibe lo que la mente cree. Cuestionar lo que se cree es, por tanto, una manera de llevar el sistema de creencias del ego ante la Luz.

La confusión de niveles es la creencia en que tiempo, espacio y materia son causativos, en lugar de ser efectos irreales de una "causa" irreal. No hay nada causativo en el universo material, y lo que tiene aprisionada a la mente durmiente son sus propias creencias. Una vez que se descubre la carencia de fundamento del sistema de creencias del ego, se ve la carencia de causa de los efectos que parecía producir. Las apariencias y las imágenes se ven tal como son, pura ilusión, y ya no se las dota de "vida" ni de "significado".

La mentalidad recta, o mentalidad abierta al milagro, es el final de la confusión de niveles, porque el milagro sencillamente ve lo falso como falso. El milagro no hace juicios sobre los contenidos de la consciencia, porque ve su irrealidad. El Espíritu Santo no mira a los efectos pues ha juzgado que su "causa" es irreal. El ego es esa "causa" irreal. Confía al Espíritu Santo la transformación de la mente. El Espíritu Santo reinterpretará con una Perspectiva nueva todo lo que percibas.

Si haces las lecciones del Libro de ejercicios y lees el Texto de UCDM, de manera abierta y con disposición, verás que el Espíritu Santo orquesta todo lo espacio-temporal en tu beneficio. El tiempo está, de hecho, bajo la dirección del obrador de milagros, porque el obrador de milagros se ha alineado con el uso del tiempo por el Espíritu Santo.

El Espíritu Santo te dará instrucciones sobre la manera más útil de utilizar el tiempo y los símbolos del tiempo. Lo mejor que se puede hacer con el cuerpo, las dietas, los medicamentos, el ejercicio y las actividades en general es dárselos al Espíritu Santo. El Espíritu Santo utiliza las cosas concretas en la práctica del Libro de ejercicios, hasta que el Principio Divino se transfiere y aplica de manera tan consistente que la creencia en las cosas concretas se deshace por completo. Al aceptar la Expiación la mente queda preparada para el recuerdo de la Luz en Dios, o Abstracción Divina.

La comida, el ejercicio y los cuidados del cuerpo

Participante: La primera parte de mi pregunta es: ¿notas que ciertos alimentos te sientan mejor que otros, o estás totalmente libre de las necesidades y quejas del cuerpo? La segunda es: ¿haces ejercicio? Y la parte tercera de esta misma pregunta es: ¿comentarías como lidiar con el hecho de que, en este plano, tenemos un cuerpo que necesita cuidados?

David: El curriculum del Espíritu Santo está muy individualizado. La guía que yo oí fue "come de lo que te sirvan". El Espíritu Santo sabe orientarte no sólo sobre tus necesidades dietéticas sino también sobre todas las cosas útiles en tu viaje, en cualquier punto del proceso del despertar espiritual en el que tu mente parezca estar. Mi experiencia ha sido un reflejo de la lección "Me haré a un lado y dejaré que Él me muestre el camino" E-155 del Libro de ejercicios de UCDM. Fui guiado a unirme completamente con mis hermanos sin permitir que la comida fuese un obstáculo. No tenía que haber debate, ni sensación de estar separados por lo que se puede comer y lo que no se puede comer. El Espíritu decía no sólo que tenía que aceptar y comer lo que se me ofreciera, sino que lo principal era unirme a mi hermano en el amor, sin permitir que cosas como la comida se interpusieran entre nosotros. Los requisitos dietéticos forman parte del sistema de creencias del ego.

Recuerdo cuando trabajaba con la lección 50: "El Amor de Dios es mi sustento". Esta lección subraya que la creencia en las pastillas, el dinero y la ropa "protectora" no es más que una defensa. Me alegró que Jesús fuese tan concreto sobre este tipo de cosas, porque yo quería profundizar de verdad en mi entrenamiento mental. Luego llegué a la lección 76: "No me gobiernan otras leyes que las de Dios". En esa lección él menciona de manera concreta la nutrición. Me di cuenta de que tenía que cuestionar todas mis creencias sobre la alimentación. Aparentemente había aprendido un montón sobre ello mientras crecía en este mundo y estudiaba durante diez años en la universidad. Tenía que soltar todas mis creencias sobre comida saludable. Tenía que soltar mis creencias sobre colesterol, grasas poli-insaturadas, calorías, etcétera. Tenía que llegar a reconocer que no sé cuál es el propósito de nada, tenía que llegar a pedir: "Enséñame, por favor, a unirme con mis hermanos y hermanas y a soltar todas esas ideas, dudas y preocupaciones sobre la alimentación". Así fue como se desarrolló.

Igual con el ejercicio. Que hay que hacer ejercicio es una creencia en la que ciertamente estuve envuelto durante muchos años, hasta el punto de que llegó a parecer que yo era instructor profesional de tenis, que pertenecía a clubs de salud, que hacía un montón de ejercicio, que corría una mini-maratón, etcétera. Estaba interesado en la buena forma cardiovascular y en el levantamiento de peso. Luego llegó el punto en el que todo empezó a utilizarse como un símbolo. Empecé a hablarle a grupos con parábolas sobre soltarlo todo y abrirse al amor de Dios. El ejercicio y la nutrición no son más que conceptos. La salud, si la miramos de manera práctica, es la paz interior, y por lo tanto la salud implica el pensamiento. La salud es solamente un estado mental que parece reflejarse en lo físico. En la iluminación no hay ni interior ni exterior. La mente está unificada. No podemos decir que el mundo interior del pensamiento influye en el mundo exterior de la materia, porque todo es mental y nada es físico. En ese estado, que es el estado de iluminación, no se tiene en realidad pensamientos ni interés en el cuerpo. Realmente se trata de poner toda la atención en el propósito, y eso es muy práctico.

Para redondear esta serie de preguntas: cuando de verdad te interesas por la mente, todo lo que parece implicar el cuidado del cuerpo resulta ser cuidado. Se te da comida como telón de fondo para la unión. No tienes que rechazar cosas. Yo siempre utilizo a Jesús como modelo de mi aprendizaje, porque cuando estuvo aquí aún parecía que caminaba por el planeta, y parecía que él pasaba por los mismas servidumbres corporales de orinar, defecar y meterse en la boca panes y peces. Parecía tener el mismo aspecto que un montón de seres humanos, aunque a menudo respondiese a la preocupación de los apóstoles con que no comía suficiente diciendo cosas como *yo tengo un maná que viene del Cielo*. Pero el símbolo de Jesús se utilizaba de una manera que permitía que la gente aún pudiese conectar con él. Si nunca hubiera comido ni bebido habría parecido un extraterrestre. ¡Es más fácil aprender de alguien con quien puedes conectar que de alguien a quien percibes como si hubiera venido de otro planeta! Aunque él había transcendido las leyes de lo físico, era muy útil que pareciese que hacía cosas que tenían un aspecto completamente humano.

El uso del cuerpo

David: A pesar del hecho de que el cuerpo se estropeará y degenerará y nunca será inmortal –a pesar del hecho de que es muy temporal, como todo el resto del cosmos proyectado– la mente tiene gran interés en intentar hacer de él un buen sitio donde vivir. Por lo tanto, si uno cree que puede hacer que el cuerpo viva más y de una manera más cómoda haciendo ejercicio y comiendo lo correcto, eso es lo que va a hacer. La otra cara de esa moneda es que hay una fuerte identificación con, y creencia en, el cuerpo. Desde esta perspectiva no se ve al cuerpo como lo que no es *nada*. Se le ve como algo y, por eso, la gran búsqueda de salud se hace en el sitio equivocado. Se puede describir con precisión a la salud como la paz interior, como una mente que ha soltado el hacer juicios y el ordenar los pensamientos. Una mente que alcanza la verdadera percepción, una percepción más estabilizada, es una mente en paz. Esa mente está sanada y tiene verdadera salud.

Participante: Entonces, ¿incluso para considerar al cuerpo como una herramienta del Espíritu, tengo que verlo como lo que no es nada? Creo que es una trampa pensar que en algún sentido es *algo* y, por tanto, tengo que cuidar de él de cierta forma, ya que va a ser utilizado por el Espíritu Santo. Soy responsable del tipo de comida que le doy, del ejercicio que le proporciono, etcétera. Es como si estuviera pensando *este es un templo del Espíritu Santo, así que tengo que mirarlo con respeto, lo cual significa esto, lo otro y lo de más allá*. Pero esto, lo otro y lo de más allá son sólo maneras de que la mente dé por válido que el cuerpo es algo, cuando en realidad no es nada. ¿Sólo se le puede entregar al Espíritu Santo para que lo utilice cuando se le sabe ver como lo que realmente no es nada?

David: Sí. También está la trampa sutil de negar el cuerpo. Cuando hablamos de que el cuerpo no es nada, lo hacemos en el sentido definitivo y muy profundo de lo que verdaderamente es. No se nos pide que neguemos la percepción del cuerpo. La manera más útil de entrar en esto es por medio del propósito, o con la pregunta *¿para qué es?* Esto trae el asunto de vuelta al nivel mental. Aquí lo útil es mirar al propósito del ego para el cuerpo y al propósito del Espíritu Santo para el cuerpo. Conforme la mente soluciona esto, uno es capaz de empezar a discernir el propósito del ego del propósito del Espíritu Santo. Conforme la mente empieza a abandonar voluntariamente los propósitos del ego, el cuerpo se vuelve cada vez más periférico para la consciencia. Se aproxima a no ser "nada".

Participante: De manera que nunca hay necesidad de centrarse en el cuerpo. Lo que hay que hacer es centrarse en el propósito, ¿y así el resto encajará en su sitio? El camino para llegar a ver que el cuerpo no es nada, ¿pasa por centrarse en el propósito?

David: Sí. La idea del cuerpo como templo es importante. En la Biblia se le considera el templo del Espíritu Santo. Esto es un punto de partida, un apoyo para cruzar al otro lado. Se aleja un paso de hacer del cuerpo algo malo. Una cosa es decir que el cuerpo es irreal, o que no es nada, y otra muy distinta es el paso que se da con el ego para decir que es malo. Decir que es un templo del Espíritu Santo es decir que se le puede utilizar para el propósito del Espíritu Santo. En ese sentido, y sólo en ese sentido, el cuerpo es un templo. No tiene nada que ver con el cuerpo en sí mismo y por sí mismo. Tiene que ver con la intención, con el propósito de la mente. Podríamos decir que un cuerpo que se utiliza exclusivamente para la comunicación es un cuerpo que está siendo utilizado por el Espíritu Santo.

Participante: ¿Y qué es exactamente la comunicación? No es necesariamente lo que me han enseñado a creer que es. No implica necesariamente a dos cuerpos. Ocurre a nivel mental y, ¿es ese el único sitio donde ocurre, en el nivel mental? Entonces, si sólo ocurre a nivel mental, ¿por qué necesito un cuerpo para comunicar?

David: Toda mente que parece creer en el mundo, cree en la separación y en el cuerpo. Cree que se ha limitado la comunicación de manera que la comunión está interrumpida. Se puede llamar a la comunión comunicación mental, o incluso telepatía. Se le da muchos nombres diferentes. La mente que cree en la separación ha empujado la experiencia de la comunión fuera de la consciencia. De manera literal ha impuesto el cuerpo como un límite a la comunicación. En este mundo parece que la comunicación está limitada a que dos cuerpos estén juntos. Si no lo están, no pueden hablarse el uno al otro, salvo que usen un teléfono, un walkie-talkie, o alguna otra clase de ayuda. Se necesitan ayudas materiales para facilitar la comunicación. Pero en el sentido definitivo, estamos de nuevo de vuelta con las *creencias*: cuando se cree en el cuerpo y se cree en el mundo, hay un límite a la comunicación. El mundo se fabricó para defenderse de la comunicación. El Espíritu Santo es nuestro enlace de comunicaciones con el Padre. ¡El mundo se fabricó para ocultar esto! El Espíritu Santo tiene que trabajar con estas creencias. Conforme la mente suelta su creencia en el mundo, parece que poco a poco se le devuelven sus poderes, la telepatía, la clarividencia y la intuición parecen volverse más prevalentes. De hecho, la mente sólo está regresando a su estado natural. Esos no son poderes sobrenaturales que sólo pueden desarrollar unos pocos individuos. Son modos de comunicación muy naturales.

Participante: Entonces la comunicación siempre está ahí. Siempre ha estado ahí sin que nos diésemos cuenta, ¿está pues siendo ocultada?

David: Sí, y lo que hace que esto sea posible es el gran interés en el cuerpo. El cuerpo es el hogar elegido por la mente engañada. Otra vez estamos de vuelta al propósito. La comunicación es la única función o propósito que el Espíritu Santo le da al cuerpo, mientras que el ego lo utiliza para atacar, para obtener placer y para vanagloriarse. El propósito de la vanagloria, el placer y el ataque de hecho limita la comunicación.

Participante: Si la comunicación está exclusivamente en el nivel mental, ¿por qué queremos utilizar el cuerpo para la comunicación? Creo que te estoy oyendo decir que mientras la mente crea en el cuerpo, el Espíritu Santo utilizará el cuerpo para la comunicación. ¿Es sólo la creencia en el cuerpo lo que le hace tomar parte en la comunicación?

David: Sí. En el instante santo no hay ningún cuerpo. La revelación está más allá de los cuerpos, la revelación es la comunicación directa de Dios con la creación de Dios. Conforme la mente abandona sus ideas, creencias y juicios falsos, se ve atraída al instante santo. En el instante santo la comunicación se restablece por completo.

Los cuerpos son símbolos. El Espíritu Santo llega a la mente de cualquier manera en que pueda hacerlo. Puede ser por medio de la voz de una persona amiga, una canción, un cartel, la letra de una grabación, etcétera. Hay muchas formas y maneras. Pero en este sentido el cuerpo es un símbolo. El Espíritu Santo utiliza los símbolos para llegar a la mente engañada porque la mente engañada cree en los símbolos. De manera metafórica, cuando avanzamos y nos aclaramos —cuando nos hacemos más capaces de alinearnos con el propósito del Espíritu Santo— se nos pide llegar hasta nuestros hermanos que aún creen en el mundo del tiempo y la separación. Se nos pide llegar a ellos utilizando los símbolos que comprenden. Repito otra vez que Jesús fue un gran ejemplo de esto. Hablaba en parábolas cuando hablaba para las masas, y hablaba de ideales y conceptos superiores con los apóstoles y discípulos que tenían oídos para oír. En ambos casos era el Espíritu Santo quien hablaba por medio de él, utilizando cualquier símbolo que la mente pudiese captar. También hay ejemplos de como Jesús se iba a una comunión silenciosa con el Padre en la que no había una sola palabra. Aquí tenemos un rango aún muy rudimentario de comunicación con palabras, pero cuando la mente suelta sus creencias regresamos a la Comunión, que está totalmente libre de las palabras.

Participante: Volvamos a los usos que el ego hace del cuerpo, ¿puedes abordar eso?

David: Podemos tomarlos de uno en uno. El orgullo viene de la división sujeto-objeto, o la creencia en la personalidad. Realmente el orgullo se reduce a un intento a la desesperada de mantener la creencia en la personalidad, en ser una persona individual y, de hecho, percibir a otras personas individuales. Mantiene en la mente la división entre yo y el otro. La refuerza atrayendo la atención hacia uno mismo, por medio del orgullo por los logros, por lo físico, por ser de un país, por un equipo deportivo, por la familia, etcétera, cosas del mundo que se consideran muy buenas.

Participante: ¿Puedes hablar del orgullo espiritual?

David: El orgullo espiritual es vanagloriarse de lo que uno sabe, convirtiendo el viaje espiritual en una hazaña de lectura de libros, o una exhibición de destrezas. Por debajo de eso está todavía la motivación de atraer atención al pequeño yo, a la personalidad. Es una trampa muy sutil. Por ejemplo, al soltar la creencia de la mente en la separación, pueden surgir lo que parecen poderes, como dotes psíquicas, telepatía, levitación o psico-kinesis. La mente puede apestillarse a eso y decir *¡fíjate en mí! ¡Mira lo que yo soy capaz de hacer!* Pero ese "yo" es aún el pequeño "yo", el "yo" personal. Algunos podrían convertirse en conferenciantes, facilitadores de talleres, o sanadores, pero si eso se personifica, si la mente se identifica con la persona como punto focal, está aún intentando atraer la atención sobre sí misma. Jesús siempre señalaba al Cielo, y siempre decía que es el Padre el que habla, que la Fuente de toda curación es el Padre. Él siempre se ponía en segundo lugar, señalando siempre al Padre que está en los Cielos. Esto es verdadera humildad, esto es una mente que sabe lo que es. Sabe lo que es su Fuente, y no está atraída por ser el centro del universo, en el sentido de poner en el centro el pensamiento-forma del yo personal. Siempre señala al Padre. El orgullo espiritual puede adoptar muchas formas. Puede mostrarse en un grupo, por ejemplo, en el que hay una identidad de haber encontrado *el camino*. Esto es otra trampa espiritual más, identificarse con el pequeño "yo", con el yo personal.

El placer también forma parte del mundo de la dualidad. Placer y dolor son irreales por igual, ambos son defensas contra la verdad, pues ambos son técnicas del ego para convencer a la mente de que se mantenga identificada con el cuerpo, para sostener la creencia en que el cuerpo es real. La mente o bien ve la carne o bien reconoce el Espíritu: lo uno o lo otro. En la consciencia son mutuamente exclusivos. Si uno está consciente del cuerpo y del mundo, el reconocimiento del Espíritu se queda fuera de la consciencia. La búsqueda del placer es un mecanismo de distracción, un truco que ancla la mente a la creencia en que el cuerpo es real. Parece ser muy atractivo. A esto se refiere el Curso como la "atracción por la culpabilidad". La mente engañada no iguala culpabilidad y placer. El placer se ve como deseable, como algo que hay que buscar y disfrutar. Se oyen muchas frases como *Dios quiere que disfrutes. Disfruta de los muchos placeres del mundo*. Pero desde la perspectiva metafísica, Dios es Espíritu para empezar. Dios no sabe nada del mundo físico proyectado. Dios sólo conoce a sus Creaciones, o su Creación que es el Hijo, y lo conoce como perfecto. Esta es una relación pura, abstracta e infinita que no tiene nada que ver con la forma de ninguna de las maneras. La mente no reconoce que la búsqueda del placer y la evitación del dolor son lo mismo, que al buscar el placer uno también está buscando el dolor. El placer es un disfraz.

Participante: Y ambos funcionan como sustitutos de Dios.

David: Sí. La búsqueda de la riqueza y la creencia en la pobreza son otra versión de la misma división, o disfraz. Si uno es pobre, parece que vive en un mundo de escasez. Anhela tiempos mejores, más propiedades y una vida más fácil. Por otra parte, los que acumulan riqueza y propiedades aún sienten dolor, angustia y depresión, de hecho. Nos encontramos ante lo mismo: la mente está todavía buscando la felicidad, la paz y la satisfacción en el mundo. Eso no es más que buscar en el sitio equivocado. La paz, la satisfacción y la felicidad están en la mente, en soltar las creencias falsas. Así que ahí tienes una mirada rápida al placer.

El ataque también es muy importante como defensa contra la verdad. Es una prueba de que la separación ha ocurrido. Ver que la separación es imposible parece oponerse a lo que muestran los ojos del cuerpo, porque si uno mira a su alrededor por medio de los ojos del cuerpo y de la percepción distorsionada, se ve ataque de muchas maneras diferentes. Parece que en todas partes hay disputas, ataques verbales, ataques físicos con los puños, con navajas, con armas de fuego, con tanques o con bombas. Parece existir un mundo en el que el ataque es de lo más corriente. Pero la mente no puede atacar. La mente es abstracta, es Una. Lo único que puede hacer es inventarse fantasías corporales en las que el ataque parece ser real. El uso del cuerpo por el ego para sus fantasías de ataque hace que la culpabilidad parezca indudablemente real. Y si el ataque se percibe como real, la culpabilidad está justificada. Y si la culpabilidad está justificada, ¿cómo puede uno ser totalmente inocente? ¿Cómo va uno a ser el hijo inocente de Dios?

Participante: ¿Lo llamas fantasía porque todo es fingido e inventado?

David: Sí, es inventado. Sólo está en la pantalla. La mente engañada quiere ver el conflicto en el mundo y no en la mente. Siguiendo los consejos del ego lo busca en el mundo. Ahora bien, esto no es decir que las guerras, el deporte o los insultos sean en sí mismos ni malos ni buenos. Lo que hay que mirar es la interpretación. La mente sanada puede mirar tranquilamente todo lo que se ve en el mundo. Los ojos del cuerpo aún informarán a la mente de cambios en las circunstancias, cambios del aspecto de las cosas, como síntomas, etcétera, pero la mente sanada los pone a todos ellos en una sola categoría: son irreales. Uno tiene que tener una idea metafísica clara de porqué esto es así, de porqué la enfermedad tiene que ser imposible, de porqué no puede existir la competición, de porqué no puede haber ni víctimas ni victimarios en el mundo. Uno tiene que ver con claridad que todo está en la mente, que todo se reduce a la división sujeto-objeto. El orgullo, el placer y el ataque son lo mismo. El orgullo y el placer son formas aparentes del ataque.

La mente que se ha identificado con el ego es un ataque contra el Cristo dentro de esa mente. Es un pensamiento de ataque. Aunque no tiene base alguna en la realidad, la aceptación de la mente le otorga realidad. A la mente le parece real. El uso del cuerpo por el ego –para el orgullo o reconocimiento del yo personal, para el placer y así sucesivamente– es sólo la atracción por la culpabilidad, una manera de ocultar la creencia en la separación y mantener a la mente distraída con lo que parece ocurrir en la pantalla. Todo eso son pensamientos de ataque. Ahora bien, si volvemos a la percepción de la mente recta la mente no puede atacar. Esos pensamientos son pensamientos irreales, incluso los pensamientos que el Libro de ejercicios llama "pensamientos de ataque" son pensamientos irreales. Son pensamientos que no vienen de la mente de Dios. No existen. Sólo tienen existencia los pensamientos que vienen de Dios.

Participante: Hablar de pensamientos de ataque, ¿es entonces sólo una manera de hablar?

David: Sí. Son irreales. La mente que tiene interés por ellos está engañada y experimentará la alucinación del dolor, el disgusto, la desesperación, la pena y la depresión. Y esto es porque se interesa por pensamientos, por un sistema de pensamiento, que no viene de Dios. La mente recta ve que el ataque es literalmente imposible. Ve lo falso como falso. No está interesada en esos pensamientos, los ve como falsos y los conoce como falsos. Esto no es diferente de decir que el Espíritu Santo ve las ideas y las creencias falsas, pero mira a la Expiación, al altar incorrupto, y está seguro del Cristo.

Capítulo Tres

Ordenar los pensamientos

David: Ver el mundo, incluso percibir cualquier cosa, significa que está ocurriendo un problema de autoridad. En última instancia, esa es la base sobre la que juzga la mente. La mente ordena las ilusiones y establece jerarquías de ilusiones porque quiere ser la autora de sí misma. Hay una creencia muy profundamente arraigada en que se puede seleccionar entre lo real. Eso es lo que parecen ser todos los juicios de este mundo. *Elijo ir aquí o allí. Prefiero esto y elijo evitar eso.* La suposición que hay por debajo de todo eso es que puedo escoger entre lo real: la realidad no es algo para ser aceptado sino más bien algo dentro de lo cual yo puedo seleccionar. Hay partes de ella que quiero, y partes de ella que de hecho puedo rechazar. Eso es negar su integridad. Hacer juicios hace que la división parezca real. Eso es lo que la mantiene. Cuando nos alejamos de la ordenación de los pensamientos, podemos pensar mejor en nosotros mismos como mentes. Empezamos a ver la falacia de todo lo que creíamos ser como personas. *Hice esto, no hice aquello. Espero hacer esto en el futuro.* Lo saca del contexto personal y lo lleva al reconocimiento de que soy una mente, y tengo todos esas ideas y conceptos que sólo son imágenes. Los pensamientos son sólo imágenes que yo he fabricado. Los pensamientos en sí mismos no son el problema, lo que me impide ver que todas esas imágenes son igual de ilusorias es el ordenarlas y organizarlas. No es que una taza, en sí misma y por sí misma, sea ni buena ni mala. El problema está en la organización de las imágenes, como, por ejemplo, creer que un automóvil es mas valioso que una taza, o que este cuerpo es más valioso que aquel.

Participante: Es la decisión.

David: La decisión de hacer juicios presupone que elegir y seleccionar entre lo real es cosa mía. Si sigo haciendo juicios tengo que estar creyendo que es cosa mía elegir entre lo real.

Participante: ¿Y valorar algo? Yo creía que la idea era reconocer que nada que no sea eterno tiene ningún valor.

David: Sí, pero eso no se puede hacer sin permitir que el Espíritu Santo reorganice la mente, y para hacer eso tienes que abandonar tus propios pensamientos e imágenes. Mientras digas que no hay nada valioso en el mundo y todavía te aferres a hacer juicios y a ordenar las imágenes, estás otorgándoles valor por medio de eso.

Participante: ¿Estás diciendo que lo que nos interesa es darle a todo el mismo valor?

David: Sí. La única manera de poder abandonar la ordenación es darle un único significado a todas las imágenes. No sólo intentas decir que "Nada de lo que veo significa nada", porque tiene que haber un propósito –el propósito del Espíritu Santo– para que la percepción se unifique. El Espíritu Santo le otorga el mismo significado a una lámpara, a un cuerpo, a un automóvil o a un remolque. Todo tiene un propósito único. A los ojos, por así decirlo, del Espíritu Santo la idea de que esas cosas tengan algún significado en sí mismas y por sí mismas es absurda. No existen los micrófonos tal como los percibe la mente engañada, porque eso siempre tiene que ver con alguien que habla por el micrófono, implica voces y cuerpos. Puedes ver que hay un montón de conceptos. Es igual con un sofá. Un sofá es donde se sientan los cuerpos. Los cuerpos son también imágenes. Son imágenes exactamente igual que el sofá.

Participante: Sentadas en otra imagen.

David: Incluso el "sentadas en" es otra imagen, porque ahí hay una relación. El Espíritu Santo sabe que no hay relación alguna entre las imágenes y que el único significado que puede tener cualquiera de las imágenes es el significado que el Espíritu Santo les da. En ese sentido el milagro ve que todas ellas son falsas. Por eso el verdadero perdón es sencillamente ver que lo falso es falso, ver que en las imágenes no hay causa alguna. Son sólo un montón de imágenes. Esto nos eleva a la esfera metafísica donde sabemos que *yo soy una mente que tiene todos esos pensamientos desordenados. Quiero aprender a percibir de manera correcta. Quiero aprender a permitir que el Espíritu Santo reorganice mi mente.* Esto es lo mismo que decir que se le dará el mismo significado a todo.

Sólo lo que Dios crea es irreversible e inmutable. Lo que tú has fabricado siempre se puede cambiar porque cuando no piensas como Dios, en realidad no estás pensando en absoluto. Las ideas ilusorias no son pensamientos reales, si bien puedes creer en ellas. Pero eso es un error. La función del pensamiento procede de Dios y reside en Dios. Puesto que formas parte de Su Pensamiento, *no puedes* pensar separado de Él. T-5.V.6

El pensamiento irracional es pensamiento desordenado. Dios Mismo pone orden en tu pensamiento porque tu pensamiento fue creado por Él. Los sentimientos de culpabilidad son siempre señal de que desconoces esto. Muestran asimismo que crees que puedes pensar separado de Dios, y que deseas hacerlo. Todo pensamiento desordenado va acompañado de culpabilidad desde su concepción, y mantiene su continuidad gracias a ella. La culpabilidad es ineludible para aquellos que creen que son ellos los que ordenan sus propios pensamientos, y que, por lo tanto, tienen que obedecer sus dictados. T-5.V.7

La culpabilidad aparece en cuanto se cree que los pensamientos son reales, en cuanto la mente se identifica con el cuerpo: *golpeé a Fulano. Le grité y me siento culpable de haber hecho eso.* Ha tomado los pensamientos corporales de la persona A y la persona B, y cree que tuvo lugar un ataque real. Si sencillamente viese que todos esos pensamientos son pensamientos ilusorios –que no forman parte de mi mente recta, la parte de la mente que piensa con Dios– ¿dónde estaría la culpabilidad? Literalmente no podría haber culpabilidad. Lo que trae la culpabilidad es la asociación de la mente con esos pensamientos. En cuanto nos identificamos con esos pensamientos, también miramos hacia atrás, a una historia personal repleta de lo que ojalá hubiésemos hecho y lo que ojalá no hubiésemos hecho. El momento de la liberación es sencillamente ver –como mente– que esos pensamientos no son reales. Nunca han sido reales y nunca lo serán, ni lo son mis pensamientos de miedo sobre si en el futuro voy a tener lo que necesite. Todos los pensamientos del futuro están en el tiempo pasado de igual manera, exactamente. Creer en el tiempo lineal es tomar pensamientos del pasado, proyectarlos en otra dirección y decir que eso es el futuro. Se les proyecta y se les da otro nombre –futuro– cuando en realidad todos son del pasado. Es el futuro-pasado. El miedo entra en el juego cuando me identifico con uno de esos pensamientos, que es un cuerpo, y creo en todos los padecimientos del mundo, como la economía y el clima. El miedo viene cuando creo que esos pensamientos son reales, en lugar de ver sólo su irrealidad. Cuando uno empieza a ver esto, uno está llegando realmente a la liberación, está llegando a ver que "Mi mente alberga sólo lo que pienso con Dios" E-r.IV.in.2 y que "Soy tal como Dios me creó". E-110

Participante: ¿Es sólo la identificación de la mente con los pensamientos irreales lo que les hace parecer reales?

David: Correcto. Y cree que sabe, y puede, ordenarlos. Volvemos a lo de ordenar. Antes de poder creer en ellos, lo que les hace parecer reales es la ordenación. Por eso tenemos que abandonar el hacer juicios, o poner orden.

Participante: …¿reconocer que no son reales, que no son yo?

David: Sí. Por eso es importante tomar nota incluso de lo más insignificante, incluso de las preferencias pequeñas y de poca importancia. Hasta que no se capta la metafísica, no se puede ver la diferencia. Lo que estamos haciendo es ir al punto básico de que *todo* lo que sea ordenar los pensamientos es mantener la división. Para poder sentirse culpable, la mente tiene que identificarse con la forma y los pensamientos, y creer que son reales. Hay una decisión de identificarse con la mente errada, que se representa en varios escenarios. Pero en realidad todo es simbólico, el mundo no es nada más que un montón de símbolos.

Participante: Entonces la confusión de niveles, ¿es intentar poner en la mente recta las cosas de la mente errada?

David: Tenemos que profundizar de verdad en esto para aclararnos con la confusión de niveles. No es llevar la mente errada a la mente recta, porque la mente recta es el milagro, la Expiación. Cuando se le otorga alguna causalidad al mundo de las formas, y mientras haya ordenación de los pensamientos, la mente no puede estar en la mente recta. Mientras haya jerarquías, incluso una preferencia mínima, uno no puede estar en la mente recta. No se puede estar en la mente recta y tener una pequeña preferencia por algo.

Participante: ¿Qué relación hay entre tener preferencias y no ser capaz de ver que la forma no es causativa?

David: Tener preferencias tiene que ver con la jerarquía de las ilusiones. Es imposible pensar en preferencias sin alguna jerarquía. Eso es lo que significa tener preferencias, tener algunas prioridades más altas y otras prioridades más bajas. La jerarquía no es posible sin la división. La mente no quiere ver que esa división está dentro de la mente, así que proyecta imágenes fuera, sobre la pantalla, y cunden el caos y el pánico por haber proyectado las imágenes. Entonces intenta ordenar las imágenes para aportar cierta clase de seguridad y de control a una situación muy salvaje y caótica.

La división dentro de la mente es aterradora y, por tanto, para proporcionarse a sí misma cierto alivio, o una ilusión de alivio, la mente intenta proyectar la división fuera. En este pasaje queda claro que para sanar la división, esta ordenación de los pensamientos se tiene que acabar:

> La culpabilidad es ineludible para aquellos que creen que son ellos los que ordenan sus propios pensamientos, y que, por lo tanto, tienen que obedecer sus dictados. Eso les hace sentirse responsables de sus errores sin darse cuenta de que, al aceptar esta responsabilidad, están reaccionando de manera irresponsable. Si la única responsabilidad del obrador de milagros es aceptar la Expiación para sí mismo, y te aseguro yo que así es, la responsabilidad. por *lo que* debe ser expiado no puede entonces recaer sobre ti. T-5.V.7

Esta es una de las principales áreas de la confusión de niveles en las que es fácil caer. La gente cree que porque inventaron el mundo que ven y porque reciben tal como han pedido, tienen que ser responsables del cáncer que sufren y de los niños hambrientos. Él dice aquí mismo que la responsabilidad por lo que debe ser expiado no puede recaer sobre ti.

El propio concepto del yo no puede ser cosa tuya. No se puede resolver el dilema excepto aceptando la solución de deshacer. De todo lo que somos responsables en cualquier momento es de aceptar la Expiación, de elegir el milagro. En el sentido definitivo, esa tiene que ser la salida. Si yo soy responsable de los niños hambrientos, o de esto o de aquello, entonces la culpabilidad tiene que permanecer. Los niños que pasan hambre son sólo un ejemplo, puesto que las ideas no abandonan su fuente, y los pensamientos y las imágenes son una y la misma cosa. Un ejemplo más sutil fue cuando volcaste eso en el maletín y dijiste "¿Qué es lo que he hecho?" Un remordimiento, incluso un leve remordimiento, indica que somos responsables de lo que hemos hecho, que somos responsables de algo en la forma.

> *Tú serías* responsable de los efectos de tu manera equivocada de pensar si ésta no se pudiera deshacer. El propósito de la Expiación es conservar del pasado únicamente aquello que ha sido purificado: Si aceptas el remedio para el pensamiento desordenado, remedio cuya eficacia es indudable, ¿cómo iban a seguir estando presente sus síntomas?
> T-5.V.7

"El propósito de la Expiación es conservar del pasado únicamente aquello que ha sido purificado". ¿Qué puede significar eso? Conservar del pasado únicamente aquello que ha sido purificado es, sencillamente, ser el soñador del sueño y ver que todas las imágenes son falsas y que ninguna ordenación de esas imágenes es factible. Sólo estás observando un montón de imágenes en una pantalla. Naturalmente, si sólo estás soñando y sabes que todo es falso, que todo ha pasado ya y que tú vives en el presente, permaneces sin defenderte, estás viendo el pasado desde el presente. Entonces conservas del pasado sólo lo que ha sido purificado. Aún estamos en la esfera de lo perceptual, pero estamos hablando de conservar del pasado lo que se ha purificado. Es sencillamente estar en la mente recta –no atrapados en la historia de los personajes de la pantalla ni en la ordenación de los pensamientos– sin estar de ninguna de las maneras atrapados en la ilusión.

Participante: Sencillamente verlo tal cual es, ¿es eso ver lo que ha sido purificado?

David: Exactamente. Es sencillo:

> Tal vez te hayas dado cuenta de que tus pensamientos no compiten entre sí, y de que, aunque estén en conflicto entre sí, pueden ocurrir simultáneamente y con gran profusión. Puedes ciertamente estar tan acostumbrado a eso que ya apenas te sorprenda. No obstante, estás acostumbrado también a clasificar algunos de tus pensamientos como más importantes o mejores que otros, como más sabios, productivos o valiosos. Esto es cierto con respecto a los pensamientos que se les ocurren a los que creen vivir separados. Pues algunos pensamientos son reflejos del Cielo, mientras que otros los suscita el ego, el cual tan sólo aparenta pensar. T-14.X.4

Ahí está la ordenación de la que hemos estado hablando: la mente proyecta imágenes y luego intenta poner orden en el caos ordenando esas imágenes. Intenta juzgar y ordenar para aportar seguridad, para darle una sensación de integridad a una situación caótica. ¿Qué es la situación caótica? Es la creencia en dos sistemas de pensamiento que son completamente irreconciliables.

Participante: "Tus pensamientos no compiten entre sí" ¿De qué trata eso?

David: Eso es cuando piensas una cosa y luego piensas otra. Ocurre tan a menudo que uno está totalmente acostumbrado a ese ir de acá para allá. *Haz esto. No, haz eso.* El parloteo continúa sin parar y la mente no se detiene a decir *espera un poco, ¡las dos cosas a la vez no puede ser!* Una mente clara vería que en esto hay algo que necesita discernimiento, que son pensamientos que compiten entre sí aunque parezcan estar coexistiendo.

> El resultado de todo esto es un patrón zigzagueante y variable que nunca descansa y jamás se detiene. Se mueve incesantemente por todo el espejo de tu mente, y los reflejos del Cielo aparecen fugazmente para luego desvanecerse, a medida que la oscuridad los envuelve. Allí donde había

> luz, la oscuridad la elimina en un instante, dando lugar a que patrones que alternan entre la luz y la oscuridad atraviesen tu mente sin tregua. La poca cordura que aún te queda permanece ahí gracias a un sentido de orden que tú mismo estableces. Mas el hecho mismo de que puedas hacer eso y seas capaz de imponer orden donde reina el caos, demuestra que tú no eres un ego y que en ti tiene que haber algo más que un ego. Pues el ego *es* caos, y si eso fuese lo único que hay en ti, te sería imposible imponer ningún tipo de orden. No obstante, aunque el orden que le impones a tu mente limita al ego, también te limita a ti. Ordenar es juzgar y clasificar por medio de juicios. Por lo tanto, es una función que le corresponde al Espíritu Santo, no a ti. T-14.X.5

Esto pone juntas algunas de las ideas de las que hemos estado hablando. La mente cree que sabe y puede ordenar sus propios pensamientos. Aún está por la jerarquía. Esto es lo que mantiene a la realidad y a la felicidad –nuestra verdadera función– ocultas de la mente.

> Te parecerá difícil aprender que no tienes ninguna base para poner orden en tus pensamientos. El Espíritu Santo te enseña esta lección ofreciéndote los ejemplos deslumbrantes de los milagros, a fin de mostrarte que tu modo de ordenar es desacertado, pero que se te ofrece uno mejor. El milagro responde siempre de la misma manera ante cualquier petición de ayuda. No la juzga. Simplemente reconoce lo que es y responde consecuentemente. No se detiene a considerar qué petición es más importante, más urgente o más apremiante. Tal vez te preguntes por qué se te pide que hagas algo que no requiere que emitas ningún juicio, cuando todavía eres prisionero de los juicios. La respuesta es muy simple: el poder de Dios, no el tuyo, es el que engendra los milagros. El milagro en sí no hace sino dar testimonio de que el poder de Dios se encuentra dentro de ti. Ésa es la razón de que el milagro bendiga por igual a todos los que de alguna manera son partícipes en él, y ésa es también la razón de que todos sean partícipes en él. El poder de Dios es

ilimitado. Y al ser siempre máximo, ofrece todo a cualquiera que se lo pida. No hay grados de dificultad en esto. A una petición de ayuda se le presta ayuda. T-14.X.6

Ese es el mismísimo primer principio del Curso: "No hay grados de dificultad en los milagros". T-1.I.1 Pero mientras yo tenga una jerarquía de ilusiones –mientras sea yo quien ordene mis propios pensamientos– no puedo elegir el milagro. No pueden coexistir. Por eso en la sanación, cada vez que hay preocupación por los síntomas del paciente, hay ordenación de los pensamientos. *Yo sé qué aspecto tiene un paciente sano y qué aspecto tiene un paciente enfermo, y yo digo que éste tiene aspecto de estar enfermo.* Pero la enfermedad *es* la ordenación de los pensamientos. Esto lo saca de la esfera de la conducta. Incluso una buena parte del *Manual para el maestro* está escrita en un nivel más metafórico, para la mente que todavía cree que es un cuerpo y que hay otros cuerpos. A unos se les llama sanadores y a otros pacientes, a unos se les llama maestros y a otros discípulos. Pero lo estamos retrotrayendo a la mente. ¿Ves como cuando te elevas a este nivel todo eso se disuelve? Se vuelve cada vez más sencillo, reconocer que no es complicado da mucho poder. ¡No hay nada que resolver en el mundo de la forma!

La sexualidad y la ordenación de los comportamientos-pensamientos

Hola, David:

El Curso no dice nada sobre el sexo, como si no existiera, pero para mí existe, y mucho. Soy gay (aunque actualmente no tengo ninguna relación), y durante un tiempo he estado interesado en la "Sexualidad sagrada". Como no tengo pareja sexual, me proporciono un orgasmo a mí mismo unas cuantas veces por semana, y gracias a los libros que he leído lo considero un acto sagrado.

Al ir más profundamente hacia el corazón del Curso me estoy dando cuenta, cada vez más a menudo, de que sencillamente he perdido interés por el sexo. No me molesta, normalmente lo que pienso es "Muy bien, ahora tendré más tiempo para otras cosas".

Estas son mis preguntas:

1) ¿Se debería ignorar el sexo como parece hacer UCDM?

2) ¿Los estudiantes como yo deberíamos disfrutarlo hasta que se evapore su atracción?

3) ¿Hay de verdad algo "sagrado" en el acto sexual, y debería utilizarlo como apoyo para ir hacia la transcendencia?

4) Y finalmente, si decido ignorar mis apetencias sexuales y llevo una vida de abstinencia y celibato, ¿me causará problemas la represión de esos impulsos sexuales? Estoy inclinado hacia el celibato porque mi educación católica hizo del sexo un pecado mortal que se castiga con el infierno para toda la eternidad, aunque está claro que esa no es una motivación correcta para hacer voto de castidad.

Amado:

Gracias por tus preguntas tan directas sobre la sexualidad. Lo que uno hace viene de lo que uno piensa, y es por eso por lo que el Despertar es una purificación del pensamiento. La modificación del comportamiento nunca es, por tanto, la meta, pues la conducta no hace sino seguir al guía al que la mente elige escuchar y seguir. El deseo sexual no es mejor ni peor que cualquier otro deseo de los que hay en el mundo, sin embargo el Despertar es un estado de satisfacción libre de deseos. Esta es la paz que supera la comprensión del mundo. Todos los apetitos son mecanismos del ego para "conseguir", y la fantasía es el intento de hacer asociaciones falsas y obtener placer de ellas.

Conforme el milagro se expande y se lo experimenta de manera consistente, los apetitos se difuminan, se van apagando y desaparecen. El ego era la creencia en las carencias, y todos los aparentes apetitos reflejaban esta creencia. El ego intentaba colocar varios tipos de comportamiento en sistemas de juicios morales y éticos, sin embargo en la Perspectiva sanada sólo se experimenta la integridad, y el pasado ha desaparecido.

No hay ninguna jerarquía de ilusiones, ningún orden de dificultad de los milagros ni ninguna preferencia en la Expiación. El ego era un único error y no se le puede descomponer en errores "disfrutables" y errores "castigables", ni errores "morales" y errores "inmorales". El celibato, la monogamia y la masturbación son todos conceptos que sirven de apoyo para avanzar por el sendero de vaciar la mente de todos los conceptos, perdonar la ilusión y Despertar a la Unicidad Pura.

La sexualidad sagrada es una contradicción en sus propios términos, porque el Espíritu transciende por completo la forma y es imposible mezclar al Espíritu con la materia. El placer y el dolor son el mismo error. El milagro transciende el error al mostrar su falsedad y su imposibilidad. Es imposible buscar el placer sin encontrar el dolor, pues ambos son el mismo error: el intento de reforzar la "realidad" del cuerpo y del mundo. Cristo es Espíritu y no un cuerpo, y experimentar la Mente Divina es olvidar por completo el cuerpo. No hay ni un solo instante en el que el cuerpo exista en absoluto. Es siempre una parte del sueño que se recuerda (pasado) o se prevé (futuro). Este es el error del tiempo lineal. Cuando uno experimenta el instante santo, desaparece la experiencia de los cuerpos y del tiempo.

Despertar implica entrenamiento mental: presta atención a los pensamientos que vienen a la consciencia. Desapégate. Desea la sanación.

Las preferencias son juicios, y conforme la mente se rinde a la Perspectiva Libre de juicios del Espíritu Santo, el Despertar se hace obvio. Observarás que mientras parezca que existen los apetitos, las defensas del ego son la complacencia y la represión. Ninguna de ellas es mejor ni peor que la otra, porque son la misma ilusión. El milagro ofrece una alternativa real y cuando la mentalidad orientada al milagro se mantiene de manera consistente, ya no hacen falta defensas.

Deja que el Espíritu Santo te Guíe en el momento a la experiencia del instante santo. En el instante santo Dios es Conocido, Cristo es Conocido, y la "sexualidad" es incognoscible y desconocida. El mundo perceptual desaparece en el Pensamiento de Dios. El Pensamiento de Dios es Sagrado. Cristo es Espíritu. Dios es Espíritu. Lo que ha nacido del Espíritu es Espíritu. Tal es la sencilla Verdad.

La preferencias vistas como ordenación del pensamiento

Participante: ¿Es un juicio, o una preferencia, que me guste jugar al tenis en vez de al golf?

David: Sí lo es. Está en la superficie, como elegir entre una sudadera azul y una sudadera verde. Lo que gusta y lo que no gusta está en la superficie. Todo lo que sea ordenar los pensamientos, incluidas las preferencias, es un juicio y la única manera de verlo es observar cómo se siente uno. Deja que te ponga un ejemplo: digamos que vas a un restaurante conocido donde tienes un plato favorito que pides siempre. Entras casi salivando mientras esperas a que venga la camarera. Sólo que esta vez cuando le dices a la camarera "Yo voy a tomar lo de siempre", ella se disculpa y te dice que no les queda de ese plato, y tú sientes una pequeña punzada de decepción.

Utilizo este ejemplo porque seguro que parece una experiencia corriente: *estoy disgustado porque no tienen mi plato favorito*. Recuerda que, si lo pasas todo a través de las enseñanzas del Curso, el disgusto no viene de que no tengan tu plato favorito. El disgusto viene de que al elegir al ego en la mente, has permitido que tener expectativas ocupe el lugar de la tranquilidad de espíritu. Parece bastante leve, pero no hay disgustos pequeños. O sientes una profunda sensación de paz, o no la sientes. No sientes paz cuando hay una ligera irritación, o furia, por tomar un ejemplo del otro extremo. Todo trastorna. En la manera en que Jesús despliega el Curso se puede ver que la mente necesita tiempo para captar esto. Jesús enseña una vez tras otra que no hay ninguna diferencia entre los disgustos: todos proceden de hacer juicios o de tener expectativas. Tiene que haber un juicio, o una expectativa: *de verdad que espero comer de esa tarta de arándanos*. El disgusto viene de mi interpretación de lo que está pasando.

Participante: Estás entregando la paz a cambio de eso. Creo que cada vez que quiero algo con alguna clase de carga emocional, eso indica que tengo una preferencia, y que esa carga emocional es la medida en que voy a interponer eso entre mi tranquilidad de espíritu y yo. Esto no es decir que no haya que jugar al tenis ni que no haya que jugar al golf.

Cuando la intención de uno es permanecer en paz, si algo surge y se interpone...

David: Aún podrías permanecer en paz. El Curso quiere que nos preguntemos "¿Para qué es?" Jesús quiere que entrenemos nuestras mentes para pensar en todo como encuentro santo. Recuerdo el viejo espíritu competitivo de *ganar a toda costa* al tenis, pero aquí se trata de darle un propósito nuevo al mundo. Al ir a ese partido de tenis o de golf, al ir de compras o a la lavandería, darle un propósito diferente a todo, permitir que el propósito del Espíritu Santo sea el propósito al que, por delante de todo, se aferra la mente. Cuando viajo por el país manteniendo la intención de que todo sea un encuentro santo, la alegría es muy grande. Todo se ilumina cuando miras las cosas de esta manera. Acabas teniendo conversaciones en los supermercados, en las áreas de servicio de la carretera, en las reuniones del Curso, ¡en todas partes! La mente ha dado prioridad a un propósito diferente, aunque sigas haciendo cosas. He utilizado a menudo ejemplos relacionados con el tenis, así que en mis viajes a veces aparece alguien que me dice "Tengo una raqueta, vamos a jugar", ¡y allá vamos! Y mientras le damos a la pelota de tenis estamos hablando de las cosas que importan. Esto se aleja de la competición.

Esa es otra cosa de la que me he dado cuenta al profundizar. El deseo de ganar es sencillamente el ego, es mi propio concepto del yo que intenta subirme a un sitio más alto. Conforme eres capaz de verlo, pierdes poco a poco el interés en este tipo de cosas. No es que hagas de ello algo malo, sencillamente pierdes el interés. Esas cosas se convierten en un decorado. Las fiestas de cumpleaños, las celebraciones, los fuegos artificiales, lo que sea, yo lo miro todo como un decorado para el propósito del Espíritu Santo. Esto lo aleja de ser un asunto relacionado con la forma. A menudo la gente que está en un sendero espiritual cree que tiene que empezar a abandonar cosas, y lo siente como un sacrificio, pero eso es básicamente una confusión de niveles. La mente está tan condicionada a pensar en términos de forma que, cuando empieza a leer esto y lo otro sobre caminos mundanos o materialistas, le vienen ideas de sacrificio, ideas de abandonar cosas. ¡Sí! ¡Tienes que abandonar la manera de pensar del ego! Si abandonas la manera de pensar del ego, vas a abandonar las percepciones del ego y las interpretaciones del ego, ¡y la conducta va a deducirse de manera automática! El foco no está en el comportamiento. Cuando la percepción cambia, la forma cambia en consecuencia. Se trata de observar la percepción. Es una buena noticia.

La enfermedad definida como ordenación del pensamiento

David: Quiero hablar de la enfermedad y de la idea de no enfocar la atención en los síntomas. En realidad se trata de intentar mantenerse en constante alerta sobre qué es lo que puede estar enfermo, y observar la tentación de prestarle atención a los síntomas. Parece fácil deslizarse a poner el foco en los síntomas. Se ha hablado un montón de la temperatura de este edificio. Que sube, que baja y así sucesivamente. ¿Podemos observar de verdad nuestras mentes, observar el bla, bla, bla y luego retirar el bla, bla, bla de nuestras mentes? Retirar todo el parloteo, intentar sencillamente estar atentísimos a la mente en todo momento. Mantener la observación cercana.

Participante: Saco la conclusión de que, puesto que aún tengo algunos síntomas pasajeros, tiene que ser que no tengo esto tan claro como podría tenerlo. ¿Qué otra cosa podría significar? Noto que cuando toso hay una parte de mí que siente que yo no debería toser, que estoy dando un mal ejemplo. Siento como si cuando toso y me sueno estuviese fallando en tener la mente clara.

David: Eso está bien. Has dicho que te gustaría tener la mente clara. Eso es importante. También creo que hay una tendencia a volver a hablar de los síntomas cuando parecen manifestarse en presencia de los demás. Si estás en un punto en el que no puedes aceptar un milagro, si parece que no puedes cambiar de ideas para reducir el miedo y aliviar el estrés, haz lo que haya que hacer con la magia para ser lo discreto que sea posible. Es importante que no entregues tu mente a compartir ideas que no se pueden compartir, ahí es donde entra la falsa empatía.

Participante: ¿Cómo se puede ser discreto cuando parece que no eres capaz de parar de toser?

David: Si no paras de toser y parece que no eres capaz de tranquilizarte lo suficiente para reducir la tos con un milagro, o si has tomado magia y te sientes muy culpable por lo que se está exhibiendo, probablemente lo más útil que puedes hacer es quitarte de en medio. Si te sientes culpable y avergonzado, estás haciendo una interpretación que atemoriza. Si sientes que no estás enseñando lo que deberías enseñar –como quiera que sea que tu mente lo esté interpretando– ese es un estado en el que el miedo no se reduce en absoluto. No hay cambio alguno.

Alguien que parece tener buenas intenciones pregunta "¿Como te encuentras hoy?" Entonces el asunto crece como una bola de nieve, se vuelve pensamientos de preparar comidas especiales, etcétera. Y no hace más que seguir y seguir. Eso está en contra de todo lo que hemos estado hablando. Eso es prestarle apoyo a lo que no puede compartirse. No te interesa entregar tu mente a ideas que no vienen del Padre, y existe sin embargo la tentación de sencillamente seguir con el asunto y hacerlo de todas formas. Tiene que quedar muy claro que es un asunto de lo uno o lo otro. No puede ser algo de lo que hablas de la boca para fuera y luego te das media vuelta y te deslizas. Así que, en esas situaciones, lo útil puede ser quitarse de en medio sencillamente.

Participante: ¿No hay ninguna manera de estar en esa situación –la de toser– y no estar atemorizado? Quiero decir ¿no hay una manera de tener una actitud mental diferente aunque lo externo siga igual?

David: Sí. Eso es el milagro. Tiene que haber un cambio total de la percepción para que esto sea fácil y cómodo.

Participante: Cuando uno tiene tos, ¿no hay más alternativa que irse?

David: Un milagro.

Participante: Vale, el milagro. Pero si no acepto el milagro, entonces ¿no hay más alternativa que quitarme de en medio?

David: Estás diciendo que tu interpretación es que estás incómodo, que te sientes culpable o avergonzado. ¿Es útil eso? ¿Te parece que esa interpretación es útil?

Participante: No creo que si aún me siento culpable, la solución sea necesariamente irme. Podría irme o quedarme pero el tema es la culpabilidad. La cuestión es la interpretación que estoy haciendo, no si me quedo o me voy.

David: Si la mente tiene demasiado miedo al milagro, es recomendable una mezcla de magia y milagro, que podría ser tomar un medicamento, y podría ser levantarse e irse. La "magia" es cualquier cosa exterior, hacer algo fuera para intentar aportar algún tipo de alivio. Mudar un cuerpo dentro o fuera de una sala es también una clase de magia.

Tal como has dicho, la culpabilidad viene de la interpretación de los síntomas, pero donde estamos intentando llegar es a la idea de que el cuerpo no puede estar enfermo. Un cuerpo enfermo es lo mismo que un lápiz o un zapato enfermo. La mente es la que puede estar enferma. La mente errada está enferma. Un recurso de aprendizaje no puede estar enfermo. La culpabilidad viene de la interpretación que se le da a lo que parece ocurrir en la pantalla. Y el dolor, por ejemplo, es una prueba excelente de que la separación es real. El ego interpreta el dolor como un castigo. Demuestra que eres pequeño, frágil, débil y vulnerable. Demuestra que el cuerpo tiene poder sobre la mente, pues "evidentemente" el cuerpo te está diciendo cómo tienes que sentirte.

Por eso tenemos que ir al propósito. Conviene observar de qué manera se mira el cuerpo, y para qué se lo está utilizando. ¿Cómo utilizo el cuerpo? ¿Cómo veo el cuerpo? Lo veo sencillamente como algo insignificante completamente separado de mí, como un recurso de aprendizaje y nada más, o hay maneras en las que aún me parece muy importante. De verdad que importa observar esto. Y esto se puede llevar a una esfera más amplia, a contemplar toda tu vida con la lente del propósito.

Podemos utilizar el estar hablando de la enfermedad como vehículo para profundizar todo lo que podamos. Intentemos aclarar esto. Ver una silla como una silla es enfermizo, ver un reloj como un reloj es enfermizo. En el sentido definitivo, ver cualquier cosa como algo que tiene una existencia aparte, separada de todo lo demás es enfermizo. Es una interpretación enfermiza. ¿Ves lo diferente que es esto de la manera de ver un cuerpo enfermo que tiene el mundo? Sí, una silla es una silla, un reloj es un reloj, y una persona enferma es una persona enferma porque tiene síntomas que nos hacen saber que está enferma. Es la mente la que está descomponiendo el mundo en casillas y categorías. Ahí es donde radica la enfermedad. Eso es lo que tenemos que ver, en lugar de otorgarle significado a síntomas particulares y creer que unos cuerpos están más enfermos que otros, que el cáncer es mucho más grave que la gripe o que tener desgarrado el pellejo de una uña. Hay todas esas categorías diferentes, pero todavía es muchísimo más profundo que eso. Tenemos que volver al concepto del yo. La mente cree que es culpable, y está tan decidida a aferrarse a ese concepto, que la enfermedad le parece un precio muy barato. Si la enfermedad es una prueba de que el cuerpo puede decirle a la mente cómo tiene que sentirse, entonces también es la prueba de que tienen que ser verdaderas la pequeñez, la insignificancia y la vulnerabilidad.

Puede ser tan sutil como desear que algo sea diferente de como es. La ordenación del pensamiento y nuestras preferencias: de eso es de lo que estamos hablando. La mente que cree que sabe y puede ordenar sus propios pensamientos es una mente enferma, que no quiere ver lo enferma que está. No quiere ver que está equivocada. Hacer que parezca que al cuerpo le ocurren cosas que no tienen conexión alguna con la mente, proporciona pruebas de su vulnerabilidad y justifica la culpabilidad. Se trata de llevar el asunto de vuelta a la mente y, sencillamente, ver cuál es la causa de la enfermedad. La enfermedad es la mentalidad errada, es la interpretación enfermiza de la realidad. La mente errada es la afirmación de que yo soy lo que yo deseo ser, en lugar de ser lo que Dios creó. Hay que seguirle el rastro a la enfermedad hasta saber de dónde viene. ¿Viene de Dios? Esa es la pregunta definitiva a la que siempre se vuelve. Es así de sencillo.

Participante: Yo he utilizado esta y otras ideas del Curso para sentirme culpable, porque muchas veces la curación no es automática. Siento que tengo algo de idea de lo que está pasando, pero luego creo que tengo que estar engañándome a mí mismo. Tiene que ser que no lo entiendo en absoluto realmente, porque no me curo al instante.

David: Si se ve en ese contexto, puede parecer frustrante. Se parece a aquella salida que hicimos a comprar equipos de audio, cuando notaste las frustraciones que te iban surgiendo con el empleado de la tienda que parecía estar atendiéndonos. Una vez más, se trata del pensamiento al revés que consiste en juzgar por las apariencias. Primero ves aparecer al empleado. Parece que tiene la mirada perdida, o lo que sea. Le planteas una pregunta clara y sencilla, y ves que hace una especie de pausa, o que duda, y la mente inmediatamente empieza a sacar conclusiones.

Participante: La conclusión de que no tiene ni idea del asunto.

David: ...y ahí empieza la frustración. Pero cuando observas bien pequeños incidentes como este, empiezas a pensar: *¡vaya, sigo atribuyéndole significado a todo lo que veo!* Puede verse que la mente no para de mirar las cosas más diminutas para atribuirles significado. Pero ¿y si sospechases que esos son sólo personajes de un sueño al que le estás atribuyendo significado, y que en realidad ese significado que le atribuyes no significa nada en absoluto? Eso pone en un contexto más amplio la escena de ir de compras esperando que el empleado de la tienda sepa lo que hace.

No tenía absolutamente nada que ver con conseguir los equipos de audio. Eso es sólo lo que uno va haciendo. Quedará hecho pero no puede ser el foco de la intención, porque si lo es entonces el perdón no lo es, y así mi única función se queda en suspenso porque la mente está fija en algo que hay que hacer. Se ha puesto un objetivo. No importa si el objetivo es comprar algo o aprender todo lo que uno pueda de un profesional conocedor y bien preparado, realmente no importa cuáles sean las expectativas. Lo que importa es que es una oportunidad de mantener por delante la intención y suprimir cualquier tipo de juicios sobre el guión, sobre el escenario, sobre como debería salir. Cuando creo que sé cómo debería salir algo es cuando empiezan las complicaciones. Es cuando aparece la frustración. Hay pensamientos del tipo: *esto está por debajo de lo óptimo. Yo he definido lo que es óptimo y esto no da la talla.* Puede verse de dónde vienen la impaciencia y la frustración.

Alguien podría decir que hemos perdido muchísimo la pista, ¿qué tiene esto que ver con la enfermedad? Tiene todo que ver con la enfermedad. La enfermedad es exactamente lo que es. También podría decirse que estamos siendo muy quisquillosos. Tal vez parezca increíblemente pequeño, pero a por lo que tenemos que ir es a por eso. ¡Tenemos que seguir intentando entrenar nuestras mentes para mantener la intención y para soltar todo lo que creemos saber! Hubo otra oportunidad de oro cuando al final el empleado lo estaba marcando todo en la caja registradora. Pasaba algo con el precio. Es divertido observar como se desquicia la mente por cosas como esta. La mente cree que sabe cómo tiene que resolverse todo. El empleado estaba marcando las cosas en la caja registradora, pero en la mente estaban pasando un montón de cosas. Sé que al final dijiste "Quiero irme, ¿vale que me vaya fuera y me siente en el automóvil?" ¿Cómo te sentías? ¿Fue todo un remolino o había frustración en aquel momento?

Participante: Estaba sintiendo que estar allí era inútil para mí. Tenía algo de frustración y de impaciencia, y sí que estaba haciendo algunos juicios sobre la falta de competencia de aquel hombre. Tenía pensamientos de que habría sido igual de útil traérnoslo todo a casa y jugar con el equipo aquí, en lugar de pasar todo ese tiempo allí con él, lo que no parecía ser de mucho beneficio. Una gran parte del tiempo fue estar allí de pié mirándonos los unos a los otros y nada más.

David: Evidentemente allí había un encuentro santo, ¿verdad? Cada encuentro que tenemos es un encuentro santo y ¿qué es lo que oculta el encuentro santo?

Participante: Las expectativas, el hacer juicios, las interpretaciones...

David: Las interpretaciones. Quiero decir que éste es el más santo de todos los encuentros porque cada encuentro que tenemos es sencillamente una oportunidad de ver a nuestro hermano por completo sin pasado. Quita el pensamiento del "vendedor de Radio Shack" [vendedores con fama de ser poco competentes por trabajar a tiempo parcial], eso no es más que un concepto aprendido. Quita el "Radio Shack". Quita "competente" e "incompetente". Quita "perder el tiempo" y la idea de "mirándonos los unos a los otros y nada más". La mente siempre cree que hay otra cosa mucho más productiva que podría estar haciendo o que hay un sitio mejor donde podría estar. Qué tal si preguntamos: "¿Qué propósito tiene esto?" Cuando mantienes el propósito por delante de todo, parece que las cosas se hacen de todas maneras, como opuesto a querer intervenir con la mente pensando: *si al menos pudiera estar sentado hablando del Curso, entonces estaría contento.*

Puesto en palabras del Curso: sólo el plan de Dios para la salvación tendrá éxito. ¿Cuál es el plan de Dios para la salvación? ¡Cambia de ideas sobre tu mente! Y ya está. ¡Y ya está! En este instante, cambia de ideas sobre tu mente. Luego viene el plan del ego: si al menos algo hubiese ocurrido de manera diferente, si alguien actuase de manera diferente, si yo estuviese en un sitio diferente, si hubiese ocurrido esto, si esta circunstancia fuese diferente de como es. Algo de la pantalla tiene que cambiar, pero lo único que no cambia en el plan del ego es que yo cambie de ideas sobre mi mente. *¡Eso no tengo que hacerlo! Yo tengo razón sobre quien creo que soy, lo que tiene que cambiar es algo de la pantalla.*

Esto deja el tema expuesto en cierto modo. Hay el plan de Dios. Hay el plan del ego. Jesús dice en la lección 71 que esto te parece absurdo, pero que de hecho vas a ver que crees en lo absurdo si observas tu vida, si observas tu mente. Precisamente lo que no paramos de intentar es cambiar algo externo para lograr la salvación. Nunca va a funcionar. Obviamente, el coste de eso va a ser el mundo entero que crees que conoces y el mundo entero que crees que ves.

Participante: ¿Puedes hablar de la idea de lo que es más útil? Supongo que me interesa tenerlo claro.

David: Se puede poner en el contexto de las primeras etapas de la sección *Desarrollo de la confianza* del Curso. Primero pasas por una etapa en la que empiezas a tener la sensación de que todo es útil. En cualquier sitio donde parezca estar el cuerpo, cualquier cosa que parezca estar haciendo, todo es útil. El siguiente paso es aumentar la utilidad. ¿Qué es lo que va a aumentar la utilidad? Todavía es una fase, evidentemente es una ilusión, porque la mente aún cree que de alguna manera sabe qué es lo que va a aumentar la utilidad. Es un apoyo para cruzar al otro lado. Pero la siguiente etapa es darse cuenta de que todo lo que le interesa al maestro de Dios es soltar lo falso y aceptar lo verdadero, pero no tiene entendimiento alguno de qué es lo falso y qué es lo verdadero. Su mente está tan atada al sacrificio y a la creencia en la realidad de la forma que no lo sabe. De manera que esa etapa inicial de *qué hago para aumentar la utilidad* es realmente un apoyo para cruzar al otro lado que está muy al principio, porque aún implica cambiar las circunstancias para que le convengan a uno.

Hay una atracción muy sutil del ego a querer hacer un santuario donde esconderse de la culpabilidad. El Curso habla de ello en términos de la relación de amor especial, pero te la puedes encontrar en un estudiante del sendero espiritual que, intentando encontrar el sendero más fácil y más útil, se desliza al santuario de creer que lo más útil es quedarse para siempre sentado cómodamente a hablar en un ambiente tranquilo, cuando de lo que realmente se trata es de permanecer atento. Se puede utilizar cualquiera de las situaciones que parecen estar en la pantalla para traer de vuelta la atención instantáneamente, contemplar tu reacción y utilizar esto como punto de partida, pillarte a ti mismo cuando haces una interpretación que te hace daño. Esto se aleja de querer encontrar cierto sitio, o cierta actividad, que va a ser lo más útil. Recuerda: la frustración siempre viene de nuestra propia interpretación. "Ahí fuera" no está ocurriendo nada.

La lección 136 y el propósito del cuerpo

David: ¿Estamos ya? [risas] ¡Justo a medio del pretzel! Vale. Vamos a empezar por el principio de la lección 136.

Lección 136: La enfermedad es una defensa contra la verdad.

> Nadie puede sanar a menos que comprenda cuál es el propósito que aparentemente tiene la enfermedad. Pues entonces comprende también que dicho propósito no tiene sentido. Al no tener la enfermedad causa ni ningún propósito válido, es imposible que exista. Una vez que se reconoce esto, la curación es automática. Pues dicho reconocimiento desvanece esta ilusión sin sentido, valiéndose del mismo enfoque que lleva a todas las ilusiones ante la verdad, y simplemente las deja allí para que desaparezcan.
> E-136.1

Aquí entendemos como enfermedad los síntomas corporales, los disgustos e incluso toda la esfera del conflicto psicológico. También se puede mirar la otra cara de la moneda: el creer que alguien está sano de verdad. La ilusión de la salud del cuerpo también se puede llevar ante la verdad, y dejarla "allí para que desaparezca". Nos interesa llegar a comprender que no hay grados de dificultad.

> La enfermedad no es un accidente. Al igual que toda defensa, es un mecanismo demente de auto-engaño. Y al igual que todos los demás mecanismos, su propósito es ocultar la realidad, atacarla, alterarla, incapacitarla, distorsionarla, tergiversarla y reducirla a un insignificante montón de partes desarmadas. E-136.2

Eso es lo que es todo este mundo. Sólo un montón de partes desarmadas, a todos los niveles, tanto si se habla del cosmos, como si es la personalidad, la comunidad, la familia o incluso las cosas microscópicas. Cuando se mira alrededor de una habitación y se ve abrigos, hornos, alfombras, sillas, relojes, microondas y frigoríficos, se está viendo partes desarmadas. Se ve cada cosa como si tuviese existencia propia en sí misma. El microondas destaca por el espacio que lo separa del frigorífico, de la tetera, de la alfombra. Esta enfermedad está en lo más profundo de la mente: las cosas que se supone que son la realidad cotidiana son sólo montones de partes desarmadas. "La meta de todas las defensas es impedir que la verdad sea íntegra. Las partes se ven entonces como si cada una de ellas fuese un todo en sí misma". E-136.2

Estamos redefiniendo lo que es la enfermedad. No se trata solamente de los síntomas corporales, ni de la comunicación disfuncional en una familia. Incluso mirar un paisaje invernal y ver copos de nieve, animales y árboles como cosas separadas forma parte de la enfermedad. Mientras la mente vea separación por todas partes y crea que cada árbol, copo de nieve, automóvil, carretera y río tiene existencia propia en sí mismo, su percepción está enferma. La mente quiere aferrarse a esa percepción enferma y retorcida. La enfermedad parece servir al propósito de ver la vida como algo que *te* está ocurriendo, sin que tenga nada que ver con tus intenciones, como si la mente no tuviese alternativa, como si la mente no tuviese papel alguno en la existencia y funcionamiento de la materia.

Participante: Entonces utilizando ese ejemplo, ¿sólo necesito darme cuenta del propósito que le doy a todo? Si utilizo la percepción del ego veo un montón de partes desarmadas, y si utilizo el propósito del Espíritu Santo, entonces ¿cómo es lo que veo?

David: Unificado. Toda el escenario, el paisaje completo se unifica. Se convierte en un decorado sin importancia propia en sí mismo, porque lo que se mantiene por delante es su brillante propósito. La forma se vuelve periférica, uno no se da cuenta de ella. La percepción es selectiva, y cuando uno pone el foco y se acerca a la intención, al propósito, entonces lo concreto no tiene importancia, es irrelevante desde ese enfoque.

Participante: Entonces cuando pongo el foco en el calor, o en la enfermedad o en los síntomas estoy seleccionando, y manteniendo separada, una de las partes, intentando ver como ajusta en el todo, y esto no lo puedo hacer mientras la mantenga separada.

David: Correcto. Y para que haya enfermedad hace falta que se pongan de acuerdo dos mentes. Si una de las mente no muerde el cebo de hacer lo que has descrito, viene la sanación. Cuando sostengo la imposibilidad de eso en la mente, se ha producido la curación. En cuanto se habla de síntomas, parece que los hermanos se unen a contemplar síntomas, tratamientos y soluciones. Eso no es más que reforzar e intentar compartir lo que no puede compartirse. Eso mantiene la aparente realidad de la ilusión. En lugar de hacer desaparecer las ilusiones, parece una invitación a aferrarse a ellas y hacerlas parecer reales.

Participante: Entonces cuando toso y alguien me pregunta si habré pillado algo, ¿mi tarea es tener la mente clara sobre no unirme a esa idea?

David: Sí. Al principio cuando empecé a ir a grupos del Curso, yo iba con mi propósito en mente, y alguien me hacía un cumplido, a lo mejor sobre la ropa que llevaba puesta, o sobre mi corte de pelo. Es importante no sentirse incómodo por no responder a comentarios así.

Sonríe y sigue con tu propósito, sin perder un instante, en lugar de irte por las ramas y dirigir la atención a la historia de dónde lo compraste, o de quién te lo regaló en navidad. Eso es sólo una manera de dirigir la atención a la forma, sea una bonita camisa o un buen corte de pelo. No estoy diciendo que la forma siempre tenga que ser así. Podrías conocer a alguien y que ese tipo de intercambio verbal sólo sea un paso hacia la unión, pero a menudo esas respuestas son completamente innecesarias.

Participante: Es una oportunidad de estar consciente y agradecido a la persona que me ha traído eso para que lo contemple, y de decir que no quiero quedarme enganchado en eso.

David: Es una buena oportunidad. Y no vas a hacerlo necesariamente con todo el mundo. En una reunión del Curso, sacar eso a relucir podría ser muy apropiado, pero podría no tener ningún sentido meterse en ello cuando estás charlando con el vecino de al lado. Se trata de estar atento. No te interesa atraer una atención indebida a los síntomas, a la ropa, al pelo, ni a nada del mundo de las formas.

Participante: ¿Porque todo eso lo único que hace es descomponer el todo en partes?

David: Sí, juzgar o valorar cualquier cosa como mejor o más atractiva es meterse a ordenar los pensamientos. Hacer juicios es lo que hace real al error. Mientras haya cortes de pelo mejores y peores, maneras de vestir correctas e incorrectas, el error se hace real: lo que se valora positiva o negativamente ha dejado de no ser "nada". Esa es la razón metafísica para no entrar en ese tipo de juicios. Es sólo hacer real el error. Hacer que el mundo sea real en la mente del que lo piensa.

> Las defensas no son involuntarias ni se forjan inconscientemente. Son como varitas mágicas secretas que utilizas cuando la verdad parece amenazar lo que prefieres creer. Parecen ser algo inconsciente debido únicamente a la rapidez con que decides emplearlas. En ese segundo, o fracción de segundo en que decides emplearlas, reconoces exactamente lo que te propones hacer, y luego lo das por hecho. E-136.3

Aquí él vuelve a todos esos trucos mentales y a lo rápido que se llevan a cabo. Todo forma parte de querer olvidarme de que yo inventé todo esto y percibo en cada situación exactamente lo que quiero percibir. La mente agita su varita mágica, se olvida de haberlo hecho, y luego se ve a sí misma en la pantalla como si le estuviesen ocurriendo cosas que ella nunca ha pedido. *Me trató injustamente, debería haberme prestado más atención. No debería haberme fruncido el ceño. No tenía que haberme gritado.* Una vez que la mente se olvida en la pantalla de que es una mente y cree ser una persona, entonces cree que se me ha hinchado el pié porque una piedra cayó sobre él, o que tengo frío porque me dejé en casa el abrigo. Con cosas tan sencillas como estas hay aún una creencia en que algo fuera de mí, algo de lo que se ve en la pantalla, es lo que me está causando la incomodidad. Cuando hablamos de este tipo de cosas, nos estamos metiendo en esferas más sutiles, pero lo que subyace es la creencia en que algo exterior, separado de mis propios deseos, me está haciendo todo eso.

> ¿Quién sino tú decide que existe una amenaza, que es necesario escapar, y erige una serie de defensas para contrarrestar la amenaza que ha juzgado real? Todo esto no puede hacerse de manera inconsciente. Mas una vez que lo has hecho, tu plan requiere que te olvides de que fuiste tú quien lo hizo, de manera que parezca ser algo ajeno a tu propia intención; un acontecimiento que no guarda relación alguna con tu estado mental; un desenlace que produce un efecto real en ti, en vez de uno que tú mismo has causado. E-135.4

> La rapidez con la que te olvidas del papel que desempeñas en la fabricación de tu "realidad" es lo que hace que las defensas no parezcan estar bajo tu control. Mas puedes recordar lo que has olvidado, si estás dispuesto a reconsiderar la decisión que se encuentra doblemente sellada en el olvido. El hecho de que no te acuerdes no es más que la señal de que esa decisión todavía está en vigor, en cuanto que eso es lo que deseas. No confundas esto con un hecho. Las defensas hacen que los hechos sean irreconocibles. Ése es su propósito, y eso es lo que hacen. E-135.5

Recordar a Dios

El siguiente párrafo entra en la idea de que la mente ensambla las piezas de la manera en que quiere verlas. Dicho de otra forma, todo el cosmos ha sido construido por la mente engañada para que sea de la manera en que lo percibe. Incluso en el nivel metafórico de los fragmentos, no hay dos fragmentos que vean el mismo cosmos, porque es una invención fragmentada. En el sentido definitivo ni siquiera existen esos dos fragmentos. Pero utilizando esa metáfora, no hay dos personas que vean igual el mundo porque no existe un mundo objetivo. El mundo entero es siempre algo completamente subjetivo, depende del significado que le doy, o de la manera en que lo he montado, y esto varía muchísimo. *Me gusta esta temperatura. Me gusta esta clase de comida. Me gustan este tipo de climas, paisajes y preferencias.* Todo el asunto de las preferencias queda expuesto aquí: "Las defensas toman fragmentos de la totalidad, los ensamblan sin tener en cuenta la verdadera relación que existe entre ellos, y, de esta manera, tejen ilusiones de una totalidad que no existe". E-136.6

Pero una vez que la mente sostiene el propósito del Espíritu Santo, todo lo que parece existir tiene un orden divino. Se ve que todas las esferas de la percepción son el resultado de lo que quiere la mente. La mente es causativa y la percepción siempre es sólo un efecto. Eso es lo que son todas las relaciones verdaderas –orden divino– y esto, si uno lo piensa, es muy profundo. Cada acontecimiento que ha parecido ocurrir en el mundo perceptual pertenece a un orden divino totalmente perfecto, excepto para la mente engañada que lo descompone en partes y ve unas como favorables y otras como desfavorables. Una inundación puede ser favorable para unos y desfavorable para otros. La situación financiera puede ser favorable para unos y desfavorable para otros. Pero realmente todo pertenece a un orden divino. Ninguna cosa es buena ni mala, es el pensamiento lo que las hace ser malas o buenas. Para mí esa es una idea totalmente reconfortante: todas las cosas obran conjuntamente para el bien y nunca ha habido nada que estuviese fuera de su sitio. Todo es siempre exactamente tal como es. [risas] Esto se opone por completo a la manera de pensar del mundo, ese pensar que uno tiene que mejorar los padecimientos del mundo, el crimen o el hambre. Todo se ha llevado a cabo. Todo está en perfecto orden.

Consideremos otra vez la afirmación de que "Las defensas toman fragmentos de la totalidad, los ensamblan sin tener en cuenta la verdadera relación que existe entre ellos, y, de esta manera, tejen ilusiones de una totalidad que no existe. Este proceso es lo que produce la sensación de amenaza, y no cualquier resultado que pueda derivarse de él". E-136.6 Dicho de otra manera: el resultado final es el resultado final, nunca puede haber nada más que ese único resultado final, y cualquier cosa que se vea en la pantalla es sólo eso. El guión ya está escrito, sea lo que sea lo que se ve en la película, eso es el resultado. La amenaza viene de la percepción y de la interpretación del resultado. Lo que trae las pruebas son las categorías que hace la mente.

> Cuando se arrancan partes de la totalidad y se consideran como algo separado y como un todo en sí mismas, se convierten en símbolos que representan un ataque contra la totalidad y al, en efecto, lograrlo ésta no se puede volver a ver como la totalidad que es. Sin embargo, has olvidado que dichas partes sólo representan tu decisión de lo que debe ser real, a fin de que ocupe el lugar de lo que sí es real. E-136.6

El cuerpo es una forma en la que el miedo se ha hecho concreto, pero un copo de nieve, un árbol, un sofá y una alfombra son lo mismo. Dicho de otra manera: cuando se les ha arrancado de la totalidad ha tenido lugar una ordenación que tiene como propósito negar su irrealidad. La realidad es abstracción pura. Una vez que la mente cree posible la separación –una vez que cree que existe la percepción– la realidad abstracta se ha negado. Ahora cualquier cosa que la mente percibe como algo separado, como un todo en sí mismo, es, de manera literal, un ataque contra la realidad.

Participante: Eso aún parece un poco abstracto. No estoy seguro de que pueda llevarlo al nivel de la práctica.

David: La mayoría de la gente no creería que es muy práctico observar la mente, aferrarse a esta intención abstracta y mantener como única meta la paz pero, de hecho, eso es lo más práctico que se puede hacer.

Participante: Yo tengo que volver a lo que dice el Curso de creer por completo lo que dice o no creer nada de lo que dice. Yo elijo creer que estoy en el Cielo con Dios, y que ni siquiera tengo que preguntarme si creo que un copo de nieve es algo separado. Eso ni siquiera viene a la mente. Prefiero creer que estoy en el Cielo con Dios y que se supone que estoy aquí para ser de utilidad. A eso es a lo que vuelvo.

David: "Estoy en el Cielo con Dios" y "Soy un hijo de Dios" son experiencias elevadas. Es importante que no intentemos saltarnos etapas. Cuando nos reunimos en grupos no empezamos por el hecho de que *Soy un hijo de Dios*. Miramos de verdad lo concreto, tenemos que mirar dónde están los disgustos y las molestias. Este último par de párrafos nos ofrece la metafísica de lo que está pasando, de cómo la mente engañada inventa cosas separadas. Lo valioso de esto es ver que me interesa estar muy alerta y tener muy claro que no sigo aceptando la creencia en que puedo atacar a Dios, ni siquiera de maneras sutiles. Si hay cosas sutiles que no sé que son ataques contra Dios –que no las veo como ataques contra Dios– necesito enterarme.

Participante: Y cuando hablo del nivel práctico, lo que quiero decir es que cuando me disgusto pierdo esta lógica. Incluso lo dice aquí, habernos olvidado de que lo hemos hecho forma parte de haberlo hecho. Así que para mí, volver atrás y seguir este rastro cuando estoy disgustado, requiere verdadera comprensión, porque ya me he olvidado deliberadamente de lo que hice. Es una decisión deliberada que está incorporada al sistema del ego.

David: Sí, son creencias inconscientes. Igual pasa con los papeles que representamos –de madre, de esposa, de padre, de marido– uno puede encontrarse en una situación y desempeñar un papel con el piloto automático de. Todos los papeles están también arrancados de la totalidad. Si me he acostumbrado a deslizarme en piloto automático, definiéndome a mí mismo como ese papel, volver atrás y hacer esas conexiones requiere estar verdaderamente alerta y consciente. Al principio parece abstracto, pero podemos entrenar nuestras mentes a pensar así. Recuerdo los fuegos artificiales hace un par de veranos en el río Ohio. Después me preguntaron qué pensaba del espectáculo. Yo dije: "Bueno, estuve haciendo mi observación de la mente durante el espectáculo". Dijeron: "¿Incluso con los fuegos artificiales y todo el espectáculo de explosiones de colores, sonidos y elevaciones?" Recuerdo haber dicho sinceramente que eso era lo que estuve haciendo mientras duraron: mantenerme en mi propósito.

No fue un esfuerzo. No era como forzarme a mí mismo a hacer una cosa tediosa durante la exhibición de fuegos artificiales. Formaba parte del flujo natural de todo: estar allí manteniéndome en ese propósito, con todo lo que estaba viendo. No era como si fuese algo separado. Algunos dicen: *¿para qué? ¿Dónde está el disfrute de eso?* El disfrute del espectáculo no viene de los fuegos artificiales, ni de las canciones que tocaban los conjuntos, ni del saltador que se lanzaba al río. Tiene todo que ver con mantener mi intención y sentirme muy fluido. No tiene nada que ver con ninguno de esos otros asuntos. Pero ha hecho falta un esfuerzo para alinear así mi manera de pensar. Ciertamente no es así como he experimentado otras celebraciones del 4 de julio.

Con este párrafo siguiente entramos en lo que ocurre en la mente. ¿Por qué la mente elige la enfermedad?

> La enfermedad es una decisión. No es algo que te suceda sin tú mismo haberlo pedido, y que te debilita y te hace sufrir. Es una decisión que tú mismo tomas, un plan que trazas, cuando por un instante la verdad alborea en tu mente engañada y todo tu mundo parece dar tumbos y estar a punto de derrumbarse. Ahora enfermas, para que la verdad se marche y deje de ser una amenaza para tus falsos castillos. E-136.7

A menudo la gente le pide al Espíritu Santo ayuda para ver de manera diferente los síntomas de una enfermedad, y no ocurre nada. Pero la enfermedad es de la mente. No se trata de intentar lidiar con la enfermedad en sí misma, en el nivel de los síntomas. Intentar abordarla al nivel de los síntomas es lo mismo que decir que es real. *De verdad que tengo esas migrañas todos los meses.* Decir eso y luego buscar un cambio mental concreto, o una creencia concreta, es salir a cazar brujas, cuando lo que en realidad hay que soltar es todo el mundo construido al revés, en el que lo externo se ve como causativo. El concepto del yo es el que se aferra a eso. Eso es lo que está enfermo. La enfermedad está en la mente que cree ser un concepto del yo de su propia invención, y que construye la realidad de la manera que quiere que sea. No tiene nada que ver con migrañas, síntomas de la gripe, cáncer, erupciones en la piel, ni urticarias.

Participante: Entonces lo que te oigo decir es no esperar a que haya síntomas corporales. Prestar atención a lo que va ocurriendo en la mente. No hay ningún arreglo rápido.

David: Sí, todo el mensaje del Curso es: no esperes. En otras palabras, se te está ofreciendo la salvación en este mismo instante: ¡estate alerta! Observa tu mente. Presta toda la atención que puedas en este mismo instante. Y el Curso no ofrece instrucciones concretas, como haz esto si surge eso. Está completamente basado en separar los dos sistemas de pensamiento: la mente recta y la mente errada. Ahí es donde tiene lugar la curación. Se lleva la atención lejos del nivel de los síntomas, sean problemas financieros, asuntos de salud, o lo que sea.

> ¿Por qué crees que la enfermedad puede escudarte de la verdad? Porque demuestra que el cuerpo no está separado de ti y que, por lo tanto, tú no puedes por menos que estar separado de la verdad. Experimentas dolor cuando el cuerpo lo experimenta, y en ese dolor te vuelves uno con él. De esta, manera, tu "verdadera" identidad queda a salvo, y el extraño y perturbador pensamiento de que tal vez seas algo más que un puñado de polvo queda mitigado y silenciado. Pues fíjate, ese polvo puede hacerte sufrir, torcerte las extremidades y pararte el corazón, ordenándote que mueras y dejes de existir. E-136.8

Aquí tenemos la inversión definitiva de la relación entre causa y efecto. La mente engañada quiere estar enferma, quiere experimentar e interpretar la enfermedad como algo del cuerpo para poder demostrar que está separada de Dios. Es vulnerable. Es culpable. Un dolor de cabeza palpitante, un dolor de espalda agudo, etcétera, son una prueba sólida. Mientras se experimenta el dolor, se le ve como una prueba sólida. Es una decisión. Crees que te está sirviendo de alguna manera. En cuanto veas que no sirve, desaparecerá instantáneamente.

Participante: ¿Y para lo único que me sirve es para ayudarme a mantener en pié mi concepto del mundo? Ese podría ser el único propósito al que sirve.

David: Y el Curso nos enseña lo demencial y lo absurdo que es eso:

> De esta manera, el cuerpo es más fuerte que la verdad, la cual te pide que vivas, pero no puede imponerse a tu decisión de querer morir. Y así, el cuerpo es más poderoso que la vida eterna, el Cielo más frágil que el infierno y los designios de Dios para la salvación de Su Hijo se ven contrarrestados por una decisión que es más fuerte que Su Voluntad. El Hijo no es más que polvo, el Padre no está completo y el caos se sienta triunfante en Su trono. E-136.9

Está expuesto de una manera muy gráfica. Lo repito otra vez, se necesita seguirle el rastro y verlo tal como es. Sentir un poquito de frío o de calor, un picor, ansiedad, o un tic nervioso: todo eso es sencillamente una decisión, una defensa contra el Cielo, incluso las cosas más sutiles. No digas, en sentido personal: *ay, Dios mío, pero si aún me pica, o tengo calor, o frío.* En lugar de eso utilízalo para prestar atención a lo totalmente alerta que tienes que estar. Tu observación de la mente tiene que estar totalmente libre de este pensar al revés, para permitir que la luz brille sobre todos los pensamientos falsos de tu mente.

> Tal es el plan que has elaborado para tu propia defensa. Y crees que el Cielo se estremece ante ataques tan irracionales como éstos, en los que Dios queda cegado por tus ilusiones, la verdad transformada en mentiras y todo el universo hecho esclavo de las leyes que tus defensas quieren imponerle. Mas ¿quién podría creer en ilusiones salvo el que las inventa? ¿Quién más podría verlas y reaccionar ante ellas como si fuesen la verdad? E-136.10

> Dios no sabe nada de tus planes para cambiar Su Voluntad. El universo permanece indiferente a las leyes con las que has creído gobernarlo. Y el Cielo no se ha inclinado ante el infierno, ni la vida ante la muerte. Lo único que puedes hacer es elegir pensar que mueres o que sufres enfermedades, o que de alguna manera tergiversas la verdad. Lo que ha sido creado no guarda relación alguna con eso.

> Las defensas son planes para derrotar lo que no puede ser atacado. Lo que es inalterable no puede cambiar. Y lo que es absolutamente impecable no puede pecar. E-136.11

Consideremos las sutilezas de esto. Donde quiera que haya interés en el cuerpo, preocupación por de dónde voy a conseguir algo de comer, dónde voy a dormir o cómo voy a hacer todo lo que tengo que hacer, todo eso está siempre relacionado con el cuerpo, y la mente está defendiendo el concepto del yo. ¡Qué alivio ver que eso no es necesario! Creer que uno puede sencillamente aferrarse a su propósito y que todo encajará y fluirá en una armonía absolutamente perfecta, se opone a todo lo que dice este mundo, pero es lo que nos están enseñando las lecciones. Si esto se practica de manera absoluta, entonces la mente se desapega tanto de hacer cualquier juicio que, literalmente, suelta todas las preferencias y todos los pensamientos de juzgar. "La curación destellará a través de tu mente abierta a medida que la paz y la verdad se alcen para ocupar el lugar de la contienda y de las imaginaciones vanas". E-136.16 La mente que cree en las contiendas y las imaginaciones vanas es una mente tenebrosa: eso es lo que está enfermo. La curación, o la luz, destellará a través de una mente abierta.

> No quedará ni un solo rincón tenebroso que la enfermedad pueda ocultar y defender contra la luz de la verdad. No quedarán en tu mente figuras sombrías procedentes de tus sueños ni sus absurdos y oscuros anhelos, cuyos propósitos dobles se persiguen descabelladamente. La mente sanará de todo deseo enfermizo que jamás haya tratado que el cuerpo obedeciera. E-136.16

En el párrafo siguiente él utiliza una metáfora: "Ahora el cuerpo está sano porque la fuente de la enfermedad está dispuesta a recibir alivio". Eso obviamente tiene que ser una metáfora, porque nos ha dicho muchas veces que el cuerpo no puede estar enfermo. Aquí hay un asumir el concepto de que un cuerpo puede estar enfermo. En cierto sentido está diciendo que cuando la mente haya sanado, esa salud se reflejará en el cuerpo. No habrá ningún sufrimiento implicado en ello. Esto es volver a la creencia ilusoria en que hay partes separadas que se ven como "todos". Esta creencia es muy profunda. Los cuerpos, y cada cosa separada del mundo que tiene un propósito inventado, son ilusiones de un todo. Esto va incluso más allá de la metáfora de que un cuerpo sea curado.

Y reconocerás que practicaste bien por lo siguiente: el cuerpo no sentirá nada en absoluto. Si has tenido éxito, no habrá sensación alguna de enfermedad o de bienestar, de dolor o de placer. La mente no responderá en absoluto a lo que el cuerpo haga. E-136.17

Sobre la dualidad y el perdón

David: No eres un cuerpo y no estás *en* un cuerpo. Eres una mente. Esta es una manera extraña de pensar al principio, pero poco a poco empezarás a pensar en ti mismo como una mente, pues eso es lo que eres. Esto va más allá de la idea de reencarnación, ese entrar y salir de diferentes cuerpos. Lo repito, no eres un cuerpo y ni siquiera estás en un cuerpo: esta realidad se opone completamente a la experiencia en este mundo. Parece que miras con esos ojos y oyes con esos oídos y hueles con esa nariz. Desde el punto de vista de la experiencia, es imponente la apariencia de que nuestras experiencias están arraigadas en el cuerpo, pero el Curso nos dice que esto no es un hecho.

Sobre el tema de la mente el Curso dice: "La mente se extiende hasta sí misma. No se compone de diferentes partes que se extienden hasta otras. No sale afuera". T-18.VI.8 Sobre el cuerpo dice: "El cuerpo es algo externo a ti, y sólo da la impresión de rodearte, de aislarte de los demás y de mantenerte separado de ellos y a ellos de ti". T-18.VI.9 El mundo es como una pantalla de cine. A veces, cuando uno ve una película se siente identificado con los personajes. La llamada vida cotidiana de todos los días se parece a eso. Uno está tan identificado con los personajes de la pantalla que los percibe como uno mismo, como miembros de la familia de uno, como el jefe, etcétera. Este es un importante problema perceptual. Todas nuestras pesadumbres surgen cuando nos identificamos con lo que hay en la pantalla.

Otra idea muy fundamental es que la mente no puede atacar. La culpabilidad brota de la creencia en que la mente puede atacar. La mente puede inventar fantasías, como en una película: puede hacer actuar a los personajes y que parezca que se atacan unos a otros verbal o físicamente, pero no es más que una fantasía. La división de la mente es lo que lanza a la pantalla la creencia en el ataque, y los personajes parecen atacar y ser atacados. Es la manera que tiene la mente de intentar escaparse del problema de creer que se ha separado de Dios.

Esta idea es muy fundamental: la mente no puede atacar. Pero no es así como pensamos en la vida cotidiana. Hay una creencia en que una persona, o mente, puede manipular a otra mente. Esto toma muchas formas, como por ejemplo la idea de que alguien es un seductor. ¿Ves lo que eso implica? Hay una interacción en la que uno se vuelve la presa, como si fuese manipulado para hacer algo en contra de su voluntad. El Curso dice que eso es imposible. Si fuese posible, ¿dónde quedaría la igualdad? Si una mente pudiese dominar a otra mente no habría igualdad, y la culpabilidad estaría justificada. Pero puede verse que estas ideas están muy profundamente arraigadas en la mente dividida. Las mentes no pueden atacar. Sólo pueden fabricar cuerpos para que representen sus fantasías. Lo que hace surgir las defensas es la percepción del ataque. En cuanto la mente percibe cualquier forma de ataque, no puede evitar responder con defensas. El problema está en que esa percepción del ataque es el error.

Al principio del Libro de ejercicios, Jesús nos dice que aún no hemos aprendido que atacar y ser atacado son lo mismo. ¡Lo mismo! No es así como parece en este mundo. Parece que hay una gran diferencia entre ser atacado y ser el atacante, pero son idénticos, sólo son formas distintas de lo mismo. Si tienes pensamientos de ataque en la mente, no importa mucho cómo los percibas. No importa a quien le asignes cada papel: el atacante y el atacado son el mismo.

Uno tiene que llegar a darse cuenta de que el ataque es imposible. De lo contrario uno sigue percibiendo ataques y sigue respondiendo y reaccionando de manera defensiva. Esto puede tomar la forma de maniobras mágicas, lujosas estructuras de salud, medicamentos y hospitales..., todas las formas diferentes del blindaje. Si se lleva al nivel nacional, parecerá que son ejércitos y bombas que se utilizan para proteger el país, el tema de las armas o el crimen. Todo eso está ahí fuera en la pantalla. No hay un problema de criminalidad en el país. No hay un problema de armas. No hay un problema de gasto en defensa, y así sucesivamente. Todo eso está ahí fuera. El problema está de vuelta en mí y en mi mente: reconocer que todavía creo en el ataque.

Participante: Cuando te metes en una situación de conflicto, es fácil que te absorba. En el trabajo, en casa, en los asuntos de familia o familia política..., todo el mundo toma partido.

David: La clave es transferir esto a *todas* esas circunstancias diferentes. Una situación es sólo una situación. Jesús sabe que la mente que está en estado de engaño no cree en esto. Parece que ciertas situaciones son más difíciles. Una cosa por ejemplo, es ir a un grupo de *Un curso de milagros* donde todo el mundo habla de estas ideas. Pero luego tengo que ir a lidiar con mi familia política, o con el jefe en el trabajo. Es sólo la profunda creencia subyacente en que hay grados de dificultad en los milagros. El primer principio del Curso es que no hay grados de dificultad en los milagros.

Participante: Cuando tengo un conflicto con alguien, a veces me voy a casa y empiezo a ponerme realmente furioso. Me siento como un niño pequeño. Sólo quiero patalear, o pegarle a alguien. Si lo pienso, ¡no quiero ser responsable! ¡Quiero echarle la culpa a otro! Considerar eso es muy difícil para mí. Me siento igual que un niño pequeño, sólo quiero tirarme al suelo, patalear, gritar y aullar.

David: Esa ira es un buen tema a considerar. He aquí una afirmación que a veces puede parecer demasiado: "La ira *nunca* está justificada". T-30.VI.1 Viene bastante al final del texto. No dice que no te vas a poner iracundo. Ni siquiera dice que no *deberías* ponerte iracundo. Dice que eso nunca está justificado. Si le sigues el rastro, digamos hasta la idea de que "Soy responsable de lo que veo", T-21.II.2 podrías ver la falacia de la ira, pero la proyección de la causa del sacrificio y de la culpabilidad es tremenda. La principal dinámica del ego es la creencia en que te libras de lo que proyectas sobre el mundo, que así es como te libras de ello. La proyección es la manera que tiene el ego de minimizar, o reducir, la ira, las amenazas y la culpabilidad. ¡Lo que el ego no le dice nunca a la mente es que te quedas con lo que das! Esa es la ley fundamental del

Cielo. Así es como el Hijo fue creado. Dios se extendió a sí mismo en su semejanza y sus atributos. El Hijo llegó a existir así, es la ley fundamental del Cielo. En cuanto se empieza a ver esto, se empieza a ver que no se consigue nada con la proyección. Percibir ataque y responder con ira nunca le trae a uno nada que valga la pena.

Al profundizar en la metafísica uno empieza a generalizar cada vez más este principio. Es lo que se necesita para transferir el aprendizaje. El Curso dice que mientras percibas un mundo físico de dualidad, estarás ciego. No es que cuando tengas sanada la percepción vaya a haber ahí un mundo que se pueda ver. "El mundo se fabricó como un acto de agresión contra Dios". E-pII.3.2 Cuando la mente se quedó dormida, tomó lo que de verdad era visible –la luz y el amor– y lo hizo invisible. E hizo visible lo que no existe. Eso es lo que es este mundo perceptual. El Cielo desapareció en cuanto se hizo la percepción. Es muy profundo ver que el mundo es una alucinación perceptual. Este es un sendero diferente de otros que sugieren que puedes llegar a un mundo perfeccionado en cierto sentido. Ha habido religiones que han hablado del paraíso en la tierra, incluso de hacer inmortal al cuerpo, que es otra extensión de la misma idea. El Curso dice que lo que hiciste visible, lo que ves ahora, no tiene existencia alguna, y que cuando puedas llegar a la visión de Cristo ya no estará ahí para ser visto. Este párrafo realmente nos da la clave de lo que es el perdón verdadero:

> El perdón está *siempre* justificado. Sus cimientos son sólidos. Tú no perdonas lo imperdonable, ni pasas por alto un ataque real que merece castigo. La salvación no reside en que a uno le pidan responder de una manera antinatural que no concuerda con lo que es real. En lugar de ello, la salvación sólo te pide que respondas adecuadamente a lo que no es real, no percibiendo lo que no ha ocurrido. T-30.VI.2

Esto es profundo. Te pide solamente que respondas de manera apropiada a lo que no es real –que es todo el cosmos– por el procedimiento de no percibir lo que no ha ocurrido.

Recuerda a alguna de esas frases sobre perdonarle a tu hermano lo que no ha hecho. El Curso consigue que empecemos de verdad a cuestionar lo que vemos con los ojos del cuerpo y lo que oímos con los oídos del cuerpo. Empezamos a cuestionar si lo que nos dicen nuestros sentidos es digno de confianza. Muchos de nosotros hemos tenido la experiencia de creer que conocíamos todos los datos de una situación, para encontrarnos con que en realidad no teníamos ni la más remota idea. Nuestros motivos y deseos propios habían enturbiado nuestra percepción: estábamos viendo algo en el escenario que no estaba allí en absoluto. Eso es un buen apoyo para cruzar al otro lado.

"Mas se te pide simplemente que consideres el perdón como la respuesta natural ante cualquier aflicción basada en un error que, por ende, no es más que una petición de ayuda. El perdón es la única respuesta cuerda, pues *impide* que tus derechos sean sacrificados". T-30.VI.2 Visto con la lente del ego el perdón es una amenaza para la seguridad. El ego dice que podemos *intentar* perdonar, o hacer el consabido numerito de "perdono pero no olvido". Y está el enfoque arrogante del perdón: *puesto que he avanzado mucho en mi viaje espiritual y realmente he entrenado mi mente, ahora me voy a dignar perdonarte.* Esto es moverse mucho más allá de todo eso. Es ver que el perdón es la única respuesta cuerda. Si quieres mantener en la mente la tranquilidad de espíritu, ¡el perdón necesita convertirse en la respuesta natural y habitual a todo! Esto es muy drástico.

> El mundo real se alcanza cuando percibes que aquello en lo que el perdón se basa es completamente real y está plenamente justificado. Mientras creas que el perdón es un regalo inmerecido, ello no podrá sino reforzar la culpabilidad que quieres "perdonar". El perdón que no está justificado es un ataque. T-30.VI.3

Utilizar la palabra "ataque" conjura imágenes. La mente cree que sabe lo que es un ataque, pero hay muchísimas formas sutiles de ataque que no se ven como lo que son. Cuanto más trabaja uno con el Curso más empieza a ver que cualquier juicio es un ataque, porque niega la integridad y la unidad de la mente. Cada vez que la mente se embarca en juzgar, o descomponer, eso es un ataque. Estamos hablando de la ordenación del pensamiento y de la jerarquía de ilusiones. Entra en esferas muy sutiles. Para la mente es difícil captar que preferir la tarta de manzana a la de cereza es una forma de ataque. Uno piensa: *¡ataques son los que veo en las noticias todas las noches! Yo sé lo que es atacar. Preferir la tarta de cereza a la de manzana no tiene nada que ver con atacar.* Pero el Curso dice que es un ataque.

Hay toda una jerarquía de preferencias: preferencias sobre el aspecto de la gente, preferencias de comida, preferencias sexuales, preferencias de climas, preferencias visuales, preferencias musicales. Son configuraciones del ego de lo que yo llamo "mi versión de la realidad", que no es la realidad en absoluto. Es sólo "mi" versión de la realidad, la versión del pequeño yo. Por eso parece haber conflictos, parece haber todas esas versiones de la realidad insignificantes y diferentes, y todas ellas parecen colisionar. ¡Por eso tenemos debates, opiniones y discusiones! La "primera ley del caos", o ley del ego, "...es que la verdad es diferente para cada persona". T-23.II.2 "A cada cual lo suyo", ¿cuántas veces has oído ese cliché? O, "todo el mundo tiene derecho a tener su propia opinión".

Veo el perdón como el abandono completo de hacer juicios en el sentido mundano. Esto no quiere decir que, como apoyo para cruzar al otro lado, el Espíritu Santo no haga juicios ni evaluaciones. Está claro en el Curso que el Espíritu Santo va a evaluar mientras tu creas que estás en un laberinto de dualidad. En la dualidad hay que tomar decisiones: *¿hago esto? ¿Hago eso? ¿Voy aquí? ¿Voy allá?* Entonces el Espíritu Santo evalúa. Le da a la mente lo que es capaz de recibir, y la guía a salir de la creencia en que está en el mundo de la dualidad. Pero si quiero aferrarme a mi propia versión de la realidad, a mis preferencias, a lo que me gusta, a lo que me desagrada y a mis opiniones, ¿cómo puedo soltarlos de verdad y escuchar los juicios del Espíritu Santo?

Participante: Durante un tiempo tuve confundida la idea de "bueno" con verdadero, y la de "malo" con falso. Inmediatamente evaluaba las cosas para ver si eran buenas o malas (verdaderas o falsas). Hace poco se me ocurrió que "malo" no tiene nada que ver con falso, ni "bueno" tiene nada que ver con verdadero. Tengo dificultad para ver qué es lo falso en este mundo, excepto cuando reconozco que todo lo que veo y todo lo que hago es falso. ¿Puedes hablar de lo bueno y lo malo, de esta dualidad entre bien y mal?

David: Podemos hablar de bueno-malo, bello-feo, se podría expresar como deseable-indeseable o placentero-doloroso. Hay un montón de maneras diferentes de abordar esto. Se nota que en todas ellas hay dualidad: son los dos extremos de una polaridad. En el estado de engaño uno no sabe distinguir entre placer y dolor. La mente engañada: "...trata de enseñarse a sí misma que sus dolores y placeres son dos cosas diferentes, y que es posible distinguir entre ellos". T-27.VIII.1 En la lección 12, Jesús te dice que mires a tu alrededor y hagas una lista de lo que crees ver "usando cualquier término descriptivo que se te ocurra", dice:

> Si se te ocurren términos que parecen ser positivos en vez de negativos, inclúyelos también. Podrías pensar, por ejemplo, en "un mundo bueno" o en "un mundo agradable". Si se te ocurren términos de esa índole úsalos junto con los demás. Es posible que aún no entiendas por qué esos adjetivos "buenos" forman parte de estos ejercicios, pero recuerda que un "mundo bueno" implica uno "malo"; y uno "agradable" implica uno "desagradable". E-12.3

Parece haber un consenso generalizado en que en este mundo hay un montón de cosas maravillosas, bellas y buenas, y también en que hay ciertas cosas que son malas o negativas. Tal vez la creencia sea que si puedo perdonar sólo lo negativo, entonces me quedaré nada más que con lo bueno. Lo bueno, si utilizamos esta palabra en su sentido definitivo, está detrás del velo de la dualidad. Uno se queda con nada más que la verdad cuando deja de juzgar ambos extremos del espectro "bueno-malo", y deja a un lado todo juicio. No es por medio de perdonar lo negativo, ni por medio de intentar dejar de hacer juicios negativos, de lo que se trata es de abandonar la creencia en que uno sabe lo que es bueno y lo que es malo.

¿Ves dónde lleva esto? Estamos transcendiendo la moralidad, la ética y todas las disciplinas que se ocupan de lo que es *bueno*. Esto señala hacia un sitio muy elevado, porque la inmensa mayoría de las religiones y filosofías han generado, sin disimulo, un montón de reglas sobre lo que es bueno y lo que es malo. Hay que tener mucho cuidado con cómo se define y se construye eso. En cuanto estableces categorías vuelves a hacer real el error. En cuanto tengas bueno y malo, estarás negando que todo es una ilusión. Si yo creo que ciertas conductas son buenas y que otras son malas, ¿cómo puede ser que todo sea igualmente irreal? ¿Son algunas ilusiones mejores y otras peores? Cuando digo "hacerlo real" me refiero a otorgarle realidad al mundo proyectado. Aquí tenemos la razón metafísica de porqué necesitamos parar de creer que sabemos lo que es bueno y lo que es malo: porque al hacerlo le otorgamos realidad al mundo proyectado.

Participante: Alguna gente cree que hay que lidiar con lo negativo y eliminarlo. Conozco a gente que no quiere oír hablar de las noticias, y menos aún mirarlas. No quieren leer nada negativo. Creen que si no lo miran va a desaparecer. No, sólo se va a proyectar aún más afuera. Tenemos que mirar esas cosas. Si no lo hacemos, estamos negando que quien lo ha proyectado ahí fuera es nuestra mente. Es mi manera de pensar la que hizo eso y, puesto que lo estoy viendo ahí fuera, aún me estoy aferrando a esos pensamientos. Lo veo en las noticias. Si sencillamente me aferro a esta naturaleza tan bella y encantadora, al brillo del sol y a las ilusiones gloriosas, nunca me voy a despertar. Me voy a quedar en este sueño.

David: Se trata de observar los pensamientos, y observar los pensamientos, ¡y observar los pensamientos! Sólo tomar nota de los pensamientos ya es útil. Y se puede llegar al punto de tener cada vez más claridad mental. Se puede llegar al punto en el que puede que no veas las noticias. Puede que no sea a eso a lo que seas guiado, puede que no sea lo más útil para el conjunto de la Filiación. Pero *siempre* se trata de observar los pensamientos –durante una película, viendo las noticias, cuando estamos con la familia política, en el trabajo– sea lo que sea lo que estemos haciendo. Realmente es un trabajo de jornada completa observar sin cesar la mente de uno.

Participante: ¡No me había dado cuenta de que lo que tenía que observar era mi mente!

David: Ese es el primer paso. Para empezar tienes que observar esos pensamientos y luego tienes que permanecer consciente.

Participante: Es mi sueño, y si me identifico con él, y me siento atacado y empiezo a discutir con alguien, me olvido de que yo escribí el guión,

¡y me vuelvo un actor de la función! Espero que al final sabré dar el paso atrás: *¡espera un poco! ¡Esto no tiene la menor realidad! Yo le estoy dando toda la realidad que tiene. Me lo he tragado. Me he identificado con ello. Creo que es real.* Y cuando creo que es real, es real.

David: La palabra clave es "identificado". Jesús dice en el *Manual para el maestro*, hablando del verdadero significado del sacrificio: "...la auto-condenación es una decisión acerca de nuestra identidad y nadie duda de lo que cree ser. Podrá dudar de todo, pero nunca de eso". M-13.3 Sea lo que sea aquello con lo que te identifiques, vas a estar por ello con todo tu ser. Todos nuestros mecanismos de defensa surgen de la identificación con el mundo espacio-temporal de formas y cuerpos, todas las emociones surgen de identificarnos con la ilusión. Conforme empiezas a entrenar la mente, aprendes a ver que no hay diferencia entre la furia y una pequeña punzada de frustración. Empiezas a ver las sutilezas. Cuando le seguimos el rastro a las emociones siempre nos encontramos la identificación con la personalidad.

Participante: El concepto del cuerpo.

David: Ahí es donde entran las defensas. El Curso menciona el sendero del ascetismo: "Muchos han elegido renunciar al mundo cuando todavía creían que era real". E-155.4 Y en la frase siguiente se menciona algo más familiar en nuestra era moderna de tecnología y ventajas: "Otros no han elegido otra cosa que el mundo, y su sensación de pérdida ha sido aún mayor". El mundo es como un patio de recreo hecho de ventajas y comodidades, con la mentalidad de que "puedo hacer lo que quiera". Puede resultar muy apacible. Puede parecer que me va muy bien, que me va mejor que a las generaciones anteriores. Mira todo el progreso, las ventajas y las comodidades. ¿Ventajas para quién? ¿Comodidades para quién? ¡Para el cuerpo! El cuerpo es el centro de atracción principal de todo este "progreso".

Llega el punto en que uno empieza a pensar: *espera un poco, yo quiero tener la mente libre, y si mi mente está identificada y apegada al cuerpo, ¿cómo voy a tener la mente libre y el cuerpo libre?* "¿Deseas la libertad del cuerpo o la de la mente? Pues no puedes tener ambas". T-22.VI.1 Te interesa llegar a la verdad estable –la que sencillamente *es*– que está más allá de lo bueno y de lo malo. Todo lo que percibimos en este mundo se puede utilizar como un símbolo. Los conceptos se pueden utilizar como puntos de apoyo para cruzar al otro lado. Cuanto más aplicas el Curso, más ves como meramente simbólico todo lo que hay en el mundo. Cuanto más te abstienes de hacer juicios, más capaz te vuelves de permitir que la mente se abra y se expanda. El perdón es un concepto. Es el concepto-metáfora más grande y de mayor alcance que existe, porque deshace todos los demás conceptos-metáforas.

Capítulo Cuatro

Ahondar en forma y contenido

David: Me alegro de estar aquí con todos. Es muy valioso reunirse con la intención de ver las falsas creencias de la mente. Como dice la Biblia: "Donde quiera que dos o más se reúnan, allí estaré yo". Cuando nos reunimos con este propósito se acelera el proceso de rebasar, o transcender, al ego, así que me siento muy agradecido.

Hace falta un acto de fe para venir aquí. Siempre hay un poco de inquietud cuando uno no conoce a la gente. El ego lidia con ella imponiendo mucha estructura, para saber con antelación lo que se va a hacer. O la repetición, al ego se le da muy bien el ritual y el método. Reunirse sin formato establecido le asusta al ego. Quiero que todo el mundo se sienta libre de decir lo que le venga a la mente, para que podamos entrar en ello. Si alguien reacciona a algo que dice otro, podemos entrar en ello. Siempre es una decisión, todo lo que sentimos se basa en una decisión propia. Vayamos a los principios metafísicos para intentar comprender qué está pasando en nuestras propias mentes, de manera que podamos entender por qué elegimos lo que elegimos.

En el nivel consciente puede parecer una especie de chifladura. *¿Para qué iba yo a elegir estar atemorizado, o enfermo?* Es extraño pensar que uno elige estar enfermo. Nadie que estuviese cuerdo elegiría estar enfermo, pero uno no está cuerdo cuando elige la enfermedad. ¿Por qué elige uno estar atemorizado? Porque no está en su mente recta. Necesitamos ir a la metafísica para ver qué está pasando con las decisiones y las elecciones. El pasaje que me viene para utilizarlo como plataforma de lanzamiento está en el Capítulo 24, en la sección *El deseo de ser especial.*

En el primer par de frases nos recuerda la meta. Es bueno que le recuerden a uno que su meta es la tranquilidad de espíritu. Es muy sencillo. Tenemos un libro de 1400 y pico páginas, pero todo él se condensa en:

> No olvides que la motivación de este curso es alcanzar y conservar el estado de paz. En ese estado la mente se acalla y se alcanza la condición en la que se recuerda a Dios T-24.in.1

Recordar a Dios

Hay unas cuantas cosas fuertes en este Capítulo, pero empieza con sencillez, con un recordatorio de que la tranquilidad de espíritu es nuestra meta. El segundo párrafo va derecho a lo esencial: "Aprender este curso requiere que estés dispuesto a cuestionar cada uno de los valores que abrigas". Esto es literal: cuando realmente se entra en él, uno empieza a ver que el Curso es muy literal.

> Ni uno solo debe quedar oculto y encubierto, pues ello pondría en peligro tu aprendizaje. Ninguna creencia es neutra. Cada una de ellas tiene el poder de dictar cada decisión que tomas. Pues una decisión es una conclusión basada en todo lo que crees. Es el resultado de lo que se cree y emana de ello tal como el sufrimiento es la consecuencia inevitable de la culpabilidad, y la libertad, de la falta de pecado. T-24.in.1

¡Vaya pasaje inmenso! La decisión es un tema importante en el Curso. La sección final de todo el Curso se llama *Elige de nuevo*. En ella dice "Hermano mío, elige de nuevo", y "...elegirás de nuevo". Nos está diciendo todo el día que tenemos decisiones que tomar. Quiere que lleguemos a un punto en el que podamos elegir la paz, y comprender que la paz no es nada más que una decisión.

> El Espíritu Santo, al igual que el ego, es una elección que uno hace. Ambos constituyen las únicas alternativas que la mente puede aceptar y obedecer. El Espíritu Santo y el ego son las únicas opciones que tienes. T-5.V.6

¡Incluso el Espíritu Santo es una decisión! El Espíritu Santo es una decisión y el ego es una decisión. Es interesante ver que el Espíritu Santo es una decisión. Si somos una mente con capacidad de tomar decisiones, entonces tenemos disponible en todo instante esa decisión. Naturalmente, el Espíritu Santo es una decisión que trae paz a nuestra consciencia. Esto está bastante claro, el Espíritu Santo es una decisión y al elegir al Espíritu Santo voy a estar en paz, sin miedo, ni disgusto, ni depresión, ni ansiedad ni ninguna otra emoción que me trastorne. Entonces, ¿qué me impide elegir la paz? Esta es la pregunta central. ¿Qué es lo que parece interponerse en mi camino de decidir por la paz? ¿Qué pasa con el miedo, la otra elección? Con esto, él nos está ofreciendo un salto gigantesco hacia delante. Dice que una decisión es una conclusión basada en todo lo que crees. Las decisiones son el resultado de lo que se cree.

Participante: ¿Sepa o no sepa yo cuál es la creencia?

David: Sea yo consciente o no de cuál es la creencia. Si una decisión es una conclusión basada en todo lo que crees, entonces puede verse porqué este Curso "...requiere que estés dispuesto a cuestionar cada uno de los valores que abrigas. Ni uno solo debe quedar oculto y encubierto, pues ello pondría en peligro tu aprendizaje". T-24.in.2 Es crucial escuchar esto. Si tienes creencias ocultas, van a brotar decisiones de esas creencias. Dos párrafos después las creencias ocultas están descritas como si fuesen guerreros:

> Las creencias nunca se atacarán unas a otras abiertamente, ya que es imposible que se puedan producir desenlaces conflictivos. Mas una creencia que no se haya reconocido es una decisión de batallar en secreto, en la que los resultados del conflicto se mantienen ocultos y nunca se llevan ante la razón para ver si son sensatos o no. T-24.I.2

Hay una guerra en marcha en la mente.

Participante: En el párrafo siguiente a ese él dice: "La única creencia que se mantiene celosamente oculta y que se defiende aunque no se reconoce es la fe en ser especial". ¿Significa eso que estamos poniendo nuestra fe en ser especiales, y tomando continuamente decisiones basadas en la meta de ser especiales? Eso parece completamente demencial, porque veo que el especialismo es una manera de pensar completamente al revés que nos hace daño a todos.

David: ¿Vemos eso? Es una buena pregunta. ¿Vemos que el especialismo nos hace daño?

Participante: Vienen muchísimas cosas a mi mente en relación con la meta de ser especial. ¿Puedo reconocer que es una creencia al revés y elegir sencillamente la meta de la unicidad? No parece que eso elimine automáticamente la fe en ser especial, ni el tenerlo como meta. Parece que ahí dentro hay algo más que ha de salir a la luz. Aquí dice que la única creencia que se mantiene celosamente oculta y que se defiende aunque no se reconoce es la fe en ser especial. Es una barrera entre todos los demás y yo. Lo que intento hacer es darme cuenta de que no hay barrera alguna entre todos los demás y yo.

David: El ego es la fe en ser especial, pero parece tomar millones de formas diferentes. Parece como si estuviésemos sanando los asuntos de uno en uno, sanando ahora esto y luego aquello... Parece inacabable, como las olas. Cuando por fin atraviesas una ola, estás en la siguiente y luego en la siguiente. Me gusta la analogía del rascacielos. Tenemos que empezar por lo más alto del edificio y bajar encendiendo las luces, planta por planta. ¡También necesitamos captar la idea de que el interruptor general está en el sótano! Él dice en muchas partes del Curso que un solo instante puede bastar, eso sería bajar al sótano y encender el interruptor general. *Ayúdame a encontrar el interruptor general. No quiero que esto necesite toda la vida.*

Esto nos trae a distinguir entre forma y contenido. Jesús lo expone de manera muy sencilla diciendo que el Espíritu Santo lo ve todo como amor, o es amor o es una petición de amor, todo. En el sentido último, todo sencillamente es amor.

> El único juicio involucrado en esto es que el Espíritu Santo divide la petición en dos categorías: una en la que se extiende amor y otra en la que se pide amor. Tú no puedes hacer esa división por tu cuenta sin riesgos, pues estás demasiado confundido como para poder reconocer el amor, o para creer que cualquier otra cosa no es sino una petición de amor. T-14.X.7

El ego ve ataques. No lo ve todo como amor o petición de amor, lo percibe todo como ataques y juicios. La siguiente frase nos explica porqué: "Estás demasiado aferrado a la forma, y no al contenido. Lo que consideras el contenido no es el contenido en absoluto. Es simplemente la forma, y nada más que la forma". Esa es la razón. Si uno es capaz de captar realmente este asunto de forma-contenido, y libera su mente de la atadura de aferrarse a la forma, entonces uno puede percibir con claridad, con el Espíritu Santo, y ver que todo es amor o pedir amor. ¿Por qué es tan inmenso nuestro interés en la forma? Ayuda volver a la metafísica general. Si se pone este tema dentro del cuadro global de lo que Jesús dice en el Curso, empieza a tener sentido: *El mundo se fabricó para ser una defensa contra el amor.*

Hablamos de la diminuta y alocada idea de la que el Hijo de Dios olvidó reírse. Tomó en serio la idea tonta de que de hecho podría separarse de su Creador y ser la piedra angular, que podría haber algo mejor que el Cielo. Es una idea absurda pero si se toma en serio, esta pequeña voluta de humo hecha de nada le dice a la mente que salga corriendo a ocultarse en la forma. Dios que es luz abstracta, incondicional e infinita, no te va a perseguir en la forma. "Dios no sabe nada de formas". T-30.III.4 Eso quiere decir que el Infinito no mira lo finito. Lo abstracto no mira lo concreto.

Ese es el truco que inventa el ego, algo así como esconderse en el sótano. *Vamos a escondernos en la forma: haremos un mundo que sustituya a esta luz abstracta e infinita.* Ahí es donde la mente empieza a quedarse atada a la forma. No es que el mundo sea malo de manera inherente, es sólo que se utiliza como escondite. El sótano no es un sitio malo, el asunto es para qué se le utiliza. Escapar corriendo de un Padre que lo ama a uno es bastante retorcido. El ego fabricó el mundo con el propósito de esconder, el mundo se fabricó como un acto de agresión contra Dios porque se fabricó para ser un sitio donde esconderse de Dios. La buena noticia es que el Espíritu Santo le da al mundo un propósito completamente nuevo en ese mismo instante. El propósito que el Espíritu Santo le da al mundo es utilizarlo para traer la paz a la mente. Este mundo que fabricaste no te conviene. Tu Padre te ama. Lo tienes todo en el Cielo y este sitio es muy pequeño e insignificante.

"No pides demasiado de la vida, al contrario, pides demasiado poco". E-133.2 Tienes derecho a todo. Tienes derecho a recordar quien eres. La mente sale corriendo a esconderse en la forma, y empieza a hacer juicios y a inventarse un orden. Perdonar al mundo es ver como falso lo que es falso, eso es lo que dice el Espíritu Santo. El ego dice que has hecho algo horrible: *tienes que poner orden y hacer juicios*. Ahí es donde entra la jerarquía de las ilusiones. Todo el objetivo del ego es hacer jerarquías y órdenes, para poder ver diferencias entre las situaciones, los escenarios y las personas. El ego tiene el foco puesto en ver diferencias. ¡Esos son los ídolos, las imágenes talladas!

Esta puede ser una plataforma para aclarar la distinción entre forma y contenido. El contenido es el milagro, la lente del Espíritu Santo que permite ver por encima del campo de batalla que lo falso es falso. El contenido no es nada más que recordar que yo decido, que mi mente decide. La forma es olvidar que eres una mente. La forma es olvidar que puedes elegir entre el ego y el Espíritu Santo. La forma es creer que eres una pequeña persona insignificante en un mundo muy triste hecho de formas, y que todo lo que tienes es elegir entre ilusiones, cosas como dónde ir, qué ver, qué comprar, con quién salir, con quién casarse, y de quién divorciarse. Todas esas aparentes alternativas están en la superficie, o en lo más alto del rascacielos, por utilizar nuestra analogía. Son el resultado de todas las creencias falsas de la mente, que te guían como a un robot que aparentemente no tiene otra opción que obedecer a todo lo que exige el tirano que se esconde en el sótano.

Participante: Custodiando el interruptor general. [risas]

David: Custodiando el interruptor general. *Aquí no baja nadie*. [risas] Esto nos ofrece un contexto. Ahora bien, ¿cuáles son las situaciones y los temas que no eres capaz de ver como deseo de ser especial, los que parecen ser asuntos reales, problemas reales que has de confrontar? Para resolverlo planta por planta del rascacielos tenemos que empezar por donde lo experimentamos, en lo más alto: problemas de relación, problemas con alguien del trabajo, problemas financieros, o una inundación. Se podría decir que para mí es muy fácil decir que sólo es un problema de percepción, pero ¿y si mi casa estuviese bajo el agua? ¿Entonces cómo me sentiría? Yo empezaría por la experiencia, en lo más alto del rascacielos, e iría recorriendo todo el camino hacia abajo hasta llegar al reconocimiento de que sólo es un problema de percepción.

Participante: Yo sigo un patrón que se está volviendo realmente cansino. Como si no quisiera abandonar al ego. Tal como el Curso me lo pinta, veo muy claramente la diferencia entre elegir centrarme en la luz y correr para escaparme de ella. Sigo volviendo a toda prisa a la manera de hacer del ego, en todo lo que refiere a ser especial y a identificarme con el cuerpo, hasta que ya no lo puedo soportar más. Y entonces me vuelvo al Espíritu, pero en apenas un día parece que ya estoy listo para más castigo. Es del género tonto. Aunque tengo la sensación de que puedo verlo como lo que es, sencillamente me obstino en patalear, gritar y llorar. *Vete al diablo, Espíritu Santo, déjame en paz.* De esa manera me he sentido durante un tiempo. Tengo un recital de ejemplos que poner, y no quiero saber nada de la paz y el amor. ¡Sólo quiero que me vaya bien! Es un sitio muy incómodo.

David: Observar la conducta puede ser un tormento. Se ve lo irregular que es, parece que haces algo en un momento dado, y que lo que haces en el momento siguiente lo contradice por completo. Eso es intolerable para la mente, porque la mente en su estado natural está íntegra, integrada y completa. La mente se siente muy fragmentada cuando contempla esta conducta y aquella conducta. Hay que sacarla de la esfera de la conducta completamente.

Parece que hay que dar un gran salto para soltar la creencia en que *yo soy una persona y tengo elección*. Creer que ahora mismo yo puedo elegir levantar la mano derecha parece de sentido común. Y ahora puedo elegir bajar la mano derecha. Parece que esas son elecciones reales que yo, como persona, puedo hacer. Puedo elegir salir cuando llueve y puedo elegir quedarme en casa si llueve. Parece que son decisiones reales, parece como si el comportamiento fuese el resultado de esas decisiones. Pero las decisiones se toman muchísimo más adentro de la mente. Nunca respondemos directamente a nada. Siempre respondemos a una interpretación de lo que vemos.

Si un abejorro gigante vuela derecho hacia tu nariz, parece que respondes al abejorro. Si caminas bajo un manzano y esquivas una manzana que cae, parece que respondes a la manzana. Si el jefe te grita y tú empiezas a ver surgir tus defensas, parece que respondes al jefe. Pero a lo que respondes es a tu interpretación de los acontecimientos. La única salida es cambiar de ideas sobre la interpretación de los acontecimientos. Nunca habrá manera de encontrar la paz intentando cambiar los acontecimientos. ¿Y no es eso lo que no paramos de intentar? Nos esforzamos por tener mejores relaciones o por vivir en sitios mejores, tenemos esperanzas de empleos mejores. Y no hace nada más que seguir y seguir. El ego dice: *Sí, haz cambios en la forma, tú eres una persona en el mundo y el problema estará resuelto sólo con que consigas una situación mejor.* Está claro que eso no es más que cambiar un ídolo por otro, lo cual no es sino más deseo de ser especial. Estar continuamente intentando hacer cambios en la forma es un juego inacabable. Para eso hace falta un montón de energía.

Participante: Pero no estamos tan familiarizados con el contenido, eso es lo que necesitamos aprender. No se puede dar un paso hasta que se sabe que hay algo donde poner el pié. Creo que eso es lo más grande para todos nosotros porque la reacción parece muy automática. Veo que el especialismo me confunde. ¿Dónde estaría yo sin el deseo de ser especial?

David: Por supuesto que la respuesta del ego es: *¡en el olvido!* El ego dice que no serías nada sin este mundo porque le has dado la espalda a Dios. Ya te han echado a patadas del Cielo, dice el ego, así que no tienes más alternativa que este mundo de hacer juicios y ser especial. Pero si el Espíritu Santo tiene propósitos para el cuerpo y para el mundo, y el ego tiene propósitos para el cuerpo y para el mundo, y son decisiones que yo puedo tomar, entonces la cuestión es si elijo entregarle mi mente al ego y al deseo de ser especial, o elijo entregarle mi mente al Espíritu Santo. Si toda mi desdicha viene de entregar mi mente a los propósitos del ego, y toda mi alegría y mi paz viene de entregar mi mente a los propósitos del Espíritu Santo, entonces tengo que ser capaz de distinguirlos. Con sólo ser capaz de empezar a distinguir, puedo empezar a retirar mi interés, puedo apuntarme al Espíritu más a menudo. El propósito del Espíritu Santo para el cuerpo es sencillo: "El Espíritu Santo ve el cuerpo solamente como un medio de comunicación, y puesto que comunicar es compartir, comunicar se vuelve un acto de comunión". T-6.V

Sencillísimo, el Espíritu Santo utiliza el cuerpo sólo para la comunicación, no para esforzarse, no para lograr determinada meta del mundo. Es *solamente* para la comunicación. El ego se vale del cuerpo para atacar, para obtener placer y para vanagloriarse. Ya tenemos algo con lo que trabajar. Si él utiliza el cuerpo de esas tres maneras, entonces toda mi culpabilidad sigue reforzándose. El mundo sigue mostrándome que soy culpable porque me aferro al propósito del ego para el cuerpo, me aferro al ataque, al placer y a la vanagloria. Todo lo que tengo que hacer es ver claramente la locura de utilizar el cuerpo y el mundo para llevar a cabo esos tres propósitos, y soltarlos. Si miro esto y pienso: *ay, ay, aquí hay problemas para mi especialismo, voy a perder algo*, es que no estoy viendo esa locura. Tengo que tenerlo claramente delante de mis narices. Antes de que yo diga voluntariamente: *ya está bien de esto, ya no quiero esto*, tengo que ver realmente la dinámica de lo que hace el ego.

Tenemos que ver la naturaleza de nuestro apego a todo esto. El desapego, por otra parte, es la capacidad de ser el observador. Eso es lo que nos conviene realmente. Nos conviene ser el observador del guión en lugar de caer atrapados en él. Tenemos que ir más allá de la forma. Tenemos que ver que el ego usa el cuerpo para la vanagloria, el placer y el ataque. Y no funciona apretar los dientes e intentar controlar la conducta. Por ejemplo, proclamar que nunca volverás a chillarle y gritarle a nadie no te lleva a ninguna parte. Intentar hacer cambios en el nivel de la forma no funciona.

Llevemos nuestra discusión de nuevo al nivel del contenido. El envanecimiento, por ejemplo, es muy sigiloso. A veces llegas a casa esperando esa sonrisa o ese abrazo que no llega, o buscas reconocimiento en el trabajo. Sencillamente quieres ser reconocido, sobresalir del montón. Te compras un automóvil nuevo, o ropa nueva, para conseguir un poco de atención. Envanecerse es muy sigiloso. Mira la motivación de la mente: es la vanidad. Invertimos mucho tiempo en los cuerpos, cortes de pelo, maquillaje, ropa, automóviles, etcétera Sencillamente contempla la vanidad y hasta dónde llega el envanecerse. Siempre se reduce a la identificación con el cuerpo. Si no me hubiese identificado antes como un cuerpo, ¿qué podría importarme ser o no ser famoso? ¿Qué podría importarme el aspecto de mi cuerpo?

Contemplemos ahora el placer. Parece que el placer sienta bien, realmente bien . [risas] El placer del cuerpo parece ser un asunto realmente importante, sean las comidas favoritas, cierto tipo de actividades sexuales, o los lugares bellos como las montañas o el océano. Hay preferencias de temperatura, a unos les gusta cálida y a otros fresca. El ego utiliza el cuerpo para obtener placer. En sentido metafísico, ¿por qué eso te mantiene tan forzado, tan limitado y sintiéndote tan culpable? Los cinco sentidos forman parte de la manera en que el ego se gratifica a sí mismo haciendo que el cuerpo parezca real. Intenta ponerte en contacto con Dios cuando tienes la cabeza palpitando de dolor. El dolor es un poderoso refuerzo de la fragilidad y la culpabilidad. Parece una prueba poderosa de lo contrario de "Soy tal como Dios me creó". Parece una prueba de la debilidad, la fragilidad y la impotencia. El dolor es un testimonio muy poderoso a favor del ego. Es el ego que dice: *la has fastidiado. Has abandonado a tu creador y él está furioso contigo, y esto es una forma de castigo.* Te duele porque crees que Dios está furioso contigo. Te duele porque crees que Dios es punitivo.

La otra cara de la moneda del dolor es el placer. En el momento del orgasmo y del éxtasis alguna gente grita *¡oh, Dios!* No creo que sea exactamente esto de lo que habla *Un curso de milagros*. [risas] ¡No es una sensación de desapego exactamente! El placer, al ser la otra cara de la moneda del dolor, refuerza la creencia en que *soy un cuerpo. No sólo soy un cuerpo, es que siento placer en este punto particular de mi cuerpo.* Cuando te tomas tu taza de tu café favorito o miras tu cuadro favorito, parece que hay una sensación física o psicológica. No es incómoda, ni dolorosa, parece que es diferente. El Curso dice: *hijo mío, estás alucinando. Tu mente está retorcida y crees que sabes distinguir el dolor y el placer.* Jesús te dice que estás en un estado mental tan distorsionado y retorcido que ves lo que ni siquiera existe, que alucinas. Esas sensaciones que sientes no son el mundo real, no son el estado del Cielo. Los dos extremos del espectro refuerzan la creencia en que el cuerpo es real.

> No obstante, para Aquel que envía los milagros a fin de bendecir el mundo, una leve punzada de dolor, un pequeño placer mundano o la agonía de la muerte, no son sino el mismo estribillo: una petición de curación, una llamada de socorro en un mundo de sufrimiento. De esa similitud es de lo que el milagro da testimonio. T-27.VI.6

¿Cuántas veces pedimos perdón al experimentar placer? Estás soñando y crees que hay sueños buenos y sueños malos. Yo diría que la mayoría de nosotros ponemos los sueños placenteros en la categoría de los "sueños buenos". De hecho, nos pasamos la vida buscándolos. Si no fuese por el dinero, ¿para qué íbamos a perseguir carreras profesionales y subir por la escalera de la empresa? Se puede cambiar el dinero por muchos de los menús que ofrece el mundo. Consigues tu tarjeta Visa y el mundo es tu ostra. La otra cara de la moneda es la creencia en que ciertos sueños son mejores que otros. Más adelante en el Texto, él dice que el milagro pasa por alto todos los sueños.

> De ahí que el milagro no excluya de su benéfica influencia algunos sueños. No puedes quedarte con algunos sueños y despertar de otros, pues o bien estás dormido o bien despierto. Y soñar tiene que ver únicamente con una de estas dos posibilidades. Los sueños que te parecen gratos te retrasarán tanto como aquellos en los que el miedo es evidente. Pues todos los sueños son sueños de miedo, no importa en qué forma parezcan manifestarse. T-29.IV.1

Participante: Tengo una pregunta que vuelve al uso del cuerpo. Si miramos los tres propósitos del cuerpo para el ego (el placer, la vanagloria y el ataque), y nos imaginamos una escena en la que por un momento eliminamos todo eso, ¿qué nos quedaría?

David: Lo que preguntas es qué estarías haciendo si empezases a retirarte del mundo y a abandonar verdaderamente esos tres usos del cuerpo. El mundo es una alucinación. Cuando retiras tu interés de la alucinación, la alucinación se desvanece cada vez más y más, hasta que te despiertas a tu realidad eterna. La expresión *el soñador del sueño* se refiere a cuando te apartas lo suficiente para estar desapegado. Aún parecerá que ocurren cosas. Jesús es un buen ejemplo, porque ciertamente parecía que tenía una misión de ir a sitios a hacer cosas, pero la mente alcanza un punto de desapego.

Participante: ¿Cómo practico ver la alucinación a través de mi vida cotidiana?

David: Sabemos que la represión y la complacencia son dos caras de la misma moneda. Cualquiera que haya tenido cualquier tipo de adicción sabe lo difícil que es controlar la propia conducta. Obviamente el ego está en eso, el ego es lo que lo pone en movimiento. La otra cara de la moneda sería la represión, cuando te niegas a ti mismo el helado de chocolate, el sexo o lo que sea. En ambos casos intentas hacer cambios en la forma, en la conducta, esperando que la mente actúe en consecuencia. Pero la mente es la que necesita cambiar. Primero tiene que cambiar la mente y luego la conducta se deduce del cambio mental. Eso es lo que es un milagro. Es doloroso acercarse al Curso al revés, mirando todo lo que hace el ego y diciéndose a uno mismo: *esto es mi deseo de ser especial y tengo que soltarlo todo*. Cuando uno está enfocado en el deseo de ser especial, es muy difícil soltarlo.

Participante: Se convierte en un sacrificio.

David: Jesús lo llama luchar contra el pecado. En la sección *No tengo que hacer nada* dice que son muchos los que se han pasado toda una vida batallando contra el pecado. "Es extremadamente difícil alcanzar la Expiación luchando contra el pecado". La respuesta es centrarse en el propósito, en el perdón, la sanación o cualquier palabra que te sea cómoda. Lleva eso contigo a tus actividades cotidianas. Mantén por delante ese propósito. En la sección *Cómo fijar la meta* se exponen los pasos para poner tu meta por delante. Hazlo y observa como todo parece dar testimonio de tu meta, porque tu mente es muy poderosa. Mantén tu meta por delante. Hazlo ya mientras estás sentado aquí. Observa tus reacciones. Recuerda que se basan en tus interpretaciones de lo que parece ocurrir. Siempre es tu propia lección. La manera correcta de utilizar la capacidad de hacer juicios es observar los propios sentimientos. ¿Cómo me siento? ¿Estoy en paz o estoy disgustado? No parece que importe demasiado cuál es el disgusto, se trata de notar cómo se siente uno. Esto lo hace un Curso muy práctico. Cuando mantienes tu meta por delante te salen muchas oportunidades de practicar el perdón. Todo se convierte en un telón de fondo, puedes aplicar las lecciones en cualquier circunstancia.

Empezarás a ver cada vez mejor que lo concreto no es importante. La mente engañada cree en lo concreto. Todo lo que hay en este mundo es concreto. No hay nada fuera de la mente. Al principio la mente no puede concebir esto, es una creencia demasiado grande. Lo puedo decir por mi propia vida, al principio de asistir a grupos del Curso, miraba a las chicas, a sus piernas y a otras partes de sus cuerpos, y luego volvía a mi mente. Te das cuenta de tus ojos y tu mente. Tus ojos son atraídos por esto y aquello, pero cuando mantienes tu propósito por delante llega un cambio. Cuando empiezas a conectar con el ser superior, empiezas a querer conectar realmente con la gente. En vez de decirle a tus ojos que no miren aquí o allá, empiezas a querer realmente esa conexión de corazón a corazón. Tiene lugar un cambio automático. Cuando te centras totalmente en tu propósito, sencillamente dejas de prestar atención al cuerpo. Dejas de prestar atención a cuántos aparecen, ni a cuántas mujeres hay. No te das cuenta del peso, ni la apariencia, ni la raza. El racismo no está en este mundo. El racismo está en la mente. El ego convierte en un asunto importante cualquier cosa concreta como el color de la piel, la edad, la atracción y el género. De ahí vienen el sexismo, la discriminación por la edad y el racismo. Es una idea estupenda pensar que no hay racismo alguno en el mundo. El único sitio donde puede estar el racismo es en mi mente.

Hacerse consciente del concepto del yo-del mundo

La Verdad es paz, felicidad, alegría y libertad, la Verdad es una experiencia del Corazón. La Verdad no se puede describir ni explicar. Los cómos y los porqués ya se han disuelto cuando se la experimenta. Se aproxima uno a la Verdad por medio de la negación, por medio de hacerse consciente de todo lo que es falso, y por medio de dejar de creer en cualquier ilusión. Hay que soltar todo lo que es falso.

Las Ilusiones se transcienden subiéndolas a la consciencia. Cuando todas las ilusiones se han destapado y se han revelado como una sola (es decir, el tronco del árbol del ego y sus muchas ramas son un solo árbol), la Verdad es bienvenida. Ver claramente la barrera, traerla plenamente a la consciencia la elimina en la luz de manera automática. Ver la barrera sólo parcialmente (es decir, sólo algunas de las ramas) es no ver nada en absoluto.

La consciencia pertenece al ámbito del ego. Está hecha de conceptos y de imágenes. El sujeto y el objeto, el observador y lo observado, yo y el otro, el individuo y el colectivo, el personaje del sueño y el sueño, no son diferentes en absoluto. Son sólo conceptos-imágenes. Son el ego. La Mente Divina es la Realidad de la Identidad en Dios. ¡Experimentar esto es la libertad!

La Voluntad Libre es de Dios y de Cristo. La "voluntad" del ego es la creencia en que la realidad está fragmentada y se puede elegir, o seleccionar, parte de ella, y en que es posible elegir entre las imágenes de su campo de juego. La "voluntad" del ego es el esfuerzo por producir cambios y mejoras por medio de juegos malabares de reorganizar imágenes y conceptos, con la esperanza de una futura felicidad. Esta ilusión de cambio no transforma nada, porque aún está dentro de su campo de juego.

El verdadero cambio es una transformación radical de la mente. Esto sólo ocurre cuando la mente ve el campo de juego completo –la propia consciencia– desde un propósito, o marco de referencia, completamente diferente.

El ser falso, o ego, es el hacedor de las imágenes *y también* las imágenes que hace. Es la persona (la máscara) que cubre y oculta de la consciencia la Realidad Abstracta. Es un concepto del yo que consiste en conceptos. Está fragmentado en la propia persona (un fragmento), las otras personas (más fragmentos), y el mundo-cosmos que los "rodea" (aún más fragmentos), *y también* es lo que los hizo o pensó a todos ellos. Dicho de otra manera, el ego es a la vez el "pensador" y los "pensamientos", el hacedor de las imágenes y las imágenes.

La libertad es darse cuenta de que la Realidad está completa y sólo se la puede aceptar en este instante: no está hecha de imágenes seleccionadas. El concepto de elegir desaparece con esta aceptación porque en la Realidad no hay nada entre lo que elegir. Ve que la felicidad futura era sólo un concepto. Ve que la culpabilidad por el pasado era sólo un concepto. Ve que el conflicto y el esfuerzo eran sólo conceptos. La Realidad Presente es inmutable y está tranquila, desprovista de todo concepto.

Miremos aún más de cerca lo que es soltar el concepto del yo. Mientras la mente se identifique con los personajes del sueño y con el mundo, no podrá evitar creer que hay verdaderos problemas que resolver, y mucho que hacer para resolverlos. Actuar, o hacer, implica un cuerpo que actúe, o haga. Pero siempre que la mente tome una decisión basada en el miedo, la mente retendrá el miedo. Hacer juicios invita al miedo. Los pensamientos sobre consecuencias-resultados, se les juzgue "favorables o desfavorables", "deseables o indeseables", son nada más que pensamientos sobre un sueño nacidos del concepto del yo, y no tienen nada que ver con el Verdadero Ser de uno.

La única elección disponible para una mente que percibe este mundo es con cuál de los guías interiores va a ver la función del mundo: con el Espíritu o con el ego. Si en el guión hay algo que en algún sentido parece inquietante, no es sino otra oportunidad de darse cuenta de la identificación de la mente con el concepto del yo, y de soltar ese pensamiento. Cuando uno recuerda su función de perdonar (soltar las ilusiones) y mantiene claramente este Propósito en la mente, no importa en absoluto qué película parece estar proyectándose, ni cómo se desenvuelve la trama. El Contenido es Propósito en la mente. El estado mental (esto es, la paz o el disgusto) no depende de los resultados-apariencias, sino únicamente del guía (Espíritu o ego) al que se llama para observar junto con él. La lente del ego siempre es oscura, y el Espíritu siempre ve un mundo claro, luminoso y bello. El Espíritu no hace juicios y por tanto no condena.

Tiene que quedar claro que si se ha de comprender el verdadero perdón no se puede retener una sola chispa del concepto del yo. Uno tiene que elegir lo uno o lo otro y aceptar definitivamente la Realidad que Es, la Verdad que no tiene contrario. La verdadera meditación es vaciar la consciencia de todos sus conceptos (es decir, de todos los pensamientos, conceptos, ideas y creencias espacio-temporales). Todos estos conceptos, imágenes, creencias y pensamientos están arraigados en el tiempo lineal. La única razón de que el ego sea tan complicado y esté siempre tan ocupado es su negación de que el único tiempo que existe es Ahora.

El concepto del yo, que es asociar la identidad con lo espacio-temporal y lo material, es lo que se expía o se Corrige. De lo que se es responsable es de aceptar la Expiación, o de la decisión de mantener el único Propósito del Espíritu, es decir, no se es responsable del error, sino de aceptar la Corrección. Cada vez que se desea que el guión vaya de cierta manera, se ha hecho un juicio sobre las formas y se tiene ciertas expectativas. Mantener cualquier expectativa es elegir olvidar el único Propósito del Espíritu, y refleja la creencia en que hay algo valioso fuera del Ser de Uno.

Todas las metas del ego brotan del concepto del yo, no tienen nada que ver con lo que más le conviene a uno, y tienen todo que ver con mantener el concepto del yo. Haciéndose consciente de las ilusiones primero, y luego dejando de tener interés en ellas por medio de poner la fe en el Propósito unificado del mundo, las ilusiones se desvanecen y Uno recuerda a Su Ser como Espíritu.

"No pondrás ídolos ante Dios" se traduce en "no retengas ningún concepto del yo si quieres conocer a Dios". Porque el Ser Único está creado eterno, y mucho más allá de cualquier concepto ni imagen. La oración es el deseo del corazón. Cuando la oración se purifica, el recuerdo de la Verdad brota en la Mente como Mente Divina. *Que tu ojo sea sencillo* es una manera de decir que tu oración sea por el Único Viviente, porque el Amor es lo Que Tú eres. ¡¡¡El Amor es Todo lo que Es!!! ¡¡¡Tal es la Gloria de Dios!!!

El yo-montaje

Participante: Hubo una época en que la desesperación que sentía trajo la disposición a abrirme a algo distinto. Parece que esto pasa a menudo. Mientras todo parece ir suavemente no hay deseo de cuestionar, ni de mirar a lo que está pasando, falta la motivación para hacerlo. Pero cuando es evidente que las cosas se han desbocado, hay mayor disposición, más estar listo a mirar a ver qué es posible.

David: Cuando las cosas se han desbocado en mi percepción de ellas, yo tengo un problema de percepción. Realmente no es cuerdo proyectar los problemas, el caos y los conflictos del mundo sobre Dios, como si Dios supiese de ellos pero eligiese no hacer nada. Cualquier intento de establecer una conexión entre Dios y el mundo fragmentado y desbocado es un intento de evadirme de mi responsabilidad sobre mi propio estado mental. La paz es una decisión que yo puedo tomar. Cuando elijo percibirme a mí mismo como una víctima, o como parte de un mundo enloquecido, hay una distorsión de mi percepción que necesita corregirse.

Participante: El mundo nunca ha enloquecido. ¡Mi mente ha enloquecido! Hablemos del concepto de ser víctima, de todas la diferentes formas que adopta y de cómo en realidad ese concepto no es posible, excepto para una mente engañada o dormida.

David: Para que haya siquiera una sensación de víctima y victimario, tiene que haber dos. Hay que tener un sujeto y un objeto para poder tener una víctima y un victimario. De manera muy conveniente para la mente que alberga dos sistemas de pensamiento, cuando la experiencia de la división se hace intolerable se la puede proyectar sobre el mundo, y así se refuerza la idea de que la división está en el mundo. Por así decirlo aparece sobre una cortina de humo y no en la mente, donde el montaje se podría ver como tal montaje, haciendo luz sobre el hecho de que en realidad no hay ningún problema. Las experiencias tempranas de indefensión y victimización por los padres son sólo parte de un montaje, establecido de forma que el concepto del yo pueda percibirse a sí mismo como víctima de otros más grandes.

Participante: Supongo que la dependencia es otra forma de victimización. La establecí, por ejemplo, de manera que yo fuese físicamente dependiente de que mis padres me proporcionasen comida, ropa, un sitio donde vivir y también satisfacción de mis necesidades emocionales.

David: La escasez y la carencia de fe se proyectan sobre el mundo para que el mundo parezca un lugar de escasez. Ahora soy un sujeto, una persona en un mundo objetivo que está fuera de mí. Es un mundo de *mata o te matan,* donde hay que pelear para mantener la cabeza por encima del agua. El significado que se le puede atribuir a esto es: *soy un niño pequeño y dependiente que va a morir si no consigue comida y abrigo de mamá y papá.*

Participante: Por mí mismo estoy indefenso. Tengo que contar con que los adultos de mi mundo cuiden de mí.

David: Eso es un montaje, volvemos a que es un montaje. Podrías tener a otros niños que formen parte del montaje, una hermana mayor o un hermano pequeño. Hay competencia y parece que soy la víctima. A veces parece que yo soy la víctima y otras veces parece que represento el papel del victimario, el que se burla y atormenta. Luego vas a la escuela y están los maestros. Los maestros tienen reglas. Ahora me tengo que sentar en un asiento determinado y tengo que hacer las cosas cuando se me dice. Esto se puede percibir como una batalla por el control. El montaje de la víctima y el victimario puede tomar muchas formas diferentes. La persona puede parecer que es un adulto o un niño, que son ambos montajes.

Participante: La mente siempre quiere ver desigualdad. De manera que donde haya desigualdad, alguien va a ser el dependiente, la víctima.

David: La mente engañada siempre necesita ver la división en el mundo para que sea una distracción que impida ver la división en la mente. No quiere ver que eso sólo es una decisión. Tenemos el ejercito, la recaudación de impuestos, los departamentos y los agentes de policía. Todo se puede llevar de vuelta al problema de autoridad. Hay conflictos de autoridad por todas partes, básicamente hay un conflicto de autoridad con Dios, en el sentido de que el ser verdadero, el verdadero Espíritu es Uno, íntegro y completo. Es abstracto. Creer que soy una persona en el mundo es negar mi realidad y en lugar de ella inventarme algo que no es real. La creencia en que pude separarme de Dios es tan dolorosa que se inventan estos conceptos para ocultar ese dolor, para ser sustitutos.

Participante: La idea de ser víctima realmente depende de la creencia en la separación y de todo el problema de autoridad. El deseo de tener el control se enlaza con todo eso.

David: La creencia en que uno puede ser tratado injustamente por otra persona, por el mundo o por la sociedad, es parte del montaje del mundo para ver la división fuera de la mente y enfatizar la diferencia entre sujeto y objeto. Es sólo un elección de la mente, literalmente.

Participante: Entonces llevemos esto a lo que parece el ámbito de la práctica. Por favor trata el tema de ser objeto de abusos por uno de los padres cuando se es niño.

David: Vale. Vemos que esto se puede percibir como un problema. Puede haberse asociado mucho dolor y disgusto a esto. El dolor viene de la sensación de ser víctima.

Participante: ¿De manera que el dolor brota de la interpretación de que se es víctima?

David: Sí. Es un montaje. Antes de poder tener la creencia en que eres víctima de tu padre, tiene que haber división sujeto-objeto. Tienes que creer que eres una persona, un cuerpo en el mundo. Tiene que creer que esa circunstancia tuvo lugar y que en tu relación con ella no tuviste opción ni elección. Te ocurrió *a* ti, como persona.

Participante: Y que algo fuera de mi mente puede causarme daño, malestar o trastorno de alguna clase.

David: Si creo que soy un cuerpo y establezco ciertos límites psicológicos y físicos, puedo decir que tengo algunos derechos inalienables como persona, y que ahí fuera hay otras personas que pueden violar esos derechos. He establecido todo el montaje, creo que existe lo que es una violación de mi personalidad, lo que está en contra de mi voluntad.

Participante: Estás diciendo que si creo que tengo cualquier derecho personal relacionado con este cuerpo y la manera en que se lo utiliza en su relación con otros cuerpos, eso no es más que un montaje.

David: Exactamente. Es inventado, ficticio. Uno puede tener la ilusión de ser violado. Puede ser cualquier cosa, desde un ataque físico o sexual traumático hasta que alguien te frunza el ceño, o deje de alabarte. Estos parecen grados distintos de rechazo, de hacerlo a uno víctima, pero todo forma parte del montaje. La mente tiene que creer que es ese montaje antes de que esto pueda ocurrir. Hay ordenación de los pensamientos. Hay la creencia en que hay algo fuera de mí que me puede quitar la paz. Eso se ha de cuestionar. El montaje se ha de cuestionar, hay que dar un paso atrás y verlo como el montaje que es.

Participante: La misma idea de que tengo derechos sobre mi cuerpo me parece que se basa en mi deseo de tener el control, y el deseo de tener el control se basa en el miedo a reconocer que no tengo el control.

David: Uno cree que se le ha dado un pequeño intervalo de tiempo entre el nacimiento y la muerte para ser lo que le gustaría ser. Es como tener un lienzo en blanco y pinturas, puedes estar pintando y pasándotelo bien y entonces parece que viene alguien y de alguna manera trastorna tu pintura. Parece una violación. Esto por supuesto es una metáfora de lo que le parece la llamada vida en este mundo a una mente que cree que es un montaje o un concepto. Dice: "¡Ojo! Tengo mi condición de ser único y mi individualidad. Voy a compartir algunas cosas contigo y puede que seamos capaces de estar de acuerdo en algunas cosas, pero siempre seré una persona separada". En cierto sentido aquí es donde entra el control, porque se percibe que existen fuerzas, situaciones externas y personas que me quitan, o erosionan, el "yo" en el que creo. Y no puede haber paz hasta que se vea todo eso como un montaje mental inventado.

Participante: El horror a no tener el control es en realidad el horror a dejar de tener ese montaje, o concepto del yo, al que aferrarse.

David: Sí. ¿Cuál es la alternativa? Si suelto este montaje, ¿entonces qué? La opinión del ego es que serías destruido. ¡Aniquilado! Tú no serías tú, no quedaría nada. Serías destruido. El Espíritu te recuerda en la mente que serás tú. Tú eres tú. Pero si te sostienes a ti mismo como concepto, desconoces la magnitud de tu propia identidad y de tu propia realidad. El Espíritu advierte, recuerda y aconseja a la mente que suelte eso.

Participante: De manera que mientras el ego dice: *va a ser lo peor que te podría ocurrir nunca,* el Espíritu Santo dice: *¡ay, si supieras lo maravillosa que va a ser la experiencia!*

David: ¿Y cuales son las implicaciones de esto? No hay racismo en el mundo. ¡Vaya afirmación! No hay sexismo en el mundo. ¡Vaya! No hay discriminación por la edad. No hay intolerancia.

Participante: ¿Dónde has estado tú? [risas]

David: Sí, ¿de qué sitio hablas? Todos esos problemas y desigualdades que se perciben son proyectados para que la mente no tenga que mirar a la división sujeto-objeto que está dentro de la mente. El problema está en esos dos sistemas de pensamiento irreconciliables que están dentro de la mente. Puedo hacer una cruzada contra el racismo, salir a intentar convencer a otras personas, a otros cuerpos, de que se espabilen y piensen mejor, de que se hagan leyes mejores. Es igual con todas las controversias y temas sociales. En el mundo parece absurdo decir que no hay ningún problema. ¿Estamos haciendo castillos en el aire cuando lo reducimos a que todo es un montaje? Todo ello es un montaje –toda la complejidad de capas y niveles de los problemas– desde los problemas ínter-psíquicos hasta los problemas planetarios o internacionales. Cada capa se fabricó para oscurecer la sencillez del hecho de que la división está en la mente y no en el mundo, y que el problema ya se ha resuelto. No hay problema alguno. Una vez que la mente es capaz de dar un paso atrás y ver el mundo como nada más que ideas, como nada más que su propio montaje, entonces ve que es el soñador del sueño. No está en el sueño, no es un personaje del sueño batallando contra los otros personajes y contra las fuerzas de un sueño salvaje y enloquecido. Una vez que uno se da cuenta de ello, el sueño se puede soltar. Cuando el soñador ve que él es el soñador, la causa del sueño, se vuelve un sueño muy feliz.

Participante: Porque entonces ve que nada de lo que pasa dentro del sueño es importante.

David: Sí. Ve que es el soñador, o la causa, del sueño. Esto se podría decir con mayor precisión así: el soñador ve que él *era* el soñador...

Participante: Que se ha terminado. Que es pasado.

David: Se ha terminado. Sólo pareció tener existencia en el pasado, no tiene existencia ahora. Aquí es donde entramos realmente en el aspecto temporal del instante no santo y del instante santo.

Participante: Porque lo real es lo único que puede tener existencia ahora. Cuando reconoces que el sueño no es real, ya no puede sostenerse en el momento presente. Tiene que ser algo que era del pasado.

David: Empiezan a encajar todas las frases del Curso sobre que el pasado ya pasó. El montaje ya pasó. Cuando se ve el montaje como el montaje que es, hay consciencia de que el montaje también es pasado.

Qué significa soltar y vivir en el amor

Para soltar el miedo, la culpabilidad y el dolor por medio del perdón, y poder entregarle al Espíritu la "identidad" mundana, la confianza es clave. La Luz del Espíritu se opone a proteger y defender la "identidad" del cuerpo. La clave de la Iluminación es soltar el apego a lo externo y poner la fe en el Espíritu.

La cólera y la culpabilidad van a cambiar de forma según la situación y el sitio, hasta que se desvele y se perdone su origen dentro de nosotros. Hasta que llega el perdón, el juego de echar la culpa, el señalar con el dedo, y las distracciones para olvidarse del dolor no son sino las tonterías con las que juega una mente engañada para poder seguir negando la realidad. Una vez que se ve que la cólera y la culpabilidad no están justificadas, se las puede soltar para siempre.

Los alicientes del mundo brillan tenuemente y tientan a una "vida mejor" con una posición social mejor, más dinero, más poder, más reconocimiento y más atractivo sexual. Pero una vez que se ve que estos "dones" son oro falso, la ilusión que subyace al mundo (el ego) está desvelada. Mientras uno ponga fe en el ego, va a parecer que uno es un peón del juego del mundo del ego. Cuando se ve al ego desnudo, deja de ser atractivo. Cuando a una ilusión se le retira la fe, la ilusión desaparece, de manera muy parecida a como desaparece la oscuridad con el amanecer de la Luz.

Hace falta fe para ir más allá de los miedos y dudas internos y de lo que parecen "las opiniones del mundo", a encontrarse con la Verdadera Inocencia interior. Hace falta fortaleza para ver más allá de las apariencias y de los actos al Amor que reside dentro, sin tomar partido ni condenar a ningún hermano ni hermana. Pero la fe tiene su recompensa cuando aprendemos a perdonar de verdad y a soltar las ilusiones que equivocadamente manteníamos sobre nuestro Ser y sobre el mundo. ¡Experimentamos una Alegría que no es de este mundo!

Todo conflicto "de relación" brota de la perspectiva personal del ego. En el auto-engaño, el concepto del yo-identidad corporal se mantiene como sustituto de la Verdadera Intimidad, o Unión de la Mente. La creencia que hay que cuestionar es la creencia en la separación y todos los pensamientos subsiguientes de rechazo, traición, cólera y abandono. Hace falta mucha fe para desvelar lo que se cree verdadero y aceptar en su lugar la Verdad de nuestro Ser: que como Ser Espiritual no tenemos la capacidad de ser rechazados, traicionados ni abandonados.

En un mundo de oscuridad controlado por el tiempo, las imágenes y los roles se modifican y cambian continuamente como si formasen parte de un experimento enloquecido. Todo el mundo parece estar bajo el hechizo del sueño y el olvido, con solo una vago recuerdo de una lejana memoria de la Luz, de Casa, aunque todo el mundo lucha por recordar cómo se vuelve a Casa. Cuando por fin se destapa y se pone al descubierto el plan de la oscuridad, el mundo al revés se pone al derecho, y está bañado en la luz de la Inocencia del Momento Presente. En Dios no hay ningún recuerdo del pasado. Los juegos de miedo y culpabilidad se terminan en la Luz del Verdadero Amor.

Santo Hijo de Dios, Tú eres la Bella Creación de un Dios Amoroso. No permitas que los sueños del mundo te convenzan de que Tú no eres digno del Amor. Tú eres el propio Amor Divino, ¡y nada podrá cambiar nunca al Tú Real: el Amor Único, Perfecto, Infinito, Magnificente y Eterno que siempre vas a Ser!

Más allá de la creencia en ser víctima

Si hay algo que pueda llamarse "víctima", entonces no hay Dios. Sin embargo, puesto que Dios es Real, Ama Todo, Conoce Todo y Puede Todo, es imposible que existan víctimas. ¿Qué podría ser la existencia de víctimas sino una ilusión, una percepción errónea? Las preguntas sobre el "mal" y los "horrores" del mundo son pseudo-preguntas, porque no hacen sino preguntar y responder desde la suposición de que el error es real. La primera pregunta que pareció plantearse nunca la hizo el ego: "¿Quién soy?" Y cada pregunta a lo largo de la historia no es sino una duda ilusoria sobre la Certeza de la Presencia "Yo Soy". Dios no es cuestionable. Cristo no es cuestionable. Síguele el rastro a la pregunta hasta llegar al supuesto "preguntador". La Verdadera Libertad es ver la imposibilidad del "preguntador", pues la Identidad en Dios está más allá de toda pregunta.

Buscarás y cuestionarás mientras parezca que persisten las ilusiones. Cuestiona lo que crees, lo que supones que es verdad. Cuestiona tus percepciones y tu deseo de cosas de este mundo. Cuestiona la fe puesta en el ego. Luego pregúntate si hay algo que perpetúa la culpabilidad, el miedo y el odio a lo que valga la pena aferrarse. El ego hizo este mundo. En lugar de cuestionar los aparentes efectos del error –las personas, acontecimientos y circunstancias del mundo– es bueno cuestionar el error subyacente de que la separación es posible. Para qué cuestionar los efectos cuando su "causa" es irreal y no tiene base alguna. Dios no creó al ego, de manera que el ego no tiene Origen. Dios creó a Su Hijo como Espíritu, y así la Identidad es Espíritu. Ningún sueño de miedo puede velar la Verdad de nuestro Ser Eterno.

¡Te amo porque así es el Amor a Uno Mismo! No puede ser difícil aceptar la Verdad. Las ilusiones son difíciles de mantener, pues no tienen nada en lo que apoyarse. ¡Observémoslas desaparecer como castillos de arena en la inmensa Marea del Océano!

Los testigos de mi paternidad

Participante: Esta pregunta es sobre algo que no entiendo en el Texto de UCDM:

> Cada vez que liberas a un hermano de su culpabilidad, grande es el júbilo en el Cielo, donde los testigos de tu paternidad se regocijan. T-13.IX.6

¿Quiénes son esos testigos de mi paternidad? Quienes quiera que sean, ya están en el Cielo. ¿Quiénes son esos seres? ¿Soy yo su padre? Y si soy su padre, ¿cómo es que no me doy cuenta?, ¿Me he olvidado de mis propios hijos espirituales?¿Han despertado mis hijos en el Cielo antes que yo? La cita anterior habría estimulado mucha iluminación si no dijese más que: "Cada vez que liberas a un hermano de su culpabilidad, grande es el júbilo en el Cielo", pero el resto carece completamente de sentido para mí, así que he decidido hacerte saber de este hueco en mi comprensión, para que puedas aclarar lo que significa el resto de la cita. Gracias.

David: Cristo tiene creaciones que son Espíritu Puro, igual que la Creación de Cristo por Dios es Espíritu Puro. Cuando pareció que Cristo se dormía y olvidaba el Cielo, las creaciones de Cristo de las que "había sido padre" (ser padre es sinónimo de crear) fueron también olvidadas. Esas creaciones son Espíritu Abstracto, y no hay nada en el cosmos espacio-temporal a lo que se parezcan ni siquiera remotamente *porque* son Espíritu Puro. No se puede describir ni explicar estas creaciones porque su Significado es Eterno y Uno con Dios, como Cristo. Basta decir que serán Conocidas, como Tu Ser y Creador son Conocidos. En la Luz se olvida uno de la oscuridad, y cuando parece que la oscuridad aparece, es sencillamente que la Luz ha sido oscurecida en la consciencia.

Identificar y eliminar los obstáculos a la paz interior

Siempre me hace feliz escribir sobre la eliminación de los obstáculos a la experiencia/consciencia de la paz interior. Muchos buscadores y estudiantes sinceros se aferran a afirmaciones, metáforas y símbolos sólo por las horribles creencias inconscientes que permanecen ocultas y sin ser cuestionadas. Sin embargo, la experiencia consistente de la paz interior viene sólo cuando ya no queda nada que se suponga real y verdadero. Si el reconocimiento de la falsedad se aplicase por igual a todo lo que hay en el cosmos sin excepciones, no quedaría nada más que la tranquilidad de espíritu. Sólo las excepciones traen la ilusión de conflicto, y es evidente que la Verdad no tiene excepciones.

Nuestra Mente es santa y sagrada, porque la Mente Divina es una creación de Dios. Nada es especial y ninguna *cosa* es sagrada, pues nada existe separado de la Totalidad e Integridad de Dios. El Amor es un

Estado Mental que transciende la creencia en diferencias de cualquier tipo. El Amor es Identidad y se reconoce a Sí Mismo. El Amor es íntegro, completo y lo abarca todo. El Amor nunca se desvía. El Amor nunca cambia.

Los errores son suposiciones de la mente sobre la naturaleza de la realidad. Son creencias en lo imposible, intentos de aportar pruebas de lo imposible. Los errores metafísicos intentan hacer que en la forma haya algo causativo, pero ninguna forma es causativa y ninguna forma tiene existencia "individual". Las partes no hacen el todo, porque la integridad es real y la realidad no se puede descomponer en partes. Una vez que se capta el Principio Divino, hay que aplicarlo sin ninguna excepción para que Sea Él Mismo. Los errores de transferencia del aprendizaje son sólo intentos de hacer excepciones a la Verdad Absoluta, pero felizmente la Verdad no tiene excepciones.

La salvación no es ningún tipo de apaño, la abstención de juzgar no regatea. Se podría describir la salvación como dejar atrás todo intento de vivir con dos sistemas de pensamiento que nunca podrán coexistir.

No existe la confianza parcial, porque la confianza nunca es parcial. La confianza tiene que ser tan total y completa como lo es Aquel en quien se deposita la confianza, y la fe en el Espíritu Santo siempre es recompensada con tranquilidad de espíritu. Cuando te sientas tentado a creer que sabes algo sobre este mundo, recuerda que el mundo se fabricó para ocultar el Amor de Dios. Luego suelta ese pensamiento concreto con una sonrisa en la boca, y relájate felizmente en la paz. Para la mente que confía, la paz es lo natural.

Soltar el impulso del ego a echarle la culpa al pasado, o a cambiarlo

Hola, David:

El motivo que tengo para escribirte es buscar más claridad. Mientras me veo escribiendo esto reconozco que me siento inseguro y en peligro, con poca confianza. Por lo tanto también busco que me asegures que todas las cosas obran conjuntamente para el bien, y que la confianza está profundizando. Ahí va: los bebés nacen para depender de los seres humanos y tener a quien culpar por su infelicidad. ¿Es esto un intento de evitar aceptar la responsabilidad de nuestro propio estado mental, nuestra única responsabilidad? Saco a relucir esto porque me doy cuenta de que ¡lo he organizado todo para que me distraiga de relajarme en el momento viviente y Ser en la Alegría!

He elegido a mi familia y ellos me han elegido a mí. Lo he organizado todo..., el mundo, la familia, los amigos, las situaciones, las circunstancias, los ideales, los pensamientos. La buena noticia es que yo no soy ninguna de esas cosas. No soy el mundo. Soy tal como Dios me creó: ¡Íntegro, Perfecto, Inmutable y Eterno!

¿Por qué parezco estar tan triste? Parezco estar triste por haberlo organizado todo para demostrarme a mí mismo que la falsa imagen del yo que fabriqué es verdadera. Pues bueno, no es verdadera. Hasta ahora he hecho de toda mi vida un montaje en el que utilizo a los demás y a las distintas situaciones para demostrar que es verdad esta mentira sobre mí mismo que me inventé. Ese es el juego del ego y ya no estoy dispuesto a jugarlo, porque sólo sirve para mantenerme distraído de vivir en el Ahora completamente.

Me doy cuenta de que la única manera de acabar el juego es parar de escaparme del momento presente. Cuando me observo, aún veo un deseo oculto de que el pasado no hubiese ocurrido como creo que lo hizo. Deseo que no hubiese organizado nada de familia. Deseo que no me hubiese montado nada con aquel tío de África en quien todavía pienso. Me doy cuenta de mi dependencia del sexo, en la mente parece ocurrir una vez tras otra una violación durante mi infancia (la aparente separación).

En algún momento del año pasado mencionaste que la forma no es el problema, que se trata de un problema de percepción. Una vez más, puse todo en las manos del Espíritu Santo, le pedí que me revelase la verdad, y confié. Sólo he llegado a darme cuenta de que no sé cuál es el propósito de nada. Pues el pasado no ocurrió como creo que lo hizo, porque en el mismo instante en que pareció ocurrir el error, vino la corrección. El Espíritu Santo es la corrección, y quiero aceptarlo en mi corazón y dejar que Él me muestre el camino.

Encuentro que todavía soy duro conmigo mismo. Observo y reconozco que quiero todo ahora mismo. Esto es posible, porque *todo es ahora mismo* o *ahora mismo es todo*. Sin embargo, me doy cuenta de que aún tengo miedo a causa de todos esos aparentes recursos del ego que fabriqué. Pero estoy aprendiendo a ser amable y dulce conmigo mismo. ¡Gracias! ¡Gracias, Espíritu Santo! ¡Gracias, Dios! ¡Gracias a mí mismo, por mi disposición a soltar y a dejar que Dios sea, mientras me perdono por lo que creo que hice, porque no lo hice! ¡Avec Amour!

Amado:

Gracias por desahogar tu corazón conmigo. Sí, sencillamente permite que los recuerdos y los pensamientos surjan en la consciencia, y suavemente permite que se te recuerde que esos son pensamientos del pasado que flotan por la consciencia. La mayor tentación del ego es la de creer que las cosas habrían sido mejores si hubiesen sido diferentes, y esto es el deseo de cambiar el pasado o de descifrarlo, en lugar de soltarlo o perdonarlo.

Anoche vi la película *El efecto mariposa*. Es una película para "observar la mente" que ofrece la lección de perdón de que es imposible arreglar los personajes ni los recuerdos del pasado. El protagonista se mantiene reviviendo escenas y recuerdos que habían sido suprimidos debido a la intensidad del horror y los traumas. Utilizar el poder de la mente para rehacer las escenas, lanza al guión en direcciones alternativas, pero ninguno de los guiones de la vida ofrece ninguna satisfacción duradera. Los que están destinados a encontrarse en la forma se van a encontrar, aunque la lección para la mente es que el pasado ya pasó y lo falso es falso. El pasado se ha terminado, aunque el ego quiere que el error se repita una vez tras otra. El estado mental del *soñador del sueño* es tranquilo y pacífico, y esto es aceptar la Expiación o Corrección de todo el sueño. Creo que vas a encontrar en *El efecto mariposa* un recurso útil para tu curación.

Esta noche, una vez más, voy a ver *Olvídate de mí*, una herramienta y un símbolo espectacular del borrado de los recuerdos, el rendirse y el perdón. El amor transciende todos los recuerdos de las percepciones, aunque el ego cree que los recuerdos *son* el amor. La Luz que brilla más allá de todo recuerdo perceptivo resplandece con Amor Eterno en la Impecable Mente Divina. Más allá de la tentación de hacer juicios y de culpar hay un Amor tan profundo y puro, que la mente durmiente se lanzará al Amor, y abandonará todas las imágenes y todas las baratijas, en el instante en que, al Despertar, recuerde al Amor.

Focos de culpabilidad

Hola, David:

Dices que: "Los focos de culpabilidad tienen que ser puestos en evidencia y ser cedidos al Espíritu Santo de manera voluntaria, cuando esto ocurre se hace visible que la culpabilidad nunca fue real".

He intentado hacerlo pero dudo de que lo esté haciendo de manera efectiva. Mi manera de pensar es muy literal. El pasado que retengo en la mente fue muy malo, violento, doloroso, etcétera. He intentado soltarlo y pensar en él como en un sueño malísimo que no contenía nada real. Yo era-yo soy el soñador que hace ocurrir todo lo que contiene el sueño. Le pido constantemente al Espíritu Santo-Jesús que me ayude en todo lo que hago.

Tengo esto en mente casi cada hora que paso despierto. Es como una obsesión por "encontrar el camino a casa". Me doy cuenta de que aquí, en este mundo, no hay nada que tenga ningún valor. Le pregunté al Espíritu Santo por todos los problemas que parece que tengo. Una versión simplificada de la respuesta que creo que tuve es: sólo tengo un problema, y ese problema es que creo que puedo estar separado de Dios. Todos los demás problemas brotan de esta única creencia y sólo son distracciones para impedirme ver el problema original. Porque si veo el problema original, la razón me va a decir que es imposible que yo esté separado de Dios. Creo que esto es verdad, pero no estoy seguro.

Esto me conduce de vuelta a la idea de soltar la culpabilidad. Siento culpabilidad por algo que no ocurrió. No ocurrió porque no tiene causa. Pero yo puedo creer que ocurrió, lo cual no lo hace real, pero genera culpabilidad. ¿No es esto una locura? ¿Cómo llevo ante la luz y le entrego al Espíritu Santo la culpabilidad por lo que no ocurrió? ¿Cómo sé que he tenido éxito en esto? No quiero que nada impida que mi mente sane y despierte del sueño.

Hola Amado:

Gracias por escribir. Tu deseo de encontrar el camino a Casa es una poderosa fuerza que está empujando a la consciencia todos los pensamientos de ataque. Puedes relajarte, no hay necesidad de sentirlo como una obsesión, ya que le estás dando permiso a tu mente para dejar que salgan a la superficie las creencias y los pensamientos. Lo que le oyes decir al Espíritu Santo es la verdad: "Sólo tengo un problema, y ese problema es que creo que puedo estar separado de Dios. Todos los demás problemas brotan de esta única creencia y sólo son distracciones para impedirme ver el problema original. Porque si veo el problema original, la razón me va a decir que es imposible que yo esté separado de Dios".

Todos los "asuntos de la superficie", que son problemas en la forma, fueron fabricados para distraer a la mente de mirar a las creencias de dentro. Piensa en la mente como círculos concéntricos con el deseo en el centro. El siguiente anillo es la creencia, seguida por el pensamiento, seguido por la emoción, seguida por la percepción. Las zonas interiores determinan las exteriores. Estás usando el deseo (el centro) de Despertar como incentivo para cuestionar todo lo que crees, y cuando las creencias falsas se disuelven, los pensamientos que brotaron del ego se sueltan también. Esto a su vez suelta las emociones y percepciones del miedo. Por eso UCDM habla tan a menudo del poquito de disposición, lo que pone en marcha el deshacimiento del ego es esta astilla de deseo de Despertar (unida al Espíritu Santo).

El Espíritu Santo es el "cómo" y los milagros, o transformaciones de la percepción, son los medios. Se le está dando la vuelta a causa y efecto, y esto significa que te vas haciendo consciente de que la mente es causativa. Dale rápidamente esos pensamientos al Espíritu Santo y Él te mostrará que nunca tuvieron efectos reales.

Los focos de culpabilidad son creencias fijas que no han sido cuestionadas y que aún se suponen verdaderas. La base de estas creencias es la creencia en que el tiempo es lineal en lugar de simultáneo. Al soltar los focos de culpabilidad, la paz regresa a la consciencia. Sabrás del "éxito" de tu entrenamiento mental por la paz que sientas.

El perdón es natural y juzgar es imposible

De todos los pensamientos relacionados con este mundo, el perdón es el más natural. No puede ser difícil soltar lo que nunca existió. Es gracioso contemplar como uno deja lo que nunca tuvo. Este chiste de mundo tiene mucha gracia cuando se lo ve como la nada que es.

¿Cómo podría juzgar un Hijo de Dios, dado que la Creación no sabe nada de hacer juicios? ¿Y qué es la Creación sino el Amado Hijo de Dios? Juzgar es imposible en el Ser Único, porque en la Unicidad no hay nada "entre lo que juzgar". Tal es el Amor. El Amor impide la posibilidad de juzgar. Por eso el perdón es tan fácil. Como reflejo del Amor, el perdón es reconocer la imposibilidad de juzgar, condenar y atacar. ¿Cómo iba a haber un contrario del Amor? La Ley del Amor es la Única Ley, ¡el Único Ser!

Dios no perdona, porque Dios nunca ha condenado. El perdón es la única necesidad de este mundo, porque el perdón ve que este mundo es imposible. No puede ser difícil pasar por alto lo que no está en ninguna parte. Y puesto que el Amor es real, ¿dónde podría estar el mundo de la separación en realidad? ¡En ninguna parte, en efecto!

Alégrate y estate muy contento, porque el tiempo de las ilusiones ha pasado. Sólo al ego, el pensamiento que nunca existió, le parecía radical el perdón. El perdón es el pensamiento más fácil y natural de aprender, pues una vez aprendido también desaparece. El perdón se olvida en cuanto se aprende, porque todo lo que "queda" es la Realidad. Todo es Un Ser, ¡el Amor! ¡Y Gracias a Dios por crear el Amor como Uno para siempre! Amén.

La irritabilidad

Conforme progreses en tu estudio y aplicación de UCDM, te darás cuenta cada vez mejor de que una punzada de irritación, o de frustración, es lo mismo que un intenso enfado, o la furia, dado que sólo hay dos emociones en relación con este mundo. La amplia gama de emociones que parecen experimentarse en el mundo o son variaciones del reflejo del Amor (el alineamiento con Dios) o son variaciones del miedo (el alineamiento con el ego).

La mentalidad errada experimenta la ilusión como si fuese real, y con independencia del grado y la dirección del error, la equivocación es la misma. Por eso no hay grados de dificultad en los milagros y no hay ninguna jerarquía de ilusiones. La mentalidad recta es la solución a la mentalidad errada, con independencia de la forma que parezca tomar la equivocación.

Si a veces surgen la irritabilidad o la frustración, lo mejor es tratarlas igual que a cualquier otra emoción, situación o pensamiento de disgusto. Utiliza tu lección del día del Libro de ejercicios siguiendo las instrucciones de Jesús, y aplícala a lo que sientas.

El objetivo de las lecciones es transferir el Principio Divino a toda situación, pensamiento o emoción que parezcas experimentar, para abrirle paso a la Visión de Cristo. Cuando los ejercicios de entrenamiento mental en deshacer (aprender el perdón completo) se han transferido por completo a todo y a todos sin excepciones, se produce una transformación o conversión completa de la consciencia. Esta es la meta de aprendizaje de UCDM, y requiere nada menos que desaprender todo lo que crees sobre ti mismo y sobre el mundo.

Afortunadamente, estamos unidos en el mismo Propósito, y al final sólo podremos experimentar el Amor que somos Ahora mismo. La observación de la mente es continua y la vigilancia que nos Pide el Espíritu Santo sigue siendo esencial hasta que amanezca el darse cuenta de que el Amor no tiene ningún contrario. No ocultemos ningún pensamiento, creencia ni emoción de la Luz sanadora del Amor y confiemos en que el Espíritu Santo nos muestre el camino.

Contemplar el odio en toda su extensión y luego soltarlo

Hola, David:

Estoy harto de UCDM. Lo he estado estudiando más de ocho años. He ido a grupos del Curso. He practicado tanto el perdón como el ver la cara de Cristo en mis hermanos y hermanas. Tengo más que "un poco de disposición" a dejarme guiar a ver mi unicidad con Dios por el Espíritu Santo. Siento que he estado mucho tiempo a punto de dar el "último paso". He esperado que Jesús, o alguien, me lleve a cruzar ese corto puente al jardín de la alegría y la paz interior que promete el Curso. Sé que no puedo hacer que ocurra, y que no se ha hecho para mí.

He conocido a más de cien estudiantes del Curso, tú incluido. Pero tú eres el único a quien considero iluminado. Me parece que el Curso es una lotería. Sólo uno de cada cien, o de cada mil, o menos aún, gana el premio de que Cristo lo guíe finalmente a ese jardín. ¿Qué clase de Dios es este que juega así con nosotros?

Amado:

Gracias por ofrecer lo que tienes en tu corazón. Juntos lo vamos a elevar al Espíritu Santo.

La frustración y el enojo son reacciones del ego al "dios" que fabricó, un "dios" que juega con los humanos y en toda la historia le concede la "iluminación" sólo a un pequeño grupo selecto. Si esto fuese Dios, entonces Dios sería cruel en lugar de amoroso, y tú y yo seríamos humanos. ¡Nuestra realidad es Espíritu, y vive por siempre y para siempre! La Voluntad del Dios real es sólo Amor Perfecto y Felicidad, y no tiene nada que ver con sueños de juegos, números ni grupos. Dios es abstracto, y conocer a Dios en el Espíritu es recordar lo abstracto. Pero antes es necesario el perdón de las ilusiones (ver como falso lo que es falso).

Hace falta "estar muy dispuesto" a ver que todos los acontecimientos, encuentros y circunstancias son útiles, a ver que todas las cosas obran conjuntamente para el bien. No hay ninguna cantidad de pruebas que pueda convencer a una mente de lo que esta no quiere. Pero, como sólo hay Una Mente, la experiencia del Amor tiene que extenderse para ser Él mismo. El Amor Es. Puede parecer que uno es consciente del Amor o no es consciente del Amor. Lo segundo es la ilusión y hay que perdonarla o soltarla. Estoy unido contigo en esto y no podemos dejar de reconocer el Plan de Dios para la salvación, pues sólo este es posible. Esto es lo que significan frases como "Todo es posible con Dios" y "Si Dios está con nosotros, ¿quién puede estar en contra?"

Lo he dedicado todo a compartir y extender la experiencia de la Iluminación, y esto es una expresión natural del Amor que siento dentro. Proclamo en el nombre de todos lo que soy, porque somos lo mismo, no somos diferentes. Tenemos el mismo Origen. Somos el mismo Espíritu. Somos el mismo Ser. La Iluminación es un Estado Mental que contempla el mundo desde la experiencia interior de la paz y no ve ningún mundo separado de la mente. ¡Veo nuestra Inocencia y me regocijo en que el Amor es real! ¡Somos el Mismo!

No hace falta reprimir el enojo y la frustración que parecen subir a la superficie de tu consciencia. Tienes que contemplar el odio en toda su extensión antes de poder soltarlo. En este sentido, no se puede negar la cólera sino que se tiene que poner en evidencia para que se la pueda soltar y entregar al Espíritu Santo. El Espíritu Santo no puede llevarse lo que está protegido de la consciencia, tiene que esperar hasta que el enojo se le ofrezca voluntariamente. Este es el sentido de: *¿preferirías tener razón a ser feliz?* La confusión de la identidad es la raíz de toda cólera, pero ninguna imagen ni concepto del yo aguantará la Luz de la Verdad.

Me uno a ti en vaciar la mente de todos los falsos ídolos, imágenes y conceptos, porque la Voluntad de Dios es que la Luz y el Amor se extiendan por siempre y para siempre en el Ser ilimitado e infinito. Esto es lo verdaderamente Natural. Tú eres Santo, Eterno, Libre e Íntegro, siempre en paz en el Corazón de Dios.

Llegados a un punto, Helen le pidió a Jesús que le quitase sus temores. Lo que Jesús le dijo, en esencia, fue que no podía hacer eso porque sería manipular la ley de causa y efecto más básica. Podía, sin embargo, ayudarla a suprimir los límites mentales que estaban produciendo el miedo. Eso es lo que yo tengo que decirte. Tu mente es tan poderosa como la mía, porque compartimos la misma mente. No te puedes despertar a ti mismo, *y tampoco* hay nadie fuera de tu mente que pueda Despertarte. Podemos, sin embargo, mirar juntos las creencias que producen el enfado y la frustración, para que se las pueda poner en evidencia y luego soltarlas. Y al final todo se reduce al deseo. La verdad se restablecerá en tu consciencia por tu deseo, igual que se perdió por tu deseo de algo diferente. El deseo produce pruebas. Aquí tienes algunos mensajes del Curso que dan testimonio de la ayuda y de la claridad a las que señalo con mis palabras:

> Tal vez te quejes de que este curso no es lo suficientemente específico como para poderlo entender y aplicar. Mas tal vez no hayas hecho lo que específicamente propugna. Éste no es un curso de especulación teórica, sino de aplicación práctica. Nada podría ser más específico que el que le digan a uno que si pide recibirá. El Espíritu Santo te dará la respuesta para cada problema específico mientras creas que los problemas son específicos. Su respuesta es a la vez una y muchas mientras sigas creyendo que el que es Uno es muchos. Puede que tengas miedo de Su especificidad por temor a lo que crees que ésta pueda exigirte. Mas es únicamente pidiendo como aprenderás que lo que procede de Dios no te exige nada en absoluto. Dios sólo da, nunca quita. Cuando te niegas a pedir, es porque crees que pedir equivale a quitar en vez de a compartir. T-11.VIII.5

> No pienses que puedes encontrar la felicidad siguiendo un camino que te aleja de ella. Eso ni tiene sentido ni puede ser la manera de alcanzarla. Tú que piensas que este curso es demasiado difícil de aprender, déjame repetirte que para alcanzar una meta tienes que proceder en dirección a ella, no en dirección contraria. Y todo camino que vaya en dirección contraria te impedirá avanzar hacia la meta que te has propuesto alcanzar. Si esto fuese difícil de entender, entonces sería imposible aprender este curso. Mas sólo en

ese caso. Pues, de lo contrario, este curso es la simple enseñanza de lo obvio. T-31.IV.7

Cuando no cumples con los requisitos de este curso, estás simplemente cometiendo un error. Y lo único que ello requiere es corrección. Permitir que el error siga repitiéndose es cometer errores adicionales, que se basan en el primero y que lo refuerzan. Éste es el proceso que debes dejar a un lado, pues no es sino otra manera de defender las ilusiones contra la verdad. E-95.9

La salvación no transige en absoluto. Transigir es aceptar sólo una parte de lo que quieres: tomar sólo un poco y renunciar al resto. La salvación no renuncia a nada. Se les concede a todos enteramente. Si permites que la idea de transigir invada tu pensamiento, se pierde la conciencia del propósito de la salvación porque no se reconoce. Dicho propósito se niega cuando la idea de transigir se ha aceptado, pues es la creencia de que la salvación es imposible. La idea de transigir mantiene que puedes atacar un poco, amar un poco, y ser consciente de la diferencia. De esta manera, pretende enseñar que un poco de lo mismo puede ser diferente, y, al mismo tiempo, permanecer intacto, cual uno solo. ¿Tiene sentido esto? ¿Es acaso comprensible? Este curso es fácil precisamente porque no transige en absoluto. Aun así, parece ser difícil para aquellos que todavía creen que es posible transigir. T-23.III.3-4

Este curso o bien se creerá enteramente o bien no se creerá en absoluto. Pues es completamente cierto o completamente falso, y no puede ser creído sólo parcialmente. Y tú te escaparás enteramente del sufrimiento o no te escaparás en absoluto. La razón te dirá que no hay un lugar intermedio donde te puedas detener indeciso, esperando a elegir entre la felicidad del Cielo o el sufrimiento del infierno. Hasta que no elijas el Cielo, *estarás* en el infierno y abatido por el sufrimiento. T-22.II.7

Soy Guiado a recomendarte que repases el epílogo de la *Clarificación de términos* del Curso, y también los cinco últimos párrafos de *El canto de la oración*. Como una suave caricia, estos bellos pasajes llaman a la mente a dejar atrás sus "sueños de maldad" y recibir "el dulce abrazo del Amor eterno y la paz perfecta".

Capítulo Cinco

Soltar el dolor del pasado

Hola, David:

Gracias por tus amables palabras. Quería hacerte una pregunta cuando te vi, pero sentí que no era apropiada y que habría sido demasiado difícil de plantear. Voy a intentar plantearla ahora sin contarte una historia interminable.

De niña me crié en una familia que estaba envuelta en una organización ritual. La gente lo llamaría un culto satánico. La fealdad del ego estaba personificada en aquella gente. Formaban parte de mi vida cotidiana, mientras iba creciendo, todos los horrores del maltrato, la tortura, etcétera. No voy a entrar en detalles. Mi madre y la mayoría de mis familiares siguen practicándolo hoy. Ahora mi hermano también está con ellos. Mi padre se suicidó cuando yo tenía diez años, creo que porque no podía con la culpabilidad. Interrumpí todo contacto con ellos hace seis años, cuando recordé su implicación en esto. He estado sometida a una extensa terapia, continua durante los últimos dieciocho años. Hace unos tres años dejé de tener recuerdos de los acontecimientos y del maltrato que ocurrieron. Mi viaje ha sido increíble, y a pesar del dolor atroz de sobrevivir a ello de niña, y el de revivirlo en la terapia, no cambiaría mi vida. Me ha hecho fuerte y sé que yo elegí mi vida. De otra manera no podría haber sobrevivido a esta experiencia, por dos veces fallecí y fui traída de vuelta por las manos de mi madre, a las edades de siete y diecisiete años. Sé que todo esto tiene propósito. Sé que elegí esta vida y que Dios está conmigo en cada paso del camino.

Sin embargo, el miedo a mi madre y a lo que se ha hecho parecen tan profundos y afectan a tantas áreas de mi vida, que no sé cómo sanar lo que parece ser un miedo y una culpabilidad enormes dentro de mí. Incluso tuve un instante santo de saber que mi madre es mi maestra y que nunca me hizo nada. Pero todavía le tengo un miedo que parece residir casi en el nivel celular. Durante estos diez y ocho años he rezado y trabajado en el perdón, pidiendo la gracia para perdonarla. Pero sé que mientras le tenga miedo no la habré perdonado. En consecuencia, este miedo afecta a todas las áreas de mi vida. Parece que no soy capaz de ir más allá de él. En última instancia, es miedo a Dios y culpabilidad por la separación. ¿Eres capaz de decirme algo que me ayude a sanar esto? Ya no quiero que esto gobierne mi vida, y ya no quiero entregarle mi poder a esto. Mi madre está en un lugar horriblemente oscuro y está tan cerrada que no puede experimentar el amor de Dios. Es doloroso no tener contacto con toda esta parte de la familia, pero con mi marido y mis hijos tengo una familia increíble y me siento muy afortunada. Estudiar el Curso ha sido la mayor bendición y fuente de sanación.

No sé si le encontrarás sentido a esto. Lo tengo siempre en la mente y siento que mi vida está definida por ello, aunque sé que no es verdad. En este nivel, como ser humano, es una enorme lección de perdón, y una que yo quiero aprender. Te agradeceré mucho cualquier cosa que puedas decirme. Gracias de nuevo por todas las bendiciones que ofreces con tu trabajo a favor de Dios.

Amada:

Aunque tus experiencias y recuerdos fueron muy intensos, te han dado un sentido de la demencia y la profundidad de la locura del ego aún más exacto. Esto ha ayudado a darte el empuje y la llamada a perdonar la ilusión y reconocer la verdad. Las experiencias intensas siempre motivan a encontrar otra manera de percibir, y esta salida de la ilusión siempre es un útil primer paso hacia transcender el ego. Ahora hay que cuidar del trabajo de sanación interior, y es muy útil que te centres en todos los motivos que tienes para estar agradecida. La familia biológica fue sólo un punto de arranque, o una plataforma de lanzamiento, para que venga la gloriosa experiencia de comunión con Dios. Da gracias de que, por medio de las actuaciones del ego, la mente llegó a un punto crítico, y ha iniciado el viaje interior a la curación y a la integridad.

Confía en que conforme aceptes la Corrección del error, todo el mundo va a ser liberado contigo: cuando la percepción sana, todo está perdonado.

Querido David:

Gracias. Tu respuesta trajo lágrimas a mis ojos y paz a mi corazón. Sé que mi perdón también va a liberar a los que me obstino en ver como aquellos que me "hicieron daño". Deseo paz para ellos y para mí. Gracias por recordármelo. Sé que mi experiencia va a ayudar a alguien más. He tenido la oportunidad de compartir y ayudar a sanar a alguien que tuvo la misma experiencia. Esa fue la mayor sensación de paz: saber que hay una razón por la que elegí mi vida, aunque sólo fuese para darle a esa persona esperanza en que, con el amor y la guía de Dios, podemos hacer cualquier cosa y sobrevivir a cualquier cosa.

Soltar la traición y el daño

Hola, David:

Tengo una pregunta sobre la que quisiera saber tu punto de vista. Tengo dificultades para estar en Paz con el abandono de mí y mi hijo de nueve años por mi marido, que se fue con una mujer con la que ahora está casado, tras nuestro divorcio.

Al principio mi mantra era "elijo la Paz en lugar de esto" y así pude con ello durante un tiempo, pero luego sencillamente me desmoroné. Ahora me siento más estable aunque todavía tengo mucho que soltar. ¿Puedes ofrecerme una manera de soltar el aferramiento de mi ego a esta traición, engaño, ruptura de promesas y amenazas dañinas? Me doy cuenta de que cuanto más profundo es el apego, más profundamente se lo ha de soltar. ¡Ayúdame por favor!

Amada:

Gracias por abrirte a compartir lo que tienes en tu mente. Alinearse de la manera que sea con el ego siempre invita a la ilusión del daño sufrido a sentirse en casa dentro de una ilusión de yo. El daño siempre viene de la creencia en que algo del mundo puede dar, o quitar, la paz y la felicidad duraderas.

Divorcio y matrimonio son términos que se refieren a la separación y a la unión, respectivamente. La Verdadera Unión es la Mente de Cristo en Unión con la Mente de Dios que, literalmente, es Todo lo Que Es, mucho más allá de la ilusión espacio-temporal. Piensa que el perdón representa la Unión en la tierra, y que las relaciones especiales representan el infierno en la tierra.

Cristo dedica nueve capítulos de UCDM (desde el final del Capítulo 15 al principio del Capítulo 24) a que aprendamos a distinguir entre el propósito del ego y el Propósito del Espíritu Santo para las relaciones. El ego patrocina las relaciones especiales para mantenerse a sí mismo, y el Espíritu Santo ofrece la relación santa como un sustituto inofensivo de lo que fabricó el ego. "Traición, engaño, ruptura de promesas y amenazas dañinas" son experiencias propias de la relación de amor especial, y del deseo de que algún cuerpo fuera de la mente lo satisfaga a uno y lo complete. Confía en que cuando una puerta parece cerrarse se presenta otra oportunidad de perdonar.

Lo que has escrito refleja la manera en que parece ir el Despertar: "Me doy cuenta de que cuanto más profundo es el apego, más profundamente se lo ha de soltar". El Espíritu Santo quiere que reconozcas que la paz, la felicidad, el amor, la alegría y la libertad no dependen de las circunstancias. El apego al ego nunca te va a satisfacer, y con cada cosa que soltamos se acerca la consciencia de la Verdad interior. Alégrate de soltar el apego, pues conocerás la Verdad y en la Verdad eres libre como el Cristo. Enseña esto en cada aparente problema, en incontables oportunidades, y amanecerá el reconocimiento: Todavía soy tal como Dios Me creó. El Amor no posee. El Amor no tiene objeto. Estas son las sencillas lecciones que la salvación enseña, porque el Amor Divino conoce la Eternidad, y Su Dar y Recibir no tienen ningún límite ni condición.

Agradece cada emoción y creencia que sale a relucir, porque nada real puede velar el Amor de Dios. Al desnudar al ego se hace visible que la relación especial no ofrece nada, y que la relación santa siempre ofrece un reflejo del Reino de los Cielos.

Aspira sólo a la relación santa y reza para soltar todos los resentimientos que estorban a la Luz en tu consciencia. Ofrece esta bendición a todo el mundo, incluido tu anterior marido, y sentirás la bendición en tu corazón. El perdón siempre es un regalo a nuestro Ser pues suelta las ilusiones de un ser-ego que nunca pudo existir. Se te Ama profundamente.

Disgustos, valores y creencias

David: ¿Alguien tiene una lucha con algo que no sea la comunicación? Podemos entrar en ello.

Participante: Para mí se trata de comunicación y control. Parece que últimamente tengo conflictos de control.

David: ¿Cómo se expresan? ¿Cómo los percibes?

Participante: Hay un montón de cosas que parecen perturbar mi paz. Primero, estaba irritado por lo que ocurría en el restaurante donde trabajo. Había mucho trabajo, y los cocineros, camareros y otros empleados estaban gritándose los unos a los otros, y pidiendo a gritos encargados. No había trabajo en equipo. Se descompuso en una especie de *cada cual a lo suyo*. Estaba intentando animar a la gente con palmadas en la espalda, diciéndoles que lo estaban haciendo estupendo, pero sentía que no quería quedarme mucho tiempo en ese ambiente. Estaba pensando que no merecía la pena por unos pocos dólares. Me sentía cansado físicamente de estar parado tanto tiempo en el mismo sitio, y allí dentro hacía calor. Pero creo que podría haber pasado por alto todo aquello mucho más fácilmente si la gente se hubiese comunicado y se hubiesen animado los unos a los otros. Además, echaban perejil en los platos sólo por el gusto de que hubiese perejil en los platos, y todo ello me parecía muy falso. Lo pasé mal con aquello.

Luego tuve otro conflicto con mi compañera. Ella quería que yo encerase la furgoneta. Creo que se le metió en la cabeza que yo tenía que hacerlo para contribuir. Le dije: "Voy a encerar la furgoneta contigo, pero tengo la sensación de que nos estamos metiendo en expectativas con esto, y esa furgoneta es grande y todo iría mucho más rápido si lo hiciésemos entre los dos". Vino y lo hizo. Hacia el final, saqué el asunto de que la furgoneta es grande, mantenerla cuesta mucho tiempo y mucho dinero, y gasta mucha gasolina. Entonces le pregunté: "¿Para qué la queremos realmente?" Ella dijo: "No tengo que responder a eso. Me gusta la furgoneta y basta". Me frustré, y ella ni siquiera quería hablar del tema. Me dijo: "Mira, ¿para qué vamos a hablar de eso? No vamos a vender la furgoneta". Yo decía: "No se trata de vender o no la furgoneta. Sólo quiero hablar de porqué crees que la necesitas". Después de pensar en ello, volví y le dije: "Estoy seguro de que no se trata de la furgoneta, pero estoy disgustado con algo, y ahora mismo parece que la furgoneta fuese el centro. Lo básico es que necesitamos comunicarnos". Vinimos juntos a una sesión del grupo, las cosas fueron un poquito mejor y nos sentimos bien, pero si nos paramos ahí y decimos que estamos en senderos separados, que sencillamente vamos a vivir en esa casa sin comunicarnos, creo que las cosas se van a descomponer otra vez. Parecía que ella estaba de acuerdo en eso, pero dijo que ella no iba a ir corriendo al grupo cada vez que yo creyese que había un problema. Dijo básicamente que no saca nada en claro de las sesiones.

David: Seguimos volviendo a las elecciones y seguimos volviendo a las creencias. He hablado de cómo hay que seguirle el rastro a los pasos espiral arriba para poder ir arriba, así que tal vez podamos hablar más de la espiral, de qué es esa espiral. El principio del Capítulo 24 es un buen punto de arranque. Consideremos el control. Tal vez en tu caso se percibe un conflicto de control en encerar la furgoneta, o a lo mejor hay conflictos de control con el dinero, o con el trabajo. Parece que todo el mundo experimenta conflictos de control sin parar. Parecen tomar muchas formas diferentes. El Capítulo 24 habla de decisiones, y habla de creencias:

> Aprender este curso requiere que estés dispuesto a cuestionar cada uno de los valores que abrigas. Ni uno solo debe quedar oculto y encubierto, pues ello pondría en peligro tu aprendizaje. Ninguna creencia es neutra. Cada una de ellas tiene el poder de dictar cada decisión que tomas. Pues una decisión es una conclusión basada en todo lo que crees. Es el resultado de lo que se cree y emana de ello tal como el sufrimiento es la consecuencia inevitable de la culpabilidad, y la libertad, de la falta de pecado. T-24.in.2

Todos los puntos en los que hay que tomar una decisión –si ir o no a una entrevista de trabajo, si enviar o no otro curriculum aquí o allá, si encerar o no la furgoneta– todo eso no son más que pseudo-decisiones. Es una lección de humildad empezar a reconocer que todo lo que en este mundo parece una decisión es sólo una pseudo-decisión. Como en un programa de computadora, las creencias forman parte de lo que ya está programado. La ejecución del programa depende de lo que se ha cargado en la memoria. A veces uno se siente como un pollo al que le han cortado la cabeza, porque el programa ya parece estar cargado, parece que se ejecuta y funciona, como un robot, aunque parezca que hay luchas sobre cosas concretas que ocurren. Una decisión es una conclusión basada en todo lo que crees. Todo lo que crees en un momento dado determina qué decisión tomas. Una decisión puede ser tan pequeña como poner o no poner perejil en un plato.

Participante: Parece arbitrario pero no lo es. ¿Qué más da si un plato lleva perejil?

David: En cierto sentido es el determinismo total. La gente dice que el ambiente determina lo que hacemos, pero estamos yendo mucho más profundo. Lo que determina lo que haces a cada instante es tu sistema de creencias. Un conflicto de control que parece tener lugar entre personas es en realidad la primera creencia que se tomó en serio, la creencia en la separación de Dios. Sobre ella se han amontonado toneladas de sustituciones, para intentar compensar, para intentar aliviar la culpabilidad de aquella primera creencia. Hay pilas sobre pilas de pilas de creencias en la mente.

Al profundizar empecé a sentir que me convenía estar completamente libre de todo ello. Y pensé: *¿cómo puedo estar libre mientras tenga relaciones tal como las percibo?* Percibí que el control parecía estar implicado en todo tipo de relaciones, fuesen relaciones padre-hijo, relaciones marido-mujer, relaciones entre novios, relaciones empleador-empleado y amistades incluso.

Para mí ha sido útil ver que yo he construido este mundo en el cual creo ser una persona o un cuerpo. Creo que tengo todas esas clases de relaciones y situaciones, pero todo está inventado basándose en las creencias a las que me aferro. Se hizo visible que no puede haber integridad total mientras parezca haber dependencia o confianza en las personas, los lugares o las cosas que hay en la pantalla. ¿Cómo voy a tener una sensación total de integridad si tengo que responder a todos y a todo lo que hay en la pantalla, no importa lo que parezca ser, el gobierno de los Estados Unidos, un marido o una esposa, un novio o una novia, un padre o una madre? Creo que puede verse, como yo lo vi inicialmente, que para desenchufarse va a hacer falta un examen completo de todo. ¿Cómo voy a participar en el mundo como si formase parte de él, *y* estar libre del mundo? ¡No puedo! No hay manera de reconciliar la mente con jugar un juego, o representar un papel, en este mundo.

Todo lo que hablamos va a ser sobre cuestionar las creencias que uno tiene sobre el mundo y sobre uno mismo. Las creencias que sostienes sobre el mundo y las creencias que sostienes sobre ti mismo son idénticas. No es que estés lidiando solamente con una pequeña personalidad. El cosmos entero es tu concepto del yo. No es que de alguna manera tengas que liberarte de, y transcender, la pequeña personalidad. No es que haya una pequeña máscara, y si se te ocurre cómo dejarla a un lado podrás ser una persona verdadera, genuina y auténtica. El mundo entero y el cosmos entero tal como están construidos –la creencia en la economía, la creencia en la política, la creencia en la medicina y la enfermedad– ¡todo eso es el concepto del yo! Nada de ello es verdadero. Nada de ello tiene realidad alguna. Si crees en parte de ello, en realidad crees en todo ello, puesto que es uno. No hay manera de dejar un trocito de ello sin tener que dejarlo todo. Cuando leemos: "Aprender este curso requiere que estés dispuesto a cuestionar cada uno de los valores que abrigas", T-24.in.2 estamos hablando de cada uno de los valores: ¡todos y cada uno de los valores!

Participante: Y debajo de cada valor hay una creencia, porque tengo que creer que tiene algún valor. Tiene que haber una ordenación. Si algo tiene valor, tengo que haberlo puesto en ese orden, y tengo que haberlo ajustado en algún sitio de mi jerarquía de más alto y más bajo.

David: Literalmente es todo o nada. Si este conflicto de control está de verdad arraigado en la creencia en la separación, y la creencia en la separación es lo que parece mantener todo este mundo de ilusión, entonces para llegar al final de este problema de autoridad, o conflicto de control, hay que cuestionar el mundo entero. Mientras crea que yo puedo hacerme a mí mismo, mientras crea que este circo de imágenes es mío para que yo elija, estoy negando que mi única alternativa real es aceptar mi realidad como Espíritu. Ahí es donde va a parecer que los conflictos de control brotan una y otra vez. Va a parecer que el problema sigue viniendo. No se trata de ningún conflicto de control concreto, sean las finanzas, las relaciones o el gobierno. No se trata del sistema, no se trata de nada de lo que parecía tratarse. Se trata de que yo creo que puedo hacerme a mí mismo, en vez de aceptar mi realidad tal como fui creado.

Participante: Y tampoco se trata de evitar el sistema ni decir: *no voy a lidiar con nada de eso de ahí fuera.* Cuando hablaba con un amigo durante la comida de hoy, salió el tema de que uno siempre ve lo que cree. De manera que si uno mira con los ojos del cuerpo y escucha con los oídos del cuerpo, se ve y se oye sólo lo que uno cree. No es que haya una demora, como si cambiases de ideas y unos pocos días después, o unos pocos minutos, ves el cambio correspondiente en la forma. Siempre estás mirando un mundo que representa lo que la mente cree, ¡y está chiflada! Jesús estaba diciendo que cuando uno está disgustado puede no parecer que, como en las lecciones 5, 6 y 7: "Nunca estoy disgustado por la razón que creo". Creo que estoy disgustado porque aquí todo va muy rápido. Creo que estoy disgustado porque los camareros le gritan a los cocineros y viceversa. Creo que estoy disgustado porque echan cosas en los platos, pero nunca estoy disgustado por la razón que creo. Estoy disgustado porque veo algo que no está ahí. Eso lo pone en un contexto completamente nuevo. Estoy viendo un mundo que no existe. Eso disgusta.

David: Alucinar disgusta.

Participante: Y creerse las alucinaciones disgusta.

David: Esa es la parte que disgusta. No es nada concreto. La otra cara de la moneda sería: *¡oh, cuánta paz tengo!* Sentado aquí observando las olas ir y venir, escuchando como chocan con la orilla. Se puede incluso montar como: *esto es un ambiente mucho más pacífico que la salvaje escena del restaurante los sábados por la noche,* pero se sigue viendo un mundo que no está ahí y eso es lo que disgusta. Las lecciones siguen hasta llegar a: "Un mundo sin significado engendra temor". E-53.3 ¿Por qué engendra temor? Engendra temor porque no es de fiar. El mundo que se experimenta por medio de los cinco sentidos no es nada de fiar. Siempre parece estar cambiando, no tiene estabilidad. Parece caótico. Eso lo que le hace parecer temible, eso es lo que le hace parecer... Puedes rellenar el espacio en blanco con cualquier palabra derivada de miedo.

Poner en práctica las ideas

David: Si el Curso no es práctico, si no puedes aplicarlo a tu vida, entonces ¿para qué sirve? Si hay preguntas o asuntos en tu vida de los que te resulta cómodo hablar tal como los percibes, podemos seguirles el rastro hasta la mente. Así es como podemos llegar a algunas de las creencias y percepciones erróneas.

Se parece a una psicoterapia espiritual. Básicamente, no vas al terapeuta a decirle: *¡ay!, no se qué pensar sobre Dios y la naturaleza del universo.* Probablemente hay un grupo de problemas bastante concretos por los que empiezas. Lo que el terapeuta llama "los problemas que se presentan", son aquellos por los que el paciente ha de empezar. Como todos lo que creen en este mundo creen que tienen problemas concretos, estos se pueden utilizar como punto de apoyo para ir de vuelta a la mente. Puede ser una herramienta muy útil.

Participante: Tengo tendencia a empezar por la mañana de manera brillante, sintiéndome bien, leyendo el Curso y sintiéndome conectado a Dios. Tal como están establecidos últimamente mi trabajo y mis circunstancias, no soy capaz de matar una mosca hasta las cinco de la tarde. Practico mucho y me preparo para mis lecciones y recitales. Yo no tengo que ir a trabajar a una oficina. Tengo tiempo para leer y meterme de verdad en lo que leo. Pero parece haber un patrón de que alrededor de las cinco todo empiece a derrumbarse. Lo dejo todo a un lado, me olvido y salgo corriendo a una fiesta del ego: empiezo a sentirme mal y salgo a comprarme un helado o algo así. Para cuando se hace de noche todo es diferente. Es parecido a un alcohólico que quiere dejar de beber pero sigue *eligiendo* beber. En mi caso, no quisiera que fuese de esta manera, pero sin embargo sí que quiero. ¿Cómo puedo ir más allá de esto? Tengo momentos de claridad en los que me doy cuenta de que cuando esté listo para soltarlo lo soltaré. Se habrá acabado. Pero a menudo elijo retener patrones de conducta dolorosos, a veces prefiero quedarme en un estado de dolor. Quiero ir más allá de eso.

David: Describes tus días como si tuviesen dos partes. La parte inicial es de trabajar, estudiar, leer, profundizar en las cosas, a veces sin ver a nadie hasta las cinco. Entonces parece que te sientes saciado, como si tuvieses que fugarte. Una vez más es la misma dicotomía por la cual el ego parte el día en dos, para ti la primera parte es antes de las cinco de la tarde, y la segunda parte es después de las cinco de la tarde. En el mundo del trabajo de lunes a viernes, es corriente tener la sensación de "mi tiempo" y "el tiempo de ellos", cuando llegan las cinco de la tarde es "mi tiempo". *No puedo esperar a que llegue el fin de semana. Gracias a Dios que es viernes.* Estas son expresiones comunes. Son categorías que el ego utiliza para descomponer las cosas, como si hubiese "mi tiempo" y "el tiempo de ellos", o "tiempo de estudio" y "tiempo de fiesta". Cuanto más dejamos a un lado el hacer juicios y más aceptamos la función del Espíritu Santo, más se vuelve de Dios todo el tiempo.

Recuerdo que la última vez dijiste: "¡Dios mío, qué pensamientos pasan por mi mente cuando practico!" Te dabas cuenta de todos esos pensamientos de juzgar. Llega a ser, por así decirlo, un trabajo de veinticuatro horas al día siete días a la semana, por lo muy activa y poderosa que es la mente. Esos pensamientos de juzgar son como trenes. Saltas al tren un rato y cuando intentas meditar eres capaz de saltar fuera, pero antes de que te des cuenta estás en otro tren, como por ejemplo: *le dije a fulano que iba a hacer eso hoy. Más vale que me mueva porque si no lo hago...,* o *¿por qué tuvo ella que hacer aquello?* Saltas a esos trenes y te vas montado en ellos. En tu caso, practicas y estudias hasta que no puedes leer una línea más, y entonces sales dando alaridos. La distinción entre forma y contenido es todo. Es cuestión de ponerse en contacto con esos pensamientos y observarlos. Mientras parece que eso ocurre en la pantalla, estás aprendiendo a reconocer los pensamientos restrictivos y al revés que se basan en el miedo, pensamientos como: *debería hacer esto porque si no lo hago, las consecuencias van a ser estas o aquellas.* La mayoría de los pensamientos de la mente no entrenada tienen detrás el miedo a las consecuencias.

Participante: ¿Quién administra las consecuencias? Somos nosotros. No hay nadie ahí para pegarte, te pegas a ti mismo.

David: Puede parecer que hay otras personas. Por ejemplo, si hablas por teléfono con tu madre todos los días y hoy decides que tienes otra cosa que quieres hacer, puede parecer que tu madre tiene una reacción. *¿Por qué no me llamaste?* Parece que la gente nos está haciendo cosas y que están teniendo lugar acontecimientos que están más allá de nuestro control. La mente que está en el estado de engaño dice: *soy inocente. No merecía ser tratado como me trató esa persona,* cuando de hecho la mente engañada cree que se ha separado de Dios, tiene culpabilidad. Cree que, de hecho, ha conseguido lo imposible. Cree que fue capaz de usurpar la capacidad de Dios y desgajarse del Reino de los Cielos, abandonar el Jardín del Edén. Realmente está convencida de esto. Es un pensamiento aterrador, un pensamiento realmente culpable. El Curso dice que no es verdad. El Espíritu Santo le recuerda suavemente a la mente que todo está bien: *tu Padre te ama. Nunca podrías conseguir una cosa tan tonta como usurpar la función de tu Padre ni asumir el papel Creador de Dios.*

Es una tontería, pero la mente está convencida de que la separación ha ocurrido. Proyecta ese pensamiento en la pantalla, que es el mundo, y aporta pruebas que refuerzan su creencia en que es culpable. Cree ser culpable y aporta pruebas. Luego se convence de su culpabilidad por medio de su interpretación de lo que parece ocurrir en la pantalla. Parece que hay gente mala y fuerzas del mal, cuando es sólo la mente aportando pruebas de su creencia en que es culpable. La buena noticia es que la mente sana cuando uno empieza a ir más allá de la locura de las creencias falsas y suelta la culpabilidad. La mente sanada aporta pruebas que demuestran que la culpabilidad no es real. Empiezas a verlo todo como un encuentro santo. Esa es la buena noticia. Recuerda que todo se reduce a la *interpretación,* eso es lo único que cambia.

Participante: Tengo un ejemplo de eso. Durante mi primer año de maestra había un niño pequeño en mi clase que me irritaba muchísimo. Mi supervisora me aconsejó ponerlo en la primera fila y darle una palmada en la espalda, o tocarle el pelo, o tomar su mano, o hacer cualquier tipo de contacto cada vez que pasase cerca de él, para que supiese que yo estaba aprendiendo a cuidar de él. Así lo hice y él empezó a cambiar. Pero, ¿supones que de verdad fue *el* quien empezó a cambiar? Aún era el mismo chiquillo y se comportaba, estoy segura, exactamente de la misma manera. Pero yo cambié mi forma de pensar en él. Al final del curso fue el único niño con el que lloré al despedirnos. El Curso dice que cambiar de conducta no ayuda porque el problema está en la mente. Y sin embargo a veces parece que cierta nueva conducta tiene efecto sobre la mente. ¿O no?

David: Nunca es así, eso formaría parte de pensar al revés. Lo que *dice* el Curso es que cuando cambias de ideas y estás dispuesto a ver de manera diferente, tu interpretación de la situación es diferente. Los comportamientos cambian automáticamente a causa del cambio de interpretación. Esto no significa que tengamos el poder de cambiar la conducta de otras personas.

En sentido metafórico, tú y todos tus hermanos tenéis mentes iguales, igualmente poderosas. Ningún hermano tiene una mente más poderosa ni menos poderosa que ningún otro. En ese sentido no puedes influir de manera positiva ni negativa en la mente de tu hermano.

> He indicado ya que no puedes pedirme que te libere del miedo. Yo sé que no existe, pero tú no. Si me interpusiese entre tus pensamientos y sus resultados, estaría interfiriendo en la ley básica de causa y efecto: la ley más fundamental que existe. De nada te serviría el que yo menospreciase el poder de tu pensamiento. T-2.VII.1

Tus pensamientos son causativos y los pensamientos que eliges determinan tu estado mental. Aquí él dice que tu mente es tan poderosa como la suya, y que él no puede juguetear con esa ley básica de causa y efecto. No puede quitarte el miedo, pero puede ayudarte guiándote, mostrándote tu percepciones erróneas, y ayudarte a borrarlas de tu mente, esto reducirá el miedo. El Espíritu Santo te ayuda a discernir entre lo verdadero y lo falso, para que seas capaz de reconocer lo falso como falso y soltarlo.

Con toda certeza, esta es una interpretación diferente de ver a Jesús como una deidad de nivel superior. Él es un hermano mayor que es igual a nosotros siempre, excepto en el tiempo. Parece que está más alto en el eje vertical de elevarse a Dios y dejar el ego a un lado, pero el eje vertical está en el tiempo y el tiempo es una ilusión. El tiempo forma parte del sistema del ego, de manera que de hecho somos completamente iguales.

Participante: En el caso de nuestra amiga, cuando su jefa le ordenó cambiar de conducta, ¿estaba en realidad ordenándole cambiar de ideas? Y cuando llevó a cabo el cambio de conducta, ¿es posible que la parte de su mente que reconoce al amor reconociese el cambio de conducta como representativo del cambio en su mente?

David: "Donde se requieren cambios es en las *mentes* de los maestros de Dios". M-9.1 Cuando uno tiene disposición al cambio mental, puede parecer que lo externo es el impulso, o lo que empuja. Tomemos, por ejemplo, a alguien que tiene demasiado miedo a dejar un trabajo, aunque realmente quiere dejarlo. Sigue así, y sigue, y sigue hasta que al final lo despiden. Podría parecer que ser despedido de ese trabajo fue el impulso a cambiar, pero eso es sólo una interpretación. Todo vuelve siempre a la mente, todo tiene que ver con la disposición a abrirse al Espíritu Santo. Todo lo que ocurre viene de una decisión de la mente, pero la mente se olvida rápidamente de la decisión, y puede parecer que lo que se representa fuera es lo que provoca el cambio. Pero siempre vuelve a nuestra propia responsabilidad.

Participante: ¿No te parece que la gente que quiere asumir plenamente sus responsabilidades, pero aún cree en la ilusión, empieza a sentirse aún más culpable porque sabe que es responsable?

David: Sí, eso es la confusión de niveles. Creo que el asunto más frecuente con el que me encuentro en mis viajes es la enfermedad. Aquí estas tú, utilizando una herramienta que dice que todo es una decisión de tu mente. Empiezas a ver que no hay ningún Dios externo que te castigue ni te elimine con el SIDA, el cáncer, etcétera. Ves cada vez más que el modelo médico en realidad no hace nada. El Curso dice que no hay nada fuera en el mundo que esté trayendo nada de esto. Eso es un cambio radical.

Si todo es una decisión y yo tengo la capacidad de tomar esas decisiones, entonces cuando viene la enfermedad el ego está muy feliz viendo a la mente darse un paseo por la culpabilidad: *estoy malo, ¡ay, Dios mío! Me estoy poniendo malo a mí mismo.* Pero en realidad eso es confusión de niveles porque aún es una identificación del "yo" errónea. *Me estoy poniendo malo a mí mismo,* donde mí mismo significa el cuerpo, la idea insignificante de mí mismo. La mente aún cree que es una personita, ahí está la equivocación. Somos infinitos, somos grandeza, somos Espíritu, somos luz abstracta. La gente que ha tenido experiencias cercanas a la muerte habla de una brillante luz blanca de amor incondicional. En cierto sentido, el Curso dice que esa es tu verdadera identidad. El Cristo es Espíritu Creado a imagen del Padre. El Padre es Espíritu, el Hijo es Espíritu. El padre es infinito, el Hijo es infinito. Pero con la enfermedad hay tendencia a pensar: *¡yo soy responsable!* Si se junta el principio de la propia responsabilidad con el *mira lo que estoy haciendo,* lo que se obtiene es culpabilidad. Todavía es una percepción errónea de quién creo que soy, es una identificación errónea.

El modelo médico nos dice que hay operaciones, píldoras, etcétera, que son necesarias para la salud, pero el Curso le llama "magia" a todo eso. De lo que se trata realmente es de observar nuestros pensamientos y de soltar el sistema de pensamientos del ego. Naturalmente en el sistema del ego hay montones de cosas externas que son "mágicas", pero el Curso no es anti-magia. No es que las píldoras, la cirugía y todas estas cosas sean malas. Si estás demasiado atemorizado para abrirte al Espíritu Santo y tener un cambio mental, o milagro, tal vez necesitas una mezcla de magia y milagros. A veces la mente puede estar en un estado de tanto miedo que está demasiado cerrada al Espíritu Santo. Se puede tener una mezcla de magia y milagros. Se sale adelante y se sigue mejorando. La mente se irá entrenando mejor, y llegará el momento en que, al abrirse al cambio mental, los síntomas y el dolor desaparezcan. Ahí es donde entra el entrenamiento mental.

Yo he experimentado milagros en los que ha habido un cambio instantáneo en mi mente y los síntomas han abandonado mi cuerpo en el mismo instante. Para mí esos son testimonios personales muy poderosos de que el Curso no engaña. Por ejemplo, se piensa que hacen falta 24 o 48 horas para superar una gripe. Pero se puede tener un cambio tan poderoso que todos los síntomas –la nausea, la diarrea, todo– desaparece en un instante. Eso te muestra el poder de la mente.

Ir más allá de lo obvio (parte 1): querer la experiencia

David: Al volverte un "olvidador" mejor, te vuelves mejor para recordar. Olvidar te ayuda a recordar. Al olvidarte del mundo –el sistema de creencias del ego– simultáneamente recuerdas el Cielo, recuerdas la mentalidad recta.

Participante: Incluso cuando nos metemos en esta profundidad, aún tengo la sensación de que quiero saber más, de que quiero ir más lejos. Entonces realmente reconozco el miedo a soltar el mundo, lo familiar, como esta sala de aquí con estos cuerpos, todo lo que parece cómodo. Parece que necesito alguna clase de seguridad de que lo que es real va a ser familiar. Puedo leerlo pero aún no he tenido la experiencia. Conservo la esperanza de tener una experiencia intermedia que me asegure que está bien soltar el mundo.

David: Si la quieres, ¿cómo puede ser que no la tengas? El deseo está en el centro, el deseo es tu altar. Todas las creencias, pensamientos, emociones y percepciones brotan del deseo. Cuando tu altar está profanado, tienes creencias que no son de Dios, tienes pensamientos que no vienen de Dios, tienes emociones que no tienen nada que ver con Dios. Tienes percepciones en el anillo exterior que pueden parecer cómodas y familiares, pero están retorcidas y distorsionadas, y son muy inestables. ¿Cómo puedes no tener lo que verdaderamente deseas? Realmente lo único que necesitas es tener ese deseo, esa disposición.

La manera de razonar del mundo dice que tú eres la causa de lo que yo hago. Yo tengo que ser inocente mientras tú me ataques, como si las causas y los ataques estuviesen fuera mi propia mente. El Curso dice que esto: "...da la impresión de ser razonable, ya que ciertamente parece como si el mundo te estuviese hiriendo. Y así, no parece necesario buscar la causa más allá de lo obvio". T-27.VII.3 En la línea siguiente dice: "Pero ciertamente hay necesidad de ello". T-27.VII.3 Cuando te encuentras cansado, la mente se imagina que es porque sólo tuviste tantas horas de sueño, o no comiste bien o te faltó hacer ejercicio. Todo eso forma parte de la manera de pensar del mundo. Cuando te sientes falto de energía, o tienes la sensación de preferir tener un día despreocupado y relajante en lugar de mirar tu mente tan de cerca, eso es porque la mente cree que no hay ninguna necesidad de ir más allá de lo obvio en términos de causas.

La gente puede decir que necesita estar rodeada de estudiantes del Curso, como si de alguna manera tener alrededor otros cuerpos que utilizan palabras del Curso fuese a intensificar el deseo de estudiar el Curso de manera mágica. Se puede pensar eso, pero ¿qué pasa cuando la gente se junta en una comunidad para intentar vivir el Curso? La misma cosa que creyeron que intensificaría su deseo es lo que les hace salir corriendo por las esquinas diciendo: *¡sáquenme de aquí!* Realmente no quieren mirar tan de cerca sus propios pensamientos y creencias. Puede parecer que no hay ninguna necesidad de ir más allá de lo obvio en términos de causas, ¡pero en efecto hay necesidad de ir más allá de lo obvio!

Participante: Ir más allá del pensamiento al revés.

David: Sí. Dices que te gustaría tener alguna experiencia intermedia, y no sólo palabras. Se puede pensar en las palabras como herramientas y símbolos para la mente. Son sólo simbólicas. Todo lo que oyes tiene exactamente el significado que tú le das. Si tu deseo se vuelve sencillo, centrado, intenso y claro, entonces todo lo que percibas va a ser un testimonio de ello. Serás capaz de oír al Espíritu Santo en todo. Todas las cosas son ecos de la Voz que habla por Dios. Todas las cosas son lecciones que Dios quiere que yo aprenda. Eso le da media vuelta a la idea de que las palabras de estas sesiones están separadas de la experiencia. Para mí, la experiencia no está separada de las palabras. Cuando tengo la intención de ser útil de verdad, las palabras sencillamente fluyen, son sólo símbolos de la experiencia. Lo que siento es la experiencia, y las palabras son como las ramas que brotan de esa experiencia.

Miremos la idea: "...la verdad es verdad, y nada más lo es". E-152.3 Es una buena idea y sin embargo mientras haya pensamiento al revés relacionado con el ejercicio, la comida, la sexualidad, etcétera, mientras se crea que hay algo causativo en el mundo, ¿qué significa esa idea? Puede sonar bien, pero si tu experiencia está divorciada de ella, entonces necesitamos investigar todo lo que parece interponerse en el camino de que tu experiencia sea esa.

Participante: Esta mañana me encontraba cansado y deprimido, como si no tuviese ningún futuro. Me he deshecho del futuro proyectado pero no estoy seguro de con qué lo he sustituido. Entonces supe que si seguía eso, la depresión no puede ser todo lo que hay. No culmina todo en un final triste. *Tiene* que haber una salida de esto. Empecé a pensar que tengo que mantenerme en mi propósito, y ahora me encuentro mucho mejor.

David: Esta mañana en la reunión de logística nos vino una declaración de misión muy breve y concisa: "Dios Es". Si te encuentras deprimido, como si no tuvieses futuro, aquí la tienes, ¡puede ser tu ancla! Dios Es.

Ir más allá de lo obvio (parte 2): ver el problema tal como es

David: "Ahora se te está mostrando que sí puedes escapar. Lo único que necesitas hacer es ver el problema tal como es, y no de la manera en que lo has urdido". T-27.VII.2 Volvemos a ver que el problema está en la mente. La mentalidad errada es el problema, la mentalidad recta es la solución. La mentalidad recta es ver el problema tal como es. La mentalidad errada es la manera en que lo has urdido, ver los problemas como si fuesen concretos, estuviesen en el mundo y de alguna manera tuviesen que ver con la personalidad.

> ¿Qué otra manera podría haber de resolver un problema que en realidad es muy simple, pero que se ha envuelto en densas nubes de complicación, concebidas para que el problema siguiera sin resolverse? Sin las nubes, el problema se vería en toda su elemental simplicidad. La elección, entonces, no sería difícil porque una vez que el problema se ve claramente, resulta obvio que es absurdo. Nadie tiene dificultad alguna en dejar que un problema sencillo sea resuelto si ve que le está haciendo daño y que se puede resolver fácilmente. T-27.VII.2

Participante: Eso es elevar la oscuridad ante la luz. Llevarla ante la luz y exponerla a la luz tiene sencillamente como resultado suprimirla.

David: Sí. Me vino una idea cuando estaba escribiendo la declaración de la misión de la Foundation for the Awakening Mind. La idea era suprimir "Los Mensajeros ven que tienen que mirar la oscuridad y tienen que examinar todas las creencias y elevarlas ante la luz". Es una declaración bastante normal, hablamos de elevar las creencias ante la luz, pero necesitaba ser más profunda. La manera en que salió la declaración fue: "Comprenden que recibir milagros requiere que eleven el sistema de creencias oscurecido —el ego en sus mentes— ante la luz de la verdad". Aglutina el plural en un singular.

Participante: Con independencia de cuántas formas tome, ¿hay una única creencia falsa?

David: Sólo hay una, aunque parece tomar muchas formas diferentes. La claridad y la alegría de la iluminación están en ver que no hay muchas. Es sólo un sistema de creencias, una creencia que hay que verla donde está, en la mente. La clave es ver *el* error. Elevar *el* error ante la luz, y entonces todas las formas concretas (el tiempo, el espacio, los cuerpos, etcétera) se ven de manera correcta. Es como un retroproyector con pilas y pilas de transparencias, se puede mirar sólo a *la* pila de transparencias. Hay que elevarla. Puede ser útil hablar de ella en términos de conceptos, porque parece que hay un proceso de mirar todos los conceptos, y la mente engañada es capaz de relacionarse con ese proceso. Por eso tenemos las fases o etapas del desarrollo de la confianza, por eso el Libro de ejercicios tiene 365 lecciones, y por eso a veces Jesús utiliza el término "proceso", porque es con esto con lo que la mente engañada es capaz de relacionarse. Eso es lo único con lo que es capaz de relacionarse porque cree en el tiempo secuencial e incremental. ¿Qué es un proceso sino un orden secuencial en el tiempo?

> El "razonamiento" que da lugar al mundo, sobre el que descansa y mediante el cual se mantiene vigente, es simplemente éste: "Tú eres la causa de lo que yo hago. Tu sola presencia justifica mi ira, y existes y piensas aparte de mí. Yo debo ser el inocente, ya que eres tú el que ataca. Y lo que me hace sufrir son tus ataques". T-27.VII.3

Desaprender el mundo

La frase clave es "Yo debo ser el inocente, ya que eres tú el que ataca". ¿Ves la división sujeto-objeto? ¿Y ves también que bajo esa afirmación está la creencia en que el ataque y la inocencia pueden coexistir? Pero el Curso enseña que si el ataque es real, la inocencia no lo es. Puesto que el ataque es irreal, la inocencia es real: no pueden coexistir.

> Todo el que examina este "razonamiento" exactamente como es se da cuenta de que es incongruente y de que no tiene sentido. Sin embargo, da la impresión de ser razonable, ya que ciertamente parece como si el mundo te estuviese hiriendo. Y así, no parece necesario buscar la causa más allá de lo obvio. T-27.VII.3

Si estás mirando las noticias, leyendo el periódico, o simplemente mirando alrededor, parece que la causa de todo el daño y sufrimiento está en el mundo. Carencia de comida, carencia de aire limpio para respirar, pesticidas, robos de casas y guerras: hay muchas cosas en el mundo que parecen ser la causa de tanta miseria y tanto malestar. Porque con todas esas causas aparentes *parece* que "no es necesario buscar la causa más allá de lo obvio". Pero nada de eso es la causa. Por eso miramos tan cuidadosamente todas y cada una de las creencias de la mente. Hay necesidad de buscar la causa dentro de la mente, y no seguir confiando en que la causa de mi malestar está en el mundo.

> La necesidad de liberar al mundo de la condenación en la que se halla inmerso es algo que todos los que habitan en él comparten. Sin embargo, no reconocen esta necesidad común. Pues cada uno piensa que si desempeña su papel, la condenación del mundo recaerá sobre él. Y esto es lo que percibe debe ser su papel en la liberación del mundo. T-27.VII.4

Recuerdo tener pensamientos sobre el martirio. Pensé *esto es muy radical, muy diferente del mundo*. Veía destellos de mí mismo siendo un mártir. Ha habido una interpretación típica de la cristiandad según la cual cualquiera que siguiese a Cristo completamente tenía que de alguna manera estar listo para "cargar con su cruz", como él hizo. Recuerdo que uno que escribía sobre el cristianismo dijo "Se le ha puesto a prueba y ha sido encontrado demasiado difícil". [risas] Cuando se empieza a mirar las enseñanzas y seguirlas realmente hacia adentro, puede parecer demasiado difícil, o poco práctico. En cierto sentido, eso es lo que leemos en este párrafo: "Pues cada uno piensa que si desempeña su papel, la condenación del mundo recaerá sobre él. Y esto es lo que percibe debe ser su papel en la liberación del mundo". Como si en algún lugar del camino fuese a tener que pagar un precio por seguir este Curso, como si hubiera una píldora amarga que hay que tragarse como parte de la salvación.

¡No puede ser que haya que pagar un precio por ser lo que eres!

Recuerdo haber oído una discusión sobre alguien que describió su momento de despertar del sueño como extremadamente doloroso. Esa con toda certeza no es mi experiencia de ello. El Curso menciona a menudo que al principio uno se despierta a sueños felices. ¿Por qué iba a haber pasajes sobre los sueños felices? Los sueños felices son sueños que están purificados de todas las intenciones y propósitos del ego: uno está en su mentalidad recta, en la posición del *soñador del sueño*. ¿No sería la felicidad saber que uno es libre y que nada de lo que hay la pantalla puede influirte, ni afectarte, ni llevarse tu felicidad?

Mi experiencia ha sido la de una presencia delicada y facilidad en la vida. Ya no hay prisa, ni nada que defender. Ya no hay que demostrar nada a nadie, ni nada sobre lo que tener la razón. Hay mucha paz y alegría. Hay una sensación intuitiva de que todo es de la manera que tiene que ser, y esa ha sido mi experiencia. El sueño feliz se dirige a la mente que cree que forma parte del mundo y que abandonar el mundo va a suponer alguna clase de coste, retribución o venganza.

Participante: Ese escenario tiene sentido para el ego. El otro escenario tiene sentido para el Espíritu.

David:

> La venganza tiene que tener un blanco. De lo contrario, el cuchillo del vengador se encontraría en sus propias manos, apuntando hacia sí mismo. Pues para poder ser la víctima

> de un ataque que él no eligió, tiene que ver el arma en las manos de otro. Y así, sufre por razón de las heridas que le infligió un cuchillo que él no estaba empuñando. T-27.VII.4

La proyección de la culpabilidad se hace hacia fuera, sobre algo del mundo.

Participante: Es importante poner el cuchillo en la mano de otro. [risas]

David: Este es el símbolo de todas las cosas del mundo que *parecen* ser la causa del malestar. *¡Me despediste! ¡Eso duele! Tengo esta enfermedad porque estuve cerca del canal. Una inundación se llevó mi casa.* Poner el cuchillo en la mano de otro es decir que soy la víctima de una persona, o de algo del mundo que no es yo mismo. O, por compartir un ejemplo un poco más sutil, puedo estar golpeándome a mí mismo, infligiéndome heridas a mí mismo, pero eso todavía está teniendo lugar en la pantalla. La mente aún no se da cuenta de que es Mente. Si puede creer que puede atacarse a sí misma, ciertamente no se percibe a sí misma como Mente, puesto que la Mente no puede atacar. No hay ataque que valga. La mente no puede atacar.

> Ése es el propósito del mundo que él ve. Y desde este punto de vista, el mundo provee los medios por los que dicho propósito parece alcanzarse. Los medios dan testimonio del propósito, pero no son de por sí la causa. Ni la causa puede cambiar porque se la vea separada de sus efectos. T-27.VII.5

Esto es interesante: "Y desde este punto de vista, el mundo provee los medios por los que dicho propósito parece alcanzarse". Todo lo que hay en el mundo proyectado se utiliza para justificar la creencia de la mente en la separación, se utiliza como un medio para reforzar la creencia en la separación y aferrarse a ella. Cada vez que piensas en un escenario en el que no te saliste con la tuya, o pareció que se te trataba injustamente, es como recordar imágenes. Y siempre que esos recuerdos de imágenes se buscan para justificar sentimientos de disgusto, o de ataque, se los está utilizando como medios para aferrarse a la creencia en una identidad separada. No hay nada en ninguno de esos escenarios que sea la causa de tu disgusto. El apoyo para cruzar al otro lado es decir: *me conviene mirar el mundo de una manera diferente, en la que el cuerpo, el mundo y todos los objetos que aparentan estar en el mundo se le entregan al Espíritu Santo y se utilizan para otro propósito.* El milagro es el medio. ¿Qué es un milagro? Hacia el final del Libro de ejercicios hay una sección titulada *¿Qué es un milagro?* Dice: "Un milagro es una corrección. No crea, ni cambia realmente nada en absoluto. Simplemente contempla la devastación [el cosmos] y le recuerda a la mente que lo que ve es falso". El milagro te muestra que lo falso es falso, que las imágenes son sólo imágenes, que todas las ilusiones son una y la misma. Puede verse que el peldaño más alto de la escalera es, sencillamente, ver lo falso como falso.

Capítulo Seis

A por el propósito es a por lo que vamos

David: A por el propósito es a por lo que vamos. El perdón es el propósito. También se le puede llamar la salvación, o la Expiación, se le puede dar muchos nombres diferentes. Hay un propósito diferente para este mundo tan oscuro y enterrado. Cuando la mente se queda dormida, piensa en el propósito en términos concretos. ¿Cuál es el propósito de una casa? ¿Cuál es el propósito de un lápiz? ¿Cuál es el propósito de los zapatos? Todo parece tener un propósito. Si empiezas a mirarlo realmente, el propósito de algo casi siempre se reduce a cómo se relaciona con el cuerpo. Todo se reduce al cuerpo. Puede decirse que las ciudades crecieron cerca de las corrientes navegables y las carreteras, y que parecen tener una función económica. Ese propósito se basa en la economía. El sistema económico se basa en apoyar la vida humana, lo cual está conectado directamente a la identificación con el cuerpo. El propósito al que estamos intentando llegar no es natural para la mente engañada, de la misma manera que el perdón no lo es. Cuando la mente se quedó dormida, aprendió un mundo falso. Hay que desaprender el mundo cuidadosamente. Hay que aprender un propósito nuevo. En el Reino de los Cielos no hay propósito alguno. Sólo hay ser. El propósito es una meta y en el Reino de los Cielos no hay ninguna meta.

Participante: Entonces el propósito del perdón, ¿sólo entró en juego con la aparente separación? ¿No existe el perdón en la verdad? ¿No existe el propósito en la verdad?

David: Correcto. En el Cielo no hay ninguna necesidad de Expiación ni de corrección. Si hablamos de un sólo propósito, estamos hablando del Cielo. Estoy utilizando la palabra "Cielo" como natural. El Cielo es natural. Cuando la mente se quedó dormida, eso fue muy antinatural, y ahora tiene que aprender esta corrección que es muy antinatural. Es como encontrar una aguja en un pajar. La mente se durmió y se encontró a sí misma en el pajar y ahora tiene que encontrar la aguja. Para hacerlo tiene que cuestionar cada brizna de paja del pajar. Requiere de un recorrido muy completo. No se puede meter la mano en cualquier sitio al azar con la esperanza de encontrar la aguja. Por eso es tan importante que sigamos viniendo juntos a considerar todo lo que obstaculiza y estorba a nuestro reconocimiento de ese propósito. Se tiene que aprender muy cuidadosamente.

La sección *La nueva interpretación* del Capítulo 30 habla del propósito. Dice que "Solamente un propósito firme puede otorgarle a cualquier acontecimiento un significado estable". Una vez que la mente se queda dormida, percibe todas esas imágenes, todo está distorsionado. En lugar de haber un sólo propósito unificado, hay millones de propósitos aparentes. Todo lo que se percibe parece tener un propósito diferente. Parece que este libro tiene un propósito diferente al de este micrófono. Parece que estos zapatos tienen un propósito diferente al de este sofá. La mesa parece tener un propósito de alguna manera diferente del de la silla. Todo parece tener significado en y por sí mismo. Jesús aborda esto en el Libro de ejercicios:

> En los niveles más superficiales reconoces el propósito de todas las cosas. Sin embargo, el propósito de algo no se puede entender en esos niveles. Por ejemplo, entiendes que el propósito de un teléfono es hablar con alguien que no se encuentra físicamente en tu proximidad inmediata. Lo que no comprendes es para qué quieres ponerte en contacto con él. Y es eso lo que hace que tu contacto con él sea o no significativo. E-25.4

Una cosa es llamar a alguien por teléfono, y otra cosa distinta es ¿qué propósito tiene llamar? ¿Para qué es? Cuando se responde esa pregunta se está bajando al nivel de la mente. El propósito es una decisión de la mente. ¿Qué propósito tiene llamar a mi hermano, como opuesto al propósito superficial?

"Enseña solamente amor, pues eso es lo que eres". T-6.1 Repito, cuando hagas una llamada telefónica, cuando vayas a visitar a alguien, o cuando hagas lo que sea, sintoniza con el Espíritu Santo y pregunta *Espíritu Santo, ¿qué quieres que diga, qué quieres que haga?* Puede tomar la forma de una llamada telefónica, pero en realidad se trata de la *intención,* que es sinónimo de propósito. ¿Qué intención tengo? ¿Estoy intentando hacer culpable a alguien? ¿Estoy llamando para manipular a alguien para que haga lo que yo quiero que haga?

Participante: ¿Quieres decir que si intento ponerme en contacto con mis hijos porque estoy preocupada y quiero saber cómo les va, eso es una cosa, pero si quiero llamar a alguien sólo para cotillear sobre otro, entonces ese es mi propósito?

David: También se necesita mirar a la idea de preocupación. Si el Espíritu Santo tiene un propósito, y yo me alineo con él y siento paz, entonces quiero enterarme de cuál es ese propósito, porque cuando uno está asustado, o preocupado, uno no se siente bien. Es incómodo.

Participante: Cuando no contestan el teléfono, yo podría pensar: *probablemente han salido al lago. Están perfectamente. Lo están pasando bien.* Pero luego mi siguiente pensamiento podría ser un esfuerzo para convencerme a mí misma de que no ha pasado nada, con la *esperanza* de que todo vaya bien. Me asusto porque pienso que tal vez han perdido el número de teléfono y están intentando llamarme pero no pueden. Entonces intento tranquilizarme otra vez con que están perfectamente.

David: La lección 37 dice: "Mi santidad bendice al mundo". Y la lección 38 trata de manera muy práctica con la preocupación por cómo le va a la gente. La lección es: "No hay nada que mi santidad no pueda hacer". El primer párrafo dice:

> Tu santidad invierte todas las leyes del mundo. Está más allá de cualquier restricción de tiempo, espacio, distancia, así como de cualquier clase de límite. El poder de tu santidad es ilimitado porque te establece a ti como Hijo de Dios, en unión con la Mente de su Creador. E-38.1

Y las aplicaciones concretas, en cursivas, son las que son realmente útiles. Son así: "En esta situación con respecto a _____ en la que me veo envuelto, no hay nada que mi santidad no pueda hacer". Rellena el espacio en blanco con tu propio nombre cuando pienses en ti mismo llamando a casa y sintiendo miedo de no tener respuesta.

El propósito: no se trata de acción ni de inacción

Hola, David:

Te escribo con muchas dudas y escepticismo porque, en lo más profundo, creo que nadie podrá ayudarme nunca a encontrar la verdad. ¡La decisión de escribir este correo es más que nada un acto espontáneo!

Tengo una pregunta sobre la acción que siempre me ha perturbado. He visto que ser consciente produce tal sensibilidad que se hace difícil actuar de ninguna manera, y me parece muy difícil distinguir entre esta inacción y la apatía. Aparte de las consecuencias prácticas de la inacción (sobre el dinero que se necesita para vivir), tiene también consecuencias más profundas sobre la auto-expresión. En la inacción no hay acción en absoluto, ni interesante ni aburrida, da igual. ¿Nace el hombre para eso?

¿Cómo se supone que se descubre lo que más se ama? ¿Existe la auto-expresión en realidad? ¿Por qué las llamadas "almas realizadas" siempre están dando charlas para intentar enseñar al mundo? ¿Por qué el Cristo y el Buda siempre son predicadores? ¿Por qué no, digamos, ingeniero o médico? ¿Hay acción que no sea producto del pensamiento? y la espontaneidad, ¿es la carencia de pensamiento (consciente e inconsciente)?

Creo que la explicación "precocinada" de todos nuestros problemas en términos de pensamiento-no pensamiento o consciencia-no consciencia se ha vuelto tan común y corriente que tiene muy poco significado. Creo que tendemos a encontrar consuelo en las paradojas. La teoría del pensamiento-no pensamiento nos proporciona paradojas excelentes que nos dejan satisfechos, dejarse de tanto cuestionar, ¡esperar perpetuamente a salir de ello algún día! Tal como tú lo ves, ¿cómo se puede encontrar el verdadero significado de la acción?

Hola Amado:

Gracias por escribir. La cuestión no es de acción como lo opuesto a la inacción, sino que la cuestión siempre es el propósito. Discernir el propósito es muy importante, porque el estado mental de uno es el resultado del propósito con el que uno ha elegido alinearse (el del ego o el del Espíritu). La tranquilidad de espíritu, la felicidad, la libertad y la satisfacción no dependen de que parezca que el cuerpo está activo o inactivo. La Perspectiva del Espíritu revela que toda aparente conducta es un sueño, un efecto irreal de una "causa" irreal.

La interpretación de la conducta es siempre una percepción del ego, porque el ego sólo reconoce formas y no sabe nada del Contenido o Verdadero Significado. El Verdadero Significado (la Identidad) es Luz Abstracta, y el mundo se fabricó para cubrir la Luz y mantenerla fuera de la consciencia. Centrarse en la conducta y plantear interminables preguntas sobre la conducta es un recurso del ego para distraernos de cuestionar las creencias y los conceptos falsos que subyacen a los comportamientos. La conducta, como todas las formas, es del pasado, y no se puede hacer ninguna pregunta con sentido sobre lo que ya ha terminado y desaparecido.

Lo que uno "hace" y "no hace" fluye del propósito con el que la mente ha elegido identificarse. El ego utiliza el cuerpo para el placer, la vanagloria y el ataque. El propósito del ego es reforzar la separación y proteger la creencia falsa en que hay mentes privadas y pensamientos privados. El Espíritu sólo utiliza el cuerpo como un recurso de comunicación. El Espíritu siempre comunica que la mente está unificada y que todo está conectado, al ser una trama de integridad. La acción y la inactividad aparentes inspiradas por el Propósito del Espíritu siempre son útiles, la acción y la inactividad aparentes motivadas por el propósito del ego nunca son útiles. El discernimiento, por lo tanto, es tener claro qué Propósito es útil y qué propósito no es útil.

La apatía está motivada por el ego. La alegría está inspirada por el Espíritu. "Trabajar para ganarse la vida" siempre está motivado por el ego. Confiar en la Divina Providencia siempre está inspirado por el Espíritu. La percepción de "necesidades" siempre está motivada por el ego, la milagrosa sincronicidad en la que "todas las cosas obran conjuntamente para el bien" siempre está inspirada por el Espíritu. La Expresión Real del Ser es gozosa, mientras que la "auto-expresión" del ego no es sino un intento de reforzar una ilusión que nunca podrá ser. Reconoce que mientras la mente crea en la dualidad, la elección del propósito con el que uno se alinea (el del Espíritu o el del ego), es una decisión sobre si uno cree que el Yo es real o lo es el yo. Este momento de "Ser o no Ser" es la elección, y en la elección definitiva de aceptar la Expiación se deshace para siempre todo "elegir".

"¿Cómo se supone que uno descubre lo que más ama?" Perdona la ilusión y reconoce que el Amor es Uno, que "lo que más" no significa nada. El Amor no hace ninguna "comparación", porque en la Unicidad no hay nada que comparar.

"¿Por qué las llamadas 'almas realizadas' siempre están dando charlas para intentar enseñar al mundo? ¿Por qué el Cristo y el Buda siempre son predicadores? ¿Por qué no, digamos, ingeniero o médico?" La forma puede parecer la de un "predicador", o un "maestro", pero el Contenido es Espíritu Uno. Una mente que se ha vaciado de todos los falsos conceptos del yo está liberada para reconocer al Ser, al Espíritu. El perdón es soltar todos los "insignificantes" conceptos del yo del ego, incluso el perdón tiene que cederle el paso a la Verdad que está más allá de todos los sueños. El perdón muestra la falta de sentido de la percepción fragmentada y ofrece un sueño feliz, durante apenas un instante. Podría decirse que se aprende el mundo perdonado a la vez que se desaprende el ego, porque los reflejos de la luz y de la oscuridad no tienen ningún punto de encuentro.

"¿Hay acción que no sea producto del pensamiento? y la espontaneidad, ¿es la carencia de pensamiento (consciente e inconsciente)?" Todos los pensamientos-forma (todos los contrarios), incluyendo la "acción" y la "inacción" aparentes, están dentro del dominio del ego. Un milagro es una elección espontánea del Propósito del Espíritu en la cual la forma es una, o íntegra, y el cosmos se percibe desde la Perspectiva del Espíritu que ve lo falso como falso, porque no existe ninguna sensación de "otredad". El milagro colapsa el tiempo y parece abreviar la necesidad de aprender el perdón, o desaprender el ego. El instante santo es un Pensamiento Silencioso en Dios que el tiempo no puede tocar, y en el cual "acción" e "inacción" no tienen ningún significado.

"En lo más profundo, creo que nadie podrá ayudarme nunca a encontrar la verdad". Esto es verdad, porque la verdad es el reconocimiento de que no hay "otro" aparte del Ser Único. Abrirse a este reconocimiento

es el discernimiento, y sólo el Espíritu interior puede llevar a cabo el discernimiento del que hablo. No busques ningún "cuerpo" que lo haga por ti, porque no hay nada "afuera", y sólo se puede comprender a la Voz que habla en nombre de Dios. No se le puede encontrar significado a las imágenes, de manera que no busques "imaginarte" ni "comprender" lo que no tiene significado alguno. El Significado perenne es el reconocimiento del Ser tal como Dios creó al Ser, y ninguna otra cosa tiene NINGÚN significado. Este aparente acto de fe no es más que un sencillo reconocimiento, y este "ajá" natural y evidente es la Iluminación.

No puedes estropearlo

Hola, David:

Estoy reflexionando sobre cuánto forma parte del guión y cuánto no. Esto me encanta, porque si yo pudiese vivir esta idea hasta sus últimas consecuencias no quedaría sitio para la culpabilidad en mi vida, ni para culpar a los demás ni para culparme a mí mismo. Pero también veo el peligro de que podría usarla como disculpa de todo tipo de cosas desagradables.

¿Qué pasa con las decisiones en las que permito que el propósito sea mi guía? ¿También forman parte del guión esas decisiones? ¿O esas las decidimos "nosotros"? Y de ser así, ¿cómo lo hacemos? ¿Por qué unos son buscadores de la verdad y otros no?

¿Está también en el guión la decisión de dejarse guiar por el Espíritu Santo? ¿Está en el guión si voy a escuchar o no Su respuesta? Pero si todo está en el guión, ¿dónde entra el estar dispuesto?

Te he oído mencionar el concepto de que "el guión ya está escrito", y luego veo una película como *¡Y tú qué sabes!*, cuyo principal mensaje parece ser que puedo cambiar el sueño-realidad-ilusión a mi antojo. ¿Puedo cambiarlo sólo cuando el guión lo permite? ¿El querer cambiarlo, y el cambio que se produce, forman también parte del guión? Temo estropearlo todo de alguna manera. Tal vez sólo debería preguntarte: ¿puedo hacer lo que más me guste hacer, sin poner en peligro mi despertar? ¿Aún se produciría la iluminación en el momento indicado en el guión?

Amado:

¡Me hace feliz saber de ti!

Todo el cosmos espacio-temporal está en el guión y es el pasado. Es imposible cambiar el pasado, aunque es inevitable que el cosmos sea perdonado. La única elección que se puede hacer es el propósito que se le da al guión y la manera en que se lo contempla. El guión es uno, y no se lo puede descomponer en el que hace y aquel a quien se le hace. Es un guión que ha terminado y es imposible analizarlo. La tranquilidad de espíritu es inevitable si le das permiso a la mente para que se relaje y disfrute observándolo. El propósito es una decisión de la mente y como tal no "está en el guión". Se podría pensar en el propósito como una decisión de nivel superior, una decisión con significado, mientras que las decisiones entre formas ilusorias no tienen en realidad relevancia alguna. Toda la vida es una oportunidad de practicar el discernimiento y elegir alinearse con el Propósito del Espíritu Santo.

Por lo tanto, lo que se hace no es tan importante como tener clara la intención, o el motivo, por el que se hace, y esto vuelve al propósito. En verdad es inevitable elegir al Espíritu Santo, de manera que hay que estar alerta observando la mente para no acoger en ella ni una pizca de juicio. Entonces se experimenta lo fácil y sencilla que es la salvación. Porque el Amor no pide nada excepto ser él mismo y extenderse.

Relájate y disfruta del espectáculo, y deja que tu mente observe sosegadamente. Eso siempre es suficiente, porque el Poder del Espíritu Santo está unido a nuestra mente. No puedes estropearlo, porque el Espíritu Santo está a cargo. Confiar en el Espíritu Santo no es ninguna carga. Todo lo que le queda a la mente es una sensación de ligereza y de Facilidad Divina.

La ambición y la especialización

David: En la película *Gandhi* hay un periodista que camina junto a él en Sudáfrica. Gandhi está construyendo ashrams y el periodista americano le dice "Señor Gandhi, usted es muy ambicioso". Gandhi le sonríe con ojos dulces y amables y le dice "Espero que no".

En el mundo la respuesta a "eres muy ambicioso" es "muchas gracias". Algo resonó en mí cuando oí a Gandhi decir "Espero que no". Algo dentro de mí dio un salto de alegría: *vaya, esta respuesta es diferente.*

Cuando somos ambiciosos en el sentido mundano, también tenemos una sensación de crueldad, porque cuando me esfuerzo por ganar algo del mundo, a veces voy a percibir a mis hermanos como un obstáculo que se interpone en el camino de mis ambiciones, de lo que yo quiero. De manera que esa pequeña afirmación "Espero que no" de Gandhi tomó un significado nuevo. Yo crecí en América, la tierra de la libre empresa y la ambición, y asociaba a la idea de ambición connotaciones muy positivas. Pero cuando profundizas más en el Curso oyes a Jesús decir:

> Debes haber notado una descollante característica en todo fin que el ego haya aceptado como propio. Cuando lo alcanzas *te deja insatisfecho.* T-8.VIII.2

Por eso el ego está obligado a cambiar constantemente de una meta a la siguiente, esperando encontrar algo que te satisfaga. Cuando lo leí, reconocí que eso era lo que había estado haciendo toda mi vida. Lo hice en la facultad con las titulaciones, *este título no es suficiente, necesito este otro.* Lo he hecho con las relaciones, *esta relación está bien, pero podría irme mejor.* Lo he hecho con las propiedades, *este automóvil está bien, tiene todos los extras, dirección asistida, desempaña la ventanilla trasera, pero no estoy realmente satisfecho.* Parece inacabable. De manera que, en cierto sentido, sólo estamos intentando poner en evidencia el sistema de pensamiento del ego. Muchas veces, al leer el Curso puede venirnos una sensación de renuncia. Después de aprender tantas cosas y acostumbrarnos a determinada manera de vivir, viene el Curso y dice que nuestra percepción está confundida por completo. De vez en cuando Jesús dice: "¡Renuncia al mundo!" T-30.V Lo pone entre signos de exclamación, uno sabe que él tiene que tomarse muy en serio esta idea. Pero a través de la lente del ego el sentimiento es: *no me conviene renunciar a nada*.

Participante: Correcto. Así me siento yo.

David: Exactamente. *Estoy acostumbrado a esto. Muchas gracias, Jesús, pero yo disfruto con esto*. Él está muy deseoso de ayudarnos a ver que esa búsqueda fuera de nosotros mismos, en lugar de dentro donde está el Reino, es una búsqueda muy dolorosa. A veces nuestra actitud parece *Jesús, quiero que quites todo el dolor, el resentimiento y la tristeza de mi vida, pero quiero mantener todo lo demás exactamente tal como está*. Puede verse que eso se parece a pedir que se reconcilien la verdad y la ilusión, en el sentido de buscar fuera de mí mismo. *Quiero buscar fuera de mí mismo y quiero estar en paz*. Cuanto más he entrado en esto, más he reconocido que lo necesario es abrazar lo interior, abrazar la luz que está dentro de mi mente, y empezar a soltar las metas y las búsquedas. Cuando tengo metas y búsquedas en el mundo, entonces tengo expectativas sobre cómo creo que tiene que ir el guión para que se cumplan mis metas. En otras palabras, tengo ambiciones reales, tales como ser el mejor tenista del mundo, o el hombre más rico, o el mejor en lo que sea, realmente no importa la forma de la ambición, porque si tengo ambiciones tendré expectativas sobre como me conviene que vaya el guión. Si estoy buscando ser un famoso maestro del Curso, puedo empezar a tener expectativas sobre cuánta gente habrá entre el público, o cuántos libros vendo. ¿Ves que tener expectativas sobre cómo quieres que vaya el guión, tener ciertos resultados en la mente, es una trampa de dolor?

Participante: Y la única manera de tener buenos resultados es establecer las metas desde el principio. Es una cosa insidiosa que dice que si consigo esta meta, entonces estaré mejor, no sólo mejor que otra gente, sino también mejor de lo que yo estaba, y eso es mentira. Pero las metas no son realmente malas en y por sí mismas.

David: Tenemos que aclarar qué significa "en y por sí mismas", si es que tiene algún significado. La lección 184 nos da la sensación de que todo lo que venimos a aprender aquí es la separación y la fragmentación. Todo niño aprende a poner etiquetas y clasificar en categorías a todos los objetos separados. Se enseña que esto es muy importante, que si no lo haces no vas a ser capaz de tener éxito en el mundo. Esto es la educación "madura".

> Vives a base de símbolos. Has inventado nombres para todas las cosas que ves. Cada una de ellas se ha convertido en una entidad aparte, identificada por su propio nombre. De esta manera la segregas de la unidad. De esta manera designas sus atributos especiales y la distingues de otras cosas al hacer hincapié en el espacio que la rodea. Éste es el espacio que interpones entre todas las cosas a las que has dado un nombre diferente; entre todos los acontecimientos desde el punto de vista del tiempo y del lugar en que ocurrieron, así como entre todos los cuerpos que se saludan con un nombre. E-pI.184.1

Puede verse que para llegar realmente a la tranquilidad de espíritu hay que soltar esta primera fase del aprendizaje del mundo. Luego tenemos que entrar en otra fase en la que empezamos a soltar el significado y el propósito que le hemos dado a todo, tenemos que liberarnos del apego a lo que creemos que significa. Estamos convencidos de que sabemos lo que significan "las cosas en y por sí mismas", pero Jesús nos está enseñando que le hemos atribuido un montón de significado falso a todo. Necesitamos una transformación completa en la que abramos nuestras mentes a la idea de que tal vez no sabemos cómo deberían ir las cosas. ¡Tal vez sólo voy a tomar tu mano y caminar con confianza! El proceso de desaprendizaje tiene que empezar en algún sitio.

Clasificar en categorías es hacer juicios, y como dice la Biblia: "No juzgues". El Curso deja claro que todo nuestro dolor viene de nuestro propio hacer juicios, clasificar en categorías, dividir y descomponer. La buena noticia es que el Espíritu Santo tiene una forma diferente de hacer juicios que también está en nuestra mente. Podemos aprovechar totalmente la capacidad de juzgar del Espíritu Santo si soltamos nuestros propios juicios y nos quitamos de en medio. ¡Esa es una buena noticia!

Participante: Estaba pensando que cualquier tipo de especialización en cualquier cosa se parece a elevar esto a la enésima potencia, en que yo sé

todo lo que se puede saber sobre lo que sea, sé todos los nombres de...
La mente sólo quiere descomponer, descomponer y descomponer, y
luego sentir que sabe cómo manejar una de esas pequeñas piezas, sentir
que puede ser experta.

David: Como en los viejos tiempos, cuando los médicos de medicina
general tenían que aprender de todas las partes del cuerpo, el funcionamiento conjunto de todo y tal vez también algunos principios
psicológicos para ayudar a sus pacientes a salir adelante en la vida.
Pero la medicina ha tendido a especializarse en todos sus aspectos,
los días del médico general han pasado. Una vez más, el ego quiere
enseñarte que para sobrevivir tienes que especializarte. Ese era el
conflicto mental que yo sentía cuando estaba en la facultad. Una
vocecita en mi mente seguía diciendo *da un paso atrás, piensa más
y mira el panorama completo*. Y la otra voz de mi mente, que a veces
venía de mis padres o de mis profesores, decía *si no te normalizas,
eliges un campo de especialidad, centras tu atención en él y te conviertes
en un especialista no vas a tener éxito*. Durante mucho tiempo este tira
y afloja estuvo en mi mente. Cuanto más profundizaba, más cuestionaba cualquier tema que tocase, cuestionaba las suposiciones. No
podía dejar de cuestionar el sentido de la vida y decidir sencillamente
ser un buen psicólogo, un buen educador o un buen urbanista. Seguí
profundizando cada vez más y finalmente encontré el Curso, que dice
que para aprender este curso tienes que cuestionar cada uno de los
valores que abrigas. Y pensé *sí, ¡eso es lo que la vocecita me ha estado
diciendo siempre! ¿Estoy chiflado o qué?* El Curso no para de decir que,
si te mantienes a la escucha de la vocecita y no de las otras voces, la
cordura está dentro de ti.

Un "Jefe", una función

Hola, David:

La lección 25 dice que todas las metas son del ego, y me pide que
renuncie a ellas. ¿Significa esto que mi vida no debería tener ninguna
meta? ¿Cómo voy a sobrevivir en el mundo de los negocios, donde todo
son metas y cuotas?

Hola amado:

UCDM te da la meta del perdón para reemplazar las metas del ego que son conseguir resultados en la forma que mantienen la creencia en la separación de Dios. El Espíritu Santo trabaja con la mente, con independencia de lo que la mente crea ser y donde crea estar, y la Ayuda a desatarse del concepto del yo que el ego fabricó para que ocupase el lugar de Cristo.

Hace muchos años tuve una reunión en la que tuvo lugar el siguiente diálogo:

Pregunta: Hoy tengo que volver al trabajo para hacer antes de mañana por la mañana un trabajo con la computadora y algunos otros más. Yo preferiría quedarme aquí. Tú hablas de intuición y de ser guiado por el Espíritu. ¿Cómo lo hago ahora?

David: El Espíritu Santo empieza donde la mente cree estar y con lo que la mente cree ser. Supongamos que tú crees que eres una mujer con un trabajo, y parece que tienes que hacer trabajos de computadora esta noche. Supongamos que este escenario es una película de un sistema de creencias que tienes, y que sencillamente esta es la manera en que te percibes a ti misma en este momento. El Espíritu Santo no intenta desgarrar de un tirón esta red de mentiras. El Espíritu Santo utiliza lo que crees para ayudarte a reconocer que eres mucho más que esos conceptos del yo que crees que te definen. Esta conversación, por ejemplo, está aportando pruebas del deseo de tu mente de despertar y recordar tu realidad como el Hijo de Dios. Todo lo que hay que tener es disposición, y el Espíritu Santo deshará los falsos conceptos del yo y los sustituirá por el perdón. Empieza con esta oración:

Permanece conmigo, Espíritu Santo. Guíame en qué decir, qué hacer y dónde ir. Si Le das la bienvenida y confías en Él, experimentarás resultados inmediatos.

Pregunta: Tengo dificultades con la idea de dualidad y con la idea de que nuestra percepción es el problema. Trabajo en un negocio donde tengo que ver las cosas exactamente tal como ocurren, no como quisiera que ocurriesen. ¿Cómo llego a ese sitio del que hablas?

David: Cuando uno se ha identificado con, digamos, un empleado de un negocio, ciertamente parece que hay limitaciones y restricciones "externas" a las que tiene que atenerse. Por ejemplo, digamos que uno está identificado como gerente. Como gerente, aparentemente se ha de hacer que otros rindan cuentas de haber hecho ciertas cosas. Un gerente supervisa y evalúa a los empleados, los dirige, lleva a cabo revisiones del rendimiento y así sucesivamente. También, todo gerente tiene un "jefe" cuyo trabajo es asegurarse de que el gerente rinde cuentas. Lo que hay que hacer es mirar cuidadosamente, profundizar en el sistema de creencias que produce la percepción defectuosa que, a su vez, produce el escenario que acabo de describir. Se tiene que estar dispuesto a examinar las prioridades, qué es lo más importante en la vida. ¿Es la tranquilidad de espíritu la única prioridad?

Yo he tenido que mirar muy bien todo aquello en lo que creía, volverme hacia dentro a buscar fortaleza y apoyo, y darme cuenta con certeza de que el Espíritu Santo es mi único "Jefe", y el perdón es mi única función. Uno puede preguntar "¿Es práctico eso? Si uno tiene dos jefes, si lo que dicen el Espíritu Santo y su empleador es diferente, ¿qué hace?" Lo repito, el Espíritu Santo se encuentra con la mente donde la mente cree que está. Trabaja con la mente, ayudándola a cambiar los conceptos del yo que ha aceptado por conceptos del yo más expansivos que se aproximan al verdadero perdón.

Conforme se deja a un lado el hacer juicios y se cambia de ideas sobre el mundo, lo que ocurre en la pantalla del mundo será una representación simbólica de ese cambio mental y de la percepción de las relaciones que se tiene. De manera que en realidad estamos de vuelta a decir sencillamente *vale, Espíritu Santo, trabaja conmigo ahora mismo donde creo que estoy y ayúdame a desatar mi mente de estas creencias falsas. Ayúdame a soltar el ego y mi percepción sanará.* Confíale todo al Espíritu Santo y Él cuidará de ti de maneras que ni siquiera puedes imaginar.

Deja que el Espíritu Santo te Guíe en todas las cosas y todo se resolverá de la mejor manera. El viaje interior llega muy profundo, pero el Espíritu Santo Guía con seguridad y hay muchos recursos gratuitos disponibles con sólo pedirlos. Estoy unido a ti en el Despertar. Eres muy amado.

Sin metas ni ambiciones, ¿qué es la vida?

Hola, David:

Sin metas ni ambiciones, ¿qué es la vida? He oído muchísimas veces la cita: "El hombre perece sin un sueño o una visión". Un objetivo, o meta, nos lleva a trabajar, a actuar, y eso nos mantiene ocupados. Ahora bien, si intentamos actuar sólo por el gusto de actuar, y no por una recompensa ni para cumplir nuestros deseos, ¿cómo elegimos una acción sin un propósito?

Quiero decir que me cepillo los dientes para mantenerlos limpios, y esto es higiénico. Si respondes a los e-mails de la gente y das charlas, estoy seguro que hay una meta, objetivo o propósito detrás. Pero elegirte como ejemplo no sería correcto, ¡pues eres una excepción! Mucha gente con buenas intenciones aún se siente arrastrada a actuar por un objetivo, o meta, basando sus decisiones en metas futuras como *¿qué debería hacer que cuide de mi familia hoy, y también en el futuro?*

Las metas, las ambiciones y los objetivos son del futuro. La pregunta es: si la esencia del "presente" es el pasado y el futuro, ¿qué es vivir en el presente? Sin pasado ni futuro no existe el presente, ¿verdad?

Amado:

Gracias por tu sincera pregunta. En este mundo parece que la vida va hacia adelante, y que el tiempo y el progreso avanzan hacia el futuro. Las metas futuras parecen apuntar hacia algo mejor que el pasado y el presente. Pero el pasado ya pasó y el futuro sólo se imagina. Ambos son defensas contra el Momento Presente y el reconocimiento de que todo es Perfecto Ahora mismo.

En el Despertar, parece que el tiempo se colapsa, parece que se abrevia, parece ir hacia atrás hacia el error original y luego desaparecer por completo en la Inocencia que precede al error. En el Despertar, el tiempo es como una alfombra que se enrolla por completo, de manera que al final no queda nada en absoluto. El Presente es antes de que hubiese tiempo. Esto es otra manera de decir lo que enseñó Jesús: "Antes de que

Abraham fuese, Yo Soy". El Despertar es recordar la Inocencia Original, y esta experiencia de Iluminación no tiene nada que ver con el tiempo, y tiene todo que ver con el Ahora. La esencia del Momento Presente es la Eternidad, y el Ahora no tiene nada que ver con el tiempo lineal, ni pasado ni futuro.

La vida es un Estado Mental. En lo que a este mundo se refiere, el Ahora es la aproximación más cercana a la Eternidad. El Ahora es el renacer del Espíritu en la consciencia. El Ahora está libre de lamentos y quejas por el pasado, y de preocupaciones y planes ansiosos para el futuro. La cita que compartes, "El hombre perece sin un sueño o una visión" tiene significado: sin el sueño feliz de ausencia de juicios, sin la Visión de Cristo, parece, en efecto, que todo lo de este mundo perece, pues nada de este mundo es perenne.

En el mundo parece práctico tener metas y ambiciones, pero apuntan al futuro. Los resultados futuros, te lo aseguro, son motivaciones del ego. La Paz Presente es una "meta" digna de ser deseada, porque, más que posible, es inevitable. La experiencia de la Paz Presente se produce al escuchar sólo al Espíritu interior, y para el Espíritu no hay mañana. El Espíritu Santo utiliza el tiempo para enseñar que el tiempo no existe. Este es el Propósito que inspira y bendice, y que incluso parece motivar la acción hasta que amanece la consciencia de que en realidad no está ocurriendo nada. El sueño feliz es como un sueño lúcido en el que el soñador se da cuenta de que está soñando. Los sueños no se toman por la Realidad, y dormir no se toma por estar Despierto. Si te sientes conducido a "hacer cosas", pregúntate si es por miedo a las consecuencias. Si crees que no "hacer cosas" tendrá consecuencias temibles, es prudente examinar lo que crees. Mientras se mantengan como verdaderas creencias temibles, los pensamientos y las acciones estarán guiados por el miedo.

El perdón es un milagro y libera a la mente del miedo a las consecuencias. Deja que el Espíritu Santo sea el Propósito que te Guía suavemente, ¡y nunca volverás a sentirte "arrastrado"! No valores ni una sola creencia de las que el ego patrocina, y disfruta la experiencia de la Facilidad Divina. Ni una sola aparente dificultad hará nada más que disolverse antes de que la encuentres.

Acepta la Dicha Presente como nuestro Propósito, y observa lo brillante que parece el mundo en la consciencia. No trates de cambiar el mundo, trata más bien de cambiar tu mentalidad sobre el mundo. La Iluminación es tan simple como aceptar lo Inmutable como Verdadero. ¡Porque no hay nada más que Amor! ¡Toda la Gloria a Dios!

La metas, el hacer y el propósito

Hola, David:

Me siento obligada a decir que, si no hubiese metas, yo nunca habría escuchado a la voz que habla por Dios, que me habló para decirme que mi sendero era abrir mi tienda. Siento que fui "dirigida" a hacerlo de forma concreta. Y ahora que estoy aquí, tengo que hacer ciertas cosas que son "del mundo" para poder pagar el alquiler, apoyar a mi familia y seguir con lo que he empezado.

La pregunta es: hablas de las metas como si estuviesen "en contra" del Espíritu Santo. Y sin embargo, para llevar los mensajes ahí fuera, a las manos de nuestros hermanos, todos, incluido tú, tenemos que "hacer cosas", y los que tenemos niños y pagos que hacer tenemos que "hacer cosas". Para que las cosas encajen hay que dar un paso antes del otro. Mi experiencia durante el último año ha sido que, mientras mi Meta sea la Verdad, para seguir hacia adelante no necesito ver el paso siguiente sino sólo darlo. Podría pasar el día tendida en la cama sin hacer nada, y aún así sobrevivir durante un tiempo, pero ¿cómo ayuda eso a mi hermano?

El Curso habla de "cómo fijar la meta", y si yo lo entiendo bien, si la meta es la Verdad entonces todo lo que se necesita es tener fe, y todo será dado. Entonces, cuando mi hermana habla de escribir libros para niños, mientras su meta sea la Verdad, ¿no debería funcionar de la misma manera? Agradecería claridad sobre esto.

Amada:

Gracias por tu amoroso testimonio de la respuesta a la oración y por tu pregunta tan profunda y sincera. Si lees la sección *La verdadera alternativa* de UCDM, se hace evidente que todos los caminos del mundo se fabricaron para conducir lejos de la Verdad, y Cristo enseña que todos los caminos del mundo conducen a la muerte. Afortunadamente, Cristo también enseña que no existe la muerte, y que la Verdadera Alternativa conduce a las cumbres de la felicidad.

De manera que cualquier aparente "paso" que el Espíritu Santo ofrece como Guía para Ayudar a la mente a Despertar es valioso, pues cualquier "paso" en el Propósito tiene el valor del perdón. Sin embargo, en el Despertar el Espíritu Santo utiliza los símbolos del tiempo para enseñar que el tiempo no existe. Los milagros son recursos temporales para colapsar el tiempo, y la Expiación es el colapso total del tiempo, en el que la mente pierde de vista por completo al tiempo.

El "hacedor" se disuelve en el Observar. El *Manual para el maestro* de UCDM se refiere a esto cuando Cristo dice que el hacer juicios se produce "a través de ti" en lugar de "por ti". "A través de ti" se refiere al Espíritu Santo. Las metas específicas son utilizadas por el Espíritu Santo junto a su Guía específica mientras la mente todavía cree en los "procesos". La mente durmiente inventó el tiempo y lo concreto, y cree en ellos.

Nunca se arroja a la mente a la Realidad, y aunque cada aparente cambio del concepto del yo traiga cierta incomodidad, nunca hay destrucción de la percepción, ni del status quo. El Plan del Espíritu Santo es una nueva traducción del pasado a una Perspectiva desde la que se le puede llamar un pasado purificado. El pasado purificado está completo, y por tanto no está dividido en las partes que el ego presenta en su perspectiva del pasado.

La respuesta al mensaje anterior también trataba del mismo tema, al percibirse la escritora a sí misma como una escritora del Despertar al Ser de Cristo. Los símbolos que llamamos palabras (que están doblemente alejados de la Realidad) se pueden utilizar desde el Propósito para reconocer un Estado Mental que está completamente más allá de las palabras. Las Bienaventuranzas –el sereno estado de paz, amor, libertad y felicidad constantes– son la meta del Curso. Esas actitudes vienen de aceptar la Expiación. La Expiación es el perdón completo.

En el tercer Capítulo del panfleto *Psicoterapia: propósito, proceso y práctica* hay una sección titulada *La cuestión de los honorarios* que podría serte útil. En el *Canto de la oración,* Jesús nos dice que los verdaderamente humildes no tienen más meta que Dios, porque la necesidad de ídolos y defensas ha pasado.

Y de la lección 131 del Libro de ejercicios: "Nadie que se proponga alcanzar la verdad puede fracasar".

> El fracaso te acechará mientras persigas metas inalcanzables. Buscas la permanencia en lo pasajero, el amor donde éste no se encuentra, la seguridad en medio del peligro y la inmortalidad en las tinieblas del sueño de muerte. ¿Quién puede triunfar cuando la contradicción es el marco de su búsqueda así como el lugar adonde va en busca de estabilidad? E-131.1

> Las metas que no tienen sentido son inalcanzables. No hay manera de alcanzarlas, pues los medios que empleas para ello están tan desprovistos de sentido como ellas mismas. ¿Quién puede esperar alcanzar algo valiéndose de medios tan desatinados? ¿Adónde podrían conducirte? ¿Y qué pueden lograr que ofrezca alguna esperanza de ser real? Ir en pos de lo imaginario conduce a la muerte porque es la búsqueda de lo que no es nada, y mientras vas en pos de la vida estás clamando por la muerte. Quieres estar a salvo y tener seguridad, mientras que en tu corazón clamas por el peligro y por protección para el mísero sueño que urdiste. E-131.2

> No obstante, la búsqueda es inevitable aquí. Para eso viniste, y es indudable que harás lo que viniste a hacer. Pero el mundo no puede determinar la meta que debes perseguir, a menos que tú le otorgues ese poder. Y si esto es así, aún eres libre de elegir una meta que se encuentra más allá del mundo y de todo pensamiento mundano, y que procede de una idea que rechazaste, pero que aún recuerdas; una idea ancestral, pero a la vez nueva; un eco de un patrimonio olvidado, pero que encierra todo lo que realmente anhelas. E-131.3

Alégrate de que tengas que buscar. Alégrate también de aprender que lo que andas buscando es el Cielo, y de que no puedes sino alcanzar la meta que realmente deseas. Nadie puede dejar de querer esta meta, ni nadie puede, en última instancia, dejar de alcanzarla. El Hijo de Dios no puede buscar en vano, a pesar de que trata de demorarse, de engañarse a sí mismo y de pensar que lo que busca es el infierno. Cuando se equivoca, encuentra corrección. Cuando se extravía, se le conduce de nuevo a la tarea que le fue asignada. E-131.4

¿Son ídolos los sueños?

Hola, David:

Tu e-mail de hace unos pocos días capturó mi atención. Lo he leído y releído unas cuantas veces y, para ser capaz de asimilarlo por completo, probablemente lo releeré unas cuantas más.

Me temo que, sencillamente, estoy llegando a un punto de mi vida en el que quisiera dar a luz desde el corazón algunas bellas semillas, o al menos una. Este es uno de mis sueños. Ahora parecería completamente inútil dar a luz un sueño del tipo libro de las letras.

¿Son ídolos también los sueños? Muchos aspectos, de hecho casi todos los personajes de mi vida, los que apoyan y los que no apoyan, se están desmoronando muy rápido. Todos los apuntalamientos se retiran. Me agobio, y de vez en cuando me entrego a estar ansiosa sobre cómo se resolverá mi futuro personal. Si se vende mi casa, entonces podré seguir con un sueño de peregrinación –y saltar fuera de este sueño de vivir en una casa, trabajar en un libro infantil y hacer algo de trabajo artístico–, para participar de vez en cuando en actividades de *Un curso de milagros,* o de otras vías espirituales que me llaman a Casa.

Amada:

Muchas gracias por el sincero e-mail que viene de tu corazón. Estás a punto de comprender que los sueños concretos del ego no significan nada, y que la Perspectiva unificada de perdón del sueño que ofrece el Espíritu Santo, lo es Todo en términos de la percepción del mundo. Sí, la experiencia espiritual que trae el Despertar requiere liberar, soltar o incluir todos los sueños concretos y todas las metas concretas.

La Abstracción Llama, y los que tienen oídos para oír y ojos para ver Responden de buena gana a la Llamada. El familiar mundo del ego empieza a disolverse y desmoronarse en la consciencia cuando se entra en las esferas de las que han hablado durante siglos los místicos, los santos y los sabios. La confianza en el Espíritu Santo se fortalece al retirarle la fe al ego, al cuerpo y a los cinco sentidos que el ego fabricó para reforzar su error de la separación.

Te amo mucho. No estás sola, Amada, aunque el ego que se está disolviendo quiera que creas, pienses, sientas y percibas que lo estás. Estoy siempre contigo, más cerca que la respiración que parece darle vida al personaje del sueño. Nuestro Consolador siempre está Presente, recordándonos a todos que los sueños de aparente miedo, culpabilidad y aislamiento ya casi han terminado, y cambiarán a ser sueños felices de ausencia de juicios, por medio del perdón de las ilusiones y el desapego de las formas. El único "resultado" digno de nuestra Santa Mente es la paz, con independencia de la forma que pueda tomar. No prestes atención a las pruebas que el ego presenta, pues las imágenes falsas que parecen reales no pueden impedirte Despertar salvo que ése sea tu deseo. Nada ocurre por accidente.

En términos relativos, son poquísimos los que parecen estar listos para soltar por completo la ilusión y aceptar la Expiación. Esto lo escribo como un símbolo, para que no te desanime contemplar las imágenes del mundo. El Plan de la Salvación siempre es Ahora, y siempre es, sencillamente, el Momento de Gracia que experimentaste esperando a que te montasen los neumáticos de nieve. El ego quiere unirse al viaje espiritual con sus metas de éxito económico, prosperidad material y personas especiales a las que llama familia, sea familia "biológica", familia "étnica" o familia "espiritual". El ego juzga en contra del Único y de los que no apoyan sus metas y resultados en la forma. Pero, cuando ya no se les valora, no hay ninguna meta ni resultado en la forma que no se disuelva instantáneamente en la Luz de la Paz.

Asciende en el Amor dándole prioridad al perdón completo sobre todo lo que pueda parecer que ofrece el mundo del ego. Nadie que quiera darse cuenta de la Verdad puede estar asociado ni afiliado a ninguno de los sueños concretos, o símbolos del mundo. La Verdad, al Ser Presente, no puede organizarse en la forma. El Amor, al Ser Abstracto, no se puede objetivar ni centrar en personas, ni sitios, ni acontecimientos, ni cosas, ni grupos ni organizaciones. Deja que todos los proyectos en la forma le cedan el paso al Propósito de aceptar la Expiación. Todo se ha realizado ya, así que Observa el sueño con el Espíritu Santo, desde la Felicidad y deja que todo sea exactamente tal como es.

Vive en la Integridad. Si te sientes en desacuerdo con la Armonía del Presente, suelta los pensamientos sobre el futuro. Siente la Paz de nuestra Santa Mente, la Mente que, Ahora mismo, compartimos con Dios. La Gracia se experimenta cuando la mente suelta todo intento de controlar el mundo de la forma. Recuerda: Vivo en la Paz. Soy liberado en la Gracia. Siempre estás en mi corazón, Amada de Dios.

Las aptitudes, el trabajo y el propósito

David: Vivimos en un mundo falso, todo lo que hay en él es falso. ¿Qué podemos hacer con esto? Nos podemos levantar por la mañana y decirnos a nosotros mismos que todo es falso, pero eso no hace irse a la sensación de estar constreñidos por las consecuencias. Lo que realmente necesitamos es pasárselo todo al Espíritu Santo. La sección titulada *La curación como reconocimiento de la verdad* empieza a articular cómo será esto. "El Espíritu Santo te enseña a usar lo que el ego ha fabricado a fin de enseñarte lo opuesto a lo que el ego ha 'aprendido'". T-7.IV.3 Este mundo es aprendido y se puede desaprender todo lo que se puede aprender. El ego es aprendido. En la sección *El concepto del yo frente al verdadero Ser,* dice: "El propósito de las enseñanzas del mundo es que cada individuo forje un concepto de sí mismo. Éste es su propósito: que vengas sin un yo, y que fabriques uno a medida que creces". T-31.V.1

Desde el momento en que aprendemos a hablar, aprendemos a ponerle etiquetas a todo, esto es una pelota, eso es una mesa, eres un chico, o una chica, etcétera. Ahí vamos. La mente quiere un falso concepto del yo y parece aprender la separación aprendiendo que cada cosa tiene un propósito diferente. Las enseñanzas del mundo sólo refuerzan lo que la mente cree. Pero, una vez más, el Espíritu Santo sabe utilizar lo que fabricó el ego.

> Lo que el ego ha aprendido es tan irrelevante como la facultad particular que utilizó para aprenderlo. Lo único que tienes que hacer es esforzarte por aprender, pues el Espíritu Santo tiene un objetivo unificado para tus esfuerzos. Si se aplican diferentes facultades a un solo objetivo durante un período de tiempo lo suficientemente largo, las facultades en sí se unifican. Esto se debe a que se canalizan en una sola dirección, o de la misma manera. En última instancia, pues, todas contribuyen a un mismo resultado, y, en virtud de ello, se pone de relieve lo que tienen en común en vez de sus diferencias. T-7.IV.3

Parece que cada cual tuviese aptitudes diferentes, pero todas las aptitudes, si se aplican al mismo propósito, serán canalizadas, desaparecerán de la consciencia las diferencias entre ellas. Tocar el violín, por ejemplo, es una aptitud muy elaborada, pero la pregunta que hay por debajo de todo esto es: "¿Para qué es?"

Participante: Así que, después de un tiempo, en realidad no importa si estoy untando el pan con mantequilla o tocando el violín, porque todas mis aptitudes están canalizadas en una sola dirección y se unifican.

David: La buena noticia es que no tengo que fingir que no tengo habilidades. Aún sé utilizarlas, pero ha cambiado el propósito que les doy. Cuando prestamos atención al perdón como nuestro único propósito, algunas cosas empiezan a desmoronarse. Podríamos vernos liberados de lo que antes parecía servir, pero nada se desperdicia, en el sentido de que, mientras esté canalizada, cualquier capacidad se puede utilizar.

> Todas las capacidades deben entregársele, por lo tanto, al Espíritu Santo, Quien sabe cómo usarlas debidamente. Las usa exclusivamente para curar porque únicamente te conoce en tu plenitud. Al curar aprendes lo que es la plenitud, y al

aprender lo que es la plenitud, aprendes a recordar a Dios. Curar es la manera de desvanecer la creencia de que existen diferencias; al ser la única manera de percibir a la Filiación como una sola entidad. T-7.IV.4-5

Curar se puede igualar a tener un único propósito unificado para todo. Cuando desees *mucho* ver todas las cosas a través de la lente del Espíritu Santo, los cambios de conducta vendrán automáticamente, como subproducto de ese deseo, cualquiera que sea la manera en la que las cosas parezcan ser utilizadas en el mundo de la forma. Los milagros no deberían elegirse conscientemente. Todo lo que tienes que hacer es estar listo, y el Espíritu Santo hará los milagros por medio de ti. Tienes que soltar la conducta, tiene que ser un subproducto de tus pensamientos. Los milagros no serán puros mientras intentes controlarlos. ¡Menudo esfuerzo intentar imaginarse lo que hay que hacer y lo que hay que decir! Querer hacerlo todo *perfectamente bien* es un esfuerzo enorme, te dejas atrapar en el nivel de la forma, y eso induce culpabilidad.

Participante: Y si alguien no acepta el milagro cuando se lo ofreces, te sientes como si hubieses hecho mal algo.

David: Ahí estamos de nuevo: ¡la culpabilidad! "El cuerpo no es más que un marco para desarrollar capacidades, lo cual no tiene nada que ver con el uso que se hace de ellas. Dicho uso procede de una decisión". T-7.V.1 Aquí está otra vez el tema de la forma y el contenido. Una decisión de la mente es contenido. Se toma una decisión de propósito preguntando *¿para qué es?* a todas y cada una de las cosas. Entrenar a la mente a plantear esa pregunta en todas las situaciones es lo contrario, lo más opuesto, de la forma de pensar de la mente engañada. La mente engañada se zambulle en las cosas creyendo que ya sabe para qué son. La mente engañada está convencida de que ya sabe para qué es todo. Siempre tiene algo que ver con la forma y los resultados, sea ir de compras, lavar la ropa, ir al trabajo, jugar al tenis, etcétera. Tenemos que aceptar como nuestra única función el propósito de curación, o perdón, del Espíritu Santo, pero esto es sólo una parte. La otra parte es soltar las metas del ego. En todo aquello sobre lo que tengamos expectativas, o intereses, está implicado el concepto del yo. El ego tiene toda clase de metas y resultados que quiere obtener.

Recuerda, la mente engañada cree que el concepto del yo es su propia existencia, y de esa manera percibe que el propósito del Espíritu Santo exige sacrificios. Nos interesa llevar esto al contexto de *hacia dónde* nos estamos moviendo, sabiendo que las cosas van a desaparecer automáticamente, en lugar de pensar que tenemos que pelear con el ego a cada paso del camino, y que tenemos que abandonar lo que valoramos. La lección 154 del Libro de ejercicios, "Me cuento entre los ministros de Dios", articula hacia dónde nos estamos moviendo. ¿Cuántos de entre nosotros han pensado en sí mismos como ministros de Dios? Mientras caminamos hacia esto, es clave mantener en la mente que sólo se trata de soltar, de empezar a echar fuera los "yos" y los "míos". Uno no pone por escrito todas sus aptitudes y luego intenta imaginarse cómo las va a unificar para que todo funcione. No es uno el que va a imaginarlo. ¡Esa es una buena noticia! Uno no tiene que sentirse bajo el peso de intentar juntar todo eso. Pásale tus habilidades y aptitudes al Espíritu Santo. Él es el que tiene que tomar esas decisiones. El ve la mejor manera de utilizarlas.

> No seamos hoy ni arrogantes ni falsamente humildes. Ya hemos superado tales necedades. No podemos juzgarnos a nosotros mismos, ni hace falta que lo hagamos. Eso no es sino aplazar la decisión y posponer entregarnos de lleno al ejercicio de nuestra función. Nuestro papel no es juzgar nuestra valía, ni tampoco podríamos saber cuál es el mejor papel para nosotros o qué es lo que podemos hacer dentro de un plan más amplio que no podemos captar en su totalidad. Nuestro papel se nos asigna en el Cielo, no en el infierno. Y lo que pensamos que es debilidad puede ser fortaleza, y lo que creemos que es nuestra fortaleza a menudo es arrogancia. E-154.1

Sea cual sea el papel que se te haya asignado, fue seleccionado por la Voz que habla por Dios, Cuya función es asimismo hablar por ti. El Espíritu Santo escoge y acepta tu papel por ti, toda vez que ve tus puntos fuertes exactamente como son, y es igualmente consciente de dónde se puede hacer mejor uso de ellos, con qué propósito, a quién pueden ayudar y cuándo. Él no actúa sin tu consentimiento.

Recordar a Dios

> Pero no se deja engañar con respecto a lo que eres, y escucha solamente Su Voz en ti. E-154.2

> Mediante esta capacidad Suya de oír una sola Voz, la Cual es la Suya Propia, es como tú por fin cobras conciencia de que en ti solo hay una Voz. Y esa sola Voz te asigna tu función, te la comunica, y te proporciona las fuerzas necesarias para poder entender lo que es, para poder llevar a cabo lo que requiere, así como para poder triunfar en todo lo que hagas que tenga que ver con ella. Dios se une a Su Hijo en esto, y Su Hijo se convierte de este modo en el mensajero de la unidad junto con Él. E-154.3

Ahí tenemos una frase que consta de tres partes: "Y esa sola Voz te asigna tu función, te la comunica, y te proporciona las fuerzas necesarias para poder entender lo que es, para poder llevar a cabo lo que requiere, así como para poder triunfar en todo lo que hagas que tenga que ver con ella". Puede verse que esto se basa en escuchar. Es similar a la oración: "Estoy aquí únicamente para ser útil. Estoy aquí en representación de Aquel que me envió. No tengo que preocuparme por lo que debo decir ni por lo que debo hacer, pues Aquel que me envió me guiará". T-2.V.A.18

La única manera de que nuestras aptitudes puedan unificarse es, literalmente, seguir instrucciones momento a momento, sobre la base de la fe. Es la cara opuesta de la manera en que parecen ser las cosas en este mundo. El mundo dice que hay que planear y tenerlo todo bien controlado para poder estar seguro y confiar. Pero éste enfoque de escuchar es totalmente intuitivo. Todas la capacidad analítica en la que se confiaba sale por la ventana. Puede parecer que da un poco de miedo, como caminar por una cornisa confiando en que algo te parará si te caes. Hay una pequeña sección de la lección 135 que nos puede ayudar a aclarar más este tema:

> La mente que ha sanado no planifica. Simplemente lleva a cabo los planes que recibe al escuchar a una Sabiduría que no es la suya. Espera hasta que se le indica lo que tiene que hacer, y luego procede a hacerlo. No depende de sí misma

para nada, aunque confía en su capacidad para llevar a cabo los planes que se le asignan. Descansa serena en la certeza de que ningún obstáculo puede impedir su avance hacia el logro de cualquier objetivo que sirva al gran plan que se diseñó para el bien de todos. E-135.11

Puede verse que estamos hablando de soltar por completo.

Participante: Eso está muy en contradicción con lo que el mundo parece.

David: Es una gran contradicción. Cuando iba a clases de urbanismo, tuve una asignatura de resolución de problemas. Definir los recursos, analizar los factores y generar todos los enfoques posibles. Luego se decide cuál se quiere, se adquiere competencia en hacerlo. En cierta medida todo el mundo hace eso, en el supermercado, con su carrera profesional o para que le arreglen su automóvil. ¿Dónde tiene un precio mejor? Es lo mismo. Ahora estamos llegando al soltar todo eso, a soltar el hacer basado en la experiencia del pasado, soltar el decir que sabes por experiencia que puedes conseguir el producto más barato en la tienda A, o que sabes por experiencia que tal curso te va a llevar más lejos que tal otro. He aquí uno de los párrafos más asombrosos de todo el libro:

> La mente que ha sanado se ha liberado de la creencia de que tiene que planear, si bien no puede saber cuál sería el mejor desenlace, los medios por los que éste se puede alcanzar, ni cómo reconocer el problema que el plan tiene como propósito solucionar. E-135.12

Tanto si parece tuyo como si parece de otro, no se puede saber de antemano cuál es el problema. Él está diciendo que no sabes reconocer de antemano el problema para cuya solución se trazó el plan. A todos nos han enseñado que el mejor resultado se logra definiendo el problema y sabiendo qué metas son las mejores. Todo los juicios del mundo se basan en eso, se sabe cuáles son los resultados buenos y los malos, y así es posible esforzarse por lograr los resultados buenos y evitar los malos. Él está diciendo que eso no se puede saber, ni se puede saber cuáles son los medios por los que se logra. Tienes que confiar en Él. "La mente que se dedica a hacer planes para sí misma está tratando de controlar acontecimientos futuros". E-135.15 ¡Esto ha sido toda tu vida! Mira todas nuestras vidas. Si uno no intenta planear y controlar los acontecimientos futuros, ¿qué clase de vida es esta?

Participante: La semana pasada pasé justo por eso. Sabía que era una lección para mí. En mi negocio no paro de lidiar con eso y ya es hora de que aprenda la lección. No sé cuánto he aprendido, pero sí sé que tengo que dejar de reaccionar a lo que ocurre y reconocer que tenía planeado un resultado y unas expectativas.

David: Y cuando se le sigue un poco el rastro, aparece el miedo a quedarse atrás y estar endeudado, y si se le sigue más el rastro, se llega a "mi seguridad", ¿la seguridad de qué? Al principio de esta lección nos dice que lo que buscamos proteger es la seguridad del cuerpo, salvarlo de la muerte. Eso puede verse cuando se le sigue el rastro. Cuanto más lo hacemos, mejor vemos la locura de defender y proteger el cuerpo constantemente y trabajar para mejorarlo. Hay un gran interés en eso. Cuanto más vemos que es una tontería, que es oprimir a la mente con un torniquete, más empezamos a soltarlo.

Ha sido un ejemplo excelente tomar algo concreto y trabajar con ello. Te agradezco que lo trajeses porque necesitamos empezar así. Meterse demasiado en conversaciones teóricas no es muy significativo. Nos conviene mantenernos en lo práctico. Y ha sido un buen ejemplo. Cuando hacemos eso todos nos aclaramos.

Participante: Veo que esto no funcionaría en absoluto en el mundo de los negocios. Si le dijese a mi jefe que no tengo un plan ni meta alguna, él no podría lidiar con ello. Estuve haciendo algo así cuando estaba con los doce pasos *[de AA: Alcohólicos Anónimos]*, pero todavía tenía que jugar al juego en el trabajo. ¿Integra eso la gente, o se dejan el trabajo?

David: Nos sentimos guiados por el Espíritu. El cambio tiene lugar en la mente, y lo que ocurre en la pantalla luego es una prueba, o representación externa. De lo contrario parece que estuviésemos intentando meter estacas redondas en agujeros cuadrados. Si le decimos a Jesús que no podemos aplicar este Curso a nuestros trabajos, él responde *vuelve aquí dentro de la mente para que cuestionemos las creencias*. Empiezas a aflojar la identificación con ser un empleado que funciona en modo de planificación de resultados. Al empezar a dar pasos atrás, convocas a las pruebas y empiezas a tener un concepto más expansivo de ti mismo. Dicho de otra manera, Jesús no nos arrastra de golpe a la realidad abstracta desde el concepto del yo pequeño y nimio. No funciona así. La tarea de la salvación es cambiar los conceptos.

A lo mejor uno se ve a sí mismo como nada más que un trabajador de una fábrica y luego empieza a pensar que hay más cosas que sólo ser un trabajador de una fábrica. Parece que desarrollamos aptitudes y nuestros conceptos empiezan a expandirse, parecemos volvernos más fluidos y más flexibles. Lo que estamos haciendo en realidad es cambiar los conceptos en nuestra mente. Estamos empezando a acercarnos al único concepto que conduce a la salida, que es el perdón. El perdón es un concepto que lo incluye todo. Todavía es un concepto, en el Cielo no hay perdón pues no hay nada que tenga que ser perdonado. Dios no perdona porque Él nunca ha condenado. Son las ilusiones las que necesitan perdón. De manera que vamos dando esos pequeños pasos cada vez más y más. Somos conducidos hacia el concepto de "maestro de Dios" o "ministro de Dios", que es muy diferente al de "jefe de producción". Finalmente somos conducidos al concepto de perdón total.

Un amigo de Cincinnati tenía un trabajo comercial en el que su jefe no paraba de decirle que tenía que establecer objetivos de venta. Él sentía cada vez más que había un conflicto, y que el asunto era ver que el conflicto estaba en la mente. Se volvió una situación muy competitiva, en la que el jefe insistía en que se atuviese a los objetivos y consiguiese esto y lo otro. Mientras tanto él se sentía cada vez más atraído a meditar y a estudiar el Curso. Al final vino el cambio mental, y él acabó dejando su empleo. Pero irse no alivia el conflicto. El ego quiere que creas que vas a estar bien si dejas un empleo y te vas a otro mejor. Pero todo está en ver que la competición no está en el trabajo de ventas. La competición está en mi mente, el problema es la creencia en la competición. Cuando seguimos moviéndonos hacia aquello de lo que habla el Curso, todo se resuelve. Puedes empezar a soltar la ética del trabajo y el plan para cinco o diez años, puedes abrirte al Espíritu Santo y confiar en que las cosas se resolverán. Pero no vas a conseguir que Él te lo ponga por escrito. [risas del grupo] *Esto es lo que estarás haciendo el año que viene como parte de la primera fase del plan.* No es así. Se trata de dar el paso de hoy, el de ahora mismo.

Al principio yo necesitaba experiencias que me hiciesen saber que se me iba a proveer de lo que necesitase. Hubo muchos momentos de sincronicidad. Fui guiado a una subasta de autos en la que conseguí uno por 100 dólares. Fui guiado allí, mi otro automóvil se averió en frente del local de subastas, y se lo tuvo que llevar una grúa. Fue muy sincrónico, yo no podría haber planeado algo así ni en un millón de años. Evidentemente era hora de entregarme. Yo lo necesitaba. Era el Espíritu Santo, que iba delante de mí diciendo: *te va a ir bien. Parece que da miedo, pero estás bien.*

Puede venir la tentación de atascarse en lo de manifestar. En ciertos círculos se oye decir cosas como: "Manifesté un empleo para mí, manifesté un nuevo compañero para mí, justo como yo lo quería". [risas] El Curso dice que tienes una mente poderosa, así que ¿por qué no la utilizas para tu tranquilidad de espíritu, para despertar y ser totalmente libre? No te quedes en producir ciertos resultados, no reces pidiendo *efectos*. Pide que se te enseñe una manera diferente de mirar el mundo. Hay un progreso natural hacia eso. Al viajar tuvimos muchas experiencias de sincronicidad en las que las cosas parecían aparecer justo cuando las necesitábamos, se podría escribir todo un libro sobre eso. Sería una buena lectura porque es interesante y divertido, en cierto modo incluso mágico, pero después de un tiempo uno sencillamente se centra por completo en su propósito, y está convencido de que se le proveerá de lo que necesite. El nivel de miedo disminuye, y todo se enfoca en ver el mundo de manera distinta, en ver el sistema de creencias del ego y llegar hasta el fondo de él.

Encontrar la función especial de uno: ayuda con la Guía

Hola, David:

El día 1 de enero comencé el Curso desde el principio. Leí el Texto con rapidez y dedicación y empecé el Libro de ejercicios con fuerza, pero me he enfriado con las lecciones. Aún las estoy haciendo, pero no con la disposición de antes. De hecho siento que he aprendido mucho, y me siento muy diferente, pero la mejor manera de describir mis sentimientos interiores es que estoy como un pez fuera del agua, completamente confundido. Tengo muchas piezas de información en la cabeza pero no encajan, como si fueran piezas de un puzzle fuera de su sitio. ¿Tienes alguna sugerencia? Sigo teniendo la sensación de que no soy capaz de hacer esto. Aunque al nivel intelectual comprendo lo que dice, y siento que sé lo que dice, no puedo en absoluto conectar con los sentimientos. Espero que tengas algún consejo para mí.

Amado:

Gracias por compartir lo que está sobre tu corazón. Los sentimientos que estás experimentando son muy comunes entre los que utilizan el Curso e intentan hacer las lecciones del Libro de ejercicios. Recuerda que es cosa del Espíritu Santo utilizar tu poquito de disposición para convencer a tu mente del verdadero perdón por medio de muchísimos milagros. Los milagros alumbran el camino, y tú ya puedes sentirte mirando el mundo de una manera un poco diferente a la de antes. Cada milagro convence a la mente y es un paso hacia la mentalidad recta completa.

El Espíritu Santo quiere utilizar en el proceso del Despertar tus intereses, habilidades y aptitudes. En mi caso ha utilizado mis estudios universitarios, mis aptitudes para la comunicación, mi interés por la música y el cine y mi disposición a viajar y a expresar Su Propósito. El uso de estas cosas está muy individualizado para cada persona. El Espíritu Santo utiliza lo que te gusta y te atrae con tanta destreza, que la resistencia del ego a la Luz interior se desvanece cada vez más, y conforme los milagros vienen a alumbrar el camino, se desmorona.

Recordar a Dios

Dale permiso a tu mente para abrirse a la idea de que el Despertar puede, de hecho, ser divertido y disfrutable, y que la resistencia al Curso es sólo el juicio del ego sobre el progreso y el crecimiento. Está claro que el ego se resiste al Curso. No te aflijas por el ego, porque ni Tú eres el ego ni el ego será nunca lo que Tú eres. Eres el Cristo, ¡y cada paso en el Despertar al Conocimiento de Ti Mismo es un motivo de alegría! Te puedes recordar a ti mismo nuestra Santidad y que somos Dignos del Amor, y que Jesús y el Espíritu Santo merecen confianza y gratitud. Hazlo a menudo.

Haz una lista de todo lo que amas y agradeces que hay en ti. Después ofrécele la lista al Espíritu Santo para que la utilice a su manera tan individualizada en el Plan del Despertar. Presta atención a cómo te sientes, y reconoce las formas en que tu pasión puede utilizarse por el Espíritu y centrarse en el Propósito que beneficia a Todos. ¡Estoy contigo a cada paso!

Capítulo Siete

Más allá del cuerpo

> La morada de la venganza no es tu hogar. El lugar que reservaste para que albergase a tu odio no es una prisión, sino una ilusión de ti mismo. El cuerpo es un límite que se le impone a la comunicación universal, la cual es un atributo eterno de la mente. Mas la comunicación es algo interno. La mente se extiende hasta sí misma. No se compone de diferentes partes que se extienden hasta otras. No sale afuera. Dentro de sí misma es ilimitada, y no hay nada externo a ella. Lo abarca todo. Te abarca completamente: tú te encuentras dentro de ella y ella dentro de ti. No hay nada más en ninguna parte ni jamás lo habrá. T-18.VI.8

Esto hace un retrato de la Mente. Justo en la frase siguiente, él la contrasta con el cuerpo:

> El cuerpo es algo externo a ti, y sólo da la impresión de rodearte, de aislarte de los demás y de mantenerte separado de ellos y a ellos de ti. Pero el cuerpo no existe. T-18.VI.9

El cuerpo está, como si dijéramos, en la superficie de la Mente, donde están todas las proyecciones y todos los pensamientos de ataque, muy en las afueras. Está fuera pero, a través de las experiencias de la mente engañada, parece una envoltura alrededor de la mente. Parece como si la consciencia estuviese en algún sitio de la cabeza mirando por medio de los ojos.

Participante: Eso es porque parece que no somos capaces de negar el cerebro. Cuenta otra vez la verdadera historia del cerebro y la Mente.

David: La Mente no está en el cerebro, no está en el cuerpo. Creo que la mejor analogía que el Curso utiliza una y otra vez es la del *soñador del sueño*. Hace poco me dijo un amigo: "El otro día estaba leyendo el Curso y capté algo que nunca antes había captado. Yo solía pensar en el guión en términos de toda esa gente de ahí fuera, pero sin incluir a mi propio cuerpo, que también está *ahí fuera*". Para mí esa es la mejor analogía de la Mente, en el sentido de que el *soñador del sueño* está observando a todos los personajes de la pantalla, incluido su propio personaje. Pero en este mundo no hay puntos de referencia para la Mente. La Mente no sale afuera. Es tan expansiva que no tiene límite. Cuando se pregunta dónde está la mente, hay que comprender que *sitio* es un concepto de la mente dividida. Sólo una mente engañada podría tener una idea tan loca como *sitio*.

Participante: Dice en el Capítulo 16: "Su Reino no tiene límites ni fin, ni hay nada en Él que no sea perfecto y eterno. *Tú* eres todo esto, y no hay nada aparte de esto que pueda ser lo que tú eres". T-16.III.7 y en otro sitio dice: "No hay nada externo a ti". T-18.VI.1 Aquí dice que el cuerpo está fuera de ti y eso significa obviamente que el cuerpo no es nada porque no hay nada fuera de nosotros. Incluso el cuerpo está fuera de nosotros, porque somos Mente. Estamos teniendo esta pesadilla y estamos ahí sentados dibujando estos pequeños monigotes. Este se quema en un accidente de automóvil y ese le hace esto a aquel, pero somos *nosotros* sintiendo la culpabilidad de creer que pudimos alejarnos de Dios y creemos estar jugando con esto hasta que quitamos las manos de los mandos y reconocemos que no hicimos nada de eso.

David: Sencillamente, se asignaron todos los papeles y todo el mundo está haciendo su papel. Cada vez que odias a alguien es porque crees que no está cumpliendo con su papel de la manera en que tú quieres verlo cumplido.

Participante: Yo te asigné tu papel y tú no lo estás haciendo bien.

David: El Curso nos dice que la metáfora, sea la esposa, el marido, el hijo o el jefe de quien crees que tiene que actuar de cierta manera, o darte cierta cosa, es que el papel que tiene asignado es el de ser nuestro salvador. El ego produjo todas esas formas porque la mente engañada intenta utilizar las relaciones para vengarse del pasado. Cree que en el pasado pasó privaciones reales y, por lo tanto, está atraída por cierta gente y ciertas situaciones, quiere que esa gente desempeñe papeles y satisfaga necesidades que creyó que formaban parte de su privación.

Nunca funciona. La idea de privación es un timo que viene de la atracción por la culpabilidad. Mientras pongamos a los demás a hacer de sustitutos de Dios, y tengamos tantas expectativas puestas en ellos, cuando parezca que no las cumplen habrá ira y furia, claro está.

Participante: Es sólo otra más de las incontables maneras de asegurarse de que permanecemos en el ego. El ego es una decisión equivocada, sólo una, pero permanecer en ese pensamiento nos atrae de muchísimas maneras, a causa de nuestra creencia en que somos el ego, y de nuestro miedo a que el amor nos trague. Lo único que hace el ego es debilitarnos por medio de la separación, o de intentar convencernos de que somos débiles e inútiles, porque sin ese pensamiento recordaríamos quienes somos. Nos asusta ser felices y nos atrae la desdicha. Es como si creyese que en cuanto esté feliz, alguien va a venir a reventar mi burbuja y el tonto seré yo. Para mí, esto demuestra la atracción por el dolor.

David: Hay que tener una idea de cómo piensa el ego para poder escapar de él observándolo. Por eso tenemos todas esas secciones sobre *Las leyes del caos* en las que Jesús expone los absurdos que creemos. Hay miríadas de formas que parecen oscurecer el contenido, como tú decías, pensamientos que separan y debilitan. El ego fabrica todas esas formas como un espejismo de complejidad para mantener en la oscuridad su manera básica de pensar. En cuanto somos capaces de ponernos en contacto con los pensamientos al revés, que eso es el ego, podemos desenredarlos y empezar a sentir lo que está aparte de esos pensamientos. Pero mientras estén dando vueltas en nuestras mentes, sentimos esas sensaciones y pensamos esos pensamientos. Hay una creencia muy fuerte en que esos pensamientos son reales, en que de verdad son "mis pensamientos". Pero están fuera de ti, no son lo que tú eres.

Me viene a la mente la sección del Curso titulada *La inminencia de la salvación*. Cada vez que la leo me impacta esta frase: "No te contentes con la idea de una felicidad futura". T-26.VIII.9 Es muy corriente que la gente se vea a sí misma en un viaje espiritual, pensando: *seguro que ahora no estoy ahí, pero dentro de un año, o de diez, o a lo mejor en una vida más, llegaré allí*. No lo proyectes en el futuro. No proyectes la salvación en el futuro.

Participante: Es sólo otra excusa para no ser feliz ahora mismo.

David: Correcto. En el pasado no estuviste privado de nada. Si estás disgustado, eso es una decisión en el presente. No tiene nada en absoluto que ver con nada de lo que pareció ocurrir en el pasado. Tiene todo que ver con la interpretación que estás haciendo ahora mismo. No proyectes tu ansiedad sobre los acontecimientos que temes que van a ocurrir en el futuro. Tráela de vuelta, es una decisión en el presente, ahora mismo. Jesús dice que crees que realmente hay un intervalo entre el momento en el que perdonas y el momento en que recibirás los dones del perdón. Ese es el miedo de la mente, el miedo a que si lo sigues a Él, ¡la furia del mundo caerá sobre tus hombros! Hay muchísimo miedo al caos, y Jesús te dice que estés totalmente sin defensas. La clave es sencillamente soltar del todo.

Querer la experiencia del perdón

Hola, David:

Perdonar las ilusiones, ¿significa perdonar lo que hace un cuerpo? Si un cuerpo engaña, miente, hace daño a otro cuerpo, o quita algo por medio del engaño, ¿sigue sin ser engaño? Es nuestro apego a las ilusiones y al cuerpo lo que puede hacernos juzgar a los demás, sentirnos heridos, enojados, y decir que algo fue injusto. Si reconocemos que el Espíritu lo puede todo, que no puede sufrir daño y que sólo existe el Espíritu, entonces lo que ocurre aquí no importa nada. Y vemos a todos y a todo desde el punto de vista de la integridad. Incluso aquel engaño que ocurrió está probablemente para enseñarnos la lección de no valorar nada de este mundo, el cuerpo incluido. Así vemos la impecabilidad en todas las personas, cosas y acontecimientos.

Si ocurre algo que sentimos como molesto (temible), ¿tenemos que pensar sencillamente que no tendrá ningún efecto sobre nuestra vida? Eso es realmente difícil. Tenemos miedo de perder a nuestros amigos, a la familia, nuestras condiciones de vida, etcétera. Sólo tengo cierta comprensión de estos principios, pero no tengo ninguna convicción firme. Además tenemos que desarrollar confianza en el presente en que el Espíritu Santo proveerá nuestras necesidades mientras sean necesarias. Pero para que vengan la convicción y el conocimiento interior, primero tenemos que experimentar milagros y que somos Espíritu. De lo contrario, sólo se basará en teorías. ¿Cómo conseguimos esas experiencias de milagros y del Espíritu? A pesar de que hago UCDM, no he tenido ninguna de esas experiencias. Al menos esta es mi comprensión de la visión de Cristo. ¿Nos proporcionarías alguna nueva percepción de esto? Como siempre se agradece muchísimo tu valiosa visión.

Amado:

Gracias por compartir lo que tienes sobre tu corazón y por tu sincera apertura al Espíritu interior. Has escrito lo que apenas estás empezando a captar: "Es nuestro apego a las ilusiones y al cuerpo lo que puede hacernos juzgar a los demás, sentirnos heridos, enojados, y decir que algo fue injusto. Si reconocemos que el Espíritu lo puede todo, que no puede sufrir daño y que sólo existe el Espíritu, entonces lo que ocurre aquí no importa nada. Y vemos a todos y a todo desde el punto de vista de la integridad. Incluso aquel engaño que ocurrió está probablemente para enseñarnos la lección de no valorar nada de este mundo, el cuerpo incluido".

Los milagros aportan convicción porque demuestran justo lo que tú has escrito, la falta de valor del cuerpo y del mundo, y el valor del Espíritu, que es inmutable.

Los milagros son experiencias que disuelven las creencias y colapsan el tiempo. Si estás dispuesto a cuestionar lo que pareces creer y a aplicar las palabras que has dicho a todo aquello de lo que eres consciente, la experiencia de paz interior será evidente. Si parece que temes perder a tus amigos, tu familia, tus condiciones de vida, etcétera, entonces el apego a identificarte con eso está obstaculizando la experiencia del milagro. El milagro no cuesta nada y ofrece un vislumbre del Todo. No hay sacrificio alguno en Conocer la Voluntad de Dios, y saber que nuestra Voluntad es Una con la Voluntad de Dios. Nada real se pierde ni se abandona al servir a Dios porque lo temporal nunca tuvo ningún valor de ningún tipo.

Soltar los papeles: Dios no pide ningún sacrificio

Hola, David:

Estoy teniendo verdaderas dificultades con la idea de soltar mi "historia de madre". Tengo en casa niños y padres ancianos a quienes ayudo. Temo que si pusiese mi vida en las manos del Espíritu Santo, me iría danzando felizmente con Él, y los dejaría seguir luchando por su cuenta. Ese pensamiento me parte el corazón. De manera bastante interesante, últimamente he empezado a dudar de mi éxito en el papel que elegí: a pesar de una infancia casi idílica, mi hijo está enojado, resentido y lleno de rabia. Dijiste que, con el Espíritu Santo, mientras haya creencia en las obligaciones, las obligaciones se cumplen, ¿se aplica eso a las obligaciones emocionales? Aceptaré con el corazón abierto cualquier idea que puedas compartir.

Amada:

El milagro disuelve las obligaciones emocionales interpersonales. Hay sólo dos emociones, que brotan de dos sistemas de pensamiento opuestos, y de esas dos, sólo el amor es real. Uno siempre es responsable de su propio estado mental y, de hecho, esta es la única responsabilidad de uno como maestro de Dios.

Las bienaventuranzas de la felicidad, la paz, la alegría y la libertad son reflejos de la única emoción verdadera, el Amor. Esta es la Voluntad de Dios, y nada más existe.

El ego es la creencia en que el Amor tiene contrario, y en que el miedo se puede fragmentar en muchas formas diferentes de emoción: enojo, culpabilidad, dolor, vergüenza, envidia, avaricia, etcétera. Cuando sientas que seguir al Espíritu Santo dejaría abandonado en la lucha y el sufrimiento a "alguien querido", permite que se le recuerde a tu mente que Dios no pide ningún sacrificio.

Lo que es temporal no permanecerá y, por tanto, carece de valor. Lo Eterno permanece para siempre y, por lo tanto, es totalmente valioso. Esta es la gran inversión de las emociones, porque la mente dormida cree que ha echado a perder la Eternidad, y que tiene que buscar, conservar y mantener lo temporal para sobrevivir y sostenerse. El milagro traduce de nuevo los símbolos del mundo para demostrar que nada se pierde nunca.

Sólo atemoriza la anticipación del Despertar. Despertar es siempre Amoroso. El ego interpreta el Despertar como la muerte, porque en el Despertar el ego no existe. Cuando surja en la consciencia el miedo a la pérdida, da un paso atrás y Pide el Consuelo de Dios al Espíritu Santo. Cuando te alinees con el milagro, la experiencia te mostrará que no hay nada que temer. Tu Familia es la Familia de Dios en el Espíritu y en la Mente Divina y, por lo tanto, no tiene principio ni fin.

Profundizar con las primeras lecciones

Las lecciones 51 a 54 son un repaso de las veinte primeras del Libro de ejercicios. Utilicémoslas para mirar de cerca las primeras lecciones. La lección 1 empieza con la percepción, con lo que la mente engañada parece ver, "Nada de lo que veo significa nada". Las tres primeras lecciones tratan de la percepción distorsionada y entonces *¡BINGO!*, en la lección 4 se introduce por primera vez el pensar. Después se introduce el pasado en la lección 7:

> Cuando me haya perdonado a mí mismo y haya recordado Quién soy, bendeciré a todo el mundo y a todo cuanto vea. No habrá pasado, y, por lo tanto, tampoco enemigos. Y contemplaré con amor todo aquello que antes no podía ver.
> E-52.2. (7)

La lección 8 combina el tiempo con el pensamiento, "Mi mente está absorbida con pensamientos del pasado". Esta lección habla tanto del pasado como del pensamiento, "Mi mente está absorbida con pensamientos del pasado". Los tres elementos principales con los que trabaja son el tiempo, la percepción y el pensamiento, tres aspectos diferentes que siguen entretejidos.

> Mi mente está absorbida con pensamientos del pasado. Veo únicamente mis propios pensamientos, y mi mente está absorbida con el pasado. E-52.3. (8)

Si sustituimos "mis propios pensamientos" por "pensamientos del ego" tenemos, "Veo únicamente pensamientos del ego, y mi mente está absorbida con el pasado". Esto significa que los pensamientos del ego son el pasado. Entonces, ¿qué puedo ver tal como es?

> Permítaseme recordar que me fijo en el pasado para prevenir que el presente alboree en mi mente. Permítaseme entender que estoy tratando de usar el tiempo en contra de Dios. Permítaseme aprender a dejar atrás el pasado, dándome cuenta de que al hacer eso no estoy renunciando a nada. E-52.3. (8)

Consideremos la frase "Permítaseme entender que estoy tratando de usar el tiempo en contra de Dios". Ese es el problema básico. La mente está intentando utilizar el tiempo contra Dios, todo lo que vamos a tratar será para aclarar qué es eso. El tiempo en sí mismo no es dañino, pero el tiempo utilizado para los propósitos del ego hace daño, en el sentido de que quita la tranquilidad de espíritu. El montaje del tiempo del ego es lineal, el ego le dice a la mente engañada que eres culpable en el pasado. El ego dice: *mírate como persona. Mira tu pasado. Mira todos los errores que has cometido. Mira todo lo que has hecho mal. Mira todo lo que has liado. Estás convicto y condenado. Eres culpable en el pasado.* De eso no hay duda alguna, y a continuación se salta el presente y le dice a la mente: *y tu futuro va a ser tan malo como antes.* Es un sistema cerrado. Se puede ver porqué habrá miedo al castigo, o miedo al dolor por venir en el futuro, si la mente escucha la creencia del ego en que el dolor y la culpabilidad fueron reales en el pasado. Quiere saltarse el presente y ver que va a haber más de lo mismo. Así usa el tiempo el ego. Se puede ver que si escuchas lo que el ego dice del tiempo, la culpabilidad se reforzará. Habrá miedo a las consecuencias futuras.

El Espíritu Santo no se salta el presente, el Espíritu Santo hace énfasis en el presente como el único aspecto valioso del tiempo, el único aspecto del tiempo que existe realmente.

> No veo nada tal como es ahora. Si no veo nada tal como es ahora, ciertamente se puede decir que no veo nada. Solamente puedo ver lo que está aquí ahora. La elección no

es entre si ver el pasado o el presente; la elección es sencillamente entre ver o no ver. Lo que he elegido ver me ha costado la visión. Ahora quiero elegir de nuevo, para poder ver. E-52.4. (9)

Aquí se introduce la idea de visión. La visión no tiene nada que ver con los ojos físicos. Esto es para mantener la mente abierta. No interesa caer en una sensación de complacencia, de pensar en lo lejos que uno ha llegado o lo avanzado espiritualmente que es uno. Recuerda: "La elección no es entre si ver el pasado o el presente; la elección es sencillamente entre ver o no ver". Si percibes un mundo en el que hay imágenes separadas y todavía sientes carga emocional en relación con algo, ese es el indicador de que te conviene pedir Ayuda. *Señor, ayúdame hoy. Estoy decidido a ver. Ayúdame a ver.* Ahí entran la apertura y la humildad. Si sientes carga emocional en relación con algo, no es que no veas con claridad, es que no ves en absoluto. Esto se aleja del pensamiento de ver mejor o con mayor claridad que nunca antes. Eso a veces puede sentar como una charla de dar ánimos, pero se puede caer en la complacencia, y contentarse con "ver mejor". Al final tenemos que llegar a entender que incluso ver la manecilla de la puerta es un pensamiento de ataque. No parece ser un pensamiento de ataque, pero de hecho haces de todas las cosas enemigos tuyos, porque todo lo que ve la mente engañada son cosas que existen en y por sí mismas, como cosas separadas. Esa es una representación de los pensamientos de ataque. Creo que veo todas esas cosas separadas que existen aparte de mi mente, pero no puede ser así.

Hay muchas expresiones de la mente que piensa en sí misma como una persona, como una persona separada, como todos los sentimientos de anhelo, o inquietud, por ejemplo. La inquietud es el pensamiento en que hay algo diferente que se podría estar haciendo u otro sitio donde se podría estar mejor. Es un pensamiento muy corriente que da vueltas por la consciencia: si tuviese los recursos, yo podría... Eso es una expresión de la mente pensando en sí misma como una persona que se imagina otras situaciones y acontecimientos que le gustan más que sus circunstancias actuales. Esto es imposible. ¿A qué otro sitio puedes ir? Siempre te has rodeado a ti mismo de proyecciones e ilusiones. ¿Qué diferencia hay en que la constelación parezca moverse un poquito de esta escena a aquella? Los pensamientos de ataque siguen siendo pensamientos de ataque, no importa si parece que el cuerpo está aquí o allí. Te puedes imaginar al cuerpo con el compañero del alma ideal, en el sitio ideal, en Hawaii, en la playa de Waikiki. Ahí vas. Podrías fantasear con escenas con este compañero del alma ideal, lo que harías, dónde irías, lo que comerías. Pero la base en la que se apoya esto es la creencia en que puedes elegir de entre la realidad y puedes imaginar las cosas mucho mejor de como son ahora, con tal de que algo sea diferente.

Si la causa y el efecto están separados, aún no has visto nada: *he visto el brillo, que aún no he compartido, de más perlas en costas lejanas.* Lo que intentamos ver es que no hay ninguna perla en ninguna costa lejana. *Parece* que hay muchísimas opciones. No sería nada difícil usar la palabra infinito para describir las elecciones del mundo, sin hablar siquiera del cosmos. *El libro de Urantia* dice que la tierra es una diminuta mota de polvo en el conjunto del cosmos espacio-temporal proyectado. Sólo en el ámbito de lo que llamamos la tierra parece haber una cantidad enorme de elecciones. Algunos podrían usar la palabra infinito, pero en definitiva infinito significa que no tiene fin, y en la forma todo tiene fin. El número de elecciones es finito.

La clave es la Expiación. La Expiación fue incorporada al continuo espacio-temporal, o pensamiento de la separación. La Expiación le puso un final, un límite, a la capacidad de la mente de crear de manera equivocada. Puede parecer una infracción contra el libre albedrío, pero es bueno tener esto incorporado. Jesús dice que no sería bondadoso dejarte seguir y seguir, y que tuvieses que elegir todas las opciones. Eso si que necesitaría muchísimo tiempo. Es preciso cuando se puede empezar a generalizar la transferencia del aprendizaje de un viaje a Hawaii, o un cambio de relaciones, o de todas las cosas diferentes que se intentan. Cuando los buscadores se reúnen y empiezan a compartir sus historias, aunque las formas varían, en términos del contenido subyacente todas son la misma en realidad. ¡Ah, todos hemos estado buscando en el sitio equivocado! Aunque las formas de nuestras búsquedas hayan variado, vemos muy claramente que esta no es la manera, que no hay descanso en ser un buscador. El único descanso viene de ser el que encuentra. Esa es la experiencia hacia la que apuntamos.

No es suficiente esforzarse en llegar al borde del acantilado. ¡La única razón para llegar al borde era saltar! No hay descanso en estar al borde del acantilado porque aunque parezca que llegar ahí ha sido un gran progreso, no hay más liberación que saltar.

En cierto sentido se puede decir que intentar perforar el velo para ir directamente a la luz –sin haber cuestionado la oscuridad– se parece a un salto de puenting. Uno va hacia la luz y después parece que rebota, eso desorienta mucho. No es satisfactorio, porque uno tiene un ardiente anhelo de regresar, y todavía tiene miedo de hacerlo. Aún quedan mucho que no se ha cuestionado. Por eso la mente tiene que permanecer con lo que es, para saltar al agua, o saltar a la luz.

Vale, hemos llegado hasta la lección 10, recapitulemos un poco ahora. El Libro de ejercicios empieza con: "Nada de lo que veo significa nada... Le he dado a todo lo que veo todo el significado que tiene para mí... No entiendo nada de lo que veo". Tres lecciones diferentes para empezar con el tema de la percepción, no sólo no significa nada, ni siquiera es comprensible. La razón es que todo en el mundo es completamente subjetivo, o podría decirse, está visto completamente desde la perspectiva del ego. En ese sentido el sujeto es subjetivo, es el ego que realmente no tiene ningún significado en absoluto. Por lo tanto nada de lo que veo significa nada y no entiendo nada de lo que veo. La lección 4 aún no hace abiertamente la conexión de que los pensamientos producen las percepciones, sólo introduce la idea de que tus pensamientos no significan nada. La lección 5 sigue con "Nunca estoy disgustado por la razón que creo". Una vez que se ha introducido el pensamiento, el disgusto entra en el cuadro. Lección 6: "Estoy disgustado porque veo algo que no está ahí". El disgusto se relaciona con alucinar, o ver un mundo que no existe. Luego, en la lección 7 tenemos la primera lección sobre el tiempo: "Sólo veo el pasado". Saltamos de "Estoy disgustado porque veo algo que no está ahí" a "Sólo veo el pasado". ¡Lo que no está ahí es el pasado! Hay una conexión entre estos dos. Mi mente está absorbida con pensamientos del pasado. La idea de "tiempo" o "pasado" está asociada con los pensamientos que se sacan a relucir por primera vez en la lección 4. No veo nada tal como es ahora. Está anunciando la idea de que el instante santo y el mundo no tienen nada que ver el uno con el otro. El instante santo no es perceptual. El instante santo es revelatorio y, por tanto, no veo nada tal como es ahora. "Mis pensamientos no significan nada", esa es la lección 10:

> Mis pensamientos no significan nada. No tengo pensamientos privados. Sin embargo, es únicamente de mis pensamientos privados de los que soy consciente. ¿Qué significado pueden tener dichos pensamientos? No existen, de modo que no significan nada. No obstante, mi mente es parte de la creación y parte de su Creador. ¿No sería acaso preferible que me uniese al pensamiento del universo en vez de oscurecer todo aquello que realmente me pertenece con mis míseros e insignificantes pensamientos "privados"?
> E-52.5. (10)

Se puede decir que, en general, la gente siente a menudo que sus vidas no parecen tener sentido, que corren haciendo muchas cosas, sintiéndose fuera de control, indefensos, con la sensación de formar parte de un sistema más grande que ellos, del que no pueden escapar. Y eso es sólo el *hacer*, la sensación de que las acciones de la vida parecen no tener sentido. ¿Por qué voy al trabajo? ¿Por qué hago la misma tarea una vez tras otra? ¿Por qué estoy recortando el césped por vez número novecientos setenta y nueve? ¿Por qué le saco brillo a la plata? ¿Por qué cambio el aceite del automóvil? ¿Por qué amontono leña? ¿Por qué sigo repitiendo estas mismas cosas? ¿Qué propósito tienen todas estas acciones repetitivas que a veces parecen trabajo duro? ¡Y esas son sólo las acciones! Esta lección dice que mis *pensamientos* no significan nada, refiriéndose a todos los trenes de pensamientos que sencillamente parecen girar por mi mente una vez tras otra. No es sólo que ninguna acción física significa nada, sino que tampoco significan nada los pensamientos que retumban en la mente. La mente engañada percibe esos pensamientos como lo que ella es, está identificada con esos pensamientos.

La creencia básica del ego es que la verdad es diferente para todo el mundo: *a cada uno lo suyo*. ¡Esto es ridículo! No puede ser así. La realidad no puede ser *a cada uno lo suyo*. Se puede utilizar *a cada uno lo suyo* como metáfora, o punto de apoyo para cruzar al otro lado, para decir que cada cual tiene sus propias experiencias y que las experiencias no son transferibles. Pero al final hay una experiencia que es universal y no hay ningún individuo en esa experiencia. Es una experiencia verdaderamente impersonal. *A cada uno lo suyo* y *la verdad es diferente para todo el mundo* son ideas básicas que se han de cuestionar. Representan la creencia en los pensamientos privados y las mentes privadas. Toma nota de dónde sale la resistencia a avanzar. Observa la tenacidad con que la mente engañada intenta proteger la idea de pensamiento privado, porque si desaparece, todo desaparece. Una vez que se rompe la presa que retiene a la idea de pensamiento privado, no queda nada que pueda contener al rio.

Hemos aprendido de pensamientos y hemos aprendido de un mundo que no significa nada y no es comprensible. Ahora, en la lección 11 se hace la conexión de que los pensamientos producen el mundo. Los pensamientos sin significado producen un mundo sin significado.

> Mis pensamientos sin significado me están mostrando un mundo sin significado. Dado que los pensamientos de que soy consciente no significan nada, el mundo que los refleja no puede tener significado. Lo que da lugar a este mundo es algo demente, como lo es también el resultado de ello. La realidad no es demente, y yo tengo pensamientos reales así como dementes. Por lo tanto, puedo ver un mundo real, si recurro a mis pensamientos reales como guía para ver.
> E-53.1. (11)

Esto establece el escenario para ideas como "No trates, por lo tanto, de cambiar el mundo, sino elige más bien cambiar de mentalidad acerca de él". T-21.in.1 Si mi mente está produciendo el mundo, "No trates de cambiar el mundo" tiene sentido. Naturalmente, tendré que cambiar mi mente si quiero que tenga lugar un cambio significativo. Es importante abrirse realmente a esta idea. No puede ser sólo una idea intelectual mientras sigo representando el papel de una persona. Es ver que esos papeles, y esa persona, y todo lo que parece suceder es sólo una proyección de pensamientos sin significado. No puede ser de ambas maneras. Por eso a mucho de lo que parece ocurrir le llamo la fase transitoria, porque lo que se aproxima todo lo rápido que quieras que se aproxime, es una vida devocional, una vida hacia dentro, la vida que tal vez tiene como mejor símbolo los monasterios y conventos, donde la mente se centra en Dios, sólo en el pensamiento de Dios, olvidando todo lo demás. La imagen, o metáfora, que viene a la mente es la de un sacerdote sin parroquia, un monje sin monasterio, un filósofo sin cátedra.

El otro día nuestro amigo preguntaba porqué no conseguir un trabajo y adaptar las actividades espirituales al horario del trabajo, como si eso pudiese hacerse. La misma esencia de esto es que no se adapta en absoluto a un horario. Se pone a Dios en el primer lugar en la mente. ¿Qué aspecto tiene esto desde fuera? Bueno, no tiene ninguna forma particular, pero te garantizo, simbólicamente, que cuando empiezas a dedicar tu mente solamente a pensar en Dios cada minuto y cada segundo de cada día, acabas acercándote a lo que llamo el misticismo. Por eso los místicos de India se iban al bosque y se sentaban allí sin hacer nada, o haciendo alguna enseñanza, pero generalmente viviendo en silencio vidas muy sencillas. Estaban centrando sus mentes en Dios y en nada más que Dios. Los niños del pueblo iban a llevarles un cuenco de arroz o un trozo de pan. Les daba alegría llevar un trozo de pan a aquel hombre, o mujer, bondadoso, amable y gracioso que estaba sentado en el bosque salvando al mundo por medio de aceptar la iluminación en su propia mente, por medio de retirar la mente del mundo. Por eso, desde fuera parece volverse cada vez más sencillo, porque una vez que has visto que el juego del mundo está dentro de tu mente ¿qué sentido tendría dedicar tu mente a intentar que siga el juego? Y la única manera de soltar el juego del mundo es por medio de la meditación, no por medio del hacer.

La lección 11 es un elemento clave: "Mis pensamientos sin significado me están mostrando un mundo sin significado". Hasta que empieces a hacer esta conexión metafísica vas a creer que fuera de tu mente hay un mundo exterior que es real. Vas a seguir intentando adaptarte a él y abrirte camino, aunque sea haciéndote maestro de *Un curso de milagros*, o intentando dejar una herencia como un renombrado maestro del Curso. Alguien podría decir que Jesús dejó una herencia enorme, toda la cristiandad, pero en el sentido definitivo no lo hizo. Es una alucinación. En la historia de la cristiandad no hay nada real ni cosa que se le parezca. No es que Jesús viniese, viviese una vida real en la carne y luego dejase la carne para irse a otro sitio real, el Reino de los Cielos, a estar a la derecha del Padre, como si ahora eso coexistiese con el mundo.

¿Cómo coexiste este mundo con el Cielo? ¿Cómo coexiste la dualidad con la Unicidad? No caigas en la trampa de intentar pensar en *Un curso de milagros* como un sistema, y hablar por ahí del Curso como un sistema. Ni siquiera caigas en la trampa de centrarte en el Curso como herramienta. La clave es ir a por la experiencia. El Curso es sólo un símbolo del deseo de tu Mente de ir a por la experiencia, y nada más. Con toda certeza no es causativo.

La lección 12 sigue. "Estoy disgustado porque veo un mundo que no tiene significado". Se puede relacionar con la lección 6, "Estoy disgustado porque veo algo que no está ahí". Se las puede combinar para decir: *Estoy disgustado porque veo un mundo sin significado que no está ahí.*

> Los pensamientos dementes perturban. Dan lugar a un mundo en el que no hay orden de ninguna clase. Sólo el caos puede regir en un mundo que representa una manera de pensar caótica, y el caos es la ausencia total de leyes. No puedo vivir en paz en un mundo así. E-53.2. (12)

"No puedo vivir en paz en un mundo así". ¿No está bien saber desde el principio que no tengo que intentar vivir en paz en semejante mundo? No tengo que intentar ser una persona pacífica que vive en el mundo. No me importa cuántos vengan con la cita bíblica sobre estar en el mundo sin ser del mundo. Ya no puedo conformarme con estar en el mundo. Puede ser un apoyo para cruzar al otro lado, pero esa frase, "No puedo vivir en paz en un mundo así", señala a algo distinto de un Reino de los Cielos en la Tierra o un Paraíso en este mundo. Encaja con todas las demás lecciones que estamos leyendo. Mis pensamientos dementes están produciendo un mundo demente. Mi pensamiento caótico está produciendo un mundo caótico, y no hay manera de que yo pueda vivir en paz en semejante mundo, porque está hecho de pensamiento caótico.

> Estoy agradecido de que este mundo no sea real, y de que no necesito verlo en absoluto, a menos que yo mismo elija otorgarle valor. Elijo no otorgarle valor a lo que es completamente demente y no tiene significado. E-53.2. (12)

Eso es lo que hace falta. Recuerdo cuando solía irme al bosque y comer cosas insípidas a propósito. Comía pan, agua y alimentos sencillos sin especias. Me pasaba un rato sólo tomando nota del contraste. Luego, cuando volvía a la ciudad tomaba nota de las sensaciones de un sofá suave en el que tenderse, o de ver una película, o de un programa de debate, tomaba nota de la emoción de volver a ver un programa de debate.

Participante: Entonces, ¿estás hablando de sencillamente tomar nota de que aún había atracción?

David: Tomar nota de la atracción, tomar nota de la atracción por los estímulos, tomar nota de la atracción por estar ocupado.

Participante: Y la comodidad del cuerpo.

David: Sí, y las asociaciones falsas, como un largo baño caliente en contraste con lavarse en el bosque con una esponja cada varios días. En eso se queda todo, en asociaciones. Aún queda atracción por esta clase de pensamiento demente. Aún queda atracción por ser un yo personal, privado y pequeño. Eso es lo que subyace, no es el largo baño caliente en y por sí mismo, ni las barras de chocolate, ni el sofá largo sobre el que estirarse. Esas son sólo las asociaciones. Detrás de todas las asociaciones están el deseo de aferrarse a un yo privado, y el miedo a soltarlo para ir a la luz.

Participante: El deseo de estar separado.

David: El deseo de estar separado, todavía sin cuestionar, y una sensación de inquietud y descontento. Aquí estamos. De vuelta a: "No puedo vivir en paz en un mundo así. Estoy agradecido de que este mundo no sea real, y de que no necesito verlo en absoluto, a menos que yo mismo elija otorgarle valor". A veces se puede tener la sensación de estar entre la espada y la pared. Por un lado está el miedo a ir dentro a cuestionar, y por el otro hay una irritación, o un resentimiento concreto, por ejemplo digamos que por ser utilizado. Sentirse utilizado causa disgusto, y la única alternativa es cuestionar todo lo que se percibe. ¡TODO! ¿O preferirías sentirte dañado y utilizado a cuestionarlo todo profundamente? Eso es sólo un ejemplo, pero cada vez que uno se disgusta, se reduce a eso mismo. Sigues cuestionando la condición de persona, cuestionando las mentes privadas, o sigues sintiéndote _____ (rellenar el espacio en blanco), sea lo que sea: deprimido, disgustado, inquieto, cansado, fatigado, etcétera. Sólo rellena el espacio en blanco con la forma del disgusto. Lección 13:

> Un mundo sin significado engendra temor. Lo que es totalmente demente engendra temor porque no se puede contar con ello en absoluto, ni da pie a que se le tenga confianza. E-53.3. (13)

El pensamiento no merece confianza y el mundo que representa a ese pensamiento tampoco merece confianza. El mundo no es digno de confianza. Ni las computadoras son dignas de confianza.

Participante: Yo puedo dar fe de eso.

David: Las computadoras son inconsistentes porque el pensamiento que produjo las computadoras es inconsistente. No es sorprendente que el mundo sea inestable. No es sorprendente que parezca comportarse de maneras que la mente piensa que no debería. No es perfectamente consistente porque en este mundo no hay nada perfecto.

> En la demencia no hay nada en lo que se pueda confiar. No ofrece seguridad ni esperanza. Pero un mundo así no es real. Le he conferido la ilusión de realidad y he sufrido por haber creído en él. Elijo ahora dejar de creer en él y depositar mi confianza en la realidad. Al elegir esto, me escaparé de todos los efectos del mundo del miedo porque estaré reconociendo que no existe. E-53.3. (13)

En vez de tomar postura a favor del bien, o en contra del mal, toma la postura de decir que el mundo que ves no es real, y los pensamientos que piensas, y lo producen, no son reales. Toma la postura de no creer ya en ello. Los personajes del sueño que tienes alrededor pueden decir: *¿qué te crees que haces, tonto? Estás perdiendo el juicio.* Puede parecer que te acusan, bastante agriamente a veces.

> Elijo ahora dejar de creer en él y depositar mi confianza en la realidad. Al elegir esto, me escaparé de todos los efectos del mundo del miedo porque estaré reconociendo que no existe. E-53.3. (13)

Hemos llegado a la lección 13. Hasta ahora hemos oído algo sobre causa y efecto. En la lección 11 reflexionamos sobre la relación entre causa y efecto: "Mis pensamientos sin significado me están mostrando un mundo sin significado". Pero aún no hemos oído mucho sobre la Causa. La lección 5 dijo: "No obstante, mi mente es parte de la creación y parte de su Creador", con mayúscula, de manera que hay un vislumbre de que hay algo más allá. Se menciona por primera vez al Creador, o el Origen.

Ahora vamos a la lección 14. ¡Bien por el Tío Grande! ¡Gloria y Aleluya! "Dios no creó un mundo sin significado". Esta es la lección del aleluya. Uno pasa por todo ese otro asunto de proyectar un mundo sin significado, y mis pensamientos que me muestran un mundo sin significado, pero aquí se nos presenta a la Piedra Angular y Él no tiene nada en absoluto que ver con el mundo caótico.

> ¿Cómo puede ser que exista un mundo sin significado si Dios no lo creó? Él es la Fuente de todo significado y todo lo que es real está en Su Mente. Está en mi mente también porque Él lo creó conmigo. ¿Por qué he de seguir sufriendo por los efectos de mis pensamientos dementes cuando la perfección de la creación es mi hogar? Quiero recordar el poder de mi decisión y reconocer mi verdadera morada. E-53.4. (14)

Esto es un anuncio del salto que tiene que venir, no es que tengas que mostrar una alegría ruidosa y abrazar a todo el mundo, pero dentro de tu mente, y dentro de tu corazón, el sentimiento es de ese tipo, y ese es el sentimiento que debería ser *el* sentimiento del día. Jesús dice que hay un pensamiento que puedes mantener a lo largo de todo el día, y ese pensamiento es el de la pura alegría.

Participante: Si estoy en la Mente de Dios, ¿qué otra cosa podría ser?

David: Desarrolla la gratitud, ¡suelta todo en la alegría! Si no sabes de qué estar agradecido, sencillamente da gracias a Dios. Esta lección nos muestra de qué estar agradecidos. Dios *no* creó un mundo sin significado. Está formulado de manera negativa, pero puedo estar agradecido por lo que creó, por quien soy. De eso es de lo que conviene estar agradecidos, no por lo concreto. Todas las cosas concretas son sólo pequeños reflejos de ello. Por debajo de la sensación de gratitud por cualquier cosa concreta está la enorme gratitud de que ¡nada de esto existe! ¡Gracias a Dios! La alegría no depende de las circunstancias, no es personal ni concreta. No tiene trabas ni ataduras. Es sencillamente este sentimiento. Por supuesto se pueden compartir palabras de agradecimiento. Son como rayos que salen del sol resplandeciente, pequeños reflejos de él. La alegría se puede expresar de varias maneras, pero la expresión señala a la alegría intrínseca. No hay necesidad de mucha alabanza, eso es sólo la forma antigua de charlas de dar ánimos y halagos. Esto es la alegría intrínseca y la mente tiene verdadero miedo a esa luz. Todo lo concreto es sólo un decorado. Si se entra en ello de manera realmente profunda, se encuentra que en lo concreto no hay nada por lo que estar agradecido. Para mí, la gratitud ya no apunta a personas, lugares ni cosas.

> Mis pensamientos son imágenes que yo mismo he fabricado. Todo lo que veo refleja mis pensamientos. Son mis pensamientos los que me dicen dónde estoy y lo que soy. El hecho de que vea un mundo en el que hay sufrimiento, en el que se puedan experimentar pérdidas y en el que se pueda morir, me muestra que lo único que estoy viendo es la representación de mis pensamientos dementes, y que no estoy permitiendo que mis pensamientos reales viertan su benéfica luz sobre lo que veo. No obstante, el camino de Dios es seguro. Las imágenes que he fabricado no pueden prevalecer contra Él porque no es mi voluntad que lo hagan. Mi voluntad es la Suya, y no antepondré otros dioses a Él. E-53.5. (15)

Son mis pensamientos los que me dicen dónde estoy y lo que soy. La mente engañada está enrollada en una red de pensamientos oscuros, en una percepción de sentirse atrapada. Nuestros pensamientos son como una pelota de golf. Cuando se arranca la pequeña cubierta blanca uno se encuentra con una banda de caucho gigantesca que se puede desenredar. Está enrollada muy prieta pero se la puede seguir tirando y tirando, es una banda de caucho que se ha enrollado muchas veces alrededor de un núcleo. Todos mis pensamientos, enrollados muy prietos alrededor del núcleo me dicen dónde estoy y lo que soy. Hasta que cuestione todo lo que está enrollado alrededor del núcleo, creeré que soy realmente una persona en el mundo y creeré que soy realmente todos esos papeles. En el proceso de hacerlo negaré mi realidad en Dios. Libro de ejercicios lección 16:

> No tengo pensamientos neutros. Tener pensamientos neutros es imposible porque todos los pensamientos tienen poder. O bien dan lugar a un mundo falso o bien me conducen al mundo real. Pero es imposible que no tengan efectos. Del mismo modo en que el mundo que veo procede de mis errores de pensamiento, así también el mundo real se alzará ante mis ojos cuando permita que mis errores sean corregidos. Mis pensamientos no pueden ser simultáneamente verdaderos y falsos. Tienen que ser lo uno o lo otro. Lo que veo me muestra si son verdaderos o falsos. E-54.1. (16)

Esto pone los pensamientos en las categorías de blanco-negro, todo o nada. No es que algunos pensamientos sean más poderosos que otros. A veces la gente se deja impresionar por pensamientos concretos, como si fuesen poderosos, y ve otros pensamientos como débiles. Pero esta lección enseña que no hay pensamientos poderosos ni pensamientos débiles. No hay pensamientos grandes ni pequeños. Sólo hay pensamientos verdaderos y pensamientos falsos. Esas son las únicas categorías útiles. Y sólo tienen un sentido metafórico. Esta lección está muy al principio. Más adelante la enseñanza es que en definitiva no hay pensamientos falsos, no existen. Pero este es un apoyo útil para cruzar al otro lado.

Participante: Entonces, ¿no serían poderosos los pensamientos verdaderos, o reales?

David: No. Los pensamientos falsos son tan poderosos como los reales.

Participante: Supongo que son muy poderosos, crearon este mundo.

David: Los pensamientos del ego no son débiles. De hecho, están dotados del poder que la mente les da, y créeme, la mente es muy poderosa. Por eso dice Jesús que "...la oleada de poder que resulta de la combinación de pensamiento y creencia, la cual puede literalmente mover montañas". T-2.VI.9 Si mueve los planetas alrededor del sol, claro que puede mover montañas como si fuesen diminutas motitas. En este mundo, en el cual la mente se percibe a sí misma como una persona, las montañas parecen enormes e impenetrables en comparación con las personas. Pero las montañas son el resultado de la combinación de pensamiento y creencia.

La mente engañada cree que los pensamientos de ataque son reales y se siente culpable, así que trata de olvidarlos. Intenta mantenerlos fuera de la consciencia. Creer que los pensamientos privados no ejercen ninguna influencia real sobre nada parece aliviar la culpabilidad. Quitarle importancia al poder del pensamiento de uno parece aliviar la culpabilidad, pero el coste de esta maniobra defensiva es ver a la mente como impotente. ¿Cómo cuadra eso con el poder, la gloria y la grandeza de haber sido creada por Dios? ¿Cómo puedo ser la grandeza y a la vez tener una mente insignificante con pensamientos diminutos?

Es un apoyo para cruzar al otro lado ver que Dios no creó un mundo sin significado y que mi mente alberga sólo lo que pienso con Dios. Lo primero es ver que hay pensamientos de juicios que parecen estar en mi mente. Y parece que hay algo que los produce, que los piensa. Pero yo no soy ese pensador, ni esos pensamientos. No soy los pensamientos de juicios ni el pensador que los produjo. Eso tiene que haber sido la mente errada. ¿Estaba Cristo produciendo pensamientos de juicios?

Participante: Correcto, ¿produjo Cristo el ego?

David: No.

Participante: Si Cristo y Dios son uno, entonces nadie produjo al ego y sin embargo el ego parece existir. Pero ¿existe?

David: Esa es la pregunta. Parece existir, pero hay que mirarlo de cerca para ver que no puede existir.

Participante: ¿Cómo puede parecer que existe lo que no existe?

David: La clave es ir a por la experiencia que niega toda la percepción. Percibirse a sí mismo como una persona en un mundo, o en una habitación, niega el hecho de la realidad.

Participante: Tengo dificultades con eso. Comprendo que la meta es deshacer esto, pero con certeza parece absurdo decir que el ego nunca ocurrió mientras parece estar ocurriendo. Eso me parece demencial.

David: Mirémoslo de esta manera: la Expiación es la consciencia de que el ego nunca ocurrió. La afirmación que estás haciendo es que la Expiación te parece absurda. Ese es el punto de vista del ego, que la Expiación es absurda. La Expiación es sencillamente la consciencia de que no ocurrió nada.

Participante: Cuando hablas de ello en ese contexto, veo que estoy a un lado o al otro. No hay período de transición ni nada parecido.

David: No es una meta futura. Se reduce a ahora mismo, sencillamente es esto o es eso.

Participante: Lo cual aclara porqué tengo que saltar. No puedo iluminarme poco a poco.

David: Muy buena deducción.

Participante: Tengo que soltar el uno para agarrar el otro. Y si intento hacer los dos a la vez, parece que estoy haciendo malabarismos. Veo la necesidad de estar mentalmente desapegado de lo que piense la gente. Mientras esté preocupado por lo que mi mamá va a decir, no puedo saltar.

David: Y ni siquiera diría *no puedo* saltar. Podría decirse que si te preocupa lo que tu mamá va a pensar, entonces no has saltado. Podemos dejar el "no puedo" fuera. No es cosa de puedo o no puedo. Es un asunto de he o no he. La capacidad de hacerlo no está en cuestión. El dolor de no saltar se volverá intolerable.

Participante: Es rarísimo estar en esta situación porque quiero saber cómo va a ser antes de hacerlo. Quiero saber que estará bien. Y luego pienso que no siento que tenga elección realmente. Siento que no es cosa mía. Lo único que puedo resolver es seguir estudiando los libros y viniendo a estas sesiones. Siento que estoy haciendo ajustes en mi manera de vivir para llegar a una vida con propósito. En cierto modo veo a dónde conduce, pero a menudo no siento que yo pueda escogerlo.

David: Tiene que ser una decisión interna. Tienes que poner tu mente a ello. Buscar lo externo no va a ayudar. Ni siquiera puedes utilizar el "desafío" para motivarte, disfrutar del desafío como se dice, porque la experiencia hacia la que vas es la de que nada de nada te puede desafiar. Incluso eso desaparece, como dice el Manual para el maestro: "Para un maestro de Dios nada supone un desafío". M-4.II.2

Participante: Siempre he querido conocer a Dios, pero siempre he querido que fuese algo separado de mí, algún poder superior que no soy yo. La idea de que el Padre y el Hijo son Uno parece aterradora. Tengo ideas del ego enganchadas a eso. Hay una idea de soledad, de estar todo solo en medio del tiempo y el espacio, como si me fuese a despertar y darme cuenta de que sólo soy esta persona única y me he inventado todo lo demás. Esa clase de unicidad aísla mucho y asusta. La Unicidad a por la que vamos no es esa, naturalmente. Es muy expansiva y muy inclusiva, plena y completa.

David: No tienes que perdonar la verdad. Todo el que camina por el mundo y cree ser una mente privada y una persona de este mundo, cree que tiene que perdonar la verdad. Viene a las sesiones con todas esas cosas concretas, resentimientos, irritaciones, molestias, rabia, etcétera. Cree que ocurrió realmente lo que pareció ocurrir, cree que tiene que perdonar la verdad, como si yo hubiese perdido realmente el trabajo, me hubiesen gritado realmente, hubiesen pasaron de largo de mí realmente, me hubiesen maltratado realmente y así sucesivamente. Y ahora tengo que perdonar eso. Pero eso que describo es una ilusión.

El perdón significa pasar por alto. El perdón es para las ilusiones. Pasa por alto las ilusiones. Ve las ilusiones como ilusiones y mira más allá de ellas a lo que es real, a lo que es Espíritu. Si crees que eres una persona real en un mundo real en una habitación real, eso es sencillamente negar la verdad. Por eso hay que pasar por alto y ver como falsos a la persona, el mundo y la habitación. Ver que todo es sólo una proyección del pensamiento. Los pensamientos sin significado producen un mundo sin significado. Si veo que es un mundo sin significado que yo inventé, ¿dónde estan las quejas? ¿Quién me maltrató? ¿En quién puedo pensar que me haya maltratado alguna vez? ¿Me maltraté yo a mí mismo? Este "yo" es sólo una imagen proyectada. También este cuerpo es sólo una imagen proyectada.

¿Qué es el perdón? Es ver lo falso como falso. No es nada más que eso. No es ver que hay algo verdadero y luego pasarlo por alto. Es sólo ver que es falso. El perdón es ver que no hay nada en el mundo que sea causativo. Nunca nada me trajo a este punto en el mundo. Es una metáfora corriente creer que todo lo que he hecho me ha traído hasta este punto. ¡Imposible! Es completamente absurdo creer que el pasado me ha traído al presente. La Mente es causativa, y creer que alguna cosa del mundo es la causa de algo es una negación del hecho de que la Mente es causativa. El perdón es la consciencia de que la Mente es causativa.

La libertad es de la mente y no del cuerpo

David: Leamos de la sección titulada *La luz de la relación santa*.

> ¿Deseas la libertad del cuerpo o la de la mente? Pues no puedes tener ambas. ¿Qué valoras más, el cuerpo o la mente? ¿Cuál de ellos es tu objetivo? Pues a uno de ellos lo ves como un medio; al otro como un fin. Y uno de ellos tiene que servir al otro y dejar que predomine, realzando su importancia al disminuir la suya propia. Los medios sirven al fin, y a medida que el fin se alcanza, el valor de los medios disminuye, quedando totalmente eclipsados cuando se reconoce que ya no tienen función alguna. Todo aquel que anhela la libertad tratará de encontrarla. Pero la buscará donde cree que está y donde cree que puede hallarla. Creerá

que es igualmente posible alcanzar o bien la libertad de la mente o bien la del cuerpo, y elegirá a uno de ellos para que sirva al otro como medio para encontrarla. T-22.VI.1

Esto es muy sencillo y está muy claro. Ajusta bien con la metafísica: el mundo fue fabricado por la mente para escapar de la pura luz abstracta, de la Unicidad abstracta, y esconderse en lo concreto, identificada con la forma. El propósito era olvidar, disociarse de la luz, incluso olvidarse de la mente. Cuando estaba creciendo, recuerdo que se hablaba mucho de cerebros y cuerpos, de lo concreto y de la forma, pero no se hablaba mucho de la mente. La mente y los pensamientos eran temas de conversación vagos y confusos.

Este párrafo ayuda a poner eso en perspectiva: ¿Cuál valoras y dónde quieres la libertad? ¿Quieres libertad del cuerpo o libertad de la mente? Son mutuamente exclusivas, porque cualquiera por la que te decidas va a ser la que valores, va a ser tu libertad. Buscarás automáticamente como tu fin lo que decidas que te trae la libertad, y utilizarás lo otro como un medio para alcanzar ese fin.

Se podría decir que yo estaba durmiendo todos los años que pasé en la facultad. Si se ven como medios toda la educación, todas las técnicas y habilidades que aprendemos con la mente, entonces el fin es el cuerpo. El fin es comprar cosas más grandes y mejores para el cuerpo, alojarlo mejor, proveerlo de ventajas y comodidades, utilizando la mente como el medio. ¿Cuál quieres? ¿Quieres estar en una mente abierta y libre? Para eso tienes que dejar que el cuerpo sea el medio. Aquí tenemos un párrafo compañero del anterior, de la sección *No tengo que hacer nada*:

> Tienes todavía demasiada fe en el cuerpo como fuente de fortaleza. ¿Qué planes haces que de algún modo no sean para su comodidad, protección o disfrute? De acuerdo con tu interpretación, esto hace del cuerpo un fin y no un medio, lo cual siempre quiere decir que todavía te atrae el pecado. Nadie que aún acepte el pecado como su objetivo, puede aceptar la Expiación. T-18.VII.1

Siempre vuelve a la interpretación: ¿cómo percibo el cuerpo? Mientras perciba al cuerpo como el fin, lo estoy percibiendo mal, y el pecado aún es atractivo. Eso podría parecer llevar las cosas muy lejos. Si veo mi cuerpo como un fin, entonces ¿encuentro atractivo el pecado? ¿Cómo se conecta eso? Un párrafo del *Manual para el maestro* ayuda a ver esa conexión. Señala a que el cuerpo es el punto focal de todas las cosas de este mundo.

> Se tiene que haber aprendido mucho, tanto para darse cuenta de que el mundo no tiene nada que ofrecer como para aceptar este hecho. ¿Qué puede significar el sacrificio de lo que no es nada? No puede significar que como resultado de ello tengas menos. De acuerdo con el pensar del mundo, no hay sacrificio que no incluya al cuerpo. Piensa por un momento en aquello a lo que el mundo llama sacrificio. El poder, la fama, el dinero, los placeres físicos, ¿quién es el "héroe" que posee todas esas cosas? ¿Qué significado podrían tener excepto para un cuerpo? Mas un cuerpo no puede evaluar. M-13.2

En el sentido mundano, el poder, la fama, el dinero y el placer físico están arraigados en el cuerpo. Todo esfuerzo trata de intentar salir adelante, de intentar subir en el mundo, de intentar conseguir más que el de al lado. También se podría poner aquí el término "inteligencia" en el sentido de que, aunque es mental, está atada a la imagen del yo.

Los políticos hablan de la necesidad de sacrificarse por las generaciones futuras. Toma nota de todas las maneras en las que aparece el sacrificio, hay una creencia en que el sacrificio es beneficioso. Pero si escuchas los discursos, siempre tiene que ver con más dinero, mejores trabajos y mejores viviendas ¡para el cuerpo! Aquí está el punto clave: "¿Qué significado podrían tener excepto para un cuerpo? Mas un cuerpo no puede evaluar". Él descarta el cuerpo porque es simplemente un recurso de aprendizaje. El cuerpo sólo responde a las intenciones de la mente. Los cuerpos no juzgan, los cuerpos no evalúan, los cuerpos no aprenden. Ni siquiera reaccionan, se les *dice* que reaccionen, como un robot, o una marioneta, que responde a las intenciones de la mente. Ahora pasamos a la mente:

Al ir en pos de tales cosas, la mente se identifica con el cuerpo, negando su identidad y perdiendo de vista lo que realmente es. M-13.2

Ahí está la frase clave. Por eso hacer del cuerpo un fin hace atractivo al pecado. Una vez más, la condición natural de la mente, y la identidad verdadera, es puro Espíritu, es puramente abstracta. No existe en absoluto ninguna forma que esté conectada con ella. Pero una vez que la mente empieza a asociarse con el cuerpo, con la forma, con lo finito, empieza a buscar fuera de sí misma. Cree que ha tirado su hogar eterno —su identidad eterna— y se agarrar y apega a lo finito. La siguiente frase es el punto de arranque:

> Una vez que se ha producido esta confusión, a la mente le resulta imposible entender que todos los "placeres" del mundo no son nada. Pero el sacrificio que éstos conllevan, ¡eso sí que es un sacrificio! Pues ahora la mente se ha condenado a sí misma a buscar sin la posibilidad de hallar nada, a estar insatisfecha y descontenta para siempre, y a no saber lo que realmente quiere hallar. M-13.3

En esta profunda confusión, la mente está completamente invertida y retorcida, porque se está identificando con algo que ella no es. Al hacerlo descarta completamente cualquier recuerdo de su estado natural.

> Cuando se ha elegido la libertad del cuerpo, la mente se usa como un medio cuyo valor reside en su habilidad de ingeniar medios para conseguir la libertad del cuerpo. Pero dado que liberar al cuerpo no tiene sentido, la mente se ha puesto al servicio de las ilusiones. Esta situación es tan contradictoria e imposible que cualquiera que la elija no tiene idea de lo que es valioso. Mas aún en esta confusión —tan profunda que es indescriptible— el Espíritu Santo espera pacientemente, tan seguro del resultado final como del Amor de Su Creador. Él sabe que esa decisión descabellada la tomó uno a quien Su Creador ama tanto como el amor se ama a sí mismo. T-22.VI.2

¿Quién no ha experimentado esto? ¡Nuestras vidas enteras han sido esto! Ahora él nos dice que todo está al revés, pero también nos dice que el Espíritu Santo está en la mente, y tiene mucha paciencia.

> No te intranquilices pensando cómo puede el Espíritu Santo intercambiar tan fácilmente los medios y el fin en aquellos que Dios ama y quiere que sean libres para siempre. En lugar de ello, siéntete agradecido de poder ser el medio para lograr Su fin. Éste es el único servicio que conduce a la libertad. Para lograr este fin hay que percibir al cuerpo libre de pecado porque lo que se busca es la impecabilidad. La falta de contradicción permite que la transición de medios a fin sea tan fácil como lo es el intercambio del odio por la gratitud ante los ojos que perdonan. Os santificaréis el uno al otro al usar el cuerpo sólo en beneficio de la impecabilidad. Y os será imposible odiar aquello que sirve a quien queréis sanar. T-22.VI.3

Hay muchas formas de ataque que no se ven como tales. La mente en el estado de engaño ni siquiera sabe lo que son. El Curso dice que no conoces todas las formas del ataque pero que si puedes aclararte sobre ello, puedes retirar tu mente de ellas, puedes parar de atacarte a ti mismo.

> En el instante santo, en el que los Grandes Rayos reemplazan al cuerpo en tu conciencia, se te concede poder reconocer lo que son las relaciones ilimitadas. T-15.IX.3

¡Relaciones ilimitadas!

> Mas para ver esto, es necesario renunciar a todos los usos que el ego hace del cuerpo y aceptar el hecho de que el ego no tiene ningún propósito que tú quieras compartir con él. Pues el ego quiere reducir a todo el mundo a un cuerpo para sus propios fines, y mientras tú creas que el ego tiene algún fin, elegirás utilizar los medios por los que él trata de que su fin se haga realidad. Mas esto nunca tendrá lugar. Sin embargo, debes haberte dado cuenta de que el ego,

cuyos objetivos son absolutamente inalcanzables, luchará por conseguirlos con todas sus fuerzas, y lo hará con la fortaleza que tú le has prestado. T-15.IX.3

Nos acostumbramos gradualmente a una sensación de *mente,* de abstracción. En una sección titulada *Más allá del cuerpo,* el Curso dice:

> Todo el mundo ha experimentado lo que podría describirse cómo una sensación de ser transportado más allá de sí mismo. Esta sensación de liberación va mucho más allá del sueño de libertad que a veces se espera encontrar en las relaciones especiales. Es una sensación de habernos escapado realmente de toda limitación. Si examinases lo que esa sensación de ser "transportado" realmente supone, te darías cuenta de que es una súbita pérdida de la conciencia corporal, y una experiencia de unión con otra cosa en la que tu mente se expande para abarcaría. Esa otra cosa pasa a formar parte de ti al tú unirte a ella. Y tanto tú como ella os completáis, y ninguno se percibe entonces como separado. Lo que realmente sucede es que has renunciado a la ilusión de una conciencia limitada y has dejado de tenerle miedo a la unión. El amor que instantáneamente reemplaza a ese miedo se extiende hasta lo que te ha liberado y se une a ello. Y mientras esto dura no tienes ninguna duda acerca de tu Identidad ni deseas limitarla. Te has escapado del miedo y has alcanzado la paz, no cuestionando la realidad, sino simplemente aceptándola. Has aceptado esto en lugar del cuerpo, y te has permitido a ti mismo ser uno con algo que se encuentra más allá de éste, al simplemente no permitir que tu mente esté limitada por él. T-18.VI.11

Y cuando la gente habla de experiencias cercanas a la muerte, este pasaje siempre viene a la mente:

> Esto puede ocurrir independientemente de la distancia física que parezca haber entre ti y aquello a lo que te unes; independientemente de vuestras respectivas posiciones en

el espacio o de vuestras diferencias de tamaño y aparente calidad. El tiempo es irrelevante: la unión puede ocurrir con algo pasado, presente o con algo que se prevé. Ese "algo" puede ser cualquier cosa y estar en cualquier parte; puede ser un sonido, algo que se ve, un pensamiento, un recuerdo, o incluso una idea cualquiera sin ninguna referencia concreta. Mas siempre te unes a ello sin reservas porque lo amas y quieres estar a su lado. Por eso te apresuras a ir a su encuentro, dejando que tus limitaciones se desvanezcan, aboliendo todas las "leyes" que tu cuerpo obedece y apartándote serenamente de ellas. T-18.VI.12

En el párrafo siguiente dice: "En realidad no se te 'saca' de él, ya que no puede contenerte". Es una gran frase, se aleja incluso de la idea de elevarse fuera del cuerpo.

Participante: No hay experiencias extra-corporales. No hay experiencias intra-corporales.

David: Jesús nos hace a todos esta pregunta: "¿Deseas la libertad del cuerpo o la de la mente? Pues no puedes tener ambas". T-22.VI.1 Cualquiera que elijas como respuesta a esta pregunta, utilizarás el otro como un medio. Eso es lo que hemos hecho en nuestras supuestas vidas en este mundo. Hemos escogido al cuerpo como fin, y hemos utilizado nuestras mentes como medios para servir al cuerpo. Ahora el Espíritu Santo sugiere dar media vuelta, *querías tener una mente libre ¿verdad? Déjame utilizar tu cuerpo para expresar milagros.*

El principio de la sección que acabamos de leer contiene una de las afirmaciones más claras del Curso sobre mente y cuerpo. "Las mentes están unidas, los cuerpos no". T-18.VI.3 Y he aquí una idea que se repite una y otra vez en el Texto, y también en el Libro de ejercicios: "La mente no puede atacar". T-18.VI.3 Si las mentes pudiesen atacar, la culpabilidad sería real y estaría justificada. La mente engañada está muy convencida de que las mentes pueden atacar, está muy convencida de que es culpable. La sección sigue con el tema de cómo la mente engañada intenta desplazar, o librarse de, una culpabilidad que cree absolutamente real.

Está segura con toda certeza de que es culpable. Está convencida, cerrada, dividida y peleando consigo misma. Esta es una de las mejores secciones del Curso para entrar en estos dos niveles, en la idea de que las mentes están unidas y los cuerpos no.

¡El segundo párrafo de la sección *Más allá del cuerpo* llega al corazón del asunto! Primero vemos como la mente engañada intenta aferrarse a la culpabilidad:

> ¿Qué otra cosa podría dar Dios, sino el conocimiento de Sí Mismo? ¿Hay algo más que se pueda dar? La creencia de que puedes dar u obtener otra cosa –algo externo a ti– te ha costado la conciencia del Cielo y la de tu Identidad. T-18.VI.2

Ahora entra en lo principal que ocurre con el engaño:

> Y has hecho algo todavía más extraño, de lo cual ni siquiera te has percatado: Has transferido la culpabilidad de tu mente a tu cuerpo. T-18.VI.2

La mente está muy convencida de que es culpable, y no va a intentar andarse con rodeos sobre esto con Dios. Convencida de que es culpable, desplaza su culpabilidad sobre el cuerpo.

> El cuerpo, no obstante, no puede ser culpable, pues no puede hacer nada por su cuenta. Tú que crees odiar a tu cuerpo, no haces sino engañarte a ti mismo. Odias a tu mente. T-18.VI.2

¡Ahí está! Hay muchas maneras en las que la gente expresa el odio por sus cuerpos, como *estoy demasiado gordo, estoy demasiado flaca, mi cuerpo está averiado, cumplí cuarenta, cumplí cincuenta, cumplí setenta, estoy envejeciendo, me están saliendo arrugas*. Todo eso no es más que intentar volcar la culpa sobre el cuerpo. ¡Odias a tu mente! Pero en cuanto empezamos a ver lo profundo que es este odio podemos empezar a cambiar de ideas, ya que sabemos dónde está el problema. El cuerpo no tiene nada que ver con ello.

Y continúa, en esa misma sección:

> Odias a tu mente, pues la culpabilidad se ha adentrado en ella, y procura mantenerse separada de la mente de tu hermano, lo cual no puede hacer. T-18.VI.2

> Las mentes están unidas, los cuerpos no. Sólo al atribuirle a la mente las propiedades del cuerpo parece posible la separación. T-18.VI.3

Aquí es donde entra la idea de las mentes separadas, como si cada persona que hay en esta habitación tuviese su propia mente privada. Eso es lo que dice el ego, pero el Curso dice *¡qué va!*

> Y es la mente la que parece ser algo privado, y estar fragmentada y sola. Proyecta su culpabilidad, que es lo que la mantiene separada, sobre el cuerpo, el cual sufre y muere porque se le ataca a fin de mantener viva la separación en la mente e impedir que conozca su Identidad. T-18.VI.3

LIBRO TRES
TRANSFERENCIA DEL APRENDIZAJE

Contenido

Capítulo Uno
Transferencia del aprendizaje 527
La experiencia más allá de la teología 530
Relaciones: las carencias, la compleción y la posesión 536
¿Van de la mano el sexo y la espiritualidad? 542
¿Y el matrimonio? 548
Los votos de unión del Espíritu Santo 550
Liberarse de la culpabilidad y de complacer a la gente 551
Despertar a la relación 554
El Amor no sabe nada de contrarios. Relaciones y perspectivas 557
Las relaciones son Divinas 558
Soltar el "concepto de familia" para experimentar la familia de Dios 559
Ayuda para soltar las fantasías 561
No esperes por ningún cuerpo 563

Capítulo Dos
Vivir en comunidad: exigencias y peticiones 564
Vivir en comunidad: ver qué se quiere y qué se prefiere 571
El sueño secreto 573
Más allá de la división sujeto-objeto 580
Abrirse a la perspectiva del soñador del sueño 586
El sueño lúcido: sólo hay una mente soñando 596
La relación santa es una transformación mental que
se aparta de lo personal 597
Cuestionar la realidad de las deudas y la reciprocidad 601

Capítulo Tres
El tiempo, el espacio, y la idea de ser persona 604
Desear completamente es Ser 627
La práctica espiritual no es nada sin la integridad 628
La integridad: vivir en el Propósito Divino 630
La verdad es verdadera y sólo la verdad es verdadera 633
Descansa en Mí: un mensaje de Cristo 636
La naturaleza pasiva de la corrección 639
La singularidad y el silencio 643

Capítulo Uno

Transferencia del aprendizaje

La experiencia de la alegría viene a una mente bien dispuesta que ha abandonado cualquier intento de hacer excepciones al milagro. Sólo las excepciones obstaculizan la consciencia de la mentalidad orientada al milagro, que siempre está Presente. Miremos algunas ideas que van a ayudar a aclarar qué es "la transferencia del aprendizaje", tal como se la describe en *Un curso de milagros*. Esta aclaración tendrá beneficios tremendos para cualquiera que desee experimentar el Estado Mental que llamamos Iluminación.

Muchos han oído la enseñanza, *el Amor no posee*. Este mundo espaciotemporal fabricado por el ego, es un montaje de posesión. Todos y todo lo que fabrica la percepción distorsionada es resultado, o producto, del deseo de poseer. Es imperativo poner al descubierto el concepto de posesión, y liberar por completo a la mente de él, para poder estar libre de cualquier tipo de límite. No existe el perdón parcial ni la curación parcial, y tampoco existe la posesión parcial. O bien la mente cree en la posesión, y por tanto experimenta la ilusión de estar aprisionada, o bien la mente ha perdonado, o soltado, el concepto de posesión, y es libre y completa de manera natural. En soltar la posesión no puede haber ningún compromiso, vía de en medio ni "equilibrio". Si crees que de verdad puedes poseer algo, permites que tu mente esté poseída por el error-la ilusión. La libertad no es sino escapar de los conceptos, y todos los conceptos del ego suponen la posesión. Una vez que se abandona este error, todos los errores desaparecen de inmediato.

Piensa un poco en lo que parece atraer tanto la atención del mundo, el cuerpo. ¿Qué planes haces que no incluyan la comodidad, la conveniencia y el cuidado del cuerpo? Lo tratas como si fuese tu hogar, como a un valioso tesoro en un mundo de imágenes pasajeras. Sin embargo el cuerpo no es más que un recurso de aprendizaje temporal, que puedes utilizar por un tiempo para expandir tu percepción más allá de sus límites actuales. Y eso es todo. Una mente libre ya no se ve a sí misma dentro de un cuerpo, atada firmemente a él y acogida por su presencia. Sin el concepto de posesión ni siquiera creerías que puedes poseer un cuerpo. Pero tus creencias no se limitan a ver al cuerpo como una posesión, te has identificado a ti mismo con el cuerpo, y por lo tanto te ves a ti mismo como temporal y transitorio. Cuando tu identidad está en un flujo y un cambio constantes, ¿cómo puede haber siquiera un poco de consistencia y estabilidad? Y parece que este concepto del yo, esta "identidad", cambia tanto y es tan inestable como las cosas de las que se ha rodeado. No hay estabilidad posible en una situación imposible, y este mundo espacio-temporal sólo es eso, una situación imposible. Todos los días, la mente engañada y desentrenada se preocupa por la supervivencia del cuerpo, y a menudo el estado de esta mente parece estresado, y a veces enfadado, temeroso y culpable. Aunque estos estados mentales son ilusiones, le parecen muy reales a una mente que cree en el error de la posesión. Posesión es sinónimo de ego, porque el ego desea *conseguir* y no tiene ninguna consciencia del Verdadero Dar, que es un atributo natural del Espíritu. Sólo la mente puede ser liberada, y sólo puede ser liberada por medio de la paz del perdón (de soltar la ilusión). ¡Qué sencilla es la salvación!

La confianza en el Espíritu Santo es un requisito básico para experimentar la libertad de la mente. Sin la confianza en el Espíritu Santo el viaje espiritual parecería un empeño intelectual, un compromiso imposible o una serie de intensas y penosas pruebas y tentaciones. ¿Qué es la tentación sino el deseo de hacer reales las ilusiones? ¿Y quién que aún valore las ilusiones del ego va a poder Despertar al Amor eterno de Dios? Cuando respondes a la Llamada a Despertar y estar contento, el Propósito del perdón se fortalece en la consciencia, y se desvanece la necesidad de las preocupaciones y los dramas que rodean al cuerpo. Puede decirse con precisión que sin confianza en el Espíritu Santo, y devoción a este Propósito, el Despertar parecerá retrasarse hasta que haya disposición a confiar. Conforme desarrollas confianza en el Espíritu Santo todo lo que se percibe como problema desaparecerá de la consciencia, y con la aceptación de la Expiación, es seguro que los "problemas" nunca volverán.

Puesto que el tema es la transferencia del aprendizaje, nuestra breve discusión eliminará los aspectos de este mundo que parecen más problemáticos, porque todos son lo mismo. Todos los aspectos que voy a discutir se basan en el concepto de posesión, y por lo tanto la Respuesta o Solución será siempre soltar este concepto erróneo, simplemente. La confianza en el Espíritu Santo deshace el concepto de posesión, y cuando la posesión desaparece sólo queda en la consciencia la Luz del Espíritu. La Luz del Espíritu simplemente Es: cuando se han quitado los obstáculos, la Luz brilla en la consciencia sin que nada la estorbe. La Luz del Amor es la Unicidad perfecta. En la Unicidad perfecta no falta de nada, ni existe nada incompleto. Es la Unidad y Pureza de Corazón que Cristo irradia siempre, por ser el Amor de Dios.

En el cosmos espacio-temporal, este Amor está temporalmente olvidado, empujado fuera de la consciencia. La mente durmiente ha experimentado, por lo tanto, una especie de amnesia del Reino de los Cielos. Parece estar preocupada por los cuerpos, el medio ambiente, la comida, la ropa, el alojamiento, el entretenimiento, la competición, la mejora, el placer, el ataque, el avance económico y la educación, y parece esforzarse, de diversas maneras, por el progreso, y por la destrucción. Estas búsquedas dejan a la mente empantanada en un estado antinatural de estrés, muy absorbente y totalmente improductivo. Productividad y Creatividad son sinónimos, pero las fabricaciones y esfuerzos del ego no tienen nada que ver con la verdadera Creatividad. Las fabulaciones y metas del ego sólo sirven para perpetuar la ilusión espacio-temporal lineal.

El cosmos espacio-temporal lineal de la distorsión es un juego. La única manera de que el juego se vuelva feliz de manera consistente es permitirle al Espíritu Santo que interprete el juego desde la elevada Perspectiva de la ausencia de juicios. La posesión es la creencia (el ego) que pareció poner en marcha el juego de lo espacio-temporal. A este juego no se puede ganar ni perder. Este juego tan sólo se puede perdonar, esto es, Observarlo de manera benéfica. El juego está en la mente. Aunque el ego proyecta un mundo que parece ser el juego, no lo es.

El juego no puede perdonarse, o ser observado correctamente, hasta que uno se da cuenta de que el juego está en la mente. Por lo tanto, la economía está en la mente. La sexualidad está en la mente. La guerra está en la mente. La competición, el ataque, la defensa, la educación, el entretenimiento, el placer, el sufrimiento, los cuerpos, el esfuerzo, etcétera, son todos juegos con los que juega la mente dormida. El juego de lo espacio-temporal es sólo un juego de la mente que no tiene realidad alguna de ninguna clase. Es jugar a las creencias, y eso no tiene ninguna Sustancia real ni Espíritu. Lo único necesario para estar libre del juego de lo espacio-temporal lineal es dejar de jugar al juego y confiar en el Espíritu Santo para todo absolutamente, ¡para absolutamente todo! Si te abres a experimentar al Espíritu Santo como Proveedor, te puedes abrir a experimentar tu Ser como Cristo, como Dios, como el Creador. El Camino es muy sencillo, y sólo el ego oscurece el Camino, la Verdad y la Vida.

Dedica tu "vida" a experimentar la paz que desborda la comprensión del mundo. El drama se sustituye por Certeza, el esfuerzo se sustituye por descanso, la depresión y el aburrimiento se sustituyen por alegría y libertad, la soledad se sustituye por la intimidad del Propósito compartido, y tu estás feliz, con todo y con todos en el Amor con Dios. Estoy Presente con tanta paz, que las expectativas de que la gente, los sitios, los acontecimientos y las cosas sean diferentes de como Son ya no existen. Por la Gracia uno vive en el Corazón de Dios, serenamente indiferente al viaje que nunca existió. ¿"Cómo" pareció ocurrir esta consciencia? Confiando absolutamente en el Espíritu Santo. El Espíritu Santo es el "Cómo", el Medio y el Fin unidos en Uno. No queda nada que buscar, no queda nada que lograr. No hay ningún problema que resolver ni ningún sitio a dónde ir. No queda nada por hacer. La Iluminación es una experiencia del Presente.

La experiencia más allá de la teología

Participante: Me conmueven tu interés por mí y la intensidad de tu pasión por el Curso. Su mensaje de salvación quedó claramente demostrado en lo último que publicaste. Insistes en que tendemos a percibir sólo lo que queremos percibir, en que mi percepción no representa lo que realmente existe sino sólo lo que quiero ver. Confío en que aceptarás que esta proclividad a percibir mal basándose en prejuicios no es exclusivamente mía, que también tú podrías compartirla.

David: Te amo como a mi propio Ser. La Alegría de Cristo es la intensidad de la pasión que expreso. Estoy alineado con la Perspectiva del

Espíritu Santo y no comparto la "proclividad a percibir mal". Ahora veo que la ilusión no puede compartirse. Sólo puede compartirse la Perspectiva del Espíritu Santo, porque el único error era la "perspectiva personal" del ego basada en la premisa "mentes privadas-pensamientos privados". Sólo puede compartirse el amor, es literalmente imposible "compartir" una ilusión. Conozco tu deseo de verdadera libertad, y por lo tanto te señalo que has de cuestionar lo que crees que es la libertad, pues eso es lo que le está ocultando a tu consciencia la Experiencia de la libertad. "Debes preguntar qué es la libertad a aquellos que han aprendido lo que es". T-20.IV.4

Participante: Con "una pequeña dosis de buena voluntad", ¿corrige el Espíritu Santo nuestra percepción y lo que proyectamos es el Amor de Dios, y no la confusión del ego?

David: En realidad el Espíritu Santo extiende y el ego proyecta. El Amor se extiende y el error se proyecta. La proyección siempre es del ego.

> La diferencia entre la proyección del ego y la extensión del Espíritu Santo es muy simple. El ego proyecta para excluir, y, por lo tanto, para engañar. El Espíritu Santo extiende al reconocerse a Sí Mismo en cada mente, y de esta manera las percibe a todas como una sola. Nada está en conflicto en esta percepción porque lo que el Espíritu Santo percibe es todo igual. Dondequiera que mira se ve a Sí Mismo y, puesto que está unido, siempre ofrece el Reino en su totalidad. T-6.II.12

Participante: Te diré también que ahora ya no estoy de acuerdo con casi nada de lo que, hace cuarenta años, creía que era la verdad sobre el mundo y sobre Dios. Cambié de ideas sobre muchas cosas, principalmente a causa de personas con las que, al principio, estaba en total desacuerdo. Estuve "un poco dispuesto" a escuchar cuando me encontré con un caso persuasivo, "quisiera" creerlo o no. De manera que no es verdad que ninguna cantidad de pruebas puede hacerme cambiar de ideas.

David: Estás empezando a descubrir que todo lo que "piensas que piensas" carece de significado por completo. Esto es un reflejo de las "lecciones de deshacer" del Libro de ejercicios, en particular de las lecciones 4 y 10.

Participante: Te diré una cosa más, hice tres años de estudios bíblicos en una facultad eclesiástica. Algunos de mis profesores eran gigantes espirituales, y me enseñaron mucho más de lo que ellos creían que me estaban enseñando. Me enseñaron a hacer exégesis teológica y de las escrituras de manera cuidadosa y profesional. Me encanta hacer ambas cosas con los que saben hacerlas, que no es todo el mundo, lo cual es perfecto.

David: El concepto teología sólo tiene un valor temporal como "apoyo para cruzar al otro lado", a la Experiencia del Despertar. El texto del Curso está pensado para hacer más comprensibles las lecciones del Libro de ejercicios, pero la clave de la transformación de la consciencia, o sueño feliz, es la aplicación de las lecciones (sin hacer excepciones). La meta es el perdón verdadero, y hay que dejar a un lado a la teología para que esta Experiencia ocurra en la consciencia.

La teología se apoya en las creencias. Como las creencias no son universales, las discusiones y los debates tienen un papel central en la teología. Por eso en la *Clarificación de términos* Jesús nos dice que aunque una teología universal no es posible, ¡la experiencia universal sí lo es! La *experiencia* es lo que le pone fin a todas las dudas.

Participante: No hablamos de teología, sencillamente LA HACEMOS. Sea hablando de ella o haciéndola con otros, suelo aprender algo, que es donde entra la alegría. Sabe Dios que no siempre tengo la razón, no se puede aprender si se cree que se la tiene. Después de todo él dice "Bienaventurados los pacíficos". En ningún sitio dice bienaventurados los teólogos de la paz.

David: El hablar de teología se puede resumir en los siguientes pasajes:

> El estudio del ego no es el estudio de la mente. De hecho, al ego le encanta estudiarse a sí mismo, y aprueba sin reservas los esfuerzos que, para "analizarlo", llevan a cabo los que lo estudian, quienes de este modo demuestran su importancia. Lo único que estudian, no obstante, son formas desprovistas de todo contenido significativo. T-14.X.8

Todos los sanadores no sanados siguen de una u otra forma el plan de perdón del ego. Si son teólogos probablemente se condenan a sí mismos, enseñan a condenar y propugnan una solución temible. T-9.V.3

No permitas que el apego a la teología retrase la aplicación de las lecciones diarias, pues todo aprendizaje inspirado por el Espíritu Santo está dirigido a la Experiencia del Despertar. El ego es el obstáculo aparente a esta Experiencia y, por tanto, lo que hay que desaprender, o deshacer, para despertar a la Realidad es el ego.

Participante: Mientras estudiaba el Nuevo Testamento también tuve tiempo para hacer algunos cursos de psicología, incluyendo uno de psicología de la percepción. Se puede suponer que Helen Schucman y Bill Thetford, profesores de psicología, conocían muy bien el sesgo de la percepción, que tan a menudo se subraya en el Curso. También conocerían un fenómeno similar llamado "transferencia de la extensión", por el cual un patrón de pensamiento se transfiere inconscientemente, sea o no apropiado hacerlo, de un ámbito a otro. Un ejemplo relacionado con el sesgo de la percepción es cuando tomamos un principio tal como *es buena idea pararse en las señales de stop* y lo aplicamos como si fuese algo absoluto, sugiriendo, por ejemplo, que en todos los casos hay que obedecer estrictamente todas las leyes, incluyendo por ejemplo la ley que, en 1943 en Alemania, exigía "chivarse" de los judíos.

David: Lo que llamas un principio es un pensamiento simulado, que forma parte de un concepto del yo falso que no fue creado por Dios. El Espíritu transciende la creencia en lo físico. Si lees los *Principios de los milagros* al principio del Texto del Curso, verás ejemplos de lo que llamo el principio del milagro. El principio del milagro se aplica "en todos los casos" y, si aplicas las lecciones del Libro de ejercicios sin excepciones, Experimentarás que esto es verdadero. No hay grados de dificultad en los milagros precisamente porque el principio es igualmente aplicable en todos los casos. Esta es la transferencia del aprendizaje a la que el Libro de ejercicios de UCDM se dirige y de la que depende la Experiencia del verdadero perdón.

Recordar a Dios

Nuestro Ser Espiritual, representado por el Espíritu Santo, es compartido como Propósito o Perspectiva único. El Espíritu Santo sabe lo que es verdaderamente más útil "en todos los casos". El Espíritu Santo siempre está presente dentro para Guiar nuestros pensamientos, emociones y percepciones, y para inspirar las aparentes "acciones" del cuerpo. Parece que es una decisión si uno escucha o no al Espíritu Santo. Pero recuerda, el Espíritu Santo siempre está dentro, siempre está presente, y siempre está esperando a ser oído.

En cualquier situación, si acallas los pensamientos, acallas las emociones, acallas los impulsos de tu mente y escuchas dentro de ti al Espíritu Santo, sabes intuitivamente lo que hay que decir o hacer. Se deduce que, si estás dispuesto a escuchar, no necesitas una asamblea, ni un filósofo, ni un psicólogo, ni ninguna clase de autoridad eclesiástica que te diga qué es lo que está pensado con la mente recta y qué hay que decir o hacer. Si eres sincero contigo mismo, sabes que la respuesta está dentro de ti. El Espíritu Santo es el Guía que siempre conduce a la Paz de Dios.

Cuando pareció que la mente se quedó dormida y se olvidó del Principio Divino de Ser Una con Dios, fue Dado el Espíritu Santo como la Luz Guía cuyo Propósito es el perdón y el Despertar a la Unicidad. Pero la mente dormida no siempre quiere escuchar al Espíritu Santo. A veces la mente dormida escucha al ego. Esto es un error, porque el ego no es real y no conoce la Realidad. Los pensamientos, las emociones, las percepciones y las acciones del cuerpo que proceden del ego producen la ilusión de la esclavitud de la mente. ¿Sabe el Espíritu Santo que la mente dormida no siempre va a escuchar la Guía que se le ofrece? ¡Claro! El Espíritu Santo sabe que la mente dormida tiene miedo de Despertar.

Los diez mandamientos fueron dados, sobre todo. como "directrices" de conducta encaminadas a recordarle a la mente el Principio Divino. Digo "sobre todo" porque hay unos pocos mandamientos que no se refieren a la conducta, sino que se aplican directamente al altar de la mente: Amarás al Señor Tu Dios, no codiciarás, y no tendrás imágenes grabadas ni ídolos ante Dios. Pero los demás se refieren a la conducta. Básicamente el Espíritu Santo estaba diciendo *puesto que a menudo te olvidas de escucharme dentro de ti, te hago saber por anticipado que Yo, tu*

Recuerdo del Espíritu, nunca te voy a Guiar a matar, ni a cometer adulterio, ni a robar, ni a prestar falso testimonio contra tu prójimo, etcétera. Puedes llamarles leyes, pero no son más que rudimentarias directrices que ayudan a conducirte a Casa en el Cielo. Cristo es el Principio Divino al que apuntan esas "leyes". El Cristo es el Espíritu del Amor de Dios, y la única "Ley" real es el Amor Divino. No se puede violar esta "Ley", porque no tiene contrario. Sin embargo puede parecer que no se recuerda esta "Ley". El cosmos espacio-temporal de la mente dormida es esta aparente amnesia.

Los mandamientos, o "leyes", fueron inspirados por el Espíritu Santo como puntos de apoyo para cruzar al otro lado, para volverse hacia dentro y seguir la Guía del Espíritu Santo "en todos los casos". Cuando se olvidó el Principio Eterno del Espíritu, de Dios, de Cristo, las leyes del ego se "fabricaron" o "proyectaron" desde el miedo. Escucha la profundidad interior. No escuches los razonamientos del ego. Escucha al Espíritu Santo. Las "leyes" fabricadas por el ego no son nada, y no conducen a ningún sitio. Pero el Espíritu Santo conduce a la mente dormida a un suave Despertar.

Ejemplos que vienen del Espíritu Santo se Dan y se utilizan para mostrar que no hay excepciones al milagro. Enseñan que no hay que "resistirse al mal" demostrando que no hay nada real a lo que resistirse. El contexto, o contenido, de todos los ejemplos que comparto ES el principio del milagro. Lo que percibes como "transferencia de la extensión" no es más que un intento de negar que el milagro se aplica en todos los casos.

Cada conflicto que percibes es una Petición de Amor. La paz viene a la mente que ve que el conflicto es imposible porque el ataque es imposible. Sólo el ego cree que el ataque es real, pero sin el concepto de ataque sólo hay paz. El ego no es real, sólo existe la paz. El perdón es, de manera muy literal, impersonal porque transciende la creencia en mentes privadas, pensamientos privados y personas separadas. La Perspectiva desapegada del Espíritu Santo es un reflejo de la frase bíblica "Dios no hace distinción de personas". (Hechos 10:34) "Intrapersonal" es un sinónimo del concepto del yo, pero el milagro muestra que ningún concepto del yo resiste la Luz de la Verdad. La Verdad es que Soy tal como Dios me creó. La Verdad y la creencia en el ataque no coexisten, porque el Amor perfecto expulsa al miedo.

No hay grados de dificultad en los milagros y no hay ninguna jerarquía de ilusiones. El milagro simplemente ve lo falso como falso.

Relaciones: las carencias, la compleción y la posesión

David: ¿Tiene alguien algo que quiere aportar a la sesión como principio de la discusión?

Participante: Anoche tuve un intenso sueño que trataba del deseo de compañero, del compañero ideal. No era tanto el deseo físico de un compañero como el deseo de estar con alguien que me quiera tanto como yo a él y el sentimiento de realización que viene de eso. Veo la falacia de que las relaciones humanas no logran eso, pero todavía hay un intenso anhelo con el que me estaba poniendo en contacto. Estaba pensando que probablemente era un impulso milagroso distorsionado.

David: Sí, está muy bien que puedas hacer esa observación. Todavía viene del ego, aunque pienses en ello como sólo buscar compañía, en lugar de relación sexual. La compañía aún tiene un elemento de querer que haya otro cuerpo ahí. Es una sensación de *estar con* alguien más en el cuerpo, y todavía implica la idea de relaciones, implica cuerpos en lugar de la pura relación mental. El sentimiento de "intenso anhelo" nos lleva realmente al núcleo del ego. El ego le dice continuamente a la mente que tienes que buscar fuera de ti mismo algo que te complete. El empuje de ese anhelo viene de un sentimiento muy profundo de estar incompleto, y del deseo de estar completo. En la sección *Más allá de todo ídolo* dice que la compleción es tu herencia, que tienes todo el derecho a pedirla. Sólo que la buscas en el sitio equivocado.

Crees que la compleción está fuera de ti mismo, en la pantalla. Incluso la sensación de compañía, o simplemente de que alguien esté ahí contigo, es aún una forma de eso. La relación de "amor especial" es el regalo más ostentoso del ego. Es el as de la baraja del ego, el anhelo que parece más fuerte. Hay muchos anhelos de cosas concretas, pero parece que la mente cree que en éste es donde todo acaba. *¡Si sólo pudiera tener eso!* Entonces la vida sería soportable. Todo lo demás no importaría si yo tuviera eso.

Eso no es más que otro truco. La gente que ha intentado llevarlo a cabo se encuentra con que incluso lo que piensan que es el compañero ideal no lo es, naturalmente. No hay esa sensación de compleción. No se llega al final del arco iris con eso. La mente aún busca. *Esto es estupendo. ¿Qué viene ahora? ¿Qué más puedo añadir?* El sentimiento de que se puede añadir algo más debería ser una pista de que el ego está funcionando.

Cuando nos unimos en comunidad, este tema sale a relucir. Parece que una persona sobresale del resto y es, de alguna manera, atractiva. Esto sale a relucir, y oscurece la total igualdad de la Filiación, siempre oscurece la verdadera identidad. Esta atracción, hasta que se la transcienda por completo, siempre parecerá muy fuerte, a veces intensa. Lo que describes es una especie de joya de la corona del ego.

El evangelio acuariano de Jesús es un libro cuyo tema es Jesús pasando por todas estas tentaciones. En Egipto tiene la sexta, creo, descrita como el "ángel ídolo". Jesús está sentado en contemplación y una mujer de una belleza cautivadora viene a él. No dice ni una palabra, sólo se sienta y canta canciones de Israel. Ella canta bellas canciones, algunas de su educación, de su vida, y luego se levanta y se va, sin decir una sola palabra. Está descrito como si las pasiones se hubiesen revuelto en el corazón de Jesús. Ella volvía periódicamente, y ese era un período de inquietud y de gran tentación para Jesús. Después de todas las otras tentaciones, engaños y cosas diferentes, era como decirle "ahora haz frente a esto". De nuevo fue una tentación de cuarenta días. Parece que el número de cuarenta días sale a relucir, fue tentado durante cuarenta días. Entonces se levantó y dijo *¿Estoy para ser la prueba del amor incondicional, el Amor Divino que no procede de este mundo?* Habló con ella. Le dijo que sus senderos se habían cruzado, pero que él tenía que seguir haciendo lo que tenía que hacer.

Me ayudó a tener una visión de conjunto leer esta clase de historias mientras trabajaba con el Curso. No se puede tener amor impersonal *y* amor personal. No van juntos. Es una gran parábola sobre la tentación. Al final, cuando realmente lo sigues y, por así decirlo, vienes a tu mente recta, ves que no pueden ir juntos, no se pueden mezclar.

Pensar en ese anhelo en términos de impulso milagroso distorsionado te da una idea del poder del amor, o del poder del milagro, ¡sólo por su fuerza! Como parece venir a través de la lente del ego, se le percibe como una carencia. ¿Te imaginas su fuerza sin esa lente? Se siente como un intenso anhelo cuando viene a través del ego, como un impulso milagroso distorsionado. Pero cuando eres capaz de dejar a un lado el ego, viene derecho a la consciencia sin pasar por la lente del ego. Es muy poderoso. Nuestra amiga estaba sintiendo este enorme impulso a extenderse, sintiendo como si fuese a explotar. Es difícil de sofocar. Una vez que realmente vas con él por un tiempo, se vuelve sencillamente un impulso tremendo a extenderse y ser útil.

Es como en la película *El día de la marmota*. Una vez tras otra, intentando manipular a la gente, llevarse a la cama a Rita, etcétera, Phil pasa por todo eso, hasta que por fin le entra un impulso incontrolable de ser útil. Empieza a ir por ahí arreglando ruedas de automóviles, para a un niño que se caía de un árbol, ¡le salva la vida a un tío haciéndole la maniobra de Heimlich! A cualquier sitio que va, busca alguna manera de ser útil. Es un impulso incontrolable. Y eso es lo que lo saca del bucle.

El tiempo lineal es un bucle en el que el pasado sólo parece repetirse, una vez tras otra, y aún otra más. Eso es lo que hace de la película *El día de la marmota* una metáfora tan poderosa. No sólo se ve el bucle, que es simbólico del bucle que todo el mundo ha experimentado, sino que además se ve una metáfora de la salida del bucle, que es sencillamente ser útil por completo, perderte completamente en el impulso de ser verdaderamente útil. Es intenso. Lo experimentarás, no hay ninguna duda.

Participante: ¿Podemos hablar de las expectativas? Durante la meditación estaba sintiendo que tener expectativas basadas en lo que alguien dijo en el pasado siempre hace daño. No puedo confiar en lo que diga nadie, sólo puedo confiar en lo que es. Sólo puedo confiar en el Espíritu

Santo, en el Espíritu Santo en él, y no puedo confiar en nada de la forma, ni tener expectativas en ese área.

David: La mente engañada tiene muy profundamente arraigada la creencia en la escasez, las carencias, la falta de valía y la culpabilidad. Ese es el tema de todas las relaciones especiales del mundo. Percibirte a ti mismo como una persona, y percibir a tus hermanos como personas y cuerpos, se inventó para resolver el problema de la culpabilidad. Dicho de otra manera, el mundo se fabricó como un intento de resolver el problema de la culpabilidad. El mundo se fabricó como un intento de resolver el problema de las carencias, el mundo se fabricó como un intento de resolver el problema de la escasez. Es una creencia errónea que uno pueda adaptarse al mundo y encontrar satisfacción y compleción en ese ajuste. Cuando se le sigue el rastro al origen de las expectativas, se encuentra que siempre se trata de una creencia en estar incompleto, o de una creencia en las carencias que aún está ahí en la mente. Si uno tuviese el sentimiento interior de compleción, ¿por qué iba a tener importancia lo que dijo alguien?, ¿por qué iba a tener importancia lo que hizo alguien?, ¿por qué iba a tener importancia cualquier cosa del mundo? Lo que hay que cuestionar son las carencias y el estar incompleto. "Los que se consideran a sí mismos completos no exigen nada". E-37.2 Esta frase es grande. ¿Ves que no le deja ningún sitio a las expectativas? Los que se ven a sí mismos completos no están a merced de nadie, ni de nada.

Participante: No tendrían ninguna expectativa porque no percibirían nada como necesario.

David: Y, naturalmente, en ese escenario no podrían disgustarse. No podrían ser tratados injustamente sobre la base de un aparente cambio de lo que alguien dijo o hizo. No podrían percibirse a sí mismos tratados injustamente. Cuando se ven a sí mismos como *el soñador del sueño*, y ya no perciben ataques, no podrían percibir a nadie incumpliendo la palabra dada, ni haciendo nada contra ellos.

Lo que hay que abordar es la carencia, el estar incompleto y la escasez. El punto fundamental, que seguiremos examinando muchísimas veces, es que la mente engañada no sabe lo que es dar, y por lo tanto

Recordar a Dios

no sabe extenderse. No ve que dar y recibir son lo mismo, son iguales. ¿Cuántas veces hemos oído los clichés de este mundo sobre la importancia de dar? ¿Y los clichés sobre que es mejor dar que recibir? Incluso eso se va.

Participante: ¿Porque no se puede dar sin recibir?

David: La mente consigue exactamente lo que quiere. Y siempre está dando y recibiendo. Es imposible que dar sea mejor que recibir, porque son lo mismo. No se puede colocar a uno más alto que el otro. La clave está en que la mente engañada no tiene ni idea de lo que es dar. Cree en el ego, cree en las formas y en lo concreto. Al creer en lo concreto, no sabe lo que es dar. Al final, dar no tiene nada que ver con lo concreto. Tampoco extenderse tiene nada que ver con lo concreto.

El ego *tiene* que ser el que habla cuando la mente se siente incompleta, y tiene expectativas sobre otras personas, o incluso sobre la persona con la que se identifica como su propio ser. Cristo no se presiona a sí mismo, el ego es el que presiona. El ego es el que establece expectativas personales, como estar a la altura de las normas de otro, o estar a la altura de las normas que uno establece para sí mismo. El que hace eso no es el Ser con mayúscula, es el ego. Al final, lo único que se te pide es que te des cuenta de que *tener* y *ser* son lo mismo. Tener y ser, o dar y recibir, son lo mismo.

La mente dormida cree que está en un mundo, se asocia a sí misma con una persona, con un cuerpo, asocia todo lo que hay en el mundo con lo concreto y, por lo tanto, cree en las posesiones personales. Cree que posee un cuerpo. El cuerpo es, probablemente, la posesión más valorada de todas las que hay en este mundo de posesiones. Por eso, en los casos de violación o incesto, la herida parece muy profunda, la mente siente haber sido violada personalmente. Cuando se le hace algo al cuerpo hay un fuerte sentimiento de violación, de ser víctima, debido a que la mente se identifica con el cuerpo.

La mente engañada cree que posee un cuerpo, y cree que posee otras cosas, como tiras de papel moneda, casas, automóviles, ropa, joyas y computadoras, sólo hay que rellenar el espacio en blanco con todo lo que hay en el mundo, perros, gatos, miembros de la familia biológica, etcétera. Hasta puede pensar que posee una religión. La lista sigue, y sigue, y sigue. Todo eso es un reflejo de la confusión sobre "tener". La mente engañada cree que tiene esas cosas, pero en verdad eso no es lo que significa tener. No se puede tener cien dólares. No se puede tener un marido, no se puede tener un cuerpo y no se puede tener talento para tocar el piano ni para jugar al béisbol. No se puede tener dotes para las matemáticas, no se puede tener un CI alto, ni capacidad verbal, nada de eso se puede tener porque nada de eso es real. ¿Cómo se puede tener algo que no es real?

El Curso enseña que *eres lo que tienes*. Y ya está. Eso es lo que significa tener. Tener y *ser* son idénticos. ¿Ves que reconocer eso pondría fin a toda búsqueda fuera de uno mismo, en la pantalla? Pone fin a las expectativas, a esperar que los demás hagan lo que dijeron que harían, o como lo hayas montado. Esto es todo lo que hace falta. Es gratis. Darse cuenta de esto es gratis. No cuesta nada. No hay coste asociado a reconocer que lo que tienes es lo que eres. Está dado. Te fue dado cuando fuiste creado por Dios y nada puede quitártelo. Lo puedes ocultar de tu consciencia, lo puedes enterrar, lo puedes negar, lo puedes mantener fuera de la consciencia, pero no puedes destruirlo ni cambiarlo. Sólo puedes aceptarlo.

Participante: ¿Y son las asociaciones las que lo ocultan? Todo lo que has dicho que no se puede tener, es como que te puedes asociar con eso pero no puedes tenerlo. Y es lo uno o lo otro, en realidad es sólo uno pero en la consciencia parece que es lo uno o lo otro.

David: Voy a leer un pasaje de la sección *La consecución del mundo real* que será de utilidad:

> El concepto de posesión es un concepto peligroso si se deja en tus manos. El ego quiere poseer cosas para salvarse, pues poseer es su ley. Poseer por poseer es el credo fundamental del ego y una de las piedras angulares de los templos que se erige a sí mismo. El ego exige que deposites en su altar todas las cosas que te ordena obtener, y no deja que halles gozo alguno en ellas. Todo lo que el ego te dice que necesitas te

> hará daño. Pues si bien el ego te exhorta una y otra vez a que obtengas todo cuanto puedas, te deja sin nada, pues te exige que le des todo lo que obtienes. Y aun de las mismas manos que lo obtuvieron, será arrebatado y arrojado al polvo. Pues donde el ego ve salvación, ve también separación, y de esta forma pierdes todo lo que has adquirido en su nombre. No te preguntes a ti mismo, por lo tanto, qué es lo que necesitas, pues no lo sabes, y lo que te aconsejes a ti mismo te hará daño. Pues lo que crees necesitar servirá simplemente para fortificar tu mundo contra la luz y para hacer que no estés dispuesto a cuestionar el valor que este mundo tiene realmente para ti. T-13.VII.10-11

A lo largo del camino, el Espíritu Santo puede utilizar el concepto de posesión mientras la mente aún cree en él. El Espíritu Santo trabaja con la mente donde ella se percibe a sí misma. El concepto de posesión puede formar parte del decorado, aunque una vez que, por así decirlo, sacas el concepto de posesión del decorado y crees realmente que puedes poseer cosas, entonces es "peligroso". Date cuenta de que tu tranquilidad de espíritu sale por la ventana en cuanto crees que realmente posees algo. Sea un cuerpo, dinero, un automóvil, una joya, no importa, vale cualquier cosa. Notarás inmediatamente que tu tranquilidad de espíritu ha desaparecido porque eso, sea lo que sea, lo vas a defender. Ha habido quien ha malinterpretado este asunto, creyendo que tener alquilado no es poseer. No te aporta paz pensar que sencillamente se puede cambiar la forma de poseer algo a tenerlo alquilado. ¡Sería muy fácil tenerlo todo de alquiler! Un pequeño cambio de la forma no hace nada. Tienes que cuestionar todos los valores que hay en tu mente si quieres soltar la posesión y el ego.

¿Van de la mano el sexo y la espiritualidad?

Se me ha pedido compartir mis pensamientos sobre este tema y he llevado esta petición a la oración. Si es auténtico, el viaje espiritual es voluntario. Todo lo que es real se experimenta por medio de la aceptación, y todo lo que temporalmente parece real se experimenta por medio del deseo y las creencias, hasta que llega el Despertar. El Espíritu es Eterno, es el Estado de Ser sin deseos. El deseo hace girar el cosmos espacio-temporal lineal. El objetivo de la espiritualidad es experimentar el Ser Inmutable del Espíritu. Este objetivo implica disolver la creencia en el sacrificio. Aceptar la Realidad no puede ser un verdadero sacrificio, pero hasta que llega el Despertar, parece que la creencia en el sacrificio se refleja en el proceso del Despertar.

La sexualidad es una más de las muchas experiencias del continuo lineal de la ilusión. No es mejor ni peor que cualquier otra experiencia del continuo, aunque puede parecer que se exalta y glorifica, o se rebaja y se considera vergonzosa, por el ego. El deseo de recibir y dar amor sexual a un compañero es un signo de que aún están activos los deseos y creencias del ego. Pero es posible y útil permitir que una relación comprometida sea utilizada por el Espíritu para elevar a la Luz interior esos deseos y creencias. Teniendo disposición, esos deseos y creencias desaparecerán y dejarán en paz a la mente.

Las pruebas y las luchas en las relaciones ponen al descubierto la falsedad en la mente, y esto ayudará a tomar la decisión definitiva que abre el corazón al recuerdo del Amor de Dios. A la mente se le quedarán pequeños los pensamientos corporales de manera natural, pero sería utilizar la negación de manera incorrecta renunciar al cuerpo mientras parezca formar parte del ser. Cuando surgen las luchas, pon al descubierto y suelta los pensamientos y creencias por medio de no protegerlos. Entrégaselos al Espíritu Santo. Los múltiples deseos decaerán, pero esto no se puede forzar. La mente tiene que estar lista.

Expresa el amor y el afecto tal como seas Guiado y permite que la mente los reciba. Ten disposición a pasarle al Espíritu Santo cualquier contenido de la mente que sientas que no es amoroso. Toda relación tiene por objeto reconocer a la Mente Única. Esto se descubre cuando se hace evidente que no hay ningún pensamiento que pueda mantenerse privado. No mantengas ningún secreto, y se hará evidente que sólo el amor se puede compartir. Este Amor Divino está por completo más allá del cuerpo, pero uno tiene que empezar por donde uno se percibe a sí mismo en este momento. Todos somos dignos del Amor de Dios, por medio de la lección del perdón todos experimentaremos lo que buscamos en la profundidad de nuestro interior.

El miedo al apego es en realidad miedo a la intimidad. No es miedo a la intimidad sexual, sino miedo a revelar el Ser Más Interior por creer que se puede producir rechazo o apego. El amor y el afecto se refrenan por la creencia en las expectativas que se les asocian. Para ser Amor, el Amor tiene que darse de manera gratuita, y lo mismo ocurre con el afecto. Si se pone condiciones al amor y al afecto, hay expectativas que no se cumplen. Uno tiene siempre la oportunidad de abrirse y sentir lo bien que sienta extender el amor. Conforme uno practica el extender el amor y cultiva el expresar el afecto tal como el Espíritu Santo lo Guía, cada vez parecerá más natural. Las viejas inhibiciones desaparecen en nuestro Propósito compartido. Los límites impuestos a la mente empiezan a aflojarse y disolverse. El motivo cambia de conseguir a dar sin expectativas. Y a uno lo Guía una sensación de Facilidad sin fallos.

Al hacer el trabajo Interior del perdón, uno se siente mejor sintonizado con el Espíritu y atrae pruebas de ese estado mental. Todo el mundo refleja el estado mental que mantiene. El milagro demuestra la calidez y el afecto que fluyen de nuestro Propósito compartido. Cuando el Propósito se convierte en el foco, puede parecer que uno casi siempre lleva puesta la sonrisa, y nota sonrisas y risas en todos sitios. El amor y el afecto son evidentes cuando nuestro Propósito es evidente.

¿Es buena o mala, es útil o perjudicial la expresión sexual? Lo que uno hace viene de lo que uno piensa, por eso el Despertar es una purificación del pensamiento. Por tanto la modificación de la conducta nunca es la meta, porque la conducta no hace sino seguir al guía al que la mente elige escuchar y seguir. El deseo sexual no es mejor ni peor que cualquier otro deseo del mundo, y sin embargo el Despertar es un estado de satisfacción libre de deseos.

Todos los apetitos son mecanismos del ego para *conseguir*. La fantasía es el intento de hacer falsas asociaciones y obtener placer de ellas. Conforme el milagro se expande y se vuelve consistente en la experiencia, esos apetitos se debilitan, se atenúan y desaparecen. El ego era la creencia en las carencias, y todos los apetitos reflejaban esta creencia. El ego intentaba colocar diversas conductas dentro de sistemas de juicios morales y éticos, pero en la Perspectiva sanada sólo se experimenta la integridad, y el pasado ha desaparecido. No hay ninguna

Transferencia del aprendizaje

jerarquía de ilusiones, ningún grado de dificultad de los milagros y ninguna preferencia en la Expiación. El ego era un único error y no se le puede descomponer en errores "agradables" y errores "punibles", errores "morales" y errores "inmorales" ni errores "éticos" y errores "poco éticos". Tanto la masturbación como la monogamia y la castidad son sólo conceptos que sirven de apoyo para cruzar al otro lado en el sendero de vaciar la mente de todos los conceptos, perdonar la ilusión, y Despertar a la Pura Unicidad. La sexualidad sagrada es una contradicción en sus propios términos, porque el Espíritu transciende por completo a la forma y es imposible mezclar el Espíritu con la materia.

El placer y el dolor son el mismo error. El milagro transciende el error mostrando su falsedad, su imposibilidad. Es imposible buscar el placer sin encontrar el dolor, porque ambos son el mismo error: el intento de reforzar la "realidad" del cuerpo y del mundo. Cristo es Espíritu, no un cuerpo, y experimentar la Mente Divina es olvidarse por completo del cuerpo. Despertar requiere entrenamiento mental. Da un paso atrás, y presta atención a los pensamientos que vienen a la consciencia. Siente tu deseo de sanar. Las preferencias son juicios, cuando la mente se rinde a la Perspectiva sin juicios del Espíritu Santo, el Despertar es obvio. Observa que mientras parezcan existir los apetitos, el ego tendrá las defensas de la represión y la complacencia. Ninguna de ellas es mejor ni peor que la otra, porque ambas son la misma ilusión. El milagro ofrece una alternativa real, y cuando la mentalidad de uno está orientada de manera consistente al milagro, las defensas ya no se necesitan.

El sexo en una relación amorosa dedicada al Espíritu Santo y Guiada por el Espíritu Santo es (en este sentido) un acto de afecto, y puede seguir siéndolo hasta que el Propósito de la mente se haya unificado tanto que ya no haya ansias ni deseos de ningún tipo de forma. Cuando esta ausencia de deseos ocurre se produce verdaderamente el milagro de la Expiación, y se reconoce a Cristo en el Amor Divino, en Conocer a Dios en el Espíritu. El milagro de la Expiación transciende, o disuelve, la atracción por la culpabilidad de la mente dormida. El sexo con el propósito del placer y la gratificación de los sentidos es una motivación del ego que intenta reforzar la "realidad" del cuerpo, y esto siempre implica la ilusión de la culpabilidad. Cuando uno profundiza en el Despertar los deseos por cosas de este mundo se evaporan ¡y la Alegría irradia desde dentro! Todas las aparentes necesidades desaparecen en el Amor Divino.

El ego usa las relaciones para su gratificación, y al ser impulsivo e inestable no tiene ni idea de lo que es el compromiso. El compromiso con una relación interpersonal monógama es una etapa que el Espíritu Santo puede utilizar, como cualquier otro compromiso, o disciplina, para abrir la mente al único compromiso definitivo que se puede elegir, Aceptar la Expiación, Despertar al Amor de Dios.

Me he referido al propósito del ego para las relaciones como "relaciones de usar y tirar". Parece que en cuanto el ego parece conseguir lo que cree que quiere, tira una relación y pasa a la siguiente. Las relaciones sexuales simultáneas, o relaciones "abiertas", como se les ha llamado, sólo parecen aumentar la complejidad. Una relación monógama interpersonal puede ofrecer una bandeja llena de oportunidades de poner en evidencia y perdonar al ego. El deshacimiento del ego (el perdón) es el único Propósito de todas las relaciones. El reconocimiento definitivo (el reconocimiento del Ser) es el reconocimiento de que el Creador y la Creación comparten el mismo Espíritu de Amor. Todas las relaciones perceptuales, en sus mejores aspectos, pueden reflejar el Amor de Dios, y este Amor Ágape inspira el perdón y los milagros.

La atracción por el cuerpo es la atracción por la culpabilidad. La iluminación es el reconocimiento del Espíritu más allá del cuerpo y la experiencia de la Inocencia Divina. El aparente "proceso" de Despertar es un desaprender, o deshacimiento, del ego en el que la mente se vacía de todo concepto concreto para abrirle paso al perdón, a ver lo falso como falso.

Los impulsos milagrosos son la Llamada a volver a Casa con Dios, pero cuando pasan por el filtro de carencias y necesidades del ego se presentan a la consciencia distorsionados, como apetitos, fantasías y "mecanismos para conseguir". El Amor Ágape no sabe de necesidades ni carencias. El "amor" sexual romántico brota del intento de buscar "amor" en la forma. La verdadera unión abre camino a la comunicación y disuelve el filtro del ego, permitiendo que los impulsos milagrosos lleguen directamente a la consciencia. En realidad, una relación es sólo un medio

Transferencia del aprendizaje

para obrar milagros y extender el Amor. Este Propósito muestra que el cuerpo no tiene significado y revela que el Espíritu lo es Todo.

Aprender a dar en el sentido más completo lo librará a uno de la sensación de tener una voluntad separada de la Voluntad de Dios. Mientras uno se aferre a un concepto del yo, uno tiene que querer conseguir algo que esté fuera del Ser Único, y tiene que creer que es posible hacerlo. La tarea de uno con un compañero sexual, y de hecho con todos con quienes uno se encuentra, es aprender a dar totalmente, completamente, sin distinciones ni condiciones de ningún tipo. Todo el mundo está pidiendo lo Sagrado. Escucha cuidadosamente al Espíritu, porque todos piden lo que uno pide. Es lo mismo dar que recibir. Este es un sendero de devoción. Al dedicarse uno a la única meta (el perdón), se pierde toda sensación de intereses separados y de seres separados. Desde esta Perspectiva ninguna petición es demasiado grande ni demasiado pequeña. Lo único que se puede hacer es unirse a esta Perspectiva, la Perspectiva del soñador, nunca al sueño. El Amor no se opone a nada. No hay nada con lo que pelear, ni contra lo cual defenderse, ni sobre lo que tener razón. Y la devoción requiere confianza, pues la confianza en el Espíritu disuelve todas las dudas.

Hasta que la mente haya Despertado –por medio de un nuevo aprendizaje y una nueva traducción a través del Espíritu Santo– parecerá que hay causas en el mundo. El hambre, la sed, el deseo sexual y el deseo de estímulos parecen basarse en el cuerpo y el cerebro, pero surgen de impulsos milagrosos distorsionados que han pasado a través de la lente de la carencia. Todos los miedos, ansias y necesidades son percepciones de la mentalidad errada, pero responder a la Llamada a ser un obrador de milagros producirá muchos milagros y disolverá la lente de la carencia. La mente dormida experimentará ansias hasta que la lente de la carencia se disuelva por completo. Las ansias, o se obedecen y quedan satisfechas temporalmente, o se reprimen y se niegan en la consciencia. Ninguno de estos enfoques va a producir satisfacción duradera, pero los milagros abren la puerta a la paz, la alegría, la libertad y la felicidad duraderas. Los milagros satisfacen sin esfuerzo todas las aparentes necesidades humanas. El milagro final de la Expiación pone fin para siempre a la creencia en la necesidad, la carencia y el miedo.

La percepción es selectiva. Uno puede elegir enfocar la mente en el Propósito del Espíritu Santo, y eso trae Alegría. No hay ningún sacrificio. Los placeres de este mundo son fugaces y transitorios. Si se mira esto con sinceridad se ve que es así. El placer de una comida deliciosa, de un panorama agradable, o el placer de un orgasmo tienen siempre límites temporales. Empiezan y terminan. No ofrecen alegría duradera. No son regalos reales porque son ofrendas del ego. Perpetúan la amnesia del Ser de Cristo. Los juicios del mundo hacen que algunas imágenes sean atractivas. La mente cree que son valiosas y no quiere soltarlas. Aún está convencida de que son reales, y por tanto valora los resultados de lo que aún quiere. Son como la pirita, "el oro de los tontos". Parecen bellas, pero cuando las tocas, o las abrazas, se disuelven, no duran.

Deja que el Espíritu interior te Guíe en todas las cosas, momento a momento. El ego se pone al descubierto y se elimina en las relaciones. Alinearse con el ego trae experiencias ilusorias de placer y de dolor. Los impulsos milagrosos distorsionados llegan a la consciencia como ansias, y en este aspecto el ansia de sexo es lo mismo que el ansia de comida, de bebida, de cierta temperatura, de estímulos, etcétera. El ansia siempre implica carencias y preferencias, y el milagro conduce más allá de esta percepción distorsionada del mundo. Conforme se cuestiona, se pone al descubierto y se suelta el sistema de creencias del ego, se despejan todos los obstáculos a la paz de la "lente de la carencia". Cuando esto ocurre, los impulsos milagrosos se experimentan en la consciencia directamente como Amor y Peticiones de Amor. La integridad y la compleción son características naturales de la mente que el milagro devuelve a la consciencia.

¿Y el matrimonio?

Hola, David:

Me estaba preguntando por lo que leí en UCDM sobre las relaciones especiales, que el ego las usa para demostrar la culpabilidad, la separación, y la muerte de Dios. Yo estoy casado. Básicamente, ¿dice el Curso que nadie debería casarse?

Agradecería mucho tu visión del tema. Tengo más preguntas que me gustaría hacer pero siento que son casi inútiles. Hasta cierto punto creo que la pregunta anterior también es inútil, porque es un intento de comprender lo demencial, de comprender el ego.

Amado:

Ego y relación especial son sinónimos, y son una creencia que se mantiene en la mente. UCDM trata de poner al descubierto el error de esa creencia en el contexto de lo que parecen ser relaciones interpersonales. Aunque el ego fabricó el mundo distorsionado de la separación, el Espíritu Santo utiliza lo que fabricó el ego y lo reinterpreta. De esta manera, el perdón es una reinterpretación del error.

El significado real del matrimonio es la Unión, y esta Unión es el matrimonio en el Espíritu, la Creación de Dios dentro de Dios. Lo que parece un matrimonio entre dos personas en el sentido mundano, es en realidad un decorado para sanar la mente. Todo lo que es inconsciente, todo lo que se ha reprimido de la consciencia, se refleja en las relaciones para que se pueda poner al descubierto, y soltar, al ego. Soltarlo es reconocer que el ego no es real, la experiencia de que sólo existe el Amor.

Conforme continúes tu trabajo de curación interior con UCDM, la distinción entre forma y contenido se volverá cada vez más clara. El amor es contenido, y no forma de ningún tipo. Y aunque toda forma es una proyección del ego, el Espíritu Santo utiliza los símbolos e imágenes que el ego fabricó para Guiar a la mente dormida a Despertar y a estar contenta. El Espíritu Santo usa el tiempo para enseñar que no hay tiempo, y las relaciones interpersonales para conducir a la experiencia de la única relación real, la de Cristo y Dios. La experiencia mística transciende lo personal, igual que el Todo transciende la suma de las partes.

Un error oculto es sinónimo de una creencia inconsciente. Sanar disuelve, en efecto, las preguntas, y en el Silencio Divino todo es Conocido. Pero hasta que amanezca la experiencia de la curación, es útil cuestionar el sistema de creencias del ego. Cuestionar y poner al descubierto el error lo lleva ante la Luz, y así lo disuelve para siempre.

Los votos de unión del Espíritu Santo

Nos reunimos hoy para unir nuestras mentes en un Propósito compartido, y para demostrar el verdadero significado de la Unión. Reunirnos es un símbolo que ha de utilizarse para expresar el Amor Divino y la Unicidad. Reunirse no es motivo de celebración en y por sí mismo, porque en sí mismo no tiene ningún significado. Pero hay motivo de celebración y de alegría en el Propósito al que sirve reunirse. Nuestro Voto es la Voluntad de Dios, seguir a la Voz del Espíritu Santo. En este propósito encontraremos la fuente de nuestra alegría y nuestra paz.

Amándote como me amo a mí mismo veo que no hay nada en ti que pueda ser poseído, pues lo que tu eres yo también lo soy. Reconozco que el Amor es permitirte ser Quien eres, hacer que resplandezca tu Luz y seguir a la voz del Guía Interior.

Recordamos que la Lealtad fiel sólo se le debe al Padre y a Su Voz.

Nos reunimos para apoyarnos unos a otros, para ser testigos del amor y de la ausencia de juicios. Nos reunimos para el perdón.

Somos liberados al liberarnos unos a otros.

Somos perdonados al perdonarnos unos a otros, y somos amados al amarnos unos a otros.

Que nuestro unirnos sea un símbolo de nuestro compromiso con esta Llamada superior.

Nos hemos reunido sólo para servir a Quien nos envió.

Estamos aquí únicamente para ser útiles y cumplir nuestro compromiso con nuestro Padre Celestial, para que podamos recordar nuestra Verdadera Identidad como Hijos de Dios.

Estamos Unidos en Dios, y lo que Dios ha unido nunca puede estar separado.

En el Amor Todo es Uno. Amén.

Liberarse de la culpabilidad y de complacer a la gente

Hola, David:

Has dicho que la culpabilidad procede de aceptar los papeles que asigna el ego. El Curso parece decir que la culpabilidad viene de creer que puedes atacar a tu hermano y por lo tanto a ti mismo. ¿Puedes aclararme esto? ¿Puede el Espíritu Santo ayudarnos a tener disposición, o la responsabilidad de estar dispuestos es exclusivamente nuestra?

Leí tu carta titulada "Experimento sobre el perdón", sobre un hijo que regresaba a su hogar como huésped. Mi hijo de veinticinco años está viviendo en mi casa desde hace casi un año. Me sentí guiada por el Espíritu a tratarlo como a un huésped, pero creo que he estado haciendo lo que no se me había pedido hacer. Habíamos acordado que él podía vivir en una caravana que tengo detrás de la casa, que él la restauraría y yo le proporcionaría lo que necesitase para hacerlo. Estaba separado de su mujer cuando vino, pero ahora ella y sus dos hijos están aquí también. Parece que me veo a mí misma cuidando un montón de ellos. Les hago la colada, les cocino y les limpio. Él dejó de hacer lo que acordó hacer, y hablar del asunto no ha dado ningún resultado. Sentí que el Espíritu Santo me estaba empujando a empezar a escuchar de verdad, a seguir a mi guía interno y sencillamente dejar que mi hijo siga su propio camino. Supongo que lo que me obsesiona es que no quiero ver mi casa patas arriba, con montones de platos sucios y todo lo que se acumula cuando no se limpia. Parece que cuanto más limpio, más queda por limpiar. Tengo una floristería en la que me encantaría trabajar, y en la que no he podido trabajar durante un par de años porque tenía que cuidar de mi madre que no podía venir conmigo. Ahora ella ya está completamente postrada en la cama y aún la cuido, pero el horario me da la oportunidad de trabajar en la floristería un par de horas cada vez.

¿Cómo me desenredo de ser la cuidadora de los niños, la limpiadora de esa familia, la que cocina para ellos, les hace la colada, etcétera? Nuestro acuerdo inicial era que él sacase la basura, hiciese las compras (porque yo no podía salir de casa por mi madre), limpiase lo que ensuciase y restaurase la caravana. Parece que ahora no está dispuesto a hacer nada de eso. A cambio, en los días de visita, yo cuidaría de los niños mientras él trabajaba, haría casi todo el trabajo de la cocina y su colada. Ahora no trabaja sino que cobra el paro. Toda la familia vive aquí. Parece que necesita que cuide de sus niños cuando se va a pescar, a jugar al golf o sale para estar a solas con su mujer. Es como si me hubiera caído encima todo esto. Parece que le irrita que intente discutir esto, pero yo quiero tener mi propia vida. Esto suena como un culebrón, que yo he creado y del que no encuentro salida. Ya sé que no eres un consultor de problemas sentimentales, pero agradecería muchísimo que me ayudases. Lo que me encantaría hacer, y lo que me siento llamada a hacer, es ir a mi floristería, poner el CD y oír las grabaciones de UCDM cuando me sienta creativa. Quiero que eso sea mi ermita por un rato, entre las horas en que me toca ir a cuidar, lavar y alimentar a mi madre.

Amada de Dios:

Gracias por tus sinceras preguntas. La creencia de que la Mente Divina Unida a Dios se puede descomponer en trocitos y fragmentos es la creencia en que el ataque es posible. Ver a un hermano como un individuo aparte que tiene una mente privada con pensamientos privados es un reflejo de la creencia en la separación de Dios.

La Mente es siempre Una y Eterna, pero la "mente mortal" inventada por el ego es una creencia ilusoria en la fragmentación. El ego le asigna una "vida" propia a cada fragmento, le pone nombre, y a este falso paquete de recuerdos le asigna una serie de papeles. Así es como el ego intenta hacer algo a base de nada. Intenta ver "vida" en ídolos fabricados para que ocupen en lugar de Cristo. Ninguno de estos papeles fantásticos es verdadero.

Todo el mundo es, en efecto, un escenario, aunque la Mente Divina no puede representar ningún papel en él. La Unicidad nunca puede reducirse a un pequeño papel que parece representarse durante un plazo de tiempo. Todo lo que se te pide es que estés dispuesta a pedir un milagro, y a ver un mundo nuevo con el Espíritu Santo. El estar dispuestos es nuestra responsabilidad, a la que se une el Poder del Espíritu Santo. La razón de que se requiera disposición es que la Voluntad de Dios se puede experimentar sólo por voluntad propia. Si ése es tu único deseo, reconocerás que lo que está sano no tiene ninguna necesidad de curación, y esta es la Expiación, o Corrección del error que nunca existió.

Este mundo se basa en papeles falsos. Cuando la mente intenta representar esos papeles e identificarse con ellos, la culpabilidad se mantiene enterrada, oculta de la consciencia, porque mientras se persigue esos papeles ciegamente, se mantiene fuera de la consciencia la creencia en el ego que los fabricó. El ego utiliza la culpabilidad para mantener a la mente en la ilusión de la esclavitud, pues es imposible estar a la altura de los ideales del ego, que nunca han tenido ni vida ni sustancia en la Realidad.

La "persona" nunca está a la altura del "ideal", y de aquí es de donde PARECE brotar la culpabilidad. Sin embargo, ni la persona-montaje ni el ideal, o papel-montaje, son reales. Has estado midiendo tu "ser" con una regla ilusoria, y sin embargo no eres dos seres. Eres Un Ser Único unido a tu Creador y estás mucho más allá de cualquier medida o comparación. El origen de la culpabilidad que te aprisiona nunca está en no ser suficientemente bueno como madre, padre, hermana, hermano, hijo, hija, vecino, estudiante, ciudadano, maestro del Curso, etcétera. El "origen" de la culpabilidad es, mientras se la tenga por real, la creencia en el ego que está por debajo de todos esos papeles.

Tu trabajo con el Curso y con la música te está llamando a tu verdadera función, ¡Y esa función ES tu felicidad, tu libertad y tu paz! No eres la guardiana de tu hermano, y tu papel de madre no fue sino un papel temporal durante el deshacimiento del ego, para luego dejarlo a un lado. Eres Espíritu, pero esto no lo recordarás hasta que sueltes los pequeños papeles que el ego fabricó para mantenerte inconsciente de lo que eres. Conforme empieces a Despertar, el Espíritu Santo te ofrecerá papeles más expansivos (por ejemplo, maestro de Dios) en lugar de los limitantes papeles del pasado. Pero incluso los papeles aparentemente más expansivos se transcenderán conforme aprendas a perdonar la ilusión completamente. Los apoyos para la Iluminación son sólo decorados de escenarios que te permiten practicar el soltar todas las creencias limitantes y aceptar la única creencia que te liberará, la Expiación.

Verás a tu "hijo" como lo que crees que tú eres. ¿Eres carne? Entonces tu "hijo" es carne y está confinado a la carne. ¿Eres Espíritu? Entonces tu "Hijo" es el Cristo, nuestro verdadero Ser, y todas las imágenes y recuerdos que parecían ocultar la Cara de Cristo se le han perdonado al pasado. Cuando representas el papel de "cuidadora" pones en tu consciencia un límite a tu propia mente, pues das testimonio de la creencia en que el ego todavía está a cargo y aún es responsable. Dale este "papel de cuidadora" al Espíritu Santo, Quien cuida de nuestra mente Santa. Conforme sigas la Guía del Espíritu Santo, verás que para cumplir con la función que se te ha Dado no sacrificas nada. El perdón se adapta a tu necesidad, y no tienes ninguna otra.

Sé sincera y directa con este asunto, y cuando hables con tu hijo deja que el Espíritu Santo ponga las palabras en tu boca. Cuando hables desde el corazón para decir lo que verdaderamente es más útil, sentirás certeza y tranquilidad. Y conforme lo hagas, se disolverán los patrones del pasado, los hábitos de complacer a la gente y los pensamientos de culpabilidad, pues en verdad nunca formaron parte de tu Ser Real. Una vez que se le entregan al Espíritu Santo ya han desaparecido, y si dejas de proteger, y aferrarte, a esos pensamientos de complacer a la gente, parecerá que desaparecen rápidamente.

Tu verdadera función espera en tu mente a que entres de lleno en ella. Quita la tapadera de la olla de los pensamientos del pasado, porque intentar mantener la tapadera y fingir ser lo que no eres es un desperdicio de energía. Cuando reces recuerda que no pides demasiado sino demasiado poco. No limites tus peticiones, pues la Alegría es lo que mereces tener en la consciencia, y lo que Eres en Realidad es Alegría. Tu verdadera función te lo mostrará. Vendré a tu función verdadera como testigo de tu disposición a Despertar. ¡Y nos "reuniremos" y le ofreceremos a Dios toda su Gloria, porque la Luz ha venido!

Despertar a la relación

Hola, David:

Me han asombrado tus concisas interpretaciones del Curso. He imprimido algunas de tus discusiones para utilizarlas en la Reunión de Círculo que dirijo en una iglesia de Unity Church.

Mi problema es que las creencias sobre la superficie de las cosas de mi esposa y yo son tan diferentes, que hay conflictos y fricciones cada vez que estamos juntos. Hace unos diez meses me marché de la casa que compartíamos para al menos disminuir el tiempo que pasamos juntos teniendo fricciones. Pero tenemos un hijo, y por eso a menudo estamos en compañía el uno del otro. Sigo diciéndome a mí mismo que he de dar un paso atrás de las emociones que surgen, y que cualquier forma de "ataque" es falsa, pero sigue saliendo a relucir lo mismo. Sé que tengo que cambiar de mentalidad –"perdonar"– y sé que en el silencio sin pensamientos sólo brillará y se reflejará en mí el amor, pero cuanto más me acerco más difícil parece. No sé cómo explicarle a mi hijo por qué su mamá y su papá no se llevan bien, ni sé cómo explicarle la falsedad del mundo y de las ilusiones de ataque cuando no soy capaz de ser un modelo de eso para él. ¿Tienes algún consejo?

Amado:

Gracias por escribir y compartir tus experiencias y reflexiones. Cambiar de mentalidad y mostrar este cambio maravilloso en la actitud, con sinceridad e integridad, te traerá mucha paz. Esto va mucho más allá de las palabras que se dicen y de los conceptos que se describen. Dos pasajes de UCDM vienen a la mente inmediatamente:

> No soy el único en nada. Todo lo que pienso, digo o hago es una enseñanza para todo el universo. E-54.4

> Ningún pensamiento del Hijo de Dios puede estar separado o tener efectos aislados. Cada decisión que se toma, se toma para toda la Filiación, es aplicable tanto a lo interno como a lo externo y afecta a una constelación mucho mayor que nada que jamás hayas podido concebir. T-14.III.9

Todo el que parece caminar sobre este mundo se preocupa del efecto que tendrán sus decisiones sobre los demás, incluyendo pareja, hijos, padres, amigos, compañeros de trabajo, jefes, vecinos, etcétera. Siempre se ve el contexto de las decisiones en términos de un pequeño círculo de gente que parece ser la más importante en la vida de esa persona. Sin embargo todos y cada uno de los pensamientos que pasan por la mente, y cada decisión que se toma, es para todo el universo, para la Filiación entera, de hecho. Una decisión es una conclusión basada en todo lo que crees. Hasta que las creencias inconscientes se hayan llevado ante la Luz, y se hayan soltado, la mayoría de las decisiones de la vida cotidiana estarán dictadas por el ego. El ego es como un programa de computadora que, hasta que se le pone al descubierto y se borra, gobierna tu percepción de todas las cosas.

Agradece que tus interacciones con tu esposa hayan sido un medio de poner al descubierto la fricción que produce el aferrarse a las creencias del ego. Ofrécele a ella en tu corazón una completa gratitud por las creencias que han sido empujadas a la consciencia para que puedan ser ofrecidas al Espíritu Santo. Las relaciones y el Silencio pondrán al descubierto las creencias y pensamientos del ego de manera acelerada. Esto es así porque estás Pidiendo la curación desde lo más profundo de ti mismo. Conforme progreses en la disciplina del entrenamiento mental, conforme crezca la confianza en el Espíritu Santo, y conforme renuncies a juzgar, experimentarás olas de gratitud por la bendición que todos te ofrecieron reflejando, y poniendo así al descubierto, tus creencias ocultas. También atraerás muchas pruebas de la tranquilidad de espíritu, y tu mente estará inundada con estos testimonios gloriosos de la Verdad sobre Ti. Al ir hacia adentro las relaciones parecerán cada vez más vibrantes, y esto significa que reflejarán de manera obvia el Propósito que tu corazón atesora. Estos poderosos compañeros reflejarán el amor y la intimidad que siempre han permanecido en tu Corazón, para el cual Dios creó el Amor Divino.

Tu felicidad y alegría serán la mejor demostración para tu esposa y tu hijo. Cada vez que te encuentras con alguien hay una oportunidad de un encuentro santo. Cada niño que te encuentras, o en el que piensas, es un hijo tuyo. Los que ven la Voluntad de Dios como Suya propia ven al Cristo Viviente más allá de las distinciones y de los papeles del ego. Cuando todos los que te encuentras, incluso todos en los que piensas, comparten el mismo Ser en el Espíritu, ¿Quién es sólo un padre, una madre, un hermano, una hermana, un hijo o una hija? Cada decisión que tomas le enseña al universo entero lo que crees que eres. Cada pensamiento proclama la identidad de la Filiación. Deja que los pensamientos sean de gratitud al Creador que crea la Unicidad Perfecta y la Inocencia Divina. Abraza a todos y a todo como reflejos de nuestra santa mente, pues nuestra santidad ilumina la percepción del cosmos. En cuanto el deseo es de ofrecer sólo bendiciones todo el mundo trae una bendición. Dar y recibir son lo mismo. Se una prueba feliz de ello y si tu hijo ve esta alegría y viene a hacerte preguntas, las Respuestas del Espíritu Santo fluirán sin esfuerzo a través de ti.

La fricción siempre indica un problema de control. Parece que la fricción es entre personas, pero "el problema de la autoridad" del que Cristo habla en el Curso nunca es interpersonal. Cada vez que parece haber una fricción en una relación interpersonal la verdadera pregunta es, ¿soy tal como Dios Me Creó, o todavía creo que puedo hacerme a mí mismo?

Cristo es invulnerable porque Cristo es Espíritu. Parece que muchas cosas de este mundo amenazan al concepto del yo, porque los conceptos fueron fabricados por el ego, y el ego es un deficiente sustituto de la Verdad del Espíritu. Cuando se deja a un lado todos los conceptos del yo del ego, se ha despejado el altar para que la Verdad regrese a la consciencia. Nuestra "Identidad" está mucho más allá de los conceptos del cosmos espacio-temporal. "Soy tal como Dios Me creó", es una humilde afirmación de la Verdad.

Se bienaventurado de todas las maneras, Amado Hijo del Dios Viviente. ¡Eres sublime simplemente tal como Eres!

El Amor no sabe nada de contrarios. Relaciones y perspectivas

Mientras las perspectivas estén divididas y sean variables, los conflictos en las "relaciones personales" serán inevitables. No hay dos personas que vean el mismo mundo, ni la verdad interior, mientras no hayan dejado a un lado los intereses separados. Cuando el ego entra en una "relación", la competición, el orgullo, la posesividad, y el deseo de control vienen con él. Pero el Amor verdadero prevalece cuando la Luz disipa la oscuridad. Las perspectivas divididas y variables le ceden el paso a una perspectiva – el perdón – en la que la igualdad y la unión se vuelven claramente visibles. Lo que Dios creó Uno, permanece siendo

Uno. El Amor es una totalidad unificada que nada sabe de diferencias. El Amor no sabe nada de contrarios. Gracias, Dios, por crear el Amor como Todo en Todo, Íntegro, Completo, Perfecto, y sin contrario.

Las relaciones son Divinas

Las relaciones sin un Objetivo Divino siempre se "rompen", pues no están basadas en nada. El Propósito Divino se podría describir como el perdón, deshacer y soltar el ego. La creencia en el ego impide tener consciencia de la Intimidad y la Unión Verdaderas. Lo que subyace al miedo a la Intimidad y la Unión es el miedo del ego a perderse a sí mismo, de perder su "yo personal" y su "mundo personal". Hay pseudo-experiencias de atracción y repulsión, de vinculación afectiva y de odio, que parecen formar parte de lo que el mundo llama "relación", pero por debajo de ellas siempre está el deseo inconsciente de separarse e "ir cada uno por su camino", o el deseo de mantener la sensación de un yo privado e independiente (es decir, la individualidad). Ahí está la futilidad y la confusión de todas las relaciones y de todas las tentativas de "unión de cuerpos" de este mundo. ¡El Verdadero Amor es del Espíritu (más allá del cuerpo) y permanece para siempre! Lo Real es Lo Que Permanece. Cuando la Luz de la Verdad amanece, la ilusión de las "relaciones" se difumina y desaparece de la consciencia, pues la dualidad carece de base. Lo que no tiene base desaparecerá arrastrado, pues no tiene nada a lo que agarrarse.

No temas que la mente parezca desorientada y el mundo parezca tambalearse sobre sus precarios cimientos. La Verdad de la Luz Divina está dentro, nuestro Hogar no está en este mundo. Cuando te sumerjas dentro, en meditación, mantente en la fe. Observa como las nuevas percepciones de la Verdadera Realidad iluminan tu mente y te conducen a una Perspectiva del mundo completamente nueva, el mundo perdonado. Contempla el Amor Divino, porque nunca estarás satisfecho con nada más. La compañía humana nunca podrá sustituir al conocimiento y amor de tu Ser tal como Dios Te creó. La comprensión del Ser es el único Objetivo de este mundo que merece tu atención, pues cualquier otra meta es un intento de mantenerte distraído de la curación interior, el Despertar a tu Única Identidad.

La Belleza indescriptible está dentro. No permitas que nada Te distraiga de recordar la Belleza que resplandece desde siempre y para siempre. Tú eres el Sentido de la Vida. ¿Pues qué es la Vida salvo el Espíritu eterno? Te doy mi Paz. Nada puede separar a Lo Que Dios creó como Un Único Espíritu.

Soltar el "concepto de familia" para experimentar la familia de Dios

Cuando tratamos el tema de soltar el concepto del yo y aceptarse a Uno Mismo como Cristo, importa hacer énfasis en que la integridad es una Perspectiva que incluye a todos y a todo, y no excluye a nada ni a nadie. Esta inclusividad se basa en el Propósito, o Contenido, de la mente, y no tiene nada que ver con las formas concretas. Es bueno soltar los pensamientos que ya no sirven a nuestra tranquilidad de espíritu.

El Espíritu Santo conduce a la mente hacia dentro, más allá de los conceptos y de los papeles del pasado, para llegar al reconocimiento del Espíritu en el Presente. Lo que nace de la carne es carne, lo que nace del Espíritu es Espíritu. Nunca se puede tomar la postura de distanciarse de los hermanos y hermanas, pues todos y todo son sólo reflejos en la mente. Estás Despertando a la Familia de la Mente Única, a la Familia de Dios, por así decirlo. Esta Unicidad es la Familia de Dios y Cristo. Parece que atraviesas por lo que se podría llamar *una liberación de asociaciones del pasado*, para que la mente pueda volver a nacer del Espíritu, al principio por medio de la percepción sanada. El que conoce la Voluntad de Dios ve a todo y a todos como su Familia, pues no hay nada que esté separado de la integridad del mundo perdonado.

> En última instancia, todo miembro de la familia de Dios tiene que retornar. El milagro le llama a retornar. T-1.V.4

Aquí tienes una canción que los ángeles enviaron una vez, y que es útil para retraducir la idea de familia. La gratitud procede de incluirlo todo en la mente, y así ver que el rechazo y el abandono siempre fueron imposibles:

Familia

*Dependo de ellos cuando necesito ayuda, me ayudan
a hacer lo que no puedo hacer solo.
No ponen límites a mi valía.
Hacen gozoso vivir en esta tierra.
Me apoyan, me bendicen, me llaman uno de los suyos, me
ayudan a recordar la Alegría del Hogar.
Estribillo: Familia, familia, mi familia es santa y completa.
La bondad y el amor son las dulces ataduras que unen a
la familia que vive en la Mente.
En los brazos del perdón, el Espíritu interior, nadie está excluido
y todos son parientes.
Madres y padres, hijas e hijos, hermanos y hermanas, todos somos
uno, no somos cuerpos, no estamos separados ni abandonados, sino
unidos como el Hijo del Padre que compartimos.
Estribillo: Familia, familia, mi familia es santa y completa.
La bondad y el amor son las dulces ataduras que unen a
la familia que vive en la Mente.
Ven a casa ya, hermano, ahí fuera no hay ninguna alegría.
Tira la máscara de forastero que llevas puesta.
Únete a mí, canta conmigo alabanzas a Dios.
Comparte conmigo, ama conmigo, ríete de la idea de que lo
que es Uno pueda fragmentarse, de que lo Íntegro se pueda
separar, de que pueda haber algo fuera del corazón de Dios.
Estribillo: Familia, familia, mi familia es santa y completa.
La bondad y el amor son las dulces ataduras que unen a
la familia que vive en la Mente.*

¡Bendiciones a la Familia del Uno! Aunque pueda parecer que las formas vienen y van, cambian y se separan, Tú vives para siempre en Mi Corazón. ¡Nunca te olvides del Amor que siento por Ti, Amado! Nunca estoy a más de un Pensamiento de distancia de la consciencia.

Ayuda para soltar las fantasías

Hola, David:

Gracias por reenviarme mensajes y por la amable ayuda que tú y tus amigos ofrecéis. Una aplastante sensación de soledad, incompleción e incompetencia parece subyacer a gran parte de mi malestar. Mi vida es un cuadro de pobreza, soledad, aislamiento, fracaso, culpabilidad y miedo interminables.

Es muy difícil tener la mente tranquila en medio de esto, tengo una desesperada necesidad de sentirme "como uno", "conectado", "amado", estoy muy consciente de cómo consigue mi mente sus sentimientos de unicidad (y de creatividad) a partir de su relación con sus pensamientos, una especie de sustituto de lo real porque lo real no está disponible, y por lo horrible que es vivir con esas emociones.

Por todo esto, he sido completamente incapaz de tener relaciones estables con mujeres ni de conservar un empleo y, por tanto, he buscado consuelo en ideales espirituales. Sin embargo, el total fracaso de mi búsqueda espiritual me ha hecho preguntarme si esa búsqueda no era más que una tapadera de mi desastre emocional.

Hasta hace un par de años, me contaba a mí mismo todo este cuento espiritual de ser un Santo Hijo de Dios, etcétera, me las había arreglado para "vivir" de la energía de mi idealismo espiritual (aunque no de la energía real de estar conectado), y esperaba que la iluminación pudiese estar a la vuelta de la esquina, o incluso "ahora". Eso duró hasta que me hice dolorosamente consciente de mi desesperación emocional (con una experiencia de amor no correspondido). Desde entonces me he sumergido en un creciente desencanto con todo lo espiritual.

Me he quedado lleno de ansias y fantasías sobre vivir con una mujer preciosa en una bella casita de campo en las highlands de Escocia, y no sobre la iluminación espiritual. Parece que he estado engañándome a mí mismo con que la quería. Pero sé demasiado bien lo desesperadamente inalcanzables que son mis fantasías, al basarse en la mismísima carencia que les impide tener la menor posibilidad de realizarse. Naturalmente, si la carencia estuviese resuelta y yo me sintiese unido y amado, no necesitaría esos sustitutos mundanos, pero eso no parece posible, no al menos sin algún trauma inimaginable que empuje a uno a pasar al otro lado, lo cual es muy cruel, y es una de las razones por las que odio tanto el proceso espiritual. Hay algo en mí que se agarra a la idea de que debe haber un camino mejor, pero estoy por completo sin saber qué hacer...

Amado:

El ego juzga tus experiencias como fracasos, pero aún así la Sabiduría Interior resplandece y se hace evidente en tus palabras: "Pero sé demasiado bien lo desesperadamente inalcanzables que son mis fantasías, al basarse en la mismísima carencia que les impide tener la menor posibilidad de realizarse. Naturalmente, si la carencia estuviese resuelta y yo me sintiese unido y amado, no necesitaría esos sustitutos mundanos...".

Te agarras a la idea de que debe haber un camino mejor, y lo hay. Lo que el ego juzga que es una "pérdida" es una ganancia en realidad, porque el mundo está al revés y cabeza abajo. Lo que el ego juzga que es un "fracaso" es en verdad un éxito. El ego parece ofrecer sustitutos de la Realidad y parece prosperar con "su relación con sus pensamientos", pero las ilusiones no tienen ninguna Realidad y el ego no es real. No es aconsejable identificarse con una ilusión y no necesitas hacerlo. Cuando te das cuenta de que el ego no tiene nada que ofrecer, no hay necesidad de seguir sus consejos ni de buscar sus "sustitutos".

Parece que el concepto del yo del ego se desmorona, y ahora el Espíritu ofrece el perdón para reemplazarlo. Si te dieses cuenta de que sólo ofrece felicidad y satisfacción, ¿no estarías contento de hacer este cambio?

La búsqueda espiritual termina al Encontrar la Calma, pues en la Calma no hay nada que buscar. Para el ego la Calma es la muerte, pero la puerta de la Calma se abrirá si llamas. Eres la Belleza, la Gloria y el Espíritu que Dios creó Uno para siempre.

La visión reemplaza a toda percepción errónea. Los ojos y los oídos del cuerpo no ven ni oyen. No aceptes pruebas falsas que negarían la Gloria del Espíritu Eterno. No eres un fracaso, Amado. Las tribulaciones no son sino lecciones que se repiten para que puedas soltar para siempre las equivocaciones sobre el tiempo. El ego juzga que el Despertar es cruel porque se siente amenazado por la Realidad. La Realidad no tiene ningún contrario. La única cuestión que parece quedar es una cuestión de identidad. El Ser que Dios creó Uno permanece invulnerable. La atracción del Amor hace que el Despertar sea inevitable, ineludible por completo. ¡Esta es la Buena Noticia!

No esperes por ningún cuerpo

El Reino de los Cielos es Ahora. Hay un "paso" de Rendición que se ha de experimentar para conocer el Reino de los Cielos como Uno Mismo: *no esperes por ningún cuerpo.*

Causa y Efecto son simultáneos, no están separados. La salvación de las ilusiones es inmediata. No hay ninguna "brecha" entre Dios y Cristo. Este es el fin de la ilusión del tiempo lineal. Por lo tanto, nuestra única "tarea" es aceptar y recibir la Expiación Ahora, en este momento, como una apertura a la experiencia de Dios y la Gracia Divina. Uno no puede dar el paso del miedo al Amor salvo que vea los resultados de tal elección. Cuando parece haber una "demora", es sólo una aparente negación de nuestra Realidad, pero tiene que ser imposible, pues la Realidad permanece Real, sin que pueda cambiarla una ilusión de negación.

Ten la seguridad de que si hay algún "cuerpo" al que "tú" esperas para "conseguirlo", "tú" has puesto límites a lo que estás dispuesto a dar, a lo que estás dispuesto a recibir y a lo que estás dispuesto a enseñarle al mundo. Uno Recibe al Dar. Dar en el Presente es natural para el Cristo, pues Cristo ha Recibido la Vida del Eterno Dar de Dios, y siempre extiende el Don. ¡Eres el Hijo Santo y Uno de Dios! Esta es la sencilla verdad. ¡Alégrate y sé feliz!

Capítulo Dos

Vivir en comunidad: exigencias y peticiones

Participante: Mi deseo de ver que alguien no coopera tiene que ser mi deseo de ver que el Espíritu Santo no coopera. Me parece útil ahondar en eso: ¿Por qué no quiero confiar en el Espíritu Santo? ¿Por qué quiero ver que me está haciendo pasarlo mal?

David: Cada vez que te disgustas con alguien, o sientes que alguien no coopera, es una expresión del problema de autoridad. Toda idea de respeto y cooperación ha de venir de dentro. Cada vez que parece haber fricciones, o que algo no va de la manera que yo quiero que vaya, es sólo una expresión del problema de autoridad, de la idea de que *todavía puedo hacerme a mí mismo, y todavía puedo hacer que las cosas salgan como me gusta, a mi satisfacción*. Empieza por lo concreto, reconoce que hay cosas concretas en las que tienes puesto mucho interés.

Participante: En este caso, la cosa concreta en la que yo tengo puesto mucho interés es en que los demás cooperen, y creo que sé lo que es eso, o qué aspecto se supone que tiene, o que lo reconocería si lo viese.

David: Así tienes una imagen de lo que te parece cooperación, que es el mecanismo que utilizas para intentar compararte con los demás. Cuando te das cuenta de que la mente engañada intenta tenazmente encontrar de qué apartarse, o qué ver como malo en la pantalla, para aferrarse a que tiene razón sobre su propia identidad única y su propia voluntad separada, para ver a ambas justificadas, esto se vuelve muy sencillo.

Participante: Puedo sentirlo, siento esa tenacidad de intentar aferrarse.

David: ¿Y cómo se siente uno? Estás a medio de la sección *Reglas para tomar decisiones* del Curso. Tienes que llegar al punto en el que puedas decir: "Por lo menos puedo decidir que no me gusta cómo me estoy sintiendo".

Participante: Pues bueno, no me gusta cómo me siento. Por eso estoy aquí. De lo contrario aún estaría arriba tendido en el sofá.

David: Bueno, sea algo concreto o sea algo más general –como porqué este amigo no coopera más conmigo– es lo mismo en cualquier caso. Como se señala en *Reglas para tomar decisiones*: si decidiste tener un día feliz y estabas teniendo un día feliz, y luego de repente te encuentras disgustado por cualquier cosa, entonces la afirmación básica que tienes que hacer es que te olvidaste de lo que tenías que decidir, o que has hecho una pregunta por tu cuenta y has establecido en tus propios términos cuál tiene que ser la respuesta. Esto es lo que la mente engañada no para de hacer. Cree que sabe lo que necesita para tener un día feliz. En este caso lo que puedes hacer es volver a la percepción original de aquello a lo que reaccionaste, y ver que la mente engañada ha planteado una pregunta por sí misma y ha establecido en sus propios términos cuál tiene que ser la respuesta. Toma nota de la tenacidad con que se aferra a su propia pregunta, a querer que la respuesta venga en sus propios términos. No quiere dar un paso atrás y decir: *vaya, me olvidé de lo que tenía que decidir, intenté plantear una pregunta por mi cuenta*. Vuelve a lo básico, que es: *Padre, qué es lo que Tu Voluntad dispone para mí. No sé lo que es la claridad de la Visión, pero estoy dispuesto a que se me muestre*. Esto va a seguir saliendo a relucir con gran variedad de formas en las que, en realidad, esa tenacidad sólo quiere agarrarse a una voluntad individual. Quiere tener razón sobre el yo separado. Y va a utilizar cualquier cosa que haya en el mundo para justificar lo que quiere.

Participante: Correcto. Cuando miro un poquito lo que hay debajo, da la sensación de que yo *quiero* que tú no cooperes. Sabes, probablemente no importa ni lo que digas ni lo que hagas. Si la petición no fuese una, sería otra. Me interesa mirar lo que hay debajo para ver cuál es el valor que parece tener.

David: Es la manera de pensar del mundo. Está resumida en este pasaje:

> El "razonamiento" que da lugar al mundo, sobre el que descansa y mediante el cual se mantiene vigente, es simplemente éste: "Tú eres la causa de lo que yo hago. Tu sola presencia justifica mi ira, y existes y piensas aparte de mí. Yo debo ser el inocente, ya que eres tú el que ataca. Y lo que me hace sufrir son tus ataques". T-27.VII.3

Esta es una declaración muy directa de cuál es el propósito del mundo para el ego: ¡La causa de mi disgusto y mi sufrimiento está fuera de mí! Tienes que empezar a entender que todas las relaciones especiales se traban desde el enfado. El propósito del ego para todas las relaciones es el enojo. No lo declara así a nivel consciente, el ego no permite que eso se traiga a la consciencia, pero todas las relaciones especiales se forjaron con rabia. Y esta ira busca salir, ser proyectada sobre alguien, o sobre algo. Todo el que cree que está aquí en este mundo, todo el que se identifica con el mundo, está enfadado. Otra manera de decirlo es que le pediste favores especiales a Dios, y Él dijo que no. Dios no podía concederte ese favor especial. Para hacerlo, Dios tendría que dejar de ser Dios. El Amor tendría que dejar de ser amor para decir sí a la petición especial de la mente engañada. Pidió un favor especial.

De ahí es de donde viene la cólera, sólo que está bajo la superficie. Produce ira creer que alguien no está cumpliendo tus expectativas, o que no está a la altura del papel que le asignaste. Tu percepción es: *no estás a la altura de mi idea de cooperación*, o de la expectativa que sea. Si estás enfadado es porque tu mente lo está montando así. Por esa razón no eres feliz, porque alguien no está a la altura del papel que le asignaste. Dale la vuelta y fíjate en que fuiste tú el que asignó los papeles, en que tú eres el que los repartió. Todo lo que ocurre es por tu propia elección. No hay nada fuera de su sitio. Ahí fuera no hay nada que tenga el poder de hacerte débil, ni el de quitarte la tranquilidad de espíritu, ni el de hacerte feliz, ni el de darte paz. "Sufrir es poner énfasis en todo lo que el mundo ha hecho para hacerte daño". T-27.VII.1 Eso pasa cuando te olvidas de que estás soñando un sueño, crees que estás en la pantalla, y crees que las cosas no te están saliendo bien. Crees que se te maltrata y se abusa de ti. El afán de ser especial que hay en el intento de hacer comparaciones es la creencia en que no estás consiguiendo la parte que te corresponde. Tienes que cuestionar la mentalidad que dice que no estás consiguiendo la parte que te corresponde, en lugar de intentar arreglar las cosas en la pantalla para conseguir la parte que te corresponde. Nunca habrá ninguna manera de organizar los efectos para conseguir la parte que te corresponde, cuando, como dicen en Alcohólicos Anónimos, donde hay que mirar es al *hediondo pensamiento*. Es la creencia en que puedes ser tratado injustamente. Es la creencia en que puedes ser tratado como "inferior". Y eso es una creencia. Si crees que no vales nada, buscarás pruebas de ello. Y lo que se busca se encuentra.

Participante: Todo eso parece absurdo comparado con lo sencillo que se vuelve para el *soñador del sueño*. Sólo hay una cosa en la que pensar. No hay millones de cosas en las que pensar, sino una. Eso está muy bien, ¡puedo vivir con eso! Y todos los otros beneficios de ser el *soñador del sueño*... No hay ningún disgusto, no hay ningún *¿quién me ha hecho eso?* Por otra parte, estar en el sueño no es más que un enredo. ¿Qué es lo que quiere agarrarse a eso? No tiene nada de beneficioso. Uno no se siente bien, no tiene gracia. Es agotador. Estoy sentado aquí pensando: *¿por qué iba yo nunca a querer eso?* No tiene ningún sentido en absoluto. Entonces, ¿por qué iba yo a querer ver que tú no cooperas? ¿Por qué no quiero confiar en el Espíritu Santo?

David: La Expiación es ver que eres el *soñador del sueño*. Tienes que verte a ti mismo como el soñador antes de poder aceptar el otro propósito, la Expiación, como propósito del sueño. Y la Expiación, tal como se describe al principio del Texto, es un compromiso total. Para empezar, la mente engañada no es gran cosa para los compromisos, pero ¿un compromiso total? Parece que todo se reduce a la necesidad de examinar la mente, de cuestionar cada valor y cada creencia. Las circunstancias no se pueden modificar ni cambiar. No se puede tapar cosas haciendo unas pocas concesiones aquí y allá. Tienes que llegar al compromiso total de no hacer concesiones de ninguna clase. Tienes que tomar postura, es hora de tomar postura.

Esa postura puede parecer terriblemente difícil. Eliminar las cosas del mundo que uno quiere que sean diferentes parece más fácil que cambiar de manera de pensar. Parece más fácil hacer concesiones aquí y allá que tener una transformación mental. Ante la elección entre hacer concesiones y hacer un completo examen de la mente, parece más fácil hacer concesiones. No tomar postura parece más fácil que tomar postura. Si parases a alguien en la calle y le preguntases si ha considerado alguna vez cuál es el propósito de todo lo que hace, probablemente oirías respuesta del tipo: *sí, he tenido esos pensamientos de vez en cuando, pero no les permito ocupar mi mente muy a menudo. ¿Para qué? Son preguntas sin respuesta, de todas formas. Nadie les ha dado respuesta nunca, así que ¿para qué considerarlas?*

Cuando estaba en la facultad, y parecía estar buscando y cuestionando, esa era mi experiencia. Tenía la sensación de que tenía que haber algo mucho más profundo, pero a veces buscar y cuestionar parecía estéril y sin sentido. Hacer concesiones parecía más fácil. *Adelante David, trabaja en tu proyecto de plan urbanístico, haz los gestos, haz lo que hacen todos los demás, sobrevive, deja las cosas hechas, mantén las ruedas girando, sigue adelante.* Pero ese cuestionar no se iba, porque yo no quería que se fuese. Creía de verdad que tenía que haber algo que fuese una solución permanente y duradera. Ahí es donde estamos llegando ahora. Preguntas por qué ibas a querer elegir percibir que no coopero, por qué ibas a elegir percibir tristeza, o aunque sólo sea irritación. Es porque la mente prefiere elegir una fórmula conciliatoria. Prefiere utilizar lo que hay en la pantalla para justificar sus sentimientos de que no vale nada, de carencias y culpabilidad.

Participante: ¿Aunque sepa que va a ser doloroso?

David: Sí.

Participante: ¿Es porque cree que la alternativa a hacer concesiones es aún más dolorosa?

David: Sí. Para la mente engañada, la alternativa es la destrucción.

Participante: De manera que me aferro a la ilusión de que el dolor se irá si consigo lo que quiero. Si consigo que mi amigo coopere, o consigo que la gente haga las cosas a mi manera, ya no estaré dolorido.

David: Pensamos: *yo no estoy eligiendo esto conscientemente*. Eso se dice a menudo en relación con la enfermedad. Hay una amplia discusión sobre lo que es consciente y lo que es inconsciente, como si lo inconsciente fuese un arma del ego tan poderosa que pudiese dictarlo todo. Aquí está lo que Jesús dice de eso:

> Las defensas no son involuntarias ni se forjan inconscientemente. Son como varitas mágicas secretas que utilizas cuando la verdad parece amenazar lo que prefieres creer. Parecen ser algo inconsciente debido únicamente a la

rapidez con que decides emplearlas. En ese segundo, o fracción de segundo en que decides emplearlas, reconoces exactamente lo que te propones hacer, y luego lo das por hecho. E-136.3

¿Quién sino tú decide que existe una amenaza, que es necesario escapar, y erige una serie de defensas para contrarrestar la amenaza que ha juzgado real? Todo esto no puede hacerse de manera inconsciente. Mas una vez que lo has hecho, tu plan requiere que te olvides de que fuiste tú quien lo hizo, de manera que parezca ser algo ajeno a tu propia intención; un acontecimiento que no guarda relación alguna con tu estado mental; un desenlace que produce un efecto real en ti, en vez de uno que tú mismo has causado. E-136.4

La rapidez con la que te olvidas del papel que desempeñas en la fabricación de tu "realidad" es lo que hace que las defensas no parezcan estar bajo tu control. Mas puedes recordar lo que has olvidado, si estás dispuesto a reconsiderar la decisión que se encuentra doblemente sellada en el olvido. El hecho de que no te acuerdes no es más que la señal de que esa decisión todavía está en vigor, en cuanto que eso es lo que deseas. E-136.5

Crees en la separación. Una creencia sólo es una decisión que se ha vuelto inconsciente, se la ha empujado fuera de la mente. Así se fabrican las creencias, son sólo decisiones, decisiones de separarse de Dios. Esa decisión se oculta, y todas las demás maniobras y decisiones están "doblemente selladas en el olvido". La mente no quiere recordar a Dios. Está aterrorizada de Dios. Todas sus creencias y decisiones forman parte de una maniobra dilatoria, o una defensa en contra de volver a cuestionar esa decisión original. Eso es lo que la mente quiere olvidar. Cree que de verdad se ha separado de Dios, y quiere olvidarse de ello. Cree que está en guerra con Dios de verdad, pero no quiere acordarse de ello. Dice: "Olvídate de la batalla". M-17.6 Olvídate del tamaño y la fortaleza del "enemigo". Cree que de verdad Dios es un enemigo vengativo que va a venir a ajustarle las cuentas por el mal que realmente ha hecho. Así que tanto si se trata de si alguien coopera, o es respetuoso, o hace las cosas "bien", todo eso que hay en la superficie forma parte de una pantalla de humo hecha para intentar olvidar.

Participante: No querer confiar en el Espíritu Santo es lo mismo que no querer estar equivocado sobre mi creencia en que me separé de Dios.

David: O estás equivocado, o tienes razón acerca del mundo entero tal como lo montaste. Si tienes razón acerca del mundo entero entonces, también tienes razón sobre el tú insignificante y pequeño. En realidad todo se reduce a eso. La mente quiere tener razón, la mente engañada quiere tener razón en lo que cree ser, y eso incluye al cosmos entero tal como lo ha urdido. "Lo único que necesitas hacer es ver el problema tal como es, y no de la manera en que lo has urdido". T-27.VII.2 La manera en que está urdido es que hay un mundo externo a ti, las ideas han abandonado su fuente y hay un mundo de dualidad, conflicto y competición. Parece que eres diminuto, deficiente y sin ningún valor. El problema no se ve como lo que es, una creencia falsa de la mente. Ahora todas las soluciones que la mente busca son soluciones del mundo, incluyendo cosas como tu "sólo estoy haciendo una pequeña petición, todo lo que pido es que...".

Participante: Pausa. Parece mucho más fácil hacer una pausa que cambiar de ideas sobre mi mente.

David: Se nota que realmente no es una petición en la carga emocional que se le pone. Es una exigencia. Es inconcebible pensar en Jesús completamente despierto, haciendo una petición a uno de sus apóstoles y poniéndole carga emocional a si dice que sí o que no. Te lo imaginas diciendo: *tú eres mi apóstol, ¿sabes lo que te acabo de decir que hagas? ¿tú sabes con quién estás hablando?* Tú sabes que sería absurdo pensar que Jesús hiciese eso, porque sería exigir en lugar de sugerir, o pedir. Si haces una sugestión y cuando parece que esa sugestión no se lleva a cabo, pones carga emocional, o sientes que se está violando algo, o causando un daño irreparable porque no se le presta atención a tu sugestión, entonces necesitas darte media vuelta y mirar a tu propia mente. Esto es de verdad una petición ¿o es una exigencia?

Participante: Tengo que cuestionar el deseo de que se haga caso a mis peticiones. Creo que siempre hay deseo de que se haga caso. Si no crees que quieres algo, ¿qué sentido tiene pedirlo? Ninguno.

David: Se sabe cuando las peticiones se hacen, por así decirlo, *por medio de ti* en lugar de *por* ti. Cuando no vienen de una toma de postura personal, hacer peticiones es muy útil. Las peticiones hechas por medio de ti no tienen ninguna carga emocional.

Vivir en comunidad: ver qué se quiere y qué se prefiere

Participante: Qué tiene que desaparecer, ¿las preferencias, o el "yo quiero" asociado a las "peticiones"?

David: Hemos visto que el "yo quiero" lleva anexa una expectativa. Has hecho una pregunta por tu cuenta y has establecido su respuesta en tus propios términos, tal como se describe en la sección *Reglas para tomar decisiones* del Curso. Ese es el panorama. El otro día cuando hablabas con tu amiga que parecía disgustada, recuerdo que dijiste: "Bueno, parece que a lo mejor tenías en mente una imagen de cómo se suponía que iba a ser". Estabas ayudando a guiarla a ver que si ha establecido una imagen en su mente, si tiene interés en determinado resultado, entonces aún tiene que creer que existe una forma concreta que es la mejor.

Todo el propósito de todo lo que hacemos es, por así decirlo, llevar por delante la linterna, para permanecer en la mente recta, desde donde se puede ver que eres el soñador del sueño. Cuando sólo se está observando el sueño, puede verse que todo está orquestado, y no hay ninguna sensación de peticiones personales. Se ve que cuando estás alineado con el Espíritu Santo y sólo intentas ser verdaderamente útil, las sugerencias, o peticiones, que sirven al conjunto vienen *por medio de ti*, sencillamente. No hay ninguna carga emocional puesta en cómo se soluciona en la forma. El regalo está en dar. La sugerencia forma parte del regalo, no hay ninguna expectativa de si se va a abrir o no el regalo, ni de cuándo, ni de cómo. Esa es la distinción a la que intentamos llegar en todo en lo que nos metemos.

Creer en el ego es tener una jerarquía de ilusiones, preferencias incluidas, y el asunto clave del que intentamos hablar una y otra vez es observar y examinar esas preferencias. Cuando empiezas a ver que ordenar los pensamientos y juzgar no ofrecen nada valioso, vas a empezar a cuestionarlos, y vas a establecerte en tu única función, en tu único propósito: ver que eres el soñador del sueño. Así de simple. Y ves que mientras sigas juzgando, poniendo orden y teniendo jerarquías no puedes ser el soñador, no puedes dar un paso atrás de todo eso. No van juntos. Toda la paz, la alegría y el amor vienen de estar en la posición del soñador, ver el mundo de manera diferente y darle otro propósito. El dolor y el sufrimiento vienen de poner orden, juzgar, fragmentar y percibirte a ti mismo como si estuvieses atrapado en el sueño.

Mientras la mente crea en lo concreto (en el ego) querrá poner orden en los pensamientos. Eso es lo que significa estar en la mentalidad errada. Eso incluye pedir que se añadan cosas especiales a la lista de la compra. Puede verse lo que se complicaría la logística si decidiésemos traerle a todo el mundo todo lo que pida. El otro día oí decir a alguien: "Dios mío, nunca me había dado cuenta de cuántas preferencias sobre la comida tengo, ni de lo fuertes que son". No era sólo sobre comer fuera, o comer determinadas cosas, ¡era hasta la marca del refresco de cola! Esa clase de cosas pueden parecer minúsculas, y sin embargo cuando uno está de esa manera parecen importantes. Hay que cuestionarlas.

Participante: Podría dejar de hacer compras durante una semana hasta que disminuya un poco la reserva de comida. Si se acabasen todos los paquetes de papas fritas, toda la mantequilla de cacahuete y la mermelada, [risas] y todo el pan, la gente tendría que cocinar pasta, o arroz, o algo, imagino. Me vi a mí mismo dando un paso atrás, pensando que en realidad no sé lo que significa nada de esto, pero que tengo que observar lo que ocurre.

David: Sí. Comer de lo que haya. Es igual que la Guía que yo recibí, sencillamente comer de lo que se sirva. A veces, los seguidores de San Francisco pasaron días sin nada más que pan, ¿te los imaginas quejándose de que la despensa estaba vacía?

El sueño secreto

David: "...tienes entonces que ver las causas de las cosas entre las que eliges exactamente como son y dónde se encuentran". T-27.VII.10 Soy tal como Dios me creó. O soy un efecto real de una causa real, o me he separado de Dios y este mundo es real. Pensando en términos del ego, yo soy una persona que está a merced de todas las fuerzas del mundo, incluidas las otras personas. Parece real. Esto lo reduce todo a mente recta, mente errada y decisión en el presente.

Es una elección de propósito. No es una elección concreta entre objetos, cosas, personas o conductas. Por ejemplo, la idea de que puedo elegir entre subir o bajar la mano es una ilusión, es un truco. Es un ejemplo de magia porque no es una elección real, aunque en este mundo parezca serlo. Parece como si pudiese elegir entre dos conductas, pero todo eso es automático y se basa en la elección de propósito. Intentar controlar la conducta propia es inútil. Se puede controlar la dirección del pensamiento, eso es lo único que se puede controlar. No se puede controlar el guión, no se puede controlar la pantalla. Todos los aparentes disgustos que salen a relucir con cosas concretas, son sólo la mente negando la realidad, ¡insistiendo en que tiene voz y voto para controlar lo que pasa en la pantalla!

Aquí se trata de avanzar hacia el misticismo. Percibirse a uno mismo como parte del mundo, representando papeles específicos, con obligaciones concretas, etcétera, todo eso es completamente lo contrario de lo que estamos hablando. Sigue cuestionando. Continúa siguiendo el rastro. No puede ser de esta manera *y* de esa manera, tiene que ser la una o la otra. La tensión siempre viene de intentar hacer un compromiso entre el Espíritu y el ego, entre la mente recta y la mente errada. La tensión viene de intentar mezclar un poco de esto con un poco de aquello. La facilidad y la ausencia de esfuerzo vienen de seguir el pensamiento hacia adentro y decir *¡Aleluya! ¡No puede ser de las dos maneras a la vez!* No voy a decirte que tienes que parar de juzgar. Ven conmigo, miremos todo esto con suficiente profundidad para que empieces a ver que es imposible juzgar, ¡absolutamente imposible!

Un paso inicial es ver que hacer juicios es un dispositivo para mantener la separación. Esto todavía es hablar como si hubiese algo real con lo que hay que lidiar. Es sólo un punto de apoyo para cruzar al otro lado. Nos interesa meternos en esto con profundidad suficiente para poder ver que juzgar es imposible, poder ver que no tienes que hacer nada. Entonces es cuando vienen la paz y la ausencia de esfuerzo. Si te pones a pensar que *tienes* que dejar de juzgar porque hacerlo te está matando, te deprime, te enoja, o te pone furioso, ¿quién es el "yo" que tiene que dejar de juzgar? Una amiga hablaba hace poco de tener que abandonar una creencia. Era consciente de que no se trataba de sus actos sino de una creencia. Y dijo: "Tengo que abandonar esta creencia y sigo sintiendo que tener que abandonar creencias es una equivocación". Hay que cuestionar incluso la idea de que realmente tienes que abandonar creencias: el Cristo no tiene que abandonar creencias.

Participante: Una vez que ves la creencia tal como es, ¿ya no queda nada a lo que agarrarse ni nada que abandonar? ¿se disuelve sencillamente?

David: Sí. La facilidad viene cuando uno ve la imposibilidad de juzgar. Uno no puede sentirse mal cuando ve que algo es imposible. Si todavía crees que eres un "yo" real que tiene que abandonar la creencia en la separación, sigue cuestionando. ¿Quién es el "yo" a quien le gusta cierto clima, o el "yo" a quien le gusta cierta comida? ¿Quién es el "yo"? Sigue mirando quién es el "yo". ¿Puede ser real ese "yo"?

Participante: Entonces cuando me identifico menos con ese "yo", ¿ese asunto no tiene ningún significado?

David: Ni siquiera la metáfora de identificarse más o menos funciona. Se trata de llegar a aclarar que es lo uno o lo otro, no puede ser los dos a la vez. Uno de ellos tiene que ser imposible, ¡y esa es una buena noticia! Ahí es donde entra el no hacer concesiones. No se trata de intentar regatear. No se trata de aferrarse a un montaje, ni siquiera de hablar de él. Cuando uno empieza a ver la imposibilidad de todo eso, empieza a desaparecer incluso la necesidad de tener sesiones como esta.

Siempre pienso en Ramana Maharshi como un modelo excelente. La gente iba a estar en su presencia. No impartió muchas enseñanzas en el sentido verbal. Recuerdo la primera vez que vi una foto de su cara. *¡Caramba!* Cuando la miraba sólo veía sus ojos dulces y amables y su sonrisa apacible, era un gran símbolo para mí. Había leído algunos de sus escritos, y también eran símbolos excelentes. Nos interesa conseguir esa claridad.

Participante: Sé que todavía hablo en términos de más y de menos, incluso me oigo cuando lo digo porque me doy cuenta de que no puede ser, pero para mí aún parece ser así.

David: No puedes evitar hablar así. Las palabras sólo reflejan dónde está la mente.

> ¿Qué elección puede hacerse entre dos estados, cuando sólo se reconoce claramente uno de ellos? ¿Quién es libre de elegir entre dos efectos, si cree que sólo puede escoger uno de ellos? Una elección honesta nunca podría percibirse como una en la que la elección es entre un insignificante tú y un mundo enorme, cuyos sueños acerca de tu verdad son diferentes. T-27.VII.11

Parece que está en marcha esta lucha "en la que la elección es entre un insignificante tú y un mundo enorme", lo llames la sociedad, el mundo o lo que sea, que no tiene nada que ver con nada. No hay ningún conflicto entre el individuo y la sociedad. No hay ningún conflicto entre el individuo y el sistema, ambos son montajes. El individuo es un montaje ficticio. El sistema es un montaje ficticio. La batalla entre el individuo y el sistema es una batalla ficticia.

Da mucha alegría empezar a ver que tiene que ser así. Todo esto es un montaje, es todo simulado. Una vez que lo vea como es, nunca voy a estar en conflicto con el gobierno, ni con la recaudación de impuestos, ni con una institución religiosa, ni con mi familia de origen. ¿Sabes que la gente parece tener dificultades con su familia? No van a ver a su familia, o van a verla demasiado y se sienten completamente enredados. Lo que hay por debajo de todo esto es la creencia en la persona, la creencia en que hay diferencia entre esta persona, o este sujeto, y estas otras personas. Es una diferencia ilusoria. No hay ninguna diferencia, son sólo imágenes.

> La brecha que separa a la realidad de los sueños no se encuentra entre lo que el mundo sueña y lo que tú sueñas en secreto. Pues en ambos casos se trata del mismo sueño. T-27.VII.11

"Lo que el mundo sueña" es el cosmos proyectado, todas las imágenes que se perciben con los ojos del cuerpo. "Lo que tú sueñas en secreto" es la creencia inconsciente en la separación, la creencia en que te has separado de Dios. Lo que sueñas en secreto es el tronco del árbol, lo que el mundo sueña serían todo lo que parece fragmentos, las ramas y las hojas. Todo lo que hay en el universo proyectado es lo que el mundo sueña, y lo que tú sueñas en secreto es la creencia en la separación. Son lo mismo.

> El sueño del mundo no es sino una parte de tu propio sueño de la que te desprendiste y luego viste como si fuese el principio y el final del tuyo. T-27.VII.11

Parece como si el sueño del mundo hubiese empezado en cierta época de la historia. Parece que su principio es el Big Bang. Ahora los científicos están especulando sobre su final. Le llaman la teoría de la implosión. Einstein y cierto número de científicos han dicho que el universo se está expandiendo y alcanzará un punto de equilibrio en el que empezará a contraerse y al final implosionará, el principio y el final. En el sueño del mundo todo parece enorme y grandioso.

Reduzcámoslo a una escala más simple. Parece que la mente está soñando que es una persona y entonces "...el mundo no es sino una parte de tu propio sueño de la que te desprendiste y luego viste como si fuese el principio y el final del tuyo". Si crees que existes como una persona, ¿cuál es el comienzo de ese ser persona? Es el nacimiento. ¿Y cuál es el final? El final es la muerte. Es lo mismo que, a mayor escala, el Big Bang y la implosión final. A menor escala, el nacimiento y la muerte del cuerpo son lo mismo. El ego tiene explicadas todas las complejidades, cómo nacen los cuerpos, las relaciones sexuales, el espermatozoide y el óvulo, la gestación, etcétera. Y le gusta clasificar todas las maneras en que se pueden morir los cuerpos, como el SIDA, el cáncer, y así sucesivamente.

Participante: Discutamos cuándo empieza realmente el nacimiento.

David: Sí, podemos discutir cuándo empieza realmente el nacimiento y cuando termina la vida. ¿Es alguien un vegetal? ¿Está enganchado a un respirador? ¿Tiene muerte cerebral? ¿Está muerto cuando la actividad eléctrica del cerebro se para? El ego trabaja muchísimo. Todo es un montaje que intenta cubrir ambos extremos. Y las experiencias cercanas a la muerte, entonces, ay...

Participante: ¿Vas y vuelves?

David: [riéndose] ¡Vas y vuelves!

> El sueño del mundo no es sino una parte de tu propio sueño de la que te desprendiste y luego viste como si fuese el principio y el final del tuyo. No obstante, lo que dio comienzo al sueño del mundo fue tu propio sueño secreto, lo cual no percibes, si bien es lo que causó la parte que ves, de cuya realidad no dudas. ¿Cómo podrías dudar de ello si aún estás dormido, soñando en secreto que su causa es real? T-27.VII.11

¡Ay! El sueño del mundo sucedió en la creencia en la separación. ¿Ha visto alguien a la creencia en la separación de Dios? ¿La ha percibido alguien?

Participante: Últimamente no.

David:

> ...lo cual no percibes, si bien es lo que causó la parte que ves, de cuya realidad no dudas. ¿Cómo podrías dudar de ello si aún estás dormido, soñando en secreto que su causa es real? T-27.VII.11

Si crees que el ego es real, ¿cómo ibas a dudar del sueño? Acabamos de leer en las páginas anteriores: "Mira, pues, más allá de los efectos. No es en ellos donde radica la causa del sufrimiento y del pecado". T-27.VII.5 Y luego en el párrafo siguiente: "No busques otra causa, ni recurras a las poderosas legiones de sus testigos para deshacerla". ¡Ja! Todos los estudios epidemiológicos que intentan encontrar las causas de las cosas, como si la ciencia fuese mejor en algún sentido que los mitos, o los cuentos de comadres. Los epidemiólogos estudian normalmente lo que está ocurriendo y los gobiernos lo hacen a propósito. Pero de todas formas *tú* lo pusiste ahí, ¡todo está en tu sueño! No te enfades con el gobierno, ¡fuera de tu mente no hay ningún gobierno! [risas] Tú lo montaste así. Pusiste al gobierno para que fuesen los malhechores, los malos, y pusiste a la gente que viaja en metro para que fuesen los buenos. Empiezas a ver que no puede ser así. Todo es un invento. Y esa es una buena noticia.

> Sueñas que tu hermano está separado de ti, que es un viejo enemigo, un asesino que te acecha en la noche y planea tu muerte, deseando además que sea lenta y atroz. Mas bajo este sueño yace otro, en el que tú te vuelves el asesino, el enemigo secreto, el sepultador y destructor de tu hermano así como del mundo. He aquí la causa del sufrimiento, la brecha entre tus míseros sueños y tu realidad. La pequeña grieta que ni siquiera ves, la cuna de las ilusiones y del miedo, el momento de terror y de un odio ancestral, el instante del desastre, están todos aquí. He aquí la causa de la irrealidad. Mas es aquí donde se deshará. T-27.VII.12

Se puede pensar en esto como en "la pequeña grieta", cada vez que nos reunimos vamos hacia adentro, hacia la pequeña grieta, esta brecha diminuta, este pequeño problema pasajero, esta "diminuta y alocada idea" de la que el Hijo de Dios olvidó reírse. Está enterrada, tapada y protegida. Esto es lo que tiene que ponerse en evidencia. Este es el tronco del árbol del que parecen salir todas las ramas y todas las aparentes creencias.

Pero la brecha es imposible, no hay ninguna brecha. Decir que la brecha está en el pasado podría ser un punto de apoyo para cruzar al otro lado. ¡Aquí estoy *ahora*, Señor, la brecha está en el pasado! Si la brecha está en el pasado, entonces todo lo que pareció brotar de la brecha también está en el pasado. Y así tenemos en el Curso: "Hace mucho que este mundo desapareció", T-28.I.1 y la lección 7: "Sólo veo el pasado". Sólo veo el pasado en el sentido de que lo que produce el mundo es pasado que ya pasó, y lo que parece producir (el mundo) también está en el pasado.

Si yo no experimento que el pasado ya pasó, entonces el pasado y el ego parecen tener realidad, la culpabilidad y el miedo parecen reales. No se puede juntar el instante no santo y el instante santo. El significado del instante santo es que es todo lo que hay. Seguir intentando llevar el instante no santo al instante santo es sólo otra forma de decir que uno no es consciente del instante santo. Podemos llegar a esto de varias maneras, pero en realidad sólo se trata de aclararse bien sobre el pasado y el presente.

Participante: ¿Has dicho que la brecha es análoga al tronco de un árbol?

David: En cierto sentido, todo el árbol se basa en el tronco, si miras las ramas, todas están encauzadas hacia un sitio. El tronco es la base de donde salen todas. Esta brecha insignificante es la base de la que brota todo. Otra manera de describir la brecha sería decir que la brecha es la mentalidad errada. O se podría utilizar la idea del pensador y los pensamientos, a veces se oye decir a la gente de que se sienten muy mal porque tienen pensamientos de juicios. Se sienten culpables de eso, pero esos pensamientos y el pensador que parece pensarlos son ilusiones. Lo uno y lo otro es la mentalidad errada. El fabricante de las imágenes y las imágenes son lo mismo. Por eso la mente recta sólo ve la brecha como una brecha, la mente recta ve que la brecha es falsa. Esta definición es muy sencilla para la mente recta. La mente recta no forma parte de la brecha, no está metida en ningún sitio de la brecha. Sencillamente ve que la brecha es falsa. Y ahí es donde viene la simplicidad.

> Tú eres el soñador del mundo de los sueños. Éste no tiene ninguna otra causa, ni la tendrá jamás. Todo lo que aterrorizó al Hijo de Dios y le hizo pensar que había perdido su inocencia, repudiado a su Padre y entrado en guerra consigo mismo no es más que un sueño fútil. Mas ese sueño es tan temible y tan real en apariencia, que él no podría despertar a la realidad sin verse inundado por el frío sudor del terror y sin dar gritos de pánico, a menos que un sueño más dulce precediese su despertar y permitiese que su mente se calmara para poder acoger –no temer– la Voz que con amor lo llama a despertar; un sueño más dulce, en el que su sufrimiento cesa y en el que su hermano es su amigo.

> Dios dispuso que su despertar fuese dulce y jubiloso, y le proporcionó los medios para que pudiese despertar sin miedo. T-27.VII.13

Hay un contraste brutal entre "...el frío sudor del terror, ...gritos de pánico" y "...a menos que un sueño más dulce precediese su despertar y permitiese que su mente se calmara para poder acoger –no temer– la Voz que con amor lo llama a despertar". El proceso de despertar percibido a través de la lente de la mente errada, la lente del ego, parecería "inundado por el frío sudor del terror y gritos de pánico". ¿Hay alguien en esta sala que no haya experimentado eso?

Más allá de la división sujeto-objeto

David: Hoy vamos a recorrer la sección *El soñador del sueño*.

> Sufrir es poner énfasis en todo lo que el mundo ha hecho para hacerte daño. En esto puede verse claramente la versión descabellada que el mundo tiene de la salvación. Al igual que en un sueño de castigo en el que el soñador no es consciente de lo que provocó el ataque contra él, éste se ve a sí mismo atacado injustamente, y por algo que no es él. T-27.VII.1

La última frase resalta dos ideas centrales, "atacado injustamente" y "por algo que no es él". Atacado injustamente, ya sabes, *¡No es justo!* Y la idea de "algo que no es él" pone sobre el tapete la división sujeto-objeto. Ese "algo que no es él" puede ser otra persona a la que identifica como persona, o puede ser un perro, alguien puede percibir que lo ataca un huracán o un tornado, pero siempre es algo "que no es él". Debajo de todas esas cosas, que parecen ser muy variadas en la forma, aún está la división sujeto-objeto, hay algo que ataca y algo que está siendo atacado.

Si profundizamos un poco más, vemos que el sujeto es la identificación con el cuerpo, o la persona. También puede parecer que un cuerpo, o una persona, se hace cosas a sí mismo, como en la afirmación: *sigo autoflagelándome con ese asunto.* Naturalmente este no es el ser real, es sólo una imagen. Incluso en el caso de las heridas autoinfligidas, el asunto aún se presenta como si el ser fuese una imagen en el tiempo lineal. Parece que alguien que se corta su propio brazo con un cuchillo se está causando una lesión autoinfligida, pero eso no es el Ser, es una imagen. Es sólo el pasado. Es una imagen igual que la de un intruso que entra en la casa y asesta una herida que parece ser diferente de una herida autoinfligida. En ambos casos parece que hay cuerpos dañando a otros cuerpos, o incluso parece que hay cuerpos que se dañan a sí mismos. Pero todo son proyecciones. Todo son sólo imágenes que parecen estar infligiendo daño a otro aparente ser o a sí mismas.

Una premisa básica del Curso es que la Mente no puede atacar. La mente es inocente por eso, porque no puede atacar. La mente errada forma parte de un montaje en el cual cree que ha abandonado su realidad abstracta y ha tomado forma. Puede parecer que los cuerpos atacan. La ilusión del ataque parece ocurrir en la forma.

Participante: Y hay una sensación de eso en expresiones como: *estoy en guerra conmigo mismo,* y otras ideas corrientes que aluden a que hay dos partes en mí. Incluso la expresión "una parte de mí siente que..." es una alusión a partes en desacuerdo.

David: Tanto si es una lesión autoinfligida como si ahora mismo estoy en guerra en mi mente, son declaraciones de la mente errada. ¿Qué mente está en guerra consigo misma? Hay que tener cuidado incluso cuando se habla de guerra y de partes diferentes. Repito, la mente recta y la mente errada no están en guerra porque la mente recta no responde. Se podría decir que la mente errada ataca, o mejor incluso que la mente errada es sólo un sistema de creencias en el ataque. No es que sea una entidad, es la ilusión del ataque. Las imágenes que parecen estar en guerra siempre son los diferentes segmentos, o aspectos, de una ilusión. Un corredor, por ejemplo, podría decir: *en realidad yo no compito con ningún otro, compito conmigo mismo.* Aún hay dos imágenes. La mente se aferra a un crono ideal para correr una milla, tal vez un récord que se estableció en el pasado. Ahora cree que es una imagen separada de eso y va a intentar superar ese crono. Cada vez que hablamos de competición o de ataque contra el ser, aún hay imágenes implicadas.

Participante: Cuando alguien se inflige una herida a sí mismo, ¿dónde están las imágenes?

David: Se podría decir que son la mano que sujeta el cuchillo y el brazo que recibe los cortes.

Participante: Lo que te estoy oyendo decir es que sólo es una exhibición de la dualidad que es la mente errada. No hacen falta dos de nada, ni dos cuerpos, ni un atacante y un atacado, ni una víctima y un victimario. Es la dualidad en la mente, ni siquiera la dualidad física de un sujeto y un objeto.

David: Se proyecta así. Aunque digas lesión autoinfligida, hay una mano que sostiene un cuchillo y un brazo herido. Incluso en ese ejemplo aún se puede ver la dualidad que se percibe en el mundo. Se podría decir que sólo hay una persona, un cuerpo, pero, por así decirlo, está el que sostiene el cuchillo y está el que recibe el golpe. La mente engañada no quiere ver que se está aferrando a un sistema de creencias falso, así que proyecta la división en el mundo y ve dualidad, una descomposición de lo que es Uno en todos esos trozos. De ahí es de donde vienen todos los extremos de las polaridades, caliente-frío, rápido-lento, macho-hembra, alto-bajo y así sucesivamente: brazo derecho-brazo izquierdo, brazo derecho con cuchillo-brazo izquierdo sin cuchillo, se puede descomponer de la manera que se quiera. La clave es empezar a ver que no hay ninguna dualidad en el mundo. El mundo es sólo una pantalla.

La clave es aprender a discernir lo que es lo mismo y lo que es diferente. ¿Qué es lo mismo? Todas las imágenes, todo lo que hay en la pantalla es lo mismo. ¿Qué es diferente? La mente recta y la mente errada son diferentes, son dos propósitos diferentes de la mente. No son similares en absoluto. Uno es el reflejo de la realidad y el otro es inexistente. ¡Eso es ser diferentes! Son diferentes en todos los sentidos. De manera que seguimos teniendo que volver a la comprensión y el reconocimiento claros de lo que es lo mismo y lo que es diferente. Todo aparente disgusto implica que hay ambigüedad sobre esta distinción. Para que las cosas concretas parezcan importantes, hay que creer que son diferentes unas de otras, se trate de si un tarro de galletas está lleno o vacío, o de si una alfombra está o no limpia. Se podría seguir y seguir con ejemplos. La suposición de que hay aspectos de este mundo que son diferentes de otros aspectos, y que algunos pueden ser mejores que otros, subyace a todas las dificultades aparentes que surgen.

Todo el interés de todo esto es llegar a la consciencia de que las imágenes son imágenes y nada más que imágenes. Las ilusiones son una. No hay ninguna causación en el mundo. ¡Eso es un descanso! ¿Qué tendrías que hacer? ¿Qué conflicto podrías sentir si te dieses cuenta de que no hay ninguna dualidad en el mundo, de que no hay ninguna jerarquía de imágenes? Los milagros serían universales. No habría grados de dificultad de los milagros. Tendrías entre manos el último milagro y el primero: ¡la Expiación!

Para comprender como se utilizan los milagros, se puede pensar en la Expiación como en una sarta de cuentas. La primera y la última cuenta son la misma, la Expiación. Los milagros son todas las cuentas que hay entre ellas, y ayudan a colapsar la sarta (en la mente que aún cree en el tiempo lineal), hasta que la primera cuenta y la última se junten para ser vistas como una y la misma. La razón de que el Curso sea *Un curso de milagros*, y entrene a la mente en la *mentalidad orientada al milagro*, es que la mente cree en el tiempo lineal. Los milagros son como una metáfora que representa a todas esas cuentas entre el primer y el último milagro. Es lo mismo con los encuentros santos:

> Cuando te encuentras con alguien, recuerda que se trata de un encuentro santo. Tal como lo consideres a él, así te considerarás a ti mismo. Tal como lo trates, así te tratarás a ti mismo. Tal como pienses de él, así pensarás de ti mismo.
> T-8.III.4

Sólo hay un milagro, la Expiación. Sólo hay un encuentro santo. Sólo hay un instante santo. Se trata de transcender las metáforas y llegar al estado mental que ve todos los apoyos para cruzar al otro lado tal como son, sólo apoyos para cruzar al otro lado. ¡Sólo hay una relación santa! No siempre se describe así en *Un curso de milagros*, porque en el camino hay peldaños. Hay muchas afirmaciones como: "Dos mentes con un solo empeño se vuelven tan fuertes que lo que disponen se convierte en la Voluntad de Dios". E-185.3 Pero cuando cambiamos al contexto de una mente, una solución, estamos en el instante que se puede recibir AHORA, la Expiación. Todo tiene que colapsarse en ese instante. De eso trata la salvación inmediata. "Causa y efecto son una sola cosa", "Las ideas no abandonan su fuente", "El tiempo es simultáneo". Hay muchas maneras diferentes de decir lo mismo.

Me gustaría volver a esa frase:

> Al igual que en un sueño de castigo en el que el soñador no es consciente de lo que provocó el ataque contra él, éste se ve a sí mismo atacado injustamente, y por algo que no es él. Él es la víctima de ese "algo", una cosa externa a él, por la que no tiene por qué sentirse responsable en absoluto. Él debe ser inocente porque no sabe lo que hace, sino sólo lo que le hacen a él. Su ataque contra sí mismo, no obstante, aún es evidente, pues es él quien sufre. Y no puede escapar porque ve la causa de su sufrimiento fuera de sí mismo. T-27.VII.1

Una importante versión de esto es la sensación de impotencia, o de acusación, por la creencia en que el mundo es la causa del sufrimiento de uno. Otra versión es la creencia en que el sistema de pensamiento del ego es tan poderoso que puede dictar las decisiones y los actos de uno. Pero el ego no es una entidad que esté fuera de la mente. El Curso dice que te lo inventaste aunque pareces estar gobernado por él, aunque parezca ser el dictador de todo lo que piensas, dices y haces. Esto también necesita cuestionarse. ¿Qué escape hay en pensar que "el diablo te hizo hacerlo"? ¿Qué paz hay en eso? El Curso dice: "No proyectes este temor en el tiempo, pues el tiempo no es el enemigo que tú percibes". T-26.VIII.3

No proyectes el ego sobre nada ni sobre nadie, y no lo proyectes en el tiempo. Ni siquiera pienses que te atan cadenas de las que serás liberado en cierto momento del futuro. Se podría pensar en eso como un apoyo útil para cruzar al otro lado, pensar que al menos habrá alguna liberación futura, pero incluso eso se ha de cuestionar. Eso todavía es proyectar sobre el tiempo la responsabilidad por el ego, sobre el futuro, como la idea de que *el tiempo cura todas las heridas*, o de que *con el tiempo alcanzaré la iluminación.*

Participante: Estás diciendo que eso, en realidad, es una negativa a decidirse a favor de la Expiación.

David: Sí. Siempre es una decisión en el presente. El ego es una decisión en el presente. Proyectarla al futuro es intentar ocultarla en el tiempo lineal. El tiempo lineal es un montaje del ego al que te aferras *ahora*, y que has de soltar *ahora*. Es metafórico decir que la decisión a favor del ego se toma ahora, en el sentido de que la mente engañada no sabe lo que es *ahora*.

Participante: La decisión a favor del ego es del pasado, no de ahora.

David: Lo que aún está presente es la creencia. Es la creencia en que el pasado todavía está presente, que es otra manera de decir que la mente no sabe lo que es el presente. Ahí entra el *no saber: no sé pero estoy abierto a que se me muestren las cosas, a que se me muestre el presente. Estoy dispuesto a desear el instante santo por encima de todo lo demás.* Esa es la intención y el foco de lo que hacemos. Puede verse que en eso hay muchas metáforas. Cuando decimos que la paz, o disgustarse, son decisiones en el presente, todavía operamos desde la misma metáfora de una mente recta y una mente errada, y que la mente puede vacilar a cada instante entre elegir una o la otra. Hay que llegar al punto desde el que se ve que eso es sólo una metáfora. No se puede pasar el tiempo ahí. Hay que llegar a comprender que incluso la idea de mente recta y mente errada es una metáfora, o un montaje. Tenemos que seguir repasándolo desde todos los diferentes ángulos para llevar a la consciencia toda la confusión de niveles y todo el pensar al revés. Si aún hay aspectos de la confusión de niveles que no se han puesto al descubierto, ¿de qué sirve decir "La verdad es todo lo que hay"? ¿Qué tiene uno entonces?

Participante: La negación.

David: Eso es lo que tiene uno. Por eso es imperativo ser muy exhaustivos y mirarlo todo. No se tiene la *experiencia* de que la verdad es todo lo que hay cuando aún hay confusión de niveles en la mente. Si uno se agarra a aspectos de la persona, o a obligaciones que aún tiene que cumplir en este mundo, todavía está viendo causación en la pantalla. Eso es la confusión de niveles. La mente es causativa. La pantalla no lo es. La pantalla no tiene ningún aspecto, y no hay ninguna causación en la pantalla.

"La Verdad es verdadera, y sólo la Verdad es verdadera" es un eslogan frecuente que oímos cuando viajamos. Suena estupendo, pero luego, al discutir sobre lo que parece ser la vida cotidiana, encontramos enseñanzas inconsistentes sobre todo tipo de cosas, sobre la frecuencia con que uno debe bañarse, sobre los alimentos que hay que comer y no comer para iluminarse, sobre la cantidad de ejercicio, sobre posturas de meditación y momentos apropiados para meditar. ¡Al revés, al revés, al revés! ¡Todo está al revés! La gente habla de entornos ideales para una comunidad, de puntos de energía, de vórtices, etcétera. ¡Espera un momento! ¿Qué es esto? Eso es negar que la Verdad es verdadera, y sólo la Verdad es verdadera.

Abrirse a la perspectiva del soñador del sueño

Participante: ¿Qué uso tiene el pasado para el Espíritu Santo?

David: Es simbólico. La palabras son el pasado. Estas sesiones de enseñanza son un uso del pasado por el Espíritu Santo. Por ejemplo, cuando saco a relucir los acontecimientos de su etapa universitaria que nuestro amigo nos describió, para señalar algo que está más allá de ellos, eso es un uso del pasado por el Espíritu Santo.

Participante: Ya veo. Ahora mismo estamos hablando del pasado y creemos que es el presente. Eso no lo entiendo, pero ¿es porque estoy engañado?

David: Es el punto de referencia. Imagínalo como un símbolo. Aquí está el cosmos, el cosmos espacio-temporal. Te percibes a ti mismo dentro del cosmos espacio-temporal, digamos en un planeta de un sistema solar de cierta galaxia, que llamamos la Tierra, en un continente que llamamos Norteamérica, en un estado, dentro de los límites de la ciudad, en la planta de arriba de una casa, en un dormitorio, sentado en un sofá, dentro de un cuerpo que mide 1,83 m. Estás observando el cosmos espacio-temporal desde un punto de referencia que parece estar detrás de dos ojos y entre dos orejas. Puede parecer que la sensación de ser se percibe dentro de la cabeza. Percibes el cosmos desde ese punto de referencia concreto que está dentro del cosmos.

Pero parece que es posible percibir el cosmos desde un punto que no está dentro del cosmos. Podría decirse que *el soñador del sueño* es la mente que observa todas las imágenes del cosmos, incluidas todas las imágenes que parecieron tener lugar en la historia, Abraham Lincoln, Gandhi, Julio Cesar, Jesús Cristo y Confucio, y todas las imágenes que parece que vendrán en el futuro.

Participante: El soñador observa todo eso de manera simultánea.

David: No importa qué parte concreta del cosmos esté viendo, se tiene consciencia de que todas son lo mismo. Si tienes una estructura gigantesca con muchas facetas diferentes y giras en torno a ella, no importa qué faceta en particular tengas enfrente en un momento dado. Todas se ven como lo mismo.

Participante: Cuando uno se siente dentro del cosmos, ¿cómo se llega a esa consciencia? ¿Cómo se sale de él?

David: Ante todo tienes que darte cuenta de que el hacer juicios y el ordenar los pensamientos no tienen valor alguno para ti. Todo lo que hacemos aquí es tratar de empezar a ver que los juicios, las preferencias y la ordenación de los pensamientos no tienen ningún valor. Hacer juicios es un dispositivo para mantener funcionando la experiencia de estar dentro del cosmos. El abandono de los juicios es llegar a ver que no sólo no tengo que dejarlos, sino que nunca tuve ninguna capacidad de hacerlos. Sólo tengo que darme cuenta de que no sé hacer juicios, de que soy incapaz de hacerlos. ¿No es una maravilla? Ese es el punto de la liberación. No es que te estés dejando algo real. No estás abandonando algo que tenías y ahora pierdes. ¡Nunca lo tuviste! No eres capaz de hacer juicios. En ese punto no se percibe desde dentro del cosmos, sino desde la perspectiva del *soñador del sueño*.

Participante: ¿Y hay una manera de ver eso? Parece que disfruto del helado de chocolate con caramelo caliente encima. ¿Es eso un juicio? ¿Cómo contemplo eso? Tengo dificultades porque no quiero que esto sólo sea una idea. No quiero jugar a juegos mentales. Quiero saber cómo se logra eso, si se puede lograr. ¿Cómo ajusta uno su manera de pensar?

David: Se cuestiona la percepción. El "yo" que percibe que disfruta del helado con caramelo es un montaje.

Participante: De manera que sólo con empezar a ser más consciente de todos los juicios que hago, ¿se va a deshacer a sí mismo?

David: Eso es un símbolo de desenredarse, de alcanzar claridad, o discernimiento entre lo que es real y lo irreal. Eso salió aquí hace poco, nuestro amigo decía: "Pero a mí me gusta la naturaleza", igual que tu hablas del helado con caramelo. "¡Me gusta la naturaleza! ¡Y me siento equivocado porque me gusta la naturaleza!" Sigue hacia dentro la metafísica de esto y cuestiona el "yo" al que parece que le gusta la naturaleza, sencillamente cuestiona a ese "yo" al que parece que le gusta el helado. Síguelo hacia adentro.

Yo empecé por cuestionar mis papeles, lo que hacía y por qué lo hacía. Pensé: *Vale, hago esto porque es mi trabajo. Bien, ¿por qué tengo este trabajo? Lo tomé porque necesito dinero. ¿Por qué necesito dinero? Necesito dinero para poder tener estas cosas. ¿Por qué necesito estas cosas?* Bien, si le sigues el rastro hacia dentro, si te mantienes en seguirle el rastro, llegas a la creencia en la identidad corporal.

Participante: Correcto. Yo me siento como si hubiese hecho todo eso con el trabajo, los papeles y las relaciones con los otros cuerpos. Empecé a cuestionar todo eso porque yo no quiero tener nada que ver con ello si no tiene propósito alguno. Pero si no tengo la experiencia de no ser un cuerpo, no veo cómo voy a ir más allá de eso, salvo que la experiencia venga por medio de cuestionar. Supongo que esa es mi pregunta, lo que trae la experiencia, ¿es cuestionar?

David: Las preguntas aún proceden del ego, pero cuestionar tus creencias y tu manera de pensar tiene significado en el proceso aparente de despertar. Deseas una experiencia que tome el lugar de ti mismo como cuerpo, y esa experiencia te vendrá *por medio* de tu deseo. Al principio parecerá venir a través de milagros. El instante santo es la experiencia de ser el Santo Hijo de Dios, y no este cuerpo, de ninguna manera alguna confinado a este mundo.

Parecerá que los milagros preceden a esa experiencia. Tú, por así decirlo, tuviste uno el otro día cuando viniste y dijiste: "Estaba descansando y por un instante tuve esta hermosa sensación de desapego, de liberación total, sin interés ni preocupación por nada. ¡Un milagro! ¡Eso es un milagro! ¡Fue estupendo!" Vino a ti por medio de tu deseo de él. No es que tengas que ir por ahí recolectando milagros, tu deseo te los trae. Tu deseo del instante santo te lo traerá más cerca de la consciencia.

Por eso decimos que no hay nada que se pueda hacer. Desplazar los ojos sobre las lineas de un libro no te va a traer el instante santo. El deseo y la intención de abrir la mente para ir más allá de las palabras hasta el significado de las ideas te traerá la experiencia. El reflejo de una persona leyendo un libro, ahí fuera en la pantalla, es sólo un símbolo, pero el deseo está en el núcleo de tu ser.

Participante: ¿Y las preguntas son también eso? ¿Son un símbolo de ese deseo hasta que yo vaya más allá de todo lo demás? Supongo que plantear una pregunta no es causativo. ¿Es el deseo de cuestionar lo que es causativo?

David: Miremos un momento el tiempo. Si crees, con el ego, que el pasado ocurrió entonces crees que en ese pasado eres culpable. Y el presente parece realmente minúsculo, parece ocultarse muy fácilmente. En ese panorama crees que en el presente no hay ningún poder, ninguna oportunidad real de cambio. El pasado es como granito macizo, el presente es como una chispa diminuta y muy fácil de ocultar, y el futuro no es más que una repetición del pasado. Culpabilidad pasada, culpabilidad futura. Miedo pasado, miedo futuro. Si de verdad crees eso, ¿para qué ibas a cuestionar nada? La creencia en el tiempo lineal inhibe el cuestionar. Si no crees que haya esperanza de salir alguna vez de ese patrón, te sientes encerrado. Parece que todo está determinado y establecido, estás condenado a una vida llena de pecado, culpabilidad, sufrimiento y disgustos. Si crees eso, ¿para qué ibas a plantear siquiera una pregunta? La mente está cerrada y ha llegado a la conclusión de que la vida es un infierno.

Participante: Y no hay ninguna salida.

David: Como el adhesivo de parachoques: "La vida es una trastada y luego te mueres". Si has llegado a esa conclusión, entonces ¿para qué cuestionar nada? Cuestionar viene cuando hay una sensación de que hay algo más de lo que se ve a simple vista. Hay algo más aparte de todo esto. Cuestionar viene cuando la mente no está completamente convencida de que ya sabe todo lo que tiene que saber. Luego viene el cuestionar hacia adentro, uno empieza a cuestionar cada vez más y más. Uno cuestiona la mente, las creencias y los pensamientos, lo cuestiona todo. Uno tiene que llegar al punto en que llega al borde y salta el abismo hacia la certeza. En la certeza no hay nada que cuestionar. Cristo no cuestiona. Las preguntas no tienen valor inherente. Cristo no hace ninguna pregunta.

Participante: Supongo que sabré cuando estoy ante ese abismo, porque no me parece que ahora mismo yo esté ahí. No siento que desde este punto en el que estoy podría saltar sin más.

David: No lo sientes y no lo crees. Volvemos a la Expiación, o a lo que parece no ser la Expiación.

Participante: Porque no veo cómo. Me siento como si necesitase saber cómo hacerlo. No veo un portal, no veo el abismo.

David: Permanece atento. Lo tienes justo delante de la nariz. En, por así decirlo, la parábola de David, recuerdo metafóricamente estar muy atraído por estas ideas. Aún tenía mis dudas pero sentía que ahí había algo. Uno siente que hay algo, que hay esperanza de emancipación, de felicidad, paz y libertad. Pero uno no está realmente anclado a ello, es más una esperanza que una certeza.

Participante: Puedo decir que sé que está ahí por mis experiencias con hongos alucinógenos. Aunque en el tiempo lineal parezca haber sido hace años, la intensidad con que lo experimenté me permite saber que es real. Y las pequeñas experiencias como la que tuve el otro día me permiten saber que es real. Pero me siento como si estuviese en un laberinto. Necesito ser guiado para saber como llegar al abismo, o como librarme del miedo para poder saltar. Quiero no tener miedo. Siempre tuve la idea de que Dios es amable y sabe que tengo miedo. Siempre imaginé un proceso en el que el miedo se minimiza lentamente hasta el punto en que saltar es natural.

David: Esa metáfora ha sido útil, pero ahora los velos que la cubren también están empezando a caer.

Participante: Todavía tenía la sensación, incluso entonces, de tener elección. Y ahora no es diferente en absoluto. Tengo que tomar una decisión sobre si quiero ir a por ello. En aquella época no me sentía bastante fuerte para dejarlo ser mi realidad.

David: Crees que las elecciones y las decisiones están en el tiempo lineal. Lo describes como si entonces hubieses tenido la posibilidad de elegir. ¿Quién era el "yo" que tenía elección? ¡El cuerpo! ¡El cuerpo! Parece que el cuerpo tiene elección. O, más allá de eso, tú qué eres, ¿una persona? Así tienes que creer que las personas tienen que tomar decisiones. No sólo tiene elección el cuerpo, sino que parece que los demás cuerpos también pueden tomar decisiones. ¿Crees que esos otros cuerpos tuvieron que tomar decisiones en el pasado, como el cuerpo del que hablas? ¡También te crees eso! [risa] Ahí vamos. Ya estamos llegando a algunos componentes fundamentales de lo que crees. Crees que las personas toman decisiones. Crees que hubo elecciones reales en el pasado. ¿Crees que el futuro traerá algunas decisiones reales que tomar? [gestos de afirmación del grupo] ¡Ahí vamos! Entonces, es obvio que crees que las decisiones están dentro del ámbito del tiempo lineal, y que las personas son los instrumentos, o los agentes, de las decisiones, las entidades que tienen elección. Tenemos que seguir eso hacia dentro para ver si hay una elección, o una decisión, que acabe con todas las decisiones. ¿Donde tendría que ser eso?

Participante: Ahora. Porque ahora es el único tiempo que existe. Pero todavía pienso en el ahora como un ahora en movimiento.

Recordar a Dios

David: Ah, un ahora en movimiento. Entonces, ¿hay un *ahora* pasado y un *ahora* futuro?

Participante: El pasado siempre sigue al ahora y el nuevo ahora siempre empuja al futuro. Así es como yo pienso en él, como un *ahora* en marcha.

David: ¡Sí! ¡Esta es buena! Ya estamos entrando en tus creencias sobre el tiempo, tenemos ahora pasado y ahora futuro. [risa]

Participante: Una vez leí que un maestro decía que si tienes una cita a mediodía del jueves de la semana que viene, escribes eso y cuando se vuelva *ahora,* vas a la cita. Ciertamente parece que hay semanas venideras y que tengo compromisos, como estar en el trabajo hoy a las tres y cuarto. Aunque comprendo que el reloj sólo hace dar vueltas sin que nada cambie en realidad, cuando vea las tres en el reloj haré todo lo posible por levantarme e ir, hasta que vea otra cosa que me permita decir *no, ya no voy a hacer eso.*

David: Lo crees, y por tanto tienes experiencias que dan testimonio de ello, incluido leer lo que dijo ese maestro. La mente consigue exactamente lo que quiere, la mente ve aquello en lo que cree. Si la mente cree en el tiempo lineal, ve un mundo en el que el tiempo parece lineal. También ve otras figuras en el sueño que también parecen dar vueltas alrededor del reloj. De manera que nosotros cuestionamos, cuestionamos, cuestionamos, cuestionamos y cuestionamos. Si hay una decisión que va a poner fin a todas estas aparentes decisiones, tiene que ser *ahora*, y tiene que ser una decisión muy diferente de las decisiones del mundo, diferente de elegir comprar un automóvil, trabajar en algún sitio, casarse con alguien o marcharse hoy de la casa.

La elección de la que hablamos es de contenido y no de forma. Uno tiene que cuestionar todas las elecciones personales del mundo, tener hijos o no tenerlos, ir o no ir al trabajo; todas las decisiones que uno cree que fueron reales en el pasado y todas las que uno cree que serán reales en el futuro. Uno tiene que cuestionarlas y preguntarse si realmente hay elección. ¿Estás abierto a una decisión de propósito, a una elección de contenido que sólo puede hacerse ahora mismo?

Participante: Pero, ahora mismo, ¿no es siempre? ¿Podría yo haber tomado esa decisión ayer?

David: ¿Quién? ¿Quién es ese? Todavía crees que hay un "yo".

Participante: Vale, déjame sacarlo de ahí. Cuando empiece a darme cuenta de que no soy un cuerpo, ¿me daré cuenta de que siempre he estado en la eternidad?, y puesto que en la eternidad siempre es ahora, ¿será eso ahora mismo?

David: Es importante no quedarse demasiado colgado en esto, pero creo que es estupendo que veas que todo se reduce al tiempo. Lo ves, sencillamente por estar sentado aquí y hablar de ello. Dices que sí, que crees en las decisiones pasadas y en las decisiones futuras, y que crees en esa persona que tuvo elección en el pasado y tendrá elección en el futuro. Todo eso es la mente errada. Conforme sigues estando dispuesto a mirar todo ello más de cerca y a estar abierto a la idea de que tal vez has estado equivocado en todo, te estás abriendo a una experiencia diferente de lo que ha parecido ser. Llegará. Ha llegado. La aceptarás. Te darás cuenta de ello.

Participante: Todavía tengo la sensación de que hubo un tiempo en que no la aceptaba. Tengo la sensación de que esa aceptación es de lo que parece que trata esta vida.

David: "La única responsabilidad del obrador de milagros es aceptar la Expiación para sí mismo". T-2.V.5 ¡La única responsabilidad! No se trata de tu responsabilidad en el trabajo, ni como padre, ni como marido. No se trata de tu responsabilidad como ciudadano respetuoso de las leyes. Es así de sencillo, tu única responsabilidad es aceptar la Expiación.

Participante: Supongo que necesitamos hablar más de lo que eso implica, porque yo no lo sé. Ahora mismo para mí todo esto no son más que palabras.

David: ¿Es que hemos hablado de otra cosa en estas sesiones? Una sesión de enseñanza es eso, contemplamos lo que ahora mismo se está interponiendo en el camino de la aceptación. ¡Qué alegría empezar a ver algunas de las suposiciones en las que uno cree, aunque parezca incómodo! Creer en las ilusiones pero sin tener ni idea de que crees en las ilusiones, ¿es lo que quieres? Crees que vives en el mundo real y ni siquiera tienes idea de que hay algo más allá, ¿mente? ¿Qué es la mente? No la veo. No la puedo saborear. No la puedo tocar. Ni siquiera sé si existe tal cosa. Cuando crees en que lo te muestran los sentidos es real, sin darte cuenta de que hay algo más allá, estás doblemente apartado de la realidad.

Cuando empiezas a ver que este mundo es tu propia fabricación, te apartas de la realidad sólo una vez. Lees en el Curso que te has inventado este mundo y que procede de tus creencias. Vale, pero eso aún es incómodo, ¿qué descanso hay en creer que has aceptado creencias falsas? ¡Sin embargo ya sólo estás a un paso de la realidad! Estás regresando a la mente y viendo que tú no eres esto. El ego es historia.

Antes de poder llegar a aceptar la Expiación, uno tiene que llevar el ego a la consciencia y verlo como lo que es. No te dejes engañar por todas sus formas cambiantes, hay que elevar la manera de pensar del ego a la consciencia. Esto tiene que venir. Se tiene que percibir el reconocimiento de que el ego es historia. El ego es falso. El ego es el pasado. El ego no es nada. Hay que cuestionar el tiempo. Hay que cuestionar el tiempo lineal, hay que cuestionar la relación causa-efecto. Hay que mirar dentro de todo eso antes de poder decir con sentido, y desde la experiencia, que el ego no es nada. Lo contrario sería una negación: *ah, estupendo, no ha pasado nada. Pero, ¿cómo me siento? Parece que ciertamente ha ocurrido algo. Ahí es donde entra el cuestionar.*

Ninguna cantidad de palabras conseguirá nunca negar al ego. Sólo existe la experiencia. El milagro es la negación del ego, pero el milagro no es sencillamente un montón de palabras. No es que uno pueda memorizar el libro hasta llegar al punto de decir *¡ya lo tengo! ¡Ya he generado bastantes palabras para poder deshacer el ego!* Eso no funciona.

Por eso no estudiamos el ego por el gusto de hacerlo. El propósito es llegar a ser conscientes del milagro. El milagro deshace el ego. La psicoterapia tradicional es un símbolo del estudio del ego. Si no trae paz, alegría y felicidad, ¿adónde te lleva el estudio de los mecanismos de defensa del ego? ¿De qué sirve conocer los mecanismos de defensa? Si no eres feliz, ¿de qué sirve escrutar el ego, o incluso estudiar el Curso? Si uno no entra en la mente para encontrar una clara sensación interior de discernimiento ¿para qué leer palabras que no se aplican? No es más que otra maniobra del ego. El ego va a usar el Curso para protegerse a sí mismo escondiéndose detrás de palabras que suenan bien.

En la sección titulada *El ego – El milagro* de la *Clarificación de términos*, Jesús nos dice que en realidad no se puede definir el ego, pero que el milagro es su contrario, el milagro nos muestra lo que *era* el ego. Esa es la clave. Uno tiene que ver que el ego es el pasado, y no el presente. El ego no existe ahora. ¿Puedes captar la claridad de eso? Ahora no hay ningún David, ahora no hay ningún amigo. ¡Ahora no hay pasado, ni presente ni futuro! ¡Ahora no hay mentes privadas! ¡*Ahora* hay una mente única! ¡La condición de persona y todas las cosas de las que hablamos *fueron*! La unicidad de la Mente *Es*! Esa es la diferencia clave.

Utilicemos la metáfora del cosmos. Es una distorsión de la mentalidad errada ver el cosmos desde una perspectiva que parece estar dentro del cosmos. El milagro es ver el cosmos tal como es, desde una perspectiva que no está dentro del cosmos, ver lo falso como falso, ver que el pasado ya pasó.

Al principio, es útil cuestionar porque uno se abre a recibir otra respuesta, uno se abre a recibir al Espíritu Santo. Pero vendrá la experiencia que pondrá fin a todas las preguntas. Las preguntas parecerán dejar de tener sentido. Ahora vislumbras eso. Muchas de las preguntas que antes parecían plantearse ya no parecen tan significativas como lo parecieron, no parecen tan serias.

La mente engañada inventa preguntas para acallar la Voz de Dios. Plantea lo que yo llamo preguntas "ya me gustaría saber", preguntas aparentes que en realidad son afirmaciones. Cada vez que oigas pensamientos como: *ya me gustaría saber porqué fulano le hizo tal cosa a mengano*, imagínate detrás de ti un cartel que dice: ¡soy un ego! *Me gustaría saber*. Soy un ego. Y ¿cómo sería una pregunta con significado? *¿Estoy dispuesto a ayudar al Espíritu Santo a salvar el mundo?* Hum, esa pregunta es diferente de *¿me pido un burrito, o un taco con pollo?*

El sueño lúcido: sólo hay una mente soñando

Participante: Empiezo por la pregunta que siempre está presente aquí: ¿se trata de Una Mente que está soñando, o son seis mil millones las que están maquinando? Pongo esto en un contexto hipotético y te pido que, por un momento, imagines que sólo hay una mente, y que eso es todo lo que existe. Imagínate en la cama, justo antes de dormirte. Conforme abandonas el mundo, tu cuerpo y todo lo que hay en tu mente, tienes una hoja en blanco en la que puedes dibujar cualquier cosa que desees. Ahora te duermes, y sueñas con las excentricidades y rarezas de seis amigos: Monica, Ross, Joey, Phoebe, Rachel y Chandler *[los personajes de la serie de TV Friends]*.

Hay dos maneras de soñar este sueño: una de ellas es soñarlo como quien contempla un programa de televisión. En esta clase de sueño, despertarse es apagar el televisor. En la otra manera de soñar, te identificas a ti mismo con uno de los personajes, no importa con cuál, en realidad.

Y así en el sueño de esta noche los seis amigos visitan al Swami de Pastrami para aprender a meditar para encontrar a su Ser Verdadero (que nosotros sabemos que en realidad eres tú, el que está soñando este sueño). De repente Ross se ilumina por medio del recuerdo perfecto de su Fuente. Se da cuenta de que no es Ross, sino la mente que sueña con Ross (o sea tú). ¿Diremos entonces que Ross ha despertado? ¡No, por supuesto que no! Ross no estaba durmiendo, incluso el Ross iluminado sigue siendo un personaje de un sueño. Y aunque Ross esté iluminado, el sueño continúa. Continúa con Ross el iluminado sustituyendo a Ross el tontorrón.

No ha despertado nadie, porque el único que hay en esta historia eres tú, y tú aún estás soñando con Ross el iluminado y sus amigos. Así que ya lo ves, hasta los maestros iluminados forman parte del sueño.

David: ¡Bingo! Sólo hay un soñador, observador o testigo. Esta es la Perspectiva del perdón que ve felizmente un mundo perdonado, porque se le ha devuelto la causación a la mente y las imágenes se ven como efectos irreales de una "causa" irreal. El ego no era una causa real y nunca tuvo efectos reales. El sueño feliz es un soñar despierto, que aunque también es una ilusión, te lleva a la Mente Despierta, fuera de las ilusiones. El ego era la creencia en mentes privadas con pensamientos privados, la creencia en la individualidad, en ser una persona.

En el sueño lúcido –la Perspectiva del Espíritu Santo en la que el soñador es consciente de estar soñando– el sueño se ve como un todo. En el sueño visto como un todo no hay diferencias, niveles ni distinciones y, por lo tanto, el conflicto es imposible. El conjunto del sueño es pacífico porque refleja el estado de vigilia, la Realidad. La mente se despierta, los personajes del sueño no.

La Expiación no ve ninguna diferencia, porque no hay diferencia alguna. La Expiación es reconocer que la separación nunca ocurrió. Las ideas no abandonan su fuente. Igual que Cristo nunca ha abandonado la Mente de Dios, el soñador del sueño nunca ha abandonado la mentalidad recta del Espíritu Santo. Por consiguiente es imposible ser un personaje de un "sueño que otro está soñando", ya que sólo hay una mente dormida y este soñador comparte felizmente la Perspectiva del Espíritu Santo. ¡Eureka!

> No es necesario que los sueños de perdón sean de larga duración. No se concibieron para separar a la mente de sus pensamientos, ni intentan probar que el sueño lo está soñando otro. T-29.IX.8

La relación santa es una transformación mental que se aparta de lo personal

Hace poco una amiga me pidió que compartiese más cambios milagrosos de mi viaje personal para que ella pudiese conectar con las ideas que comparto. El Espíritu utiliza parábolas. La gente sonríe y asiente en reconocimiento del Principio Divino que brilla más allá de esos relatos. La abstracción es el estado natural de la Mente. Las parábolas son ejemplos muy concretos que sirven para señalar hacia un Estado Mental que no experimenta nada como especial, y percibe todo lo que hay en el cosmos como un sueño feliz y un reflejo del Amor de Dios.

Yo experimento el Amor de Dios como universal, ilimitado y expansivo. El Amor de Dios está literalmente más allá de cualquier tipo de definición. El Espíritu Santo utiliza muchos ejemplos y metáforas para señalar hacia el Momento Presente, que es la Presencia del Amor de Dios. Los ejemplos son pruebas de que el Amor de Dios no depende en absoluto de las formas, ni de nada concreto. El Espíritu Santo sabe cómo utilizar cualquier símbolo para ayudar a la mente durmiente a reconocer este Momento Prístino y Tranquilo.

La relación santa no es "entre" personas. Es sencillamente el Propósito de aceptar y abstenerse de juzgar sostenido por la mente con firmeza y seguridad. Mira, espera, observa y no hace juicios. No busca cambiar el mundo, porque la relación santa es el símbolo del mundo perdonado. El Propósito es aplicable por igual a cualquier persona, sitio, cosa, situación o acontecimiento. El Propósito es la comprensión de que, en la consciencia unificada, ninguna diferencia real es posible. El Amor lo incluye todo, porque el Amor es Uno. El Amor es amigable, porque en la experiencia de extender el Amor todo el mundo es un amigo. El cosmos espacio-temporal se hizo para ocultar al Amor y empujarlo fuera de la consciencia, y por eso los ejemplos de "Amor en acción", por así decirlo, son extremadamente útiles para Despertar a la Presencia del Amor, que siempre está Presente.

He aquí algunos ejemplos concretos que señalan a la relación santa, o lo que yo llamo la Unión Santa. Nombre-1 y Nombre-2 son símbolos. Son símbolos que representan a dos personas. La relación santa no es entre Nombre-1 y Nombre-2. Los símbolos de personas, como todos los símbolos, los utiliza el Espíritu Santo para señalar hacia el Amor Divino. Los símbolos nunca son la experiencia real del Amor, porque las representaciones y los reflejos del Amor siempre son un eco de la creencia en que el Amor y los símbolos son lo mismo. El Amor es la Voluntad de Dios y, por tanto, no tiene objeto, mientras los símbolos sólo pueden señalar hacia la experiencia del Amor. Nunca confundas un símbolo con lo Real, pues los símbolos son temporales y la Realidad es Eterna.

Se puede describir la relación santa como amorosa, confiada, abierta, sincera, amable, libre, espontánea, presente, afectuosa, sin juicios, inclusiva, feliz, alegre, pacífica, extensiva, comunicativa, sanadora y, sencillamente, ¡maravillosa!

La relación santa no es romántica, ni sexual, ni posesiva, ni exclusiva, no se basa en el tiempo, ni juzga, ni es controladora, ni temerosa, ni se enfada, ni se siente culpable, ni es celosa, ni hace comparaciones, y definitivamente la relación santa no está loca ni enferma de manera alguna. La relación santa, por lo tanto, es distinta de todas las relaciones interpersonales que parecen ser tan corrientes y "naturales" en este mundo, las relaciones basadas en la separación, la autonomía y la individualidad.

La relación santa es el Propósito compartido. Sólo el Propósito del Espíritu Santo puede extenderse, o compartirse, de verdad. Intentar compartir conceptos y creencias del ego es intentar compartir la nada, pero "la nada" no se puede compartir, sólo puede extenderse y compartirse el Amor. El Amor se extiende y se comparte, sencillamente por Ser Lo Que Es.

¿Qué forma toma la relación santa? Cualquiera que sea útil para enseñar la lección de que las formas no significan nada y el Amor es Todo el Significado, de que el Amor es Contenido y no es forma alguna de ninguna clase. El Amor es un Estado Mental, no se le puede reducir a objetos del campo de la consciencia del ego en el tiempo lineal. En la Unión Santa no hay pasado ni hay futuro. En este mundo, decir que "nuestra relación no tiene futuro" significa que la relación ha llegado a su final, pero bajo la Guía del Espíritu Santo esas mismas palabra adquieren un Significado muy diferente, un Significado en el Presente. Vive para el Momento, porque Ahora es en verdad Todo. Esta es la clave de la Felicidad que no es de este mundo, de la Felicidad que viene de Dios.

En *Un curso de milagros*, Jesús enseña que: "Las mentes están unidas y no se pueden separar. En el sueño, no obstante, esto se ha invertido, y las mentes separadas se ven como cuerpos, los cuales están separados y no pueden unirse". T-28.III.3 También enseña que: "El propósito del Espíritu Santo está a salvo en tu relación y no en tu cuerpo". T-20. VI.7 La relación es por tanto la actitud amorosa que compartes y no se puede definir en términos de cuerpos. Los cuerpos parecen ir y venir y, por tanto, las relaciones que se definen por medio de cuerpos son temporales. La postura del Amor es para siempre, y esto sólo se puede experimentar cuando todos los pensamientos corporales se le han entregado al Espíritu Santo. ¿Cómo se hace esto? Deja que el Espíritu Santo te diga dónde y cuándo otorgar milagros, y deja que Jesús los lleve a cabo a través de tu mente. Siente la Alegría del Propósito cuando das un paso atrás y dejas que el Espíritu Santo sea el que guía. No intentes decirle al Espíritu Santo quién necesita los milagros, ni dónde ni cuándo, pues sólo puedes ser instruido y dirigido por el Espíritu Santo si primero recibes los milagros.

En la relación santa los deseos del ego se difuminan, se atenúan y desaparecen. Los deseos de comodidad y conveniencia para el cuerpo, las preferencias, los apetitos y las incontables distracciones del ego se vuelven cada vez más periféricas en la consciencia. Luego desaparecen en el instante santo, y por fin la mente descansa en Paz.

En la forma parece que cuando viajo me encuentro con incontables hermanas y hermanos. Parece que hay una gigantesca familia espiritual unida por un Propósito compartido. Es una relación santa inmensa en la que las caras, los nombres, los sitios y los idiomas parecen cambiar, pero el Propósito es constante. La relación santa es tan inmensa que se siente muy Abstracta, porque el Rio del Amor arrastra todos los retales de lo personal. El Rio no ve ningún cuerpo especial ni pareja alguna. El Rio no ve ningún grupo ni congregación alguna, porque el Rio desemboca en el Océano Eterno que es totalmente Abstracto. Los recuerdos de lo espacio-temporal se difuminan, se atenúan y desaparecen en la Unicidad, y el Rio de la Revelación muestra vislumbres de este Océano sin límites.

Siempre parece que la gente tiene mucho interés en el guión. El sentimiento del Amor dentro del propio corazón no tiene nada que ver con el guión. La forma queda eclipsada por el Contenido, y esta experiencia hace irrelevante a la forma. Tal es el Misticismo del Amor. La creación se Revela como Lo Que Es a la mente que llega al deseo Único. Que guíe nuestra Amada relación santa. Que todos los símbolos confluyan en el mundo perdonado, y que sea bienvenida la desaparición del universo cósmico. El Universo del Espíritu es Todo, y nada irreal existe. ¡En esto radica la Paz de Dios!

Cuestionar la realidad de las deudas y la reciprocidad

David: La decisión de salir de deudas en el sentido mundano es una decisión tomada desde el instante profano. Hay que mirar de verdad el concepto de deuda, y empezar a entrar en el estado místico, desde el que se ve que la idea de deuda es tan extraña como la idea de "justicia en este mundo". Al principio uno cree que en el mundo hay equidad y justicia pero, al profundizar en el Curso, los conceptos de equidad y justicia se empiezan a cuestionar. Se empieza así también con las deudas y luego, al profundizar, se las empieza a ver como algo más bien raro. Hay que creer en las leyes de la economía para poder creer en las deudas. Hay que creer en los intercambios y la reciprocidad para poder creer en las deudas. No tendría sentido hablar de deudas si uno no creyese en las leyes de la economía, la reciprocidad y el intercambio.

La apariencia de que uno salda sus deudas en la forma es sólo el principio, un punto de apoyo para cruzar al otro lado. Hay que cuestionar las leyes de la economía, la reciprocidad y el intercambio. Tener las deudas saldadas está en la superficie, pero luego hay que hacer el verdadero trabajo, cuestionar la realidad de las deudas. [risa] Cuando cuestiones la realidad de las deudas y de la reciprocidad, te garantizo que volverás a considerar la idea de ser una persona. Sabes que vas a volver de nuevo a eso porque, con toda certeza, no hay ninguna deuda, ni reciprocidad alguna en el Cielo. Ni siquiera en el mundo real hay ninguna deuda ni reciprocidad alguna, y para llegar al Cielo hay que pasar por el mundo real.

Parece sencillo, parece que seguimos hablando siempre de lo mismo, mirándolo desde todos los diferentes ángulos. Así es como parece ir el proceso, hasta que uno puede dar el salto. El saldar las deudas, y el tomar caminos separados, que parecen tener lugar en las relaciones de este mundo, son sólo representaciones simbólicas en la pantalla de como la mente vuelve atrás, a seguir el rastro de sus propios pasos. Todas las creencias falsas fabricadas por la mente están representadas en la aparente experiencia de ser una persona en el mundo, con deudas y obligaciones, responsabilidades y deberes. Así parece en la pantalla. Cuando uno empieza a seguirle el rastro a esas decisiones, puede parecer que la pantalla cambia, que las cosas de la vida se simplifican, pero en realidad eso todavía son interpretaciones de lo que pasa en la pantalla.

Uno podría decir: *yo estoy completamente libre. No tengo a nadie que cuente conmigo en ninguna relación. Ya no tengo facturas que pagar. He despejado mis cosas.* ¿Y dónde estás? Sin llegar a entender que causa y efecto son simultáneos, que el tiempo lineal no existe, ni existe ninguna secuencia de los acontecimientos, ¿has alcanzado el estado de iluminación? Si aún haces juicios y crees que has abandonado todas estas cosas, entonces ¿dónde estás? Sigues estando en ninguna parte. Aún crees en la ilusión de estar en el mundo. Cuando hablamos de ocuparse de los asuntos y saldar las deudas en la pantalla, es sólo un símbolo de aflojar...

Participante: De dar marcha atrás.

David: Dar marcha atrás en la mente. Te conviene seguir el rastro de los pasos que pareces haber dado, esos pasos que parecen hacerte creer que eres un cuerpo en el mundo. Y si seguir ese rastro te parece a veces doloroso, no dejes que te engañe esa voz. En la sección *El concepto del yo frente al verdadero Ser*, Jesús habla de la desazón que puede parecer formar parte del proceso:

> La idea de un concepto del yo no tiene sentido, pues nadie aquí sabe cuál es el propósito de tal concepto, y, por lo tanto, no puede ni imaginarse lo que es. Todo aprendizaje que el mundo dirige, no obstante, comienza y finaliza con el solo propósito de que aprendas este concepto de ti mismo, de forma que elijas acatar las leyes de este mundo y nunca te aventures más allá de sus sendas ni te des cuenta de cómo te consideras a ti mismo. T-31.V.8

¡Necesitamos al Espíritu Santo!

> Ahora el Espíritu Santo tiene que encontrar un modo de ayudarte a comprender que el concepto de ti mismo que has forjado tiene que ser des-hecho si es que has de gozar de paz interior. Y no se puede desaprender, excepto por medio de lecciones cuyo objetivo sea enseñarte que tú eres

otra cosa, pues de lo contrario se te estaría pidiendo que intercambiases lo que ahora crees por la pérdida total de tu ser, lo cual te infundiría aún mayor terror. Por tal razón, las lecciones del Espíritu Santo están diseñadas de manera que cada paso sea fácil, y aunque a veces puede producirse cierta incomodidad y angustia, ello no afecta lo que se ha aprendido, sino que constituye una reinterpretación de lo que parecen ser las pruebas a su favor. T-31.V.8-9

La mente verá pruebas de la separación mientras crea en la separación. Lo que tiene que ser reinterpretado es el mundo que ves, "...constituye una reinterpretación de lo que parecen ser las pruebas a su favor".

La única salida de esta situación aparentemente aterradora es repercibir el mundo, reinterpretar la percepción del mundo de manera que la mente ya no busque pruebas del dolor, el sufrimiento y los daños, sino que busque otras pruebas, porque se agarra a otro propósito. Aunque pueda no ser cómodo, "ello no afecta lo que se ha aprendido, sino que constituye una reinterpretación...". La resistencia es sólo la idea de progreso que tiene el ego. Cuando parece que uno tiene dificultades con alguna de estas ideas, es sólo la interpretación del ego. El progreso y el crecimiento están, por así decirlo, ocurriendo. El movimiento se está produciendo, el movimiento del Reino, el movimiento de Cristo. No te alarmes, estás cumpliendo tu horario, estás justo donde tienes que estar. No te quedes colgado de las interpretaciones de los acontecimientos que hace el ego.

Participante: Estoy justo donde tengo que estar.

Capítulo Tres

El tiempo, el espacio, y la idea de ser persona

David: Esta mañana nuestro amigo estaba diciendo "¡¡Lo quiero ya!!" Este sería buen momento para entrar en la sección *La inminencia de la salvación* y examinar esa idea de si es verdad que uno puede querelo ya pero aún no tenerlo.

> El único problema pendiente es que todavía ves un intervalo entre el momento en que perdonas y el momento en que recibes los beneficios que se derivan de confiar en tu hermano. Esto tan sólo refleja la pequeña distancia que aún deseas interponer entre vosotros para que os mantenga un poco separados. Pues el tiempo y el espacio son la misma ilusión, pero se manifiestan de forma diferente. Si se ha proyectado más allá de tu mente, piensas que es el tiempo. Cuanto más cerca se trae a tu mente, más crees que es el espacio. T-26.VIII.1

Aquí mismo, en este primer párrafo, hay mucha metafísica que considerar. En cierto modo lo facilita, pero las tres últimas frases son la base de todo lo que contemplamos. Se concentran en el único problema que te queda. Todo es un pensamiento de la mente, de manera que cualquier recuerdo es sólo un pensamiento. Si lo has proyectado más allá de la mente piensas que es el tiempo. Los recuerdos son sólo pensamientos sobre lo que parece haber ocurrido en el pasado. Se piensa en todas esas imágenes que se han proyectado más allá de la propia mente como si fuesen tiempo, como si yo fuese una persona en el tiempo y tuviese una mente privada, en lugar de ver que todas las circunstancias y acontecimientos que han ocurrido en el pasado personal, o en cualquier otro pasado, están en la mente. Julio Cesar, Cleopatra, Abraham Lincoln, Gandhi... todos son sólo imágenes de la mente errada.

Cuando algo parece estar más allá de la propia mente personal y privada, parece estar proyectado en el tiempo, como si hubiese ocurrido en el pasado, o fuese a ocurrir en el futuro. No hay nada que ocurra aparte de mí. Cuando digo: "Yo soy el universo", lo estoy diciendo en el sentido más profundo de la palabra, el universo de la creación, Dios y Su Creación. Tal como lo ve la mente recta, no hay ningún aspecto del cosmos que esté separado de mí. Es la Perspectiva desde la que se ve que toda la proyección fue un invento, no hay ninguna ordenación posible de ninguna de las imágenes y conceptos, todos son inventos por igual. Sin tal ordenación, no tiene sentido alguno estar en el cosmos ni ser una diminuta motita, una pieza insignificante. En lugar de eso, ¡se tiene la sensación de inmensidad de la idea: *yo soñé todo esto*! Esta es la analogía del *soñador del sueño*. En la experiencia de ser el *soñador del sueño* no hay ningún sonido, ni imagen, ni luz, ni variación de la luz, en el cosmos no hay nada aparte del ser de uno, ¡uno es el soñador de todo ello!

Vamos ahora con la segunda parte: "Cuanto más cerca se trae a tu mente, más crees que es el espacio". Te percibes a ti mismo como un cuerpo, o una persona en el mundo, y piensas en ello como si la mente engañada se hubiese rodeado a sí misma del cosmos. En términos espaciales lo primero con lo que parece haberse rodeado a sí misma es con un cuerpo. Luego, aparentemente fuera de ese cuerpo hay otros cuerpos, paredes y muebles, árboles y hierbas, el cielo por encima y la tierra por debajo, la luna y el sol, los planetas y las estrellas. Parece haberse envuelto con todo el cosmos, empezando por el cuerpo: "Cuanto más cerca se trae a tu mente, más crees que es el espacio". Si piensas en un proyector, cuanto más cerca del proyector pones las cosas más piensas en ellas en términos espaciales. Así se describe. Se describe a las estrellas en términos de años-luz porque parecen estar tan alejadas del proyector que hay que describirlas en términos de tiempo, igual que todos esos acontecimientos que parecieron ocurrir antes, o todos los que ocurrirán en el futuro.

Participante: En cualquier caso, sea tiempo o espacio, es sólo una manera de poner distancia. Y es lo mismo, sólo suena diferente.

David: El tiempo y el espacio son la misma ilusión, con formas diferentes. Podemos volver a usar la analogía del árbol, todas las ramas salen del tronco. Puedes considerar el tiempo y el espacio como las ramas del tronco, pero el ego es el ego, ¡y todo lo que sale del ego es ego!

Participante: Da igual el nombre que le pongas, o cómo lo concibas.

David: O cuántas veces parezca que se ha multiplicado. Piensa en el sistema de creencias del ego, parece que constase de tropecientos trillones de montones de creencias.

Participante: Mil millones de veces cero.

David: Sí. Pero si el ego es cero, entonces el ego es cero.

> Quieres conservar cierta distancia entre vosotros para que os mantenga separados, y percibes ese espacio como el tiempo porque aún crees que eres algo externo a tu hermano. T-26.VIII.2

¿Ves que ahí dentro está la idea de ser persona? Para verte a ti mismo como algo externo a tu hermano tienes que tener la creencia en ser una persona, si tu hermano es un cuerpo o una persona y tú eres una persona, entonces parece que eres algo externo a tu hermano. Si tienes una mente privada y tu hermano parece tener una mente privada, entonces tu mente privada parece ser algo externo a la mente privada de tu hermano. Esto es lo que seguimos considerando desde todos los diferentes ángulos, la idea de ser persona y la idea de las mentes privadas son ambas invenciones que no pueden ser verdad.

"Eso hace que la confianza sea imposible". T-26.VIII.2 Puede decirse que la división sujeto-objeto hace que la confianza sea imposible. Cuando pareció que la mente se quedaba dormida, empezó a creer en el ego. Y ya tenía dos sistemas de pensamiento opuestos, dos sistemas de pensamiento que no coinciden en nada. Y de ahí vino una tensión intolerable, la mente intentó disociarse de la luz y olvidarse de ella. Para poder mantener separados los dos sistemas de pensamiento intentó alejarse en espiral de la luz, porque si los ponía juntos se iba a ver que no pueden coexistir. Se niegan el uno al otro. La mente intenta aferrarse a la división y a la separación, intenta mantener la oscuridad, como si la oscuridad pudiera existir por sí misma, aparte de la luz.

Debido a la tensión intolerable que se produce al intentar sostener ambos sistemas de pensamiento, la mente proyectó esa división en el cosmos, fuera de ella, en vez de reconocer que tenía dentro dos sistemas de pensamiento irreconciliables. Se ve la división como si estuviese en la pantalla, y no en la mente. La mente se identifica a sí misma con una persona y ve todo lo demás como si estuviese fuera de ella, eso es la división sujeto-objeto. Ahora existe el miedo, porque la mente ha hecho todo esto y ha intentado olvidar de alguna manera lo que ha hecho. Ha intentado olvidarse de la manera en que urdió las cosas, pero el Espíritu Santo es el recordatorio de que esto no puede olvidarse, nadie puede olvidar a Dios.

La mente aún siente la tensión y la culpabilidad, aunque parece encontrar algo de alivio en el cosmos que ha proyectado. Parece haber relajado un poco la tensión, pero en realidad tiene miedo de Dios. Ha proyectado el miedo fuera, de manera que parece tener miedo a todo lo que hay en el mundo. Es un montaje, es un timo, ¡la división sujeto-objeto no ha resuelto el conflicto! La mente intentó olvidarse de la completitud que en realidad es, y se inventó el concepto de persona completa para sustituirla. Ahora cree ser una persona completa aparte del cosmos, la división sujeto-objeto *existe*. El miedo *se* mantiene. La mente estará en un estado de temor, llena de dudas, hasta que descubra que el miedo es un engaño sin base alguna. Está en estado de engaño y carencia de confianza. No puede confiar en nada porque no se conoce a sí misma. Por eso hay que ver que la división no está en la pantalla, no es la división entre una persona-sujeto y otra persona-sujeto en un mundo objetivo. Para que la confianza sea posible hay que ver que la división está en la mente. Escuchar al Espíritu Santo es la base de la confianza, y si verdaderamente se escucha al Espíritu Santo, se ve que uno es el *soñador del sueño*, no una persona ni un personajillo de sueño.

Lo único en lo que verdaderamente se puede confiar es invisible para el cuerpo, y la mente engañada tiene miedo justamente de eso. Como dice Jesús en varios sitios del Texto, "…tienes miedo de lo que tu visión espiritual te mostraría". T-2.V.7 Crees que la visión espiritual, o sea el Espíritu Santo, te robaría algo, o que si tuvieses visión espiritual perderías algo. Tienes miedo a perder el mundo que ves, ¡que es justo lo que ocurriría! [risa]

Participante: Y mientras parezca ser algo, parecerá que es una pérdida.

David:

> Eso hace que la confianza sea imposible. Y no puedes creer que la confianza podría resolver cualquier problema ahora mismo. Crees, por lo tanto, que es más seguro seguir siendo un poco cauteloso y continuar vigilando lo que percibes como tus intereses separados. Desde esta perspectiva te es imposible concebir que puedas obtener lo que el perdón te ofrece *ahora mismo*. En el intervalo que crees que existe entre dar el regalo y recibirlo parece que tienes que sacrificar algo y perder por ello. Ves la salvación como algo que tendrá lugar en el futuro, pero no ves resultados inmediatos. T-26.VIII.2

La mente tiene miedo a dar y recibir verdadero perdón. Ahí parece estar la pérdida. Dar y recibir el regalo del perdón parece implicar una pérdida.

Participante: ¿Por qué?

David: Lo que parece perderse con el perdón es la idea de ser una persona, la pequeña brecha que hace de uno una persona separada, individual y única, con intereses personales, pasado personal, futuro personal y voluntad personal. A la mente le aterroriza perder su sensación de poseer un ser separado. Ese es el pequeño espacio, la pequeña distancia que quisiera conservar. El perdón, sencillamente, ve que lo falso es falso.

Antes, cuando estaba saliendo a relucir toda esa angustia, dijiste "Es mucho más profundo que sólo charlar de cuerpos dando vueltas por ahí. Parece que tengo que abandonar todo mi mundo". Desde la perspectiva del ego es así como se ve. El ego es la idea de un ser aparte, que parece único y separado de todos los demás, con todas sus preferencias y recuerdos, todas sus ambiciones aparentemente privadas, todo eso forma parte de su concepto.

Participante: Parece que el ego pone en juego todo lo que tiene. Ve cada vez más claro lo que está pasando aquí y toca en todos los registros. Se siente muy fuerte y poderoso cuando lo hace.

David: Ciertamente hemos usado la metáfora de que el ego toca en todos los registros, como si fuese una entidad con vida propia, como si existiese. Pero al final todo se reduce a la idea de que el ego es una decisión y el Espíritu Santo es una decisión, o eres un ego o no eres un ego. ¿Ves que eso va más allá de la idea de que el ego "pone en juego todo lo que tiene"? Describirlo como si realmente pudiese "poner algo en juego" parece otorgarle realidad.

Participante: De manera que en vez de describirlo así, probablemente sería más útil decir simplemente "Estoy decidiendo a favor del ego".

David: Todo es una afirmación. Todo lo que la mente piensa, dice o hace, enseña lo que cree ser. No puedes dejarlo así. Eso tiene que ser un punto de apoyo para pasar al otro lado, o una metáfora. Cuando dices "Ahora yo estoy decidiendo a favor del ego", ¿dónde estás? En el infierno.

Participante: Y otra vez, ¿quién es ese "yo"? ¿Verdad? ¿Es ahí adonde vas?

David: Sí. Decir "No estoy disgustado por lo que pasó ayer, ni por lo que pasó hace diez años ni por lo que creo que va a pasar mañana, estoy disgustado por una decisión que estoy tomando en el momento presente" es útil como punto de apoyo para cruzar al otro lado. Es una definición de la mentalidad errada. La mentalidad errada es decidir a favor del ego en el momento presente, y la mentalidad errada es el problema. Aunque no lo parezca, toda enfermedad es mentalidad errada. A la mente engañada le parece que hay muchos problemas y muchas formas de enfermedad que no tienen nada que ver con la mentalidad errada, pero Jesús dice que la enfermedad es decidir a favor del ego, a favor de la mentalidad errada. La mentalidad recta es la corrección de la mentalidad errada. Volvemos al discernimiento entre la mente recta y la mente errada. Ese discernimiento es la clave.

Realmente la clave está en llegar a ver que la mentalidad recta es la única posibilidad. Sentiste tanto gozo antes, cuando dijiste: "¡Estoy en la mente recta!" Le seguimos el rastro hasta que llegaste a ver que era la única posibilidad. Soy la mente recta. Estoy en la mente recta. Esa es

Recordar a Dios

la única posibilidad. No *a veces estoy en la mente recta,* sino estoy en la mente recta, ¡y punto! La mente errada se disuelve en esa claridad.

Otra forma de decirlo es que la mente recta tiene que ser un estado constante, porque en la realidad no hay ninguna vacilación entre mente recta y mente errada. Eso es sólo una metáfora. Cuando se ve a la mente recta como un estado constante, ya no hay mente errada. Como dijimos antes, son dos sistemas de pensamiento que se excluyen el uno al otro.

La sección *La inminencia de la salvación* trata de llegar a ver que entre mi hermano y yo no hay brecha alguna, porque sólo hay una mente. No hay ninguna brecha entre mentes privadas.

Participante: *Ahora estoy decidiendo a favor del ego* podría estar mejor dicho así *soy la mente recta, pero ahora mismo lo estoy negando, voy a negarlo en este instante.*

David: Lo cual no tiene sentido si lo consideras realmente. Un cuerpo puede pronunciar las palabras *soy la mente recta,* de eso no hay duda. Un cuerpo puede pronunciar las palabras *soy tal como Dios me creó.* La razón de que profundicemos tanto en las preferencias, los juicios y la ordenación de los pensamientos es porque la mente recta es un estado en el que no hay nada de eso, ninguna ordenación de los pensamientos, ninguna preferencia y ningún juicio. Las imágenes se ven sólo como imágenes. No se organizan, no se montan ni se ensamblan de determinada manera. Se las ve como imposibles, como risibles. Si parece que ordenar los pensamientos trae automáticamente dolor, culpabilidad y miedo, entonces ¿para qué sirve? Jesús dice que quienes están en el Cielo, o por así decirlo en el mundo real, han visto la tentación pero han visto su falsedad. No ven nada valioso en hacer juicios.

Participante: Y hasta que no lo vea no podré parar de hacer juicios.

David: Puedes decirlo así y también podrías decir *no sé quién soy.* Acabas de decir "Hasta que no lo vea". Ya estamos otra vez con *La inminencia de la salvación...* [risa del grupo] Cuestionemos ese "hasta que":

> Sin embargo, la salvación *es* inmediata. A no ser que la percibas así, tendrás miedo de ella, creyendo que, entre el

momento en que aceptas su propósito como el tuyo propio y el momento en que sus efectos llegan hasta ti, el riesgo de pérdida es inmenso. De esta manera, el error que da lugar al miedo sigue oculto. La salvación *eliminaría* la brecha que todavía percibes entre vosotros y permitiría que os convirtieseis en uno instantáneamente. Y es ésto lo que crees que supondría una pérdida. No proyectes este temor en el tiempo, pues el tiempo no es el enemigo que tú percibes. El tiempo es tan neutral como el cuerpo, salvo en lo que respecta al propósito que le asignas. Mientras todavía quieras conservar un pequeño espacio entre vosotros, querrás tener un poco más de tiempo en el que aún puedas negar el perdón. Y esto no podrá sino hacer que el intervalo que transcurre entre el momento en que niegas el perdón y el momento en que lo otorgas parezca peligroso, y el terror, justificado. T-26.VIII.3

Si la mente cree en la realidad del ego, cree en una causa falsa, podríamos decir en una causa con minúscula. La mente tiene que estar aferrándose *ahora* a la creencia en esa causa falsa. "No proyectes este temor en el tiempo, pues el tiempo no es el enemigo que tú percibes". ¡No proyectes el error! El viejo cliché de que el tiempo cura todas las heridas no es verdadero. El tiempo no cura ninguna herida. Se podría decir, de manera metafórica, que el uso del tiempo por parte del Espíritu Santo cura todas las heridas, pero eso hay que verlo sólo como una metáfora, porque lo que trae la liberación es reconocer que el tiempo lineal no existe. Sólo existe el ahora, sólo existe el instante santo.

Participante: El tiempo no forma parte de la curación. El tiempo forma parte de la enfermedad, como si dijéramos.

David: La creencia en el tiempo lineal es la enfermedad. ¿Comprendemos todos lo que significa la palabra hipotético?

Participante: Ah, no. [risa del grupo]

David: Cada uno de los pensamientos que tu mente contiene ahora mismo es hipotético.

Participante: El pensamiento de que estamos reunidos aquí en una sesión de enseñanza-aprendizaje, ¿es hipotético también?

David: Sí. Compartiste un pensamiento sobre que necesitas irte a mediodía, y eso es hipotético. Dijiste que te vas el miércoles de la semana que viene, y eso es hipotético. Hemos estado hablando de buscar trabajo, y eso es hipotético. Todo lo que crees haber hecho, todas las experiencias que parecen haber ocurrido en el pasado, todo eso también es hipotético.

Participante: Lo que lo hace hipotético, ¿es su relación con el tiempo?

David: Lo que es hipotético es todo el mundo proyectado, igual que la creencia en el tiempo lineal.

Participante: Entonces cualquier cosa de la que pueda hablar, haya hablado o piense que podría hablar, ¿es hipotética? Si no existen el tiempo, ni el espacio, ni las imágenes ni las formas, ¿de qué se puede hablar? ¿Cómo se habla de eso?

David: ¡Busca la experiencia! A menudo cuando profundizamos en las ideas oímos cosas como *¡pero David! ¡Pero David! ¿Y si estuvieses en tal ciudad por la noche y se te echase encima un hombre con una navaja diciendo tal cosa?* ¡Lo hipotético! La mente quiere poner en danza montones de cosas hipotéticas. Cree en un mundo objetivo.

Participante: Pero eso no es más hipotético que una experiencia que pareciste tener.

David: Correcto.

Participante: No lo pillo. No comprendo.

David: Donde vamos es a que el "ahora" es todo lo que existe.

Participante: Y el "ahora", ¿está completamente libre de imágenes y formas?

David: Cuando decimos ahora, el momento presente, no pienses que sabes qué es eso. *Hay que vivir el momento. Hay que estar totalmente presente*. Llevamos mucho tiempo oyendo frases así. Y la mente engañada no tiene ni idea de lo que significan.

Participante: *Ahora* no significa sencillamente ahora, nosotros cinco sentados aquí.

David: Correcto. El *ahora* es desconocido para la mente engañada, pero en el sentido definitivo, el ahora es todo lo que se puede conocer porque...

Participante: ...es todo lo que hay.

David: El Curso dice que en el instante santo no hay ningún cuerpo. "No hay ni un solo instante en el que el cuerpo exista en absoluto". T-18.VII.3 Esa es una frase que viene derecha de la sección *No tengo que hacer nada*. [risas] Muy interesante: "No hay ni un solo instante en el que el cuerpo exista en absoluto".

Eso hace que esta aparente percepción sea hipotética. Es hipotética la creencia en que causa y efecto están separados, o en que hay una brecha entre causa y efecto. Todo lo que hay en este mundo forma parte de un sistema ilusorio inamovible, hecho de relaciones causa-efecto distorsionadas. Al principio de *Psicoterapia – Propósito, proceso, y práctica,* hay una referencia a la idea de que ver que, en realidad, todas las percepciones que parecen tener lugar en el tiempo lineal son simultáneas es un punto de apoyo para llegar al instante santo.

Otra manera de decir que todo lo que hay en el cosmos es simultáneo es: "...las ideas no abandonan su fuente". T-26.VII.13 No hay ninguna brecha, no hay espacio alguno entre los acontecimientos. No hay ningún lapso de minutos, ni segundos, ni días, ni meses ni años que separe a unos acontecimientos de otros, porque "las ideas no abandonan su fuente". Todos los acontecimientos son de la mente errada. No hay ninguna brecha. Como acabamos de leer:

> ...el tiempo y el espacio son la misma ilusión, pero se manifiestan de forma diferente. Si se ha proyectado más allá de tu mente, piensas que es el tiempo. Cuanto más cerca se trae a tu mente, más crees que es el espacio. T-26.VIII.1

El tiempo y el espacio son sólo esta pequeña brecha entre causa y efecto. Pero el Curso te dice, y yo te lo repito, que no hay ninguna brecha entre causa y efecto. Y si no hay brecha alguna entre el tiempo y el espacio, no hay ser persona que valga.

Participante: ¿Porque la idea de ser persona está en esa brecha?

David: En la brecha que no existe.

Participante: Que no existe. Pues parece existir. [risa]

David: Eso es la división sujeto-objeto.

Participante: Parece que estoy corriendo a ver si pillo esto. ¿Lo puedes decir de otra manera?

David: Se puede decir de muchas maneras. La división sujeto-objeto de la que hablábamos es lo mismo que esa brecha. Sólo tienes que ver la imposibilidad de la brecha, da igual como llegues a ello. Todo lo que enseña el Curso es que no existe ninguna brecha entre causa y efecto, que no existe nada que pueda llamarse tiempo lineal.

Participante: Pero al aferrarme al tiempo lineal y a la idea de ser persona me estoy aferrando a la brecha. Es como estar luchando para mantener causa y efecto separados.

David: Todo el objeto del misticismo es llegar a ver que causa y efecto no están separados, que no hay que manejar logística alguna. Todo lo que parece hacerse en el mundo se percibe desde la suposición básica de que causa y efecto están separados, de que uno tiene que hacer determinadas cosas para que puedan ocurrir otras cosas. Si solicito que seamos una asociación sin ánimo de lucro, hago todo el papeleo y persisto con la solicitud, entonces se nos concederá ese estatuto, causa y efecto. Si planto semillas en tierra fértil que esté al sol y las riego, las semillas crecerán.

Las enseñanzas del Curso dicen que eso es absurdo. El mundo de las imágenes es la proyección de efectos irreales que proceden de una causa irreal. Piensa un momento en la analogía con un proyector de cine, hay un proyector y una película que pasa por él. La película es la causa falsa y las imágenes que se ven en la pantalla son los efectos. Si las película es una causa falsa, entonces las imágenes son efectos irreales. Pero la película parece real si la ves desde el punto de vista de la mente engañada. La mente se identifica con las imágenes y se siente asustada, feliz o triste porque cree en relaciones causa-efecto falsas. Cree que es verdad que una personas le hacen cosas a otras, como dice la ciencia, toda acción produce una reacción. La mente cree en la realidad de esa idea. Por eso puede parecer que profundizar así desorienta. El mundo tal como uno lo ha conocido ya no parece ser lo que era. Las cosas no son tal como parecen ser en el mundo.

Participante: En el mundo no hay nada. En el mundo no hay ninguna causa que esté produciendo efectos, todo está generado por mi mente. Ahí es donde causa y efecto son simultáneos. Todo está en mi mente. El efecto acompaña al pensamiento de causa porque "las ideas no abandonan su fuente". Si la idea está en mi mente, eso es lo que lo genera, de ahí es de donde procede, el efecto también está ahí. En el mundo no hay nada. No es que el pensamiento produzca cosas en el mundo, primero las causas y luego sus efectos.

Participante: ¿De qué sirve saber esto? Si te pregunto si experimentas las cosas de manera diferente, ¿es una pregunta válida? Porque si te lo pregunto, estoy suponiendo que eres una persona.

David: No tienes que suponer que soy una persona. Piensa que soy un símbolo que te habla.

Participante: Sea lo que sea con lo que estoy hablando, ¿lo experimentas de manera diferente? Me interesa saber si...

David: Te interesa la experiencia. Preguntaste de qué sirve esto. Si la meta es la tranquilidad de espíritu, entonces esto es lo más práctico que se puede hacer. Reconocer que causa y efecto no están separados es eminentemente práctico, en el sentido de que es el estado de la paz y la tranquilidad, y ese es el estado de la alegría. El propósito del tiempo es ver que el tiempo lineal no existe. Puede parecer alucinante. *¡Vaya!*

Pero considera la afirmación que acabamos de leer: "No proyectes este temor en el tiempo, pues el tiempo no es el enemigo que tú percibes. El tiempo es tan neutral como el cuerpo, salvo en lo que respecta al propósito que le asignas". T-26.VIII.3 ¿Cuál es el propósito que le asigno al tiempo? ¿Para qué lo estoy usando?

Nada es una pérdida de tiempo, ninguna imagen perceptual, si lo utilizas para ponerte en contacto con lo que crees y con tu manera de percibir el mundo ningún acontecimiento ni circunstancia es una pérdida de tiempo. Todo se puede usar para sanar, para ver que causa y efecto no están separados. Cualquier experiencia se puede usar para regresar a la mente y avanzar hacia la experiencia de no saber para qué es nada, de no creer que uno sabe cómo ocurren las cosas en el mundo, de no creer que si haces A va a ocurrir B. Se requiere mucho esfuerzo y mucha tensión para aferrarse a semejante concepto del mundo.

Entonces, ¿es práctico esto? El estado mental que viene del reconocimiento de que causa y efecto no están separados es de alegría, paz, felicidad y descanso. Esa es la experiencia que interesa. Entramos en esta metafísica para llevar la mente a una experiencia. No es meterse en metafísica filosófica para pontificar y demostrar lo profundo que es uno, ni lo sofisticadas que pueden sonar sus palabras. No. Esto es eminentemente práctico, porque trata de llegar a ser consciente de la tranquilidad de espíritu.

Otra manera de mirarlo, si de verdad llegas a reconocer que el guión ya está escrito y de que en el mundo no hay ninguna relación causa-efecto, ese reconocimiento se lleva todas las luchas de la vida. ¿Para qué te vas a esforzar? ¿Qué vas a esforzarte por conseguir en el futuro? Cuando de verdad llegas a ver que causa y efecto no están separados, ¡menuda alegría!

Participante: Todos los esfuerzos son para eso, los resultados futuros.

David: Futuros resultados, futuras consecuencias. He dicho una vez tras otra que tengo la sensación y la experiencia de que todo está completo *ya*, con estatuto de asociación sin ánimo de lucro y sin él, con sesiones de enseñanza-aprendizaje y sin ellas, reuniéndose con gente y sin reunirse. Desde esta perspectiva, desde este estado mental, todo es lo mismo. No hay nada que tenga que evolucionar ni desplegarse. Esas metáforas van a ser todavía útiles a veces, pero quiero que consideres ir más allá de las metáforas. Quiero que des el salto a la experiencia. Eso es lo que te interesa de verdad, te interesa la experiencia. No te interesan las palabras. Te conviene ir más allá de las palabras.

Y ¿qué propósito le asigno al tiempo?

> No proyectes este temor en el tiempo, pues el tiempo no es el enemigo que tú percibes. El tiempo es tan neutral como el cuerpo, salvo en lo que respecta al propósito que le asignas. Mientras todavía quieras conservar un pequeño espacio entre vosotros, querrás tener un poco más de tiempo en el que aún puedas negar el perdón. Y esto no podrá sino hacer que el intervalo que transcurre entre el momento en que niegas el perdón y el momento en que lo otorgas parezca peligroso, y el terror, justificado. Mas el espacio que hay entre vosotros es evidente sólo en el presente, *ahora mismo,* y no se puede percibir en el futuro. Tampoco es posible pasarlo por alto, excepto en el presente. No es lo que puedas perder en el futuro lo que temes. Lo que te aterroriza es unirte en el presente. T-26.VIII.3-4

Participante: "No es lo que puedas perder en el futuro lo que temes", desde luego no es eso lo que *parece.*

David: A la mente que cree en el tiempo lineal le parecen significativas las pérdidas futuras, pero en realidad lo que espanta al ego es el "unirte en el presente". Tiene miedo de este "unirte en el presente". Ya sabes toda la cháchara que se produce al principio de las reuniones, la incomodidad y la ansiedad que produce el unirse, cómo se evita el contacto visual. Ese es otro gran símbolo de que unirse en el presente espanta a la mente, como en las calles de Nueva York donde parece que hay tanta gente, pero nadie hace contacto visual.

Se puede encontrar un contraste en un libro de Marlo Morgan sobre los aborígenes australianos titulado *Mutant Message Down Under* [hay una traducción española titulada *Las voces del desierto]*. Se les preguntó como pueden comunicarse telepáticamente, de mente a mente, sin palabras. Su respuesta fue que ¡no tienen secretos! Eso es un símbolo de volverse totalmente transparente, de no temer en absoluto la unión. Eres transparente si no tienes ninguna idea de yo privado, ni máscara ni simulación que tengas que mantener, sencillamente revelas tu mentalidad recta, no tienes ninguna creencia en mentes privadas con pensamientos privados. No tienes nada que ocultarle a nadie. En ese estado la telepatía, o conexión de las mentes, parece venir y se puede experimentar el ser una sola mente. "El estar dispuesto a entablar comunicación atrae a la comunicación...". T-15.VII.14 En el nivel profundo de la mente se ha decidido estar en comunicación con el Padre. Estos encuentros santos, estas sesiones de enseñanza-aprendizaje son expresiones simbólicas de la disposición a comunicarse, de la disposición que atrae a la comunicación. Todavía está en el nivel metafórico de las personas, pero es un símbolo útil. Uno piensa *vaya, parece que estoy en contacto con otros que están realmente comprometidos con el despertar*. ¡Claro, el estar dispuesto a entablar comunicación atrae a la comunicación! Es un símbolo de que tu propia mente está llegando a reconocerlo.

La idea de ser una persona está arraigada muy profundo. Es fácil decir las palabras "Soy mente, no soy un cuerpo", pero conforme entremos en ello verás que no te percibes a ti mismo sólo como mente. Cada concepto que se sostiene se ha de considerar y cuestionar, porque eso es lo que te impide reconocerte, o experimentarte, como mente.

Participante: Son mis creencias las que sostienen lo que creo que soy. Por eso no se trata sólo de sentarse a leer y hablar, realmente se trata de considerar y cuestionar esas creencias, que son lo que parece sostener a esta "persona".

David: La manera más beneficiosa de practicar es la que no está estructurada en absoluto. No depende de una hora, ni de un sitio ni de una postura corporal, no depende de repetir nada tantas veces al día. La manera más beneficiosa de practicar la salvación es sumergirse en la mente, sumergirse y soltar todo lo que crees que sabes. A eso se llega cuando se progresa hacia el final del Libro de ejercicios. Pero la mayor parte del Libro de ejercicios, sobre todo al principio, está muy estructurada. Hay una razón para ello. La repetición de las ideas y pensar en ellas a menudo es importante. La mente que no está bien entrenada no puede recordar su propósito. Se fragmenta en todo tipo de cosas concretas, no puede recordar su propósito porque está atada a pensar en términos de metas, a pensar que hay muchísimas cosas que necesita hacer.

Conforme sigamos con el entrenamiento mental, lo concreto y el seguir rastros se volverán menos importantes en las sesiones de enseñanza-aprendizaje. Habrá cada vez más momentos de sólo sumergirse en el silencio, sin sacar a relucir todos esos escenarios, porque la mente estará abierta y lista para el silencio, estará atraída por el silencio.

> Lo que te aterroriza es unirte en el presente. ¿Quién puede sentir desolación, excepto en el momento presente? Una causa futura aún no tiene efectos. Por lo tanto, eso quiere decir que si sientes temor, su causa se encuentra en el presente. Y es *esa* causa la que necesita corrección, no un estado futuro. T-26.VIII.4

La causa que se encuentra en el presente es la creencia en la separación. Eso es lo que la mente intenta ocultar. Se inventó como escondrijo, o pantalla de humo, un mundo con tiempo lineal y todas esa piezas separadas, para ocultar esta "causa que se encuentra en el presente", que es lo que hay que examinar. Ahora mismo hay una causa que se encuentra en el presente. A eso es a lo que se reduce todo, pero el ego saca todos sus trucos mágicos para evitar que lo miremos. Naturalmente, esto es una a metáfora, como si el ego fuese esta identidad. Al final hay que considerarlo sólo como un pensamiento, se llega al punto de saber que "Mi mente alberga sólo lo que pienso con Dios". E-142 Eso le cierra el negocio al ego, pues ya no tiene vida propia.

> Todos los planes que haces para tu seguridad están centrados en el futuro, donde no puedes planear. Todavía no se le ha asignado ningún propósito al futuro, y lo que va a ocurrir aún no tiene causa. ¿Quién puede predecir efectos que no tienen causa? ¿Y quién podría tener miedo de dichos efectos a no ser que pensase que éstos ya han sido causados y los juzgase como desastrosos *ahora*? T-26.VIII.5

La mente engañada cree que lo hipotético es real, ¡y eso es desastroso! [risas] Ha juzgado que hubo un desastre en el pasado y cree que de manera inevitable el desastre se repetirá en el futuro. Cree que los efectos desastrosos que cree que ocurrieron realmente en el pasado son un motivo para tener miedo. ¡Dolor real! ¡Sufrimiento real! ¡Escasez real! Cree tener pruebas de que habrá escasez en el futuro. Más dolor, más escasez, más carencias y más pérdidas: en eso se basa todo el sistema del ego.

> La creencia en el pecado da lugar al miedo, y, al igual que su causa, mira hacia adelante y hacia atrás, pero pasa por alto lo que se encuentra aquí y ahora. Su causa, sin embargo, sólo puede estar aquí y ahora si sus efectos ya se han juzgado como temibles. T-26.VIII.5

> El Espíritu Santo, sonriendo dulcemente, percibe la causa y no presta atención a los efectos. T-27.VIII.9

El Espíritu Santo no presta atención a los efectos, ni hace juicios sobre las proyecciones del mundo. No funciona en el mundo. No busca empleos, ni plazas de aparcamiento ni días soleados para que la gente salga de picnic. No ayuda a la gente a adelgazar ni...

Participante: ...a encontrar pareja.

David: Y así sucesivamente. El Espíritu Santo no presta atención a los efectos, pero ha juzgado su causa. El ego es la creencia que produjo todos esos efectos. Todas las imágenes que hay en la pantalla proceden del ego, y el Espíritu Santo sabe que el ego no es verdad. Juzga de manera muy simple, mira al ego y ve que es falso. No juzga las imágenes proyectadas por el ego. "No presta atención a los efectos".

Participante: Hace unos pocos días estaba muy triste y tenía que creer que ese dolor tenía causa. Experimenté dolor, y ahora miro hacia atrás y digo "aquello fue desastroso". Darle la vuelta a eso es ver que era una percepción totalmente falsa, que no ocurrió nada que me hiciese sentirme como me sentí. Todo fue una proyección de mi propia mente. Estaba contemplando el guión, haciendo juicios sobre él y percibiendo falsamente lo que estaba ocurriendo.

David: Incluso el "yo" que parecía sentir dolor era una percepción falsa. Desde ahora sólo es ver que tiene que ser así.

Participante: Sí. Me identifiqué falsamente.

David: Llévalo un paso más atrás de "me identifiqué falsamente". ¿Quién es ese "yo"? ¿Quién es el "yo" que se identificó falsamente? El engaño está en creer que en ese momento hubo un ser real, una persona real que experimentó dolor, o se identificó falsamente. ¿Ves que eso se rebobina hasta el presente? ¿Creo que hay una causa (con minúscula) que se encuentra en el presente y es desastrosa?

Participante: Y mientras lo crea tengo que creer que es inminente el desastre futuro.

David: Si fue real en el pasado...

Participante: Agárrate al asiento porque viene otra vez.

David: Aunque lo montes de manera que la salvación y la Expiación *van a venir*, si fue real en el pasado voy a tener que esperar. Tengo que atravesar un periodo de más dolor. La mente errada quiere ver el dolor como real, ha sido real y será real. Eso es lo que hay que cuestionar.

> Su causa, sin embargo, sólo puede estar aquí y ahora si sus efectos ya se han juzgado como temibles. Mas cuando se pasa esto por alto se protege la causa y se la mantiene alejada de la curación. Pues el milagro es algo que es *ahora*. Se encuentra ya aquí, en gracia presente, dentro del único intervalo de tiempo que el pecado y el miedo han pasado por alto, pero que, sin embargo, es el único tiempo que hay. Llevar a cabo la corrección en su totalidad no requiere tiempo en absoluto. Pero aceptar que la corrección se puede llevar a cabo parece prolongarse una eternidad. El cambio de propósito que el Espíritu Santo le brindó a tu relación encierra en sí todos los efectos que verás. Éstos se pueden ver *ahora*. ¿Por qué esperar a que se manifiesten en el transcurso del tiempo, temiendo que tal vez no se den,

cuando ya se encuentran aquí? Se te ha dicho que todo lo que procede de Dios es para el bien. Sin embargo, parece como si no fuera así. No es fácil dar crédito de antemano al bien que se presenta en forma de desastre, ni es ésta una idea que tenga sentido. T-26.VIII.5-6

Participante: Estupendo, sí. Gracias por añadir eso. [risa del grupo]

David: Eso se conecta con lo que decías antes. ¡Quieres la experiencia! Aquí dentro puede decirse todo tipo de cosas pero hasta que tengas la experiencia… y Jesús dice: ¡Es verdad! "No es fácil dar crédito de antemano al bien que se presenta en forma de desastre".

Participante: No entiendo qué quieres decir con eso.

David: Que las palabras "Se te ha dicho que todo lo que procede de Dios es para el bien", pueden sonar bonitas, pero si estás experimentando confusión, frustración, y carencia de paz de la forma que sea, esa no es tu experiencia, y no tienen ningún sentido. Si Dios dio una respuesta a la separación, ¿dónde la habrá puesto? ¿La habrá puesto en el futuro o la habrá puesto en el presente? ¿No sería cruel ponerla en el futuro en vez de en el presente? Eso significaría que hay una brecha que te separa de aceptarla. ¿Y si, por así decirlo, la hubiese puesto justo delante de tus narices? ¿Y si está aquí mismo? ¿Y si el obstáculo para que te des cuenta de ella estuviese justo delante de tus narices?

Participante: No me dejes colgado con esta frase: "¿Por qué habría de aparecer el bien en forma de mal?"

David: Dios te ha dado la respuesta en el presente. ¡El Espíritu Santo está aquí mismo, ahora mismo!

Participante: ¿Cómo puede estar por venir lo que soy?

David: "¿Por qué habría de aparecer el bien en forma de mal? ¿Y no sería un engaño si lo hiciese? Su causa está aquí, si es que aparece en absoluto". T-26.VIII.7 "Su causa está aquí" se refiere al bien: la causa del bien está aquí, si es que aparece en absoluto.

> ¿Por qué, entonces, no son evidentes sus efectos? ¿Por qué razón se ven en el futuro? Y procuras contentarte con suspirar y "razonar" que no entiendes esto ahora, pero que algún día lo entenderás y que su significado te resultará claro entonces. Esto no es razonar, pues es injusto, y alude claramente al castigo hasta que el momento de la liberación sea inminente. Pero puesto que el propósito de la relación ha cambiado ahora para el bien, no hay razón para un intervalo en que azote el desastre, el cual se percibirá algún día como algo "bueno", aunque ahora se perciba como doloroso. Esto es un sacrificio del *ahora*, que no puede ser el precio que el Espíritu Santo exige por lo que ha dado gratuitamente. T-26.VIII.7

Considera ese razonamiento, "¿Por qué habría de aparecer el bien en forma de mal? ¿Y no sería un engaño si lo hicieses?" ¡Quiero decir que la alegría tiene motivo ahora mismo! Si no experimento la alegría, la paz y el descanso, no puede ser que Dios esté negándome algo. No es que el sol deje de brillar porque yo me tapo los ojos con las manos mientras deseo que no esté tan oscuro [risa]. Eso es lo que hace la mente engañada. Dice *¡Padre! ¡Padre! ¡Ayúdame!*, mientras sostiene el escudo que tapa la luz. *¡Quítame el miedo!* [risa]

Participante: Pero aunque el Hijo de Dios haga eso, no estaría el Padre aún...

David: ¡Brillando! Brillar, brillar, brillar, el resplandor no cesa. Todo lo que el Padre puede hacer es brillar. Pero ¿querrá reconocerlo la mente?

Participante: ¿Es que el Padre no te va a quitar las manos de delante de los ojos?

David: ¡Ni lo pienses! ¡Ni pensarlo! No puede ocurrir, porque eso demostraría que el Hijo es impotente y necesita ser rescatado. Demostraría que la perfección necesita alguna clase de ayuda para poder ser la perfección. Dios no sería Él Mismo si bajase a decir *¡Esto es terrible! ¡Es real!* [risa] *Tu escudo es real. Te voy a ayudar a escapar de esto.* El Padre sabe que su Hijo es perfecto. Por eso ha de ser voluntario y totalmente desde dentro. Se llega a mirar el escudo y saber que eso no eres tú, que no lo necesitas.

Hay que cuestionar la idea de que la salvación está en el futuro, el tiempo lineal, la relación causa-efecto, la ordenación de los pensamientos y el hacer juicios. No es complicado. No es como cumplir los requisitos de la facultad, estudiar cada categoría y luego regurgitarlo *arreglaré primero lo de los juicios y ordenar los pensamientos y luego me trabajaré las relaciones especiales.* Se trata de una experiencia. Hasta que parezca que uno lee este libro es simbólico.

Participante: ¿Nos ayudará a aclararnos sobre cómo bajar el escudo?

David: Lo hará el Espíritu Santo. Y si el libro azul es un símbolo de la manera de pensar del Espíritu Santo con una forma que puedes comprender, puede ser útil. Es como encender las luces de la mente, esto es lo que parece ocurrir en la pantalla. Parece que esta persona lee este libro y viene a estas sesiones, pero son sólo imágenes en la pantalla. Así es como *parece* que ocurre.

En realidad es sólo tu intención, tu ardiente deseo de encender la luz. No está causado por este libro. Que el Curso cayese en tus manos no fue mágico, ¡es un efecto! Igual que esto es un efecto, [señala cosas concretas en la sala] y eso es un efecto, todo lo que hay en el mundo es un efecto. El Curso no tiene nada especial, ni lo tienen estas conversaciones, no es como si hubiese una forma, o una técnica, mejor que las otras.

Consideremos estos dos últimos párrafos:

> Esta ilusión, no obstante, tiene una causa que, aunque falsa, tiene que estar en tu mente ahora. Y esta ilusión es tan sólo un efecto que tu mente engendra y una forma de percibir su resultado. Este intervalo de tiempo, en el que se percibe la represalia como la forma en la que se presenta el "bien", es sólo un aspecto de la diminuta brecha que hay entre vosotros, la cual todavía no se ha perdonado. No te contentes con la idea de una felicidad futura. Eso no significa nada ni

es tu justa recompensa. Pues hay causa para ser libre *ahora*. ¿De qué sirve la libertad en forma de aprisionamiento? ¿Por qué habría de disfrazarse de muerte la liberación? La demora no tiene sentido, y el "razonamiento" que mantiene que los efectos de una causa presente se tienen que posponer hasta un momento futuro, es simplemente una negación del hecho de que causa y consecuencia tienen que darse simultáneamente. T-26.VIII.8-9

Ahí está otra vez la afirmación de que causa y efecto van juntos. Cualquier tipo de razonamiento que diga que la Salvación vendrá en el futuro es una negación del hecho de que consecuencia y causa tienen que estar juntas. La iluminación tiene que ser simultánea, tiene que ser instantánea. Eso es lo que significa reconocer algo que ya está aquí.

No es que la iluminación sea algo nuevo y que si de alguna manera lees bastante el Curso, o haces bastantes buenas obras, llegarás al punto en que por fin has llenado la taza. La taza está llena. La taza se está desbordando en este mismo instante, la única decisión es si vas a reconocerlo y aceptarlo. Si todavía parece haber vaguedad, si estás pensando que suena sencillo pero no parece que realmente sea tan sencillo, entonces es que hay algo que cuestionar. Tienes que creer aún en la idea de ser una persona y en las preferencias, tienes que creer aún en el tiempo lineal, en un pasado en el que ocurrieron cosas reales, y en un futuro en el que van a ocurrir más cosas reales. Si crees en eso, sencillamente estás negando la consciencia que está disponible ahora mismo. Estás negando la iluminación. La salvación es inmediata. Cuando salgan a relucir objeciones en tu mente, como preocupaciones por las deudas, o tu mujer o tus chiquillos: *pero, pero, pero, pero, pero...* recuerda que "...la confianza podría resolver cualquier problema ahora mismo". T-26.VIII.2

Alinéate con el Espíritu Santo. Permite que todo lo que siempre has creído se ponga boca abajo y se contradiga abiertamente. Estate contento y escucha al Espíritu Santo. Te guiará. No es que primero tengas que lidiar con todos esos problemas para que luego puedas abrirte al Espíritu Santo. El Espíritu Santo está disponible ahora mismo, y te va a dar las cosas al dictado. Te va dictar, por así decirlo, lo que tienes que decir y lo que tienes que hacer. Eso es un consuelo.

¿Qué no ibas a poder aceptar si supieses que todo cuanto sucede, todo acontecimiento, pasado, presente y por venir, es amorosamente planeado por Aquel cuyo único propósito es tu bien? E-135.18

Una vez que aceptes Su plan como la única función que quieres desempeñar, no habrá nada de lo que el Espíritu Santo no se haga cargo por ti sin ningún esfuerzo por tu parte. Él irá delante de ti despejando el camino, y no dejará escollos en los que puedas tropezar ni obstáculos que pudiesen obstruir tu paso. Se te dará todo lo que necesites. Toda aparente dificultad simplemente se desvanecerá antes de que llegues a ella. No tienes que preocuparte por nada, sino, más bien, desentenderte de todo, salvo del único propósito que quieres alcanzar. T-20.IV.8

No se puede decir más claro. Y eso es causa de regocijo. Ahora mismo, no en el futuro. "No te contentes con la idea de una felicidad futura". T-26.VIII.9

Participante: Parece que sería útil preguntarme a mí mismo *¿qué es lo que quiero?* Si siempre consigo lo que quiero, entonces me conviene estar muy centrado y tener muy claro qué es lo que quiero. Puedo confiar en que la mente consigue exactamente lo que quiere.

David: Conforme profundizamos observamos los pensamientos. Uno nota de qué manera de pensar vienen las palabras cuando salen de la boca. Hay una sensación de monitorización. Como cuando uno dice "no importa" en cuanto se oye a sí mismo decir las primeras palabras de una frase. Se desarrolla una capacidad de monitorizar enseguida, de no condonar las divagaciones de la mente. Se observa los pensamientos en lugar de caminar como un sonámbulo. Atrapar así las palabras que dices significa que estás observando tus pensamientos, ¡estás desconectando al ego! Justo ahí, en la idea de que "no importa", está la consciencia de que no tiene caso acabar la frase porque era inútil.

¡Es bueno darse cuenta de que si no experimentas paz ahora tiene que ser porque aún no estás listo, o porque todavía tienes interés en el sistema de pensamiento falso! Eso te da ímpetu para cuestionar. Si tienes la sensación de que la salvación está disponible ahora mismo, y sin embargo hay algo que te impide experimentarla en este mismo instante, ¡eso está muy bien!

> No es del tiempo de lo que te tienes que liberar, sino de la diminuta brecha que existe entre vosotros. Y no dejes que ésta se disfrace de tiempo, y que de este modo se perpetúe, ya que al haber cambiado de forma no se puede reconocer como lo que es. El propósito del Espíritu Santo es ahora el tuyo. ¿No debería ser Su felicidad igualmente tuya? T-26.VIII.9

"Y no dejes que ésta se disfrace de tiempo...". Parece que todos los problemas de este mundo tienen que ver con el tiempo, sea saldar deudas, resolver un asunto con tu esposa o avanzar hacia convertirte en un místico, siempre parecen implicar algo de tiempo. Pensar en cómo se resolverán las cosas en el futuro, o en que no se resolvieron en el pasado requiere mucho esfuerzo y mucho disgusto. Cuando estés disgustado, "no es del tiempo de lo que te tienes que liberar". No permitas que la brecha se disfrace de tiempo y se perpetúe de este modo, estate abierto a la corrección que siempre está disponible en el presente. Parece que seguimos rastros sólo por la creencia en el tiempo lineal, pero la idea de seguir rastros se desmorona cuando se ve la falsedad del ego. Entonces llegan la paz y la alegría constantes, no es primero morder el anzuelo y luego tener que seguir el rastro de lo que te ha pasado. ¡Ya no muerdes el anzuelo!

Desear completamente es Ser

Participante: Acabo de leer sobre alguien que tuvo su despertar. Ciertamente me alegro de que alguien pueda tener semejante experiencia, pero tengo una pregunta. Sigo oyendo decir que no hay que hacer nada más que recordar. No hay duda alguna de que la experiencia de "nada más que recordar" parece ser muy esquiva. También sigo oyendo decir que todo cuaja cuando por fin dejamos de buscar la luz. Me parece inconcebible que una vez que hemos saboreado la luz dejemos de buscarla. Sé que el deseo de la luz es la clave, pero ¿cómo se puede desear algo tanto y no intentar buscarlo?

David: Desear completamente es experimentar la ausencia de deseos de la creación, del *Ser*. "Intentar" es hacer un esfuerzo por conseguir lo que se cree que está ausente. Indagar y buscar son, por tanto, actividades que nacen de la idea de carencia, mientras que cuando se acepta la Expiación, o Corrección, toda búsqueda desaparece. La propia búsqueda era la enfermedad. La experiencia del momento presente es la tranquila satisfacción del perdón. La búsqueda era el estrés, la liberación de rendirse sosegadamente sólo ofrece relajación y facilidad divina. El "sabor" de la luz es siempre una experiencia en el presente. Sólo los intentos de ubicar ese sabor en el pasado, o en el futuro, son erróneos. Recordar el presente y olvidar el pasado van de la mano. No puede ser difícil *ser* tal como uno es *ahora*, pero la creencia en el tiempo lineal da entrada a la ilusión de la "necesidad" de cambiar. ¿Qué puede significar cambiar de ideas sobre nuestra Mente sino aceptar nuestra unicidad inmutable? El deseo no es una cuestión de grados. Tampoco lo es nuestro Ser Único en Dios. Sencillamente, perdona el "intentar" ser cualquier "cosa". El Ser está más allá del concepto de cambio. Incluso el estar alerta desaparece en el instante santo, pues en la experiencia total del *ahora* no hay nada en contra de lo cual haya que estar alerta.

¡Me regocijo en el Momento Viviente! Ahora la completitud es verdadera, y felizmente la completitud no tiene "contrario".

La práctica espiritual no es nada sin la integridad

La integridad es un símbolo de una mente integrada, o completa, una mente en la que no hay conflicto alguno y nada está en desacuerdo. La integridad se deduce de la honestidad, al igual que la honestidad se deduce de la confianza. Cuando digo honestidad quiero decir consistencia, y cuando digo confianza quiero decir confianza en el Espíritu Santo.

Es imposible creer en el ego y tener confianza, honestidad ni integridad. Los que afirman que enseñan las sencillas enseñanzas del perdón que hay en la Biblia o en *Un curso de milagros* están llamados a poner al descubierto y soltar el ego, el hacer juicios. Este poner al descubierto y soltar el ego –el hacer juicios– es un sendero hacia la Iluminación/Salvación que sólo tiene éxito por medio del perdón total. No hay perdón parcial, de la misma manera que no hay curación parcial. La mente que busca un compromiso entre las enseñanzas del perdón y los conceptos de autoimagen del ego está pidiendo lo imposible. La Verdad está más allá de las alternativas, en el portal del perdón que conduce al Amor Divino no puede haber ningún apaño.

Para poder reconocer la confianza, la honestidad y la integridad, hay que soltar completamente el sistema de creencias de la avaricia, la posesión y el control. Jesús dijo que no se puede servir a dos señores ni se puede ver dos mundos. La mente que intenta poseer ha negado su Realidad Espiritual y la Verdad de nuestro Ser.

Son muchos los que vienen a Cristo a decir "Señor, Señor", pero traen el corazón lleno de deseos de control y posesión. Y Cristo dice "Apártate de Mí, no te conozco". Cristo vive en Dios, y en Dios no hay ninguna ilusión. No mantengas ni un concepto apartado de la Luz Interior, o habrás alzado la imagen de un ídolo en tus creencias, y obstaculizado a la Luz del Amor en tu consciencia. ¡Abandona la creencia en la posesión y el control, y sé feliz! Reconoce la Integridad de la Mente Completa, Prístina, Inocente, Pura y Radiante de Amor.

Por sus frutos los conocerás. El Amor no es presuntuoso ni soberbio, pues el Amor se acepta a Sí Mismo como Uno con Su Creador. Ser humilde en el Señor es conocer la Verdadera Identidad de Uno en Dios, ¡Pura Grandeza! En la espiritualidad no hay más que un "espectáculo" de grandiosidad si no hay pureza de pensamiento, y este "espectáculo" es sólo un engaño. Sé humilde en el Amor de Dios, soltando cada pizca de posesividad y de orgullo, y aceptando la gloria de "Soy tal como Dios Me creó".

¡Los frutos del perdón y la observación de la mente son Pura Alegría! ¡Acepta Ahora los Regalos del Espíritu! No te dejes tentar por el especialismo y la pequeñez de la forma cuando el Contenido de Espíritu está disponible sólo con Pedirlo. Contempla Ahora las Buenas Noticias del Reino.

La integridad: vivir en el Propósito Divino

No puede haber una característica más importante del auténtico Despertar que la Integridad, porque sin Integridad, la tranquilidad de espíritu se queda en una afirmación, en lugar de ser una experiencia real. La Integridad depende de la consistencia y de la pureza del pensamiento. Sin alinearse con el Espíritu Santo, la Integridad parece inalcanzable, y la culpabilidad parece real en la consciencia.

Si se sigue al Espíritu Santo y SÓLO si se sigue al Espíritu Santo es posible desear, creer, pensar, sentir, percibir y actuar de manera consistente. Uno de los nombres del ego es engaño, cuando se cree en el engaño, la ilusión de la culpabilidad parece, en efecto, muy real. Las afirmaciones, los mantras y los buenos deseos nunca van a volverse sustitutos de mirar adentro y poner al descubierto el sistema de pensamiento del ego. Hay que poner al descubierto y entregar voluntariamente al Espíritu Santo los focos de culpabilidad y, cuando esto ocurre, se hace obvio que la culpabilidad nunca fue real.

La confusión es el resultado del intento de servir a dos señores y de ver dos mundos. Pero es imposible ver dos mundos que no coinciden en nada. No hay manera de volver al pasado, no hay manera de repetir el pasado. El pasado sólo se puede perdonar, o soltar.

La inocencia y la culpabilidad surgen de dos sistemas de pensamiento diferentes. Uno es real y el otro no. Dios es un Dios de Inocencia y Amor Puro, y por tanto sólo se puede experimentar la Unión con Dios en el Estado de Inocencia. La culpabilidad siempre es una señal segura de que la mente está escuchando al ego y tiene miedo de la Voz del Espíritu Santo. La culpabilidad es una manera de cerrarse y desconectarse, un intento de estar separado, solo y aislado. El Espíritu Santo ofrece curación y espera con paciencia a que se ponga al descubierto la culpabilidad de manera voluntaria. Por eso hago énfasis a menudo en la importancia de compartir lo que tenemos en mente y no mantener nada oculto. Pues en la Verdad no hay nada que ocultar. Pero esto sólo se experimenta si cuando la culpabilidad surge en la consciencia no se la intenta negar ni proteger. La culpabilidad desprotegida se disuelve sin esfuerzo alguno en la Luz del Amor. Se necesita un esfuerzo enorme para ocultar la culpabilidad y mantenerla escondida detrás de una multitud de ídolos y apariencias.

Te has preguntado alguna vez "¿Por qué estoy intentando ocultar la culpabilidad que siento?, ¿Por qué me aferro tanto a la culpabilidad?, ¿Qué es lo que temo que ocurra si suelto esta culpabilidad?, ¿Qué es lo que tanto valoro de este mundo y estoy convencido de que el Espíritu Santo se lo va a llevar?" La resistencia es fútil pues no tiene ningún Propósito. La salvación no consiste en hacer apaños de ninguna clase. Y sin embargo la salvación no tiene coste alguno. Abandonar lo que no es nada a cambio de recordar al Todo, ¿podría considerarse un coste?

El mundo percibido puede haber parecido cómodo y familiar a veces, pero siempre llevaba consigo una sensación de culpabilidad, inseguridad y dificultad. El terror al "Desconocido" es la demencial "razón" de que la mente tenga miedo a soltar lo familiar y abrirse a Dios. Sí, es verdad, el mundo distorsionado se ha convertido en lo "conocido" para la mente dormida y así Dios se ha vuelto el Gran "Desconocido". Mientras parezca valioso agarrarse a lo conocido (el ego), la culpabilidad le parecerá real a la consciencia. En el Momento en que la mente decide aceptar al Gran "Desconocido" (Dios), la culpabilidad desaparece para siempre y Cristo y Dios son Conocidos. Realmente ES así de sencillo.

Di lo que quieras decir y quiere decir lo que digas. Escucha al Espíritu Santo y esto no será difícil. Escucha al ego y esto parecerá imposible. No te ocultes de Mí, Amado, porque Te Amo desde siempre y para siempre. Ocultarse es asumir la arrogante creencia en que hay algo que tiene que ocultarse. En Dios no hay ningún secreto ni misterio. En Dios Todo se revela abiertamente. Dios es sólo Luz. Sube las persianas y abre las cortinas. Sólo la anticipación va a parecer que asusta a una mente tan acostumbrada a la oscuridad. Bañándose en la Luz de Dios se hace obvio que sólo existe la Luz.

El Plan de Dios es ser feliz, estar alegre y en paz. Si no sientes estas emociones brotar y borbotear es porque estás intentando seguir a una voz extraña con un plan para mantener oculta la culpabilidad. No tengas miedo de cambiar de rumbo inmediatamente, de cambiar de opinión ya, porque tienes derecho a los milagros y a la alegría de obrar milagros. Si aún te atrae complacer a la gente, no hay manera de que experimentes plenamente la Alegría, porque complacer a la gente es atraer y mantener la culpabilidad. Si en tu santa mente surge esta tentación, tómate un Momento de pausa y recuerda la gratitud que has experimentado en lo profundo de tu interior. Permite que la Fortaleza de la gratitud transporte a tu consciencia más allá del miedo y de la culpabilidad. Recuerda Todo lo que ofrece nuestro santo Propósito, da un paso adelante en la Fortaleza de nuestra Inocencia Divina.

Has dado muchos pasos hacia adentro. Has experimentado muchos milagros. De hecho esas aperturas y transformaciones han parecido rápidas. Hay muchas más que parecerán seguirlas. Haz que tu desaprendizaje sea veloz, pues nuestro Propósito no puede hacer excepciones ni transigir para ser Lo Que Es. La percepción de las multitudes se desvanece en una trama sanada de perdón. Ahora es el momento.

No tengas miedo a Llamarme, Amado Mío. Que no te tiente el apartarte. Yo veo nuestra Inocencia Perfecta. No hay nada que buscar en el mundo. No se requiere ninguna aprobación de ningún cuerpo para aceptar nuestra retirada a la Inocencia Eterna. Lo que parecía un avance hacia el mundo siempre fue ilusorio. Suelta los "negocios" del mundo porque ya han servido, y Ahora se han quedado para siempre detrás de Nosotros. Uno se acerca al Cielo cuando ve la carencia de significado del mundo. Tú eres el Significado que el mundo se fabricó para ocultar. ¡Tú como el Cristo eres la Gloria de Dios! No dejas tirado a nadie al aceptar la Expiación. En la Salvación no hay coste alguno. Todo el mundo está con Nosotros en la Expiación. ¿Cómo iba a ser de otra manera? Todo brilla y resplandece en la Inocencia del Amor Divino.

> En ti reside el Cielo en su totalidad. A cada hoja seca que cae se le confiere vida en ti. Cada pájaro que jamás cantó cantará de nuevo en ti. Y cada flor que jamás floreció ha conservado su perfume y hermosura para ti. ¿Qué objetivo puede suplantar a la Voluntad de Dios y a la de Su Hijo de que el Cielo le sea restituido a aquel para quien fue creado como su único hogar? No ha habido nada ni antes ni después. No ha habido ningún otro lugar, ningún otro

estado ni ningún otro tiempo. Nada que esté más allá o más acá. Nada más. En ninguna forma. T-25.IV.5

Siempre estoy junto a Ti, Amado de Dios, pues sólo hay Un Ser.

La verdad es verdadera y sólo la verdad es verdadera

La verdad es verdadera y sólo la verdad es verdadera. Si se aplica directamente a cualquier aparente problema de este mundo, esta afirmación tan profundamente sencilla tiene el poder de sacar a la mente del estado de confusión y miedo. Tiene el poder de devolver a la mente a la simplicidad y seguridad del momento presente en un instante.

¿Qué es la verdad? Cuando Jesús dijo "Yo soy el camino, la verdad y la vida", estaba hablando el Espíritu Santo. La verdad es la experiencia de que Dios Es, es un estado mental mucho más allá de la forma. La palabras pueden reflejarla, o apuntar hacia ella, pero la verdad sólo puede conocerse como una experiencia real.

El ego inventó su propia versión de la verdad en este mundo, que supone seis mil millones de mentes separadas cada una de ellas con su propia versión de la verdad. Esta distorsionada idea de la verdad es sólo un juicio basado en el pasado y sometido a cambios que, por tanto, es irreal y no merece confianza. Nada de lo que hay en este mundo es verdadero, porque tú no eres de este mundo. Este es un mundo de imágenes cambiantes en continua transformación y el Cristo –al ser similar a Dios en todos los aspectos– es eterno e inmutable. La mente pareció encerrarse a sí misma en el tiempo y el espacio, cambiando la Realidad tal como Dios la creó por una pseudo-realidad basada en las imágenes. El perdón es el escape de las ilusiones y el regreso a la verdad.

Ver lo falso como falso exige humildad y una gran disposición a aceptar que uno está equivocado, hasta llegar a aceptar que "Mi manera de pensar ha sido una equivocación, no sé lo que es la verdad y estoy dispuesto a que se me enseñe". Cuando la mente sigue profundizando cada vez más hacia la verdad, se reconoce que nada de lo que el mundo cree es verdadero y que el mundo no ofrece nada que tenga verdadero valor. Todas las creencias relacionadas con la supervivencia, la nutrición, el ejercicio, el amor, las relaciones, la vida y la muerte, la enfermedad y la salud, cualquier clase de causación y el propósito de cada cosa separada de este mundo se han de elevar a la consciencia, se han de cuestionar, se han de ver como falsas y se han de entregar al Espíritu Santo para poder elegir otra manera de verlas.

Las lecciones 9, 14 y 15 del Libro de ejercicios son útiles como apoyo en los primeros pasos hacia ver lo falso como falso. La lección 9, "No veo nada tal como es ahora". Y del segundo párrafo de la lección 9, "A la mente no entrenada le resulta difícil creer que lo que aparentemente contempla realmente no está ahí". La lección 14, "Dios no creó un mundo sin significado". Esta idea es "un paso más en el proceso de aprender a abandonar los pensamientos que le has adscrito al mundo, y a ver en su lugar la Palabra de Dios. Los pasos iniciales de este intercambio, al que verdaderamente se le puede llamar salvación...". Y la lección 15, "Mis pensamientos son imágenes que yo mismo he fabricado. No reconoces que los pensamientos que piensas que piensas no son nada debido a que aparecen como imágenes". No sólo se ve a las imágenes como si fuesen reales sino que además la mente engañada ordena y clasifica esos pensamientos-imágenes en jerarquías.

Apliquemos, como ejemplo, la lección 14 al pensamiento de un accidente de aviación *Dios no creó ese accidente de aviación y por lo tanto no es real*. Cuando el acontecimiento parece del pasado, está relacionado con "otras personas" y ha ocurrido en "otro sitio", parece más aceptable. Hay una aparente brecha en el tiempo y el espacio, una separación entre el perceptor y el objeto/acontecimiento percibido. Pero cuando se aplica a personas, acontecimientos y lugares del entorno inmediato de uno, de la experiencia inmediata de la vida de uno, la ordenación de los pensamientos parece producir mucha resistencia a aceptar y aplicar las enseñanzas. Se le da una importancia o "realidad" mayor a lo que se ha elegido como personas "especiales" y cosas "especiales". Si sólo la verdad es verdadera y nada más es verdadero, entonces todos los pensamientos que ahora mismo contiene mi mente relacionados con cualquier persona, objeto o acontecimiento espacio-temporal —como mi mejor amigo, mi madre, mi cónyuge, mi animal favorito o el día de mi boda— son igualmente irreales.

Esta transferencia del aprendizaje sin excepciones es fundamental para la sanación de la mente. Mantener una excepción es negarse a aceptar la corrección, a aceptar que todas las ilusiones son igualmente irreales. Cuando Jesús dijo "Sed como niños", estaba hablando de un estado de apertura mental, de una actitud humilde y dispuesta a soltar alegremente toda creencia en que uno pudiera saber para qué es el mundo ni cómo debería ser.

En la lección 184 Jesús dice: "Vives a base de símbolos. Has inventado nombres para todas las cosas que ves. Cada una de ellas se ha convertido en una entidad aparte, identificada por su propio nombre. De esta manera la segregas de la unidad". Esta segregación, este establecimiento de la percepción como verdadera es cumplir los deseos. Lo que tiene nombre recibe significado, se lo ve como relevante y como causativo. Este establecimiento de la percepción como verdadera se opone rotundamente a la verdad que nos ha sido dada. El nombre de Dios sustituye a todos los nombres, objetivos y significados separados del mundo. El Espíritu Santo usa todos los símbolos del mundo, incluidas las palabras, para señalar hacia la verdad, y recordar que la Creación tiene un Nombre, un Significado y una Fuente únicos que unifican todo dentro de Ella.

Recuerda que este mundo es un sustituto del Cielo. No es tu hogar. Todos los recuerdos, pensamientos, relaciones, sitios, acontecimientos y personas pueden ser utilizados por Mí (el Espíritu Santo) para el glorioso propósito de despertar. Camina suavemente entre las imágenes. Permite con agradecimiento que tu mente se libere de ellas. Sólo por medio del verdadero perdón podrá la mente liberarse de las ilusiones y tener libertad para aceptar el Nombre de Dios en lugar de todos los pequeños nombres, libertad para aceptar la Realidad tal como fue Creada por Dios el Padre.

Cuando hablo de perdón verdadero, percepción verdadera y amor verdadero, estoy hablando de la percepción unificada, que ya no percibe separación ni fragmentación. Estoy hablando del Amor de Dios que no es de este mundo. Las versiones que inventó el ego del perdón, la percepción, y el amor son inconstantes y están sometidas al cambio. Observando cómo te sientes podrás saber si estás o no alineado con la verdad. No desperdicies ni un sólo precioso instante en buscarle significado a las imágenes. Son del pasado. El pasado ya se ha terminado.

Ven, quédate junto a Mí, confía en Mí, suelta el pasado y dame tu Ser en este instante santo. No hay más alternativa que aceptar el plan de Dios para la salvación. Pretender que pueda ser de otra manera no es más que una distracción, irrelevante en la eternidad pero trágica en el tiempo, trágica por el estado mental de conflicto que se elige sin necesidad alguna. Tienes un motivo para ser libre ahora. ¡Tienes un motivo para ser feliz ahora! Todo lo que se requiere es tu aceptación. Ven a regocijarte junto a Mí en la sencillez de la verdad.

Descansa en Mí: un mensaje de Cristo

Consuélate, Amado. No se te pide que hagas nada. Llega el momento en que todo lo que se te pide es dar un paso atrás. Es hora de descansar, no de esforzarte, es la hora de la paz, no de los conflictos. Esa hora casi ha llegado. Te parece temible, porque no tienes control sobre ello, pero piensa con sinceridad en lo que has conseguido teniendo el control. ¿Qué te ha traído tener el control?

Has estado atrapado en una trampa de la que nunca podrías escapar. El conflicto, la culpabilidad y el miedo han venido a ti, y nunca se han ido de tu lado. Cada uno lo hizo de manera distinta, pero todos llegaron al mismo sitio, al mismo callejón sin salida. Y ahora a todos les parece que no hay escapatoria, pues es verdad que uno no puede escapar solo. Parece que se trata de historias diferentes, porque toman diferentes formas. Pero su contenido único hace que todos sean tus hermanos. No insistas en las diferencias o estarás perdido. ¡Estarás salvado cuando reconozcas el contenido común, la necesidad común!

El desbarajuste de tu vida es una ilusión. ¿Qué se puede solucionar por medio de las formas de un sueño? Una pregunta que aún no se ha planteado no tiene respuesta, pues nadie la reconocería. Pregúntate sólo esto, "¿Es mi voluntad cumplir con la función que se me ha dado?" ¿Qué otra preguntar hay que hacer? ¿Por qué tengo que saber qué forma va a tomar la respuesta? Dios responde "Sí", y ya está hecho. Sólo esto tiene significado para ti.

No es Él Quien quiere ocultarte el futuro para tenerte atemorizado. No podrías aceptar su "sí" en una forma que no comprendieses. Lo que todavía está en el tiempo se despliega tal como le está señalado y aún queda mucho por hacer. No se te pueden mostrar completamente unos planes basados en intangibles. Y lo que aún no ha ocurrido tiene que ser intangible. Esta etapa de tu aprendizaje contiene una única lección para todas las formas que parecen tomar tus problemas.

Todo es posible para Dios, pero tienes que pedirle Su respuesta sólo a Él. Tal vez creas que lo haces, pero ten la seguridad de que si lo hubieras hecho, ahora estarías tranquilo y nada en absoluto podría inmutarte. No intentes adivinar cuál es Su Voluntad para ti. No supongas que tienes razón cuando una respuesta parezca venir de Él. Asegúrate de preguntar, y luego cállate y deja que Él hable. No hay ningún problema que Él no pueda resolver, pues no es Él Quien mantiene aparte ciertas cuestiones para que otro las resuelva. No puedes compartir el mundo con Él mientras hagas Suya una mitad y dejes la otra para ti. La verdad no negocia. Mantener separado un poquito es mantener todo separado. O tu vida pertenece total y completamente a Dios, o nada de lo que hay en ella es Suyo. No hay una sola idea en este mundo que parezca más terrible.

Pero cuando esta idea aparece con claridad perfecta, la mente que durante tanto tiempo se mantuvo retorcida y a oscuras para evitar la luz sólo encuentra esperanza de paz y seguridad. Ésto es la luz. Da un paso atrás y no insistas en las formas que parecen mantenerte limitado. Vas a cumplir tu función y vas a tener cualquier cosa que vayas a necesitar. Dios no falla. Pero no pongas límites a lo que Le entregas para que sea resuelto, porque Él no puede ofrecer mil respuestas cuando nada más que existe una. Acéptala de Él, y no quedará una sola pregunta que plantear.

No se te olvide que cuando intentas resolver un problema, es porque lo has juzgado por tu cuenta y de esta manera has traicionado a tu verdadero papel. La grandeza, que procede de Dios, establece que el hacer juicios es imposible para ti, pero la grandiosidad insiste en que hagas juicios sobre todos los problemas que tienes. ¿Con qué resultado? Contempla cuidadosamente tu vida y deja que te hable.

Este débil aliento y esta profunda incertidumbre, ¿son lo que quieres elegir? ¿O quieres descansar en la seguridad, con la certeza de que la respuesta a tu petición de que todos tus problemas se resuelvan felizmente no puede fallar? Que no te confundan los sutiles disfraces con que sabes vestir los juicios. Se presentan como caridad, como misericordia, como amor, como compasión, como comprensión y como interés. Pero sabes que no es lo que parece, porque tu problema sigue sin resolverse y viene a acosar a tu mente en forma de sueños malignos. ¿Qué has ocultado de Dios que quieres esconder detrás de los juicios que haces? ¿Qué has escondido debajo de ese manto de amabilidad y preocupación? No utilices a nadie para satisfacer tus necesidades, porque eso es "pecado" y pagarás las consecuencias con culpabilidad.

Recuerda que no necesitas nada sino que tienes una reserva inagotable de regalos amorosos que dar. Pero enséñate esta lección sólo a ti mismo. Tu hermano no va a aprenderla de tus palabras, ni de los juicios que le eches encima. No necesitas siquiera decir una palabra. No puedes preguntar "¿Qué le digo?" y oír la respuesta de Dios. En lugar de eso, pide "Ayúdame a ver a este hermano a través de los ojos de la verdad y no con los ojos de juzgar", y la ayuda de Dios y de todos sus ángeles te traerá la respuesta.

Pues sólo así descansamos. Desechamos nuestros pequeños juicios y nuestras palabras triviales, nuestros insignificantes problemas y nuestras preocupaciones falsas. Hemos intentado ser dueños de nuestros destinos y hemos creído que la paz iba a estar en eso. Es imposible tener paz mientras se hagan juicios. Pero tienes a tu lado a Quien conoce el camino. Da un paso atrás a favor de Él y deja que sea Él Quien te guíe al descanso y al silencio de la Palabra de Dios.

No tienes que hacer nada ahora. De nada sirve intentar que funcionen tus planes concretos, por importantes que te parezcan. Todo va a encajar en su sitio.

La naturaleza pasiva de la corrección

David: Hay un par de pasajes que podemos utilizar como apoyos para llegar a ver la naturaleza pasiva de la corrección. Estos pasajes tratan de la tranquilidad y el sosiego, de ir más allá de las palabras. Muchos han oído antes la cita "El amor no se opone a nada". En el *Canto de la oración* Jesús habla así de la humildad. Dice que los que son verdaderamente humildes puede permitir que su santa mente descanse sin preocuparse por el mundo, sin pensar en "enemigos" y sin necesidad alguna de juzgar ni defenderse, porque la humildad no se opone a nada.

También vienen a la mente las primeras páginas de la Parte II del Libro de ejercicios. Aquí el Libro de ejercicios parece avanzar hacia su fase final. Después de completar doscientas veinte lecciones, el énfasis se desplaza hacia el silencio. Probablemente haya dos maneras de practicar la última parte del Libro de ejercicios. Una de ellas es intentar utilizar una idea central para guiar a la mente al estado de meditación. La otra tiene formato libre, no intentar pensar en nada, ni siquiera intentar mantener una idea central.

Esa última es la que conduce al estado de apertura a la revelación, la que se vuelve la manera normal de practicar. Todas las otras formas eran preliminares a esta, tanto si eran visualizaciones, como si era mover los ojos alrededor de la sala o incluso mantener una idea central. Probablemente la forma de meditar que el maestro de Dios avanzado debería adoptar e intentar practicar, sea ésta.

He pensado que podríamos leer juntos la Introducción de la segunda parte del Libro de ejercicios, pero antes voy a leer este pasaje de la sección *No tengo que hacer nada* del Capítulo 18:

> Ahorra tiempo valiéndote únicamente de los medios que aquí se ofrecen, y no hagas nada más. "No tengo que hacer nada" es una declaración de fidelidad y de una lealtad verdaderamente inquebrantable. Créelo aunque sólo sea por un instante, y lograrás más que con un siglo de contemplación o de lucha contra la tentación. T-18.VII.6

Hacer algo siempre involucra al cuerpo. Y si reconoces que no tienes que hacer nada, habrás dejado de otorgarle valor al cuerpo en tu mente. He aquí la puerta abierta que te ahorra siglos de esfuerzos, pues a través de ella puedes escaparte de inmediato, liberándote así del tiempo. Ésta es la forma en que el pecado deja de ser atractivo *en este mismo momento*. Pues con ello se niega el tiempo, y, así, el pasado y el futuro desaparecen. El que no tiene que hacer nada no tiene necesidad de tiempo. No hacer nada es descansar, y crear un lugar dentro de ti donde la actividad del cuerpo cesa de exigir tu atención. A ese lugar llega el Espíritu Santo, y ahí mora. T-18.VII.7

Y ahora de la sección *¿Qué es el perdón?*, que sigue a la introducción a la Parte II del Libro de ejercicios:

El perdón, en cambio, es tranquilo y sosegado, y no hace nada. No ofende ningún aspecto de la realidad ni busca tergiversarla para que adquiera apariencias que a él le gusten. Simplemente observa, espera y no juzga... No hagas nada, pues, y deja que el perdón te muestre lo que debes hacer a través de Aquel que es tu Guía, tu Salvador y Protector, Quien, lleno de esperanza, está seguro de que finalmente triunfarás. E-pII.1.4-5

Todos estos pasajes apuntan a que la corrección es pasiva, y no activa de ninguna manera. La verdad no consiste en batallar contra las ilusiones. Consiste en ser capaz de ver que sólo las ilusiones pueden batallar. Desde esa consciencia y ese reconocimiento uno no intenta tomar partido. Ni siquiera se intenta percibir que está teniendo lugar una injusticia o algo desigual, porque cuando uno percibe una injusticia, o que se trata a alguien de forma desigual, eso no es más que otra manera de decir que uno está negando al Padre. No puede haber injusticias y Dios, al Ser Él Quien Es. Sólo puede significar que las injusticias y los conflictos son percepciones erróneas.

Ahora vamos a leer parte de la Introducción a la Parte II del Libro de ejercicios:

Transferencia del aprendizaje

> Las palabras apenas significarán nada ahora. Las utilizaremos únicamente como guías de las que no hemos de depender. Pues lo único que nos interesa ahora es tener una experiencia directa de la verdad. Las lecciones que aún nos quedan por hacer no son más que introducciones a los períodos en que abandonamos el mundo del dolor y nos adentramos en la paz. Ahora empezamos a alcanzar el objetivo que este curso ha fijado y a hallar la meta hacia la que nuestras prácticas han estado siempre encaminadas. E-pII.in.1

> Lo que nos proponemos ahora es que los ejercicios sean sólo un preámbulo. Pues aguardamos con serena expectación a nuestro Dios y Padre. Él nos ha prometido que Él Mismo dará el paso final. Y nosotros estamos seguros de que Él cumple Sus promesas. Hemos recorrido un largo trecho, y ahora lo aguardamos a Él. Continuaremos pasando un rato con Él cada mañana y cada noche, mientras ello nos haga felices. No vamos a considerar el tiempo ahora como una cuestión de duración. Dedicaremos tanto tiempo como sea necesario a fin de lograr el objetivo que perseguimos. No nos olvidaremos tampoco de nuestros recordatorios de cada hora, y recurriremos a Dios siempre que nos sintamos tentados de olvidarnos de nuestro objetivo. E-pII.in.2

Una bella frase, "No vamos a considerar el tiempo ahora como una cuestión de duración".

Y el final del cuarto párrafo continúa:

> Expresaremos las palabras de invitación que Su Voz sugiere y luego esperaremos a que Él venga a nosotros. E-pII.in.4

> La hora de la profecía ha llegado. Ahora es cuando las antiguas promesas se honran y se cumplen sin excepción. No queda ningún paso que el tiempo nos pueda impedir dar. Pues ahora no podemos fracasar. Siéntate en silencio y aguarda a tu Padre. Él ha dispuesto que vendrá una vez

que hayas reconocido que tu voluntad es que Él venga. Y tú nunca habrías podido llegar tan lejos si no hubieses reconocido, por muy vagamente que fuese, que ésa es tu voluntad. E-pII.in.5

Estoy tan cerca de ti que no podemos fracasar. Padre, Te entregamos estos santos momentos como muestra de agradecimiento por Aquel que nos enseñó a abandonar el mundo del pesar a cambio del que Tú nos diste como sustituto. Ahora no miramos hacia atrás. Miramos hacia adelante y fijamos la mirada en el final de la jornada. Acepta de nuestra parte estas humildes ofrendas de gratitud, mientras contemplamos, a través de la visión de Cristo, un mundo que está más allá del que nosotros construimos y que aceptamos como sustituto total del nuestro. E-pII.in.6

Y ahora aguardamos en silencio, sin miedo y seguros de Tu llegada. Hemos procurado encontrar el camino siguiendo al Guía que Tú nos enviaste. Desconocíamos el camino, pero Tú no te olvidaste de nosotros. Y sabemos que no Te olvidarás de nosotros ahora. Sólo pedimos que Tus promesas de antaño se cumplan tal como es Tu Voluntad. Al pedir esto, nuestra voluntad dispone lo mismo que la Tuya. El Padre y el Hijo, Cuya santa Voluntad creó todo lo que existe, no pueden fracasar en nada. Con esta certeza daremos estos últimos pasos que nos llevan a Ti, y descansaremos confiadamente en Tu Amor, el cual jamás defraudará al Hijo que Te llama. E-pII.in.7

Y así damos comienzo a la parte final de este año santo que hemos pasado juntos en busca de la verdad y de Dios, Quien es su único creador. Hemos encontrado el camino que Él eligió para que nosotros lo siguiésemos, y decidimos seguirlo tal como Él quiere que hagamos. Su Mano nos ha sostenido. Sus Pensamientos han arrojado luz sobre las tinieblas de nuestras mentes. Su Amor nos ha llamado incesantemente desde los orígenes del tiempo. E-pII.in.8

Y un párrafo más abajo:

> A la necesidad de practicar casi le ha llegado su fin. Pues en esta última etapa llegaremos a entender que, sólo con invocar a Dios, toda tentación desaparece. En lugar de palabras, sólo necesitamos sentir Su Amor. En lugar de oraciones, sólo necesitamos invocar Su Nombre. Y en lugar de juzgar, sólo necesitamos aquietarnos y dejar que todas las cosas sean sanadas. Aceptaremos la manera en que el plan de Dios ha de terminar, tal como aceptamos la manera en que comenzó. Ahora ya se ha consumado. Este año nos ha llevado a la eternidad. E-pII.in.10

> Las palabras tendrán todavía cierta utilidad. Cada cierto tiempo se incluirán temas de especial relevancia, cuya lectura debe preceder a la de nuestras lecciones diarias y a los períodos de experiencia profunda e inefable que deben seguir a éstas. Estos temas especiales deberán repasarse cada día hasta que se te ofrezca el siguiente. Debes leerlos lentamente y reflexionar sobre ellos por un rato antes de cada uno de esos santos y benditos instantes del día. He aquí el primero de estos temas especiales. E-pII.in.11

La singularidad y el silencio

> El cuerpo es un límite que se le impone a la comunicación universal, la cual es un atributo eterno de la mente. Mas la comunicación es algo interno. La mente se extiende hasta sí misma. No se compone de diferentes partes que se extienden hasta otras. No sale afuera. Dentro de sí misma es ilimitada, y no hay nada externo a ella. Lo abarca todo. Te abarca completamente: tú te encuentras dentro de ella y ella dentro de ti. No hay nada más en ninguna parte ni jamás lo habrá. T-18.VI.8

La creencia en estar separado de Dios y la falsa identificación con el cuerpo son los obstáculos que impiden la comunicación vertical en la

Mente de Dios. El cuerpo, el cerebro y los sentidos parecen comunicar información, pero nada de lo que hay en el plano horizontal, o lineal, tiene ningún significado de ninguna clase. Cuando el Espíritu Santo utiliza las palabras y los símbolos como base para ir más allá de la necesidad de ellos, se produce una reinterpretación de la percepción. Así, el Espíritu Santo utiliza las palabras para ir más allá de las palabras, utiliza el cuerpo para enseñar que, en el sentido literal, no hay cuerpo que valga, y utiliza el tiempo para enseñar que el tiempo no existe.

La percepción sanada es reconocer que el cosmos es un cosmos singular de ideas, que no hay nada fuera de la mente. La mente singular es un cosmos perdonado, en el que se ha desvelado la imposibilidad de la división sujeto-objeto que la percepción errada fabrica. En el cosmos perdonado ya no existen mentes privadas con pensamientos privados errantes por el tiempo y el espacio y separadas unas de otras por muros de carne. La comunicación universal, que refleja la Mente de Dios, está restablecida.

> La condición natural de la mente es una de abstracción total. Mas una parte de ella se ha vuelto antinatural. No ve todo como si fuese uno solo, sino que ve únicamente fragmentos del todo, pues sólo de esa manera puede forjar el mundo parcial que tú ves. El propósito de la vista es mostrarte aquello que deseas ver. Todo lo que oyes le trae a la mente únicamente los sonidos que ésta desea oír. E-161.2

> Así fue como surgió lo concreto. Y ahora son las cosas concretas las que tenemos que usar en nuestras prácticas. Se las entregamos al Espíritu Santo, de manera que Él las pueda utilizar para un propósito diferente del que nosotros les conferimos. Él sólo se puede valer, para instruirnos, de lo que nosotros hicimos, pero desde una perspectiva diferente, a fin de que podamos ver otro propósito en todo. E-161.3

> Un hermano es todos los hermanos. Y en cada mente se encuentran todas las mentes, pues todas las mentes son una. Ésta es la verdad. No obstante, ¿aclaran estos pensamientos el significado de la creación? ¿Te brindan estas palabras perfecta

claridad? ¿Qué parecen ser sino sonidos huecos; bellos tal vez, correctos en el sentimiento que expresan aunque fundamentalmente incomprendidos e incomprensibles? La mente que se enseñó a sí misma a pensar de manera concreta ya no puede aprehender la abstracción en el sentido del abarcamiento total que ésta representa. Necesitamos poder ver un poco para poder aprender mucho. E-161.4

Esa es la importancia de la meditación: sumergirse, por debajo de cualquier idea de pasado o de futuro, en el Silencio interior. El cosmos espacio-temporal es un entramado íntegro y completo. No se puede arrancar del entramado ningún hilo, ninguna estrella, ningún planeta, ninguna persona, ninguna cosa, ningún átomo y destacarlo como "algo que está aparte". No se puede nombrar nada como si tuviese existencia separada en sí mismo y por sí mismo. La totalidad no está compuesta de partes.

Una mente íntegra es una mente feliz, alegre y libre, pues ya no intenta definir ni poner etiquetas a la Realidad. El cosmos se fabricó como "realidad" alternativa para poder olvidar la Realidad del Cielo. Pareció que el tiempo y el espacio se agrietaban y se dividían en trillones de fragmentos, ninguno de los cuales ocupaba la misma celdilla en la matriz de la ilusión. Pareció que surgían niveles y jerarquías, pero ¡anímate!, el Espíritu Santo ve la ilusión como un único entramado y, ¿qué sino esto es la Expiación?

Lo que es lo mismo no puede tener partes separadas. Esta es la sencilla Corrección del error de la percepción fragmentada. Este es el Punto de referencia de la abstención de juicios, porque lo que es uno está más allá de las comparaciones. El Punto de la liberación mira al pasado como una ilusión, y este es el cambio de ideas que trae consigo el reflejo de la Luz interior. El presente existe, en realidad, desde antes de que el tiempo existiese. "Antes de que Abraham fuese, Yo Soy" es la forma en que se expresa esta idea en la Biblia. La singularidad es el portal del recuerdo de la Luz Abstracta. Cristo es la Luz, y Tú eres eso.

La felicidad nunca se podrá encontrar en la dualidad ni en la multiplicidad. ¡Alégrate!

¿Por qué buscar la felicidad donde nunca se la podrá encontrar? Dios y Cristo, el Creador y la Creación, la Causa y el efecto son Un Único Ser. En la profundidad interior todo es perfecto. Mantente quedo y sabrás que soy Dios, Uno para siempre.

Eres, Ahora, el Reino de los Cielos.

> Haz simplemente esto: permanece muy quedo y deja a un lado todos los pensamientos acerca de lo que tú eres y de lo que Dios es; todos los conceptos que hayas aprendido acerca del mundo; todas las imágenes que tienes acerca de ti mismo. Vacía tu mente de todo lo que ella piensa que es verdadero o falso, bueno o malo; de todo pensamiento que considere digno, así como de todas las ideas de las que se siente avergonzada. No conserves nada. No traigas contigo ni un solo pensamiento que el pasado te haya enseñado, ni ninguna creencia que, sea cual sea su procedencia, hayas aprendido con anterioridad. Olvídate de este mundo, olvídate de este curso, y con las manos completamente vacías, ve a tu Dios. E-189.7

> ¿No es acaso Él Quien sabe cómo llegar a ti? Tú no necesitas saber cómo llegar a Él. Tu papel consiste simplemente en permitir que todos los obstáculos que has interpuesto entre el Hijo y Dios el Padre sean eliminados silenciosamente para siempre. Dios hará lo que le corresponde hacer en gozosa e inmediata respuesta. Pide y recibirás. Mas no vengas con exigencias, ni le señales el camino por donde Él debe aparecer ante ti. La manera de llegar a Él es simplemente dejando que Él sea lo que es. Pues de esa forma se proclama también tu realidad. E-189.8

Eres el Cristo, Uno y Santo Hijo de Dios.

Soy lo que soy. Es humilde aceptarme a Mí Mismo tal como Dios creó a Cristo, Un Espíritu Único. Es arrogante aferrarse a lo concreto y a la condición humana. Permite que Todo Sea exactamente tal como ES.

Otras obras de David Hoffmeister
Una Sola Mente
Sanando la Mente
La Mente Revisada
Un Destello de Gracia
Guía de Películas para el Despertar
Despertando a través de *Un Curso de Milagros*
El Sentido de Las Escrituras: Verdades profundas de La Biblia clarificadas por *Un Curso de Milagros*

Las obras de David están disponibles en formato impreso, de libro electrónico y de audiolibro. Una selección de ellas está traducida a los siguientes idiomas: chino, danés, español, finlandés, francés, holandés, húngaro, japonés, noruego, portugués y sueco.

Materiales en Internet
acim.biz
livingmiracles.org
awakening-mind.org
un-curso-en-milagros.org
store.livingmiraclescenter.org
miracleshome.org/spanish/index_spanish.htm
YouTube en español: Un Curso de Milagros – canal David Hoffmeister

Estamos en Facebook
David Hoffmeister
La Casa de Milagros

www.ingramcontent.com/pod-product-compliance
Lightning Source LLC
Chambersburg PA
CBHW071232160426
43196CB00009B/1026